『舊唐書』食貨志譯注

渡邊信一郎 著

汲古書院

『舊唐書』食貨志譯注／目　次

圖表目次

凡　例

一、本書は、『舊唐書』巻四十八食貨志上・巻四十九食貨志下の校訂本文・訓讀・注釋及び通釋である。

二、底本には中華書局標點本『舊唐書』（底本は清道光年間揚州岑氏懼盈齋刻本、簡稱標點本）を用い、商務印書館百衲本二十四史所收『舊唐書』（食貨志上下は南宋紹興刊本影印本、簡稱百衲本）、明嘉靖年間餘姚聞人詮覆宋校刊本（國立公文書館内閣文庫藏刻本、簡稱聞人本）、藝文印書館二十五史所收『舊唐書』（清乾隆年間武英殿刻本影印本、簡稱殿本）、沈炳震『新舊唐書合鈔』（清雍正年間撰述、同治年間刻本影印本、簡稱合鈔本）等を參考にした。

三、本文は、食貨志總序の區分を參照して六章に分け、適宜章名を附した。

四、各章本文は、中華書局標點本の分段を參考にして分段しなおし、全體で七十五の〔原文〕にまとめ、〔原文〕一～〔原文〕七五で表記した。〔原文〕の區分は、なるべく内容上のまとまりを考慮したが、便宜的なものである。

五、〔原文〕の記述にあたり、まず校訂原文をあげ、〔校訂〕において底本に對する校訂内容を示した。つぎに校訂原文の〔訓讀〕を行なったのち、重要な語句や歴史的事象等について〔注釋〕をほどこし、最後に〔通釋〕で日本語譯をこころみた。訓讀は、文語風直譯であり、通釋は、注釋の成果をふまえた意譯である。

六、本文中の漢字表記は舊字體を用い、訓讀の表記は現代假名遣いを用いた。

七、年號については西暦を（　）で補った。中國の古暦と西暦とは直接對應しないので、あくまでも目安である。

八、『舊唐書』食貨志の先行注釋書としては、加藤繁『舊唐書食貨志　舊五代史食貨志』（岩波書店、一九四八年）、譚英華『兩唐書食貨志校讀記』（四川大學出版社、一九八八年）、潘鏞『舊唐書食貨志箋證』（三秦出版社、一九八

九年）がある。三書ともに適宜參照したが、必要箇所以外は、一一注記していない。ついて參照することをお願いする。

九、巻末に「唐元和年間行政地圖」「唐代鑄造錢」一覽及び主要な參考文獻、引用文獻の一覽表を附した。

序　言

本書は、『舊唐書』食貨志上下二巻の譯注書である。『舊唐書』食貨志の譯注は、一九四八年に、加藤繁が岩波文庫版『舊唐書食貨志　舊五代史食貨志』としてすでに公刊している。この文庫版は、訓讀と詳細な校訂・注釋を附した名著で、これまでにも版を重ねている。ただ、文庫版公刊から七十年の間には相當の研究蓄積や新發見の史料もあり、文庫版の訓讀・譯注を改訂すべき箇所もかなりある。本書が、名著の屋下に屋を架すことになるのを恐れず、あらたに校訂原文・現代語釋を加えた譯注を世に問う所以である。

『舊唐書』は、五代後晉の高祖石敬瑭の敕命により、天福六年（九四一）二月に編纂が開始され、少帝の開運二年（九四五）に完成した。それは、二十本紀二十巻、十志三十巻、一五〇列傳一五〇巻、合計二〇〇巻からなり、開運二年六月、宰相監修國史劉昫・史官張昭遠により、時の皇帝出帝（少帝）に上進された（『舊五代史』巻八十四少帝紀四）。北宋嘉祐五年（一〇六〇）六月、歐陽脩・宋祁等があらたに『唐書』二二五巻を編纂し、仁宗に奏呈したので、先に編纂された『唐書』を『舊唐書』と呼んで區別する。

『舊唐書』各巻の内題には「劉昫等修」などとあるが、劉昫が『舊唐書』の撰述者ではない。上進時、たまたま宰相の地位にあり、監修官であったために、その名を冠せられただけである。『舊唐書』は、當初、敕命により戸部侍郎張昭遠、起居郎賈緯、祕書少監趙熙、吏部侍郎鄭受益、左司員外郎李爲光が編纂にあたり、宰相趙瑩が監修した。母の死去により、賈緯が退任したのち、かれに代って刑部員外郎呂琦、侍御史尹拙が編纂に加わった（『舊五代史』巻七十七高祖紀五天福六年條）。史料蒐集・編纂方針を決定したのは監修官趙瑩であり、七人の史官のうち、終始編纂の中心にあったのは張昭遠であった。

『舊唐書』が據った基本史料は、高祖から武宗にいたるまでの十六代の皇帝の實錄と、實錄をもとにして紀傳體あるいは編年體で編纂された國史である。趙翼の整理によれば、國史は四次にわたって編纂された。第一次は、呉兢の私撰になるもので、中宗の景龍年間（七〇七〜七一〇）までをあつかった六十四篇、第二次は、玄宗の開元・天寶年間（七一三〜七五六）までをあつかった韋述の『唐書』一一二卷・史例一卷、第三次は、韋述・柳芳の撰述で肅宗の乾元年間（七五八〜七六〇）までをあつかった一三〇篇の國史であり、これらは紀傳體で記述された。第四次は編年體による編纂で、唐初から代宗の大曆年間（七六六〜七七九）までをあつかった柳芳撰『唐曆』四十卷、及び宣宗の敕命をうけて、崔龜從等が編纂し、憲宗の元和年間（八〇六〜八二〇）までをあつかった『續唐曆』三十卷である。これら實錄と國史は、安史の亂と黃巣の亂の二つの叛亂によって二度散逸した。安史の亂のあと、わずかに殘っていたのは韋述の『唐書』一一三卷だけであり、實錄・國史については唐代から五代にかけて幾度も蒐集がおこなわれた。『舊唐書』の前半は、この實錄と國史が用いられた（趙翼『廿二史箚記』卷十六「舊唐書源委」、「唐實錄國史凡兩次散失」、「舊唐書前半全用實錄國史舊本」）。このような史料の殘存狀況から、『舊唐書』の記述は、唐代後半期とりわけ武宗期以後は粗略になっている。

天福六年四月の監修國史趙瑩上奏は、『舊唐書』の編纂方針・史料蒐集方針を述べた貴重な史料である（『五代會要』卷十八「前代史」、『冊府元龜』卷五五七國史部採撰三）。その中で、趙瑩は、本紀・列傳の編纂方針を述べた後、十志の敍述方針とその基礎となる史料蒐集方針を提案して、裁可された。それは、唐朝の制度文物を記述する十志の史料蒐集、特に天寶以後、唐代後半期の史料蒐集について、興味深い方針を示している。すなわち、禮志は太常禮院、樂志は太常寺、刑法志は大理寺、天文志・律曆志・五行志は司天臺、職官志は御史臺、郡國志は兵部尚書職方郎中、經籍志は祕書省に命じて、それら官府に收藏する文書を捜收させている。いずれの志もかかわりの深い官府に命じて、資料を史局に送らせているのである。しかし十志のうち、食貨志だけはまったく資料蒐集について言及していない。これには相當の理由がある。『舊唐書』食貨志とその編纂の特色について述べることにしよう。

歴代正史の食貨志は、いずれも『漢書』食貨志を祖型とする。『舊唐書』食貨志もその例にもれない。『漢書』食貨志は、上巻で食にかかわる穀物などの食糧生産とそれに關係する田制・賦役制度を記し、下巻で貨にかかわる貨幣・布帛と金銀財貨、および財務運營にかかわる制度を記述する。『舊唐書』食貨志は、それらにくわえて安史の亂以後に登場した鹽法・茶税（榷茶）・酒税（榷酒）などの課利、いわゆる專賣制とそれらを首都に運ぶための漕運にかかわる財務を記述している。この構成は、宋以後の正史食貨志の祖型となった。

さきに見たように監修國史趙瑩は、食貨志編纂のための資料蒐集方針を示さなかった。それには理由がある。『舊唐書』食貨志は、『唐會要』を基本資料として編纂されたからである。現行本『唐會要』一〇〇巻は、北宋建隆二年（九六一）、王溥により撰述された。その基礎になったのは、蘇冕撰『會要』四十巻（高祖から德宗朝まで記述）、および宣宗大中七年（八五三）、敕命によって崔鉉等が撰述した『續會要』四十巻（德宗朝から大中六年まで記述）である。正確に言えば、『舊唐書』食貨志は、蘇冕撰『會要』四十巻、崔鉉等撰『續會要』四十巻（以下兩書を藍本會要と呼ぶ）を基礎に撰述されたから、資料蒐集の必要がなかったのである。『舊唐書』食貨志と『唐會要』とは、ともに藍本會要を共通の基礎とするので、テキストとしては兄弟關係にある。現行本『唐會要』は、『舊唐書』食貨志の本文校訂にあたっては、第一に利用されるべき史籍である。

藍本會要と『舊唐書』食貨志とを直接に對比することはできないので、現行本『唐會要』と對比してみると、左記のような對應關係にあることがわかる。

　總　序　〔原文〕一～〔原文〕六　獨自編集

一　賦役　〔原文〕七・八　『唐會要』巻八十三租税上條

〔原文〕一二　『唐會要』卷六十六太府寺條・『唐會要』卷八十三租稅上條
〔原文〕一三～一五　『唐會要』卷八十三租稅上條
〔原文〕一七～二一　『唐會要』卷八十三・八十四租稅上・下條
二　錢法　〔原文〕二二・二三、〔原文〕二九・三〇　『唐會要』卷八十九泉貨條を編集再編
〔原文〕三一～三九　『唐會要』卷八十九泉貨條
三　鹽法　〔原文〕四〇・四五　『唐會要』卷八十八鹽鐵條
〔原文〕四六・四七前半　『唐會要』卷八十八鹽鐵使條
〔原文〕四七後半　『唐會要』卷八十八鹽池使條
四　漕運　〔原文〕四八、〔原文〕五〇・五一冒頭　『唐會要』卷八十七漕運條
〔原文〕五一大半～〔原文〕六一　『唐會要』卷八十七轉運鹽鐵總敍條
五　倉及常平倉　〔原文〕六二～〔原文〕七〇　『唐會要』卷八十八倉及常平倉條
六　雜稅　〔原文〕七一・七二、〔原文〕七四　『唐會要』卷八十四雜稅條
〔原文〕七五　『唐會要』卷八十五榷酤條

『舊唐書』食貨志は、「總序」（〔原文〕一～〔原文〕六）が新たに撰述されたのを除き、それ以外の本文は、基本的に藍本會要を素材とする。敍述の次序・內容が、二三の例外を除いて現行本『唐會要』と一致する。また、すべての章の敍述が、『續會要』四十卷が撰述された大中七年の前年大中六年までで終わっている。さらに、藍本會要の杜撰をそのまま繼承したり、藍本會要の文章を途中で切斷しているところもままある。これらのことどもは、食貨志が藍本會要を踏襲したことを自ら證明している。

現行本『唐會要』に見えないのは、賦役〔原文〕九（資料は『通典』卷六賦稅下）、〔原文〕一〇～一一、〔原文〕

一六、錢法〈原文〉二二四〜二二八〈資料は『通典』巻九錢幣下〉、〈原文〉二二八、漕運〈原文〉四九〈資料は『通典』巻十漕運〉および雜税〈原文〉七三である。それ以外は、すべて藍本會要を素材にし、そのなかから抽出して編集したものである。

換言すれば、『舊唐書』食貨志は藍本會要の抄錄本を中核に、『通典』の關連史料を用いて編纂した二次的編纂史料集である。現行本『唐會要』には、『舊唐書』食貨志が利用した史料以外にもかなり多くの有用な史料が残されており、史料價値は、『唐會要』のほうが高い。言ってしまえば身も蓋もないが、唐代の經濟・財政史の研究は、『唐會要』・『通典』を基礎にし、別に實錄・國史系史料を編纂した『册府元龜』・『舊唐書』本紀・列傳を參照し、『舊唐書』食貨志をそれらの對校史料、『資治通鑑』・『新唐書』食貨志を參考資料として研究を進めるべきである。

最後に本書のなりたちについて述べておきたい。

本書は、渡邊信一郎を代表とする二〇〇九年度〜二〇一二年度科學研究費助成金〈基盤研究B〉「天聖令と兩『唐書』による唐宋變革期の社會經濟的研究」の一環として、二〇〇九年四月から二〇一四年五月まで、佛教大學歷史學部共同研究室で開催した『舊唐書』食貨志の會讀原稿をもとにしている。會讀には渡邊はじめ、池永久範、岡田和一郎・笠松哲・川勝龍太郎・島居一康・宮澤知之・山崎覺士・與座良一等が參加した。當初は、『舊唐書』食貨志を本文、『新唐書』食貨志を子注とする當面の合訂食貨志テキストを作って會讀を進めた。しかし會讀の過程で、『新唐書』食貨志の記述にはあまりにも問題が多く、ときに史料の改竄に及ぶこともあることが判明したので、合訂食貨志の譯注を斷念し、『舊唐書』食貨志の會讀・譯注を先行させることとした。會讀終了後、岡田和一郎が會讀擔當者から會讀原稿ファイルを収集して、『舊唐書』食貨志譯注長編を作成した。これが、本稿の第一次原稿である。第一次原稿作成の中核を擔ったのは、川勝龍太郎・與座良一・岡田和一郎の三君である。

第一次原稿は、諸種の事情で作成されなかった部分も相當量あり、また擔當者によって訓讀・校訂・注釋・通釋の各方面にわたり記述に過不足・不統一があったので、渡邊が、會讀原稿の出なかった部分をあらたに作成しなおすとともに、すべて損益・改稿し、全體を統一した。これが本稿である。なお、附録に配した唐代鑄造貨幣の錢影は、宮澤知之所藏の錢貨を選んで、川勝龍太郎が拓本に採ったものである。

汲古書院三井久人社長には、『魏書』食貨志・『隋書』食貨志譯注についで、本書の出版を快諾していただいた。編集擔當の小林詔子さんには不備の多い原稿の整理から校正にいたるまで多大の支援をしていただいた。與座良一君には初校を手傳っていただき、貴重な助言をしていただいた。末尾になったがお禮申し上げる。

二〇一七年十一月二十日

渡邊信一郎　識

『舊唐書』食貨志譯注

舊唐書卷四十八　志第二十八　食貨上

總　序

〔原文〕一

先王之制、度地以居人、均其沃瘠、差其貢賦。蓋斂之必以道也。量入而爲出、節用而愛人、度財省費。蓋用之必有度也。是故既庶且富、而敎化行焉。周有井田之制、秦有阡陌之法、二世發閭左而海內崩離、漢武稅舟車而國用以竭。自古有國有家、興亡盛衰、未嘗不由此也。隋文帝因周氏平齊之後、府庫充實、庶事節儉、未嘗虛費。開皇之初、議者以比漢代文景、有粟陳貫朽之積。煬帝卽位、大縱奢靡、加以東西行幸、輿駕不息、征討四夷、兵車屢動、西失律於沙徼、東喪師於遼碣。數年之間、公私罄竭、財力既殫、國遂亡矣。

〔訓讀〕

先王の制、地を度《はか》りて以て人を居らしめ①、其の沃瘠を均しくし、其の貢賦を差《こと》にす②。蓋し之を斂むるに必ず道を以てするなり。入るを量りて出づるを爲《おさ》め③、用を節して人を愛し④、財を度《はか》りて費を省く。蓋し之を用うるに必ず度有るなり。是の故に既に庶《おお》くして且つ富み、而して敎化行なわる⑤。周に井田の制有り⑥、秦に阡陌の法有り⑦。二世閭左を發して⑧海內崩離し、漢武舟車に稅して⑨國用以て竭く。古えより國を有ち家を有つに、興亡盛衰、未だ嘗て此れに由らずんばあらざるなり。隋の文帝、周氏の齊を平ぐるの後に因り、府庫充實するも、庶事節儉し、未だ嘗て虛費せず⑩。開皇の初め、議者以て漢代の文景、粟陳《ふる》く貫朽ちるの積有るに比《なぞら》う⑪。煬帝卽位し⑫、大いに奢靡を縱《ほしいまま》にす。加うるに東西に行幸して、輿駕息まず、四夷を征討して、兵車屢しば動くを以てし、西のかた律を沙徼に失い⑬、東のかた師を遼碣に喪う⑭。數年の間、公私罄竭し、財力既に殫き、國遂に亡ぶ。

〔注釋〕

①**度地以居人**　『禮記』王制篇に「凡居民、量地以制邑、度地以居民、地邑民居、必參相得也」とある。土地と邑と民の調和をはかるため、土地の廣狹を測量して聚落を造り、民衆を定住させることを言う。

②**其沃瘠差其貢賦**　『周禮』地官・大司徒に「以土均之法、辨五物九等（僞孔安國傳云、五物、五地之物也。九等、騂剛赤緹之屬）、制天下之地征、以作民職、以令地貢、以斂財賦、以均齊天下之政」とある。『周禮』は、土壤の種類・生產物の種類に應じて租稅・傜役に差等を設けることを言う。土地の肥沃度（沃瘠）を問題にするのは、後文に見える兩稅法の特質である。

③**量入而爲出**　收入の見積りを行なって支出を調節すること。『禮記』王制篇に「冢宰制國用、必於歲之杪。五穀皆入、然後制國用。用地小大、視年之豐耗、以三十年之通、制國用、量入以爲出」とある。

④**節用而愛人**　大國を統治するにあたり、財用を節約して人民を撫育すること。『論語』學而篇に「子曰、道千乘之國、敬事而信、節用而愛人、使民以時」とある。

⑤**既庶且富而敎化行焉**　人民が多くかつ衣食が豐かになってから敎化を施すこと。『論語』子路篇に「子適衞、冉有僕、子曰、庶矣哉。冉有曰、既庶矣、又何加焉。曰、富之。曰、既富矣、又何加焉。曰、敎之」とある。

⑥**周有井田之制**　井田制には二說ある。孟子の井田說では、仁政を行なう基礎として耕作地の境界・地割を明確にし、私田・公田を均等百畝に區分して、公事負擔を公平にする。具體的には一里四方（三〇〇步×三〇〇步）の土地を一井とし、百畝ずつに九等分する。その中央の百畝を公田とし、周圍を百畝ずつ八家に與えて私田とし、さきに公田を共同で耕し、公事を終えてのち私田を耕作する。『孟子』滕文公篇上に「孟子曰……夫仁政、必自經界始。經界不正、井地不鈞、穀祿不平。……經界既正、分田制祿可坐而定也。……方里而井、井九百畝、其中爲公田。八家皆私百畝、同養公田。公事畢、然後敢治私事、所以別野人也」とある。

別に『周禮』地官小司徒には、「乃均土地、以稽其人民、而周知其數。上地家七人、可任也者家三人。中地家六人、可任也者二家五人。下地家五人、可任也者家二人。……乃經土地．而井牧其田野、九夫爲井、四井爲邑、四邑爲丘、四丘爲甸、四甸爲縣、四縣爲都、以任地事而令貢賦、凡稅斂之事」とあり、地官大司徒には、「凡造都鄙、制其地域、而封溝之、以其室數制之。不易之地、家百畝。一易之地、家二百畝。再易之地、家三百畝」とある。一家百畝の分田を基礎とする井田法は孟子と同一であるが、一家の口數・田土の肥瘠によって支給する面積・稅役負擔を等級化し、また公田の存在しない點が異なる。

⑦**秦有阡陌之法**　『史記』卷六十八商君傳に「爲田開阡陌封疆、而賦稅平」とあり、正義に「正義南北曰阡、東西曰陌。按、謂驛塍也。疆音彊、封、聚土也。疆、界也。謂界上封記也」とある。秦孝公十九年（前三五〇）の商鞅第二次變法において實施された田制・土地區畫法である。秦の阡陌制については、四川省青川縣郝家坪五十號秦墓出土木牘〔四川省博物館・青川縣文化館一九八二〕正面に「田廣一步、袤八則、爲畛。畝二畛、一百（陌）道、百畝爲頃、一千（阡）道。道廣三步、高四尺、大稱其高、捋高尺、下厚二尺。以秋八月、脩封捋、正疆畔、及發千百之大草、九月大除道、及除□、十月爲橋、脩波（陂）堤、利津梁。鮮草離、非除道之時、而陷敗不可行、輒爲之」とあり、漢初の阡陌制については『二年律令與奏讞書』田律二四六～二四八簡に「田廣一步、袤二百卌步、爲畛。畝二畛、一佰（陌）道、百畝爲頃、十頃一千（阡）道。道廣二丈。恆以秋七月除千佰之大草、九月大除道及阪險、十月爲橋、脩波（陂）堤、利津梁。雖非除道之時、而陷敗不可行、輒爲之。鄉部主邑中道、田主田道。道有陷敗不可行者、罰其嗇夫・吏主者黃金各二兩。……」（一八九頁）とある。阡陌とは耕作地を百畝＝一頃、千畝＝十頃に區畫する東西・南北の大道であり、これによって租稅賦課の均等化をはかったことを言う。

⑧**二世發閭左**　二世とは秦の第二代皇帝胡亥（前二三〇～前二〇七、在位前二一〇～前二〇七）を言い、閭は百家を標準とする秦漢時代の聚落である里の門を指す。『漢書』卷二十四上食貨志上に「至於始皇、遂幷天下、……收泰半之賦、發閭左之戍」とあり、顏師古注に「閭、里門也。言居在里門之左、一切發之」とある。『史記』卷四十八陳涉世家に「二世元年七月、發閭左適戍漁陽、九百人屯大澤鄉」とあり、索隱に「閭左謂居閭里之左也。秦時復除者居閭左。今力役凡在閭左者盡發之也。又云、凡

居以富強爲右、貧弱爲左。秦役戍多、富者役盡、兼取貧弱者也」とある。索隱によれば閭左には二説あり、一つは里の左側にすむ徭役免除者であり、もう一つは里の左側に住む貧者を指して言う。兩説に確かな根據は見いだせないが、里門の左側に住む半數の民衆にまで兵役を課したことを言う。

⑨**漢武窮舟車**　漢武とは漢の武帝劉徹（前一五六～前八七、在位前一四〇～前八七）。外征に力を注ぎ、財政の枯渇を招き、商人の乘る船や車にまで税をかけたことを言う。『漢書』巻六武帝紀元光六年（前一二九）條に「冬、初算商車」とあり、李奇注に「始税商賈車船、令出算」とあり、具體的には『漢書』巻二十四下食貨志下に「於是公卿言、……商賈人軺車二算、船五丈以上一算。……」とある。

⑩**隋文至虛費**　隋文とは隋の文帝楊堅（五四一～六〇四、在位五八一～六〇四）。『隋書』巻二高祖紀下に「史臣曰、……於是躬節儉、平徭賦、倉廩實、法令行、君子咸樂其生、小人各安其業、強無陵弱、衆不暴寡、人物殷阜、朝野歡娛」とある。

⑪**開皇至之積**　開皇は隋文帝の年號で五八一年から六〇〇年まで。漢代文景とは、漢の文帝劉恆（前二〇二～前一五七、在位前一八〇～前一五七）・景帝劉啓（前一八八～前一四一、在位前一五七～前一四一）のことで、兩代にわたり「與民休息」「輕徭薄賦」の政策を取り、民衆の生活の向上や國力の充實が圖られ、後世の手本とされた。「粟陳貫朽」については『史記』巻三十平準書に「至今上卽位數歲、漢興七十餘年之間、國家無事、非遇水旱之災、民則人給家足、都鄙廩庾皆滿、而府庫餘貨財。京師之錢累巨萬、貫朽而不可校。太倉之粟陳陳相因、充溢露積於外、至腐敗不可食」とある。『漢書』巻二十四食貨志上「太倉之粟陳陳相因」に付す顏師古注に「陳謂久舊也」とある。古い穀物が積重なることを言う。

⑫**煬帝卽位**　煬帝は、文帝の第二子、隋の第二代皇帝楊廣（五六九～六一八、在位六〇四～六一八）。その治績は、『隋書』巻三・巻四煬帝紀上下、及び『北史』巻十二隋本紀下に記述する。

⑬**西失律於沙徼**　大業五年（六〇九）三月の河西巡行にあわせて、煬帝は青海の吐谷渾を討伐し西方に追いやったが、吐谷渾王を追擊中に行軍した大斗拔谷で大風や霧に遭い、大半の士卒が凍死した（『隋書』巻三煬帝紀上大業五年六月條）。

⑭**東喪師於遼碣**　三度にわたる高句麗遠征（大業八年～十年）は、すべて高句麗の抵抗にあい失敗した。とくに第一次遠征軍一一三萬餘の兵士のうち三十萬五千が遼水を渡ったが、遼東城に歸還したものは二七〇〇人であった（『資治通鑑』巻一八一煬帝大業八年九月條）。「碣」は碣石山のこと。河北省昌黎縣の北に位置する。

〔通釋〕

先王は、土地を測量・區畫して民衆を居住させ、土地の肥沃度に應じて、租賦の納入に差等を設けた。つまり必ず道理によって租税を收取したのである。また收入を見込んで支出を調節し、費用を節約して民衆を愛しみ、財政狀況をみて經費を省いた。つまり必ず節度をもって財務を運用したのである。それゆえ人民が増え、衣食は豐かになり、教化が行きわたることとなった。

周に井田の制があり、秦には阡陌の法があった。しかし二世皇帝のときには、里人の半數まで兵士に徵發して天下が崩壞し、漢の武帝のときには、商人の舟・車にまで税をかけて國家財政が破綻した。古えより國家の興亡・盛衰は、財政を原因としないものはない。

隋の文帝は、北齊を平定した北周の後を受けついだ。府庫は充實していたが、萬事儉約し、空費することはなかった。開皇初年には、古い穀物が積重なって腐り、銭差しの紐が朽ちて數えられないほどの蓄積があった漢の文帝や景帝の時代に比肩すると評價する者もいた。煬帝が卽位すると、思いのままに奢侈の限りをつくした。加えてあちこちに行幸して車駕を休めることなく、四方の夷狄を征伐してしばしば兵車を動かし、西方の砂漠では軍律をみだし、東方の遼東では軍隊を失った。數年のうちに公私にわたって財物が底をつき、財力が盡きると、國家は滅んでしまったのである。

〔原文〕二

高祖發跡太原、因晉陽宮留守庫物、以供軍用。既平京城、先封府庫、賞賜給用、皆有節制。徵斂賦役、務在寛簡、未及踰年、遂成帝業。其後掌財賦者、世有人焉。開元已前、事歸尚書省、開元已後、權移他官、由是有轉運使租庸使鹽鐵使度支鹽鐵轉運使常平鑄錢鹽鐵使租庸青苗使水陸運鹽鐵租庸使兩稅使。隨事立名、沿革不一。設官分職、選賢任能、得其人則有益於國家、非其才則貽患於黎庶、此又不可不知也。如裴耀卿劉晏李巽數君子、便時利物、富國安民、足爲世法者也。

〔訓讀〕

高祖①、跡を太原に發し、晉陽宮留守の庫物に因りて②、以て軍用に供す。既にして京城を平ぐるや、先に府庫を封じ、賞賜・給用、皆な節制有り。徵斂・賦役、務め寛簡に在り、未だ年を踰ゆるに及ばずして、遂に帝業を成す。其の後財賦を掌る者、世よ人有り。開元已前、事、尚書省に歸し③、開元已後、權、他官に移る、是れに由り轉運使・租庸使・鹽鐵使・度支鹽鐵轉運使・常平鑄錢鹽鐵使・租庸青苗使・水陸運鹽鐵租庸使・兩稅使有り④。事に隨いて名を立て、沿革一ならず。官を設けて職を分かち、賢を選びて能を任ずるに、其の人を得れば則ち國家に益有り、其の才にあらざれば則ち患《うれ》いを黎庶に貽《のこ》す。此れ又た知らざるべからざるなり。裴耀卿⑤・劉晏⑥・李巽⑦の數君子の如きは、時に便にして物に利し、國を富まして民を安んず。世法と爲すに足る者なり。

〔注釋〕

①**高祖**　唐の初代皇帝李淵（五六六～六三五、在位六一八～六二六）。隋末の爭亂に太原で身を起こし、長安を平定して隋の幼帝楊侑を擁立、翌年には譲位させて皇帝の位に卽いた。『舊唐書』巻一、『新唐書』巻一高祖紀に治世の大事を記す。

②**因晉陽宮留守庫物**　晉陽留守すなわち太原留守を言う。東魏・北齊時代には幷州太原に晉陽宮が設けられ、隋代には留守が置かれた。高祖李淵は大業十三年（六一七）に太原留守に就任した（『舊唐書』巻一高祖紀）。『資治通鑑』巻一八三大業十二年條に「突厥數寇北邊。詔晉陽留守李淵帥太原道兵與馬邑太守王仁恭擊之」とあり、胡三省注に「晉陽留守、卽太原留守也。太原有晉陽宮、故亦稱晉陽留守」とある。

『通典』巻七食貨「歴代盛衰戸口」論に「隋氏西京太倉、東京含嘉倉、洛口倉、華州永豐倉、陝州太原倉、儲米粟多者千萬石、少者不減數百萬石。天下義倉又皆充滿。京都及并州庫布帛各數千萬、而錫賚勳庸、竝出豐厚、亦魏晉以降之未有」とあって、西京長安・東都洛陽と竝んで、并州の府庫には、數千萬の布帛が貯えられていた。

③**尚書省**　唐前期には尚書省が行政の全般を掌握した。そのうち食貨志にかかわりの深い財務に關する行政は、戸部尚書が統括した。『大唐六典』巻三戸部尚書條に「戸部尚書・侍郎之職、掌天下戸口井田之政令。凡徭賦職貢之方、經費賙給之算、藏貨贏儲之准、悉以咨之」とある。

④**由是至税使**　それぞれの官職の初出は以下の通り。

○**轉運使**　『舊唐書』巻八玄宗紀上「(開元二十二年(七三四))八月、先是駕至東都、遣侍中裴耀卿充江淮河南轉運使、河口置輸場」

○**租庸使**　『唐會要』巻八十四租庸使「開元十一年(七二三)十一月、宇文融除殿中侍御史・勾當租庸地税使。天寶二年(七四三)四月、陝郡太守韋堅兼知勾當租庸使。六載(七四七)十一月、楊愼矜加諸郡租庸使。至德元年(七五六)十月、第五琦除監察御史、充江淮租庸使」

○**鹽鐵使**　『唐會要』巻八十七轉運鹽鐵總敍「肅宗初、第五琦始以錢穀得見、……乾元元年(七五八)、加度支郎中、尋兼中丞、爲鹽鐵使。於是始立鹽鐵法」

○**度支鹽鐵轉運使**　『舊唐書』巻四十九食貨志下「(寶應元年(七六二)五月)遂以通州刺史劉晏爲戸部侍郎・京兆尹・度支鹽鐵轉運使。鹽鐵兼漕運、自晏始也」

○**常平鑄錢鹽鐵使**　『舊唐書』巻四十九食貨志下「永泰二年(七六六)、晏爲東道轉運常平鑄錢鹽鐵使、琦爲關內河東劍南三川轉運常平鑄錢鹽鐵使」

○**租庸青苗使**　『舊唐書』巻四十九食貨志下「大曆五年(七七〇)、詔停關內河東三川轉運常平鹽鐵使、自此晏與戸部侍郎韓滉分領關內河東山劍租庸青苗使」

○**水陸運鹽鐵租庸使**　『舊唐書』巻四十九食貨志下「(建中)三年(七八二)、以包佶爲左庶子・汴東水陸運鹽鐵租庸使、崔縱爲右庶子・汴西水陸運鹽鐵租庸使」

○**兩税使**　『唐會要』巻八十四兩税使「元和四年(私案本志巻下以爲六年(八一一)、是。)六月敕、兩税法總悉諸税、初極是便民。……其鹽鐵使楊子留後、宜兼充淮南浙西浙東宣歙福建等道兩税使。其江陵留後、宜兼充荊南山南東道鄂岳江西湖南嶺南等兩税使。其上都留後、宜兼充荊南山南東道兩税使。度支山南西道分巡院官、宜兼充劍南東西川山南西道兩税使。其陝內五監、舊屬鹽鐵使、宜割屬度支使、便委山南西道兩税使兼知糶貨。各奉所職、期於悉心」

⑤**裴耀卿**　裴耀卿(六八一〜七四三)、字は煥之、絳州稷山(山西省稷山縣)の人。開元中に漕運の改革を行なって轉運の圓滑化に盡力し、穀物七百萬石を京へ運び、輸送費三十萬緡を節約した。『舊唐書』巻九十八、『新唐書』巻一二七に立傳する。

⑥**劉晏**　劉晏(七一五〜七八〇)、字は士安、曹州南華(山東省東明縣)の人。肅宗時、汴水の治水事業を興して漕運を改善し、毎年數十萬石の穀物を關中へ運搬させ、また鹽税を整理して國家財政の充實に力をふるった。『舊唐書』巻一二三、『新唐書』巻一四九に立傳する。

⑦**李巽**　李巽(七三八〜八〇九)、字は令叔、趙郡(河北省趙縣)の人。順宗期に杜佑に代わり度支鹽鐵使となり、鹽税や漕運米の増加に務めた。『舊唐書』巻一二三、『新唐書』巻一四九に立傳する。

〔通釋〕

高祖は太原で擧兵すると、晉陽宮・太原留守の財物を軍費に充てた。ややあって京城長安を平定すると、最初に府庫を封印した。賞賜や支出には皆な節度があり、賦役の徵發も寛容を旨とした。かくて年を越えないうちに、帝業を成し遂げたのである。

その後國家財政の擔當者には、代代人物が出た。開元年間（七一三〜七四一）以前、政治は尙書省がにぎったが、開元以後には、その權力は他官に移った。これにより轉運使・租庸使・鹽鐵使・度支鹽鐵轉運使・常平鑄錢鹽鐵使・租庸青苗使・水陸運鹽鐵租庸使・兩税使など、財務に應じて職名が立てられ、變轉して一定しなかった。

官府を設置して職務を分擔し、賢者・有能の人物を選任する。人材を得れば國家に有益だが、そうでなければ民衆に災いを殘すことになる。このことはしっかり理解しておかなければならない。裴耀卿・劉晏・李巽の三君子は、時代と人びとに便宜をあたえ、國家を豐かにし、民衆を安らかにした。世の手本とすべき者たちであった。

〔原文〕三

開元中、有御史宇文融、獻策括籍外剩田、色役僞濫、及逃戸許歸首免五年征賦、毎丁量税一千五百錢。置攝御史、分路檢括隱審、得戸八十餘萬、田亦稱是、得錢數百萬貫。玄宗以爲能、數年間拔爲御史中丞戸部侍郎。融又畫策開河北王莽河、漑田數千頃、以營稻田。事未果而融敗。

時又楊崇禮爲太府卿、清嚴善勾剝、分寸錙銖、躬親不厭。轉輸納欠、折估漬損、必令徵送。天下州縣徵財帛、四時不止。及老病致仕、以其子愼矜爲御史、專知太府出納、其弟愼名又專知京倉、皆以苛刻害人、承主恩而徵責。

又有韋堅、規宇文融楊愼矜之跡、乃請於江淮轉運租米、取州縣義倉粟、轉市輕貨、差富戸押船、若遲留損壞、皆徵船戸。關中漕渠、鑿廣運潭以挽山東之粟、歲四百萬石。帝以爲能、又至貴盛。

又王鉷進計奮身、自爲戸口色役使、徵剝財貨、毎歲進錢百億、寶貨稱是。云非正額租庸、便入百寶大盈庫、以供人主宴私賞賜之用。玄宗日益眷之、數年間亦爲御史大夫京兆尹、帶二十餘使。

又楊國忠藉椒房之勢、承恩幸、帶四十餘使。云經其聽覽、必數倍弘益、又見寵貴。太平既久、天下至安、人不願亂。而此數人、設詭計以侵擾之、凡二十五人、同爲剝喪、而人無敢言之者。

〔訓讀〕

開元中、御史宇文融有り、獻策して籍外の剩田・色役の僞濫を括《はか》り、及び逃戸に、歸首を許して五年の征賦を免じ、毎丁、量りて一千五百錢を税す。攝御史を置き、路を分ちて檢括・隱審せしむるに、戸八十餘萬を得、田も亦た是れに稱《かな》い、錢數百萬貫を得たり。玄宗以て能と爲し、數年の間、拔んでて御史中丞・戶部侍郎と爲す。①融又た畫策して河北の王莽河を開き、田數千頃を漑《うるお》し、以て稻田を營む。事未だ果さずして融敗る。②

時に又た楊崇禮③太府卿④と爲り、淸嚴にして勾剝⑤を善くし、分寸錙銖、躬《み》親《みずか》らして厭わず。納欠を轉輸し、漬損を折估⑥し、必ず徵送せしむ。天下州縣、財帛を徵して、四時止まず。老病して致仕するに及び、其の子愼矜を以て御史と爲し、太府の出納を專知せしめ、其の弟愼名又た京《けい》⑦倉を專知す。皆な苛刻を以て人を害し、主恩を承けて徵責す。

又た韋堅有り、宇文融・楊愼矜の跡に規《のっと》り、乃ち請いて江淮より租米を轉運し、州縣の義倉の粟を取りて、輕貨⑧に轉市し、富戶を差《つかわ》して船を押せしめ、若し遲留損壞すれば、皆な船戶に徵す。關中の漕渠、廣運潭を鑿ちて以て山東の粟を挽くこと、歲ごとに四百萬石たり。帝以て能と爲し、又た貴盛に至る。⑨

又た王鉷、計を進め身を奮い、自ら戶口色役使と爲り、財貨を徵剝し、每歲錢百億を進め、寶貨是れに稱《かな》う。正額の租庸にあらずと云い、便ち百寶大盈庫に入れ、以て人主の宴私賞賜の用に供す。玄宗日ごとに益ます之れを眷《いつくし》み、數年の間、亦た御史大夫・京兆尹と爲り、二十餘使を帶ぶ。⑩

又た楊國忠、椒房の勢を藉り、恩幸を承け、四十餘使を帶ぶ。其の聽覽を經ると云い、必ず數倍に弘益し、又た寵貴せらる。⑪太平既に久しく、天下至安にして、人、亂を願わず。而れども此の數人、詭計を設けて以て之れを侵擾す。凡そ二十五人、同《とも》に剝喪を爲すも、而れども人の敢えて之れを言う者無し。

〔注釋〕

①**開元至侍郎**　開元は、玄宗治世の年號（七一三～七四一）。玄宗は、唐第六代皇帝李隆基（六八五～七六二、在位七一二～七五六）。『舊唐書』卷八・九、『新唐書』卷五に本紀があり、治世の大事を記す。

○**御史（御史大夫・御史中丞）**　御史は御史臺の監察官。長官は御史大夫（一人、從三品）、次官は御史中丞（二人、正五品）、侍御史（四人、從六品下）、殿中侍御史（六人、從七品下）、監察御史（十人、正八品上）等から構成される（『大唐六典』卷十三御史臺）。

○**戶部侍郎**　戶部尙書の次官、正四品下。戶部尙書には、戶部司・度支司・金部司・倉部司の四司があり、戶籍・賦役・財務運營を管轄した。戶部侍郎二人がその統括を行なった（『大唐六典』卷三戶部尙書）。戶部侍郎の職務の變遷について、『唐會要』卷五十九別官判度支に「貞元已前、他官來判者甚衆。自後、多以尙書侍郎主之、別官兼者希矣。故事、度支按、郎中判入、員外判出、侍郎總統押案而已。官銜不言專判度支、開元以後、時事多故、遂有他官來判者。或尙書侍郎專判、乃曰度支使、或曰判度支、或曰知度支事、或曰勾當度支使。雖名稱不同、其事一也。建中初、欲使天下錢穀、皆歸金部・倉部。終亦不行」とある。

○**宇文融**　宇文融、生卒年不詳（?～七三〇頃）、京兆府萬年縣（陝西省西安市）の人。開元初年に御史中丞、財政政策によって權力を掌握し、黃門侍郎同中書門下平章事（宰相）に至ったが、のち失脚した。『舊唐書』卷一〇五、『新唐書』卷一三四に立傳する。

○括籍外剰田色役僞濫　『唐會要』巻八十五逃戶條に「開元九年正月二十八日、監察御史宇文融請急察色役僞濫、幷逃戶及籍田。因令充使。……」とある。「色役僞濫」の上に「括籍外剰田」に對應する動詞が缺けている。「察」等の字を補うべきであるが、ここでは原文による。

本籍地を放棄した逃戶（客戶）および戶籍記載外の耕作地を調査して簿籍に登錄しなおし、租賦を免除して輕稅である稅錢を賦課したことは、宇文融の括戶政策として知られる。その全體は、『通典』巻七食貨歷代盛衰戶口條に「（開元）八年、天下戶口逃亡、色役僞濫、朝廷深以爲患。九年正月、監察御史宇文融陳便宜、奏請檢察僞濫兼逃戶及籍外賸田。於是令融充使推句、獲僞勳及諸色役甚衆。特加朝散大夫、再遷兵部員外兼侍御史。融遂奏置勸農判官、長安尉裴寬等二十九人、竝攝御史分往天下（慕容珣・王冰・張均・宋希玉・宋詢・韋治・薛侃・喬夢松・王誘・徐楚璧・徐鍔・裴寬・岑希逸・邊沖寂・班景倩・郭廷倩・元將茂・劉白正・王燾・于孺卿・王忠翼・何千里・梁勛・盧恰・庫狄履溫・賈晉・李登・盛廙等、皆知名士。判官得人、於此爲盛。其後多至顯秩）。所在檢責田疇、招攜戶口。其新附客戶、則免其六年賦調、但輕稅入官。陽翟縣尉皇甫憬・左拾遺楊相如竝上疏、盛陳煩擾不便。寬等皆當時才彥、使還、得戶八十餘萬、田亦稱是。憬遂貶爲衢州盈川尉。融拜御史中丞」とあり、また前引『唐會要』巻八十五逃戶條の續きに「開元九年正月二十八日、……于是諸道括得客戶凡八十餘萬。田亦稱是。州縣希旨、務於多獲。皆虛張其數、亦有以實戶爲客者。歲終、得客戶錢百萬、一時進入宮中。由是擢拜御史中丞。言事者却稱檢客損居民、上令集百寮於尙書省議。公卿以下、懼融恩勢、皆雷同不敢有異詞。惟戶部侍郎楊瑒獨建議以爲括客不利居民、徵籍外田稅、使百姓困敝、所得不如所失。無幾、瑒又出爲外職。二月二十八日敕、檢獲招誘得戶口應合酬者。其有課戶、皆須待納租庸、然後論功」とある。

逃戶について、本文ではみずから本貫地に歸って申告する場合には五年の征賦を免除し、丁男ごとに一五〇〇錢を課している。しかし『通典』には「其新附客戶、則免其六年賦調、但輕稅入官」（『舊唐書』巻一〇五宇文融傳同じ、『唐會要』巻八十五記載なし）とあって、六年の賦調を免除して輕稅を納入させたとある。一方、『新唐書』巻五十一食貨志一には「監察御史宇文融獻策、括籍外羨田、逃戶自占者給復五年、每丁稅錢千五百、以攝御史分行括實。陽翟尉皇甫憬上書言其不可。玄宗方任用融、乃貶憬爲盈川尉。諸道所括得客戶八十餘萬、田亦稱是。州縣希旨張虛數、以正田爲羨、編戶爲客、歲終、籍錢數百萬緡」とあり、本志同樣、五年の免除になっている。五年または六年の相違があるのは、前者の場合は逃戶歸首の規定であり、後者の場合は新たに戶籍に附載された客戶の規定であろう。宇文融の括戶政策については、府兵制の崩壞との關係を重視する礪波護［一九八六］を參照。

○色役僞濫　色役は中央・地方の官府に出仕する種種の下級勞役ならびに官人に支給される種種の從僕である。唐代の百姓丁男は、すべて租・調・正役・軍役を義務として負擔したが、さらに色役を負擔した。色役も義務的勞役であるが、戶等・年齡等の徵發基準を設けて選拔賦課され、數年間一定の期間ごとに服役し（分番上役）、服役しないばあいには資・課（代替錢物）を納入することを共通の特色とする（渡邊信一郎［二〇一〇］四〇九頁）。ここに云う僞濫とは、勳級（勳官）・戶等のごまかしなど樣ざまな理由を言い立てて色役徵發を忌避したことを言うのであろう。安史の亂以後の事情であるが、杜佑は、『通典』巻七「歷代盛衰戶口」論のなかで「自兵興以後、……其丁狡猾者、卽多規避、或假名入仕、或託跡爲僧、或占募軍伍、或依信豪族、兼諸色役、萬端蠲除。鈍劣者卽被徵輸、困竭日甚」と述べている。

②融又至融敗　王莽河については『元和郡縣志』巻十六河北魏州貴鄉縣條

に「大河故瀆、俗名王莽河、西去縣三里」とあり、『太平寰宇記』巻五十四河北道魏州大名縣條に「大河故瀆、在縣東三里、俗名王莽河。水經注云、故瀆又東北經元城、西北至沙丘」とあり、黃河の古道である。また『舊唐書』巻一〇五宇文融傳では「又上表請用禹貢九河舊道、開稻田以利人、幷迴易陸運本錢、官收其利。雖興役不息、而事多不就」とあって禹貢九河の舊道とし、この事業が失敗したことを記す。『資治通鑑』巻二一三玄宗開元十六年正月條には「丙寅、以魏州刺史宇文融檢校汴州刺史、充河南北溝渠堤堰決九河使。融請用禹貢九河故道開稻田、幷回易陸運錢、官收其利、興役不息、事多不就」とあって、この事業が開元十六年（七二八）に實施されたこと、また宇文融はこのとき河南北溝渠堤堰決九河使の職を帶びたことを傳える。

③**楊崇禮**　楊崇禮（?～七三八）は華陰（陝西省華陰縣）の人。父は、隋煬帝の子である齊王暕の子楊政道。則天武后の長安年間に天官郎中、玄宗開元初年、太府少卿、のち太府卿となり、在職二十年、「公清如一」と言われ、九十餘歲で戶部尙書を授けられて致仕した。本志の評價とはやや徑庭がある。『舊唐書』巻一〇五楊愼矜傳に付傳する。

④**太府卿**　太府卿は太府寺の長官。從三品。太府寺は、穀物以外の布帛・錢貨・寶貨等の出納、兩京の市場管理、物價調整などを掌る。『大唐六典』巻二十太府寺に「太府寺、卿一人、從三品。……太府卿之職、掌邦國財貨之政令、總京都四市平準左右藏常平八署之官屬、擧其綱目、修其職務」とある。

⑤**勾剝**　勾は句とも書く。本字は鉤（鈎）であり、官文書のチェックを意味する。顏師古『匡謬正俗』巻八句鉤條に「或問曰、今之官書文按、檢覆得失、謂之爲句。音構。何也。荅曰、字當作鉤。今從徑易、故省金耳。簿領之法、恐其事有枉曲、月日稽延、故別置主簿・錄事、專知覆檢。其訖了者、即以朱筆鉤之。鉤字去聲、故爲構音爾。原其根本、以鉤音也」とある。これによれば、勾・句は唐初から互用されたようであるが、官文書の內容・手續きの監査を意味する。內容・手續きに問題が無ければ、朱筆でカギ印を附す。これが勾である。勾剝とは、勾徵とも言い、財經にかかわる帳簿を監査して、內容・手續きに問題があるとき、正規の財物を徵收しなおすことを言う。單なる「誅求聚斂の意」（加藤繁譯注上巻二五、二〇頁）ではない。ただ、監査にかこつけて財物を剝奪することを排除しない。唐代の刑部尙書比部郎中を中心とする勾檢制度については、王永興［一九九一］を參照。勾徵の手續きについても、敦煌・トルファン文書を用いて、具體的に復元している。

楊崇禮の勾剝については、『舊唐書』巻一〇五楊愼矜傳に「時太平且久、御府財物山積、以爲經楊卿者、無不精好、每歲勾剝省便出錢數百萬貫」とある。

⑥**折估**　開元年間には、庸調布帛等の中央化にあたって、各税物の品質を上中下三等に區分し、粗惡品があるばあいには、中等品の估價に相當する物品に代替して再徵收していた（『新唐書』巻五十一食貨志一）。楊愼矜は、この制度を利用し、上供された稅物が水に漬かったり汚損したりしていて規格にあわない粗惡品であると強辯し、あらためて錢を徵收することとし、錢額に相當する本州の中估の輕貨に買い換えて、中央政府に納めさせた。これが折估であり、上供稅物の二重取りである。『資治通鑑』巻二一三玄宗開元二十一年條に「愼矜奏、諸州所輸布帛有漬汚穿破者、皆下本州、徵折估錢、轉市輕貨。徵調始繁矣」とある。この折估錢問題は、『唐會要』巻八十三租稅上開元二十九年（七三三）二月十二日敕條に「二月十二日敕、自今已後、應緣納物或有濫惡者、更不徵折估」とあって、開元二十九年に一旦停止された。

なお本文では「轉輸納欠、折估漬損、必令徵送」を楊崇禮の事跡とするが、前掲『資治通鑑』および『舊唐書』巻一〇五楊愼矜傳によれば、

「愼矜於諸州納物者有水漬傷破及色下者、皆令本州徴折估錢、轉市輕貨、州縣徴調、不絶於歳月矣」とあり、息子の楊愼矜の事跡である。

⑦以其子愼矜爲御史專知太府出納其弟愼名又專知京倉　楊崇禮の致仕にあたって財府の官に就いたのは「宰臣以愼餘・愼矜・愼名三人、皆勤恪清白有父風、而愼矜爲其最。因拜監察御史、知太府出納。愼餘先爲司農丞、除太子舍人、監京倉。尋丁父憂。二十六年、服闋、累遷侍御史、仍知太府出納。愼名授大理評事、攝監察御史、充都含嘉倉出納使、甚承恩顧」（『舊唐書』巻一〇五楊愼矜傳）とあるように、最初楊愼餘が監京倉となり、楊愼矜は、父の喪が明けた開元二十六年（七三八）に知太府出納使となった。本文では愼名が知京倉となったとするが、列傳に従えば愼餘が監京倉となり、弟の愼名は東都含嘉倉出納使に就いている。

『唐會要』巻五十九尙書省諸司下・出納使條に「開元二十六年九月、侍御史楊愼矜充太府出納使。天寶二年六月、殿中侍御史張瑄、充太府出納使。四載八月、殿中侍御史楊釗、充司農出納錢物使。六載三月、楊愼矜改戸部侍郎、充兩京含嘉倉出納使。其載、楊釗替充兩京含嘉倉出納使。乾元元年、度支郎中第五琦、充兩京司農太府出納使」とある。侍御史楊愼矜が太府出納使になったのは、開元二十六年九月のことであり、かれはまた天寶六載（七四七）三月、戸部侍郎・兩京含嘉倉出納使となっている。

ちなみに『通典』巻二十三職官五戸部尙書・倉部郎中條に「……掌倉廩之事。開元二十六年以後、置出納使、皆以他官爲之」とある。開元二十六年の楊愼矜の太府出納使就任を皮切りに、戸部尙書倉部郎中の所管であった穀物の出納管理が、太府出納使などの出納使職によって行なわれるようになり、律令制にもとづく財務管理の轉換が始まったのである。

○楊愼矜・楊愼名　長兄愼餘と三兄弟、ともに隋煬帝の玄孫。父は太府卿楊崇禮。楊愼名は、大理評事を授けられたのち、攝監察御史・充都含嘉倉出納使となった。楊愼矜は、開元二十六年、監察御史・知太府出納使となり、天寶二年、權判御史中丞・充京畿採訪使・知太府出納使、天寶五載、戸部侍郎・御史中丞・知太府出納使となったが、天寶六載（七四七）、宰相李林甫との政爭に敗れ、十一月二十五日、兄弟三人ともに自盡を賜った。『舊唐書』巻一〇五、『新唐書』巻一三四に楊愼矜傳を立てる。

○京倉　京倉は、『唐會要』に楊愼矜が戸部侍郎・兩京含嘉倉出納使となっているように、主として司農寺管轄下にあった西京長安の北倉・太倉および東都洛陽の含嘉倉を言う。

天寶年間の度支年間經費を記した『通典』巻六食貨六賦稅下に「其度支歳計、粟則二千五百餘萬石（三百萬、折充絹布、添入兩京庫。三百萬、迴充米豆、供尙食及諸司官廚等料、幷入京倉。四百萬、江淮迴造米轉入京、充官祿及諸司糧料。五百萬、留當州官祿及遞糧。一千萬、諸道節度軍糧及貯備當州倉）。布絹綿則二千七百餘萬端屯疋（千三百萬、入西京、一百萬、入東京。千三百萬、諸道兵賜及和羅、幷遠小州便充官料郵驛等費）。錢則二百餘萬貫（百四十萬、諸道州官課料及市驛馬、六十餘萬、添充諸軍州和羅軍糧）」とある。これによれば、穀物二千五百餘萬石のうち三百萬石は、宮廷の尙食及び諸官司の官廚等料に供給するために、米・豆に變えて京倉に搬入し、四百萬石は、江淮地方から玄米に變えて京師に轉送し、官祿及び諸司の食糧に供給するとある。この京倉は、東都・西京を區別していないから、兩都の穀物倉を指しているとみてよい。

また『大唐六典』巻十九司農寺太倉署令條に「令三人、従七品下（……皇朝置太倉令三人。東都則曰含嘉倉）。……太倉署令、掌九穀廩藏之事、丞爲之貳。……凡京官之祿、發京倉以給（中書門下・御史臺・尙書省・殿中省・內侍省・九寺・三監・左右春坊・詹事府・京兆・河南府、竝第一般、上

旬給。……京都總監・內坊、竝第二般、中旬給。……兩京畿府官、竝第三般、下旬給。……）」とある。京倉から祿米を支給される京官には河南府・東都總監・兩京畿府官など東都の官人が含まれる。京倉は、兩都におかれた北倉（東渭橋倉）・太倉・含嘉倉等の穀物倉であり、ここから中央官僚の官祿、宮廷・諸官司の食糧が支給されたのである。

⑧**輕貨**　輕貨とは、輕くて輸送に便利な各州郡の高額の特産品である。加藤繁譯注上卷三二（二二頁）は、「絹帛及び金銀をいふ」とするが、絹帛ではなく錦繡羅紗などの高級絹織物であり、また金銀にとどまらない金屬加工品・陶磁器・文房具などを含む。次注⑨所引『舊唐書』韋堅傳に記述する廣陵郡船以下各郡船の特產品が輕貨の具體例である。

⑨**又有至貴盛**　韋堅（?～七四六）、字は子全、京兆萬年（陝西省西安市）の人。天寶元年（七四二）陝郡太守・水陸運使となり、漕運の整備を進めた。三年（七四四）には御史中丞・韋城男、ついで守刑部尙書となったが、天寶五載（七四六）、李林甫により失脚させられた。『舊唐書』卷一〇五・『新唐書』卷一三四に立傳する。

廣運潭は、租稅運搬船を集めるために長安城の東九里に設けられた最終寄港池である。『舊唐書』卷一〇五韋堅傳に「（開元）二十五年、爲長安令、以幹濟聞。與中貴人善、探候主意。見宇文融・楊愼矜父子以勾剝財物、爭行進奉、而致恩顧、堅乃以轉運江淮租賦、所在置吏督察、以裨國之倉廩、歲益鉅萬。玄宗以爲能。天寶元年三月、擢爲陝郡太守・水陸轉運使。自西漢及隋、有運渠自關門西抵長安、以通山東租賦。奏請於咸陽擁渭水作興成堰、截灞・滻水傍渭東注、至關西永豐倉下與渭合。於長安城東九里長樂坡下・滻水之上架苑牆、東面有望春樓、樓下穿廣運潭以通舟楫、二年而成。堅預於東京・汴・宋取小斛底船三二百隻置於潭側、其船皆署牌表之。若廣陵郡船、卽於攜背上堆積廣陵所出錦・鏡・銅器・海味。丹陽郡船、卽京口綾衫段。晉陵郡船、卽折造官端綾繡。會稽郡船、卽銅器・羅・呉綾・絳紗。南海郡船、卽瑇瑁・眞珠・象牙・沉香。豫章郡船、卽名瓷・酒器・茶釜・茶鐺・茶豔。宣城郡船、卽空青石・紙筆・黃連。始安郡船、卽蕉葛・蚺虵膽・翡翠。船中皆有米、呉郡卽三破糯米・方文綾。凡數十郡。駕船人皆大笠子・寛袖衫・芒屨、如呉楚之制。……堅跪上諸郡輕貨、……玄宗歡悅」とある。

○**山東**　戰國時代の秦を除く六國の地、現在の河北省・河南省・山東省を領域とし、ここでは廣く長江以北までふくむ。

⑩**又王至餘使**　王鉷（?～七五二）、太原祁縣（山西省祁縣南）の人。天寶二年（七四三）、戶部郎中、天寶四載、勾戶口色役使・御史中丞となり、以後諸使を兼任し、天寶九載（七五〇）、京兆尹となった。『舊唐書』本傳に「鉷威權轉盛、兼二十餘使。近宅爲使院、文案堆積、胥吏求押一字、卽累日不遂」と傳える。『舊唐書』卷一〇五・『新唐書』卷一三四に立傳する。

百寶大盈庫について、『舊唐書』王鉷傳などでは內庫に作る。尙書戶部・太府寺の管理下にある國庫左藏庫・右藏庫とは別に設置された皇帝專屬の財庫である（中村裕一［一九七一］）。

⑪**又楊至寵貴**　楊國忠（?～七五六）、蒲州永樂（山西省永濟縣）の人で、楊貴妃の堂兄。本名は釗と言った。『舊唐書』卷一〇六・『新唐書』卷二〇六に立傳する。楊國忠が兼務した四十あまりの使職について『資治通鑑』卷二一六玄宗天寶十一載十一月庚申條「自侍御史至爲相、凡領四十餘使」に付す胡三省注に「楊國忠爲度支郎、領十五餘使、至宰相、凡領四十餘使、新舊唐史皆不詳載其職。案其拜相制前銜云、御史大夫・判度支・權知太府卿事、兼蜀郡長史・劍南節度支度營田等副大使・本道兼山南西道采訪處置使・兩京太府・司農出納・監倉・祀祭・木炭・宮市・長春・九成宮等使・關內道及京畿采訪處置使、拜右相、兼吏部尙書・集賢殿・崇玄館學士・修國史・太淸・太微宮使。自餘所領、又有管當租庸鑄錢等使。以是觀之、概可見」とある。

〔通釋〕

開元年間（七一三～七四一）には、御史の宇文融なるものがいた。かれは、戸籍記載外の餘剩田土を調査し、色役の不正を摘發すること、および逃戸が歸鄕することを許し、みずから申告すれば、五年間の租賦を免除し、丁ごとに一五〇〇錢のみ課税することを獻策した。攝御史を配置し、區域ごとに分けて調査・摘發させたところ、八十餘萬戸を得たが、田土もまた戸數に匹敵し、稅錢は數百萬貫になった。玄宗は、宇文融を有能だとし、數年の間に御史中丞・戸部侍郎に拔擢した。宇文融はさらに河北の王莽河を開鑿し、田土數千頃を灌漑し、稻田を經營することを計畫した。その結果が出ないうちに、宇文融は失脚してしまった。

この時、また楊崇禮なるものが太府卿となった。かれは清廉・嚴格で監査による取立てに長じており、わずかな量でも自分の手で徴收することを厭わなかった。未納分の租稅を輸送し、水に漬かったり汚損したりした上供稅物の再徴收を必ず行なわせたので、天下の州縣からの財物徴收は、四季を通して止むことがなかった。楊崇禮が老病により致仕すると、その子である楊愼矜を御史とし、太府寺の出納を專管させた。その弟の楊愼名もべつに京倉を專管した。かれ等はみな苛刻な誅求によって民衆に害を與え、主上の恩寵をたよりとして嚴しく責めたてた。

また韋堅なるものがいた。かれは、宇文融や楊愼矜のやり方を見習い、江淮地方から租米を運搬するにさいし、州縣の義倉に蓄えてある粟を取りだして輕貨に買い替え、富戸を徴發して運船を管理させ、もし遲延や欠損があれば、すべてその船戸（富戸）に贖わせることを提案した。また關中の水運路を改修し、廣運潭を掘削して山東地域の粟を搬入した。その量は毎年四百萬石にのぼった。玄宗は韋堅を有能だとし、また高貴で羽振の良い官職につけた。

また王鉷なるものがいた。かれは財計に躍起となり、自ら戸口色役使となって、財貨をむしり取り、毎年百億錢を獻上したが、寶物もその數に匹敵した。正額の租庸ではないと語り、財貨を百寶大盈庫に搬入し、皇帝の私宴や賜物の費用に充てた。玄宗はますます王鉷を寵用した。王鉷は數年のうちに御史大夫、京兆尹となり、二十餘の使職を帶びることとなった。

また楊國忠なるものは、楊貴妃の勢いを借りて恩寵を受け、四十餘の使職を帶びた。皇帝の聽覽を經たと語り、必ず數倍に利益を擴大したので、さらに寵用された。

太平の世が長く續き、天下がきわめて安定すると、人びとは混亂を願わなかった。しかしこれら數人は、欺計を用いて世の中を混亂させた。およそ二十五人の官人が、ともに民衆を搾取したが、あえてそのことに言及する者はなかった。

〔原文〕四

及安祿山反於范陽、兩京倉庫盈溢而不可名。楊國忠設計、稱不可耗正庫之物、乃使御史崔衆於河東、納錢度僧尼道士、旬日間得錢百萬。玄宗幸巴蜀、鄭昉使劍南、請於江陵稅鹽麻以資國、官置吏以督之。肅宗建號於靈武後、用康雲間①鄭叔清爲御史、於江淮間豪族富商率貸、及賣官爵、以裨國用。

〔校訂〕

①**康雲間**　標點本・諸本もと康雲間の康字を脱す。『通典』巻十一食貨雜

稅條に「自天寶末年、盜賊奔突、克復之後、府庫一空、又所在屯師、用度不足。於是遣御史康雲間出江淮、陶鋭往蜀漢。豪商富戶、皆籍其家資所有財貨畜產、或五分納一、謂之率貸。所收巨萬計、蓋權時之宜」とある。『通典』によって康字を補う。

〔訓讀〕

①安祿山、范陽に反するに及び、兩京の倉庫盈溢して名づくる可からず。楊國忠計を設け、正庫の物を耗《つい》やす可からずと稱し、②乃ち御史崔衆を河東に使わし、錢を納めて僧尼・道士を度せしむるに、旬日の間、錢百萬を得③たり。玄宗、巴蜀に幸《みゆき》するや、鄭昉、劍南に使いし、江陵に於いて鹽麻に稅し以て國を資《たす》け、官、吏を置き以て之を督せしめんことを請う。④肅宗號を靈武に建つるの後、康雲間・鄭叔清を用いて御史と爲し、江淮の間の豪族・富商より率貸し、及び官爵を賣り、以て國用を裨《たす》けしむ。⑤

〔注釋〕

①**及安至國用**　本節全體に關係する記述が『新唐書』食貨志にある。參考のために、先に引用しておく。『新唐書』卷五十一食貨志一に「及安祿山反、司空楊國忠以爲正庫物不可以給士、遣侍御史崔衆至太原、納錢度僧尼・道士、旬日得百萬緡而已。自兩京陷沒、民物耗弊、天下蕭然。肅宗卽位、遣御史鄭叔清等、籍江淮・蜀漢富商右族訾畜、十收其二、謂之率貸。諸道亦稅商賈以贍軍、錢一千者有稅、於是北海郡錄事參軍第五琦以錢穀得見、請於江淮置租庸使、吳鹽・蜀麻・銅冶皆有稅。市輕貨、繇江陵・襄陽・上津路、轉至鳳翔。明年、鄭叔清與宰相裴冕建議、以天下用度不充、諸道得召人納錢、給空名告身、授官勳邑號、度道士僧尼、不可勝計。納錢百千、賜明經出身。商賈助軍者給復」とある。

②**及安祿山至正庫之物**　安祿山（七〇三〜七五七）は、營州柳城（遼寧省朝陽縣）の人。養父は突厥の武將安延偃、母は突厥阿史德氏出身。平盧・范陽・河東三節度使を兼ね、天寶十四載（七五五）十一月丙寅十一日に擧兵した。『舊唐書』卷二〇〇上・『新唐書』卷二二五上に立傳。

○**范陽**　幽州の郡名。范陽節度使の治所。現在の北京市。

○**兩京倉庫**　長安の左右藏庫・太倉、洛陽の含嘉倉等の倉と庫。

○**正庫**　正稅である田租の穀物を收納する倉庫を正倉と言い、正稅である庸調物等の絹帛・財貨を收納する倉庫を正庫と言う。正庫は、主として太府寺が管轄する長安・洛陽兩京の左藏庫・右藏庫を言う。その具體は、『大唐六典』卷二十太府寺主簿條に「太府寺管木契七十隻。十隻與左藏東庫合、十隻與左藏西庫合、十隻與右藏內庫合、十隻與右藏外庫合。又十隻與東都左藏庫合、十隻與東都右藏庫合。各九雄一雌、九雄、太府主簿掌。一雌、庫官掌。又五隻與左藏朝堂庫合、五隻與東都左藏朝堂庫合。各四雄一雌。其契以次行用」とある。

③**乃使至百萬**　御史崔衆　前揭本節注釋①『新唐書』食貨志では、このとき崔衆は侍御史。侍御史は御史臺の屬官、定員四名、從四品下。『大唐六典』卷十三御史臺條に「侍御史掌糾百僚、推鞫獄訟」とある。御史については、なお、〔原文〕三注釋①參照。

○**河東**　道名、ほぼ現在の山西省にあたる。

この記述によれば、中國史上はじめて度牒を販賣したのは楊國忠であり、その時期は叛亂開始の天寶十四載十一月十一日から楊國忠が死ぬ十五載（七五六）六月十五日までの間である。この度牒販賣は、楊國忠の死後三箇月餘にして、官爵販賣とあわせて、河東道太原以外にも擴大された。『舊唐書』卷十肅宗紀至德元載（七五六）十月癸未（三日）條に「次彭原郡（私案次字據沈東甫合鈔本補）、以軍興用度不足、權賣官爵、及度僧尼」とみえる。これは、『舊唐書』卷一一三裴冕傳・『册府元龜』卷五〇九邦計部鬻爵贖罪・肅宗至德元年九月條（本節注釋⑤「賣官爵」條參照）によれば、裴冕が建議したものである。

ちなみに贊寧『大宋僧史略』卷下「度僧規利」に「唐肅宗在靈武、新立、百度惟艱、最闕軍須、因成詭計。時宰臣裴冕隨駕至扶風、奏下令賣官鬻度僧尼道士、以軍儲爲務。人有不願、科令就之。其價益賤、事轉成弊。鬻度僧道、自冕始也」（『舊唐書』裴冕傳・『册府元龜』略同）とあり、佛教關係史籍では、度牒販賣は至德元載十月の裴冕奏上に始まるとされる。

④**玄宗至督之**　巴蜀　巴は現在の四川省東部、蜀は西部、巴蜀で四川全域を指す。玄宗の蜀への行幸期間は、天寶十五載（七五六）六月乙未十三日長安出發、八月庚辰二十八日成都到着（この間七月甲子十二日、肅宗靈武で卽位、至德と改元）。翌至德二載（七五七）十月丁卯二十三日成都出發、十二月丙午三日長安歸着。

〇**鄭昉**　鄭昉（生沒年不詳）は開元十九年制科及第の官人。『唐會要』卷七十六貢擧中「制科擧」條に「（開元）十九年、博學宏詞科、鄭昉・陶翰及第」とみえる。鄭昉が奏上した江陵を據點とする鹽・麻への課税は、『舊唐書』食貨志に獨自の記事である。上奏は、玄宗の長安出發六月十三日から肅宗卽位七月十二日までの一箇月間のこととなる。

〇**劍南**　道名、現在の四川省東部にあたる。江陵は山南道江陵府、湖北省江陵市にあたる。加藤繁譯注上卷五〇（二四頁）は、鄭昉が劍南節度使であったとするが、文獻では確認できない。この年六月十三日から七月十二日までの間に劍南節度使・節度副使であったのは、『舊唐書』卷九玄宗本紀下天寶十五載六月條に「庚子（十八日）、以司勳郎中劍南節度留後崔圓爲蜀郡長史・劍南節度副使、以潁王璬爲劍南節度大使」とあるように、大使潁王李璬（遙任）・副使崔圓である。鄭昉はあらかじめ劍南に派遣されて狀況を視察し、江陵を據點とする課税によって蜀地での財源確保を上請したものと考えられる。

なお前掲本節注釋①『新唐書』食貨志は、肅宗卽位後の事として、第五琦が、「江淮地方に租庸使を置き、吳鹽・蜀麻・銅冶の税があるので、これを輕貨に買換えて江陵より襄陽・上津路をへて、鳳翔府に轉運することを提案した」と述べている。『唐會要』卷八十七轉運鹽鐵總敍條に「肅宗初、第五琦始以錢穀得見、請於江淮分置租庸使、市輕貨以濟軍食。遂拜監察御史、爲之使」とあり、『唐會要』卷八十四租庸使條に「至德元年（七五六）十月、第五琦除監察御史、充江淮租庸使」とあって、第五琦の上奏は十月頃の事であることがわかる。『唐會要』にみるように江淮地方に租庸使を分置し、租庸を輕貨に買換えて軍費を調達するよう上請したことは、『大唐新語』卷十釐革條・『資治通鑑』卷二一九至德元年十月條にも見えるが、吳鹽・蜀麻を輕貨に買換えた記述はない。他に傍證がないので確實ではないが、『新唐書』の記述は、鄭昉の提案が實施に移されていたこと、これを前提に、第五琦が租庸使による江陵經由の財政的物流の編成のなかに鹽麻税を組入れたことを示すものである。

⑤**肅宗至國用**　肅宗は第七代皇帝李亨（七一一～七六二、在位七五六～七六二）。天寶十五載七月甲子、靈武で卽位、至德と改元した。『舊唐書』卷十、『新唐書』卷六本紀に治績を記す。

〇**靈武**　關內道靈州、現在の寧夏回族自治區靈武縣西北にあたる。

〇**江淮間**　長江と淮水に挾まれた地域。現在の江蘇省南部・安徽省中部にあたる。

〇**率貸**　率貸は強制的な資產の借りあげを言う。『通典』卷十一食貨雜税條に「自天寶末年、盜賊奔突、克復之後、府庫一空、又所在屯師、用度不足。於是遣御史康雲間出江淮、陶鋭往蜀漢。豪商富戶、皆籍其家資所有財貨畜産、或五分納一、謂之率貸。所收巨萬計、蓋權時之宜」とある。ここでは、富豪・商人から資産の二割を強制借上げしている。『舊唐書』食貨志は江淮だけだが、『通典』によれば四川でも實施したことがわかる。兩京回復、長安再入城は、至德二載（七五七）十月の事であるから、率貸の實施は十月以後と考えてよい。

○賣官爵 『册府元龜』卷五〇九邦計部鬻爵贖罪條に「唐肅宗至德元年九月、以軍興事殷、國用不足、詔權賣官及爵、度僧尼、節級納錢。時裴冕爲相、不識大體、以聚人曰財、乃下令賣官鬻爵、度僧尼道士、以儲積爲務。人不願者、科令就之。其價益賤、事轉爲成弊」とあり、また『舊唐書』卷十肅宗本紀至德元年（七五六）十月條に「癸未（三日）次彭原郡。以軍興用度不足、權賣官爵、及度僧尼」とある。これによれば、至德元載九月、宰相裴冕提案、十月施行ということになる。この時の賣官爵・納錢度僧尼は、強制的な軍費調達であったためなかなか進まなかったらしく、翌年七月に再度鄭叔清の奏請があった。

『册府元龜』卷五〇九邦計部鬻爵に「（至德）二年七月、宣諭使・侍御史鄭叔清奏、承前諸使、下詔納錢物、多給空名告身、雖假以官、賞其忠義、猶未盡才能。今皆量文武才藝、兼情願穩便、據條格擬、同申奏聞、便寫告身。諸道士・女道士・僧尼如納錢、請準敕迴授餘人、幷情願還俗授官勳邑號等、亦聽。如無人迴授、及不願還俗者、準法、不合畜奴婢田宅資財。既助國納錢、不可更拘嘗格。其所有資財、能率十分、納三分助國、餘七分、竝任終身自蔭。身沒之後、亦任迴與近親。又准敕、納錢百千文、與明經出身。如曾受業、粗通帖策、修身愼行、鄉曲所知者、量減二十千文。如先經擧送、到省落第、灼然有憑、帖策不甚寥落者、減五十千文。若粗識文字者、准元敕處分。如未曾讀學、不識文字者、加三十千。應授職事官幷勳階邑號及贈官等、有合蔭子孫者、如戶內兼蔭丁中三人以上免課役者、加一百千文。每加一丁中、累加三十千文。其商賈、准令所在收税、如能據所有資財十分納四助軍者、便與終身優復。如於敕條外、有（又）悉以家產助國、嘉其竭誠、待以非次。先出身及官資、竝量資歷好惡、各據本條格例、節級優加擬授。如七十已上情願致仕官者、每色內量十分減二分錢。時屬幽寇內侮、天下多虞、軍用不充、權爲此制、尋卽停罷」（『通典』卷十一食貨鬻爵略同文）とある。

また『唐大詔令集』卷一一五政事條に「遣鄭叔清往江淮宣慰制（賈至）」に「敕、逆賊未平、師旅淹歳、軍用匱竭、常賦莫充、所以税畝於荆吳、校練於淮海、從權救弊。蓋非獲已。夫法明則吏不欺、歛均則人不怨、輯寧無擾、繫乎使臣。度支郞中鄭叔清、貞固幹事、節用愛人、考志視成、可歷斯任。宜以本官兼御史、充江淮東西道宣撫使。至德二年七月十二日」とあって、七月十二日に度支郞中鄭叔清が兼御史・江淮東西道宣撫使に任命されたことがわかる。これらの施策は至德二年七月の臨時的措置であるが、文中に敕・令・條格に依據するところがあり、これは至德元年十月の原敕・條格であろう。

ここには、(1)賣官爵（賣官爵のうち明經出身をあたえるときは納錢一〇〇貫が基準で條件によって增減する）、(2)僧尼・道士の納錢による他者への度牒回授、もしくは自らの還俗受官、竝びに資産の三割を納入する場合は終身税役免除とし、死後は近親に回授しうること、(3)商人に對する各地での收税、商人が資産の四割を上納するばあい終身の税役を免除することなどが記されている。

(3)商人に對する施策は、十月前後に康雲間・陶鋭等が實施した「率貸」と似てはいるが、異なる施策である。第一に七月と十月以後の實施であり、時期が異なる。第二に鄭叔清のばあいは資産の四割上納に對する終身税役免除であり、二割の強制借りあげである「率貸」とは施策が異なる。『舊唐書』食貨志は、康雲間等の「率貸」と鄭叔清の賣官爵・納錢度僧とを混同している。兩者を區別しなければならない。

〔通釋〕

安祿山が、范陽で叛亂を起したとき、兩京の倉庫には財貨があふれ、名状しがたいほどであった。楊國忠は策を弄し、正庫の財物を消耗してはならぬと稱して、御史崔衆を河東に遣わし、錢を納入させて僧尼・道士の度牒を付與したが、旬日の間に百萬錢を得た。

玄宗が巴蜀に行幸したとき、鄭昉が劍南に遣わされた。かれは、江陵で鹽と麻に課税して國家財政を助け、國家が吏を配置して監督するよう提案した。肅宗は、靈武で卽位した後、康雲間と鄭叔淸を御史に任用し、江淮地方の豪族・富商から資産の二割を借りあげ、また官爵を賣って、國家財政を補った。

〔原文〕五

德宗朝討河朔及李希烈、物力耗竭。趙贊司國計、纖瑣刻剝、以爲國用不足、宜賦取於下、以資軍蓄。與諫官陳京等更陳計策。贊請稅京師居人屋宅、據其間架、差等計入、陳京又請籍列肆商賈資產、以分數借之。宰相同爲欺罔、遂行其計。中外沸騰、人懷怨望。時又配王公已下及嘗在方鎭之家、出家僮及馬以助征行、公私囂然矣。後又張滂裴延齡王涯等、剝下媚上。此皆足爲世戒者也。

〔訓讀〕

德宗朝、河朔及び李希烈を討ち①、物力耗竭す。趙贊國計を司るに、纖瑣刻剝し、以爲えらく、國用足らず、宜しく下より賦取し、以て軍蓄を資《たす》くべし、と。諫官陳京等と更ごも計策を陳ぶ②。贊、京師居人の屋宅に稅し、其の間架に據り差等もて計入せんことを請い③、陳京又た列肆商賈の資產を籍し、分數を以て之を借りんことを請う④。宰相同《とも》に欺罔を爲し⑤、遂に其の計を行なう。中外沸騰し、人、怨望を懷く。時に又た王公已下及び嘗て方鎭に在るの家に配し、家僮及び馬を出だして以て征行を助けしむるに⑥、公私囂然たり⑦。後に又た張滂⑧・裴延齡⑨・王涯⑩等、下を剝ぎ上に媚ぶ。此れ皆な世の戒めと爲すに足る者なり。

〔注釋〕

①**德宗朝討河朔及李希烈**　德宗は、第九代皇帝李适（七四二～八〇五、在位七七九～八〇五）、『舊唐書』巻十二・十三、『新唐書』巻七に本紀があり、その治績を記す。

○**河朔及李希烈**　建中二年（七八一）五月、成德節度使李惟岳（恆州）、淄青平盧節度使李正己・李納（鄆州）、魏博節度使田悅（魏州）が連合して亂をおこし、平定にむかっていた三年一月に幽州節度使朱滔、十二月に淮西節度使李希烈が反亂をおこした。李惟岳は『舊唐書』巻一四二・『新唐書』巻二一一に、李正己と李納は『舊唐書』巻一二四・『新唐書』巻二一三に、田悅は『舊唐書』巻一四一・『新唐書』巻二一〇に、李希烈は『舊唐書』巻一四五・『新唐書』巻二二五中にそれぞれ立傳する。

②趙贊司國計至更陳計策　建中三年五月乙巳（二十三日）に就任し、建中四年十二月壬戌（十九日）に解任され、播州司馬となるまで、趙贊が戶部侍郎・判度支の職にあって財務を掌管したことを言う（『舊唐書』巻十二德宗本紀上）。

○趙贊　正史に立傳せず、生沒年・經歷不詳。『元和姓纂』巻七によれば河東の人。「狀云、自天水徙焉。唐監察御史趙君煦、……君煦兄孫珍、和州刺史。生匡・贊。匡、洋州刺史。贊、戶部侍郎、生虔」とある。趙贊は、德宗建中年間に財務官僚として活動した。その內容は、本條のほか〔原文〕六六、〔原文〕七一を參照。兩稅法施行に際し、建中元年二月、禮部郎中黜陟使として山南東道・荊南道・黔中道・湖南等道に赴き、各道で具體的な兩稅實施案を協議した（『册府元龜』巻一六二帝王部命使二）。なお「尚書省郎官石柱題名」は彼の名を吏部郎中に列する。

○陳京　字は慶復、生沒年不詳。『新唐書』巻二〇〇儒林傳下に立傳する。

③贊請至間架　間架稅のことを言う。國都長安において、間（二架）を單位として家屋の大きさを道に面した長さで計り、さらに家屋の等級（三段階）で決められた額（上等は一間あたり二〇〇〇錢・中等一〇〇〇錢・下等五〇〇錢）を考慮して課した家屋稅である。間架稅實施は建中四年（七八三）六月庚戌（五日）、廢止は翌興元元年（七八四）正月癸酉（朔日）（『舊唐書』巻十二德宗本紀上）。

『册府元龜』巻五一〇邦計部重斂に「（建中）四年六月、初稅間架・除陌錢。時馬燧・李懷光・李抱眞・李芃四節度之兵、屯於魏縣。判度支趙贊以軍須迫蹙、常平利不時集、乃請稅屋間架、筭除陌錢。間架法、凡屋兩架爲一間。屋有貴賤、約價三等。上價間出錢二千、中價一千、下價五百。所繇吏秉筆執筭、入人廬舍而計其數。衣冠士族或貧無他財、獨守故業、坐多出筭者、動數千萬人、不勝其苦。凡沒一間者杖六十、告者賞錢五十貫、取於其家」とある。このほか『舊唐書』巻一三五盧杞傳・『唐會要』巻八一四雜稅條などにも同樣の史料がある。なお本志下巻にも間架法の記述がある。詳しくは〔原文〕七一を參照。

④陳京至借之　この奏請は、借商錢のことを言う。實體は率貸に同じ。市の列肆に商店をもつ商人の資產を調查して登錄し、資產一萬貫を殘し、他の資產をすべて強制的に借り上げたものである。主要な關連史料をあげる。

○『舊唐書』巻十二德宗本紀上建中三年四月壬戌（十日）條に「太常博士韋都賓・陳京、以軍興庸調不給、請借京城富商錢、大率每商留萬貫、餘竝入官。不一二十大商、則國用濟矣」とあり、またその七月甲申（九日）條に「以前振武軍使王翃爲京兆尹、以兵部郎中楊眞爲御史中丞・京畿觀察使。以括率商戶、人情不安、癸巳（十八日）、詔除已收納入庫外一切停、已貯納者、仍明置簿曆、各給文牒、後准元數却還」とある。三箇月後には停止され、すでに收納した者についても帳簿を作成して、證文を支給し、のちにもとの額面通り返還するとある。

○『册府元龜』巻五一〇邦計部重斂條に「德宗建中三年四月、太常博士韋都賓・陳京建議以爲、泉貨所聚、在于富商。錢出萬貫者、請留其萬貫爲業、有羨、官借以給軍計、天下不借一二十商人、而國家數年之用足矣。德宗從之、許罷兵後、以公錢還之」とある。

○『資治通鑑』巻二二七建中三年三月庚申（二日）條に「時兩河用兵、月費百餘萬緡、府庫不支數月。太常博士韋都賓・陳京建議以爲、貨利所聚、皆在富商、請括富商錢、出萬緡者借其餘、以供軍計。天下不過借一二千商、則數年之用足矣。上從之」

『舊唐書』巻十二は京師の富商、『資治通鑑』『册府元龜』は天下の商人というように施行範圍が異なり、また大商の數も一、二十、あるいは一、二千とあって、異なる。徳宗本紀には、王翃が京兆尹、楊眞が京畿觀察使となったことをうけて停止に言及しているので、提案時の對象は天下であったかもしれないが、實際の施行範圍は京兆府・長安であったとみてよい。

⑤**宰相同爲欺罔**　建中三年四月（借商）、建中四年五月（間架税）時點の宰相は、『新唐書』卷六十二宰相表中によれば、李忠臣（檢校司空・同中書門下平章事）、盧杞（門下侍郎・同中書門下平章事）、關播（中書侍郎・同中書門下平章事）である。

『舊唐書』卷一三五は、宰相の一人であった盧杞の傳記に一連の財政政策を記述している。すなわち、「及杞爲相、諷上以刑名整齊天下。……由是河北・河南連兵不息。度支使杜佑計諸道用軍月費一百餘萬貫、京師帑廩不支數月。且得五百萬貫、可支半歲、則用兵濟矣。杞乃以戸部侍郎趙贊判度支、贊亦計無所施、乃與其黨太常博士韋都賓等謀行括率、以爲泉貨所聚、在於富商、錢出萬貫者、留萬貫爲業、有餘、官借以給軍、冀得五百萬貫。上許之、約以罷兵後以公錢還。敕既下、京兆少尹韋禎督責頗峻、長安尉薛萃荷校乘車、搜人財貨、意其不實、卽行搒箠、人不勝冤痛、或有自縊而死者、京師囂然如被賊盜。都計富戸田宅奴婢等估、纔及八十八萬貫。又以僦櫃納質、積錢貨貯粟麥等（私案等字當作者字）、一切借四分之一、封其櫃窖、長安爲之罷市。百姓相率千萬衆、邀宰相於道訴之。杞初雖慰諭、後無以遏、卽疾驅而歸。計僦質與借商、纔二百萬貫。徳宗知下民流怨、詔皆罷之、然宿師在野、日須供饋。明年六月、趙贊又請税間架、算除陌。凡屋兩架爲一間、分爲三等。上等每間二千、中等一千、下等五百。所由吏秉筆執籌、入人第舍而計之。凡沒一間、杖六十、告者賞錢五十貫文。除陌法、天下公私給與貿易、率一貫舊算二十、益加算爲五十、給與物或兩換者、約錢爲率算之。市主人・牙子各給印紙、人有買賣、隨自署記、翌日合算之。有自貿易不用市牙子者、驗其私簿投狀、自其有私簿投狀。其有隱錢百、沒入、二千杖六十、告者賞錢十千、出於其家。法既行、主人市牙得專其柄、率多隱盜、公家所入、百不得半。怨讟之聲、囂然滿於天下。及十月、涇師犯闕、亂兵呼於市曰、不奪汝商戸僦質矣。不税汝間架除陌矣。是時人心愁怨、涇師乘間謀亂、奉天之奔播、職杞之由。故天下無賢不肖、視杞如讎」とある。この時實施したのは、(1)括率・借商錢（建中三年、韋都賓・陳京）、(2)僦質（建中三年、韋都賓・陳京）、(3)税間架（建中四年、趙贊）、(4)算除陌（建中四年、趙贊）の四種である。(2)僦質は、質商の蓄えた利子錢物・穀物を封鎖してその四分の一を借上げるものである。(1)借商錢、(2)僦質で確保したのは、二〇〇萬貫であり、目標の五〇〇萬貫には達しなかった。そこで翌年に(3)税間架、(4)算除陌が實施されることになった。この二つの政策については、六「雜税」〔原文〕七一で詳述する。

⑥**時又至征行**　これが實施されたのは、建中四年四月の事である。『唐會要』卷七十二軍雜錄・建中四年四月條に「初令京師募兵、以神策使白志貞爲之使。又故節度觀察使武將家出僮馬、具戎裝從軍。自是京師人心震搖、不保家室」とある。

○**征行**　外征など臨時に戰役がある場合には、衞士・防人・兵募を徵發して遠征軍を編成し、これを征行と呼んだ。『唐律疏議』卷十六擅興律「乏軍興者斬」條疏議に「興軍征討、國之大事。調發征行、有所稽廢者、名乏軍興」とある。

⑦**徳宗至然矣**　本節冒頭からここまでの記述は、憲宗の問に對する李吉甫の言葉の中にある。『册府元龜』卷一〇四帝王部訪問・元和九年九月己亥條に「帝謂宰臣曰、……李吉甫對曰、徳宗皇帝建中之初……是時、討李希烈、物力已耗。趙贊司國計、纖瑣削急、曾無遠慮、以爲國用不足、宜賦取於下、以資軍蓄。與諫官陳京等、更陳計策。贊請税京師居人室宅、

據其間架、差等計入。陳京又請籍列肆商賈資產、以分數借之。宰相同爲欺罔、遂行其計。及詔出之後、中外沸騰、人懷怨誹。時又配王公已下及常在方鎭之家僮及馬、以助征行。公私囂然矣」。これが『舊唐書』食貨志の典據原文であろう。

⑧張滂　兩『唐書』に立傳せず。『舊唐書』卷十三德宗本紀下によれば、德宗貞元八年（七九二）に戶部侍郎鹽鐵轉運使となり、貞元九年正月、始めて稅茶法を獻策した。十年に衞尉卿となったが、まもなく裴延齡に逆らって左遷された。〔原文〕三二注釋⑧參照。

⑨裴延齡　裴延齡（七二八～七九六）、河東（山西省永濟縣）の人。貞元年九年六月から貞元十二年九月までの間、度支使（判度支）の任にあって、不正の限りをつくした。『舊唐書』卷一三五・『新唐書』卷一六七に立傳する。

⑩王涯　王涯（?～八三五）、字は廣津、太原（山西省太原縣）の人。貞元八年（七九二）の進士。大和九年（八三五）、榷茶使として茶の專賣を實施した。『唐會要』卷八十七轉運鹽鐵總敍に「王涯復判二使、表請使茶山之人、移樹官場、舊有貯積、皆使焚棄、天下怨之」とある。大和九年（八三五）、甘露の變發生時の混亂に卷き込まれ、西市の刑場である獨柳樹の下で腰斬された。このおり、先に榷茶使となって人民の怨恨を結んでいたため、見物の民から罵詈を受け、また瓦礫で擊たれたという。王涯の榷茶については、本志〔原文〕六〇・七三參照。『舊唐書』卷一六九・『新唐書』卷一七九に立傳する。

〔通釋〕

德宗の時代、河北の藩鎭と淮西節度使李希烈を征討し、財力が枯渴した。國家財政を擔當した趙贊は、細かいところまで嚴しくとりたてたが、「財源が不足している。下民に稅をかけ、軍備の助けとするのがよい」と考え、諫官の陳京等とこもごも財政策を開陳した。趙贊は、國都に居住する人びとの家屋に對し、間架をはかって段階的に課稅することを提案し、さらに陳京は市肆に商店をもつ商人の資產を登錄し、割合をきめて借りあげることを提案した。宰相もぐるになって人びとの目をくらまし、この計策を實行した。內外の人びとは騷ぎ立て、怨みを懷いた。その時さらに、王公以下、かつて藩鎭の屬僚であった者におよぶまで、家ごとに割當てて、家僕と馬を供出させ、軍事出動の助けとしたので、公私ともに不滿の聲が高まった。後にまた張滂・裴延齡・王涯等が、民衆から搾り取っては皇帝に媚びた。これらはすべて世の戒めとするに足るものである。

〔原文〕六

先是、興元克復京師後、府藏盡虛。諸道初有進奉、以資經費。復時有宣索。其後諸賊既平、朝廷無事。常賦之外、進奉不息。韋皐劍南有日進、李兼江西有月進、杜亞揚州、劉贊宣州、王緯李錡浙西、皆競爲進奉、以固恩澤。貢入之奏、皆曰臣於正稅外方圓、亦曰羨餘。節度使或託言密旨、乘此盜貿官物。諸道有謫罰官吏、刻削祿廩、入其財者①、通津達道者稅之、蒔蔬藝果者稅之、死亡者稅之。節度觀察交代、或先期稅入以爲進奉。然十獻其二三耳。其餘沒入、不可勝紀。此節度使進奉也。其後裴肅爲常州刺史、乃鬻貨薪炭案牘。百賈之上、皆規利焉。歲餘又進奉。

無幾、遷浙東觀察使。天下刺史進奉、自肅始也。劉贊死於宣州、嚴綬爲判官、傾軍府資用進奉。無幾、拜刑部員外郎。天下判官進奉、自綬始也。習以爲常、流宕忘返。

大抵有唐之御天下也、有兩稅焉、有鹽鐵焉、有漕運焉、有倉廩焉、有雜稅焉。今考其本末、敍其否臧、以爲食貨志云。

〔校訂〕

①**諸道有謫罰官吏刻削祿廩入其財者**　標點本・諸本もと「諸道有謫罰官吏入其財者刻祿廩」に作る。このままでは、文義通じない。加藤繁譯注上卷七一（一二八頁）にも「註者未だ其の義を詳にせず」とある。『册府元龜』卷一六九帝王部納貢獻・貞元十二年條に「興元初、克復京師後、府藏空虛……節度觀察使或託言密旨、乘此盜貿官物。諸道謫罰官吏、刻削祿廩、入其財。通津達道者稅之、……天下判官進奉、自嚴綬始」とある。本食貨志と全く同文であり、來源を同じくする史料である。ここに「諸道謫罰官吏、刻削祿廩、入其財」とあるのにより、標出本文の如く改訂する。かくて文義やや疎通する。

〔訓讀〕

是より先、興元のとき、京師を克復するの後①、府藏盡く虛し。諸道初めて進奉有り②、以て經費を資《たす》く。復た時に宣索有り③。其の後諸賊既に平ぎ、朝廷事無し。常賦の外、進奉息まず。韋皋、劍南に日進有り④、李兼、江西に月進有り⑤、杜亞は揚州に⑥、劉贊は宣州に⑦、王緯・李錡は浙西に⑧、皆な競いて進奉を爲し、以て恩澤を固くす。貢入の奏に、皆な臣正稅の外に方圓すと曰い⑨、亦た羨餘と曰う⑩。節度使或いは言を密旨に託し、此に乘じて官物を盜貿す。諸道、官吏を謫罰して祿廩を刻削し、其の財を入るる者有り、通津達道あれば之に稅し、蔬を蒔き果を藝うるものあれば之に稅し、死亡するものあれば之に稅す⑪。節度・觀察交代するに、或いは先期の稅入、以て進奉と爲す⑫。然れども十に其の一二を獻ずるのみ。其の餘の沒入、勝げて紀す可からざるなり。此れ節度使の進奉なり。其の後、裴肅、常州刺史と爲り⑬、乃ち薪炭・案牘を鬻貨す。百賈の上、皆な利を規《はか》る。歲餘又た進奉す。幾《いくばく》も無くして、浙東觀察使に遷る。天下刺史の進奉、肅自り始まるなり。劉贊、宣州に死するや、嚴綬、判官爲《た》り⑭、軍府の資用を傾けて進奉す。幾も無くして、刑部員外郎⑮を拜す。天下判官の進奉、綬自り始まるなり。習い以て常と爲り、宕流して返るを忘る。

大抵有唐の天下を御するや、兩稅有り、鹽鐵有り、漕運有り、倉廩有り、雜稅有り。今其の本末を考え、其の否臧を敍し、以て食貨志を爲る。

〔注釋〕

①**興元克復京師**　興元は、德宗期の年號、元年（七八四）の一年のみ。前年建中四年十月三日、朱泚の叛亂の渦中、德宗はあわただしく長安を脫出して奉天（陝西省乾縣）に行幸し、興元元年三月にはさらに梁州（興元府陝西省南鄭縣）に赴いた。五月二十八日、李晟等の働きによって、長安が

回復され、七月十三日、徳宗は再び長安に入城した（『舊唐書』巻十二徳宗本紀上）。

②**諸道初有進奉**　進奉、進獻・貢獻ともいう。進奉とは、地方から中央政府への正規の租稅上納のほかに、節日などの定期、または臨時に財物・金銀器を皇帝に上納すること。のちには鹽鐵使など中央官司から皇帝に進奉することもあった。進奉された財物は、內庫に搬入され皇帝財政の財源となる。貞元三年には毎年銭額にして五十萬貫相當の財物が進奉された（注釋③參照）。

　進奉は、すでに中宗期にあらわれる。『唐會要』巻二十九節日條に「神龍三年（七〇七）四月二十七日制、自今應是諸節日及生日、竝不得輒有進奉」とあり、代宗期以後また盛んになる。『唐會要』同巻同條に「建中元年四月癸卯、上誕之日也。初、代宗時、毎歳端午及降誕日、四方貢獻者數千、悉入內庫。及是、上以爲非旨、不納」とある。本條に「初有進奉」とあるのは、建中元年に廢止された進奉が、朱泚の叛亂を機に再び始まったことを言う。これ以後進奉は、いくどか廢止されたにもかかわらず、五代にいたるまで盛んに行なわれた。『資治通鑑』巻二二六建中元年四月癸卯條胡三省注に「自代宗迄于五代、正至・端午・降誕、州府皆有貢獻。謂之四節進奉」とある。

③**時有宣索**　宣索は、皇帝が聖旨によって諸官廳や地方政府から財物を獻上させること。『資治通鑑』巻二三三貞元三年（七八七）九月丁巳條に「上謂李泌曰、毎歳諸道貢獻、共直銭五十萬緡。今歳僅得三十萬緡。言此誠知失體、然宮中用度殊不足。泌曰、「古者天子不私求財、今請歳供宮中銭百萬緡。願陛下不受諸道貢獻、及罷宣索。必有所須、請降敕折稅、不使奸吏因緣誅剝。上從之」とあり、その胡三省注に「遣中使以聖旨、就有司宣取財物、謂之宣索」とある。

④**韋皐劍南**　韋皐（七四五～八〇五）、字は城武、京兆府萬年縣（陝西省西安市）の人。貞元元年（七八五）に檢校戶部尙書兼成都尹・御史大夫・劍南西川節度使を拜命、以後永貞元年（八〇五）まで二十一年間在任した。『舊唐書』巻一四〇・『新唐書』巻一五八に立傳する。劍南西川道は、現在の四川省中部にあたる。

⑤**李兼江西**　李兼の「月進」については、『舊唐書』巻一二二裴冑傳に「裴冑字胤叔、其先河東聞喜人。……移江南西道。前江西觀察使李兼罷省南昌軍千餘人、收其資糧、分爲月進。冑至、奏其本末、罷之」とある。江西は江南西道（ほぼ現在の江西省にあたる）、江西觀察使をいう。李兼は貞元元年（七八五）から六年まで在任。

⑥**杜亞揚州**　揚州は淮南道の治所（江蘇省揚州市）、淮南節度使をいう。杜亞（七二五～七九八）、字は次公、京兆の人と自稱した。興元元年（七八四）、揚州長史兼御史大夫・淮南節度觀察使を拜命し、貞元五年（七八九）まで在任した。『舊唐書』巻一四六・『新唐書』巻一七二に立傳する。

⑦**劉贊宣州**　宣州は宣歙觀察使の治所（安徽省宣城縣）、宣歙觀察使をいう。劉贊（七二七～七九六）は、劉知幾の孫。十年間宣歙觀察使の任にあった。『舊唐書』巻一三六劉滋傳、『新唐書』巻一三二劉子玄傳に附傳する。

　一九七六年四月、遼寧の昭烏達盟喀喇沁旗錦山公社で發見された鍍金銀器六點のなかに宣歙池觀察使劉贊が進奉した銀盤があり、「朝議大夫・使持節宣州諸軍事・守宣州刺史・兼御史中丞・充宣歙池等州都督團練觀察處置采石軍等使・彭城縣開國男・賜紫金魚袋・臣劉贊」の切銘一行が殘されており、進奉の具體がわかる（礪波護［二〇一六］二九八頁）。

⑧**王緯李錡浙西**　浙西は浙江西道都團練觀察使、治所は蘇州（江蘇省蘇州市）。

〇**王緯**　王緯（七二八～七九八）、字は文卿、幷州太原（山西省太原縣）の人。貞元三年（七八七）潤州刺史兼御史中丞・浙江西道都團練觀察使に任命され、十四年（七九八）まで在任した。『舊唐書』巻一四六、『新唐書』巻一五九に立傳する。兩唐書の傳ともに王緯が進奉に努めたことはみえない。

○**李錡**　李錡（七四一〜八〇七）、李國貞の子。憲宗元和二年（八〇七）十月、潤州に據って叛亂を起し、翌月誅殺された。『舊唐書』巻一一二李國貞傳に附傳、『新唐書』巻二二四上叛臣傳に立傳する。『資治通鑑』巻二三五貞元十五年二月丁丑（三日）條に「以常州刺史李錡爲浙西觀察使・諸道鹽鐵轉運使。錡、國貞之子也。閑廏舍宮苑使李齊運受其賂數十萬、薦之於上、故用之。錡刻剝以事進奉、上由是悅之」とある。李錡は貞元十五年（七九九）から元和二年（八〇七）まで浙西觀察使・浙西節度使の任にあった。

⑨**正稅外方圓**　正稅は兩稅を言う。方圓は、やりくりすること。『資治通鑑』巻二三五貞元十二年（七九六）六月辛巳條に「宣歙觀察使劉贊卒。初、上以奉天窘乏、故還宮以來、尤專意聚斂。藩鎭多以進奉市恩、皆云稅外方圓、亦云用度羨餘。其實或割留常賦、或增斂百姓、或減刻吏祿、或販鬻蔬果、往往私自入、所進才什一二。李兼在江西有月進、韋皐在西川有日進、其後常州刺史濟源・裴肅以進奉、遷浙東觀察使、刺史進奉自肅始。及劉贊卒、判官嚴綬掌留務、竭府庫以進奉、徵爲刑部員外郎、幕僚進奉自綬始。綬、蜀人也」とあり、その胡三省注に方圓について「折則成方、轉則成圓、言於常稅之外、別自轉折以致貨財也」と解釋する。

⑩**羨餘**　あまりもの。『唐會要』巻八十八鹽鐵條に「（貞元）二十一年二月、停鹽鐵使月進。舊錢總悉入正庫、以助經費、而主此務者、稍以市諸珍玩時新物、充進獻、以求恩澤。其後益甚、歲進錢物、謂之羨餘、而經入益少。及貞元末、遂月獻焉、謂之月進。及是而罷」（『册府元龜』巻一六八、略同文）とある。「月進」は節度使・刺史からのものだけではなかった。

⑪**通津至稅之**　『新唐書』巻五十二食貨志二に「初、德宗居奉天、儲畜空窘、嘗遣卒視賊、以苦寒乞襦袴、帝不能致、剔親王帶金而鬻之。朱泚既平、于是帝屬意聚斂、常賦之外、進奉不息。……或矯密旨加斂、謫官吏、刻祿稟、增稅通津・死人及蔬果」とある。このうち、通津・要道での課稅については、『唐會要』巻八十八倉及常平倉條に「建中三年……（趙）贊于是條奏、諸道津要都會之所、皆置吏、閱商人財貨、計錢毎貫稅二十文」とあり、また『舊唐書』巻四十九食貨下に「（貞元）十年、潤州刺史王緯代之、理于朱方、數年而李錡代之、鹽院津堰、改張侵剝、不知紀極、私路小堰、厚斂行人、多自錡始」とある。

⑫**節度觀察交代或先期稅入以爲進奉**　『新唐書』巻五十二食貨志二には「初、德宗居奉天、儲畜空窘、……或矯密旨加斂、謫官吏、刻祿稟、增稅通津・死人及蔬果。凡代易進奉、取于稅入、十獻二三、無敢問者」とある。節度使交替時に、納稅期限前に徵收した正規稅入を、つぎの節度使に引継がず、進奉と稱して皇帝に獻上してしまうことを言うのであろう。

○**節度使・觀察使**　開元年間には緣邊防御のために十節度使が設置されたが、安史の亂以後、內地にも次つぎに設置され、中心となる州府の刺史が軍事權を與えられて節度使・觀察使の使職を帶びた。『舊唐書』巻三十八地理志一に「至德之後、中原用兵、刺史皆治軍戎、遂有防禦・團練・制置之名。要衝大郡、皆有節度之額。寇盜稍息、則易以觀察之號」とある。

⑬**裴肅爲常州刺史**　裴肅、河內郡濟源（河南省濟源縣）の人。裴休の父。『舊唐書』巻一七七裴休傳、『新唐書』巻一八二裴休傳に附傳する。常州は江南東道常州（江蘇省常州市）。貞元十四年（七九八）九月九日に常州刺史兼御史中丞から越州刺史・浙東團練觀察等使となった（『舊唐書』巻十三德宗本紀下）。

一九六二年、西安北郊の唐大明宮西夾城外から鍍金寶相華雙鳳六花形銀盤が發見され、その裏面に「浙東道都團練觀察處置等使／大中大夫・守越州刺史・御史大夫・上柱國・賜紫金魚袋・臣裴肅進」の二行切銘があった。裴肅が越州刺史・浙東團練觀察等使となってからも進奉を續けていたことを、實物によって確認できる（礪波護［二〇一六］二九八頁）。

⑭嚴綬爲判官　嚴綬は蜀の人。代宗の大暦年間に進士登第。貞元年間に宣歙團練副使となり、宣歙團練使劉贊の厚遇を受け、『舊唐書』卷一四六本傳に「（貞元）十二年、贊卒、綬掌宣歙留務、傾府藏以進獻、由是有恩。召爲尙書刑部員外郎、天下賓佐進獻、自綬始也」とある。『新唐書』卷一二九にも立傳する。

○判官　節度使・觀察使等の行政組織である使院の文官系幹部職員の總稱。節度使等の使院には、武官のほかに、文官の幕職官が編成された。幕職官には副使・行軍司馬・判官・掌書記・推官・巡官などがあり、その總稱として賓佐・寮佐・判官等が用いられた。ここには使職の規模に應じて判官（幕職官）の定數が決められた會昌五年（八四五）九月の中書門下上奏の一部を例示する。『唐會要』卷七十九諸使雜錄下に「其年九月、中書門下奏、條流諸道判官員額。西川本有十二員、望留八員、節度副使・判官・掌書記・觀察判官・支使・推官・雲南判官・巡官。淮南・河東舊額、各除向前職額外、淮南留營田判官、河東留留守判官。……。右奉聖旨、令商量減諸道判官。約以六員爲額者。臣等商量、須據舊額多少、難於一例停減。今據本鎭額量減、數亦非少。仍望令正職外、不得更置攝職。仍令御史臺及出使郎官御史、專加察訪。敕旨、依奏」とある。唐代後半期の幕職官については嚴耕望［一九六九］・礪波護［一九八六］參照。

⑮刑部員外郎　刑部員外郎は、刑部尙書の屬官。從六品上（『大唐六典』卷六刑部尙書條）。侍御史は從六品下であるから嚴綬は一階昇進したのである。

〔通釋〕

これ以前、興元初年に京師を回復したのち、財庫はすっかり空になっていた。各地の藩鎭から初めて皇帝に進奉があり、經費を助けた。また時には皇帝から宣索することもあった。その後、諸反亂が平定されると、朝廷は平穩であったが、通常の租賦上供以外に、休む間もなく進奉が行なわれた。韋皐は劍南道から「日進」をおくり、李兼は江西道から「月進」をおくり、杜亞は揚州から、劉贊は宣州から、王緯・李錡は浙西道から、皆な競いあって進奉し、お上の恩寵を確實にしようとした。納入のさいの上奏には、皆な「臣が正稅とは別にやりくりしたものです」と述べ、また「あまりものです」と記した。節度使のなかには、密旨を口實にして官物を盜賣する者がいた。各地の藩鎭のなかには、官吏を處罰してその俸給をけずり、財を取り込むもの、要衝の渡し場や街道で課稅するもの、野菜や果物の栽培者に課稅するもの、死者に課稅するものがあった。節度使や觀察使の交替にさいし、なかには納入期限前に徴收した稅入を進奉するものもあった。しかしそれらの何割かを獻上するだけで、そのほか懷に入れてしまったものは、書き上げることができないほどである。これらが節度使の進奉である。

その後、裴肅が常州刺史となると、なんと薪炭や公文書さえ賣出し、あらゆる物について、すべて利得を追求した。裴肅は、一年餘りするとまた進奉したので、ほどなく浙東觀察使に昇進した。天下の刺史からの進奉は裴肅に始まる。

劉贊が宣州で死ぬと、判官であった嚴綬は、軍府の財物をことごとく進奉したので、ほどなく刑部員外郎に任命された。天下の判官からの進奉は、嚴綬に始まる。これらのことどもが慣習化して常態となり、行き着くところまでいって、もとにもどることはなかった。

およそ唐が天下を統治する方法には、兩稅法、鹽法、漕運法、倉庫法、雑税があった。今その本末を調べ、その得失を記述し、食貨志とする。

一　賦　役

（一）租調役

〔原文〕七

武徳七年、始定律令。

以度田之制、五尺爲歩、歩二百四十爲畝、畝百爲頃。丁男中男給一頃、篤疾廢疾給四十畝、寡妻妾三十畝。若爲戸者加二十畝。所授之田、十分之二爲世業、八爲口分。世業之田、身死則承戸者便授之、口分、則收入官、更以給人。

〔訓讀〕

武徳七年、始めて律令を定む①。

以《ここ》に度田の制、五尺を歩と爲し、歩二百四十を畝と爲し、畝百を頃と爲す②。丁男・中男は一頃を給う。篤疾・廢疾は四十畝を給い、寡妻妾は三十畝なり。若し戸を爲さば二十畝を加う。授くる所の田、十分の二を世業と爲し、八を口分と爲す③。世業の田、身死せば則ち戸を承くる者に便ち之を授く。口分は則ち收めて官に入れ、更に以て人に給う④。

〔注釋〕

①**武徳七年始定律令**　武徳は、唐の初代皇帝高祖李淵の年號（六一八～六二六）。「始定律令」とは、唐朝最初の武徳律令を編定したことを言う。『舊唐書』卷一高祖本紀に「（武徳元年五月）壬申（二十八日）、命相國長史裴寂等修律令」とあり、唐高祖即位の月、裴寂らに命じて撰述がすすめられ、同『舊唐書』高祖本紀に「（武徳七年）夏四月庚子（一日）、天下大赦、頒行新律令」とあって、武徳七年（六二四）四月に至って完成し、頒行された。『新唐書』藝文志によれば律十二卷、令三十一卷。隋文帝の開皇律令（律十二卷、令三十卷）を土臺にして纂定された。

なお『唐會要』卷八十三租税上條には「（武徳）七年三月二十九日、始定均田賦税。凡天下丁男給田一頃、……」とあって、賦役制度の制定を律令頒布の前日とする。

②**以度至爲頃**　この條は「度田の制」、すなわち田土區畫制度を記述する。『大唐六典』卷三尙書戸部・戸部郎中條に「凡天下之田、五尺爲歩、二百有四十歩爲畝、畝百爲頃。度其肥瘠寛狹、以居其人」とある。また『天聖令』田令第一條（宋一）に「諸田廣一歩、長二百四十歩爲畝、畝百爲頃」とあり、「五尺爲歩」を削除して、宋令にも繼承する。

③**丁男至口分**　本條は唐代「給田の制」のうち、その基礎となる百姓に對する田土支給規定を記述する。これは、『唐會要』卷八十三租税上に「（武徳）七年三月二十九日、始定均田賦税。凡天下丁男給田一頃。篤疾・廢疾給四十畝、寡妻妾三十畝。若爲戸者、加二十畝。所授之田、十分之二分爲世業、餘以爲口分。世業之田、身死則承戸者授之。口分則收入官、

更以給人」とあるから、藍本會要の記述に基づいて編纂したものである。

この武德令は、開元七年令に基づく『大唐六典』卷三尙書戶部・戶部郎中條にも「凡給田之制有差。丁男・中男以一頃（中男年十八已上者、亦依丁男給）。老男・篤疾・癈疾以四十畝、寡妻妾以三十畝、若爲戶者則減丁之半。凡田分爲二等、一曰永業、一曰口分。丁之田、二爲永業、八爲口分」とある。これによれば、本志・會要の令文には「老男」がぬけている。

本條は、明抄本天聖令に遺存する唐令（開元二十五年令）では、二條に分かれている。前半「寡妻妾以三十畝」までは、『天聖令』田令不行唐令第一條（唐一）に「諸丁男給永業田二十畝、口分田八十畝。其中男年十八以上、亦依丁男給。老男・篤疾・廢疾各給口分田四十畝。寡妻妾各給口分田三十畝。先有永業者兼（通）充口分之數」とある。ここにも「老男」が見える。

後半「若爲戶者」は『天聖令』田令不行唐令第二條（唐二）に「諸黃・小・中男女及老男・篤疾・廢疾・寡妻妾當戶者、各給永業田貳十畝、口分田三十畝」とある。「黃・小・中男女及老男・篤疾・廢疾・寡妻妾」の記述があり、本志・會要の令文が唐令の節略文であることがわかる。

○**丁男・中男**（**老男**）　武德七年令にあっては、生れたばかりの幼兒を黃、四歲から十五歲までを小、十六歲から二十歲までを中男、二十一歲から五十九歲までを正丁、六十歲を老とし、丁男を基本的な租稅負擔者とした。『通典』卷七食貨丁中條に「大唐武德七年定令、男女始生爲黃、四歲爲小、十六爲中、二十一爲丁、六十爲老」とある。『大唐六典』『天聖令』によれば、十六歲から二十歲までの中男のうち、十八歲から二十歲の男子にも、丁男同樣の田地が支給された。

○**篤疾・廢疾**　唐代では、身體障害の程度を殘疾・廢疾・篤疾の三段階に區分して「三疾」と稱し、それに應じて田地の給付や租稅・傜役負擔・刑罰を區別した。『白孔六帖』卷三「三疾」條引「戶令」に「諸一目盲、兩耳聾、手無二指、足無大母指、禿瘡無髮、久漏、下重、大癭腫之類、皆爲殘疾。癡瘂、侏儒、腰折、一肢廢、如此之類、皆爲廢疾。癲狂、兩肢廢、兩目盲、如此之類、皆爲篤疾」とある。

○**寡妻妾**　夫・主人を亡くした女性。『通典』卷七食貨丁中條引開元二十五年戶令に「按開元二十五年戶令云、諸戶主皆以家長爲之。戶內有課口者爲課戶、無課口者爲不課戶。諸視流內九品以上官及男年二十以上、老男・廢疾・妻妾・部曲・客女・奴婢、皆爲不課戶。無夫者爲寡妻妾。餘准舊令」とある。

○**若爲戶者**　爲戶は、戶を立てて戶籍を作ること、天聖田令（唐二）にいう當戶に同じ。戶を立てる主體は戶主であるから、換言すれば戶主になることである。唐代、戶主は戶頭と呼ばれた。

○**世業田**　のち李世民の世字を避諱して永業田という。農民保有地のうち、基本的に世襲を許された地目であり、北魏給田制の桑田二十畝に由來する。『魏書』卷一一〇食貨志に「諸初受田者、男夫一人給田二十畝、課蒔餘（私案蒔餘二字、文義不通。恐涉下文雜蒔餘果而衍也）種桑五十樹・棗五株楡三根。非桑之土、夫給一畝、依法課蒔楡棗。奴各依良。限三年種畢。不畢、奪其不畢之地。於桑楡地分、雜蒔餘果、及多種桑楡者不禁」、「諸桑田皆爲世業、身終不還、恆從見口。有盈者無受無還、不足者受種如法。盈者得賣其盈、不足者得買所不足。不得賣其分、亦不得買過所足」とある。

○**口分田**　口分田は、給田制の規定としては、北魏均田制の露田四十畝に由來する。『魏書』卷一一〇食貨志に「諸男夫十五以上、受露田四十畝。婦人二十畝、奴婢依良。丁牛一頭受田三十畝、限四牛。所授之田率倍之、三易之田再倍之、以供耕作及還受之盈縮」とある。ただもう少し視野をひろげて中國古代の農民的土地所有の形成の觀點から見れば、百畝保有を基礎とする戰國期の農民的土地所有である「分田」觀念に由來する地目である。『孟子』滕文公篇上に「孟子曰、子之君將行仁政、選擇而使子、子必勉之。夫仁政、必自經界始。經界不正、井地不鈞、穀祿不平。是故暴君汚吏必慢其經界。經界既正、分田制祿、可坐而定也」とあり、『禮記』王制篇に「制農田百畝、百畝之分、上農夫食九人、其次食八人、其次食七人、其次食六人、下農夫食五人。庶人在官者、其祿以是爲差也」とある。ただ唐代給田制では、口分田八十畝と永業田二十畝とで「百畝の分」を構成する。

④**世業至給人**　この令文は、本節注釋③に引用した『唐會要』卷八十三租稅上に「(武德)七年三月二十九日、始定均田賦稅。凡天下丁男給田一頃。……世業之田、身死則承戶者授之。口分則收入官、更以給人」とあって、武德令に存在したことは明らかである。しかし、開元七年令を傳える前揭『大唐六典』、及び開元二十五年令を傳える前揭『天聖令』田令不行唐令第一條(唐一)・第二條(唐二)には見えない。關連する條文は、『天聖令』田令不行唐令第二十三條(唐二三)に「諸以身死應退永業・口分地者、若戶頭限二年追、戶內口限一年追。如死在春季者、卽以死年統入限內、死在夏季以後者、聽計後年爲始。其絕後無人供祭及女戶死者、皆當年追」とあって、永業田・口分田ともに死後返還することになっている。一方、『天聖令』田令不行唐令第六條(唐六)に「諸永業田、皆傳子孫、不在收授之限。卽子孫犯除名者、所承之地亦不追(『通典』卷二食貨田制下引開元二十五年田令亦同文)」とあり、除名規定があるように、前條(唐五)の官人永業田を受けた規定である。官人永業田については、無條件で子孫に傳え得ることを規定している。山崎覺士[二〇〇三]は、田令(唐六)條・(唐二十三)條の規定に着目し、百姓保有の永業田が返還對象となっていたことを論じている。百姓永業田の世襲を認めた武德令と開元令との間で違いがあり、歷史的な變遷を考えなければならない。

〔通釋〕

武德七年(六二四)、始めて律令を制定した。田地を計測・區畫する規定は、五尺を一步とし、耕地の幅一步(約一五六cm)長さ二四〇步(約三七四m)を畝(約五・八二アール)とし、百畝を一頃(約五・八二ヘクタール)とする。丁男・中男(十八歲以上)には一頃の田を支給する。篤疾・廢疾者には四十畝を支給し、寡妻妾には三十畝を支給する。篤疾・廢疾者・寡妻妾等が戶主となったときには加えて二十畝を支給する。授けた田地のうち、二割を世業田とし、八割を口分田とする。世業田は、受田者が死亡したときには戶を繼承した者にこれを授ける。口分田は官に收管し、あらためて他の者に支給する。

〔原文〕八

賦役之法、每丁歲入租粟二石。調則隨鄉土所產、綾絹絁各二丈、布加五分之一。輸綾絹絁者、兼調綿三兩、輸布者、麻三斤。凡丁、歲役二旬。若不役、則收其傭、每日三尺。有事而加役者、旬有五日免其調、三旬則租調俱免。通正役、竝不過五十日。

〔訓讀〕

賦役の法①、每丁歲ごとに租粟二石を入る。調は則ち鄉土の產する所に隨い、綾・絹・絁は各おの二丈、布は五分の一を加う。綾・絹・絁を輸むる者《とき》は、兼ねて綿三兩を調す。布を輸むる者は、麻三斤なり。②

凡そ丁は、歳ごとに役すること二旬。若し役せざれば、則ち其の傭を收むること、毎日三尺なり。事有りて役を加うる者《とき》は、旬有五日にして其の調を免じ、三旬にして則ち租調倶に免ず。正役を通じて、竝びに五十日を過ぎず。③

〔注釋〕

①**賦役之法**　本節は「賦役の制」を述べる。唐の賦役制度は、租・調・正役・雜傜の四種である。『大唐六典』巻三尙書戶部・戶部郎中條に「凡賦役之制有四、一曰租、二曰調、三曰役、四曰雜傜」とある。『唐會要』巻八十三租稅上にも「舊制」として同文を記述する。本條に雜傜のことは省略されている。

②**毎丁至三斤**　本條は租調について述べる。武德七年令にかかわる史料として、『唐會要』巻八十三租稅上に「武德二年二月十四日制、毎丁租二石、絹二丈、綿三兩。自茲以外、不得橫有調斂。七年三月二十九日、始定均田賦稅。……毎丁歳入粟二石、調則隨鄉土所產、綾・絹・絁各二丈、布加五分之一。輸綾・絹・絁者、兼調綿三兩、輸布者、麻三觔」とあり、武德二年の規定が根幹になっている。『通典』巻六食貨賦稅下にも「(武德)二年制、毎一丁租二石。……(開元)二十五年定令、諸課戶一丁租調、准武德二年之制。其調絹絁布、竝隨鄉土所出、絹絁各二丈、布則二丈五尺。輸絹絁者綿三兩、輸布者麻三斤」とあって、開元二十五年令にあっても武德二年の規定が祖宗の法として遵守されたことがわかる。

なお一石(斛)は約六十《リットル》、一丈は十尺、約二・九《メートル》、一兩は約四十二《グラム》、一斤は十六兩、約六七〇《グラム》である(郭正忠〔二〇〇八〕)。

③**凡丁至十日**　本條は正役に關する規定である。正役は、丁男に課せられた毎歳二十日間(閏月のある年の場合は二十二日間)の歳役を言う。武德七年令にかかわる史料として、『唐會要』巻八十三租稅上に「(武德)七年三月二十九日、始定均田賦稅。……凡丁、歳役二旬、若不役、則收其傭、毎日三尺。有事而加役者、旬有五日、免其調、三旬則租調倶免、通正役不過五十日」とある。開元七年令による『大唐六典』の規定は、基本的にこれと同じであるが、開元二十五年令は「凡丁歳役」に匠字を加えて「諸丁匠歳役」とし、「若不役、則收其傭、毎日三尺」を別に獨立の條文とする。

『天聖令』賦役令不行唐令第二十二條(唐二二)に「諸丁匠歳役功二十日、有閏之年加二日。須留役者、滿十五日免調、三十日租・調倶免(役日少者、計見役日折免)、兼(通)正役竝不得過五十日」とあり、同じく賦役令不行唐令(唐二四)に「諸丁匠不役者、收庸。無絹之鄉、絁・布參受(日別絁・絹各三尺、布卽三尺七寸五分)」とある。開元二十五年令を記録する『通典』巻六食貨賦稅下も天聖令同樣二條に分けている。匠字が加わって丁匠の規定となったところに問題があるように思われるが、いまは確かなことは言えない。

〔通釋〕

賦役の法について、丁男一人につき、毎年租粟二石を納入する。調は、その土地に產出する物により、綾・絹・絁であれば各おの二丈、麻布であればこれに五分の一を加えて(二丈五尺)納入する。綾・絹・絁を納める場合は、あわせて眞綿三兩を徵收する。麻布を納める場合は、麻三斤とする。

丁男は、毎年二十日間就役する。もし就役しないときは庸を徵收する。一日につき絹三尺とする。役事があって就役日數を加える場合、十五日に達すれば調を免除し、三十日に達すれば、租・調ともに免除する。正役と通算して、けっして五十日を越えてはならない。

〔原文〕九

若嶺南諸州則税米、上戸一石二斗、次戸八斗、下戸六斗。若夷獠之戸、皆從半輸。

蕃胡內附者、上戸丁税錢十文、次戸五文、下戸免之。附經二年者、上戸丁輸羊二口、次戸一口、下戸三戸共一口①。

凡水旱蟲霜爲災、十分損四已上免租、損六已上免租調②、損七已上課役俱免。

〔校訂〕

①**下戸三戸共一口**　標點本・諸本もと「下三戸共一口」に作る。『冊府元龜』巻四八七引、同じ。文義疎通しない。『大唐六典』巻三尚書戸部・戸部郎中條に「凡諸國蕃胡內附者……附貫經二年已上者、上戸丁輸羊二口、次戸一口、下戸三戸共一口」に作る。『通典』巻六食貨賦税下引、同じ。いま『大唐六典』・『通典』に據り、下字の下に戸一字を補う。

②**損六已上免租調**　標點本・諸本もと「損六已上免調」に作り、租字を缺く。『通典』巻六食貨賦税下に「(武德)二年制、毎一丁租二石。若嶺南諸州則税米……下戸三戸共一口。凡水旱蟲霜爲災、十分損四分以上免租、損六以上免租調、損七分以上課役俱免」とある。本節三條は、ともに武德二年以來の規定である。また『大唐六典』巻三尚書戸部・戸部郎中條・『天聖令』賦役令不行唐令第八條（唐八）條引みな「免租調」に作る。これらに據り調の上に租字を補う。

〔訓讀〕

嶺南諸州①の若きは則ち米を税すること、上戸は一石二斗、次戸は八斗、下戸は六斗。夷獠《ろう》の戸の若きは、皆な半輸に從う②。

蕃胡の內附する者、上戸は丁ごとに錢十文を税し、次戸は五文、下戸は之を免ず。附して二年を經たる者《とき》は、上戸は丁ごとに羊二口を輸《おさ》め、次戸は一口、下戸は三戸共に一口とす③。

凡そ水旱蟲霜災を爲し、十分に四已上を損わば租を免じ、六已上を損わば租調を免じ、七已上を損わば課役俱に免ず④。

〔注釋〕

①**若嶺至俱免**　本節は、一連の三條の文章によって構成される。武德七年令の前提となった武德二年の制敕について、『通典』巻六食貨賦税下に「(武德)二年制、毎一丁租二石。若嶺南諸州則税米、上戸一石二斗、次戸八斗、下戸六斗。若夷獠之戸、皆從半輸。蕃人內附者、上戸丁税錢十文、次戸五文、下戸免之。附經二年者、上戸丁輸羊二口、次戸一口、下戸三戸共一口。凡水旱蟲霜爲災、十分損四分以上免租、損六以上免租調、損七分以上課役俱免」とある。本節三條全體が、祖宗の法として規定されている。本節三條が『通典』に基づくことは明らかである。

②**若嶺至半輸**　本條は嶺南諸州（現在の廣東省・廣西壯族自治區一帶）の税制および華人と雜居する雜多な諸族に對する租税について規定する。本條は、天聖令（開元二十五年令）賦役令には見えない。戶部式などの關連法に規定されたものであろう。

本條のうち、「若夷獠之戶、皆從半輸」は、開元二十五年令に關連條文がある。『通典』卷六食貨賦税下に「諸邊遠州、有夷獠雜類之所、應輸課役者、隨事斟量、不必同之華夏」とあるが、これは、『天聖令』賦役令第五條（宋五）にも「諸邊遠州、有夷獠雜類之所、應有輸役者、隨事斟量、不必同之華夏」とあって、北宋にもひきつがれた開元二十五年令條文である。半輸規定は、この令文の具體であると言ってよい。

○**夷獠**　夷獠は、主として華人と雜居する中國南部邊境・西南部邊境の雜多な諸族を言う。獠は『周書』卷四十九異域傳下に初めて獨立した記録が殘され、「獠者、蓋南蠻之別種、自漢中達于卭・笮、川洞之間、在所皆有。俗多不辨姓氏、又無名字、……其與華民雜居者、亦頗從賦役。然天性暴亂、旋致擾動。……性又無知、殆同禽獸、諸夷之中、最難以道義招懷者也」とある。また『隋書』卷三十一地理志下揚州條に「自嶺已南二十餘郡、大率土地下濕、皆多瘴厲、人尤夭折。……其俚人則質直尙信、諸蠻則勇敢自立、皆重賄輕死、唯富爲雄。巢居崖處、盡力農事。刻木以爲符契、言誓則至死不改。父子別業、父貧、乃有質身於子。諸獠皆然」とある。

③**蕃胡至一口**　本條は、北方・西方の諸族・諸國の人びとが、戶籍に附載され、唐の蕃戶・百姓となる際の租税規定である。本條は、天聖令（開元二十五年令）賦役令には見えない。戶部式などの關連法に規定されたものであろう。

この規定は、『大唐六典』卷三尙書戶部・戶部郎中條には「凡諸國蕃胡內附者、亦定爲九等、四等已上爲上戶、七等已上爲次戶、八等已下爲下戶。上戶丁税銀錢十文、次戶五文、下戶免之。附貫經二年已上者、上戶丁輸羊二口、次戶一口、下戶三戶共一口（無羊之處、準白羊估折納輕貨。若有征行、令自備鞍馬、過三十日已上者、免當年輸羊。凡內附後所生子、卽同百姓、不得爲蕃戶也）」とある。税錢は、銅錢ではなく銀錢であったことがわかる。高昌國・西州で銀錢が通行したことはトルファン文書によって往往確認できるので、本條にある税錢も銀錢とみるべきである。

④**凡水至俱免**　本條は、災害割合による租調役の免除規定である。『大唐六典』卷三尙書戶部・戶部郎中條に「凡水・旱・蟲・霜爲災害、則有分數。十分損四已上免租、損六已上免租調、損七已上、課役俱免。若桑麻損盡者、各免調。若已役・已輸者、聽免其來年」とあり、『天聖令』賦役令不行唐令第八條（唐八）に「諸田有水旱蟲霜不熟之處、據見營之田、州縣檢實、具帳申省。十分損四以上免租、損六免租・調、損七以上、課・役俱免。若桑麻損盡者、各免調。其已役・已輸者、聽折來年。經兩年後、不在折限。其應損免者、兼（通）計麥田爲分數」とある。「若桑麻損盡者」以下の文章は見えないが、本條が武德令に條文として收録されたことは明らかである。

〔通釋〕

嶺南道の各州には、米を課税する。上戶は一石二斗、次戶は八斗、下戶は六斗とする。夷獠の戶は、皆なその半額とする。

內屬して戶籍に附載した蕃胡は、上戶は丁一人につき銀錢十文を、次戶には五文を課し、下戶はこれを免除する。戶籍に附して二年を經過すれば、上戶は丁一人につき羊二匹、次戶は一匹を納め、下戶は三戶で共に一匹を納める。

水害・旱害・蟲害・霜害が起こり、四割以上の損害があれば租を免除し、六割以上の損害があれば租・調を免除し、七割以上の損害があれば課（租・調）・役ともに免除する。

〔原文〕一〇

凡天下人戸、量其資産、定爲九等。毎三年、縣司注定、州司覆之。

百戸爲里、五里爲鄕。四家爲鄰、五鄰爲保①。在邑居者爲坊、在田野者爲村。村坊鄰里、遞相督察。

士農工商、四人各業。食祿之家、不得與下人爭利。工商雜類、不得預於士伍。

男女始生者爲黃、四歲爲小、十六爲中、二十一爲丁、六十爲老。毎歲一造計帳、三年一造戸籍。州縣留五比、尙書省留三比。

神龍元年、韋庶人爲皇后、務欲求媚於人、上表請以二十二爲丁、五十八爲老。制從之。及韋氏誅、復舊。

至天寶三年、又降優制、以十八爲中男、二十三②爲丁。天下籍始造四本、京師及東京尙書省戸部各貯一本、以備車駕行幸、省於載運之費焉。

〔校訂〕

①**五鄰爲保**　標點本・諸本もと「五家爲保」に作るが、文意通暢しない。『舊唐書』巻四十三職官志二には、同文を「五鄰爲保」に作る。これに據り家字を鄰字に改訂する。理由は注釋②參照。

②**二十三爲丁**　標點本・諸本もと「二十二爲丁」に作る。『舊唐書』巻九玄宗本紀下天寶三載十二月條は「二十三已上成丁」に作る。また『通典』巻七食貨丁中條及び『唐大詔令集』巻七十四「親祭九宮壇大赦天下」（孫逖撰）等にも「二十三以上成丁」に作る。これに據り二十二を二十三に改訂する。なお詹宗祐［二〇一二］『彙釋』二八〇頁をも參照。

〔訓讀〕

凡そ天下の人戸、其の資產を量り、定めて九等と爲す。三年毎に、縣司注定し、州司之を覆す①。

百戸を里と爲し、五里を鄕と爲す。四家を鄰と爲し、五鄰を保と爲す。邑居に在る者を坊と爲し、田野に在る者を村と爲す。村坊鄰里、遞いに相い督察す②。

士農工商、四人各おの業とす。食祿の家、下人と利を爭うを得ず。工商雜類、士伍に預るを得ず③。

男女始めて生まるる者を黃と爲し、四歲を小と爲し、十六を中と爲し、二十一を丁と爲し、六十を老と爲す。毎歲一たび計帳を造り、三年ごとに一たび戸籍を造る。州縣五比を留め、尙書省三比を留む④。

神龍元年、韋庶人皇后と爲り、務めて媚を人に求めんと欲し、上表して二十二を以て丁と爲し、五十八もて老と爲さんことを請う。制して之に従う。韋氏誅さるるに及び、舊に復《かえ》る。

天寶三年に至り、又た優制を降し、十八を以て中男と爲し、二十三もて丁と爲す。⑤天下の籍、始めて四本を造り、京師及び東京の尚書省・戸部各おの一本を貯え、以て車駕の行幸に備え、載運の費を省く。⑥

〔注釋〕

①凡天至覆之　本節は武徳七年令の戸令にかかわる規定とその展開をあつかう。本條は、「定戸」と呼ばれる戸令の規定である。唐代には、王侯から百姓にいたるまでのすべての戸の資産を量定し、九等級の戸等に格付けした。この戸等により、傜役・兵役・税銭その他、國家に對する百姓の負擔を調整した。

戸等は唐初三等戸制であったが、武徳九年（六二六）三月に九等戸制に改められた。『唐會要』巻八十五定戸等第條に「武徳六年三月、令天下戸、量其貲產、定爲三等。至九年三月二十四日、詔天下戸三等、未盡升降。依爲九等」とある。

九等戸制の規定は、『大唐六典』巻三戸部尙書戸部郎中條に「凡天下之戸、量其資產、定爲九等（每三年、縣司注定、州司覆之、然後注籍、而申之于省）。每定戸以仲年（子・卯・午・酉）、造籍以季年（丑・辰・未・戌）。州縣籍、恆留五比、省籍留九比」とある。定戸によって格付けされた戸等は、その翌年に作成される戸籍に注記されたことがわかる。

②百戸至督察　本條は、戸を基礎とする郷里制について述べる。具體は、『大唐六典』巻三戸部尙書戸部郎中條に「百戸爲里、五里爲鄕。兩京及州縣之廓（郭）內、分爲坊、郊外爲村。里及村坊皆有正、以司督察（里正兼課植農桑、催驅賦役）。四家爲鄰、五家爲保、保有長、以相禁約」とある。文中「村坊鄰里、遞相督察」とあるのは、里正・坊正・保長を中心とする郷里社會の相互監視である。

○唐代前期の郷里制

唐代前期郷里制の基層を記述する本條の「四家爲鄰、五家爲保」は校訂①で述べたように、文意疎通しない。様ざまな議論があるが、いずれも通暢しない。『舊唐書』巻四十三職官志二は「四家爲鄰、五鄰爲保」に作る。また『資治通鑑』巻一九〇高祖武徳七年四月庚子（朔日）條に武徳七年令の頒布とその概要を記すなかに「四家爲鄰、四鄰爲保」とあり、その「考異」に「唐曆云、四家爲鄰、五家爲保。按通典、四家爲鄰、四鄰爲保。唐曆誤也（單行本『資治通鑑考異』同）」とある。ちなみに通行本『通典』巻三食貨鄕黨條は「大唐令、諸戸以百戸爲里、五里爲鄕。四家爲鄰、三家爲保」となっており、形譌している。司馬光の見た北宋本『通典』を正しいとすべきであろう。「四家爲鄰、五家爲保」は『唐曆』系統のテキストによるもので、文意疎通せず信賴できない。『舊唐書』職官志の「四家爲鄰、五鄰爲保」もしくは北宋本『通典』すなわち『資治通鑑』の「四家爲鄰、四鄰爲保」を採るべきである。『舊唐書』職官志に據れば、四家＝鄰、五鄰二十家＝保、百戸＝里、五里・五百戸＝鄕となる。北宋本『通典』・『資治通鑑』によれば、四家＝鄰、四鄰十六家＝保、百戸＝里、五里・五百戸＝鄕となる。兩者は家數に違いはあるが、ともに鄕・里・保によって編成される。これは、北魏以來の三長制の系統を繼承するものであり、歴史的な沿革からいえば當然の展開である。では、職官志と北宋本『通典』・『資治通鑑』のどちらを採るか。北宋本『通典』・『資治通鑑』の四家＝鄰、四鄰十六家＝保にしたがえば、五保＝八十家、六保＝九十六家となり、いずれも百戸＝里にはつながらない。職官志にしたがえば、五保＝百家＝一里となって整合する。職官志に據るべきであろう。

③士農至士伍　本條は四民分業に基づく社會編成を記述する。四民士農工商の規定をはじめ、より完具する條文は、『大唐六典』卷三戸部尚書・戸部郎中條に「辯天下之四人、使各專其業。凡習學文武者爲士、肆力耕桑者爲農、工作貿易者爲工、屠沽興販者爲商（工商皆爲家、專其業以求利者。其織紝組紃之類非也）。工商之家、不得預於士、食祿之人、不得奪下人之利」とある。

四民分業論による社會編成論は、戰國期に始まるが、『荀子』の禮論がその理論的集成であり、唐代律令制まで繼承された（渡邊信一郎［一九九四］）。

「食祿之家、不得與下人爭利」の規定は、『史記』卷一一九循吏傳公儀休傳に「公儀休者、魯博士也。以高弟爲魯相。奉法循理、無所變更、百官自正。使食祿者、不得與下民爭利、受大者不得取小」とあって、これも戰國初期に始まる。

「工商雜類、不得預於士伍」の前身となる規定は、すでに前漢初期に確認できる。『史記』卷三十平準書に「孝惠・高后時、爲天下初定、復弛商賈之律、然市井之子孫、亦不得仕宦爲吏」とあり、商人・手工業者は市籍に附せられ、官員になれなかった。この規定は唐代にまで繼承され、『大唐六典』卷二吏部尚書・吏部郎中條に「凡官人身及同居大功已上親、自執工商、家專其業、皆不得入仕」とある。

本條の規定は、國家形成が本格化した戰國初期に始まり、唐律令によって集大成されたのである。ただ注意すべきは、中國の官僚制は、皇帝から辭令（告身）のでる官人と各官司の長官等が任命・人選する吏員とがあり、商人が仕進しえなかったのは官人層であったことである。商人が吏に任用されることは往往にしてあった。

④男女至三比　本條は、武德七年令の丁中制度・戸籍制度を記す。丁中制は、年齢階梯による人民の區分であり、この區分に基づいて賦役・兵役等の國家負擔・免除が調整される。同様の史料は、『大唐六典』卷三戸部尚書・戸部郎中條に「男女始生爲黃、四歲爲小、十六爲中、二十有一爲丁、六十爲老。毎一歲一造計帳、三年一造戸籍。縣以籍成于州、州成于省、戸部總而領焉。……州縣之籍、恆留五比、省籍留九比」とある。武德七年令では、州縣戸籍は五回分、省籍は三回（九年）分を保存することになっているが、開元令の段階では省籍については九回（二十七年）分の保存に改められている。

○戸籍　戸籍作成については、『唐會要』卷八十五籍帳條に「開元十八年（七三〇）十一月敕、諸戸籍三年一造。起正月上旬、縣司責手實・計帳、赴州依式勘造。鄕別爲卷。總寫三通。其縫皆注某州某縣某年籍、州名用州印、縣名用縣印、三月三十日納訖。并裝潢一通、送尚書省。州縣各留一通。所須紙筆裝潢、竝皆出當戸内口、戸別一錢。其戸毎以造籍年、預定爲九等。便注籍脚。有析生新附者、於舊戸後、以次編附」とある。

戸籍は三年に一度作成される。それは正月上旬から開始され、縣が手實と計帳をとりまとめたうえ、州に赴いて式に基づき、三月末日までに鄕ごとに一卷として三通作成する。裝幀の上、一通は尙書省に送り、州・縣に各一通存置する。このとき各戸の戸等が戸籍に注記される。天寶元年（七四二）の戸口統計は、『舊唐書』卷九玄宗本紀天寶元年條に「其年、天下郡府三百六十二、縣一千五百二十八、鄕一萬六千八百二十九。戸部進計帳、今年管戸八百五十二萬五千七百六十三、口四千八百九十萬九千八百」とある。この當時の戸籍卷數は一萬七千卷にのぼったことがわかる。

○計帳　計帳については、『新唐書』卷五十一食貨志一に「凡里有手實、歲終具民之年與地之闊狹、爲鄕帳。鄕成於縣、縣成於州、州成於戸部。

又有計帳、具來歳課役以報度支。國有所須、先奏而斂」とある。計帳は、年末に各戸主から提出される手實に基づき、各郷ごとに郷帳が作成され、縣・州で集成され、戸部に報告される。手實・郷帳・計帳には、人民の年齢と田土面積が記され、これに基づき次年度の課役の見積りを度支に報告する。報告を受けた度支は、計帳に基づいて課役の賦課・庸調物の轉運を指示する。計帳・戸籍の具體については、池田溫［一九七九］、計帳に基づく財務運營については大津透［二〇〇六］を參照。

⑤**神龍至爲丁**　本條・次條前半は、前條の丁中制をうけて、そののちの神龍元年・天寶三載の變遷を述べる。この事情は、別に『通典』巻七食貨丁中條に「大唐武德七年定令、男女始生爲黄、四歳爲小、十六爲中、二十一爲丁、六十爲老。神龍元年、韋皇后求媚於人、上表、請天下百姓、年二十二成丁、五十八免役。制從之。韋庶人誅後、復舊。玄宗天寶三載十二月制、自今以後、百姓宜以十八以上爲中男、二十三以上成丁」とある。

韋皇后の上請による丁中制が正式に停止されたのは景雲元年（七一〇）七月である。『冊府元龜』巻四八六邦計部戸籍條に「睿宗景雲元年七月、敕、韋庶人所奏成丁・入老宜停」とある。

○**韋庶人**　京兆府萬年縣（陝西省西安市）の人。第四代皇帝中宗李顯（六五六～七一〇、在位六八三～六八四、七〇五～七一〇）の皇后（神龍元年二月十二日立后『唐會要』巻三皇后條）。景龍四年（七一〇）六月二日、中宗が毒殺されたのち、溫王李重茂を立てて皇帝とし、皇太后として朝政を掌握しようとしたが、同月二十日夜、臨淄王李隆基が率いるクーデタによって一族・親黨とともに誅殺され、身分を庶人に落とされた。『舊唐書』巻五十一后妃傳上・『新唐書』巻七十六后妃傳上に立傳する。

⑥**天下至費焉**　本條は、天寶年間における戸籍作成數の變更について述べる。『冊府元龜』巻四八六邦計部戸籍條に「（天寶三載）二月二十五日、制、天下籍造四本、京師・東京尙書省・戸部、各貯一本。十二月二十五日敕文、……自今以後、百姓宜以十八已上爲中男、二十三已上成丁」とある。また『舊唐書』巻九玄宗本紀下天寶三載十二月甲寅（二十五日）條にも「甲寅、親祀九宮貴神於東郊。禮畢、大赦天下。百姓十八已上爲中男、二十三已上成丁。毎歳庸調、八月起徵、可延至九月」とある。これらによれば、造籍四本が二月二十五日、丁中制改訂は十二月二十五日であり、本志の記事は前後轉倒している。通釋では前後を入替えて譯出する。

造籍四本について、玄宗は、卽位以後、十一回長安と洛陽とを往復して政務をとっている。一萬七千巻にのぼる戸籍を一一帶同するのは煩雜で費用がかかる。そこでこの措置を取ったのであろう。『唐會要』巻八十五籍帳條に「其（天寶三）載二月二十五日、制、天下籍造四本、京師・東京尙書省・戸部、各貯一本。……十二載（七五三）正月十二日、敕、應送東京籍宜停」とある。天寶十二載に停止されたので、四本作成されたのは、五載（丙戌）・八載（己丑）・十一載（壬辰）の三回であったことがわかる。ただ、玄宗は、開元二十四年以後、天寶十五載までは、長安に居て政務を執っているから、必要のない措置であった。

四本の送付先について、加藤繁譯注上巻一〇八（三四頁）は、「戸籍四本は、長安及び洛陽の宮城、尙書の本省、戸部の四個所に各一本づゝ貯へしなり」とする。宮城の何處に誰が保管するのか分明でない。これは京師長安の尙書都省・戸部尙書と東都洛陽の尙書都省・戸部尙書の四箇所に各おの一本を保管したことを言う。遠征・行幸等による天子不在の時、京師長安には西京留守（京城留守）、東京には東都留守等が設置された（『唐會要』巻六十七留守條）。『太平廣記』巻二四四崔珙（出芝田錄）條に「唐崔珙爲東都留守・判尙書省事」とあり、東都留守が東都尙書省の政務をとりあつかう事例がある。皇帝が京師長安で政務を執る場合は、京師の尙書都省と戶部尙書に二本、東都留守に尙書都省・戶部尙書分二本が保管され、東都洛陽で政務を執るときは洛陽の尙書都省と戶部尙書に二本、西京留守に尙書都省・戶部尙書分二本が保管されたとみるべきである。十二載の停止は、東京洛陽留守への戶籍二本の送付停止である。

〔通釋〕

天下の民戶は、その資產を量り、九等級に區分する。三年ごとに一度、縣司が注定し、州司がこれを再審查する。

百戶を里とし、五里を鄕とする。四家を鄰とし、五鄰二十五家を保とする。城郭內の居住地を坊とし、田野內の居住地を村とする。村・坊・鄰・里の住民は、相互に監視しあう。

士農工商の四民は各おの專業とする。祿を食む士大夫の家は、農工商の下民と利を爭ってはならない。工商その他これに類する者は、官人になることはできない。

男女とも始めて生まれた者を黃、四歲以上を小、十六歲以上を中、二十一歲以上を丁、六十歲以上を老と規定する。每年一度計帳を造り、三年ごとに一度戶籍を造る。州縣では五回分の戶籍を保存し、尙書省には三回分の戶籍を保存する。

神龍元年（七〇五）、韋庶人が皇后となり、民衆の氣を引こうと務め、上表して二十二歲以上を丁とし、五十八以上を老とするよう願い出たところ、制敕が下りて許された。韋氏一族が誅滅されると、もとにもどされた。

天寶三年（七四四）二月二十五日の詔敕により、天下の戶籍は、始めて四本造ることとなり、京師長安と東京洛陽にある尙書都省と戶部尙書にそれぞれ一本を備えつけておき、皇帝の行幸に備え、運送の費用を節約した。

天寶三年十二月二十五日には、また寬大なる制敕が下り、十八歲以上を中男、二十三以上を丁と規定した。

〔原文〕一一

凡權衡度量之制、度、以北方秬黍中者一黍之廣爲分、十分爲寸、十寸爲尺、十尺爲丈。

量、以秬黍中者容一千二百爲龠、二龠①爲合、十合爲升、十升爲斗、三升爲大升、三斗爲大斗、十斗②爲斛。

權衡、以秬黍中者百黍之重爲銖、二十四銖爲兩、三兩爲大兩、十六兩爲斤。

調鐘律、測晷景、合湯藥及冠冕制、用小升小兩。自餘公私用大升大兩。

又山東諸州、以一尺二寸爲大尺、人間行用之。其量制、公私又不用龠、合內之分、則有抄撮之細。

〔校訂〕

①**二龠爲合**　『舊唐書』卷四十三職官志二・『通典』卷六・『六典』卷三・『太平御覽』卷七五六は「二龠」とし、『唐會要』・『唐律疏議』・『天聖令』雜令第二條（宋二）等は「十龠」とする。これについて、加藤繁譯注上卷一

一一（三五頁）、譚英華［一九八八］（二〇頁）等は「十龠」を正しいとするが、誤りである。いまは標點本に從う。理由は本節注釋③參照。

②**十斗爲斛**　標點本・諸本もと「十大斗爲斛」に作る。『舊唐書』卷四十三職官志二・『通典』卷六・『大唐六典』卷三・『唐會要』卷六十六・『太平御覽』卷七五六は、「大」の字なし。加藤繁譯注上卷一一二（三五頁）、譚英華［一九八八］（二〇頁）、潘鏞［一九八九］（四七頁）は、これらにより十斗を是とする。いまこれらにより十大斗を十斗に改訂する。

〔訓讀〕

凡そ權衡度量の制①、度は北方の秬黍の中なる者、一黍の廣さを以て分と爲し、十分を寸と爲し、十寸を尺と爲し、十尺を丈と爲す②。

量は秬黍の中なる者、一千二百を容るるを以て龠《やく》と爲し、二龠を合と爲し、十合を升と爲し、十升を斗と爲し、三升を大升と爲し、三斗を大斗と爲し、十斗を斛と爲す③。

權衡は秬黍の中なる者、百黍の重さを以て銖と爲し、二十四銖を兩と爲し、三兩を大兩と爲し、十六兩を斤と爲す④。

鐘律を調え、晷景を測り、湯藥を合わせ、及び冠冕の制、小升・小兩を用い、自餘は公私に大升・大兩を用う⑤。

又た山東諸州、一尺二寸を以て大尺と爲し、人間《じんかん》之を行用す⑥。其れ量制は、公私又た龠を用いず、合內の分、則ち抄・撮の細有り⑦。

〔注釋〕

①**凡權至大兩**　本節は、度量衡にかかわる令の條文を紹介し、その解說を行なう。『通典』卷六食貨賦稅下に「凡權衡度量之制、度、以北方秬黍中者一黍之廣爲分、十分爲寸、十寸爲尺、十尺爲丈。量、以秬黍中者容千二百爲龠、二龠爲合、十合爲升、十升爲斗、十斗爲斛。權衡、以秬黍中者百黍之重爲銖、二十四銖爲兩、三兩爲大兩、十六兩爲斤。調鐘律、測晷景、合湯藥及冠冕制、用小升・小兩、自餘公私用大升・大兩」とある。文中に「三升爲大升、三斗爲大斗」を缺くが、本節と全くの同文であり、『舊唐書』食貨志の典據であろう。

なお、『天聖令』雜令卷三十に、本節とほぼ同文の北宋令が殘っているので、參考に揭げる。

（宋一）諸度、以北方秬黍中者一黍之廣爲分、十分爲寸、十寸爲尺（一尺二寸爲大尺一尺）、十尺爲丈。

（宋二）諸量、以秬黍中者容一千二百黍爲龠、十龠爲合、十合爲升、十升爲斗（三斗爲大斗一斗）、十斗爲斛。

（宋三）諸權衡、以秬黍中者百黍之重爲銖、二十四銖爲兩銖（三兩爲大兩一兩）、十六兩爲斤。

（宋四）諸積秬黍爲度量權者、調鐘律、測晷景、合湯藥、造制冕、及官私皆用之。

（宋五）太府寺造秤・斗・升・合等樣、皆以銅爲之、尺以鐵。

②**度以至爲丈**　本條は、度にかかわる條文である。度は、長さを計る單位。『漢書』卷二十一律曆志上に「度者、分・寸・尺・丈・引也。所以度長短也」とある。唐代の尺について郭正忠［一九九三］（二五五頁）は大尺（唐代前期）が二九・六cm、小尺が二四・五cmとする。

○**北方秬黍中者**　『漢書』律曆志上に「度者、……本起黃鐘之長。以子穀秬黍中者、一黍之廣、度之九十分、黃鐘之長。一爲一分、十分爲寸、

十寸爲尺、十尺爲丈、十丈爲引、而五度審矣」とある。この「子穀秬黍」について、顏師古注に「孟康曰、子、北方。北方黑、謂黑黍也。師古曰、此說非也。子穀猶言穀子耳。秬卽黑黍、無取北方爲號。中者、不大不小也。言取黑黍穀子大小中者、率爲分寸也。秬音鉅」とある。條文に「北方」とあるのは、孟康說に由來する。顏師古が否定するように、特段の意味はない。秬黍は、くろきび。『爾雅』釋草にも「秬、黑黍。（刑昺疏、李巡曰、黑黍、一名秬黍、秬、卽黑黍之大名也）」とある。

③**量以至爲斛**　本條は、量にかかわる條文である。量は、容積をはかる單位、ます。『漢書』律曆志上に「量者、龠・合・升・斗・斛也。所以量多少也。本起於黃鐘之龠、用度數審其容、以子穀秬黍中者千有二百實其龠、以井水準其概。合龠爲合、十合爲升、十升爲斗、十斗爲斛、而五量嘉矣」とある。本條の典據である。校訂で述べたように「十龠爲合」に作るテキストが多くある。ここに「合龠爲合」とあるのが、本條「二龠爲合」の典據である。『廣雅』釋器に「龠二曰合、合十曰升」とあって、これを互證する。漢代の一斗は約二《リットル》であり、一合は二十ミリリットルである。もし十龠を一合とするならば、黍一萬二千粒を入れる量が合（二十ミリリットル）となり合理的でない。「二龠爲合」を正しいとすべきである。なお、郭正忠［一九九三］（三四三頁）によれば、唐代中期までの大升は五九七～六〇〇ミリリットルである。

④**權衡至爲斤**　本條は、權衡にかかわる條文である。權衡は物體を釣合わせて、重さを測る單位、はかり。『漢書』律曆志上に「權者、銖・兩・斤・鈞・石也。所以稱物平施、知輕重也。本起於黃鐘之重。一龠容千二百黍、重十二銖、兩之爲兩。二十四銖爲兩。十六兩爲斤。三十斤爲鈞。四鈞爲石」とある。なお郭正忠［一九九三］（二〇二頁）によれば、唐代前期の大兩は四十二～四十三《グラム》である。

⑤**調鐘至大兩**　『大唐六典』卷三戶部尚書金部郎中條に「凡度、以北方秬黍中者一黍之廣爲分、十分爲寸、十寸爲尺、一尺二寸爲大尺、十尺爲丈。凡量、以秬黍中者容一千二百爲龠、二龠爲合、十合爲升、十升爲斗、三斗爲大一斗、十斗爲斛。凡權衡、以秬黍中者百黍之重爲銖、二十四銖爲兩、三兩爲大兩、十六兩爲斤。凡積秬黍爲度量權衡者、調鐘律、測晷景、合湯藥及冠冕之制、則用之、內外官司悉用大者」とある。參考に擧げた北宋天聖令と考えあわせるなら、本條は、權衡度量に續く令の條文であることがわかる。

○**晷景**　ひかげ。『漢書』卷二十六天文志に「晷景者、所以知日之南北也」とある。太陽の運行の觀測を行ない、またこれを日時計に用いて時間を測る。

⑥**又山至用之**　加藤繁譯注上卷一一三（三五頁）は、「唐時、尺に大小の別あり。大尺は小尺一尺二寸を以て尺とす。大尺は隋の遺制なるが、官府にても民間にても之を常用に供せり」と解說する。唐代尺制の說明としては適當するが、この文章の意味することとは異なる。郭正忠［一九九三］（二四一頁）は、山東諸州の民用とする。本條の文章に卽していえば、山東諸州の民間で行用した大尺と見るほかない。

⑦**有抄撮之細**　一合は百抄、一抄は十撮からなる。『孫子算經』卷上に「量之所起、起於粟。六粟爲一圭、十圭爲一撮、十撮爲一抄、十抄爲一勺、十勺爲一合、十合爲一升」とある。唐代租調役・兩稅を例題に用いる『夏侯陽算經』卷上辯度量衡條には「十粟爲一圭、十圭爲撮、十撮爲一抄、十抄爲一勺、十勺爲一合、十合爲一升」とある。また、『漢書』卷二十一律曆志上に「數者、一・十・百・千・萬也、……度長短者不失豪氂、量多少者不失圭撮」とあり、その顏師古注に「應劭曰、圭、自然之形、陰陽之始也。四圭曰撮、三指撮之也。孟康曰、六十四黍爲圭」とある。圭・撮の容量には、多樣な規定のあったことがわかる。

〔通釋〕

権衡度量の制度について。度は北方の秬黍《くろきび》の中程度のものを用い、一黍の直徑を分とし、十分を寸とし、十寸を尺とし、十尺を丈とする。

量は秬黍の中程度のものを用い、一千二百粒を容れるものを龠とし、二龠を合とし、十合を升とし、十升を斗とし、三升を大升とし、三斗を大斗とし、十斗を斛とする。

権衡は秬黍の中程度のものを用い、百黍の重さを銖とし、二十四銖を兩とし、三兩を大兩とし、十六兩を斤とする。

樂器の音律を調え、日影を測り、藥を調合し、及び冠冕を制作するには小升・小兩を用い、そのほかは、公私ともに大升・大兩を用いる。

また山東諸州では一尺二寸を大尺とし、民間で用いている。量制については、（唐代）公私ともに龠は用いず、合の下位區分には抄・撮等の細かな位取りを用いる。

〔原文〕一二

天寶九載二月、敕、車軸長七尺二寸、麵三斤四兩、鹽斗量、除陌錢每貫二十文。

先是、開元八年正月、敕、頃者、以庸調無憑、好惡須準、故遣作樣以頒諸州、令其好不得過精、惡不得至濫。任土作貢、防源斯在。而諸州送物、作巧生端、苟欲副于斤兩、遂則加其丈尺、至有五丈爲疋者。理甚不然。闊一尺八寸、長四丈、同文共軌、其事久行。立樣之時、亦載此數。若求兩而加尺、甚暮四而朝三。宜令所司簡閱、有踰於比年常例、丈尺過多、奏聞。

〔訓讀〕

天寶九載二月、敕すらく、車軸の長さは七尺二寸、麵は三斤四兩、鹽は斗もて量り、除陌錢は每貫二十文とす、と。①

是より先、開元八年正月、敕すらく、②頃者《このごろ》、庸調に憑る無く、好惡準を須《ま》つを以て、故に作樣を遣わして以て諸州に頒かち、其れをして好しきも精に過ぐるを得ず、惡しきも濫に至るを得ざらしむ。土を任《もち》いて貢を作すに、③源を防ぐこと斯《ここ》に在り。而るに諸州の送物、巧を作して端を生じ、苟《いやしく》も斤兩に副《かな》えんと欲して、遂に則ち其の丈尺を加え、五丈もて疋と爲す者有るに至る。理として甚だ然らず。闊《ひろ》さ一尺八寸、長さ四丈、文を同じくし軌を共にし、④其の事久しく行なわる。樣を立つるの時も、亦た此の數を載《な》せ。兩を求めて尺を加うるが若きは、暮四にして朝三なるより甚だし。⑤宜しく所司をして簡閱せしめ、比年の常例を踰え、丈尺過多なるもの有れば、奏聞せしむべし、と。

〔注釋〕

① **天寶至十文**　この節から法令の文章を離れ、租調役制の展開を時代を追って敍述する。

最初に記す天寶九載二月の敕文、このままでは意味が通りにくい。『唐會要』卷六十六太府寺條に「天寶九載二月十四日、敕、自今以後、麪皆以三斤四兩爲斗、鹽竝勒斗量。其車軸七尺二寸、除陌錢毎貫二十文。餘麪等同」とある。これが本來の敕文である。これにより、文中の「麵三斤四兩」は「麵、三斤四兩を以て一斗と爲し」、「鹽斗量」は「鹽、竝びに斛して斗もて量らしめ」とすべきだろう。

○**麵**　麪に同じ。麥粉。『說文解字』五篇下に「麪、麥屑末也」とある。

○**除陌錢毎貫二十文**　錢差しにまとめられた一貫一千文から二十文を抽出した九八〇文を一貫とすること。唐の除陌錢について陳明光［一九九一］は、⑴交易税として、一貫ごとに税錢を徴收するもの、⑵內外給用錢の抽貫、すなわち官が他の官もしくは民間に支拂いをするとき、一貫につき幾ばくかの錢を控除するもの、⑶唐後半期の銅錢不足の狀況下に出現した新しい貨幣流通の形式で、毎貫若干文を控除して一貫の價値としたもの、の三つがあると指摘する。宮澤知之［一九八八］（三〇一頁）は、このうち本條の天寶九載敕については、第一ないし第二の除陌錢にあたるという。本條は、度量衡にかかわる敕文であり、一尺二寸を大尺一尺とするのと同樣に、九八〇文を一貫とする、みなし規定である。

②**開元八年正月**　『通典』卷六食貨賦税下及び『唐會要』卷八十三租税上に本條と全く同文の詔敕を記述する。ただ『唐會要』は、記年を開元八年正月二十日と明記する點で異なる。發敕日は『唐會要』に據るべきである。通釋は會要に據る。

③**任土作貢**　州ごとに、その土地に產出する物を用いて賦税の等級を定め、王權に貢納すること。貢獻とも言う。『尙書』禹貢篇序に「禹別九州、隨山濬川、任土作貢（僞孔安國傳、任其土地所有、定貢賦之差）」とある。ここでは庸調物を指す。

④**同文共軌**　同文は書體を、同軌は車輪の間隔（轍）を、全國土で統一すること。『禮記』中庸篇に「今天下、車同軌、書同文、行同倫」とある。

⑤**暮四而朝三**　目前の量の差異に拘泥して總量の同じことを辨えず、ごまかされること。『莊子』齊物論第二に「勞神明爲一而不知其同也、謂之朝三。何謂朝三。狙公賦芧曰、朝三而暮四。衆狙皆怒。曰、然則朝四而暮三。衆狙皆悅。名實未虧而喜怒爲用、亦因是也」とある。

〔通釋〕

天寶九載（七五〇）二月十四日、詔敕を下し、「車軸の長さは七尺二寸、麵は三斤四兩を一斗とし、鹽は斗ますを用いて量らせ、除陌錢は毎貫二十文とせよ」と命じた。

これより以前、開元八年（七二〇）正月二十日、詔敕を下し、「このごろ庸調物の仕樣に據りどころが無く、その品質に基準を設ける必要がでてきた。それゆえ、仕樣見本を送って諸州に頒かち、上質でも精巧過ぎず、下等でも濫惡過ぎぬようにさせる。庸調物の品質を保持する根源はここにある。諸州から送付する庸調物は、狡猾な操作が發端となり、なまじ重さに適合させようとして長さを加えることになり、五丈を一匹とするものまである。はなはだ道理に背くものである。絹一匹の幅一尺八寸、長さ四丈が、書體や轍の間隔同樣、天下の統一基準であり、その事は久しく行なわれてきた。仕樣見本を作る時にも、またこの數値に合致させよ。重さを追求して長さを加えるようなことは、朝三暮四より甚だしいごまかしである。擔當官廳に點檢させ、例年の常規をこえて、長すぎるものがあれば、上聞させるがよい」と命じた。

〔原文〕　一三

二十二年五月、敕、定戶之時①、百姓非商戶郭外居宅及毎丁一牛、不得將入貨財數。其雜匠及幕士幷諸色同類、有番役合免征行者、一戸之内、四丁已上、任此色役、不得過兩人、三丁已上、不得過一人。

其年七月十八日、敕、自今已後、京兆府關内諸州、應徵庸調及資課、竝限十月三十日畢。至天寶三載十二月二十五日赦文②、每載庸調八月徵、以農功未畢、恐難濟辦。自今已後、延至九月三十日爲限。

〔校訂〕

①**定戸之時**　標點本・諸本もと「定戸口之時」に作る。『唐會要』巻八十三租稅上開元二十二年五月十三日敕條、『冊府元龜』巻四八七邦計部賦稅一條にも本條と同文の詔敕があり、「定戸之時」に作る。また『通典』巻六食貨賦稅下に「二十二年五月、敕、定戸之時、百姓非商戸郭外居宅及每丁一牛、不得將入貨財數。其雜匠及幕士幷諸色同類、有番役合免征行者、一戸之内、四丁以上、任此免（色）役、不得過兩人、三丁以上、不得過一人」とある。

『通典』『唐會要』『冊府元龜』ともに「定戸之時」に作り、口字はない。本條は三年に一度の「定戸等第」すなわち戸等の決定を規定するものであり、また唐代の史料は戸等の認定を「定戸」で表現するのが一般である。口字のない方を是とする。「定戸」については、〔原文〕一〇及びその注釋①をも參照。

②**天寶三載十二月二十五日赦文**　標點本・諸本もと「天寶三載二月二十五日赦文」に作り、十字を缺く。『舊唐書』巻九玄宗本紀下天寶三載十二月甲寅（二十五日）條に「甲寅、親祀九宮貴神於東郊、禮畢、大赦天下。百姓十八已上爲中男、二十三已上成丁。每歲庸調、八月起徵、可延至九月」とある。これに據り、十字を補い十二月とする。『冊府元龜』巻四八六邦計部戸籍條に「（天寶三載）二月二十五日、制、天下籍造四本、京師・東京尚書省・戸部、各貯一本。……自今以後、百姓宜以十八已上爲中男、二十三已上成丁」とある。二月の造籍四本の制敕と混同したのであろう。

〔訓讀〕

二十二年五月、敕すらく①、戸を定むるの時、百姓の商戸に非ざるものの郭外の居宅及び每丁一牛、將《もっ》て貨財の數に入るるを得ず。其れ雜匠②及び幕士幷びに諸色同類③にして、番役有りて合《まさ》に征行を免ずべき者④、一戸の内、四丁已上⑤、此の色役に任ずること兩人を過ぐるを得ず、三丁已上、一人を過ぐるを得ず、と。

其の年七月十八日、敕すらく⑥、今自り已後、京兆府・關内の諸州⑦、應に徵すべきの庸調及び資課⑧、竝びに十月三十日を限りて畢《おわ》れ⑨、と。

天寶三載十二月二十五日に至り、赦文に、每載の庸調、八月に徵《おさ》む。農功未だ畢らざるを以て、濟辦し難きを恐る。今自り已後、延ばして九月三十日に至りて限と爲せ、とあり。

〔注釋〕

①**二十二年五月敕**　『唐會要』巻八十三租税上に「（開元）二十二年五月十三日敕、定戸之時、百姓非商戸郭外居宅及毎丁一牛、不得將入貨財數。其雜匠及幕士并諸色同類、有番役合免征行者、一戸之內、四丁以上、任此色役、不得過兩人、三丁以上、不得過一人」とあり、發敕日は五月十三日である。

②**雜匠**　「雜色工匠」の略稱（『唐律疏議』巻二十八捕亡律「丁夫雜匠在役」條）。正役・雜徭と竝ぶ徭役の一つとして、主として中央官府に配屬され、一定期間ごとに交替勤務（上番）する諸種の手工業者である。たとえば少府配屬の雜匠について、『新唐書』巻四十八百官志三少府條に「有府二十七人、史十七人、計史三人、亭長八人、掌固六人、短蕃匠五千二十九人、綾錦坊巧兒三百六十五人、內作使綾匠八十三人、掖庭綾匠百五十人、內作巧兒四十二人、配京都諸司諸使雜匠百二十五人」とある。

③**幕士幷諸色同類**　唐代の官吏は、九品の位階をもち皇帝から任命される約一萬九千人の文武官員とそれ以外の約三十五萬人の內外職掌人と呼ばれる吏員とに分かれる。內職掌と呼ばれる中央吏員は、三萬五千人を數えるが、流外官（長上官を除く番官）・庶士・內給使・散使等に區別された（本條末尾參照）。幕士は、庶士として一括される色役のひとつで、その代表的吏員・色役である。『大唐六典』によれば、巻十一殿中省尙舍局に八〇〇〇人、巻十六衞尉寺守宮署に一六〇〇人、巻十八鴻臚寺司儀署に六十人、巻二十六太子典設局に六〇〇人、すべて一萬二六〇〇人を數え、內職掌のほぼ三分の一をしめる。その職掌については、『大唐六典』巻十一殿中省尙舍局條に「幕士八千人（皇朝置、掌供御及殿中雜張設之事）」とあるように、儀禮執行を中心とする殿中・殿庭の施設設備と淸掃管理である。『天聖令』雜令不行唐令第十五條（唐一五）中に「諸司流外非長上者、總名番官。其習馭・掌閑・翼馭・執馭・馭士・駕士・幕士・稱長・門僕・主膳・供膳・典食・主酪・獸醫・典鐘・典鼓・價人・大理問事、總名庶士。……」とある。色役については、なお〔原文〕三注釋①を參照。

諸色同類は、庶士その他色役を擔う內職掌人を言う。『天聖令』雜令不行唐令第二條（唐二）中に「諸習馭・翼馭・執馭・馭士・駕士・幕士・稱長・門僕（門僕取京城內家口重大、身強者充）・主膳・典食・供膳・主酪・典鐘・典鼓・防閤・庶僕・價人（價人取商賈、及能市易、家口重大、識文字者充）・邑士、皆於白丁內家有兼丁者爲之（令條取軍內人爲之者、沒（準）別制）。……毎年各令本司、具錄須數、申戸部下科、十二月一日集省分配。年滿之日、門僕・稱長・價人四周一代、防閤・庶僕・邑士則二周一代。不願代者、聽」とあり、幕士と同類の內職掌を列記する。

唐代開元年間官吏總數（『通典』巻40・職官22）

	總　數	中央（內）	地方（外）
文武官員	18,805人	2,620人	16,185人
職掌人	349,863人	35,177人	314,686人
合　計	368,668人	37,797人	330,871人

本條の參考として、唐代開元二十五年制定の官人・吏員（職掌人）の構成について整理しておく。『通典』巻四十職官二十二に「右內外文武官員凡萬八千八百五（文官萬四千七百七十四、武官四千三十一。內官二千六百二十、外官州縣・折衝府・鎭・戍・關・廟・岳・瀆等萬六千一百八十五）。內職掌、齊郎・府・史・亭長・掌固・主膳・幕士・習馭・駕士・門僕・陵戸・樂工・供膳・獸醫・學生・執御・門事・學生・俊士・魚師・監門校尉・直屯・備身・主仗・典食・監門直長・親事・帳內等。外職掌、州縣倉督・錄事・佐史・府史。典獄・門事・執刀・白直・市令・市丞・助敎・津吏・里正、及岳廟齊郎、幷折衝府旅帥・隊正・隊副等。總三十四萬九千八百六十

三（內三萬五千一百七十七、外三十一萬四千六百八十六）。都計文武官及諸色胥史等、總三十六萬八千六百六十八人」とある。

開元二十三年の行財政改革で、約二十二萬人の諸司色役を削減しているので、開元年間には五十七萬人の色役・職掌人を擁したことになる。『大唐六典』巻三戶部尚書戶部郎中條原注に「開元二十二年（私案『唐會要』巻八十三租税上作二十三年、『會要』是）敕以爲、天下無事、百姓徭役、務從減省。遂減諸司色役二十二萬二百九十四」とある。

④**有番役合免征行者**　番役とは、色役擔當者や賤人身分の番戶・雜戶が、官司に出仕して役務を果たす際に、出仕期間と當番期間を設けて、交替勤務することを言う。たとえば賤人身分である番戶・雜戶について、『大唐六典』巻六刑部尚書都官郎中條に「凡配官曹、長輸其作、番戶・雜戶、則分爲番（番戶一年三番、雜戶二年五番、番皆一月。十六已上當番、請納資者、亦聽之）」とある。番戶が一年三番、雜戶が二年五番、上番期間ともに一箇月とあるように、身分によって異なった。

色役にあっても出仕期間と上番期間は、その種類によって異なった。『天聖令』雜令不行唐令第八條（唐八）には、長上・二番・三番・四番の勤務形態を規定して、「諸在京諸司流內九品以上、及國子監諸學生及俊士、流外官太常寺謁者、贊引、祝史、司儀、典客署典客、祕書省弘文館典書、左春坊掌儀、司經局典書、諸令史、書令史、楷書手、都水監河堤謁者、諸局書史、諸錄事、府、史、計史、司直史、竝長上。其司流外非長上者及價人、皆分爲二番（番期長短、各任本司量短定准。當庫藏者、不得爲番）。其太史局曆生、天文生、巫師、按摩、咒禁、卜筮生、藥園生、藥童、羊車小史、獸醫生、嶽瀆祝史、齊郎、內給使、散使、奉觶、司儀署齊郎、郊社・太廟門僕、幷品子雜掌、皆分爲三番。餘門僕、主酪、習馭、翼馭、執馭、馭士、駕士、幕士、大理問事、主膳、典食、供膳、獸醫、典鐘、典鼓、及薩寶府雜使、漏刻生、漏童、竝分爲四番」とある。

また色役の一種で中男・殘疾が選拔される門夫について、『通典』巻三十五職官十七祿秩條に「諸州縣不配防人處、城及倉庫門各二人。須守護者、取年十八以上中男及殘疾、據見在數、均爲番第、勿得偏倂。每番一旬。每城門各四人、倉庫門各二人（其倉門每萬石加一人、石數雖多、不得過五人。其京兆・河南府及赤縣大門各六人、庫門各三人。其須修理官廨及祗承官人、聽量配驅使。若番上不到應須徵課者、每番閑月不得過一百七十、忙月不得過二百文）。滿五旬者、殘疾免課調、中男免雜徭」とある。このばあい出仕期間は一年單位、上番期間は十日、五番五十日の勤務でその年の課調もしくは雜徭が免除される。

出仕期間は、前掲『天聖令』雜令不行唐令第二條（唐二）には、門僕・稱長・價人が四年單位、防閤・庶僕・邑士は二年單位であると規定する。それ以外の色役はおそらく一年單位であろう。幕士のばあい、出仕期間一年、年四番の交替制であろう。

庶士を中心とする色役に對しては、征行が免除された。征行は、軍事遠征のことであるが、それを擔う府兵・防人・兵募等の軍役負擔の免除を言う。唐代の軍役負擔については渡邊信一郎［二〇一〇］第十一章參照。

なお、『天聖令』賦役令不行唐令第十五條（唐一五）に「諸正・義及常平倉督、縣博士・州縣助敎、視流外九品以上、州縣市令、品子任雜掌、親事・帳內、國子・太學・四門・律・書・算等學生、俊士、無品直司人、衞士、庶士、虞侯、牧長、內給使・散使、天文・醫・卜［筮生］・按摩・咒禁・樂［藥］園等生、諸州醫博士・助敎、兩京坊正、縣錄事、里正、州縣佐・使［史］・倉史・市史、外監錄事・府・史、牧尉・史［子］、雜職、驛長、烽帥・烽副、防閤・邑士・庶僕、傳送馬驢主、採藥師、獵師、宰手、太常寺音聲人、陵戶、防人在防、及將防年本州非者防、徒人在役、流人充侍（謂在配所充侍者、三年外依常式）、使［疑衍］竝免課役」とあって、

幕士を含む庶士は、課役を免除されるので、課役・軍役をすべて免除されることになる。

⑤**三丁已上**　一戸に四丁以上ある場合、色役の選抜を二名以内とする規定を受け一、二、三、以上は一名以内と規定する。このことは一見不合理な表現であるが、正丁三名の戸から一名のみ選抜し、二名以下の戸からは色役を選抜しないということであろう。前掲注釋④『天聖令』雜令不行唐令第二條（唐二）に「諸皆於白丁内家有兼丁者爲之」とあるように、戸内に複數丁がある場合に色役が選抜されるのであり、ここでは兼丁の内容を三名以上と規定したものである。

⑥**其年七月十八日敕**　本條とほぼ同文の詔敕・赦文が、『唐會要』卷八十三租稅上に「其年七月十八日、敕、自今已後、京兆府關内諸州、應徵庸調及資課、并限十月三日畢。至天寶三載三月二十五日赦文、每載庸調八月徵收、農功未畢、恐難濟辦。自今已後、延至九月三十日爲限」とある。文中の至字、加藤繁譯注上卷（三七頁）には、畢字に續けて「畢至」で文章を區切り、「十月三日を限りて畢く至れ」と訓讀する。本食貨志・『唐會要』ともに、次條に開元二十五年（七三七）三月敕を配列している。天寶三載（七四四）三月の赦文は、庸調物の徵收期限の變遷を先取りして述べたものであるから、至字は天寶三載の上にくる方がよい。

また會要は、本志「八月徵、以農功未畢」を「八月徵收、農功未畢」に作る。どちらも通じるので、今は本志に從う。

⑦**京兆府・關内諸州**　京兆府は唐の首都、二十三縣を所管した。現在の陝西省西安市一帶。『舊唐書』卷三十八地理志一に「舊領縣十八、戸二十萬七千六百五十、口九十二萬三千三百二十。天寶領縣二十三、戸三十六萬二千九百二十一、口一百九十六萬七千一百八十八」とある。

關内諸州は、關内道二十七州、ほぼ現在の秦嶺山脈以北の陝西省及び黃河流域以南の内モンゴル・甘肅省回族自治區に相當する。『新唐書』卷三十七地理志一に「關内道、……京兆・華・同・鳳翔・邠・隴・涇・原・渭・武・寧・慶・鄜・坊・丹・延・靈・威・雄・會・鹽・綏、宥……麟・豐・勝・銀・夏・單于、安北……、商、……爲府二・都護府二・州二十七・縣百三十五」とある。

⑧**資課**　資錢・課錢とも言う。色役等の傜役に就役しないときの免役代納錢を言う。『册府元龜』卷八十六帝王部赦宥・天寶三載正月制條に「諸色當蓄（私案蓄字當作番）人應送資課者、當郡具申、尚書省勾覆、如身至上處、勿更抑令納資、致使往來辛苦。從閏二月至六月已來、其當上人中、有單貧老弱者、委郡縣長官、與所繇計會、便放營農」とあるように、色役の當番者が就役の代替に支拂うべきものであった。

資課の額は、各傜役によって額が異なり、錢額に相當する物で代納することもあった。たとえば幕士の同類である防閤・庶僕のばあい、『大唐六典』卷三戸部尙書戸部郎中條に「凡京司文武職事官、皆有防閤、一品九十六人、二品七十二人、三品三十八人、四品三十四人、五品二十四人、六品給庶僕十二人、七品八人、八品三人、九品二人、公主邑士八十人、郡主六十人、縣主四十人、特封縣主三十四人」とあり、さらに「凡諸親王府屬、竝給士力、其數如白直（其防閤・庶僕・白直・士力納課者、每年不過二千五百、執衣不過一千文）」とある。防閤・庶僕等は、官人に支給され、驅使される從僕であるが、就役しない場合は官人に課錢二五〇〇文を納入する。官人から見れば特別手當となる。

官人にではなく官府等に勤務する幕士等の色役が納入する免役錢は、官府もしくは國家の收入になった。『大唐六典』卷十四太常寺太樂署條に「凡樂人及音聲人應教習、皆著簿籍、覈其名數、而分番上下、皆教習檢察、以供其事（若有故及不任供奉、則輸資錢、以充伎衣樂器之用）」とある。また前掲注釋④の番戸・雜戸ついて、「番戸一年三番、雜戸二年五番、番皆一月。十六已上當番、請納資者、亦聽之」とあり、賤人身分にある者のうち番役に從事する者も、一定の條件下に資錢を納入することで免役されることがあった。前掲注釋④の門夫についても「若番上不到應須徵課者、每番閑月不得過一百七十、忙月不得過二百文」とあり、番上しなかったばあい、每番一箇月一七〇文（閑散月）もしくは二〇〇文（繁忙月）の課錢を徵收した。これらも國家の收入となる。『通典』卷六食貨賦稅下に「據天寶中度支每歲所入端屯疋貫石都五千七百餘萬、計制錢地稅庸調折租得五千三百四十餘萬端疋屯、其資課及句剝等當合得四百七十餘萬」とあり、資課錢の收入額は相當數にのぼった。

⑨**竝限十月三十日畢**　次條にも見るとおり、庸調物を八月中に徵收することは賦役令に規定がある。『天聖令』不行唐令第二條（唐二）に「諸庸調物、每年八月上旬起輸、三十日內畢。九月上自［旬］、各發本州。庸調車未發間、有身死者、其物却還。其運脚出庸調之家、任和雇送達。所須裹束調度、竝折庸調充、隨物輪納」とあり、同條文は、また『通典』卷六賦稅下にも記述がある。本條の敕文は、京兆府・關中諸州については、全國土に先行して、この徵收期限を二箇月遲らせたのである。また次條天寶三載十二月敕文では、全國土の庸調物について、徵收期限を一箇月延期している。

〔通釋〕

開元二十二年（七三四）五月十三日、詔敕を下し、「戶等を決定する時、商戶ではない百姓の城郭外にある住居、及び一丁につき一頭の牛を、戶等の認定對象となる資產の中に含めてはならぬ。雜匠及び幕士、ならびに諸種同類のもので、番役があって征行を免除すべき者について、一戶に四丁以上あるときは、二人以上色役に任じてはならず、三丁以上の場合には一人を超えてはならぬ」と命じた。

その年七月十八日、詔敕を下し、「今より後、京兆府と關內道の諸州で徵收すべき庸調及び資課は、すべて十月三十日までに完納させよ」と命じた。

天寶三載（七四四）十二月二十五日に至り、敕文を下し、「每年、庸調を八月に徵收している。收穫作業がまだ終らぬときで、完濟しがたいことを憂慮する。今より後は、九月三十日まで期限を延長せよ」と命じた。

〔原文〕一四

二十五年三月、敕、關輔庸調、所稅非少。既寡蠶桑、皆資菽粟、常賤糶貴買、損費逾深。又江淮等苦變造之勞、河路增轉輸之弊、計其運脚、數倍加錢。今歲屬和平、庶物穰賤、南畝有十千之獲、京師同水火之饒、均其餘以減遠費、順其便使農無傷。自今已後、關內諸州庸調資課、竝宜準時價變粟取米、送至京逐要支用。其路遠處不可運送者、宜所在收貯、便充隨近軍糧。其河南河北有不通水利、宜折租造絹、以代關中調課。所司仍明爲條件、稱朕意焉。

〔訓讀〕

二十五年三月①、敕すらく、關輔の庸調、稅する所少なきに非ず。既にして蠶桑寡《すく》なく、皆な菽粟を資つ。常に賤《やす》く糴《う》りて貴《たか》く買い、損費逾いよ深し。又た、江淮等、變造の勞に苦しみ、②河路、轉輪の弊を増す。③其の運脚を計るに、數倍に錢を加う。④今歳屬《たま》たま和平にして、庶物穰《みの》りて賤《やす》く、南畝に十千の獲有り、⑤京師は水火の饒に同じうす。⑥其の餘りを均しくして以て遠費を減らし、⑦其の便に順い、農をして傷うこと無からしむ。今自り已後、關內諸州の庸調・資課、竝びに宜しく時價に準り、粟に變え米を取り、⑧送りて京に至《いた》し、要を逐《お》い支用せよ。其れ路遠きの處にして運送すべからざる者《とき》は、宜しく所在に收貯し、便ち隨近の軍糧に充つべし。其れ河南・河北の水利を通ぜざるところ有れば、宜しく租を折して絹を造《いた》し、以て關中の調課に代えよ。所司仍りて明かに條件を爲り、朕の意に稱《かな》えよ、と。

〔注釋〕

①**二十五年三月**　『唐會要』巻八十三租稅上に同文を記載するが、「二十五年三月三日」と記す。發敕の日付はこれに從う。

②**江淮等苦變造之勞**　この句は、江淮地域、現在の江蘇省南部・安徽省中部一帶の地域から京師長安に送られる義倉米にかかわる問題である。變造について、加藤繁譯注上巻一三〇（四〇頁）は「三年毎に義倉の舊粟を京師に送るを變造と謂う」と解說するが、正確ではない。變造は、本來の穀物の形態を調整したり、買換えたりすることにより、別の形態に變えて別の土地に轉送することである。稻のばあいは、籾米を搗いて玄米（糙米）に調整することを言い、小麥のばあいは、麥飯やこれをひいて麵（小麥粉）に形態變化することである。『册府元龜』巻五〇二邦計部平糴開元二十六年（七三八）條に「三月丙申、敕曰、如聞、寧慶兩州、小麥甚賤。百姓出糴、又無人糴。衣服之間、或慮難得。宜令所司、與本道支使計會、每斗加於時價一兩錢、糴取二萬石、變造麥飯、貯於朔方城」とある。

變造の造字には送致するの義がある。『大唐六典』巻三戶部尙書度支郎中條に「凡金銀寶貨綾羅之屬、皆折庸調以造焉」とある。造詣の造、至の意である。ここに云う變造は、災害のための備蓄を本來の目的とする義倉の稻穀を玄米に變換し、京師に轉送して別目的のために使用したことを意味する。

『通典』巻六食貨賦稅下に、天寶年間の財政收支を記述する。そのなかに、「其度支歲計、粟則二千五百餘萬石（三百萬折充絹布、添入兩京庫。三百萬迴充米豆、供尙食及諸司官廚等料、竝入京倉。四百萬江淮迴造米轉入京、充官祿及諸司糧料。五百萬留當州官祿及遞糧。一千萬諸道節度軍糧及貯備當州倉」とある。ここでは、變造は迴造と呼ばれている。迴は變と同義である。ただことを分けて言えば、迴に回易の義があり、交易による形態轉化を言う。文中、別に三百萬石の粟を米豆に迴充していることを參照すれば、迴とは、交易によって粟（籾）を玄米と豆に形態變化させることである。江淮からの四百萬石の迴造（變造）米は、粟（籾）から玄米（糙米）に形態變化させられた義倉穀で、京師に轉送し、官僚の祿米と官司の糧米の別目的に使用されている。

江淮地域から京師へ義倉米を輸送することの困難の根幹は、形態を變換することより、むしろ百姓にその運送費を負擔させるところにあった。『册府元龜』巻八十八倉及常平倉條に「（開元）四年（七一六）五月、敕曰、天下百姓、皆有正條正租、州縣義倉、本備飢年賑給。若緣官事便用、還以正倉却塡。近年已來、每三年一度、以百姓義倉造（案『唐會要』

巻八十八作糙）米、遠送交（會要作京）納。仍勒百姓、私出脚錢。卽幷正租、一年兩度打脚。雇男鬻女、折舍賣田、力極計窮、遂卽逃竄、勢不獲已、情實可矜。自今已後、更不得以義倉回（會要作變）造。已上道者、不在停限。……」とある。正租の輸送のうえに義倉米の輸送とその費用を二重に負擔することが百姓を苦しめ、逃戸現象を生じるに至ることを述べている。

③**河路增轉輸之弊**　「河路」について、加藤繁譯注上巻一三一（四〇頁）は「黃河沿岸を謂ふならん」と注記するが、一般にすぎて意味するところ不分明である。この「河路」は、汴水が黃河と合流する河口から渭水に入るまでの黃河沿岸のことで、洛陽から陝州に至るまで、特に難所と言われた三門峽一帶を言う。これは、東南江淮地域から運ばれた穀物を、さらに洛陽から京師へ轉運することの困難を述べたものである。開元二十一年（七三三）に裴耀卿が提案した漕運改革案でもつぎのように述べている。『通典』巻十食貨漕運條に「至二十一年、耀卿爲京兆尹、京師雨水害稼、穀價踴貴。耀卿奏曰、……今昇平日久、國用漸廣、每年陝洛漕運、數倍於前、支猶不給。……東都至陝、河路艱險、既用陸脚、無由廣致。若能開通河漕、變陸爲水、則所支有餘、動盈萬計。……臣請於河口置一倉、納江東租米、便放船迴。從河口卽分入河洛、官自僱船載運。河運者至三門之東、置一倉。既屬水險、卽於河岸傍山車運十數里。至三門之西、又置一倉。每運至倉、卽般下貯納。水通卽運、水細便止。漸至太原倉、泝河入渭、更無停留、所省巨萬。……」とある。「東都洛陽より陝に至るまでの河路艱險」を如何に解決するかが課題であった。

④**計其運脚數倍加錢**　運送費用の膨大な負擔については、『唐會要』巻八十七漕運條に、裴耀卿の漕運改革とその結果を述べて、「至二十二年八月十四日、置河陰縣及河陰倉、河淸縣置柏崖倉、三門東置集津倉、三門西置三門倉。開三門北山十八里、以避湍險。自江淮而泝鴻溝、悉納河陰倉。自河陰送納含嘉倉、又遞納太原倉（所謂北運）。自太原倉浮渭、以實關中。其有侍中裴耀卿充江淮轉運使、以鄭州刺史崔希逸・河南少尹蕭炅爲副。三年、凡運七百萬石、省脚三十萬貫。或說耀卿進所省脚錢、以表其功。答曰、此竝公事。豈宜以小道邀名求寵也」とある。三年で運送費三十萬貫を節約したとある。その一端がわかる。裴耀卿の改革は三年で停止されたから、本文の開元二十五年には、輸送費問題が復活したことは言うまでもない。

⑤**南畝有十千之獲**　『毛詩』小雅・甫田に「倬彼甫田、歲取十千、我取其陳、食我農人、自古有年、今適南畝、或耘或耔、黍稷薿薿、攸介攸止、烝我髦士」とあり、鄭玄箋に「甫田、謂天下田也。十千言多也」とある。豐かな收穫があったことを言う。

⑥**同水火之饒**　『孟子』盡心上篇に「孟子曰……民非水火不生活、昏暮叩人之門戶、求水火、無弗與者、至足矣。聖人治天下、使有菽粟如水火。菽粟如水火、而民焉有不仁者乎」とある。聖人が天下を統治した時、水火のように有り餘るほどの穀物があるようにしたことを言う。

⑦**均其餘以減遠費**　均字、一律均等の意ではない。たとえば、『舊唐書』巻十六穆宗紀元和十五年十月條に「庚辰、宰相與吐蕃使於中書議事。京百司共賜錢一萬貫、仰御史臺、據司額大小、公事閒劇均之」とある。一萬貫を均等に百司に分配するのではなく、官司の規模（大小）と公務の質（閑劇）によって差等をもうけて分配することである。『漢書』巻二十四食貨志下「民或乏絕、欲貸以治產業者均授之」について、顏師古注は「均謂各依先後之次」と注解する。財物の貸與を前後の次序によって行なうことを均と呼んでいる。均とは、差等・次序にしたがって調和ある分配・賦課を行なうことである。ここでは、各地の餘剩穀物量に應じて支出し、輸送費を順次削減していくことを言うとみてよい。

⑧**準時價變粟取米**　時價は時估を言う。各物品について、各州縣の市で

市司が十日ごとに評價する價格である。時估は「市場價格」を基礎に、官—官交易、官—民交易等の必要上、行政的に定められた價格であり、とりわけ財務運營のために、絹帛等現物が財政貨幣として用いられる際の公示價格である。『天聖令』關市令第十條（宋一〇）に「諸市四面不得侵占官道以爲賈舍、每肆立標行名、市司每行準平貨物時價爲三等、旬別一申本司」とあり、『大唐六典』卷二十太府寺京都諸市令條に「凡建標立候、陳肆辨物、以二物平市（謂秤以格、斗以槪）、以三賈均市（精爲上賈、次爲中賈、麄爲下賈）」とある。また交易については、『大唐六典』卷二十太府寺京都諸市令條「凡與官交易、及懸平贓物、竝用中賈」とあって、中估を用いた。時估（旬估）の具體例については、交河郡（高昌）の市司が、絹綿など、市中の行（肆）ごとの各貨物の上・次（中）・下三等の價格を報告した「唐天寶二年（七四三）七月交河郡市司狀（市估案）」が殘っている（池田溫［一九六八、一九七九］）。

「變粟取米」は「變取粟米」の互文で、庸調・資課として納入すべき絹帛等反物を各地の時估によって錢額を算出し、その錢額を用いて籾米・玄米に變換することを言う。

〔通釋〕

開元二十五年（七三七）三月三日、詔敕を下し、「關內道の庸調物は、納稅量が多い。絹帛の生產量が少ないので、皆な穀物を賴りとする。常に穀物を安く賣っては絹帛を高値で購入して納稅するので、百姓の損失はいよいよ深刻になる。一方、江淮地方では義倉米の輸送に苦しみ、河路一帶ではこれを京師に轉送する際の弊害が增大しており、輸送費を計算すると數倍にもなっている。

今年はおりしも平穩で、様ざまな穀物が實って安く、農村には豊かな收穫があり、京師も聖人が天下を統治した時と同じように穀物が溢れている。それぞれ餘剩の穀物を相應に用いて、遠方からの輸送費を減らし、都合よく事を進め、農民に損害を與えぬようにせよ。

今より後、關內道諸州の庸調・資課は、皆な時估によって籾米や玄米に變換し、京師に送付して、必要箇所に卽して支出せよ。遠方にあって京師に輸送することができなければ、それぞれの地に貯備して、もよりの軍糧に充てるがよい。

河南道・河北道で水利の通じないところは、田租を絹に代えて納入させ、關中の庸調・資課の代替とするがよい。擔當官司は明瞭に箇條書き規定を作り、朕の意に適うようにせよ」と命じた。

〔原文〕一五

天寶元年正月一日赦文、如聞、百姓之內、有戶高丁多、苟爲規避、父母見在、乃別籍異居。宜令州縣勘會。其一家之中、有十丁已上者、放兩丁征行賦役、五丁已上、放一丁、卽令同籍共居、以敦風教。其侍丁孝假、與①免差科。

廣德元年七月、詔一戶之中有三②丁、放一丁庸調。地稅依舊、每畝稅二升。天下男子、宜二十五成丁、五十五入③老。

〔校訂〕

①**與免差科**　標點本・諸本もと「免差科」に作り、與字無し。『唐會要』卷

八十三租税上に全くの同文を記載するが、末句「與免差科」に作る。また『冊府元龜』巻四八七邦計部賦税一天寶元年正月條に「敕、如聞、百姓之內、……其賦（私案當作侍）丁孝假、與免差科」に作る。いまこれにより與字を補う。

②**有三丁放一丁庸調**　標點本・諸本もと「三丁放一丁庸調」に作り、有字を缺く。『唐會要』巻八十三租税上に「廣德元年七月十一日敕、一戶之中有三丁、放一丁庸調。地税依舊」とあり、下文を缺くが有字がある。『唐大詔令集』巻九「廣德元年冊尊號赦」・『冊府元龜』巻八十八帝王部赦宥七條廣德元年七月壬子（十一日）詔にも同文があり、いずれも有字がある。いま『唐會要』『冊府元龜』『唐大詔令集』により、有字を補う。

③**宜二十五成丁五十五入老**　標點本・諸本もと「宜二十三成丁五十八爲老」に作る。『唐會要』巻八十五團貌條に「至廣德元年七月十一日赦文、天下男子宜二十五歳成丁、五十五入老」に作り、また『唐大詔令集』巻九「廣德元年冊尊號赦」・『冊府元龜』巻八十八帝王部赦宥七廣德元年七月壬子（十一日）詔も竝びに「天下男子宜二十五成丁、五十五入老」に作る。標點本「五十八」の八字は入字の譌誤。いま『唐會要』『冊府元龜』『唐大詔令集』により、改訂する。

〔訓讀〕

天寶元年正月一日の赦文に、如聞《きくな》らく、百姓の內、戶高く丁多くして、苟しくも規避を爲し、父母見在するに、乃ち籍を別け居を異にするもの有り、と。宜しく州縣をして勘會せしむべし。其れ一家の中、十丁已上有れ者《ば》、兩丁の征行・賦役を放《ゆる》し、五丁已上あれば、一丁を放し、卽ち籍を同じうし居を共にして、以て風教を敦くせしめよ。其れ侍丁・孝假、與《ゆる》して差科を免ぜよ、①とあり。

廣德元年七月、詔すらく、一戶の中に三丁有れば、一丁の庸調を放し、地税は舊に依りて畝每に二升を税せよ。天下の男子、宜しく二十五にして丁と成し、五十五にして老に入れよ、②と。

〔注釋〕

①**天寶至差科**　『唐大詔令集』巻四「改元天寶赦」に、「如聞」から「風教」に至るまで、本條とほぼ同文の赦文を記したのち、續けて「天下侍老八十已上者、宜委州縣官、每加存問、仍量賜粟帛。侍丁者令其養老、孝假者矜其在喪。此王政優容、俾申情禮、而官吏不依令式、多雜役使。自今後不得更然」とある。本條は、節略であることがわかる。

○**州縣勘會**　勘は文書の監査、會は種類の異なる文書の突合せを言う［王永興一九九二］。ここでは、州と縣が戶籍文書を突合せて調査することを言う。

○**侍丁**　侍丁は、八十歳以上の老人もしくは重篤の病人の世話をするもので、主として子孫・近親者をあてがい、侍丁には正役が免除される。『通典』巻七食貨丁中條に「按開元二十五年戶令云、……諸年八十及篤疾、給侍一人、九十二人、百歳三人。皆先盡子孫、聽取先親、皆先輕色。無近親外取白丁者、人取家內中男者、幷聽」とあり、また『唐律疏議』巻三名例律三に「諸犯死罪非十惡、而祖父母・父母老疾應侍、家無期親成丁者、上請。犯流罪者、權留養親、不在赦例。課調依舊」。疏議「侍丁、依令免役、唯輸調及租。爲其充侍未流、故云課調依舊」とある。老疾人が死んだら、侍丁は解除され、役に付される。

○**孝假**　孝假は、親の喪に服している百姓で、服喪期間中賦役を免除されている者である。顧炎武は、前掲「改元天寶赦」を引用し、その原注で「謂應賦之丁、遇父母之亡、則免差科、謂之孝假。按此後周太祖所制、若罹凶禮、則不徴其賦也」（『日知録』巻十三分居條）と述べている。官人の服喪の休暇については、假寧令に規定があり、親の服喪期間は、解官となる（『天聖令』假寧令第六條（宋六）參照）。百姓に近い色役・兵役出仕者には、百日の休暇が許された。『令集解』巻四十假寧令職事官條古記に「開元令云……。又條云、諸軍校尉以下、衞士・防人以上、及親勳翊衞備身、假給一百日」とある。

○差科　差科は、選擇して徴發・派遣することを本義とする。令式に規定する賦役（租・調、正役・雜徭）、軍役、ならびに臨時の税役・兵役賦課にも適用される［渡邊信一郎二〇一〇］。侍丁は、令の規定により正役を免除される。ここに云う差科は、「天寶改元赦文」では「雜役使」について言及しているので、正役を含む様ざまな徭役を包括するものであろう。

②廣德至入老　本條の詔敕について、『册府元龜』巻八十八帝王部赦宥七に「廣德元年七月壬子（十一日）、御宣政殿、下詔曰、……一戸之中有三丁、放一丁庸調。地税依舊、毎畝税二升。天下男子宜二十五成丁、五十五入老」とある。『唐大詔令集』巻九「廣德元年册尊號赦」にも同文の赦文を收録する。『舊唐書』巻十一代宗本紀寶應二年（七六三）條に「秋七月壬寅朔、戊申（七日）、群臣上尊號曰寶應元聖文武皇帝、御含元殿受册。壬子（十一日）、御宣政殿宣制、改元曰廣德、大赦天下。常赦不原者、咸赦除之。安祿山・史思明親族應在諸道、一切原免不問。民戸三丁免一丁庸、租税依舊、毎畝二升。男子二十成丁、五十入老」とある。本條の詔敕は、經緯・内容からいえば、廣德元年七月十一日の「廣德改元赦文」である。なお、『舊唐書』本紀の「男子二十成丁、五十入老」は、二十、五十の下に五字を缺落させている。

○地税　地税は、唐代前期にあっては、主として義倉の備蓄のための穀物を言う。義倉創立以來、毎畝二升が決まりである。『通典』巻六食貨賦税下條に「貞觀二年四月、戸部尚書韓仲良奏、王公以下墾田、畝納二升。其粟麥之屬、各依土地。貯之州縣、以備凶年」とある。義倉については、下文の四「倉及常平倉」に詳しい内容と沿革を記す。

〔通釋〕

天寶元年（七四二）正月一日の改元赦文に、「聞けば、百姓の内には、戸等が高く丁數が多いので、なまじ税役忌避を謀り、父母が生きているにもかかわらず、なんと戸籍を別にし居住を異にするものがあるという。州と縣に命じて、つきあわせて調査させるがよい。一家の中に、十丁以上有れば、兩丁の征行・賦役を免除し、五丁以上あれば、一丁の征行・賦役を免除することとし、戸籍と居住を共同にして、風俗・教化を尊ぶようにさせよ。侍丁・孝假については、差科を免除せよ」とあった。

廣德元年（七六三）七月十一日、詔敕を下し、「一戸の中に三丁あれば、一丁の庸調を免除する。地税は舊來どおり畝ごとに二升を課税せよ。天下の男子は、二十五歳を成丁とし、五十五歳を老免とするがよい」と命じた。

〔原文〕一六

永泰元年五月、京兆麥大稔。京兆尹第五琦奏請毎十畝官税一畝、效古什一之税。從之。

二年五月、諸道税地錢使殿中侍御史韋光裔等自諸道使還。乾元以來、屬天下用兵、京師百僚俸錢減耗。上卽位、推恩庶僚、下議公卿。或以稅畝有苗者、公私咸濟。乃分遣憲官、稅天下地青苗錢、以充百司課料。至是得錢四百九十萬貫。①仍以御史大夫爲稅地錢物使、歲以爲常、均給百官。

〔校訂〕

①**至是得錢四百九十萬貫**　「得錢四百九十萬貫」の八字、標點本もと「自諸道使還」の下にあり。また「至是」の下ただちに續けて「至是仍以御史大夫爲稅地錢物使」に作る。「至是仍以」文義繫がらず。今、『冊府元龜』巻四八七邦計部賦稅一に「……以充百司課料。至是得錢四百九十萬貫。仍以御史大夫爲稅地錢物使、歲以爲常、均給百官」とあるのにより、「得錢四百九十萬貫」を錯簡とみて、八字をここに移す。

〔訓讀〕

永泰元年五月、京兆の麥大いに稔る。京兆尹第五琦奏請すらく、十畝毎に、官、一畝を稅し、古えの什一の稅に效わんことを、と。之に從う。①

二年五月、諸道稅地錢使・殿中侍御史韋光裔等、諸道自り使いして還る。乾元以來、屬たま天下兵を用い、京師百僚の俸錢減耗す。上卽位するや、恩を庶僚に推し、議を公卿に下す。或るひと以《おも》えらく、畝に苗有る者に稅すれば、公私咸な濟われん、と。乃ち憲官を分遣し、天下の地に青苗錢を稅し、以て百司の課料に充つ。是に至り、錢四百九十萬貫を得。仍りて御史大夫を以て稅地錢物使と爲し、歲ごとに以て常と爲し、均しく百官に給《たま》う。②

〔注釋〕

①**永泰至從之**　『舊唐書』巻十一代宗本紀永泰元年五月條に同文がある。これは、明らかに夏麥を主對象とする夏稅である。これに對し翌年十一月には、『冊府元龜』巻四九〇邦計部蠲復二に「（永泰）二年（七六六）十一月庚辰（私案、此年十一月癸丑朔、庚辰乃二十八日也。此月甲子十二日、改元爲大曆。由是知永泰二年十一月無庚辰。庚辰當作丙辰四日若庚申八日）、敕曰、……乃者尊冉有之言、守周公之制、什而稅一、務於行古。今則編戶流亡、而墾田減稅、計量入之數、甚倍徵之法。納隍之懼、當宁軫懷。慮失三農、憂深萬姓。務從省約、稍異蠲除、用申勤卹之旨、以救惸嫠之弊。其京兆府所奏今年秋稅八十二萬五千石數內、宜減放一十七萬五千石。委黎幹、據諸縣戶口地數、均平放免。仍分明牓示百姓、令知當戶所減斛斗數、訖、奏聞」とあり、十分の一稅に秋稅のあることがわかる。第五琦奏請の十分の一稅は、當初より夏稅・秋稅からなっていたと言える。

この什一稅は、『冊府元龜』巻四八七邦計部賦稅一大曆元年十一月條に「制曰、……王畿之間、賦斂尤重、百役供億、當甚艱辛。哀我疲人、良深憫念、盍徹之稅、昔自周經、未便於人、何必行古。其什一之稅宜停」とあり、また『資治通鑑』巻二二四大曆元年條に「京兆尹第五琦什一稅法、民苦其重、多流亡。十一月甲子（十二日）、日南至、赦、改元、悉停什一稅法」とある。大曆改元の十一月十二日冬至に一旦停止された。什一稅の施行期間は、永泰元年五月から翌永泰二年（大曆元年）十一月十二日までである。

この什一稅がのちの兩稅斛斗につながることについては、船越泰次

〔一九九六〕・渡邊信一郎〔二〇一六〕參照。

○第五琦　第五琦（七〇一～七七〇）、字は禹珪、京兆府長安縣（陝西省西安市）の人。安史の亂後、江淮租庸使を皮切りに、榷鹽法（鹽專賣）をはじめ、直後十數年にわたって樣ざまな財政再建策を講じた。永泰二年（七六六）正月には、劉晏とともに、はじめて天下の財賦を二分して統治した。大曆五年（七七〇）、宦官魚朝恩に連座して失脚し、まもなく七十歳で死去した。『舊唐書』卷一二三・『新唐書』卷一四九に立傳する。

○效古什一之稅　什一稅は、『論語』と『周禮』を典據とする。『論語』顏淵篇第十二に「哀公問於有若曰、年饑、用不足、如之何。有若對曰、盍徹乎」とあり、何晏集解に引く鄭玄注に「周法什一而稅、謂之徹。徹、通也。爲天下之通法」とある。また『周禮』地官載師に「掌任土之法、以物地事授地職、而待其政令。……凡任地、國宅無征、園廛二十而一、近郊十一、遠郊二十而三、甸稍縣都、皆無過十二、唯其漆林之征、二十而五」とある。京兆府は近郊に相當するので什一稅である。

○京兆府夏稅・秋稅について　代宗永泰元年（七六五）五月の第五琦の提案による京兆府什一稅（每畝稅一斗）は、間もなく大曆元年（七六六）十一月十二日に一旦停止されたのち、大曆二年の京兆府秋稅から改訂のうえ復活し、德宗建中元年の兩稅法施行にあたって、全國土に展開し、兩稅法の一半を構成する兩稅斛斗となった。本志は經緯の一端を示すに過ぎないので、以下の注釋中に示す關連史料を整理して、あらかじめ一覽表を作成しておく。

　なお、この時期の夏麥稅・秋稅の稅額を知りうる史料が殘っている。『册府元龜』卷四九〇邦計部蠲復二永泰二年（七六六）十一月庚辰（二十八日）敕に「其京兆府所奏今年秋稅八十二萬五千石數內、宜減放十七萬五千石」とあり、同書同卷大曆三年（七六八）六月辛丑（二十九日）

京兆府夏稅・秋稅稅額一覽（『册府元龜』487賦稅１、同490蠲復2・『舊唐書』48食貨志上）

永泰元年（765）５月夏稅	每畝１斗			大曆元年（766）11月12日停止
	上等地	下等地	荒　田	
大曆２年（767）秋稅	每畝１斗	（不明）	（不明）	再開
大曆５年（770）夏麥稅	每畝１斗	每畝0.5斗	每畝0.2斗	大曆４年（769）10月敕
大曆５年（770）秋稅	每畝１斗	每畝0.6斗	每畝0.2斗	大曆４年（769）12月敕
大曆５年夏稅（改訂）	每畝0.6斗	每畝0.4斗	每畝0.2斗	大曆５年（770）３月詔
大曆５年秋稅（改訂）	每畝0.5斗	每畝0.3斗	每畝0.2斗	

詔に「其京兆府於今年所率夏麥、宜於七萬石內、五萬石放不徵。二萬石容至晚田熟後、已（以）雜色斛斗續納」とある。

　夏麥稅は七萬石、稅額は每畝一斗（〇・一石）であるから、夏稅地は七〇〇〇〇頃である。秋稅は八二萬五〇〇〇石、稅額は每畝一斗（〇・一石）であるから、秋稅地は八萬二五〇〇頃である。京兆府二十三縣の墾田面積（課稅地）は、總計八萬九五〇〇頃である。唐代後半期には、麥作が普及すると言われるが、課稅地・課稅額からみれば、なお壓倒的に粟作中心である。

　また建中元年（七八〇）の兩稅法では、兩稅斛斗の納稅期限について、夏稅地は六月末、秋稅地は十一月末と規定している。永泰二年秋稅減免の詔敕は十一月、大曆三年の夏麥稅減免の詔敕は六月に出されており、大曆初年の夏稅・秋稅の納稅期限も六月末・十一月末であった可能性が高い。裏を返せば、大暦初年の夏税・秋税が兩税斛斗の直接の起源であったと言えよう。

②**二年至百官**　本條は、青苗錢の創立經緯を述べる。本條については、別に『舊唐書』巻十一代宗本紀永泰二年條に「五月丙辰（二日）、税青苗地錢使・殿中侍御韋光裔諸道税地迴、是歳得錢四百九十萬貫。自乾元已來、天下用兵、百官俸錢折、乃議於天下地畝青苗上量配税錢、命御史府差使徴之、以充百官俸料。毎年據數均給之、歳以爲常式」とある。ここに「天下田土の青苗の上に税錢を量配する」とあるところから、青苗錢、青苗地錢、青苗地頭錢の名稱が出來した。

○**上卽位**　代宗の卽位は、寶應元年（七六二）四月二十日である。青苗錢の創設は、本條の記事より早く、『册府元龜』巻五〇六俸祿二に「代宗廣德二年（七六四）正月、税天下地畝青苗錢、給百官俸料。起七月給」とある。青苗錢の施行決定は、廣德二年正月であり、青苗錢による俸料支給開始が七月である。一方、『新唐書』巻六代宗本紀廣德二年（七六四）條に「七月庚子（五日）、初税青苗」とあり、七月五日の實施となっている。この記述は、『册府元龜』によって、俸錢支給開始の誤りと見たほうがよい。代宗卽位から青苗錢の創設まで一年八箇月をへている。さらに税青苗地錢使韋光裔等が歸還し、四九〇萬貫をもたらしたのは、ほぼ二年後の永泰二年（七六六）五月であった。四九〇萬貫は二年間の徴收實績であったと考えてよい。

○**憲官**　御史臺の監察官を言う。長官は御史大夫、殿中侍御史はその屬官。御史については、なお〔原文〕三注釋①參照

○**百司課料**　百司は百官、京百司文武官というに同じ。京師には約百の文武官司が存在したので、中央官司・官僚のことを百司・百官と呼ぶ。陳振孫『直齊書錄解題』巻六「元和百司擧要」一巻條に「唐宰相趙郡李吉甫宏憲撰。首稱文班八十四司、四百六十員、武班二十六司、一百八十員、都計六百四十員。末稱在京文武官及府縣總三千七百九十九員。意者當時實數也」と概要を紹介する。唐初貞觀年間には、文武合わせて百十官司、その官員は六四〇員によって構成され、元和年間には京兆府縣官員をふくめて三七九九員によって構成された。

　課料は、前掲代宗本紀に見るように、俸錢に同じ。代宗大暦十二年（七七七）四月二十八日の中央官僚の月料錢改訂について、『唐會要』巻九十一内外官料錢上條に「大暦十二年四月二十八日、度支奏加給京百司文武官及京兆府縣官月料錢等、具件如後」とあって、正員官ごとの料錢額を列記する。

○**均給百官**　均給、とくに均とは、前引注釋①『册府元龜』巻四九〇邦計部蠲復二に「其京兆府所奏今年秋税八十二萬五千石數内、宜減放一十七萬五千石。委黎幹、據諸縣戸口地數、均平放免」とあるように、各縣一律に同額を放免するのではなく、戸口數・地畝數によって差等をもうけて放免することにより、調和をもたらすことである。均とは、一律ではなく、前後・大小・高低の次序に據る分配と賦課とを言う。ここでの均給は、品階の次序によって分配支給することを言う。

〔通釋〕

　永泰元年（七六五）五月、京兆府で麥が大豊作となった。京兆尹第五琦が上奏して、十畝ごとに一畝あて課税し、古えの什一の税にならいたいと、願い出た。代宗はこれを許した。

　永泰二年五月二日、諸道税地錢使・殿中侍御史韋光裔等が諸道から歸還した。肅宗の乾元年間（七五七～七六〇）以來、おりしも天下は戰爭中であり、中央官僚の俸錢が削減狀態にあった。代宗は寶應元年（七六二）四月に卽位すると、官僚たちに恩を施そうとして、高級官僚に對策を議論する

よう命じた。ある者が苗の生えている畝に課税すれば、公私ともに救われるであろうと提案した。そこで御史を各地に派遣し、天下全國土に青苗錢を課税して百官の給料に充てることにしたのである。この永泰二年（七六六）五月になって錢四百九十萬貫を得ることとなった。こうして御史大夫を税地錢物使とし、毎年青苗錢を課税することが常例となり、品階の次序に應じて百官に俸錢を支給したのである。

〔原文〕一七

大暦四年正月十八日、敕有司、定天下百姓及王公已下毎年税錢、分爲九等。上上戸四千文、上中戸三千五百文、上下戸三千文。中上戸二千五百文、中中戸二千文、中下戸一千五百文。下上戸一千文、下中戸七百文、下下戸五百文。其見任官①、一品準上上戸、九品準下下戸、餘品竝準依此戸等税。若一戸數處任官、亦毎處依品納税。其內外官、仍據正員及額內占闕者②税。其試及同正員文武官、不在税限。其百姓有邸店行鋪及鑪冶、應準式合加本戸二等税者、依此税數勘責徵納。其寄莊戸、準舊例從八等戸税、寄住戸從九等戸税、比類百姓、事恐不均、宜各遞加一等税。其諸色浮客及權時寄住田等、無問有官無官、各所在爲兩等收税。稍殷有者準八等戸、餘準九等戸。如數處有莊田、亦毎處税。諸道將士莊田、既緣防禦勤勞、不可同百姓例、竝一切從九等輸税。

〔校訂〕

①**其見任官**　標點本・諸本もと「其見官」に作る。『唐會要』巻八十三租税上條・『冊府元龜』巻四八七邦計部賦税一に引くこの詔敕は、ともに官字の上に任一字有り。これに從い任字を補う。

②**額內占闕**　標點本・諸本もと「占額內闕」に作る。文意疎通しない。唐代官制中に「額內」「占闕」有り。いま乙正して「額內占闕」とする。額內・占闕については、本節注釋③參照。

〔訓讀〕

大暦四年正月十八日、有司に敕すらく、天下の百姓及び王公已下、毎年の税錢を定め、分かちて九等と爲せ①。上上戸は四千文、上中戸は三千五百文、上下戸は三千文、中上戸は二千五百文、中中戸は二千文、中下戸は一千五百文、下上戸は一千文、下中戸は七百文、下下戸は五百文。

其れ見任官、一品は上上戸に準《よ》り、九品は下下戸に準り、餘品は竝びに此の戸等に準依して税せよ。若し一戸にして數處に任官すれば、亦た毎處、品に依りて税を納めよ②。

其れ內外官、仍お正員及び額內・占闕者③に據りて税せよ。

其れ試及び同正員文武官④は、税の限りに在らず。

其れ百姓に邸店・行鋪⑤及び鑪冶有りて、應に式に準りて本戶に二等を加えて稅す合《べ》き者は、此の稅數に依りて勘責し徵納すべし。

其れ寄莊戶⑥、舊例に準れば、八等戶に從いて稅し、寄住戶⑦は九等戶に從いて稅す。百姓に比類するに、事恐らくは均しからず。宜しく各おの遞《たが》いに一等を加えて稅すべし。

其れ諸色浮客⑧及び權時寄住戶等、有官無官を問う無く、各おの所在に兩等と爲して稅を收めしめよ。稍や殷有なる者は八等戶に準《よ》り、餘は九等戶に準れ。如《も》し數處に莊田有れば、亦た每處に稅せよ。

諸道の將士の莊田、既に防禦勤勞するに緣り、百姓の例に同じくすべからず、竝びに一切九等に從いて稅を輸めしめよ、と。

〔注釋〕

①**大曆至九等**　大曆は、第八代皇帝代宗李豫（七二六～七七九、在位七六二～七七九）の治世の年號（七六六～七七九）。

本節は兩稅（兩限稅錢）の改訂にかかわる規定である。『舊唐書』巻十一代宗本紀大曆四年正月條に「戊子（十九日）、勑有司定王公士庶每戶稅錢、分上・中・下三等」とある。戊子は、本志・後揭『會要』が記述する十八日（丁亥）の翌日にあたり、一日のずれがある。發敕の日付は、しばらく本志・『會要』による。

また『唐會要』巻八十三租稅上に「大曆四年正月十八日敕、天下及王公已下、自今已後、宜准度支長行旨條、每年稅錢、上上戶四千文（以下與舊志同文、從略）」とある。この稅錢が開元二十四年（七三六）に頒布された「度支長行旨條」の兩稅規定の改定であることがわかる。この敕文が建中元年の兩稅法施行への轉折點であったことは、渡邊信一郎［二〇一六］參照。

②**若一至納稅**　本敕文は、百姓と王公以下官人とにわけて稅錢の課稅規則を定めたものである。前條は、百姓の稅錢を戶等制に依って賦課したものであり、第二條である本條は、官人に對する課稅規則である。百姓が戶等によって賦課されたのに對し、官人には個人ごとに官品の高下によって稅錢を賦課しているところに特色がある。鞠清遠［一九四四］は、この規定により「一官吏每にすべて一個の「戶稅」單位を成した」（三八頁）ものであると評價する。「戶稅」單位を課稅單位に修正すべきである。問題の規定は、一戶籍內に數名の任官者がおり、それぞれ任官地が異なるばあいの納稅先の規定である。官人一人ひとりが「戶稅」單位であったわけではない。

③**正員及額內占闕**　加藤繁譯注上巻一五七（四四・四五頁）は「正員は定員內の正官。額內闕を占する者とは、定員に闕員ある時、假に其の任に當たるものならん」という。また鞠清遠［一九四四］は「占額內闕者」の明示について、「安史の亂後、各地の大官がすべて往々にして京官の銜名……を兼有し、而も是等銜名の品級が往々にして官吏の實際の職任の品級より高かった」ことに對應する、納稅者增加のための措置であったとする（三八頁）。しかし、いずれも校訂せずに解釋しているので、混亂している。「占額內闕」は、「額內」と「占闕」である。

『通典』巻十九職官一歷代官制總序に「自六品以下、率由選曹、居官者以五歲爲限。於是百司具舉、庶績咸理、亦一代之制焉（一歲爲一考、四考有替則爲滿。若無替、則五考而罷。六品以下、吏部注擬、謂之旨授。五品以上、則皆敕除。自至德之後、天下多難、甄才錄效、制敕特拜、繁於吏部。於是兼試・員外郎、倍多正員。至廣德以來、乃立制限、州縣・員外・兼試等官、各有定額、

竝云額內。溢於限者、不得視職。其有身帶京官冗職、資名清美、兼州縣職者、云占闕焉、即如正員之例。官以參考而代、無替、四考而罷。由是官有常序焉)」とある。これによれば、肅宗の至德年間(七五六・七五七)以後、吏部の選詮を逭す正規の人事のほかに、皇帝の制敕による員外官・兼官・試官の任命が顯著となり、正員官の數を超えるようになったこと、代宗の廣德年間(七六三・七六四)以後、これら非正規の官員に制限が設けられて定員化され、定員化された地方州縣官の外官や兼官・試官のポストを「額內」と稱したこと、また中央京官のなかで實務のない清官を帶び、かつ地方官を兼帶する者を「占闕」と稱して正員竝としていたことがわかる。すなわち額內・占闕は、正員官以外の、制敕によって增設された非正規ポストの定員化された部分および京官の地方官兼任者を指すものである。本條の規定は、稅錢負擔者の增大を狙ったものというより、負擔者の明確な線引きを行なうものであった。

④**試及同正員**　試は試官を言う。正式の任命をへないで、職に就くことを言う。これは、則天武后期に始まる。『通典』卷十九職官一序に「天授二年(六九一)、凡擧人無賢不肖、咸加擢拜、大置試官、以處之。試官蓋起於此也(試者、未爲正命。……)」とある。『通典』卷十五選擧三にも「及武太后臨朝、務悅人心、不問賢愚、選集者多收之。職員不足、乃令吏部、大置試官以處之。故當時有車載・斗量之謠」とある。この時期には、約一萬八〇〇〇の官員ポストの數に對し有資格者である選人等の數がおよそ十二萬餘にたっし、「大率約八、九人に官一員を爭う」狀況であった(『通典』卷十五選擧三)。試官は、その解消策のひとつであった。中宗の神龍二年(七〇六)に急激に增大した員外官もその一環である。

○**同正員**　員外官の一種。員外官は、唐初より存在したが、永徽六年(六五五)に蔣孝璋を員外の尙藥奉御に任じた時、さらに優遇措置として「同正員」を加えたのが始まりである。『通典』卷十九職官一序に「(神龍)二年三月、又置員外官二千餘人(國初、舊有員外官、至此大増加。兼超授諸閹官爲員外官者、亦千餘人。……)。於是遂有員外(員外官、其初但云員外。至永徽六年(六五五)、以蔣孝璋爲尙藥奉御、員外特置、仍同正員。自是員外官復有同正員者、其加同正員者、唯不給職田耳。其祿俸賜與正官同。單言員外者、則俸祿減正官之半)」とある。普通の員外官は俸祿が正官の半分であったのに對し、同正員は正官と同じ俸祿が與えられる。ただ職田のみ支給されなかった。

⑤**邸店行鋪**　加藤繁譯注上卷一五八(四五頁)は「邸には(一)倉庫(二)旅館の意あり。店にも(一)商店(二)旅館の意あり。行は同業商店の町、鋪は商店にして、二字相熟して一般商店を指す。邸店行鋪にて倉庫旅館商店を總稱するならん」と解說する。

⑥**寄莊戶**　士人がかつて任官した異鄕に所有する莊田を寄莊といい、寄莊戶とはその寄莊所在地に居住する戶を指す(加藤繁[一九五二]二四二・二四三頁)。本節注釋⑧引『册府元龜』天寶十一載十一月詔をも參照。

⑦**寄住戶**　寄住は他鄕に寄寓するという意味で、士人・百姓ともに用いる。ただ本節では一般の寄住者ではなく、前資寄住の略語であり、官吏が退任後、前任地にとどまって居住したもの。なおかつ莊田を所有する寄莊戶に對し、莊田を所有しないものを指した(加藤繁[一九五二]二四三頁)。

本節の寄莊戶・寄住戶は、百姓(土着戶)との對比があることから、官人・士人の戶を指すとみてよい。

⑧**諸色浮客**　浮客は、本貫地の戶籍を離脫して各地で生計を立てている者、逃戶・客戶に同じ。戶籍離脫の原因や營む生計の違いがあり、本籍地があいまいになっているので諸色浮客というのであろう。『通典』卷七食貨「歷代盛衰戶口」「丁中」論に「高頴覩流冗之病、建輸籍之法。於是定其名、輕其數、使人知爲浮客、被彊家收大半之賦、爲編甿奉公上、蒙輕

減之征（浮客、謂避公税、依強豪作佃家也。……高頴設輕税之法、浮客悉自歸於編戸、隋代之盛、實由於斯）。……」とある。また『冊府元龜』巻四九四邦計部田制に「天寶十一載（七五二）十一月乙丑（二十二日）、詔曰、……如聞、王公百官及富豪之家、比置庄田、恣行呑併、莫懼章程。……致令百姓、無處安置、乃別停客戸、使其佃食。……又郡縣官人、多有任所寄庄、言念貧弱、慮有侵損、先已定者、不可改移、自今已後、一切禁斷。……」とある。浮客・客戸には、王公官人や富豪層の小作人となる場合が多かったと言える。ただ、本節にいう浮客が具體的にどのような種類のものであるか判然としない。加藤繁は「浮客及び權時寄住戸の中には無官の平民も包含されて居るのであるから莊の小作人卽ち莊客は此の中に存するものと見るべきであらう」と云う（加藤繁［一九五二］二四三頁）。

〔通釋〕

大曆四年（七六九）正月十八日、擔當官司に詔敕を下し、「天下の百姓および王公以下官人の毎年の税錢は、九等級に區分せよ。上上戸は錢四〇〇〇文、上中戸は三五〇〇文、上下戸は三〇〇〇文、中上戸は二五〇〇文、中中戸は二〇〇〇文、中下戸は一五〇〇文、下上戸は一〇〇〇文、下中戸は七〇〇文、下下戸は五〇〇文とせよ。

現任の一品官は上上戸に準據し、九品官は下下戸に準據し、その他の品官も皆な官品に對應する戸等に依據して徴税せよ。一戸のうちに數箇所に任官者があれば、また各任官地で官品に依據して納税せよ。

中央官・地方官のうち、正員官および制敕によって增設した非正規官內の定員化されたポスト（額內）と京官散官の地方官兼任者（占闕）は課税對象とする。試官及び同正員の文武官は、課税對象としない。

邸店（倉庫・旅館業）・行鋪（商店）及び鑪冶（鑄造業）を營業する百姓については、式の規定に準據して、本來の戸等に二等級加えて課税することになるが、このたびの改定税額に依り、査定しなおして納税させよ。

寄莊戸は、舊規定では八等戸として課税し、寄住戸は九等戸として課税していたが、その土地の百姓と比較對照すれば、均衡しない憾みがあるので、それぞれ一等級を加えて課税するがよい。

諸種の浮客及び一時的寄住戸等は、有官無官を問わず、各おの所在地で八等戸・九等戸として課税せよ。少しく富裕な者は八等戸として課税し、その他は九等戸として課税せよ。數箇所に農田を所有するばあいも、また田土所在地ごとに課税せよ。

諸道藩鎭の軍將・兵士の農田については、すでに防衛業務に從事しているので、百姓と同例にすべきではない。皆な一律に九等戸として納税させよ」と命じた。

〔原文〕一八

其年十二月、敕、今關輔墾田漸廣、江淮轉漕常加、計一年之儲、有太半之助。其於税地、固可從輕。其京兆來秋税、宜分作兩等、上下各半、上等毎畝税一斗、下等毎畝税六升。其荒田如能佃者、宜準今年十月二十九日敕、一切毎畝税二升。仍委京兆尹及令長一一存撫、令知朕意。

五年三月、優詔定京兆府百姓税。夏税上田畝税六升、下田畝税四升。秋税上田畝税五升、下田畝税三升。荒田開佃者、畝率二升。

八年正月二十七日①、敕、青苗地頭錢、天下每畝率十五文。以京師煩劇、先加至三十文、自今已後、宜準諸州、每畝十五文。

〔校訂〕

①**八年正月二十七日**　標點本・諸本もと二十五日に作る。『唐會要』卷八十三租稅下も「八年正月二十五日敕……」に作る。『舊唐書』卷十一代宗本紀大曆八年條に「正月丁丑朔日、……癸卯（二十七日）青苗地頭錢、每畝十五文。率京畿三十文、自今一例十五文」とある。これに據り五を七に改訂する。本志おそらくは蘇冕『會要』によって誤る。

〔訓讀〕

其の年十二月、敕すらく①、今、關輔の墾田漸く廣がり、江淮の轉漕常に加わる②。一年の儲を計るに、太半の助有り。其れ地に稅するに於ては、固《もと》より輕きに從う可し。其れ京兆來秋の稅、宜しく分かちて兩等と作し、上下各おの半ばとし、上等は每畝一斗を稅し、下等は畝ごとに六升を稅すべし。其れ荒田にして如し能く佃する者は③、宜しく今年十月二十九日の敕に準《よ》り④、一切每畝二升を稅すべし。仍りて京兆尹及び令長に委ねて、一一存撫し、朕の意を知らしめよ、と。

五年三月⑤、優詔して京兆府の百姓の稅を定む。夏稅の上田、畝ごとに六升を稅し、下田、畝ごとに四升を稅す。秋稅の上田、畝ごとに五升を稅し、下田、畝ごとに三升を稅す。荒田の開佃する者は、畝ごとに二升を率《おさ》む。

八年正月二十七日、敕すらく、青苗地頭錢、天下每畝十五文を率む。京師煩劇なるを以て、先に加えて三十文に至る。今自り已後、宜しく諸州に準《したが》い⑥、每畝十五文とすべし、と。

〔注釋〕

①**其年十二月敕**　『舊唐書』卷十一代宗本紀大曆四年十二月條に「辛酉、敕京兆府稅宜分作兩等、上等每畝稅一斗、下等稅六升、能耕墾荒地者稅二升」とあり、發敕の日付を十二月辛酉（二十七日）とする。通釋はこれによる。

②**今關至常加**　『文苑英華』卷四三四・翰林制詔十五德音一放減德音「減京兆府秋稅制」に「勅、……今關輔諸屯、墾田漸廣、江淮轉漕、常數又加（下文與舊志略同。從略）」に作り、『冊府元龜』卷四八七邦計部賦稅一大曆四年十二月敕に「今關輔諸州、墾田漸廣、江淮轉漕、嘗數又加（下文與舊志略同。從略）」に作る。『冊府元龜』の「關輔諸州、墾田漸廣、江淮轉漕、常數又加」とあるのが原文であり、本志は、「諸州」と「數又」とを削除して、對句を成立させている。文章としては成立しているので、本志を校訂する必要はないが、通釋にあたっては、關輔の下に諸州を補い、常加の中に數又二字を補って翻譯する。

○**關輔諸州・關輔諸屯**　關輔諸屯では江淮轉漕の對としては狹いので、『冊府元龜』の關輔諸州を採るべきであろう。

○**常數又加**　常數は常額、定額である。この時期江淮から京師への轉運常額は、每年四十萬石であった。『通典』卷十食貨漕運條に「天寶中、毎歳水陸運米二百五十萬石入關（……大曆後、水陸運毎歳四十萬石入關）」とある。大曆四年には、四十萬石をこえる穀物が長安に入ったのである。

③**荒田至佃者**　荒田とは二荒地のこと。さまざまな理由で放棄された耕地を言う。戸口の逃亡により發生することが多い。こうした投棄田は、元來、玄宗期以前においては國家による保管が原則であったが、やがてその原則は崩れ、代宗期以後、投棄田の代耕人による承佃の公認、さらに承佃者による保有の公認にまで至る。この動向は玄宗期以後の客戸の制度化の動きと連動している（中川學［一九六三、一九六五］參照）。

④**準今年十月二十九日敕**　『册府元龜』巻四八七邦計部賦税一に「十月勅曰、北（私案當作比）屬秋霖、頗傷苗稼、百姓種麥、其數非多。如聞、村閭不免流散、來年税麥、須有優矜。其大曆五年夏麥所税、特宜與減嘗年税。其地總分爲兩等、上等毎畝税一斗、下等毎畝税五升。其荒田如能開佃者、一切毎畝税二升。令在必行、用明大信。仍委令長宣示百姓、幷錄勅牓示村坊要路、令知朕意」とある。本條十二月敕は、このなかの「其荒田如能開佃者、一切毎畝税二升」を踏襲するものである。

なお『册府元龜』巻四九〇邦計部蠲復二に「（大曆四年）十一月乙卯詔、……甲子詔曰、此（私案當作比）屬秋霖、頗傷苗稼、百姓種麥、其數非多。如聞村閭不免流散。其大曆五年夏麥所税、特宜與減嘗年税」とあり、十一月甲子詔とする。大曆四年十一月（乙丑朔日）には、乙卯・甲子の日はともに無い。十月（乙未朔日）には、乙卯二十一日、甲子三十日がある。十一月は十月に校訂すべきである。ただし、本文の十月二十九日とは一日ずれることになる。いずれが是か決め難い。いまはしばらく本文に從って通釋する。

⑤**五年三月**　『舊唐書』巻十一代宗本紀大曆五年三月條に「三月、詔罷魚朝恩觀軍容使。己巳（六日）、朝恩自縊而死。戊寅（十五日）、詔定京兆府戸税。夏税、上田畝税六升、下田四升。秋税、上田畝五升、下田三升。荒田開墾者二升」とある。標點本『舊唐書』はじめ諸本は三月二字を缺き、二月戊寅の詔とする。合鈔本は、「三月、詔罷魚朝恩觀軍容使。己巳（六日）、朝恩自縊而死」に作る。二月に己巳・戊寅の日はなく、かえって三月にはある。また『資治通鑑』は魚朝恩の死を、大曆五年三月に繫げる（巻二二四）。今、合鈔本に據る。三月戊寅は十五日である。

なお、本條記事は、『文苑英華』・『册府元龜』にもあるが、おおむね本志と同文である。『舊唐書』代宗本紀のみ「詔定京兆府戸税」とあって、夏秋税を「戸税」と表現する。船越泰次［一九九六］（一〇〇頁）は戸税とするのは誤りとする。

⑥**八年至五文**　青苗錢の課税額は、當初毎畝十文であった。『通典』巻十一食貨雜税條に「大曆初、諸州府應税青苗錢、毎畝十文、充百司手力資課。三年十月十六日、臺司奏、緣兵馬未散、百司支計不給、毎畝更加五文」とある。ここに大曆初年には毎畝十文とあるので、廣德二年（七六四）正月の青苗錢創設期もおそらく十文であったにちがいない。これが大曆三年（七六八）には十五文となった。

青苗錢沿革一覽

廣德２年（764）正月	天下諸州青苗錢毎畝10文
永泰２年（766）５月	天下青苗錢總額490萬貫
大曆３年（768）10月	天下諸州青苗錢毎畝15文
大曆５年（770）５月	京兆府のみ地頭錢25文と統合し、５文減額して35文とする（統合青苗錢）
（時期不明）	京兆府青苗錢30文に減額
大曆８年（773）正月	京兆府青苗錢を15文に減額

その後の經緯について、『資治通鑑』巻二二三廣德二年秋七月庚子（五日）條に「秋七月庚子、稅天下青苗錢、以給百官俸」とあり、その胡三省注に「……宋白曰、大曆五年五月、詔京兆府應徵青苗地頭錢等、承前青苗錢每畝徵十五文、地頭錢每畝徵二十五文。自今以後、宜一切以青苗錢爲名。每畝減五文、徵三十五文。隨夏稅時、據數徵納。八年、每畝率十五文」とある。

胡三省注に引く宋白『續通典』によれば、京兆府については、特別に大曆五年（七七〇）五月詔敕によって、地頭錢每畝二十五文と合併し、五文を減額して三十五文としたうえで、統合名を青苗錢とし、什一夏稅に合せて徵收している。さらに宋白『續通典』によれば、大曆八年（七七三）には、諸州同樣の十五文に減額されている。これは、本條の記述に合致する。宋白の三十五文が正しいとすれば、この三十五文から三十文への減額があったはずであるが、いつの時期か不明である。この經緯を一覽表にして示しておく。なお、青苗錢・地頭錢の性格、ならびにその消長經緯については、鞠清遠［一九四四］、日野開三郎［一九八一］、船越泰次［一九九六］、島居一康［二〇一四］參照。

〔通釋〕

その年大曆四年（七六九）十二月二十七日、詔敕を下し、「現在、關內道諸州では、耕作地が次第に擴大し、江淮地方からの漕運も常額より增加している。この一年の蓄積を計算してみると、三分の二も增加した。土地への課稅は、もとより輕稅に從うべきである。京兆府における來年秋季の徵稅では、田土を上下二等級とし、それを半分ずつに分け、上等田から每畝一斗、下等田から每畝六升を徵收するがよい。荒田を耕作しえた場合は、今年十月二十九日の詔敕に從い、すべて每畝二升を徵稅するがよい。よって京兆尹及び縣令は、逐一憐れみをかけ、朕の意向を周知させるように」と命じた。

大曆五年（七七〇）三月十五日、寬大なる詔敕を下し、京兆府下百姓の稅額を定め、夏稅は、上等田から每畝六升、下等田から每畝四升を徵收し、秋稅は、上等田から每畝五升、下等田から每畝三升を徵收し、荒田を再耕作した場合は、每畝二升を徵收することとした。

大曆八年（七七三）正月二十七日、詔敕を下し、「青苗地頭錢は、天下全國土で每畝十五文を徵收している。京師は財政が嚴しいので、先に三十文まで增加した。今より後は、諸州にならい、每畝十五文とするがよい」と命じた。

（二）兩稅

〔原文〕一九

建中元年二月、遣黜陟使分行天下。其詔略曰、戶無主客、以見居爲簿。人無丁中、以貧富爲差。行商者、在郡縣稅三十之一。居人之稅、秋夏兩徵之。各有不便者三之。餘征賦悉罷、而丁額不廢。其田畝之稅、率以大曆十四年墾數爲準。徵夏稅無過六月、秋稅無過十一月。違者進退長吏。令黜陟使各量風土所宜人戶多少、均之定其賦、尚書度支總統焉。

三年五月、淮南節度使陳少遊、請於本道兩稅錢、每千增二百。

因詔他州悉如之。

八年三月①、劍南西川觀察使韋臯奏請加税什二、以增給官吏、從之。

〔校訂〕

①**八年三月**　標點本・諸本もと「八年四月」に作る。『唐會要』巻八十三租税上、『册府元龜』巻四八八邦計部賦税二もまた、ならびに「八年四月」に作る。ただ『舊唐書』巻十三德宗本紀下貞元八年三月條に「癸酉（十九日）、劍南西川節度使韋臯奏請有當道閑員官吏、增其俸祿、從之」とある。これによれば、韋臯の奏請は、貞元八年三月十九日の事になる。貞元八年四月乙酉朔には癸酉はない。いま本紀によって、四月を三月に改める。

〔訓讀〕

建中元年二月、黜陟使を遣わして天下に分行せしむ①。其の詔の略に曰く②、戸に主・客と無く、見居を以て簿を爲る③。人に丁・中と無く、貧富を以て差と爲す④。行商する者、郡縣に在りて三十の一を税す⑤。居人の税、秋夏兩《ふたつ》ながら之を徵す。各おの便ならざる者有れば、之を三たびす⑥。餘の征賦は悉く罷め、而して丁額は廢せず⑦。其れ田畝の税⑧、率《おおむ》ね大暦十四年の墾數を以て準と爲す⑨。夏税を徵するに六月を過ぐる無く、秋税は十一月を過ぐる無し。違《たが》う者は長吏を進退す⑩。黜陟使をして各おの風土の宜しき所、人戸の多少を量り、之を均しくして其の賦を定めしめ⑪、尚書度支をしてこれを總統せしむ⑫、と。

三年五月、淮南節度使陳少遊、本道の兩税錢に於いて、千毎に二百を增さんことを請う。因りて他州に詔し、悉く之の如くせしむ⑬。

八年三月、劍南西川觀察使韋臯、什の二を加税し、以て官吏に增給せんことを奏請す⑭。之に從う。

〔注釋〕

①**建中至天下**　建中は、第九代皇帝德宗李适（七四二～八〇五、在位七八〇～八〇五）の年號（七八〇～七八三）。

黜陟使の分遣については、『舊唐書』巻十二德宗本紀建中元年二月條に「丙申（朔日）、遣黜陟使一十一人、分行天下」とある。

『册府元龜』巻一六二帝王部命使二には、さらに詳しく「建中元年二月、發黜陟使、分往天下、以右司郎中兼侍御史庾何巡京畿、職方郎中劉灣往關內、刑部員外郎裴伯言往河東澤潞磁邢等道、司勳郎中韋禎往山南西道・劍南東西川、禮部郎中趙贊往山東（私案二字當作山南東）・荆南・黔中・湖南等道、諫議大夫呉經綸（私案『資治通鑑』巻二二六建中元年二月條作河北黜陟使洪經綸）往魏博・成德・幽州等道、給事中盧翰往河南・淄青・東都畿等道、吏部郎中李承往淮西・淮南等道、諫議大夫柳載往浙江東西道、刑部郎中鄭叔則往江南江西（私案下一江字衍）・福建等道、禮部員外衞晏往嶺南五管。詔曰、朕聞、唐虞聖人之理、三載考績、黜陟幽明。兩漢施敎之君、亦命八使、澄淸天下。朕纂承大業、思服訓誥、雖王公卿士、內勤夙夜、藩岳守將、外盡公忠、而兵革未寧、戎狄未盡、紀綱未振、法令未敷、封圻郡縣、賦税不一、師旅上下、勞逸不均。所以終宵積憂、寤寐增惕。爰命羣士、往代予言、行乎四方、以聽于理、擧其百事、以歸于正。朕之深顧、可不勤副也」とある。これによれば、十一人の黜陟使とその派遣地域は、①右司郎中兼侍御史庾何（京畿）、②職方郎中劉灣（關內道）、③刑部員外郎裴伯言（河東澤潞磁邢等道）、④司勳郎中韋禎（山南西道・劍南東西川）、⑤禮部郎中趙贊（山南東・荊南・黔中・湖南等道）、⑥諫議大夫吳（洪）經綸（魏博・成德・幽州等道）、⑦給事中盧翰（河南・淄靑・東都畿等道）、⑧吏部郎中李承（淮西・淮南等道）、⑨諫議大夫柳載（浙江東西道）、⑩刑部郎中鄭叔則（江南西・福建等道）、⑪禮部員外郎衞晏（嶺南五管）である。

○黜陟使　中央から諸種の特命を帶びて地方に派遣される諸使のひとつ。黜陟使は、太宗貞觀八年（六三四）の派遣より、六回の派遣記錄があるが、建中黜陟使以後、派遣はなくなった（『唐會要』卷七十八諸使中・黜陟使條）。諸道・府州の官人の治績を調査し、進退することを任務とする。建中黜陟使は、兩稅の實施を任務とするが、兩稅の圓滑な實施を左右する地方官の人事考課も一連の任務として含んでいた。

②其詔略曰　本節の主要部分は、兩稅法施行を命じた二月一日詔敕の節略である。より詳しい內容は二月十一日の起請條に記されているので、參考として擧げておく。

『唐會要』卷八十三租稅上に「至二月十一日、起請條請、令黜陟・觀察使及州縣長官、據舊徵稅數及人戶土客、定等第・錢數多少、爲夏秋兩稅。其鰥寡惸獨不支濟者、准制放免。其丁租・庸・調、竝入兩稅。州縣常存丁額、准式申報。其應科斛斗、請據大曆十四年見佃靑苗地額均稅。夏稅六月內納畢、秋稅十一月內納畢。其黜陟使每道定稅訖、具當州府應稅都數及徵納期限、幷支留・合送等錢物・斛斗、分析聞奏、幷報度支・金部・倉部・比部。其月、大赦天下、遣黜陟使觀風俗、仍與觀察使・刺史、計人產等級爲兩稅法。此外斂者、以枉法論」とある。この內容分析については、渡邊信一郎［二〇一五］參照。

③戶無主客以見居爲簿　注釋⑥に引く建中元年の正月五日赦文では「百姓及客戶」と表現し、注釋②の起請條では「人戶土客」と表現する。主客で主戶と客戶を言う。主戶は土戶とも言い、その土地に戶籍をもつ百姓であり、客戶は外來の人戶で、浮客とも言う（〔原文〕一七「大曆四年正月十八日敕」參照）。主戶・客戶の區別をせず、現住地で簿籍を造って課稅臺帳とすることを言う。

このような客戶・浮戶の土着・編戶化と土戶・客戶を區別せず實在の戶を簿籍に登錄して課稅する方式は、代宗卽位初年から始まっている。すなわち、『册府元龜』卷四八六邦計部戶籍條に「代宗寶應元年（七六二）九月、敕、客戶若住經一年已上、自貼買得田地有農桑者、無問於莊蔭家〔私案當作寄字〕住、及自造屋舍、勒一切編附爲百姓差科。比居人例、量減一半、庶塡逃散」とある。これは、客戶の百姓化である。客戶には、莊園內に居住する者と自前の土地家屋をもつ者の兩種あるが、いずれにせよ課稅の重壓があれば逃散しかねない外來の不安定農民である。

また『册府元龜』卷八十八帝王部赦宥條に「（廣德）二年（七六四）二月戊子（二十一日）、……制曰、天下戶口、宜委刺史縣令、據見在實戶、量貧富作等第差科、不得依舊籍帳、據其虛額、攤及鄰保」とあり、實在戶によって課稅することを命じている。その實際は、大曆年間に舒州刺史であった獨孤及『毘陵集』卷十八策書「答楊賁處士書」に「昨者據保簿數百姓幷浮寄戶、共有三萬三千。比來應差科者、唯有三千五百。其餘二萬九千五百戶、蠶而衣、耕而食、不持一錢以助王賦。……每歲三十一萬貫之稅、悉鍾三千五百人之家。謂之高戶者、歲出千貫。其次九百八百。其次七百六百貫、以是爲差。九等最下、兼本丁租庸、猶輸四五十貫。以此人焉得不日困、事焉得不日慼」とある。ここでは、百姓・浮客を「保簿」なる簿籍によって把握している。ここに云う「以見居爲簿」もこの

「保簿」のごとき簿籍であったろう。

④**人無丁中以貧富爲差**　すでに見てきたように唐代前期の税制である租調役制は、十八歳以上中男と二十三歳から五十七歳までの丁男（廣徳元年七月詔）を對象に、給田と課税を行なっていた。ここでは、丁對象課税を廢止して、戶の貧富・資產の多寡を對象に課税することを言う。

⑤**行商至之一**　居所を定めない行商人（客商）に對して各地の州縣で三十分の一の税をかけ、その收取量が居住者の兩税錢と均衡がとれるようにし、行商人にのみ有利にならないよう圖るものである。ただ商品に對する課税であるか、通過税であるかどうかは不明である。

加藤繁譯注上巻一七四（四九頁）・島居一康［二〇一四］は、「居人の税」（兩税錢）に對應する租税としてこれを兩税法にふくめる。商人に對するこの規定は、起請條や正月赦文にはない。またこの規定には、兩税の根幹をなす二度の納入期限（兩限）についても言及はない。「在所（各地）」の州縣で徵收するのであるから、兩限は設定できない。一方、『冊府元龜』巻五〇四邦計部關市・徳宗建中二年條に「五月、以軍興、十一而税商」とあり、同じことが『舊唐書』巻十二徳宗本紀建中二年條には「五月丙寅（五日）、以軍興、十一而税」と見える。內亂勃發による軍事經費をまかなうため、建中二年五月五日に、商人に十分の一税をかけたのである。このことを『資治通鑑』巻二二六建中二年條は、「五月丙寅、以軍興增商税爲什一（胡三省注「楊炎定税法、商賈三十税一、今增之」）」と記し、內亂勃發により「商税」を增して十分の一としたと述べ、胡三省注は、前年施行の商税三十分の一税の十分の一税への增税だとみなしている。この時すでに商税と呼ばれていたかどうか、疑問は殘る。しかしこの措置が前年の行商に對する三十分の一税と關連することは疑いない。日野開三郎は、これは「後年のいわゆる商税で、兩税とは明らかに別性格の税として……別個に考究せらるべき問題であるが、それが兩税法の體制の一環として創設せられているのは興味深い」と述べている（日野［一九八二］四五頁）。日野の所論の核心は、これら行商人に對する三十分の一税、ならびに十分の一税への增税は、五代以降明確な姿をとるようになる商税の原型だという點にある。日野說の核心を繼承して、この規定は商税の先河をなす税制であり、兩税法とは別の税體系であると理解すべきである。

⑥**居人至三之**　「居人之税」は兩税錢を言う。開元年間の兩限税錢に由來し、大曆四年の九等税錢を先蹤とする。各人戶の資產を計って等級化し、等級に基づいて各戶の負擔錢額が決まる。通常は、この負擔額を夏・秋の二期に納入期限を設けて徵收する。

「各有不便者三之」とは、兩税錢の納入期限を三期とすること。『唐會要』巻八十三租税上に建中元年の正月五日赦文を引いて「宜委黜陟使、與觀察使及刺史轉運所由、計百姓及客戶、約丁產定等第、均率作年支兩税。如當處土風不便、更立一限。其比來徵科色目、一切停罷」とあり、「その地方の地理・風俗に不都合があれば、もう一限立てる」ことを指示している。

⑦**餘征賦悉罷而丁額不廢**　注釋②「起請條」には「其丁租・庸・調、並入兩税。州縣常存丁額、准式申報」とある。その他の賦税とは、主として租庸調を言うが、それだけにとどまらない。兩税施行を宣言した建中元年正月五日の赦文に「建中元年、正月辛巳、有事於南郊、還御丹鳳樓、大赦天下。……諸道宜分遣黜陟使、觀風俗問疾苦。自艱難已來、徵賦名目繁雜。委黜陟使、與諸道觀察使・刺史、作年支兩税徵納。比來新舊徵科色目、一切停罷。兩税外輒別率一錢、四等官准擅興賦、以枉法論」（『冊府元龜』巻八十九帝王部赦宥八）とあり、安史の亂以來、相次ぎ生起した「新舊徵科色目」の一切をふくめて兩税錢にくりこんだのである。なお州縣で丁數を把握させ、度支に報告させたのは、色役賦課のためであろ

う。

⑧田畝之税　「田畝之税」は両税斛斗を言う。すでに見たように、代宗永泰元年（七六五）五月施行の京兆府什一税に由来する（[原文]一六注釋①參照）。同一田土に夏秋二度課税するのではなく、あらかじめ指定された夏税地と秋税地にそれぞれ年一回、六月末・十一月末を納入期限として課税する（船越泰次［一九九六］・渡邊信一郎［二〇一五］）。

⑨率以大暦十四年墾數爲準　本節注釋②「起請條」には「其應科斛斗、請據大暦十四年見佃青苗地額均税」とある。より具體的に「見佃青苗地額」とあるので、大暦十四年に實際に若苗が作付されている田土額を基礎として課税することを言う。なお「起請條」に「均税」とあるのは、肥沃度等にもとづいて田土を等級化し、等級に應じた課税を行なうことである。

⑩進退長吏　黜陟使の本來の任務は、地方官の政務實績を調査・點検して人事考課を行なうことである。兩税法實施にあたって、黜陟使が派遣されたのは、實施の要となる地方官の資質を重視したからである。本節注釋⑦に引いた建中元年正月五日の赦文に「兩税外輒別率一錢、四等官准擅興賦、以枉法論」とある。ここに云う四等官は、長官・通判官＝次官・判官・主典であり、州府のばあい、刺史が長官、別駕・長史・司馬が通判官、司功參軍事などの各曹官が判官で、檢勾官である錄事參軍事が判官の上位にあった（礪波護［一九八六］一一八頁等）。ここで進退されるべき長吏には、これら州縣の上層官人がふくまれている。

⑪令黜至其賦　末尾の「均之定其賦」とは、均等一律に税額を配分するのではなく、各州の負擔能力に應じて兩税額を決定したことを言う。負擔能力は、前文にある各州の風俗・地理の適性と戸數の多少に基づいて決められる。ただ、注釋②に引いた「起請條」には「令黜陟・觀察使及州縣長官、據舊徵税數及人戶土客、定等第・錢數多少、爲夏秋兩税」とあり、また陸贄『陸宣公集』巻二十二「均節賦税恤百姓」六條「其一論兩税之弊須有釐革」に「每州各取大暦中一年科率錢穀數最多者、便爲兩税定額」とある。實際には、各州の兩税錢定額は、大暦年間の最高實徴額を枠組みとし、そのうえに各州の負擔能力を勘案して決定されたことがわかる。

⑫尚書度支總統焉　『唐會要』巻五十九尚書省諸司下・別官判度支條に「開元二十二年九月、蕭炅除太府少卿・知度支事。二十三年八月、李元祐除太府少卿・知度支事。天寶七載、楊釗除給事中・兼御史中丞・權判度支。……故事、度支案郎中判入、員外判出、侍郎總統押案而已。官銜不言專判度支。開元以後、時事多故、遂有他官來判者。或尚書侍郎專判、乃曰度支使、或曰判度支使、或曰知度支事、或曰句當度支使。雖名稱不同、其事一也。建中初、欲使天下錢穀、皆歸金部・倉部。終亦不行」とある。開元二十年代以降、他官が判度支・度支使を兼ねるようになり、財政の實權が度支司に移行した。注釋②に引用した「起請條」に「其黜陟使每道定税訖、具當州府應税都數及徵納期限、并支留・合送等錢物・斛斗、分析聞奏、并報度支・金部・倉部・比部」とあって、建中元年の兩税法施行にあたって、金部・倉部・比部への報告を指示しているが、度支中軸の財務運營に變化はなかった。

⑬三年至如之　本節は、兩税法施行後の增税について記す。本條は最初の增税である。これについては、『舊唐書』巻十二徳宗本紀建中三年（七八二）五月條に「丙戌（四日）、增兩税・鹽榷錢、兩税每貫增二百、鹽每斗增一百」とあり、增税の詔敕は五月四日に發布されたことがわかる。

○詔他州悉如之　『唐會要』巻八十三租税上は「度支因請諸道悉如之」、『冊府元龜』巻四八八邦計部賦税二は「因詔他道悉如淮南」に作る。原文の「他州」は「諸道」と解釋するべきである。

○陳少遊　陳少遊（七二四～七八四）、博州（山東省聊城市）の人。大暦八

年（七七三）に淮南節度觀察使となり、建中三年、淮南節度使・同中書門下平章事となる。同四年十月、德宗が奉天に逃れると、揚州に在った度支兩稅使包佶から錢帛を奪い、さらに李希烈と結ぼうとした。やがて事が發覺し、病卒した。『舊唐書』卷一二六、『新唐書』二二四に立傳する。

⑭**八年至從之**　この增稅については、校訂でふれたように『舊唐書』卷十三德宗本紀下貞元八年三月條に「癸酉（十九日）、劍南西川節度使韋皐奏請有當道閑員官吏、增其俸祿、從之」とある。これに據れば、劍南西川道の官吏の俸祿增額のための一道に對する特別措置であったことがわかる。また本紀によれば、「劍南西川觀察使韋皐」の觀察使は節度使の誤り。韋皐は貞元元年（七八五）から永貞元年（八〇五）まで、二十一年間、劍南西川節度使の任にあった（〔原文〕六注釋④參照）。

〔通釋〕

建中元年二月一日、黜陟使十一人を天下全國土に派遣した。その詔敕の節略に、「戶は主戶・客戶の區別をせず、現住地によって簿籍を造る。丁男・中男の區別をなくし、戶の貧富によって等級を設ける。移動する商人は、各地の郡縣で三十分の一を課稅する。居住者の稅（兩稅錢）は、秋と夏の二度、納入期限を設けて徵收する。各おの不都合がある場合は、三度の期限を設ける。その他の租稅はすべて廢止するが、丁額は廢止しない。田畝の稅（兩稅斛斗）は、大曆十四年の作付面積を基準とする。夏稅の徵收は六月末、秋稅は十一月末を納入期限とする。これら規定に違反した場合は地方上級官人を處分する。黜陟使に命じて、各おの風土の適性や人戶の多少を調査し、それらに應じた稅額を定めさせ、尚書度支にこれを統括させよ」とある。

建中三年（七八二）五月、淮南節度使陳少遊が、淮南道の兩稅錢について、一千錢（一貫）ごとに二百錢を增額するよう願い出た。五月四日、これにより諸道に詔敕を下し、悉く二百錢を增額させた。

貞元八年（七九二）三月十九日、劍南西川節度使韋皐が、西川道の兩稅錢について、二割の增稅をおこない、西川道の官吏の俸給を增額するよう奏請したので、これを許した。

〔原文〕二〇

元和十五年八月、中書門下奏、伏準今年閏正月十七日敕、令百僚議錢貨輕重者。今據群官楊於陵等議、伏請天下兩稅榷鹽酒利等、悉以布帛絲綿、任土所產物充稅、竝不徵見錢、則物漸重、錢漸輕、農人且免賤賣匹帛者①。伏以群臣所議、事皆至當、深利公私。請商量付度支、據諸州府應徵兩稅、供上都及留州留使舊額、起元和十六年已後、竝改配端匹斤兩之物爲稅額、如大曆已前租庸課調、不用計錢②、令其折納。使人知定制、供辦有常。仍約元和十五年徵納布帛等估價、其舊納虛估物、與依虛估物迴計、如舊納實估物幷見錢、卽於端匹斤兩上、量加估價迴計。變法在長其物價、價長則永利公私、初雖微有加饒、法行卽當就實。比舊給用、固利而不害。仍作條件處置、編入旨符。其鹽利酒利、本以榷率計錢、有殊兩稅之名、不可除去錢額。但舊額中有令納見錢者③、亦請令折納時估匹段。上既不專以錢爲稅、人得以所產輸官、錢貨必均其重輕、隴畝自廣於蠶織、便時惠下、庶得其宜。其土乏絲麻、或地邇邊塞、風俗更異、賦入不同、亦請商量、委所司裁酌、隨便宜處置。詔從之。

〔校訂〕

①**農人且免賤賣匹帛**　標點本・諸本もと「農人見免賤賣匹帛」に作る。『唐會要』卷八十四租稅下も同じ。ただ『册府元龜』卷五〇一邦計部錢幣三は「農人且免賤賣匹帛」に作る。「見免」文義を成さず、「且免」のほうが通暢する。且・見、字形の近似による譌誤。

②**不用計錢**　標點本・諸本もと「不計錢」に作る。諸本・『唐會要』・『册府元龜』皆同じ。『元氏長慶集』卷三十六「中書省議賦稅及鑄錢等狀」に「右據中書門下狀稱、應徵兩稅、起元和十六年已後、並配端匹斤兩之物以爲稅額、不用計錢、令其折納。仍約元和十五年徵納布帛等估回計者……」とある。これにより用字を補う。

③**但舊額中有令納見錢者**　標點本・諸本もと「但舊額」三字無し。ただ『唐會要』卷八十四租稅下・『册府元龜』卷五〇一邦計部錢幣三ともに「中有」のうえに「但舊額」三字あり。今これにより補う。

〔訓讀〕

元和十五年八月、中書門下奏①すらく、伏して今年閏正月十七日の敕に準《よ》るに、百僚をして錢貨の輕重を議せしめよ、とあり②。今、群官楊於陵等の議に據るに、伏して請うらくは、天下兩稅・榷鹽・酒利等、悉く布帛絲綿を以てし、土に產する所の物を任《もち》いて稅に充て、並びに見錢を徵せざれば、則ち物漸く重く、錢漸く輕くして、農人且《しばら》く匹帛を賤賣するを免かれん③、とあり。

伏して以《おも》えらく、群臣の議する所、事皆な至當にして、深く公私を利す。請うらくは、商量して度支に付し、諸州府の應《まさ》に徵すべきの兩稅、上都に供し、及び州に留め、使に留むるの舊額に據りて④、元和十六年起《よ》り已後、並びに改めて端匹斤兩の物を配して稅額と爲し⑤、大曆已前の租庸課調の如く、錢を計うるを用いず、其をして折納せしめんことを。人をして定制を知らしむれば、供辦するに常有らん。仍りて元和十五年に徵納せし布帛等の估價を約し、其の舊《もと》と虛估の物を納むるは、虛估の物に依りて迴計するを與《ゆる》し⑥、如し舊《もと》と實估の物、幷びに見錢を納むるは、即ち端匹斤兩の上に於て、量りて估價を加えて迴計せしむ。法を變うるは其の物價を長ずるに在り、價長ずれば則ち永く公私を利せん。初め微《すこ》しく加饒有りと雖えども、法行なわるれば卽ち當に實に就くべし。舊《もと》との給用に比べて、固より利あるも害なし。仍りて條件を作りて處置し、旨符に編入せん⑦。其の鹽利・酒利、本より榷率を以て⑧錢を計え、兩稅の名に殊なること有り、錢額を除去すべからず。但だ舊額中、見錢を納めしむる者有り、亦た請うらくは時估の匹段を折納せしめんことを。上既にして專らには錢を以て稅と爲さず、人產する所を以て官に輸むるを得れば、錢貨必ずや其の重輕を均しくし、隴畝自《おのずか》ら蠶織を廣め、時に便にして下を惠み、其の宜を得るに庶《ちか》からん。其の土に絲麻乏しく、或は地邊塞に連なりて、風俗更ごも異なり、賦入同じからざれば、亦た請うらくは商量し、所司に委ねて裁酌し、便宜に隨いて處置せられんことを、と。詔して之に從う。

〔注釋〕

①中書門下　唐代の宰相府。唐代の宰相は中書省・門下省・尙書省の長官、すなわち中書令二人、侍中二人、尙書左右僕射の合計六人を充てることになっていたが、他の官がこれを兼ねることがあり、高宗以後「同中書門下三品」「同中書門下平章事」などの肩書を加えて宰相とした。宰相は、政事堂と呼ばれる屋舍で合議制による意思決定をおこなったが、屬僚をもつ政治機關ではなかった。開元十一年（七二三）、張說が政事堂を中書門下と改稱し、五つの部局を設置して、宰相府の政務を執ることになった。これが中書門下の成立である。『資治通鑑』巻二一二開元十一年條に「是歲、張說奏改政事堂曰中書門下、列五房於其後、分掌庶政」とあり、胡三省注に「舊制、宰相常於門下省議事、謂之政事堂。永淳元年（六八二）、中書令裴炎以中書執政事筆、遂移政事堂於中書省。至是、說改政事堂爲中書門下、其政事印改爲中書門下之印。五房、一曰吏房、二曰樞機房、三曰兵房、四曰戶房、五曰刑禮房」とある。

②伏準至重者　元和十五年閏正月十七日敕については、『冊府元龜』巻五〇一邦計部錢幣三に「穆宗以元和十五年正月卽位。閏正月、詔曰、當今百姓之困、衆情所知、欲減稅則國用不充、依舊則人困轉甚。貨輕錢重、征稅暗加。宜令百寮、各陳意見、以革其弊」とある。『元氏長慶集』巻三十四「錢貨議狀」にもこの詔敕のほぼ同文の引用がある。この詔敕は、穆宗卽位直後に發布されたものであることがわかる。

穆宗は第十二代皇帝李恆（七九五～八二四、在位八二〇～八二四）、『舊唐書』巻十六、『新唐書』巻八に本紀があり、治世の大事を記す。

○議錢貨輕重　「錢貨輕重」とは、銅錢價値と反物價格との相對的な高低・相反關係を言う。兩稅法施行當初から、兩稅錢を納入するに際し、現錢に替えて錢額に相當する布帛などを納入した。これを折納と言う。兩稅法施行當初は、安史の亂の後を承けて、反物價格が最高點一匹四千文に達していた。この最高價格を兩稅錢の代替割合としたため、反物價格が低落傾向に轉ずると納入すべき反物數が多くなり、實質上の增稅となった。見かけ上、銅錢價値が上昇し、反物價格が下降したように見える「錢重貨輕」現象がおこり、その調整が課題となっていた。『新唐書』巻五十二食貨志二は、不正確な記述が多くて氣をつけなければならないが、兩稅法施行の建中元年（七八〇）から穆宗卽位の元和十五年（八二〇）の「錢重貨輕」調整會議開催に至るまで、四十年間にわたる「錢重貨輕」現象の經緯の概略を傳えているので、口語譯して參照することにしよう。

朱泚の亂が平定されたとき（興元元年、七八四）、天下の戶口は三分の二に減少していた。貞元四年（七八八）、天下に詔して、兩稅の戶等の高下を審查し、三年ごとに一度戶等を定めることとした。初めて兩稅法を定めたころ（建中元年、七八〇）、鑄貨に對する反物の相對價格が高かったので、錢額を算出し、錢額に相當する綾絹を納入させた。のちに反物の價格が下がっていくと、納入量はいよいよ多くなっていき、絹一匹三二〇〇錢であったものが、のちには絹一匹一六〇〇錢となって、納入量は二倍を超えた。課稅錢額は舊のままであるので、民衆はいよいよ苦しむこととなった。……

およそ建中元年（七八〇）に兩稅法を定めてより、鑄貨に對する反物の相對價格が低くなっていき、民衆の害となって、穆宗元和十五年（八二〇）に至るまで、四十年を經過した。當初絹二匹半の貨幣價値が八匹相當となり、（兩稅納入量は）おおむね三倍になった。富豪・大商人層は、鑄貨を蓄積して錢の相對價格の上昇を追求し、故に農民はますます困窮し、小商い從事者がますます增加することとなった。穆宗は、鑄貨に對する反物の相對價格の低下（貨輕錢重）が民衆を困窮させ、財政不足をきたすことから、百官に詔してその弊害を除くことを議論させた（朱泚平、天下戸口三耗其二。貞元四年、詔天下兩稅審等第高下、三年一定戸。自初定兩稅、貨重錢輕、乃計錢而輸綾絹。既而物價愈下、所納愈多、絹匹爲錢三千二百、其後一匹爲錢一千六百、輸一者過二、雖賦不增舊、而民愈困矣。……蓋自建中定兩稅、而物輕錢重、民以爲患、至是四十年。當時爲絹二匹半者爲八匹、大率加三倍。豪家大商、積錢以逐輕重、故農人日困、末業日增。帝亦以貨輕錢重、民困而用不充、詔百官議革其弊）。

③**今據至匹帛**　戸部尙書楊於陵がとりまとめた議文は、別に『舊唐書』卷十六穆宗本紀元和十五年條に「八月庚午朔、辛未（二日）、兵（戶）部尙書楊於陵總百寮錢貨輕重之議、取天下兩稅榷酒鹽利等、悉以布帛任土所產物充稅、竝不徵見錢、則物漸重錢漸輕、農人見（且）免賤賣匹段。請中書門下・御史臺・諸司官長、重議施行。從之」とあり、また前揭注釋②『新唐書』卷五十二食貨志二の續きに「帝亦以貨輕錢重、民困而用不充、詔百官議革其弊。而議者多請重挾銅之律。戶部尙書楊於陵曰、王者制錢以權百貨、貿遷有無、通變不倦、使物無甚貴甚賤、其術非它、在上而已。何則、上之所重、人必從之。古者權之於上、今索之於下。昔散之四方、今藏之公府。昔廣鑄以資用、今減鑪以廢功。昔行之於中原、今洩之於邊裔。又有閭井送終之唅、商賈貸擧之積、江湖壓覆之耗、則錢焉得不重、貨焉得不輕。開元中、天下鑄錢七十餘鑪、歲盈百萬、今纔十數鑪、歲入十五萬而已。大曆以前、淄青・太原・魏博雜鉛鐵以通時用、嶺南雜以金・銀・丹砂・象齒、今一用泉貨、故錢不足。今宜使天下兩稅・榷酒・鹽利・上供及留州・送使錢、悉輸以布帛穀粟、則人寬於所求、然後出內府之積、收市廛之滯、廣山鑄之數、限邊裔之出、禁私家之積、則貨日重而錢日輕矣。宰相善其議。由是兩稅・上供・留州、皆易以布帛絲纊、租庸課調不計錢而納布帛、唯鹽酒本以榷率計錢、與兩稅異、不可去錢」とあってより具體的である。本節の中書門下の上奏は、楊於陵等の議文の要請を承けたものである。

○**楊於陵**　楊於陵（七五三～八三〇）、字は達夫、弘農（河南省陝縣）の人。三十餘年にわたって任官したが、穆宗卽位のとき、戶部尙書であった。『舊唐書』卷一六四・『新唐書』卷一六三に立傳する。

○**任土所産物**　その土地に產する物を用いて賦稅の等級を定め、王權に貢納すること。『尙書』禹貢篇序に「禹別九州、隨山濬川、任土作貢（僞孔安國傳、任其土地所有、定貢賦之差）」とある。任は、任用と熟するように、用いるの意。『周禮』大司寇司隷に「爲百官積任器」とあり、鄭玄注に「任猶用也」とある。

④**諸州府應徵兩稅供上都及留州留使舊額**　兩稅三分制、すなわち各州で徵收した兩稅を①上供（中央政府・度支經費）、②留使（會府・節度使等道經費）、留州（支郡・支州經費）に三分割して分配したことを言う。この時元稹が別途提出した議文「錢貨議狀」に「自國家置兩稅已來、天下之財、限爲三品。一曰上供、二曰留使、三曰留州、皆量出以爲入、定額以給資」（『元氏長慶集』卷三十四）とある。兩稅三分制と「量出制入」と定額による經費支給とが相互に連關することを明快に指摘している。

⑤**改配端匹斤兩之物爲稅額**　端は麻布、匹は絹帛、斤は麻絲、兩は眞綿の物量單位である。『通典』卷六食貨賦稅下條に「二十五年定令。諸課戶、一丁租調、准武德二年之制。其調絹絁布、竝隨鄉土所出。絹絁各二丈、

布則二丈五尺。輸絹絁者【兼調】綿三兩、輸布者麻三斤。其絹絁爲匹、布爲端、綿爲屯、麻爲綟。若當戸不成疋端屯綟者、皆隨近合成。其調麻毎年支料有餘、折一斤輸粟一斗、與租同受。其江南諸州租、竝迴造納布〔准令、布帛皆闊尺八寸、長四丈爲疋、布五丈爲端、綿六兩爲屯、絲五兩爲絇、麻三斤爲綟〕」とある。

⑥仍約至迴計　この文章は、兩稅錢額を物額に變換する方法を提示する。その手段として估價制度が用いられる。

兩稅錢を錢額・鑄貨ではなく、現物の物量で課税することにより、鑄貨價格と反物價格との相反關係を斷切るという畫期的な提案である。

估價は、物品の價格であるが、市場價格を基礎に定められた公定價格である。その基礎は、各州縣に設置された市で一旬十日ごとに決められる時估であり、各物品について上中下三等の價格が公示された。時估は、官―民交易、官―官交易、經費分配等の必要上、行政的に定められた價格であり、とりわけ財務運營のために、現物が財政貨幣として用いられる際の公示價格である（〔原文〕一四注釋⑧）。實估は、時估によって直接評價した估價、虛估は時估に價格を上乘せして評價した估價である。上乘せすることを擡估と言い、本節にはそれを「量加估價」・加饒で表現し、次節では優饒で表現している。

⑦編入旨符　旨符は「旨條」とも云う。開元二十四年（七三六）に公布された「度支長行旨條」五巻は、定額制による財務運營の綱領的文書であったが、兩稅法の施行後廢止され、毎年正月に公布される度支旨符（度支旨條）がそのあとを繼承した。これを「長行旨符（旨條）」と區別して、以下度支編成旨符（度支編成旨條）と呼ぶ。編成旨符には、本節に見るように、兩稅三分制、納入錢物規定、納入期限規定など、兩稅法を中核とする財務運營に關する諸規定が箇條書きにして編定された。定額制と度支編成旨符については、渡邊信一郎［二〇一三］參照。

⑧榷率　榷は川に一本の木橋を設けて渡るように獨占するの意。轉じて榷は、官が民間の營業を禁じて獨占的に利益を得ることをいう。『漢書』巻六武帝紀天漢三年（前九八）條に「初榷酒酤」とあり、顏師古注に「如淳曰、榷音較。應劭曰、縣官自酤榷賣酒、小民不復得酤也。韋昭曰、以木渡水曰榷。謂禁民酤釀、獨官開置、如道路設木爲榷、獨取利也。師古曰、榷者、步渡橋。爾雅謂之石杠、今之略彴是也。禁閉其事、總利入官、而下無由以得、有若渡水之榷、因立名焉。韋說・如音是也」と解釋する。

率は網を用いて鳥を捕獲するように物を取ることを言う。『說文解字』第十三篇上に「率、捕鳥畢也」とある。畢は狩獵用の網である。榷・率ともに獨占的に利益を得ることである。通常鹽・酒の專賣制と說明されるが、販賣次元の國家獨占とは限らない。生產・流通・販賣のいずれかの次元で國家が民間の活動を禁じて利益を獨占することがある。どの次元で獨占的利益が生じるか、個別的に判斷しなければならない。販賣次元での國家獨占であれば專賣制である。

〔通釋〕

元和十五年（八二〇）八月、中書門下が上奏し、「恐れながら今年閏正月十七日の詔敕によりますと、「百僚に命じて、錢貨と反物との價格調整を議論させよ」とありました。このたび（八月二日）の楊於陵等群官の議文には、「天下全國土の兩稅錢・榷鹽錢・榷酒錢等は、すべてその土地に產出する布帛絲綿などの反物を用いて稅に充當することにより、現錢をまったく徴收しなければ、反物價格が次第に高く、錢貨の價值は次第に低くなり、とりあえず農民が絹帛を安賣りすることがなくなるでありましょう。謹んで提案いたします」とあります。

恐れながら思いまするに、群臣等の議文は、皆な至當であり、深く公私を利するものです。協議のうえ度支に命じ、諸州が收取すべき兩税、上供（中央經費）、および留州（州經費）・留使（道經費）の舊來の錢額については、元和十六年より以後、大暦年間以前の租庸調のように、みな端匹斤兩でかぞえる現物（布帛絲綿）を配當して税額とし、錢額で計上せず、それらを代替物で折納させるよう願いあげます。人びとに確定した制度があることを理解させれば、財物供給が安定します。

よって元和十五年に徴收した布帛等の估價をとりまとめ、先に虛估價格（時估＝實估に價格を上乘せした估價）の反物を納入していた税額については、虛估價格で計算しなおすことを許し、先に實估價格の反物ならびに現錢を納入していた税額については、端疋斤兩の價格に估價を上乘せして計算しなおすこととします。法を變更する趣旨は反物等現物價格の上昇にあり、反物價格が上昇すれば、永く公私を利することになります。初めは少し上乘せ價格になりますが、法が行きわたれば實估に卽した價格となるはずであり、舊來の經費支給に比較して、もとより利こそあれ害はありません。よって箇條書き規定を作成して處理し、度支編成旨符に編入します。

鹽・酒の利益は、本來中央政府の獨占的收入ですから錢額で計算しており、兩税とは範疇を異にしているので、錢額を除去することはできません。ただ舊來の額中において、現錢を納入させているばあいには、これもまた反物を時估で折納させるよう願いあげます。お上がもっぱら鑄貨だけを税とせず、人民が生產した現物を國家に納入することができるならば、鑄貨と反物との相對的な價格が必ず均衡し、農村では自ずと織物業が擴大することになります。時世に適合し、下じもに惠みをあたえる、そのような便宜を得ることを期待します。

絹絲麻布に乏しい土地、あるいは長城に連接する地域で、風俗が樣ざまに異なり、賦入が異なるばあいには、また協議のうえ度支に命じて斟酌し、便宜に従って處置されるよう願いあげます」と提案した。

詔勅が下り、これを許した。

〔原文〕二二

大和四年五月、劍南西川宣撫使諫議大夫崔戎奏、準詔旨制置西川事條。今與郭釗商量、兩税錢數內三分、二分納見錢、一分折納匹段、每二貫加饒百姓五百文、計一十三萬四千二百四十三貫文。依此曉諭百姓訖。經賊州縣、準詔三分減放一分、計減錢六萬七千六百二十貫文。不經賊處、先徵見錢、今三分一分折納雜物、計優饒百姓一十三萬貫。舊有稅薑芋之類、每畝至七八百、徵斂不時。今併省稅名、盡依諸處爲四限等第、先給戶帖、餘一切名目勒停。

〔訓讀〕

大和四年五月①、劍南西川宣撫使・諫議大夫崔戎②奏すらく、詔旨に準りて制置したる西川の事條③。今、郭釗④と商量したるに、兩稅錢數內三分し、二分は見錢を納め、一分は匹段を折納し、二貫每《ごと》に百姓に五百文を加饒すれば、計《はか》るに一十三萬四千二百四十三貫文なり。此に依りて百姓を曉諭し訖《おわ》りぬ。賊を經《へ》たるの州縣、詔に準りて三分して一分を減放したれば、計るに錢六萬七千六百二十貫文を減ず。賊を經ざるの處、先に見錢を徴す。今、三分して一分をば雜物を折納したれば、計るに百姓に一十三萬貫を優饒す。舊《も》と薑芋の類に税すること有り、毎畝七八百に至り、徴斂時ならず。今、税名を併省し、盡《ことごと》く諸處に依りて四限と爲して等第し⑤、先に戶帖を給い⑥、餘の一切の名目をば勒停せんことを、と。

〔注釋〕

①**大和四年五月**　大和は、第十四代皇帝文宗李昻（八〇九～八三九、在位八二六～八三九）の治世の年號（八二七～八三五年）。文宗については、『舊唐書』巻十七上下、『新唐書』巻八に本紀があり、その治績の大要を記述する。

　本節の記述は、『唐會要』巻八十四租税下にまったくの同文があり、最後に「敕旨、宜依」の四字があるので、裁可されたことがわかる。なお『舊唐書』巻十七下文宗本紀下大和四年五月戊子（十五日）條に「敕度支毎歳於西川織造綾羅錦八千一百六十七疋、合數內減二千五百十疋」とある。この西川宣撫使による特別措置の一環であろう。

②**劍南西川宣撫使・諫議大夫崔戎**　宣撫使は、南詔の侵攻を受けた西川道一帶の善後策を講じるために、皇帝が特使として派遣した使者。諫議大夫は、門下省の屬僚で正五品上、侍從・諫言を主る（『大唐六典』巻八門下省）。

○**崔戎**　崔戎（?～八三四）、字は可大、博陵（河北省安平縣）の人。この事績を傳えて、『舊唐書』巻一六二本傳に「遷諫議大夫。尋爲劍南東西兩川宣慰使。西州承蠻寇之後、戎既宣撫、兼再定征税、廢置得所、公私便之」とある。別に『新唐書』巻一五九に立傳する。

③**準詔旨制置西川事條**　この上奏文の題目（事書き）であり、西川道に關する箇條書きの報告書。制置は、皇帝の命を受けた特別の制度措置を言う。

④**郭釗**　郭釗（?～八三〇）、華州鄭縣（陝西省華縣北）の人。安史の亂の收拾に功績のあった郭子儀（六九七～七八一）の孫、代宗の外孫。『舊唐書』巻一二〇郭子儀傳附傳に「文宗卽位、加司空。大和三年冬、南蠻陷巂州、遂寇西川。杜元穎失於控禦、蠻軍陷成都府外城。朝廷未暇除帥、乃以釗兼領西川節度。蠻軍已寇梓州、諸道援軍未至。川軍寡弱、不可令戰。釗致書於蠻首領箞巓、責以侵寇之意、箞巓曰、杜元穎不守疆場、屢侵吾圉、以是修報也。與釗修好而退。朝廷嘉之、授成都尹・劍南西川節度使、與南詔立約、疆陲不擾」とある。また『新唐書』巻一三七郭子儀傳に附傳する。本節後文にある「經賊州縣」の賊は、南詔軍の侵攻であることがわかる。南詔軍の侵攻については、別に『舊唐書』巻十七上文宗本紀上大和三年十一月・十二月條にも一連の經緯を記す。

⑤**爲四限等第**　薑芋は畝當課税であり、しかも税錢を徴收しているので、兩税法とは異なる。青苗が文章の中に出てくるので、兩税に合わせて徴收された青苗錢にかかわる西川道の特別税制であろう。四限は納税期限を四期に分けること。『冊府元龜』巻四八八は、「盡依諸處、爲兩限。有青苗約立等第、頒給戶帖。兩税之外、餘名一切勒停」と記述し、二期の納入期限をもつ兩税錢の枠組を維持するよう指示している。兩税錢は三限を許されているので、四限も西川の特別措置としては可能である。どちらがよいか判斷しにくい。しばらく本志ならびに『唐會要』租税下の記述によって通釋する。

⑥**先給戶帖**　戶帖は戶ごとの納税通知書であろう。北宋の方田均税法にかかわって、『宋史』巻一七四食貨志上二に「神宗患田賦不均、熙寧五年（一〇七二）、重修定方田法、詔司農以方田均税條約幷式、頒之天下。

……方量畢、以地及色參定肥瘠而分五等、以定稅則。至明年三月畢、揭以示民、一季無訟、卽書戶帖、連庄帳付之、以爲地符。……崇寧三年（一一〇四）、宰臣蔡京等言、……神宗講究方田利害、作法而推行之、方爲之帳、而步畝高下丈尺不可隱。戶給之帖、而升合尺寸無所遺。以賣買、則民不能容其巧。以推收、則吏不能措其姦。今文籍具在、可擧而行」とある。これによれば、方帳は步畝高下丈尺、すなわち田土の種類・肥沃度・面積を記載した帳簿、戶帖は升合尺寸、すなわち各戶の稅額の具體を記した納稅通知書である。この戶帖は、本節の記述によって、唐代兩稅法までさかのぼるとみてよい。

⑦**大和至勒停**　本節については、より完全な文章が殘っているので、參考に紹介する。『册府元龜』卷四八八邦計部賦稅二・大和四年五月條に「劍南西川宣撫使諫議大夫崔戎奏、准詔旨制置、劍南西川兩稅、舊納見錢。今令一半納見錢、一半納當土所在雜物。仍于時估之外、每貫加饒二百五十文（私案舊作三百五文、文不成義。『舊唐書』食貨志上云每二貫加饒百姓五百文、則每貫二百五十文。今據食貨志校改）、依元估充送省及留州留使支用者。今臣與郭釗商量、當道兩稅竝納見錢。軍中支用及將士官吏俸依（私案當作衣）賜、竝以見錢給付。今若一半折納、則將士請受、折損較多。今請兩稅錢數內三分、二分納見錢、一分納匹段及雜物。准詔、每二貫加饒五百文（私案舊無二字。據『舊唐書』食貨志校補）、計優饒百姓十三萬四千二百四十三貫文。成都府及諸縣幷邛雅黎等州蠻寇所經處、賦稅三分蠲放一分。其不經賊處、亦量減放、共計減放一萬七千六百二十貫文。其不經賊處、伏緣兩稅先徵見錢、今三分已一分折納雜物、計優饒百姓一十三萬餘貫文。西川稅科舊有苗靑如茄子薑芋之類。每畝或至七八百文。徵斂不時、煩擾頗甚。今令竝省稅名目、一切勒停、盡依諸處、爲兩限。有靑苗約立等第、頒給戶帖。兩稅之外、餘名一切勒停。今臣與郭釗商量得報稱、已是徵夏稅之時、改法未得、先已奏請、以今年已後、每年冬、于本色苗本額稅中、竝減一半訖、計減放四萬二千五百四十四貫文。臣奉使日、伏蒙處置如前。可之」とある。

〔通釋〕

大和四年（八三〇）五月、劍南西川宣撫使・諫議大夫崔戎が上奏し、報告した。

詔旨をうけて特別に制度措置した劍南西川道の事案につき箇條書きにして報告します。このたび、劍南西川道節度使郭釗と協議し取決めた內容は、

西川道の兩稅錢額を三等分し、二分は現錢を納め、一分は匹段を折納することとします。折納にさいし、百姓に二貫につき五百文を上乘せして優遇します。その額は合計十三萬四二四三貫文になります。この方式で百姓には說明濟みです。

南詔蠻が侵攻した州縣については、詔敕をうけて三分の一を減免したので、合計六萬七六二〇貫文の減額です。

南詔蠻の侵攻を免れた地域は、以前現錢を徵收しておりました。このたびその三分の一を雜物で折納させ、百姓に合計十三萬貫を優遇することにしました。

舊來、薑（生姜）・芋の類に課稅しておりましたが、一畝あたり稅額が七、八百文にもなり、納入期限も一定していません。このたび稅名を合併し、すべて各地の事情により、四期の納稅期限とその順位を設け、先に戶帖（納稅通知書）を支給することとしました。それ以外の稅目は一切停止しました。

二　錢　法

〔原文〕二三

高祖卽位、仍用隋之五銖錢。武德四年七月、廢五銖錢、行開元通寶錢、徑八分、重二銖四絫、積十文重一兩、一千文重六斤四兩。仍置錢監於洛幷幽益等州、秦王齊王各賜三鑪鑄錢、右僕射裴寂賜一鑪。敢有盜鑄者身死、家口配沒。五年五月、又於桂州置監。議者以新錢輕重大小、最爲折衷、遠近甚便之。

後盜鑄漸起、而所在用錢濫惡。顯慶五年九月、敕、以惡錢轉多、令所在官私爲市取、以五惡錢酬一好錢。百姓以惡錢價賤、私自藏之、以候官禁之弛。高宗又令以好錢一文、買惡錢兩文。弊仍不息。

至乾封元年、封嶽之後、又改造新錢、文曰乾封泉寶。徑一寸、重二銖六分、仍與舊錢竝行、新錢一文當舊錢之十、周年之後、舊錢竝廢。

〔訓讀〕

高祖卽位し、仍お隋の五銖錢①を用う。武德四年七月②、五銖錢を廢し、開元通寶錢③を行なう。徑八分、重さ二銖四絫《るい》、十文を積みて重さ一兩、一千文にして重さ六斤四兩なり④。仍りて錢監を洛・幷・幽・益等の州に置き⑤、秦王・齊王に各おの三鑪を賜いて錢を鑄せしめ、右僕射裴寂に一鑪を賜う⑥。敢えて盜鑄する者有れば身は死し、家口は配沒す⑦。五年五月、又た桂州に監を置く⑧。議者以《おもえ》らく、新錢の輕重・大小、最も折衷爲り、遠近甚だ之を便とす⑨、と。

後ち盜鑄漸く起こり、而して所在の用錢濫惡たり⑩。顯慶五年九月、敕すらく、惡錢轉《うた》た多きを以て、所在の官私をして市取を爲し、五惡錢を以て一好錢に酬《むく》いしめよ、と。百姓、惡錢の價賤《あたいやす》きを以て、私かに自ら之を藏し、以て官禁の弛《ゆる》むを候《ま》つ。高宗又た好錢一文を以て惡錢兩文を買わしむ⑪。弊仍お息まず。

乾封《かんぽう》元年⑫に至り、嶽に封したるの後、又た改めて新錢を造り⑬、文を乾封泉寶⑭と曰う。徑一寸、重さ二銖六分⑮、仍りて舊錢と竝び行ない、新錢一文は舊錢⑯の十に當て、周年の後、舊錢竝びに廢す。

〔注釋〕

①**隋之五銖錢**　隋・高祖の開皇元年（五八一）九月に始めて鑄造した五銖錢を言う。『隋書』卷二十四食貨志に「高祖既受周禪、以天下錢貨輕重不等、乃更鑄新錢。背面肉好、皆有周郭、文曰五銖、而重如其文。每錢一千重四斤二兩」とある。洪遵『泉志』卷二正用品中・白錢條に引く『舊

譜』に「徑一寸、重一銖六絫（絫）。內郭平闊、五字右邊傍好有一畫、餘三面無郭。用鑞和鑄、故錢色白」とある。『隋書』食貨志には隋末期の貨幣狀況について、「大業已後、王綱弛紊、巨姦大猾、遂多私鑄、錢轉薄惡。初每千猶重二斤、後漸輕至一斤。或翦鐵鍱、裁皮糊紙以爲錢、相雜用之。貨賤物貴、以至於亡」と述べる。錢樣は卷末「唐代鑄造錢」(1)―1參照。

②**武德四年七月**　開元通寶錢行用開始の時期について、『舊唐書』卷一高祖本紀はそれを武德四年七月丁卯（十二日）とする。『資治通鑑』卷一八九武德四年條も同じ。『唐會要』卷八十九泉貨條は武德四年七月十日に記述する。『玉海』卷一八〇唐鑄錢七監・錢官條原注に引く『會要』には「七月十日丁卯」とある。『唐會要』は十二日の二の一字を落としたのであろう。通釋は舊紀・通鑑の日付に從う。

③**開元通寶錢**　開元について、『六臣註文選』卷一班固「東京賦」に「夫大漢之開元也（濟曰、元、始也、奮起也）」とあり、また同書卷二十七顏延年「宋郊祀歌二首」に、「開元首正、禮交樂擧（張濟元康頌曰、開元建號、班德布化）」とある。物事の始元を言う。錢樣は卷末「唐代鑄造錢」(1)―2參照。五代十國期以降、開元通寶錢に倣って錢文に「通寶」の二字を付することが行なわれるようになり、以後通例となった。これは民國期初年に鑄られた民國通寶錢・福建通寶錢、また新疆で發行された新疆通寶銅幣にまで至る。

④**徑八至四兩**　郭正忠〔一九九三〕（二〇二頁）によれば、唐代における一兩はおよそ四十グラムにあたる。六斤四兩はちょうど一〇〇兩であるから、六斤四兩は約四〇〇〇グラム、したがって錢一文あたりの規定重量は約四グラムとみなしうる。

なお、この規定は唐代全期を通じて墨守された譯ではない。『大唐六典』卷二十二少府監諸鑄錢監條に「舊法、每一千重六斤四兩。近所鑄者、多重七斤」とあって、玄宗開元期には錢一〇〇〇文あたり七斤（およそ四五〇〇グラム弱）に增加していたことがわかる。

○**絫**　段玉裁『說文解字注』十四篇下絫字條に「一曰、絫、十絫重也」とある。度量衡の基本になる單位である。段玉裁は、現在の累の字であり、音は力詭切（リ）、古韻十六部に屬すると解說する。累字の和音はルイであるから、ルイと音讀しておく。

⑤**仍置至等州**　これらの諸州に錢監が設置された日時を、『唐會要』卷八十九泉貨條に「十八日、置錢監於洛幷幽益等諸州」とあり、武德四年七月十八日とする。『資治通鑑』卷一八九も七月癸酉、すなわち十八日とする。通釋はこれに從う。

○**錢監**　錢貨の鑄造を行なう錢鑪を管理する官署を言う。國初には少府と銅山のある州に鑪が存在し、その州に錢監が置かれ、それらはすべて少府監が管轄した。のち少府の錢鑪が廢されるに及び、錢鑪のある諸州が錢監組織を兼務し、錢鑪を管理する體制に移った。『大唐六典』卷二十二少府監諸鑄錢監條に「諸鑄錢監、監各一人（……錢官、漢氏初屬少府、後屬水衡、後漢屬司農。魏晉已下、或屬少府、或屬司農。皇朝、少府置十鑪、諸州亦皆屬焉。及少府罷鑄錢、諸州遂別。今絳州三十鑪、楊・宣・鄂・蔚各十鑪、益・鄧・郴各五鑪、洋州三鑪、定州一鑪）。諸鑄錢監、以所在州府都督・刺史判之、副監一人、上佐判之、丞一人、判司判之、監事一人、參軍及縣尉知之。錄事府史、士人爲之」とある。

○**洛幷幽益等州**　洛州は河南省洛陽市、幷州は山西省太原市付近、幽州は北京市。益州は四川省成都市。幷州・益州には、すでに隋代に鑪が立てられていた。『隋書』卷二十四食貨志に「（開皇）十八年、詔漢王諒、聽於幷州立五鑪鑄錢。……又詔蜀王秀、聽於益州立五鑪鑄錢」とある。

⑥**秦王至一鑪**　秦王・齊王は、ともに唐高祖李淵の子。秦王は第二子李世民（のちの第二代皇帝太宗）、齊王は第三子李元吉。世民・元吉が各おの秦

王・齊王に封ぜられたのは武徳元年六月七日のことである。『舊唐書』巻一高祖本紀武徳元年六月庚辰（七日）條に「立世子建成爲皇太子、封太宗爲秦王、齊國公元吉爲齊王」とある。

○**右僕射裴寂**　裴寂（五七〇～六二九）、字は玄眞。蒲州桑泉縣（山西省臨晉縣東北）の人。はじめ隋に仕え、高祖の起兵時には大將軍府長史として從軍した。官は尙書右僕射（武徳元年六月～六年四月在任）・同左僕射を經て司空にまで至った。貞觀三年（六二九）、事に坐して免官、まもなく卒した。卒年六十。『舊唐書』巻五十七、『新唐書』巻八十八に立傳する。裴寂への賜鑪については、『舊唐書』巻五十七本傳に「其（武徳四）年、改鑄錢、賜一鑪得自鑄」とある。

⑦**敢有至配沒**　私鑄錢條の犯罪者についての處罰は、『通典』巻九食貨錢幣下に「永淳元年（六八二）五月敕、私鑄錢造意人及句合頭首者、竝處絞、仍先決杖一百。從及居停主人加役流、各決杖六十。若家人共犯、坐其家長。老疾不坐者、則罪歸其以次家長。其鑄錢處、鄰保配徒一年。里正・坊正・村正各決六十。若有糾告者、卽以所鑄錢毀破并銅物等賞糾人。同犯自首免罪、依例酧賞」とある。

○**家口配沒**　家口とは家長に對する家人の意。家族・非家族を含めて言う。配沒とは、罪に連座した者の州縣戸籍を奪い、司農寺に配隸して官戸・官奴婢とし、技能ある者は對應する諸司において、無能な者は司農寺において役務に從事させることを言う。『大唐六典』巻六刑部尙書都官郎中條に「掌配沒隸簿錄俘囚、以給衣糧藥療、以理訴競雪免。……凡初配沒、有伎藝者、從其能而配諸司。婦人巧者入于掖庭。其餘無能、咸隸司農」とあり、また『大唐六典』巻十九司農寺條に「凡官戸奴婢、……若犯籍沒、以其所能、各配諸司、婦人巧者入掖庭」とみえ、『唐律疏議』巻三諸府號官條疏議には「官戸者、亦謂前代以來、配隸相生、或有今朝配沒、州縣無貫、唯屬本司」とある。

⑧**五年五月又於桂州置監**　『唐會要』巻八十九泉貨條は「五年三月二十四日」に作る。『玉海』巻一八〇唐鑄錢七監・錢官條原注に引く『會要』には「五年五月二十四日、桂州置監」とある。『玉海』引『會要』を是とすべきである。桂州は、廣西壯族自治區桂林市。

⑨**議者至便之**　『太平御覽』巻八三六資產部十六錢下所引『唐書』に「高宗時、詔復開元通寶錢、其乾封所鑄錢、令所司貯納。初、開元錢之文、給事中歐陽詢制詞及書、時稱其工。其字合八分及篆・隸三體、其詞先上後下、次左後右讀之。及上反左迴環、其義皆通。議者以乾封不通商賈、米帛翔踴、以開元錢輕重大小、近古最爲折衷、百姓便之」とある。これに據れば、この議文は、のちに鑄造された乾封泉寶當十錢の行用が議論された際に提出されたもので、その內容は乾封當十錢と開元通寶とを比較したものである。本志は、議文中の開元通寶の評價した部分を切りとって、開元通寶の評價を記述している。

⑩**用錢濫惡**　濫惡とは、粗惡品のことであるが、『唐律疏議』に明確な規定がある。その巻二十六雜律に「諸造器用之物及絹布之屬、有行濫・短狹而賣者、各杖六十（不牢謂之行、不眞謂之濫。卽造橫刀及箭鏃用柔鐵者、亦爲濫）」とあり、その疏議に「凡造器用之物、謂供公私用、及絹布綾綺之屬。行濫、謂器用之物不牢・不眞。短狹、謂絹疋不充四十尺、布端不滿五十尺、幅闊不充一尺八寸之屬而賣、各杖六十。……。其行濫之物沒官、短狹之物還主」とある。濫惡は、この條文を意識している。堅牢でないもの、使用すべき原材料を用いていないもの、規格に合わないものを「行濫」と呼び、沒收するか、もとの所有者に返還するという規定である。

⑪**高宗至兩文**　高宗李治は、唐第三代皇帝（六二八～六八三、在位六四九～六八三）、『舊唐書』巻四・五高宗本紀上下、『新唐書』巻三高宗本紀に治績を記す。顯慶は、高宗治世の年號（六五六～六六一）。

好錢一枚で惡錢二枚と交換したことについては、『唐會要』巻八十九泉貨條に「顯慶五年九月、以天下惡錢多、令官私以五惡錢酬一好錢贖取。至十月、以好錢一文博惡錢兩文」とあり、會要は、顯慶五年十月のこととする。

⑫**乾封元年**　高宗治世の三號（六六六～六六八）。『史記』卷十二孝武本紀元封三年條に「公孫卿曰、黄帝時封卽天旱、乾封三年。上乃下詔曰、天旱、意乾封乎。其令天下尊祠靈星焉」とあり、『史記正義』に「乾音干。蘇林云、天旱欲使封土乾燥也。顏師古云、三歳不雨、暴所封之土令乾。鄭氏云、但祭不立尸爲乾封」という。乾の音はカン。

⑬**封嶽之後又改造新錢**　乾封元年（六六六）正月、高宗が泰山およびその南方に位置する社首山で封禪祭祀を擧行したことを言う。『舊唐書』卷五高宗本紀下に「麟德三年春正月戊辰朔、車駕至泰山頓、是日親祀昊天上帝於封祀壇、以高祖・太宗配饗。己巳、帝升山行封禪之禮。庚午、禪於社首、祭皇地祇、以太穆太皇太后・文德皇太后配饗。皇后爲亞獻、越國太妃燕氏爲終獻。辛未、御降禪壇。壬申、御朝覲壇受朝賀。改麟德三年爲乾封元年……」とある。

乾封泉寶錢開鑄の時期を、『唐會要』卷八十九泉貨條に「乾封元年五月二十三日、盜鑄轉多。遂改鑄新文曰乾封泉寶」とあって、五月二十三日とする。『舊唐書』卷五高宗本紀下乾封元年條には「五月庚寅（二十五日）、改鑄乾封泉寶錢」（『資治通鑑』卷二〇一同じ）とあり、「五月庚寅」は二十五日である。『玉海』卷一八〇唐開元通寶・乾元重寶・乾封泉錢條原注に引く『會要』もまた「五月二十五日」とする。現行本『唐會要』の「三」は「五」の形譌であろう。通釋は五月二十五日に從う。

⑭**乾封泉寶**　年號を錢文として錢に鑄込むことは、南北朝期にはすでに始まっており、劉宋の孝建四銖錢、景和錢、北魏の太和五銖錢、永安五銖錢などの事例がある。唐朝では乾封泉寶錢が最初のものである。錢様は卷末「唐代鑄造錢」(1)—3參照。

⑮**重二銖六分**　ここにいう分は銖の十分の一をあらわすもの。二銖六分とは二・六銖の意。錢分制の分、すなわち重量單位としての分ではない。

⑯**舊錢**　宮澤知之［二〇〇七］（二四八頁）は、ここにいう乾封當十錢の基準となる「舊錢」とは、當時流通していた私鑄錢と開元通寶錢であると云う。また乾封錢の鑄造とその價値の決定は、私鑄錢を官錢とリンクさせることにより、私鑄錢の國庫への收納を可能とする措置であり、私鑄錢を流通界から回收する意圖をもっていたと指摘している。

〔通釋〕

高祖が卽位したとき、依然隋の五銖錢を使用していた。武德四年（六二一）七月十二日、五銖錢を廢止し、開元通寶錢を行用した。錢の直徑は八分、重さは二銖四絫であり、錢十文をかさねると重さは一兩、一千文では六斤四兩である。そこで七月十八日、錢監を洛州・幷州・幽州・益州等に設置し、秦王李世民・齊王李元吉にはそれぞれ鑪三基を下賜し、尙書右僕射裴寂には鑪一基を下賜して、錢を鑄造させた。あえて盜鑄する者があれば、その身を死罪とし、家人は官に沒入したうえ、諸司に配隷した。武德五年五月二十四日、さらに桂州に錢監を設けた。論者は、新鑄錢が重量・大きさともに最も適正であり、遠近の人びとは、はなはだこれを重寶していると評價した。

その後、盜鑄者が次第に現れ、各地に通用している錢は粗惡になった。顯慶五年（六六〇）九月、詔敕を下し、「惡錢の流通がいよいよ擴大しているので、各地の官私に對し、交易による買取りを行なわせる。惡錢五文を好錢一文の對價とせよ」と命じた。百姓は、惡錢の價値が低いので、ひそかに惡錢を藏匿し、お上の禁令がゆるむのを待った。十月、高宗はさらに好錢一文で惡錢二文を買上げさせた。惡錢の弊害は依然おさまらなかった。

乾封元年（六六六）に至り、泰山封禪を擧行したあと、さらに五月二十五日、新錢を鑄造した。錢文を乾封泉寶という。錢の直徑は一寸、重さは二銖六分である。舊錢と竝んで流通させ、新錢一文の價値を舊錢の十枚相當とし、一年の後に、舊錢はみな廢止することとした。

〔原文〕二三

初、開元錢之文、給事中歐陽詢制詞及書、時稱其工。其字含八分及篆隸三體①。其詞先上後下、次左後右讀之。自上及左迴環讀之、其義亦通、流俗謂之開通元寶錢。及鑄新錢、乃同流俗、乾字直上、封字在左。尋寤錢文之誤、又緣改鑄、商賈不通、米帛增價。乃議却用舊錢。

二年正月、下詔曰、泉布之興、其來自久。實古今之要重、爲公私之寶用。年月既深、僞濫斯起、所以採乾封之號、改鑄新錢。靜而思之、將爲未可。高祖撥亂反正、爰創軌模。太宗立極承天、無所改作。今廢舊造新、恐乖先旨。其開元通寶、宜依舊施行、爲萬代之法。乾封新鑄之錢、令所司貯納、更不須鑄。仍令天下置鑪之處、竝鑄開元通寶錢。

〔校訂〕

①**其字含八分及篆隸三體**　標點本・諸本もと「其字含八分及隸體」に作る。『太平御覽』巻八三六資產部十六錢下所引『唐書』に「又曰、……初、開元錢之文、給事中歐陽詢制詞及書、時稱其工。其字合八分及篆・隸三體」とあり、また『唐會要』巻八十九泉貨條に「其錢文、給事中歐陽詢製詞及書、時稱其工。其字含八分及篆・隸三體」とあり、ともに「八分及篆・隸三體」に作る。いま『太平御覽』巻八三六所引『唐書』、『唐會要』巻八十九泉貨條により改める。

〔訓讀〕

初め、開元錢の文、給事中歐陽詢①、詞及び書を制《つく》り②、時に其の工みなるを稱す。其の字、八分及び篆・隸の三體を含む③。其の詞、上を先にし、下を後にし、左を次にし、右を後にして之を讀む。上より左に及び、迴環してこれを讀むも、其の義亦た通じ、流俗、之を開通元寶錢と謂う④。新錢を鑄るに及び、乃ち流俗に同じくし、乾字上に直《あ》たり、封字左に在り。尋いで錢文の誤れるを寤り、又た改鑄するに緣りて、商賈通ぜず、米帛價を增す。乃ち議して却って舊錢を用う⑤。

二年正月⑥、詔を下して曰く、泉布の興るや、其の來たれること自ら久し。實に古今の要重にして、公私の寶用と爲す。年月既に深くして、僞濫斯《ここ》に起こる。乾封の號を採り、改めて新錢を鑄る所以なり。靜かにして之を思えば、將《は》た未だ可ならずと爲す。高祖、亂を撥《おさ》め正に反《かえ》し⑦、爰に軌模を創む⑧。太宗、極を立て天を承けて⑨、改作する所無し。今、舊きを廢して新しきを造るに、恐らくは先旨に乖《そむ》かん。其れ開元通寶、宜しく舊に依りて施行し、萬代の法と爲すべし。乾封新鑄の錢、所司をして貯納せしめ、更に鑄るを須《もち》いず。仍りて天下の鑪を置くの處をして、竝びに開元通寶錢を鑄さしめよ、と。

〔注釋〕

①**給事中歐陽詢**　給事中は門下省の官人、正五品官。『舊唐書』卷四十三職官志二に「給事中四員。正五品上。隋曰給事郎、置四員、位次門下侍郎。武德定令、曰給事中。……給事中掌陪侍左右、分判省事」とある。

○**歐陽詢**　歐陽詢（五五七〜六四一）、字は信本、潭州臨湘縣（湖南省長沙市）の人。はじめ隋に仕えて太常博士、高祖が即位すると給事中に累遷。貞觀の初め、太子率更令・弘文館學士に至り、渤海男に封ぜられた。能書家として知られ、「飛白・隸・行・草入妙、大篆・章草入能」（張懷瓘『書斷列傳』卷三）、「其八分・龍爪・古篆世無及之、飛白尤妙」（『册府元龜』卷八六二）と稱され、虞世南・褚遂良とともに初唐三大家の一人に數えられる。彼の手になるもので現存するものには「皇甫誕碑」・「溫彥博碑」・「九成宮醴泉銘」・「化度寺邕禪師塔銘」（以上、楷書作品）、「房彥謙碑」（隸書作品）などがある。また『藝文類聚』一百卷の撰者の一人としても知られる。『舊唐書』卷一八九上儒學傳上、『新唐書』卷一九八儒學傳上に立傳し、また張懷瓘『書斷列傳』卷三も彼の傳記をつたえる。『書斷列傳』によれば、貞觀十五年（六四一）、八十五歲にて死去。

②**制詞及書**　歐陽詢が開元通寶錢の錢文作者・書者であったことは、本傳には見えないが、唐人の著作中にいくつか言及するものがある。例えば劉餗『隋唐嘉話』卷下に「今開通元寶錢、武德四年鑄、其文歐陽詢率更所書也」とあり、また張懷瓘『書斷列傳』卷三に「今開通元寶錢、武德四年鑄、其文乃歐陽率更書也（出國史〔寔吴〕）」とあり、また『太平廣記』卷四〇五引胡璩『譚賓錄』に「武德中、廢五銖錢、行開元通寶錢、此四字及書皆歐陽詢所爲也」などとある。

③**其字含八分及篆隸三體**　これは、書體が八分・篆書・隸書の三體を融合したものであることを言う。

○**八分・篆・隸體**　いずれも書體の名稱。八分は秦の王次仲の、隸體は同じく秦の程邈が創作した書體であるという。『書斷列傳』卷一に「按八分者、秦羽人上谷王次仲所作也。……始皇得次仲文、簡略、赴急疾之用、甚喜。遣召之、三徵不至。始皇大怒、制檻車送之、於道化爲大鳥、飛去」とあり、また「按隸書者、秦下邽人程邈所作也。邈、字元岑、始爲縣吏、得罪。始皇幽繫雲陽獄中、覃思十年、益小篆方圓、而爲隸書三千字、奏之。始皇善之、用爲御史。以奏事煩多、篆字難成、乃用隸字、以爲隸人佐書、故曰隸書」とある。また『大唐六典』卷十祕書省校書郎正字條原注に「字體有五。一曰古文、廢而不用。二曰大篆、惟於石經載之。三曰小篆、謂印璽・旛旐・碑碣所用。四曰八分、謂石經・碑碣所用。五曰隸書、謂典籍・表奏及公私文疏所用」とある。

④**其詞至寶錢**　錢文を讀むに際し、上から下、ついで左右と讀み進む讀み方を對讀（直讀）といい、上から右、ついで下、最後に左というように讀み進む讀み方を旋讀（環讀）という。なお、このときにいう左右は錢から見た左右であって、讀む側から見た左右とは逆になる。

唐代、開元通寶錢を開通元寶と呼んだことを示唆する史料として韋述『兩京新記』がある。その卷三懷德坊條に「又有富商王元寶者、年老好戲謔、出入市里、爲人所知。時人以爲錢文有元寶字、因呼錢爲王老焉」とある。韋述はおもに開元・天寶期に官界にあった人である（『舊唐書』

巻一〇二・『新唐書』巻一三二本傳）。また王元寶なる人物については、ほかに王仁裕『開元天寶遺事』などにその名がみえる。「元寶」の語も五代十國期以降、錢文に付することが通例となり、淸朝宣統年間に發行された宣統元寶銅幣に至るまで繼承される。

⑤**乃議却用舊錢**　〔原文〕二二注釋⑨に引用した『太平御覽』巻八三六資產部十六錢下所引『唐書』に「高宗時、詔復開元通寶錢、其乾封所鑄錢、令所司貯納。……議者以乾封不通商賈、米帛翔踴、以開元錢輕重大小、近古最爲折衷、百姓便之」とある。この時の會議に提出された議文の一つであることが分かる。

⑥**二年正月**　『舊唐書』巻五高宗本紀下は正月丁丑（十六日）、『唐會要』巻八十九泉貨條は正月二十九日、『資治通鑑』巻二〇一は正月癸未（二十二日）とする。いずれが是か決定しがたい。參考に擧げて、闕疑とする。

⑦**撥亂反正**　亂世を治め、堯舜の正世に返ることを言う。『春秋公羊傳』哀公十四年傳に「君子曷爲爲春秋。撥亂世、反諸正、莫近諸春秋」とあり、その何休解に「撥猶治也」とある。

⑧**爰創軌模**　軌模は法・道德を言う。『文選』巻十六張衡「歸田賦」に「揮翰墨以奮藻、陳三皇之軌模」とあり、李善注に「賈逵國語注曰、軌、法也。鄭玄毛詩箋曰、模、法也」とあり、六臣注に「良曰、翰、筆也。奮藻謂著文章、陳述伏犧・神農・黄帝之道德」とある。ここは、三皇の世のような規範とすべき王朝を創始したことを言う。

⑨**太宗立極承天**　太宗は、唐の第二代皇帝李世民（五九八～六四九、在位六二六～六四九）。高祖を助けて、隋末の爭亂を平定し、唐王朝を建てた。玄武門の變で兄の皇太子李建成、弟の齊王李元吉を排除し、高祖の內禪を受けて皇帝の座に就いた。『舊唐書』巻二・三太宗本紀上下、『新唐書』巻二太宗本紀に治世の大事を記す。

立極の極は、中・中庸を言う。立極は中庸の政治を行なうこと。『尙書』洪範篇に「皇建其有極、斂時五福、用敷錫厥庶民」とあり、僞孔安國傳に「大中之道、大立其有中、謂行九疇之義」とあり、正義に「皇、大也。極、中也。施政教、治下民、當使大得其中、無有邪僻」とある。承天は、天の秩序をわが身に承けて政治を行なうこと。『漢書』巻五十六董仲舒傳に「……春者天之所爲也、正者王之所爲也。其意曰、上承天之所爲、而下以正其所爲、正王道之端云爾。然則王者欲有所爲、宜求其端於天、天道之大者、在陰陽。陽爲德、陰爲刑……。王者承天以從事、故任德敎而不任刑」とある。

〔通釋〕

そのかみ、開元通寶錢の錢文は、給事中歐陽詢が撰文・揮毫したもので、當時の人びとは、その出來映えを稱贊した。その字體は、篆書體・八分體・隸書體を融合するものであった。錢文は、上の文字を先に、下の文字を後に、ついで左の文字、最後に右の文字へと讀み進める。上の文字から左回りにぐるりと讀んでも、その文意は通るので、俗にこの錢を開通元寶錢と呼んだ。

乾封新錢を鑄造するにおよんで、流俗の讀み方にならい、乾字を眞上に、封字を左に置いた。まもなく錢文配置の間違いに氣付き、また改鑄を行なったので、商人の活動は停滯し、米價・絹價が高騰した。そこで會議を開き、もとどおり舊錢を行用することにした。

（乾封）二年正月、詔勅を下し、「貨幣が現われてより、長い歴史がある。まことに貨幣は、古今にわたる重要物であり、公私ともに寶として用いるものである。歲月が深まっていくと、ここに不正が起こるようになった。これが「乾封」の年號を用いて新錢を改鑄した理由である。心安らかに考えてみると、改鑄すべきではなかった。高祖皇帝は亂世を收拾して正しい世に返し、ここに規範となる王朝を創業された。太宗皇帝は中庸の政教を施し、天の秩序を承けて統治されたので、改制することはなかった。いま舊錢を廢止して新錢を造れば、先君の遺志に反することを恐れる。開元通寶錢を舊來どおり使用して、萬世不變の法貨とするがよい。新鑄の乾封泉寶錢は擔當官司に收納して備蓄させ、さらに鑄造する必要はない。よって天下全國土の鑄錢監に命じ、皆な開元通寶錢を鑄造させよ」と命じた。

〔原文〕二四

既而私鑄更多、錢復濫惡。高宗嘗臨軒謂侍臣曰、錢之爲用、行之已久。公私要便、莫甚於斯。比爲州縣不存檢校、私鑄過多。如聞、荆潭宣衡、犯法尤甚、遂有將船栰宿於江中、所部官人不能覺察。自今嚴加禁斷、所在追納惡錢、一二年間使盡。當時雖有約敕、而姦濫不息。

儀鳳四年四月、令東都出遠年糙米及粟、就市給糶、斗別納惡錢百文。其惡錢令少府司農相知、卽令鑄破。其厚重徑合斤兩者、任將行用。時米粟漸貴。議者以爲鑄錢漸多、所以錢賤而物貴。於是權停少府監鑄錢、尋而復舊。

〔訓讀〕

既にして私鑄更に多く、錢復た濫惡なり。高宗、嘗て臨軒し、①侍臣に謂いて曰く、錢の用を爲すや、之を行うこと已に久し。公私の要便、斯れより甚だしきは莫し。比ごろ州縣、②檢校を存せざるが爲めに、私鑄過《はなは》だ多し。如聞《きくな》らく、荆・潭・宣・衡、法を犯すこと尤も甚だしく、遂に船栰を將て江中に宿し、部する所の官人、覺察すること能わざるもの有り、と。自今、嚴しく禁斷を加え、所在に惡錢を追納し、一二年の間に盡さしめよ、と。當時、約敕有りと雖も、③而れども姦濫息まず。

儀鳳四年四月、東都をして遠年の糙米及び粟を出だし、④市に就きて給糶し、斗別に惡錢百文を納めしむ。其の惡錢、少府・司農をして相い知せしめ、⑤卽《ただ》ちに鑄破せしむ。其の厚重徑の斤兩に合する者は、將て行用するを任《ゆる》す。時に米粟漸く貴《たか》し。議者以爲えらく、錢を鑄ること漸く多し、錢賤しくして物貴き所以なり、と。是に於て權《か》りに少府監の鑄錢⑥を停《とど》むるも、尋いで舊に復す。

〔注釋〕

①**高宗嘗臨軒謂侍臣**　臨軒は、皇帝が正殿（太極殿・宣政殿）に出向いて政務や祭祀・儀禮を執行すること。侍臣は、侍中・黄門侍郎・給事中、中書令・中書侍郎・中書舍人など、門下省・中書省の五品以上の高級官人を言い、皇帝臨軒の際には、殿上に侍臣班位を設けて政務執行を補佐する（『大唐開元禮』卷九十七「皇帝元正冬至受群臣朝賀」、同卷一〇五「臨軒冊命皇后」、同卷一〇八「臨軒冊命諸王大臣」等參照）。また、侍臣については、『唐律疏議』卷九職制律上「諸官人從駕稽違」條疏議に「侍臣、謂中書・

門下省五品以上、依令應侍從者、加罪一等」とある。

②**荊潭宣衡**　いずれも州名。荊州は現在の湖北省江陵。唐代には、山南道、のち山南東道に屬す。潭州は現在の湖南省長沙市、唐代には江南道のち江南西道に屬す。宣州は現在の安徽省宣城。唐代には江南道、のち江南西道に屬す。衡州は現在の湖南省衡陽市。唐代には江南道、のち江南西道に屬す。

③**當時雖有約敕**　この約敕は、おそらく永淳元年（六八二）五月の詔敕であろう。『通典』巻九食貨錢幣下に「永淳元年五月敕、私鑄錢造意人及句合頭首者、竝處絞、仍先決杖一百。從及居停主人加役流、各決杖六十。若家人共犯、坐其家長。老疾不坐者、則罪歸其以次家長。其鑄錢處、鄰保配徒一年。里正・坊正・村正各決六十。若有糾告者、即以所鑄錢毀破、幷銅物等賞糾人。同犯自首免罪、依例酬賞」とある。

④**儀鳳四年四月令東都出遠年糙米及粟**　儀鳳は、高宗の年號（六七六～六七九）。儀鳳四年（六七九）六月辛亥（三日）、調露に改元する。『唐會要』巻八十九泉貨條は「至儀鳳四年四月、以天下惡錢甚多、令東都出遠年糙米及粟、……」に作り、天下に惡錢が甚だ多く流通したことを理由に擧げている。

東都は河南府洛陽。東都には、司農寺管轄下に含嘉倉が置かれ、膨大な穀物が貯藏された。天寶八載（七四九）の統計によれば、諸色倉糧總計一二六五萬六六二〇石のうち、含嘉倉には五八三萬三四〇〇石が貯備されている（『通典』巻十二食貨輕重條）。

○**糙米**　くろごめ。籾殻をとり除いた未精白の米すなわち玄米のこと。〔原文〕一四注釋②・〔原文〕五八注釋②等參照。

⑤**令少府・司農相知**　少府とは少府監のこと。皇帝・宮廷が祭祀・儀禮等に用いる衣服・調度等を製作する作事官府である。『大唐六典』巻二十二少府監條に「少府監。監一員、從三品、少監二人、從四品下。少府監之職、掌供百工伎巧之政令、總中尚・左尚・右尚・織染・掌冶五署之官屬、庀其工徒、謹其繕作、少監爲之貳。凡天子之服御、百官之儀制、展采備物、率其屬以供焉」とある。

○**司農**　司農寺のこと。穀物の出納を掌る官府である。『大唐六典』巻十九司農寺條に「司農寺。卿一員、從三品、少卿二員、從四品上。司農卿之職、掌邦國倉儲委積之政令、總上林・太倉・鉤盾・導官四署與諸監之官屬、謹其出納而修其職務、少卿爲之貳。凡京都百司官吏祿稟、皆仰給焉。凡朝會・祭祀・供御所須及百官常料、則率署監所貯之物、以供其事。凡孟春吉亥、皇帝親藉田之禮、有事於先農、則奉進耒耜。季冬藏冰、祭司寒以黑牡秬黍。仲春啓冰亦如之」とある。

⑥**少府監鑄錢**　『大唐六典』巻二十二諸鑄錢監條原註に「皇朝、少府置十鑪、諸州亦皆屬焉」とある。

〔通釋〕

ややときがたつと私鑄するものがさらに增え、錢はふたたび粗惡なものとなった。高宗はあるとき臨軒し、侍臣に對し、「錢を行用してより、すでに長い年月がある。公私ともに、これほど重要で便利なものはない。近ごろ州縣では、取締りを心掛けないために、錢を私鑄するものが甚だ多い。聞けば、荊州・潭州・宣州・衡州では法に背くものがことのほか多く、船や筏を漕ぎ出し、川面に停泊して鑄造するので、所管する官人が摘發できないという。以後、嚴しく禁制を加え、各地において惡錢を回收し、一、二年の内に根絶せよ」と命じた。

このとき、取締りの詔敕があったにもかかわらず、不正は終息しなかった。

儀鳳四年（六七九）四月、東都河南府に命じ、古くなった玄米とモミつき穀物を運び出して市で販賣させ、一斗につき惡錢一〇〇文を納付させた。その惡錢は少府監と司農寺とに共同で管理させ、ただちに鑄潰させた。厚さ・重さ・大きさが規定に合致する錢は、その行用を許した。この時、穀物價格が次第に上昇した。議文の二程者は、「錢の鑄造量が次第に増加したことが、錢の價値を下落させ、穀物價格を上昇させた理由である」と論じた。そこで一時的に少府監での鑄錢を停止したが、まもなく元に戻した。

〔原文〕二五

則天長安中、又令懸樣於市、令百姓依樣用錢。俄以簡擇艱難①、交易留滯、又降敕非鐵錫銅蕩穿穴者、竝許行用、其有熟銅排斗沙澁厚大者、皆不許簡。自是盜鑄蜂起、濫惡益衆。

江淮之南、盜鑄者或就陂湖巨海深山之中、波濤險峻、人跡罕到、州縣莫能禁約、以至神龍先天之際、兩京用錢尤濫。其郴衡私鑄小錢纔有輪郭、及鐵錫五銖之屬、亦堪行用。乃有買錫熔銷、以錢模夾之、斯須則盈千百、便賣用之。

〔校訂〕

①**俄以簡擇艱難**　標點本もと「俄又簡擇艱難」に作る。『通典』巻九食貨錢幣下も同じ。又字、前後三度連用し、とりわけこの又字、文義通暢しない。合鈔本は又字を以字に作り、文意やや通じる。いま合鈔本に據り、以字に改訂する。

〔訓讀〕

則天の長安中①、又た樣を市に懸けしめ②、百姓をして樣に依りて錢を用いしむ。俄かに簡擇艱難にして、交易留滯するを以て、又た敕を降し、鐵錫・銅蕩・穿穴に非ざる者③は竝びに行用するを許し、其の熟銅・排斗・沙澁・厚大なる者④有れば、皆な簡《えら》ぶを許さず。是れ自り盜鑄蜂起して、濫惡益ます衆《おお》し。

江淮の南、盜鑄する者、或いは陂湖・巨海・深山の中に就き、波濤險峻にして、人跡到ること罕《な》く、州縣、禁約すること能わず、以て神龍・先天の際⑤に至り、兩京の用錢、尤も濫る。其の郴・衡⑥の私鑄の小錢、纔かに輪郭有るもの、及び鐵錫・五銖の屬も亦た行用するに堪う。乃ち錫を買いて熔銷し、錢模を以て之を夾むもの有り、斯須にして則ち千百に盈ち、便ち之を賣用す。

〔注釋〕

①**則天長安中**　則天は、周の則天武后・武曌（六二三？～七〇五、在位六九〇～七〇五）、并州文水縣（山西省文水縣東）の人。唐第三代皇帝高宗の皇后となり、高宗の死後、臨朝稱制して實權を掌握し、載初元年（六九〇）九月九日、國號を周とし、神聖皇帝の尊號を稱した。『舊唐書』巻六則天皇后本紀、『新唐書』巻四則天順聖武皇后本紀に事績を記す。長安中は、

武周期の年號（七〇一～七〇四）。

②**懸樣於市**　錢の選別の見本となる基準錢（樣錢）のこと。統一貨幣である隋五銖錢が發行されたことにより、樣錢の必要性が高くなった。『隋書』巻二十四食貨志に「（開皇）三年四月、詔四面諸關、各付百錢爲樣。從關外來、勘樣相似、然後得過。樣不同者、卽壞以爲銅、入官」とある。また『資治通鑑』巻一八五武德元年七月條胡三省注に「隋開皇初、見用之錢、皆須和以錫鑞。錫鑞既賤、求利者多、私鑄之錢、不可禁約、乃詔禁出錫鑞之處、不得私採、立榜置樣錢、不中樣者不入於市」とある。

③**鐵錫銅蕩穿穴者**　加藤繁譯註六一頁は「鐵錫銅蕩れて穴を穿つ者」と訓讀するが、これらはいずれも錢の種類名である。ただし、具體的にどのような樣態の錢であったか、詳しいことは分からない。銅蕩については、『冊府元龜』巻五〇一に「（建中）二年八月、諸道鹽鐵使包佶奏、江淮百姓、近日市肆交易錢、交下麄惡、揀擇納官者、三分纔有二分。餘竝鉛・錫・銅盪、不敷斤兩、致使絹價騰貴、惡錢漸多。……」とある。また穿穴については、『新唐書』巻五十四食貨志四に「天寶十一載、又出錢三十萬緡易兩市惡錢、出左藏庫排斗錢、許民易之。國忠又言錢非鐵錫・銅沙・穿穴・古文、皆得用之」とある。このほか『通典』巻九食貨錢幣下に「十一載二月……是時京城百姓、久用惡錢、制下之後、頗相驚擾。時又令於龍興觀南街開場、出左藏庫内排斗錢、許市人博換、貧弱者又爭次不得。俄又宣敕、除鐵錫・銅沙・穿穴・古文、餘竝依舊行用、久之乃定」とある。

④**熟銅排斗沙澁厚大者**　これらもやはり錢の種別をいうのであろう。排斗については、前掲注釋③に引く『新唐書』巻五十四食貨志四および『通典』巻九食貨錢幣下を參照。このほか、『太平廣記』巻四七〇水族七魚「謝二」に『廣異記』を引いて、「唐開元時、東京士人以遷歴不給、南遊江淮、求丐知記己、因而無獲、徘徊揚州。久之、同亭有謝二者、……謂士人曰、無爾悲爲、若欲北歸、當有三百千相奉。及別、以書付之曰、我宅在魏王池東。至池、叩大柳樹、家人若出、宜付其書、便取錢也。……謂士人曰、兒子書勞君送、令付錢三百千、今不違其意。及人出、已見三百千在岸、悉是官家排斗錢」とある。

⑤**神龍先天之際**　神龍は武周期最後の年號（七〇五～七〇七）。その元年二月に中宗が復位し、國號を唐に恢復する。先天は玄宗の年號（七一二～七一三）。その治世の冒頭にあたる。したがって「神龍先天之際」とは、則天武后の治世の最末期から玄宗の治世の最初期に涉る期間、換言すれば中宗・睿宗の治世を指す。

なお、先天元年九月に提出された楊虛受の上疏があり、この時期の狀況を傳えているので、參考として引用する。『唐會要』巻八十九泉貨條に「至先天元年九月二十七日、京中用錢惡、貨物踴貴。諫議大夫楊虛受上疏曰、伏見市井用錢、不勝濫惡、有加鐵錫、卽非公鑄。虧損正道、惑亂平民。銅錫亂雜、僞錢豐多。正刑漸失於科條、明罰未加於守長。帝京三市、人雜五方、淫巧競馳、侈僞成俗、至於商賈積滯、富豪藏鏹、兼幷之人、歲增儲蓄、貧素之士、日有空虛。公錢未益於時、須禁法不當於世要、其惡錢、臣望官爲博取、納鑄錢州、京城竝以好錢爲用。書奏、付中書門下詳議、以爲擾政、不行」とある。

⑥**郴衡**　州名。郴州は現在の湖南省郴州市にあたる。武德四年に置かれ、江南道に屬し、のち江南西道に屬す。桂陽錢監が設置された。衡州は前出。現在の湖南省衡陽市。郴州に同じく、武德四年に置かれ、江南道に屬し、のち江南西道に屬す。郴州の北に鄰接する州である。

〔通釋〕

則天武后の長安年間（七〇一～七〇四）、また市に命じて樣錢を掲示させ、百姓には様銭にしたがって銭を使用させた。たちまち銭の選別が困難となり、商業が停滞したので、さらに詔勅を下し、鐵錢や錫錢・銅蕩錢・穿穴錢でなければ、すべて行使することを許した。熟銅錢・排斗錢・沙澁錢・厚大錢は、みな選別することを許さなかった。これ以後、盜鑄錢が沸き起こり、粗悪な錢が益ます多くなった。

江淮以南の地方では、なかには湖水や大海の上、人里離れた山奥で盜鑄する者もあった。波浪荒く、険峻の山地で、人跡も絶えるところであり、州縣は取締ることができなかった。このようにして神龍・先天年間に至ったが、長安・洛陽で流通する錢はことのほか粗悪であった。郴州や衡州で私鑄された小型錢は、わずかに輪郭があるだけであったが、鐵錫錢・五銖錢の類とともに、行使することができた。そこで錫を購入して溶解し、それを錢範で挾み込み、わずかな時間で數多くの錢を鑄造しては、すぐにこれを使用する者まで出てきたのであった。

〔原文〕二六

開元五年、車駕往東都。宋璟知政事、奏請一切禁斷惡錢。六年正月、又切斷天下惡錢、行二銖四絫錢。不堪行用者、竝銷破復鑄。至二月又敕曰、古者聚萬方之貨、設九府之法、以通天下、以便生人。若輕重得中、則利可知矣。若眞僞相雜、則官失其守。頃者用錢、不論此道。深恐貧窶日困、姦豪歲滋。所以申明舊章、懸設諸樣、欲其人安俗阜、禁止令行。

時江淮錢尤濫惡、有官鑪偏鑪稜錢時錢等數色。璟乃遣監察御史蕭隱之充江淮使。隱之乃令率戸出錢、務加督責。百姓乃以上青錢充惡錢納之、其小惡者或沉之於江湖、以免罪戾。於是市井不通、物價騰起、流聞京師。隱之貶官、璟因之罷相、乃以張嘉貞知政事。嘉貞乃弛其禁、人乃安之。

〔訓讀〕

開元五年、車駕、東都へ往《おもむ》く①。宋璟、知政事たり②。奏請して一切惡錢を禁斷す。六年正月、又た天下の惡錢を切斷し、二銖四絫の錢を行なう。行用に堪えざる者は、竝びに銷破して復び鑄す③。二月に至り又た敕して曰く、古えは萬方の貨を聚め④、九府の法を設けて⑤、以て天下に通じ、以て生人に便とす。若し輕重、中を得れば、則ち利、知るべし。若し眞僞相い雜れば、則ち官、其の守を失う。頃者《このごろ》、錢を用うるに、此の道を論ぜず。深く恐るらくは、貧窶日ごとに困しみ、姦豪歲ごとに滋《しげ》きを。舊章を申明し、諸樣を懸設し、其の人安らかに俗阜《ゆた》かにして、禁ずれば止み令すれば行なわれんことを欲する所以なり、と⑥。

時に江淮の錢、尤も濫惡にして⑦、官鑪・偏鑪・稜錢・時錢等數色有り⑧。璟、乃ち監察御史蕭隱之を遣わして江淮使に充つ⑨。隱之、乃ち戸に率して錢を出だし、務めて督責を加えしむ。百姓、乃ち上青錢⑩を以て惡錢に充てて之を納む。其の小惡なる者は或いは之を江湖に沉め、以て罪戾を免る。是に於て市井通ぜず、物價騰起し、京師に流聞す。隱之、官を貶せられ、璟、之に因りて相を罷む。乃ち張嘉貞⑪を以て知政事たらしむ。嘉貞、乃ち其の禁を弛め、人、乃ち之に安んず。

〔注釋〕

①**開元五年車駕往東都**　開元は、玄宗治世の年號（七一三～七四一）。『舊唐書』卷八玄宗本紀上開元五年正月條に「辛亥（十日）、幸東都。……二月甲戌（三日）至東都」とある。長安に歸ったのは、玄宗本紀開元六年十月丙寅（六日）條に「車駕還京師」とあって、この時の東都滯在は一年九箇月餘りである。

②**宋璟知政事**　宋璟（六六三～七三七）、邢州南和縣（河北省南和縣）の人。『舊唐書』卷九十六、『新唐書』卷一二四に立傳する。
知政事は、宰相となって政治を統括すること。『新唐書』卷六十二宰相表中開元四年閏十二月己亥（二十八日）條に「刑部尙書宋璟爲吏部尙書兼黄門監」とあり、同八年正月辛巳（二十八日）條に「璟罷爲開府儀同三司」とある。宋璟が宰相の任にあったのは、開元四年（七一六）閏十二月から開元八年（七二〇）正月の三年餘りである。また、『舊唐書』本傳に「又禁斷惡錢、發使分道檢括銷毀之、頗招士庶所怨。俄授璟開府儀同三司、罷知政事」とある。一連の惡錢禁斷政策が惡評を被ったことが宰相罷免の原因であった。

③**六年至復鑄**　『舊唐書』卷八玄宗本紀上開元六年正月條に「辛酉（二十六日）、禁斷天下諸州惡錢、行二銖四分已上好錢、不堪用者竝卽銷破覆鑄」とあり、『資治通鑑』卷二一二開元六年條も正月辛酉とする。『唐會要』卷八十九泉貨條は正月十八日とする。惡錢禁斷令が出されたのは、本紀・通鑑によって正月二十六日とすべきである。會要の八字は六字の亠を脱したのであろう。通釋は本紀の日付に從う。

この禁令が出たのちの影響と對應について、『唐會要』卷八十九泉貨條に「至開元六年正月十八日（當作二十六日）、敕禁斷惡錢、行三（當作二）銖四絫已上舊錢、更收人間惡錢、鎔破復鑄、準樣式錢。敕禁出之後、百姓喧然、物價搖動、商人不甘交易。宰相宋璟・蘇頲奏請、出太府錢五萬貫、分於南北兩市、平價買百姓間所賣之物、堪貯掌官須者、庶得好錢散行人間。從之。又降敕、近斷惡錢、恐人間少錢行用。其兩京文武官、夏季防閤・庶僕、宜卽先給錢、待後季、任取所配物貨賣、准數還官」（『冊府元龜』卷五〇一邦計部錢幣三略同）と傳える。

④**聚萬方之貨**　天下萬國の貨物を集めること。『周易』繫辭下に「包犧氏沒、神農氏作。……日中爲市、致天下之民、聚天下之貨、交易而退、各得其所、蓋取諸噬嗑」とある。

⑤**九府之法**　『漢書』卷二十四下食貨志下に「太公爲周立九府圜法（李奇曰、圜卽錢也。圜一寸、而重九兩。師古曰、此説非也。周官太府・玉府・內府・外府・泉府・天府・職內・職金・職幣皆掌財幣之官、故云九府。圜謂均而通也）、黄金方寸、而重一斤、錢圜函方（孟康曰、外圜而內孔方也）、輕重以銖（師古曰、言黄金以斤爲名、錢則以銖爲重也）、布帛廣二尺二寸爲幅、長四丈爲匹。故貨寶於金、利於刀（如淳曰、名錢爲刀者、以其利於民也）、流於泉（如淳曰、流行如泉也）、布於布（如淳曰、布於民間）、束於帛（李奇曰、束、聚也）」とある。顏師古に據れば、九府は、『周禮』天官冢宰の太府・玉府・內府・外府・職內・職幣、地官司徒の泉府、春官宗伯の天府、秋官司寇の職金であり、みな財物・貨幣を職掌とする。

⑥**又敕至令行**　この二月敕が出たのちの狀況について、『冊府元龜』卷五〇一邦計部錢幣三に「閏七月、詔曰、禁斷惡錢、改鑄新者、務於精好、行之久長。如聞、諸道置鑄御史專掌、未稱所委、仍有濫惡、且更提振不卽加罪、有先鑄不如法、總重毀錬、幷已納太府者、竝令更揀擇不合樣、送所由重鑄、已後倍須在意、不得更然。兩京少府、竝准此。時宋璟爲侍

中、禁斷惡錢、發使分道撿括、以銷毀之。頗招士庶所怨」と傳える。

⑦**江淮錢尤濫惡**　江淮はとくに私鑄錢が多く流通する地方であった。前掲本志に「江淮之南、盜鑄者或就陂湖・巨海・深山之中、波濤險峻、人跡罕到、州縣莫能禁約」とあり、また『通典』巻九食貨錢幣下には「武太后長安中、……江淮之南、盜鑄尤甚、或就陂湖・巨海・深山之中鼓鑄」とある。本節にかかわる事例として、『大唐六典』巻二十二少府監・諸鑄錢監條原注に「開元中、以錢濫惡、江淮間尤甚、有勅禁斷、令御史往江淮間、收斂納官鎔之。其求稍廣、州縣恐其錢數不充、隨以好錢繼之。自是、百姓財幣耗損、御史坐是左遷」とある。

⑧**官鑪偏鑪稜錢時錢**　いずれも錢の種別をいう。ただそれらがどのような錢であったのか、詳細は不明。

⑨**遣監察御史蕭隱之充江淮使**　惡錢禁斷・徵收の主對象が江淮地域であったことは明らかであるが、前掲注釋①『舊唐書』巻九十六宋璟傳に「禁斷惡錢、發使分道檢括銷毀之、頗招士庶所怨」とあるように、惡錢徵收は必ずしも江淮の一地方だけではなく、また派遣されたのも蕭隱之ひとりではなかったことが分かる。

蕭隱之は、蕭炅。傳記は不詳。ただ『新唐書』巻七十一下宰相世系表中に、南朝梁昭明太子統の裔、虢州刺史蕭恕の子としてみえる。

⑩**上青錢**　文脈から見て上青錢とは好錢の一種を指す呼稱であろう。淡海三船『唐大和上東征傳』に、天寶二年（七四三）の第一次渡日計畫に際して、鑑眞が揚州で準備した物品のうちに、「青錢十千貫、正鑪錢十千貫、紫邊錢五千貫」を記載する。上青錢は、この「青錢」のより上質のものを指すのかもしれない。

⑪**以張嘉貞知政事**　張嘉貞（六六六〜七二九）は、蒲州猗氏縣（山西省猗氏縣）の人。『舊唐書』巻九十九・『新唐書』巻一二七に立傳する。『新唐書』巻六十二宰相表中開元八年正月辛巳（二十八日）條に「（宋）璟罷爲開府儀同三司。……幷州大都督府長史張嘉貞守中書侍郎・同中書門下平章事」とあり、同十一年二月己酉（十三日）條に「嘉貞貶豳州刺史」とある。張嘉貞が宰相の任にあったのは、開元八年（七二〇）正月から開元十一年（七二三）二月までの三年餘りである。

〔通釋〕

開元五年（七一七）正月、玄宗皇帝が東都に行幸した。宋璟が宰相であったが、奏請して惡錢の使用を一切禁止した。開元六年正月二十六日、さらに惡錢使用を一切禁斷し、重さ二銖四絫の錢を行使させた。行使するに値しない錢はすべて鑄潰し、ふたたび錢に鑄直した。

二月になると、さらに詔敕を下し、「いにしえ、天下萬國の財貨を集め、九府の法を立てて、天下に財貨をゆきわたらせ、人民に利便をもたらした。もし貨幣の重量が中庸を得たならば、その利益は自ら明らかである。もし本物と贋物の貨幣が混在するようであれば、國家は秩序を失うであろう。近ごろは、錢を行使するにあたって、この道理を考慮していない。貧者が日を追って困苦し、惡黨が年を追って勢いづくことを深く憂慮する。かさねて舊法を闡明し、ここに諸種の樣錢を掲示して、人民が安らかに、世の中が豊かになって、法的秩序が遵守されることを願う次第である」と諭した。

當時、江淮地方に流通する錢はとりわけ粗惡であり、官鑪・偏鑪・稜錢・時錢など數種があった。宋璟はそこで監察御史蕭隱之を派遣して、江淮使にあてた。隱之は戶ごとに割當てて錢を差し出させ、力を盡くして責め立てたので、百姓は上青錢を惡錢と稱して納付した。小型の惡錢を川や湖に沈めて罪から逃れようとする者もあった。こうして商業活動は滯り、物價が高騰し、その風聞は都にまで達した。隱之は貶官され、宋璟はこれによって宰相を罷免された。そこで張嘉貞が宰相になったが、嘉貞は禁令を緩めたので、人びとは安堵した。

〔原文〕二七

開元二十二年、中書侍郎張九齡初知政事、奏請不禁鑄錢、玄宗令百官詳議。黃門侍郎裴耀卿李林甫河南少尹蕭炅等皆曰、錢者通貨有國之權、是以歷代禁之、以絕姦濫。今若一啓此門、但恐小人棄農逐利、而濫惡更甚、於事不便。左監門錄事參軍劉秩上議曰、伏奉今月二十一日敕、欲不禁鑄錢、令百僚詳議可否者。夫錢之興、其來尚矣。將以平輕重、而權本末。齊桓得其術而國以霸、周景失其道而人用弊。考諸載籍、邦之興衰、實繫於是。陛下思變古以濟今、欲反經以合道、而不卽改作、詢之芻蕘。臣雖蠢愚、敢不薦其聞見。古者以珠玉爲上幣、黃金爲中幣、刀布爲下幣。管仲曰、夫三幣、握之則非有補於煖也、舍之則非有損於飽也。先王以守財物、以御人事、而平天下也。是以命之曰衡。衡者、使物一高一下、不得有常。故與之在君、奪之在君、貧之在君、富之在君。是以人戴君如日月、親君如父母。用此術也、是爲人主之權。今之錢、卽古之下幣也。陛下若捨之任人、則上無以御下、下無以事上、其不可一也。夫物賤則傷農、錢輕則傷賈。故善爲國者、觀物之貴賤、錢之輕重。夫物重則錢輕、錢輕由乎物多、多則作法收之使少、少則重、重則作法布之使輕。輕重之本、必由乎是、奈何而假於人、其不可二也。夫鑄錢不雜以鉛鐵則無利、雜以鉛鐵則惡、惡不重禁之、不足以懲息。且方今塞其私鑄之路、人猶冒死以犯之、況啓其源而欲人之從令乎、是設陷阱而誘之入、其不可三也。夫許人鑄錢、無利則人不鑄、有利則人去南畝者衆。去南畝者衆、則草不墾、草不墾、又鄰於寒餒、其不可四也。夫人富溢則不可以賞勸、貧餒則不可以威禁。法令不行、人之不理、皆由貧富之不齊也。若許其鑄錢、則貧者必不能爲。臣恐貧者彌貧而服役於富室、富室乘之而益恣。昔漢文之時、吳濞、諸侯也、富埒天子。鄧通、大夫也、財侔王者。此皆鑄錢之所致也。必欲許其私鑄、是與人利權而捨其柄、其不可五也。陛下必以錢重而傷本、工費而利寡、則臣願言其失、以效愚計。夫錢重者、由人鑄日滋於前[1]、而鑪不加於舊。又公錢重、與銅之價頗等、故盜鑄者破重錢以爲輕錢。錢輕、禁寬則行、禁嚴則止、止則棄矣、此錢之所以少也。夫鑄錢用不贍者、在乎銅貴、銅貴、在採用者衆。夫銅、以爲兵則不如鐵、以爲器則不如漆、禁之無害、陛下何不禁於人。禁於人、則銅無所用、銅益賤、則錢之用給矣。夫銅不布下、則盜鑄者無因而鑄。則公錢不破、人不犯死刑、錢又日增、末復利矣。是一擧而四美兼也、惟陛下熟察之。

時公卿群官、皆建議以爲不便。事既不行、但敕郡縣嚴斷惡錢而已。

〔校訂〕

①由人鑄日滋於前　標點本もと「猶人日滋於前」に作る。『通典』卷九食貨錢幣下は「由人鑄日滋於前」に作り、『唐會要』卷八十九泉貨條は「猶人鑄日滋於前」に作り、人の下鑄字あり。いまこれによって鑄字を補う。また猶字、『通典』は由に作り、合鈔本も亦た由に作る。猶由、同音同義。ここでは從・由の意。いま合鈔本・『通典』によって由字に改訂する。

〔訓讀〕

開元二十二年、中書侍郎張九齡初めて知政事たり、①錢を鑄るを禁ぜざらんことを奏請す。玄宗、百官をして詳議せしむ。②黄門侍郎裴耀卿・李林甫、河南少尹蕭炅等③皆な曰く、錢は、貨を通じて國を有つの權なり。是を以て歷代之を禁じ、以て姦濫を絕つ。今、若し一たび此の門を啓けば、但だ恐るらくは、小人農を棄てて利を逐い、而して濫惡更に甚しからんことを、事に於いて便ならず、と。

左監門錄事參軍劉秩、④議を上《たてまつ》りて曰く、伏して今月二十一日の敕を奉ずるに、錢を鑄ることを禁ぜざらんと欲す。百僚をして可否を詳議せしめよ、とあり。

夫れ錢の興るや、其の來たること尚《ひさ》し。將《もち》いて以て輕重を平らかにし、而して本末を權《はか》る。齊桓、其の術を得て、國以て霸たり。⑤周景、其の道を失いて、人用て弊す。⑥諸れを載籍に考うるに、邦の興衰、實に是に繫《か》かる。

陛下、古を變じて以て今を濟わんことを思い、經に反きて以て道に合せんと欲す。⑦而れども卽ちには改作せず、之を芻蕘に詢《と》う。⑧臣、蠢愚なりと雖も、敢て其の聞見を薦めざらんや。

古えは珠玉を以て上幣と爲し、黄金を中幣と爲し、刀布を下幣と爲す。⑨管仲曰く、夫れ三幣、之を握《と》るも則ち煖を補うこと有るに非ず、之を舍つるも則ち飽を損うこと有るに非ざるなり。先王、以て財物を守り、以て人事を御し、天下を平かにするなり。是を以て之を命じて衡と曰う。衡なる者は、物をして一高一下し、常有るを得ざらしむ。⑩故に之を與うるは君に在り、之を奪うも君に在り、之を貧しくするは君に在り、之を富ますも君に在り。是を以て、人の君を戴くこと日月の如く、君に親しむこと父母の如し、⑪と。此の術を用うるや、是れ人主の權と爲す。今の錢は、卽ち古えの下幣なり。陛下、若し之を捨てて人に任《ゆだ》ぬれば、則ち上以て下を御する無く、下以て上に事うる無し。其の不可の一なり。

夫れ物賤《やす》ければ則ち農を傷《そこな》い、錢輕ければ則ち賈を傷う。故に善く國を爲むる者は、物の貴賤、錢の輕重を觀る。夫れ物重ければ則ち錢輕し。錢の輕きは物多きに由る。多ければ則ち法を作り、之を收めて少なからしむ。少なければ則ち重し。重ければ則ち法を作り、之を布《し》きて輕からしむ。輕重の本、必ず是に由る。奈何ぞ人に假さんや。其の不可の二なり。

夫れ錢を鑄るに、雜うるに鉛鐵を以てせざれば則ち利無し。雜うるに鉛鐵を以てすれば則ち惡し。惡くして重く之を禁ぜざれば、以て懲息するに足らず。且つ方今其の私鑄の路を塞ぐも、人猶お死を冒して以て之を犯す。況んや其の源を啓きて人の令に從わんことを欲するをや。是れ陷穽を設けて之を誘いて入らしむるなり。其の不可の三なり。

夫れ人の錢を鑄るを許すも、利無くんば則ち人鑄ず。利有れば則ち人南畝を去る者衆し。南畝を去る者衆ければ、則ち草墾《たがや》さず、草墾さざれば、又た寒餒に鄰す。其の不可の四なり。

夫れ人富溢なれば則ち賞を以て勸《すす》む可からず。貧餒なれば則ち威を以て禁ず可からず。法令行なわれず、人の理まらざるは、皆な貧富の齊しからざるに由るなり。若し其の鑄錢を許すも、則ち貧者必ず爲す能わず。臣恐るらくは、貧者彌いよ貧しくして富室に服役し、富室之に乘じて益ます恣《ほしい》ままにせんことを。昔、漢文の時、吳濞諸侯なるも、富、天子に埒《ひと》し。鄧通大夫なるも、財、王者に侔し。⑫此れ皆な鑄錢の致す所なり。必ず其の私鑄を許さんと欲すれば、是れ人に利權を與えて其の柄を捨つるなり。其の不可の五なり。

陛下、必ずや以《おも》えらく、錢重くして本を傷《そこな》い、工費《ついや》して利寡なし⑬、と。則ち臣願わくは其の失を言い、以て愚計を效《いた》さん。夫れ錢の重きは、人の鑄ること日ごとに前より滋《おお》くして、鑪の舊より加わらざるに由る。又た公錢重くして、銅の價と頗る等し。故に盜鑄する者、重錢を破りて以て輕錢を爲《つく》る。錢の輕きは、禁寬《ゆる》ければ則ち行なわれ、禁嚴しければ則ち止む、止めば則ち棄つ、此れ錢の少なき所以なり。夫れ錢を鑄て用贍《た》らざるは、銅貴きに在り、銅貴きは、採用する者衆きに在り。夫れ銅、以て兵を爲れば則ち鐵に如かず、以て器を爲れば則ち漆に如かず、之を禁じて害無し、陛下何ぞ人に禁ぜざる。⑭人に禁ずれば、則ち銅用うる所無く、銅益ます賤しければ、則ち錢の用給《た》る。夫れ銅下に布《し》かざれば、則ち盜鑄する者、因りて鑄ること無し。則ち公錢破らず、人死刑を犯さず、錢又た日ごとに增し、末復た利せん。是れ一擧にして四美兼ぬるなり、惟だ陛下、之を熟察せられんことを、と。

時に公卿群官、皆な建議し以て便ならずと爲す。⑮事既に行なわれず。但だ郡縣に敕して、嚴しく惡錢を斷ずるのみ。

〔注釋〕

①開元二十二年中書侍郎張九齡初知政事　張九齡（六七三～七四〇）、字は子壽。一名、博物。韶州曲江縣（廣東省曲江縣西）の人。宰相在任期間は、開元二十一年（七三三）十二月から二十四年（七三六）十一月まで。『新唐

書』巻六十二宰相表中開元二十一年十二月丁巳（二十四日）條に「前檢校中書侍郎起復張九齡爲中書侍郎・同中書門下平章事」とあり、同二十四年十一月壬寅（二十七日）條に「九齡罷爲右丞相」とある。文集に『由江集』二十巻がある。『舊唐書』巻九十九、『新唐書』巻一二六に立傳する。

張九齡の宰相就任は、前年十二月であるが、『資治通鑑』巻二一四開元二十二年正月條に「己丑（二十六日）、至東都。張九齡自韶州入見」とあって、實際の就任は入見した二十二年正月二十六日である。

②**玄宗令百官詳議**　百官に對し詳議を求める詔敕は、『唐會要』巻八十九・『通典』巻九・『冊府元龜』巻五〇一・『唐大詔令集』巻一一二にある。ここには全文であると思しい『唐大詔令集』巻一一二「議放私鑄錢敕」をあげる。「敕。布帛不可以尺寸爲交易、菽粟不可以抄勺貿有無。古之爲錢、以通貨幣、蓋人所作、非天實生。頃者耕織爲資、乃稍賤而傷本、磨鑄之物、卻以少而致貴。頃雖官鑄所入無幾、約工計本、勞費又多、公私之間、給用不贍、永言其弊、豈無變通。往者漢文之時、已有放鑄之令。雖見非於賈誼、亦無廢於賢君。古往今來、時異事變、反經之議、安有定耶。然終自拘、必無足用。且欲不禁私鑄、其理如何。公卿百寮詳議可否、朕將親覽、擇善而從（開元九年）」。原注にいう「開元九年」という紀年は、言うまでもなく開元二十二年の誤りである。發敕の日付につき、『唐會要』巻八十九泉貨條・『舊唐書』巻八玄宗本紀上開元二十二年三月條をはじめ、關連史料のすべてが三月壬午（二十一日）とするが、『資治通鑑』のみ三月庚辰（十九日）とする。

③**黃門侍郎裴耀卿李林甫河南少尹蕭炅**　裴耀卿（六八一～七四三）、字は煥之。絳州稷山縣（山西省稷山縣）の人。『舊唐書』巻九十八、『新唐書』巻一二七に立傳する。黃門侍郎・同中書門下平章事として宰相の任にあったのは、張九齡と同じく、開元二十一年（七三三）十二月から二十四年（七三六）十一月まで（『新唐書』巻六十二宰相表中）。

○**李林甫**（?～七五二）　唐高祖の從父弟長平王叔良の曾孫。小字は哥奴。『舊唐書』巻一〇六・『新唐書』巻二二三に立傳する。會議當時は黃門侍郎。開元二十二年五月戊子（二十八日）に禮部侍郎同中書門下三品となって以後、天寶十一載（七五二）十一月乙卯（十二日）に死ぬまで宰相の任にあった（『新唐書』巻六十二宰相表中）。

○**河南少尹蕭炅**　蕭炅、字は隱之、正史に傳無し。こののち開元二十二年九月に太府少卿・江淮轉運使となり、その冬以後、開元二十三年中に、李林甫の引立てにより戶部侍郎、天寶七載、刑部尙書兼京兆尹に轉じた（嚴耕望『唐僕尙丞郎表』六八六・六八七頁、九八九・九九〇頁）。

④**左監門錄事參軍劉秩**　左監門錄事參軍、正式には左監門衞錄事參軍である。左右監門衞は、宮殿諸門を出入する官人・財物・器用の檢問を行なう武官。錄事參軍は左右監門衞が發給する文書の檢査を行なう通判官。

○**劉秩**　劉秩、字は祚卿。『史通』の選者劉知幾（六六一～七二一）の子。『舊唐書』巻一〇二、『新唐書』巻一三二の父の傳に附傳する。『舊唐書』巻一〇二には「秩、給事中・尙書右丞・國子祭酒。撰政典三十五巻・止戈記七巻・至德新議十二巻・指要三巻。論喪紀制度加籩豆・許私鑄錢・改制國學、事各在本志」とあり、また『新唐書』巻一三二に「秩、字祚卿。開元末、歷左監門衞錄事參軍事、稍遷憲部員外郎。坐小累、下除隴西司馬。安祿山反、哥舒翰守潼關、楊國忠欲奪其兵。秩上言、翰兵天下成敗所繫、不可忽。房琯見其書、以比劉更生。至德初、遷給事中。久之、出爲閬州刺史。貶撫州長史、卒。所著政典・止戈記・至德新議等凡數十篇」とある。

⑤**齊桓得其術而國以霸**　桓公、名は小伯、春秋齊國の國君（在位前六八五～前六四三）。管仲・鮑叔等を用い、諸侯と甄に會盟して、春秋期最初の霸者となった。『史記』巻三十二齊太公世家に事績を記す。

春秋齊國の桓公が、管仲の提言を用いて、覇業を成し遂げたことについては、『漢書』巻二十四下食貨志下に「至管仲相桓公、通輕重之權、曰、歳有凶穰、故穀有貴賤、令有緩急、故物有輕重。人君不理、則畜賈游於市、乘民之不給、百倍其本矣。故萬乘之國必有萬金之賈、千乘之國必有千金之賈者、利有所幷也。計本量委則足矣。然而民有飢餓者、穀有所臧也。民有餘則輕之、故人君斂之以輕、民不足則重之、故人君散之以重。凡輕重斂散之以時、則準平。守準平、使萬室之邑必有萬鍾之臧、臧繦千萬、千室之邑必有千鍾之臧、臧繦百萬。春以奉耕、夏以奉耘、耒耜器械、種饟糧食、必取澹焉。故大賈畜家不得豪奪吾民矣。桓公遂用區區之齊合諸侯、顯伯名（師古曰、伯讀曰霸）」とある。

⑥**周景失其道而人用弊**　周の景王が單穆公の諫言を聴きいれず、重幣である大錢（＝母）を鑄造し、輕幣である小錢（＝子）を廢止したため、大錢と小錢との均衡調整による物價安定、すなわち「母子相權」の道理を無視して、民衆の貧窮化と離反をまねいたことを言う。『國語』周語下に「景王二十一年、將鑄大錢。單穆公曰、不可。古者、天災降戾、於是乎量資幣、權輕重、以振救民。民患輕、則爲作重幣以行之、於是乎有母權子而行、民皆得焉。若不堪重、則多作輕而行之、亦不廢重、於是乎有子權母而行、小大利之。今王廢輕而作重、民失其資、能無匱乎。若匱、王用將有所乏、乏則將厚取於民。民不給、將有遠志、是離民也。……王弗聽、卒鑄大錢」とある。ただし、これは單穆公の諫言内容であり、『國語』にはその結果は記されていない。後世には母子併用や大錢鑄造を評價するものもある。『漢書』巻二十四下食貨志下に「其後百餘年、周景王時患錢輕、將更鑄大錢。單穆公曰、不可、……弗聽、卒鑄大錢、文曰寶貨、肉好皆有周郭、以勸農澹不足、百姓蒙利焉（孟康曰、單穆公曰、竭無日矣、不得復云百姓蒙利焉。臣瓚曰、但是不聽不鑄大錢耳。猶自從其不廢輕。此言母子竝用、故蒙其利也。師古曰、二說皆非也。單旗雖有此言、王終自鑄錢、果有便、故百姓蒙其利也）」とある。

⑦**欲反經以合道**　當初は常道にそむくことを行なっても、結果は道理にかなった、均衡のとれた行爲であることを言う。『春秋公羊傳』桓公十一年條に「古人之有權者、蔡仲之權是也。權者何。權者反於經、然後有善者也。權之所設、舍死亡無所設。行權有道、自貶損以行權、不害人以行權。殺人以自生、亡人以自存、君子不爲也」とある。前段「以爲知權也」の何休解詁に「權者稱也。所以別輕重」とある。權はハカリ、輕重を區別し、均衡を取ることを言う。

⑧**詢之芻蕘**　芻蕘は、匹夫・匹婦、庶民を言う。『毛詩』大雅生民之什・板に「我言維服、勿以爲笑、先民有言、詢于芻蕘」とあり、毛傳に「芻蕘、薪采者」とあり、鄭玄箋に「服、事也。我所言乃今之急事、女無笑之。古之賢者有言、有疑事當與薪采者謀之。匹夫・匹婦、或知及之、況於我乎」とある。

⑨**古者至下幣**　上中下三幣については、『管子』輕重六國畜第七十三に「玉起於禺氏、金起於汝漢、珠起於赤野、東西南北、距周七千八百里、水絶壤斷、舟車不能通、先王爲其途之遠、其至之難、故託用於其重、以珠玉爲上幣、以黄金爲中幣、以刀布爲下幣。三幣、握之則非有補於煖也、食之則非有補於飽也。先王以守財物、以御民事、而平天下也」とある。

⑩**管仲至有常**　管仲の引用については、前揭注釋⑨所引『管子』輕重六國畜第七十三參照。ただし「是以命之曰衡。衡者、使物一高一下、不得有常」の十八字は、四部叢刋所收宋本・浙江書局刋二十二子所收本など、現在流布している諸本には見えない。この十八字に關して、王念孫『讀書雜志』五管子第十・「脱文十九」條に「先王以守財物、以御民事、而平天下也。念孫案、通典食貨八引此、平天下也下、有是以命之曰衡衡者使物一高一下不得有調也十九字。又引尹注云、若五穀與萬物平、則人無其利、故設上中下之幣、而行輕重之術、使一高一下、乃可權制利門、悉歸

於上。今本正文注文皆脱去」という。

『通典』巻八食貨錢幣上に「管子曰、……又曰、……夫玉起於禺（音虞）氏、金起於汝漢、珠起於赤野。東西南北去周七八千里、水絶壤斷、舟車不能通。爲其途之遠、其至之難、故托用於其重。以珠玉爲上幣、以黃金爲中幣、以刀布爲下幣。三幣、握之則非有補於暖也、食之則非有補於飽也。先王以守財物、以御人事、而平天下也。是以命之曰衡。衡者、使物一高一下、不得有調也（若五穀與萬物平、則人無其利、故設上中下之幣。而行輕重之術、使一高一下、乃可權制利門、悉歸於上）」とある。本志の「不得有常」が「不得有調也」となっている。

○**管仲**　管仲（前七三〇頃〜前六四五）、名は夷吾、字は仲。『史記』巻六十二管晏列傳によれば、生地は潁上。鮑叔の推薦で齊桓公に仕え、やがて宰相として桓公を補佐し、天下に覇をとなえた。『管子』八十六篇の撰者に假託される。

⑪**故與至父母**　同じく『管子』輕重六國畜第七十三に「利出於一孔、其邦無敵。出二孔者、其兵不詘。出三孔者、不可以擧兵。出四孔者、其國必亡。先王知其然、故塞民之養、隘其利途。故予之在君、奪之在君、貧之在君、富之在君。故民之戴上如日月、親君若父母」とある。

⑫**昔漢文至王者**　このことについては、『史記』巻三十平準書に「至孝文時、莢錢益多、輕。乃更鑄四銖錢、其文爲半兩、令民縱得自鑄錢。故吳、諸侯也、以即山鑄錢、富埒天子、其後卒以叛逆。鄧通、大夫也、以鑄錢財過王者。故吳・鄧氏錢布天下、而鑄錢之禁生焉」とある。

○**漢文之時**　漢文とは、前漢高祖の中子、第三代皇帝文帝劉恆（前二一二〜前一五七、在位前一八〇〜前一五七）を指して言う。『史記』巻十孝文本紀、『漢書』巻四文帝紀に治世の事績を記す。

○**吳濞**　前漢の吳王劉濞（?〜前一五四）を言う。劉濞は、漢高祖の兄代王仲の子。『史記』巻一〇六、『漢書』巻三十五に立傳する。第四代景帝のとき、諸侯王に對する削地政策に對抗して楚王・趙王などの諸王とともに吳楚七國の亂を起こしたが、やがて敗死し、反亂自體もわずか三箇月でほとんど平定された。

彼が錢を鑄造したことについては、『史記』巻一〇六吳王濞列傳にも「吳有豫章郡銅山、濞則招致天下亡命者盜鑄錢、煮海水爲鹽、以故無賦、國用富饒」とある。

○**鄧通**　蜀郡南安（四川省夾江縣西北）の人。文帝に寵愛されて、蜀郡嚴道縣の銅山を賜わり、錢を鑄ることを許された。文帝が死去して景帝が立つと罷免され、鑄錢の件で罪に問われた。かくしてその財を沒入され、最後は人家に寄死したという。『史記』巻一二五佞幸列傳、『漢書』巻九十三佞幸傳に立傳する。『史記』巻一二五に「上使善相者相通、曰、當貧餓死。文帝曰、能富通者在我也。何謂貧乎。於是賜鄧通蜀嚴道銅山（正義曰、括地志云、雅州榮經縣北三里有銅山、即鄧通得賜銅山鑄錢者。案、榮經即嚴道。得自鑄錢、鄧氏錢。正義曰、錢譜云、文字稱兩、同漢四銖文）、布天下。其富如此」とある。

⑬**必以錢重而傷本工費而利寡**　前掲注釋②の玄宗が百官に對し詳議を求めた詔敕中に「頃者耕織爲資、乃稍賤而傷本、磨鑄之物、卻以少而致貴。頃雖官鑄所入無幾、約工計本、勞費又多、公私之間、給用不贍」とあるのをふまえる。

⑭**夫銅至於人**　唐の銅禁は開元十一年（七二三）に初めて施行された（『新唐書』巻五十四食貨四「十一年、詔所在加鑄、禁賣銅錫及造銅器者」）。續いて同十七年に重ねて實施されている（『通典』巻九食貨錢幣下「十七年、制曰、……今天下泉貨益少、幣帛頗輕、欲使天下流通、焉可得也。且銅者餧不可食、寒不可衣、既不堪於器用、又不同於寶物。唯以鑄錢、使其流布。宜令所在加鑄、委按察使、申明格文、禁斷私賣銅錫。仍禁造銅器、所有采銅錫鉛、官爲市取、勿抑其價、務利於人」）。ここにいう議論およびその結果（但敕郡縣嚴斷惡錢而已）

から見れば、この開元二十二年の時期には銅禁は實施されていないようである。

⑮**時公卿群官皆建議以爲不便**　『唐會要』卷八十九泉貨條には、祕書監崔沔の議文を收錄しているので、群官の議文の一つとして參照しておく。「開元二十二年三月二十一日敕、……公卿百寮詳議可否。祕書監崔沔議曰、夫國之有錢、時所通用。若許私鑄、人必競爲、各徇所求、小如有利、漸忘本業、大計斯貧。是以賈生之陳七福、規于更漢令。太公之創九府、將以殷貧人。況依法則不成、違法則有利。謹按漢書、文帝雖除盜鑄錢令、而不得雜以鉛鐵爲他巧者。然則雖許私鑄、不容奸錢、錢不容奸、則鑄者無利、鑄者無利、則私鑄自息。斯則除之與不除、爲法正等、能謹於法、而節其用、則令行而詐不起、事變而奸不生、斯所以稱賢君也。今若聽其私鑄、嚴斷惡錢、官必得人、人皆知禁誡、則漢政可侔、猶恐未若皇唐之舊也。今若稅銅折役、則官冶可成、計估度庸、則私錢無利、易而可久、簡而難誣、謹守舊章、無越制度。且錢之爲物、貴以通貨、利不在多、何待私鑄、然後足用也」。

またこのとき別に私鑄を許す提案を行なった信安王李禕の議文が提出され、否定されている。『新唐書』卷五十四食貨志四に「信安郡王禕復言國用不足、請縱私鑄、議者皆畏禕帝弟之貴、莫敢與抗、獨倉部郎中韋伯陽以爲不可、禕議亦格」とある。私鑄開放論も一定の支持基盤があったことを物語っている。

〔通釋〕

開元二十二年（七三四）、中書侍郎張九齡がはじめて宰相となり、民間で錢を鑄ることを禁止せぬよう、奏請した。三月二十一日、玄宗は中央官僚に命じ、會議を開いて詳論させた。黄門侍郎裴耀卿・李林甫、河南少尹蕭炅等の議文には、「錢は、財貨を流通させ、國家を統治する大權であります。そこで歷代の王者は民間で錢を鑄ることを禁じ、不正や混亂をなくしたのです。いまもしひとたびこの方途を開けば、小人たちが農業を放棄して小商いの利益に走り、錢の粗惡さがさらに甚だしくなり、統治に不都合となることを心配いたします」とあった。

左監門衞錄事參軍劉秩が議文を上程して論じた。

恐れながら今月二十一日の詔敕を奉戴しましたところ、「民間で錢を鑄造することを禁止しないようにしたく思う。中央官人に命じ、會議を開いて、その可否を詳論させよ」とありました。

そもそも錢が現われてより、その歷史は久しいものです。錢は使用することによって物價の高下を調整し、農業と商工業の均衡をはかるものでした。齊の桓公はこの政策を把握して霸者となり、周の景王はこの道理を見失って、人民を疲弊させたのです。典籍を參照すれば、國家の盛衰は、まことに錢の行用如何にかかっているのです。陛下は古制を改めて今の世を救おうと思い、始めは常道に背いても後には道理にかなうよう考えられ、ただちには制度を改變せず、私どもにまで御下問されました。愚昧な私ではありますが、見解を述べずにはいられません。

いにしえは、珠玉が上等、黄金が中等、刀布が下等の貨幣でした。管仲が、「三種の貨幣は、手に入れても暖を補うものではなく、棄てても腹が空く譯ではない。先王は、貨幣によって財物を維持し、政治を統御して、天下に秩序をもたらした。そうしてこれを衡と名づけた。衡は物價を上げ下げし、常態にあることを許さないものである」。「それゆえ、物の與奪は君主の手にあり、民の貧富は君主の一存にかかっている。こうして人民が日月のように君主を奉戴し、父母のように君主を親信するのである」と述べています。この政策を用いること、これこそ君主の大權であります。今日の錢は、いにしえの下等の貨幣であります。もし陛下が貨幣の鑄造權を放棄して人民に委ねられたならば、國家は人民を統御する方途を失い、人民は國家に仕えるすべがなくなります。これが反對する理由の第一です。

物の價格が下落すれば農民が害を受け、錢の價値が下落すれば商人が害を受けることになります。それゆえ國家の善き統治者は、物の價格の高下、錢の價値の高下を觀察するのです。物の價格が上昇すれば錢の價値は下落します。錢の價値の下落は、物の量が多いことに由來します。物の量が多い場合には策を設けてこれを吸收し、量を少なくします。物の量が少なければ錢の價値は上昇します。錢の價値が上昇したときには、策を設けて錢を散布し、その價値を低下させます。物價調整の根本は、必ずこの方法にもとづかねばなりません。どうして民間に鑄造權を與えることができましょうか。反對する理由の第二です。

錢を鑄造するにあたり、鉛鐵を混ぜなければ、利益が出ません。鉛鐵を混ぜると惡錢になります。惡錢は、嚴重に禁止しなければ、根絶できません。そのうえ、現今は私鑄を禁じていますが、人民はなお死をも賭して禁を犯しています。ましてや惡錢の根源を開いておいて、人民が命令に従うことを願うことなどありえましょうか。これは落とし穴を掘っておいて、人民をそこに誘い入れるようなものです。反對する理由の第三です。

人民に錢の鑄造を許可しても、利益が無ければ人民は鑄造しません。利益があれば多くの人民は農地を去ります。農地を去る者が多ければ、草地は開墾されず、開墾されなければ、また飢餓を目の當たりにすることになります。反對する理由の第四です。

人民が富裕であれば、褒賞によって誘導することはできません。貧窮していれば、威力を用いても禁止することはできません。法令が實行されず、人民を統治できないのは、すべて貧富が等しくないからです。たとえ人民に錢を鑄造することを許しても、貧者には絶對に鑄造することはできません。私は、貧者がいよいよ貧窮して富家に隷屬し、富家がこれに乘じて益ます氣ままに振舞うことを心配します。その昔、漢の文帝の時代、吳王劉濞は一諸侯王でありながら、その富は天子に匹敵するものでした。鄧通は一大夫でありながら、その財は王者に等しいものでした。これらはいずれも錢の鑄造がもたらしたものです。錢の私鑄を許したく思うなら、それこそ人民に利權を與えて、權力を放棄することになります。反對する理由の第五です。

陛下はきっと、錢の價値が高いと農民に害を與え、勞力を費やす割に收益が少ない、とお考えなのでしょう。私は、その誤りを指摘し、愚見を提示したく思います。

錢の價値が高いのは、民間の私鑄が以前より次第に增加しているのに、國家の錢鑪の數が舊來のままで、公錢が增加しないことによります。また公錢の價値が高く、銅材の價格とかなり接近しています。それゆえ盜鑄する者は價値の高い公錢を鑄潰しては、それを價値の低い錢に鑄直します。價値の低い錢は、禁制が緩やかなときには流通し、嚴しいときには使用されません。使用しなくなると、放棄されてしまいます。これが錢の流通量が少なく、價値が高い理由です。

錢の鑄造に用いる銅材が不足しているのは、銅の價格が高いためであり、銅價が高いのは銅を使用する者が多いからです。銅は、武器を作っても鐵製にかなわず、うつわを作っても漆器には及びません。銅の使用を禁じても害はないのに、陛下、どうして人民に禁止されないのでしょうか。人民に銅の使用を禁止すれば、銅の用途は失われ、銅の價格が益ます下落し、鑄錢に用いる銅は十分に確保できます。銅が民間にゆきわたらなければ、盜鑄者は鑄造するすべがなくなります。公錢は鑄潰されず、人民は死刑を犯さず、錢はまた日ごとに増加し、商人は再び利益を得ることになります。これこそ一擧にして四つの美を兼ねるということです。ただ陛下、ご熟慮いただきますように。

その當時、中央官人はみな議文を作り、不都合である旨を述べたので、事案はまったく實行されなかった。ただ州縣に詔敕を下し、惡錢の流通を嚴しく禁止するだけであった。

〔原文〕二八

至天寶之初、兩京用錢稍好、米粟豐賤。數載之後、漸又濫惡。府縣不許好者加價迴博、好惡通用。富商姦人、漸收好錢、潛將往江淮之南、每錢貨得私鑄惡者五文、假託官錢、將入京私用。京城錢日加碎惡、鵝眼鐵錫古文綖環之類、每貫重不過三四斤。

十一載二月、下敕曰、錢貨之用、所以通有無、輕重之權、所以禁逾越。故周立九府之法、漢備三官之制。永言適便、必在從宜。如聞、京師行用之錢、頗多濫惡、所資懲革、絕其訛謬。然安人在於存養、化俗期於變通、法若從寬、事堪持久。宜令所司即出錢三數十萬貫、分於兩市、百姓間應交易所用錢不堪久行用者、官爲換取、仍限一月日內使盡。庶單貧無患、商旅必通。其過限輒違犯者、一事已上、竝作條件處分。是時京城百姓、久用惡錢、制下之後、頗相驚擾。時又令於龍興觀南街開場、出左藏庫內排斗錢、許市人博換。貧弱者又爭次不得。俄又宣敕、除鐵錫銅沙穿穴古文、餘竝許依舊行用。久之乃定。

〔訓讀〕

天寶の初めに至り、兩京の用錢稍や好く、①米粟豐賤たり。數載の後、漸く又た濫惡なり。府縣、好き者に價を加えて迴博するを許さず、好惡通用せしむ。富商姦人、漸く好錢を收め、潛かに將《も》ちて江淮の南に②往き、每錢私鑄の惡き者五文を貨得し、③官錢に假託し、將ちて京に入りて私用す。京城の錢、日ごとに碎惡を加え、④鵝眼・鐵錫・古文・綖環の類、⑤每貫重さ三、四斤を過ぎず。⑥

十一載二月、⑦敕を下して曰く、錢貨の用、有無を通ずる所以にして、輕重の權、⑧逾越を禁ずる所以なり。故に周、九府の法を立て、漢、三官の制を備う。⑨永く言《ここ》に便に適するは、必ず宜しきに從うに在り。如聞《きくな》らく、京師行用の錢、頗る濫惡多し、資《ま》つ所の懲革、⑩其の訛謬を絕つ。然れども人を安んずるは存養に在り、⑪俗を化するは變通に期す。⑫法、若し寬《ゆる》きに從えば、⑬事、持久するに堪えん。宜しく所司をして即ちに錢三數十萬貫を出だし[14]、兩市に分かたしめ、百姓の間の應《およ》そ交易に用うる所の錢の久しく行用するに堪えざる者は、官、爲に換取し、仍りて一月日の內を限りて盡さしむべし。單貧患うること無く、商旅必ず通ずるに庶《ちか》からん。其の限を過ぎて輙りに違犯する者、一事已上、竝びに條件を作りて處分せよ、と[15]。是の時、京城の百姓、久しく惡錢を用い、制下るの後、頗る相い驚擾す。時に又た龍興觀[16]の南街に於て場を開かしめ、左藏庫內の排斗錢[17]を出だし、市人に博換するを許す。貧弱の者、又た次を爭うも得ず。俄かに又た宣敕し、鐵錫・銅沙・穿穴・古文を除き、餘は竝びに舊に依りて行用するを許す[18]。之を久くして乃ち定まる[19]。

〔注釋〕

①**天寶初兩京用錢稍好**　『新唐書』卷五十四食貨志四には、開元末年頃からの狀況として、「(開元) 二十六年、宣・潤等州初置錢監、兩京用錢稍善、米粟價益下。其後錢又漸惡、詔出銅所在置監、鑄開元通寶錢、京師庫藏皆滿。天下盜鑄益起、廣陵・丹楊・宣城尤甚。京師權豪、歲歲取之、舟車相屬。江淮偏鑪錢數十種、雜以鐵錫、輕漫無復錢形。公鑄者號官鑪錢、一以當偏鑪錢七八、富商往往藏之、以易江淮私鑄者。兩京錢有鵝眼・古文・線環之別、每貫重不過三四斤、至翦鐵而緡之。宰相李林甫請出絹布三百萬匹、平估收錢、物價踊貴、訴者日萬人。兵部侍郎楊國忠欲招權以市恩、揚鞭市門曰、行當復之。明日詔復行舊錢」と傳える。

②**江淮之南**　『册府元龜』卷五〇一邦計部錢幣三は「淮南」に作る。前揭『新唐書』卷五十四には「天下盜鑄益起、廣陵・丹楊・宣城尤甚」とあって、これに據れば江淮以南の方がよい。

③**每錢貨得私鑄惡者五文**　貨得は、後文に見える貨易・貨取に同じ。好錢一文で惡錢五文と交換することを言う。

この間の事情については、『資治通鑑』卷二一六天寶十一載二月庚午（二十二日）條に「命有司出粟帛及庫錢數十萬緡於兩市易惡錢。先是、江淮多惡錢、貴戚大商往往以良錢一易惡錢五、載入長安、市井不勝其弊、故李林甫奏請禁之、官爲易取、期一月、不輸官者罪之。於是商賈囂然、不以爲便。衆共遮楊國忠馬自言、國忠爲之言於上、乃更命非鉛錫所鑄及穿穴者、皆聽用之如故」とある。

④**京城錢日加碎惡**　京城は長安。碎惡は、錢體に缺落・破損があって、使用に耐えない粗惡な錢を言うのであろう。『太平廣記』卷三八四再生十「許琛」條に「……武相公傳語僕射、深愧每惠錢物、然皆碎惡、不堪行用」とある。

⑤**鵝眼鐵錫古文綖環之類**　鵝眼錢とは、ガチョウの眼ほどの大きさの輕小の錢の意。盜鑄により錢の小型化が進行した南朝期から史料にあらわれる。同樣のものに「雞眼錢」がある。『魏書』卷一一〇食貨志に「熙平初、尙書令任城王澄上言、……謹尋不行之錢、律有明式、指謂雞眼・鐶鑿、更無餘禁」とあり、また『資治通鑑』卷一四八梁天監十六年（五一七）條胡三省注に「雞眼者、謂錢薄小、其狀如雞眼也」とある。

○**綖環錢**　これもやはり南朝期から史料にあらわれる名稱である。現在では漢五銖錢など既製の錢の錢體の中央部分を刳りぬいた錢を綖環錢と稱する。『宋書』卷七十五顏竣傳に「景和元年（四六五）、沈慶之啓通私鑄。由是錢貨亂敗、一千錢長不盈三寸、大小稱此、謂之鵝眼錢。劣於此者、謂之綖環錢。入水不沉、隨手破碎、市井不復料數、十萬錢不盈一掬、斗米一萬、商貨不行。太宗初、唯禁鵝眼・綖環、其餘皆通用」とあり、『隋書』卷二十四食貨志には「始梁末又有兩柱錢及鵝眼錢、于時人雜用、其價同、但兩柱重而鵝眼輕。私家多鎔錢、又間以錫鐵、兼以粟帛爲貨」とある。また『資治通鑑』巻一六八天嘉三年（五六二）正月甲子條に「梁末喪亂、鐵錢不行、民間私用鵝眼錢。甲子、改鑄五銖錢、一當鵝眼之十」とあり、『新唐書』巻五十四食貨志四に「高祖入長安、民間行線環錢、其製輕小、凡八九萬纔滿半斛」などとある。錢様は巻末「唐代鑄造錢」(2)—11參照。

○**古文錢**　用例はほとんどないが、これも南朝期から見られる錢貨の種目である。『建康實錄』巻十四泰始二年（四六六）三月壬子條に「斷雜錢、專用古文錢」とある。唐代においては、開元通寶錢以前の歴代の錢貨を指してそう稱したのかもしれない。それを示唆するものとしては、『冊府元龜』巻二十五帝王部符瑞四後唐同光三年三月條に「又於積善坊役所、得古文錢四百五十六、一十六文得一元寶、四百四十文順天元寶、守殷進納」とある。

⑥**毎貫重不過三四斤**　『冊府元龜』巻五〇一邦計部錢幣三は「毎一陌重不過三斤」に作る。開元通寶錢は本來、一貫ごとの重量が六斤四兩との規定がある（前出）。『冊府』のいう一陌ごとの重量はあまりにも大きく、明らかに誤りである。

⑦**十一載二月**　『舊唐書』巻九玄宗本紀下・『通典』巻九・『資治通鑑』巻二一六、いずれも天寶十一載二月とする。『冊府元龜』巻五〇一のみ「十一年正月」とするが、これは誤りであろう。ただ同じ天寶十一載二月でも、『舊唐書』本紀は癸酉（二十五日）とし、『通鑑』は『實錄』に據って庚午（二十二日）とする（『通鑑考異』巻十四云、舊紀・唐曆皆作癸酉、今從實錄）。いずれが正しいか、にわかに定めがたい。

⑧**輕重之權**　物價の高低の均衡をはかる意。『漢書』巻二十四下食貨志下に「至管仲相桓公、通輕重之權、曰、歳有凶穰、故穀有貴賤、令有緩急、故物有輕重。人君不理、則畜賈游於市、乘民之不給、百倍其本矣。故萬乘之國必有萬金之賈、千乘之國必有千金之賈者、利有所幷也。計本量委則足矣。然而民有飢餓者、穀有所臧也。民有餘則輕之、故人君斂之以輕、民不足則重之、故人君散之以重。凡輕重斂散之以時、則準平。守準平、使萬室之邑必有萬鍾之臧、臧繦千萬、千室之邑必有千鍾之臧、臧繦百萬。春以奉耕、夏以奉耘、耒耜器械、種饟糧食、必取澹焉。故大賈畜家不得豪奪吾民矣。桓公遂用區區之齊、合諸侯顯伯名」とある。

⑨**漢備三官之制**　上林三官のこと。上林苑を管轄する水衡都尉の下屬で鑄錢に攜わった三つの官府を言う。官府の具體について、裴駰は均輸・鍾官・辨銅の三令とする（『史記』巻三十平準書「三官」條集解「漢書百官表。水衡都尉、武帝元鼎二年初置、掌上林苑、屬官有上林均輸・鍾官・辨銅令。然則上林三官、其是此三令乎」）。陳直［一九七九］七八頁は、『齊魯封泥集存』に「技巧錢丞」の封泥があり、また「巧二」の題字をもつ五銖錢の陶範があることにより、技巧令を三官に入れ、均輸令を外して、鍾官・技巧・辨銅の三令とする。

⑩**所資懲革**　加藤繁譯注上巻二六四（七〇頁）は、「所資は當該官吏を指すならん」という。所資を官吏・官司に用いる例はない。この一句、必要とする懲戒・革除を言う。

⑪**安人在於存養**　存養は、人間本來の善性を養い育てること。『孟子』盡心上篇に「孟子曰、盡其心者、知其性也。知其性、則知天矣。存其心養其性、所以事天地也」とあり、その趙岐注に「能存其心、養育其正性、可謂仁人」とある。

⑫**化俗期於變通**　世俗を敎化するのに臨機應變を必要とすること。『周易』繫辭上傳に「子曰、夫易、何爲者也。夫易、開物成務。冒天下之道、如斯而已者也。是故聖人以通天下之志、以定天下之業、以斷天下之疑。……是以明於天之道、而察於民之故、是興神物以前民用。聖人以此齊戒、以神明其德夫。是故闔戶謂之坤、闢戶謂之乾、一闔一闢謂之變、往來不窮謂之通、見乃謂之象、形乃謂之器、制而用之謂之法。利用出入、民咸

用之謂之神。是故易有太極、是生兩儀、兩儀生四象、四象生八卦、八卦定吉凶、吉凶生大業」とある。

⑬**法若從寛**　政治のあり方として、寛政と猛政とがあり、寛政を基本としつつ、寛政・猛政を適宜使い分けることを言う。ここでは基本となる寛大な政治を旨とすること。『春秋左氏傳』昭公二十年十二月條に「鄭子産有疾、謂子大叔曰、我死、子必爲政。唯有徳者、能以寛服民、其次莫如猛。夫火烈、民望而畏之、故鮮死焉。水懦弱、民狎而翫之、則多死焉。故寛難。疾數月而卒。大叔爲政、不忍猛而寛、鄭國多盜、取人於萑苻之澤。大叔悔之、曰、吾早從夫子、不及此。興徒兵以攻萑苻之盜、盡殺之、盜少止。仲尼曰、善哉、政寛則民慢、慢則糾之以猛、猛則民殘、殘則施之以寛。寛以濟猛、猛以濟寛、政是以和。詩曰、民亦勞之、汔可小康、惠此中國、以綏四方。施之以寛也、毋從詭隨、以謹無良、式遏寇虐、憯不畏明、糾之以猛也。柔遠能邇、以定我王、平之以和也。又曰、不競不絿、不剛不柔、布政優優、百祿是遒、和之至也。及子産卒、仲尼聞之、出涕曰、古之遺愛也」とある。

⑭**出錢三數十萬貫**　このおり放出された額を、『新唐書』卷五十四食貨志四は「錢三十萬緡」とし、『資治通鑑』卷二一六は「粟帛及庫錢數十萬緡」とする。

⑮**下敕至處分**　本詔敕は、李林甫の奏請によるものであった。『資治通鑑』卷二一六天寶十一載二月庚午（二十二日）條に「命有司出粟帛及庫錢數十萬緡於兩市易惡錢。先是、江淮多惡錢、貴戚大商往往以良錢一易惡錢五、載入長安、市井不勝其弊、故李林甫奏請禁之、官爲易取、期一月、不輸官者罪之。於是商賈囂然、不以爲便。衆共遮楊國忠馬自言、國忠爲之言於上、乃更命非鉛錫所鑄及穿穴者、皆聽用之如故」とある。

⑯**龍興觀**　長安城内にあった道觀の名。『唐會要』卷五十觀條に「龍興觀。崇教坊。貞觀五年、太子承乾有疾、敕道士秦英祈禱、得癒、遂立爲西華觀。垂拱三年、改爲金臺觀。神龍元年、又改爲中興觀。三年二月二十四日、復改爲龍興觀」とある。貞觀五年（六三一）、太子李承乾の病氣治癒の祈願のため、太宗の敕命により建立された。以後、金臺觀・中興觀・龍興觀と改稱された。

龍興觀の位置について。宋敏求『長安志』卷十唐京城四によれば、長安城内西街崇化坊の東南隅に位置する。『唐會要』は「崇教坊」というが、城内にその名の坊はなく、『長安志』のいう西街崇化坊が正しいだろう（韋述『兩京新記』卷三（尊經閣文庫藏零卷）崇化坊條にもまた龍興觀の記述あり）。なお徐松『唐兩京城坊攷』卷三によれば、崇化坊所在の龍興觀とは別に東街永崇坊にも龍興觀があったという。

⑰**左藏庫内排斗錢**　排斗錢。前出の武后長安年間の記事では、行用が許された錢種の一としてあらわれる。ここでは左藏庫に藏される排斗錢が惡錢との交換物として放出されたことを記す。

⑱**俄又至行用**　本節注釋⑮に引いた『資治通鑑』によれば、この措置は、商人たちの強訴によって、楊國忠が上言したものである。『新唐書』卷五十四食貨志四は「（楊）國忠又言錢非鐵錫・銅沙・穿穴・古文、皆得用之」という。また、これにより鐵錫・銅沙・穿穴・古文錢は、久しく行用するに堪えない惡錢の種類であることがわかる。

⑲**久之乃定**　天寶期の鑄錢制度と鑄錢狀況について、『通典』卷九食貨錢幣下原注に「按天寶中諸州凡置九十九鑪鑄錢。絳州三十鑪、揚・潤・宣・鄂・蔚各十鑪、益・鄧・郴各五鑪、洋州三鑪、定州一鑪。約每鑪役丁匠三十人。每年除六月七月停作、餘十月作十番。每鑄約用銅二萬一千二百一十斤、白鑞三千七百九斤、黑錫五百四十斤。約每貫錢用銅鑞錫價約七百五十文、丁匠在外。每鑪計鑄錢三千三百貫、約一歲計錢三十二萬七千餘貫」とある。

〔通釋〕

天寶の初年になると、兩京で用いられる錢はやや良好となり、穀物は豊作で價格は安かった。數年後、錢は次第にまた粗惡になっていった。京兆府・河南府下の諸縣では、好錢に付加價値を付けて取引することを禁じ、好錢・惡錢をあわせて流通させた。富商や惡黨は、次第に好錢を收集し、ひそかに江淮以南の地へ持ち出し、好錢一文を私鑄の惡錢五文と交換し、官錢と僞って京城長安に持ち込み、不正に使用した。京城の錢は日ごとに粗惡なものとなり、鵝眼・鐵錫・古文・綖環などの錢は、一貫ごとの重さが三、四斤を越えなかった。

天寶十一載（七五二）二月、詔敕が下された。

錢貨のはたらきは、有無を融通しあうところにあり、物價の均衡は、逸脱を抑制するためのものである。それゆえ周は九府の法を定め、漢は三官の制を設けたのである。法制が長く適合するか否かは、必ず便宜に從うかどうかにある。

聞けば、京師に流通する錢には、粗惡なものがかなり多いという。必要なことは、その誤りを懲らしめて根絶することである。しかし、人民の安定は、その善性を撫育するかどうかにあり、風俗の教化には、臨機應變の對應が必要である。もし寬治の方針に從うなら、政策を長く維持することができよう。擔當官司にただちに數十萬貫の錢を放出させて、東西兩市に分配し、民間で交易に使用する錢のうち、久しく行用するに堪えないものについては官が交換して回收することとし、この一箇月を期限として惡錢を根絶するがよい。貧窮者に愁いが無く、商業流通が滯らぬよう期待したい。期限を超過してもみだりに法に背く者については、一件以上、みな條文を作成して措置せよ。

この時、長安の百姓は久しく惡錢を使用していた。制敕が下されたのち、かなりの騷亂狀態となった。その時また龍興觀の南街に交易場を設け、左藏庫內の排斗錢を放出し、商人が交換することを許した。貧窮者は、また順番を爭ったが、交換することができなかった。にわかにまた宣敕が下り、鐵錫錢・銅沙錢・穿穴錢・古文錢以外は、すべてもと通り使用することを許した。時間をかけて、やっと騷動はおさまった。

〔原文〕二九

乾元元年七月、詔曰、錢貨之興、其來久矣。代有沿革、時爲重輕。周興九府、實啓流泉之利、漢造五銖、亦弘改鑄之法。必令小大兼適、母子相權。事有益於公私、理宜循於通變。但以干戈未息、帑藏猶虛、卜式獻助軍之誠、弘羊興富國之算、靜言立法、諒在便人。御史中丞第五琦奏請、改錢、以一當十、別爲新鑄、不廢舊錢、冀實三官之資、用收十倍之利。所謂於人不擾、從古有經。宜聽於諸監別鑄一當十錢、文曰乾元重寶。其開元通寶者依舊行用。所請採鑄捉搦處置、卽條件聞奏。

二年三月、琦入爲相。又請更鑄重輪乾元錢、一當五十、二十斤成貫。詔可之。於是新錢與乾元開元通寶錢三品竝行。尋而穀價騰貴、米斗至七千、餓死者相枕於道。乃擡舊開元錢以一當十、減乾元錢以一當三十。緣人厭錢價不定、人間擡加價錢爲虛錢、長安城中、競爲盜鑄、寺觀鐘及銅像、多壞爲錢、姦人豪族、犯禁者不絕。京兆尹鄭叔淸擒捕之、少不容縱、數月間搒死者八百餘人。人益無聊矣。

〔訓讀〕

乾元元年七月、①詔して曰く、錢貨の興るや、其の來たれること久し。代ごとに沿革有り、時どきに重輕を爲す。周、九府を起こして、實《まこと》に流泉の利を啓《ひら》き、漢、五銖を造りて、亦た改鑄の法を弘む。②必ず小大をして兼ねて適せしめ、母子をして相い權せしむ。③事、公私に益する有り、理、宜しく通變に循うべし。但だ干戈未だ息まず、④帑藏、猶お虛しきに、卜式、軍を助くるの誠を獻じ、⑤弘羊、國を富ますの算を興すを以て、⑥靜かに言《ここ》に法を立つるは、⑦諒《まこと》に人を便にするに在り。御史中丞第五琦、錢を改め、一を以て十に當て、別に新鑄を爲りて、舊錢を廢せず、冀わくは三官の資を實たし、用て十倍の利を收めん、と奏請す。所謂、人に於て擾《みだ》れず、古に從いて經有るものなり。宜しく諸監に於て別に一もて十に當つるの錢を鑄るを聽《ゆる》し、文は乾元重寶⑧と曰うべし。其れ開元通寶は、舊に依りて行用せよ。請う所の採鑄・捉搦の處置、卽ちに條件して聞奏せよ、と。

二年三月、琦、入りて相と爲る。⑨又た更に重輪乾元錢を鑄、⑩一もて五十に當て、二十斤もて貫を成さん⑪ことを請う。詔して之を可とす。⑫是に於て新錢、乾元・開元通寶錢と三品竝び行なう。尋いで穀價騰貴し、米、斗ごとに七千に至り、餓死する者、道に相い枕す。⑬乃ち舊《もと》の開元錢を擡して一を以て十に當て、乾元錢を減じて一を以て三十に當つ。⑭人、錢價定まらざるを厭い、人間、價錢を擡加して虛錢と爲すに緣り、⑮長安城中、競いて盜鑄を爲し、寺觀の鐘及び銅像、多く壞たれて錢と爲り、⑯姦人豪族の禁を犯す者絕えず。⑰京兆尹鄭叔淸、之を擒捕して少しく容縱せず、數月の間、榜死する者八百餘人、人、益ます聊《たの》しむこと無し。

〔注釋〕

①**乾元元年七月詔**　乾元は肅宗の治世の年號（七五八～七六〇）。この詔敕は、ほぼ全文『唐會要』八十九泉貨條によるが、會要は發敕の日付を「七月十六日」とする。『舊唐書』卷十肅宗本紀乾元元年七月丙戌（十六日）條にも「初鑄新錢、文曰乾元重寶、用一當十、與開元通寶同行用」とあり、また『資治通鑑』卷二二〇肅宗乾元元年七月丙戌條に「初鑄當十大錢、文曰乾元重寶、從御史中丞第五琦之謀也」とあり、新錢鑄造を七月十六日とする。通釋はこの日付に從う。

②**漢造五銖亦弘改鑄之法**　五銖錢の鑄造開始は武帝元狩五年（前一一八）のことであり、郡國で鑄造された。ついで元鼎三年（前一一四。翌元鼎四年との說もある）、中央の鍾官において一枚が五錢に相當する大錢赤側（赤仄）五銖の鑄造が始められる。『史記』卷三十平準書に「郡國多姦鑄錢、錢多輕、而公卿請令京師鑄鍾官赤側、一當五、賦官用、非赤側不得行。……是歲也、張湯死（集解徐廣曰、元鼎二年）而民不思。其後二歲、赤側錢賤、民巧法用之、不便、又廢。於是悉禁郡國無鑄錢、專令上林三官鑄。錢既多、而令天下非三官錢不得行、諸郡國所前鑄錢皆廢銷之、輸其銅三官。而民之鑄錢益少、計其費不能相當、唯眞工大姦乃盜爲之」とある。

本文では、このすぐ後に「小大兼適、母子相權」とある。「改鑄」とは赤側五銖錢の鑄造發行のことをいうのであろう。

③**小大兼適母子相權**　價値の大きい大錢を母、價値の小さい小錢を子として、適宜均衡をとりながら物價の調整・均衡をはかる政策を言う。〔原文〕二七注釋⑥『國語』・『漢書』食貨志參照。

④**干戈未息**　當時、なお安史の亂の最中であったことをふまえていう。玄宗の天寶十四載（七五五）に勃發した大亂が終息するのは、乾元元年からさらに四年後の代宗廣德元年（七六三）のことである。

⑤**卜式獻助軍之誠**　卜式は、前漢武帝期、河南（河南省洛陽市）の人。その事跡は『史記』巻三十平準書および『漢書』巻二十四食貨志に散見する。別に『漢書』巻五十八に立傳する。軍事費を援助したことについては、本傳に「時漢方事匈奴、式上書、願輸家財半助邊。……歳餘、會渾邪等降、縣官費衆、倉府空、貧民大徙、皆卬給縣官、無以盡贍。式復持錢二十萬與河南太守、以給徙民。河南上富人助貧民者、上識式姓名、曰、是固前欲輸其家半財助邊。乃賜式外繇四百人、式又盡復與官。是時富豪皆爭匿財、唯式尤欲助費。上於是以式終長者、乃召拜式爲中郎、賜爵左庶長・田十頃、布告天下、尊顯以風百姓」とある。

⑥**弘羊興富國之算**　桑弘羊（?～前八〇）は、前漢、洛陽の人。商人の子に生まれ、計算に明るいことから武帝に仕えて侍中となった。のち捜粟都尉・大司農・御史大夫などの職を歴任、武帝期の様ざまな財政改革のすべてにかかわった。昭帝元鳳元年（前八〇）、謀反の疑いを受けて誅殺される。彼の傳記資料は『史記』巻三十平準書および『漢書』巻二十四食貨志に散見する。

⑦**靜言立法**　『毛詩』邶風「柏舟」に「憂心悄悄、慍于群小、覯閔既多、受侮不少、靜言思之、寤辟有摽」とあり、毛傳に「靜、安也」とあり、鄭玄箋に「言、我也」とあり、孔穎達正義に「故我於夜中安靜、而思念之、則寤覺之中、拊心而摽然」と解釋する。漢唐間の人びとは言を我と理解しているが、言は語助で意味はない。

立法は、法度を定立すること。『史記』巻六秦始皇本紀（又見于賈誼『新書』過秦論上）に「秦孝公據殽函之固、擁雍州之地、君臣固守、而窺周室、有席巻天下、包擧宇內、嚢括四海之意、幷呑八荒之心。當是時、商君佐之、內立法度、務耕織、脩守戰之具。外連衡而鬥諸侯、於是秦人拱手而取西河之外」とある。

⑧**乾元重寶**　乾元重寶錢は、前出高宗期の乾封泉寶錢に次いで錢文に年號が冠せられた錢である。その面には乾・元・重・寶の四字を直讀の形に配する。錢樣は巻末「唐代鑄造錢」(1)―4・5・6參照。

なお、錢文に始めて「重寶」を用いたのはこの乾元重寶錢である。以後、十國の天德（閩）・乾元（楚）・乾亨（南漢）、北宋の慶曆・至和・熙寧・崇寧・政和、南宋の建炎・聖宋・嘉定・端平・嘉熙、金の泰和、齊の阜昌、西夏の元德、清の咸豐・同治・光緒の諸錢貨に引き繼がれる。

乾元重寶當十錢について、『通典』巻九食貨錢幣下は「每貫十斤」に作り、『新唐書』巻五十四食貨志四は「徑一寸、每緡重十斤」に作る。『泉志』巻三正用品下「乾元十當錢」條には「元載肅宗實錄曰、乾元九（私案乾元無九年。九字當作元。形近而誤）年秋七月鑄。舊譜曰、徑寸之分、重五銖。李孝美曰、此錢今世最多、而大小不同、自寸二分至七分、相較一分。凡有六品、字體形製、略無小異」とあってやや詳しい。『泉志』は錢徑について「大小不同」というが、實際、現在確認されるこの錢の直徑にはばらつきがあり、中國錢幣大辭典編纂委員會［二〇〇三］（三九八頁）によれば、大きなものでは三・四cm、小さなものは二・五cmであるという。

⑨**二年三月琦入爲相**　第五琦が李峴・李揆とともに同中書門下平章事を拜したのは乾元二年（七五九）三月乙未（二十九日）である。『舊唐書』巻

十肅宗本紀に「(乾元二年三月) 乙未、侍中苗晉卿爲太子太傅、平章事王璵爲刑部尚書、竝罷知政事。以京兆尹李峴爲吏部尚書、禮部侍郎李揆爲中書侍郎、與戸部侍郎第五琦等竝同中書門下平章事」とある。『新唐書』巻六十二宰相表中も同じで、同表に據れば、第五琦に、この年十一月庚午(七日) 忠州刺史(『舊唐書』巻十肅宗本紀は忠州長史に作る) に左遷された。宰相在任期間は八箇月である。

⑩**更鑄重輪乾元錢**　『泉志』巻三正用品下「乾元重輪錢」條に「唐肅宗實錄曰、乾元二年九月戊辰(五日)、新鑄大錢、其文依乾元重寶、而重其輪以別之、一當五十。舊譜曰、徑二寸四分、重十二銖。李孝美曰、此錢有兩品、小者至薄而文字昏暗、徑寸、重五銖、大者極厚而製作精好、徑寸五分、重十四銖。與唐志・舊譜所載不同」とあり、『資治通鑑』巻二二一乾元二年九月戊辰條にも「更令絳州鑄乾元重寶大錢、加以重輪、一當五十(大錢徑一寸二分、文亦曰乾元重寶、背之外郭爲重輪、每緡重十二斤、號重稜錢。重、直龍翻)、在京百官、先以軍旅皆無俸祿、宜以新錢給其冬料」とある。これらによれば、乾元重輪錢の鑄造地は絳州(山西省侯馬市西) の錢鑪、發行は乾元二年九月五日であり、中央官僚の俸祿支給を目的とする。

『泉志』『資治通鑑』にあるように、この錢貨の面文は、前出の乾元重寶當十錢と同じく乾・元・重・寶の四字を直讀に配するが、背輪は當十錢と異なり、通常の外輪の內側にさらにもう一本の輪を重ねて區別する。重輪錢と呼ばれる所以である。錢樣は巻末「唐代鑄造錢」(2)—7・8・9・10參照。

『泉志』に引く李孝美『錢譜』十卷(『文獻通考』巻二〇一・故事、孝美は、宋哲宗紹聖年間の人) によれば、重輪錢には大小二種類がある。この錢貨の一般的な法量は、中國錢幣大辭典編纂委員會 [二〇〇三](四〇八頁) によれば、錢徑が三・一cmから三・六五cm、重量が九・八㌘から二六・五㌘の間にあるという。いま開元通寶錢と比較すれば、最重クラスのものでも開元錢七枚分に達していない。

⑪**二十斤成貫**　『舊唐書』巻十肅宗本紀は「以二十二斤成貫」に作る。宋代以後に編纂された『新唐書』巻五十四食貨志四・『資治通鑑』巻二二一乾元二年九月戊辰條胡注・『文獻通考』巻八は「二十斤」を「十二斤」に作る。『新唐書』巻五十四・『文獻通考』巻八・『資治通鑑』巻二二一の十二斤が誤りであることは、その數値が小さいことから明らかである。ただ『舊唐書』本志の「二十斤」と『舊唐書』本紀の「二十二斤」のいずれが正しいかを判斷することは難しい。本志のほかには同時代の『通典』、實錄系史料に據った『冊府元龜』、別系統の『唐會要』はみな「二十斤」に作る。しばらく「二十斤成貫」とするのがよい。

⑫**詔可之**　詔敕が下されたのは、乾元二年八月である。その全文は、『唐大詔令集』巻一一二政事・財利「行重輪錢敕」に「九府陳規、百王不易、或輕爲重、蓋取適時、以重爲輕、用爲舊弊、則有形分龍馬、勢寫刀龜、子母相權、變通斯在。今國步猶阻、帑藏未充、重斂乃人困不堪、薄征則軍賦未足、是以頃令改鑄、務於濟時。自開元行用已來、頗亦公私弘益、今可於絳州諸鑪、加樣起鑄、更增新郭、不變舊文、每以一錢、用當五十、利豐費約、實允事宜、其錢以二十斤成貫、自餘錢監、竝聽依舊、享茲厚利、足以富國、人安俗阜、朕復何憂。仍令鑄錢使、即勾當起鑄新錢、或有姦濫、所由奏法、勿至寬容、仰州縣明示錢樣、切須捉搦、勿使違越。在京官寮、比無俸料、桂玉之費、將何以堪。宜取絳州新錢、給冬季俸料、即仰所由申請、計會支給。且艱難之際、家國當同、頃者急在軍戎、所以久虧祿俸、眷言優恤、恆媿於懷。今甫及授衣、略爲賙給、庶資時要、宜悉朕懷(乾元二年八月)」とある。この詔敕は、『冊府元龜』巻五〇一邦計部錢幣三にも同文を掲載する。この詔敕をうけて、乾元二年九月戊辰(五日) に新錢が發行されたのである。

⑬**尋而至於道**　重輪乾元錢・乾元錢・開元通寶錢の三品竝行狀態の結果に

ついて、いくつかの記録が残されている。そのうち『舊唐書』巻十肅宗本紀に「(上元元年閏四月)己卯(十九日)、以星文變異、上御明鳳門、大赦天下、改乾元爲上元。……時大霧、自四月雨至閏月末不止。米價翔貴、人相食、餓死者委骸于路」とあり、また『唐會要』巻八十九泉貨條に「(戶部侍郎第五琦)及作相、請更鑄重輪乾元錢、以一當五十、與乾元・開元寶錢三品竝行。旣而物價騰貴、餓迫死亡、枕籍道路、又盜鑄爭起。中外皆以爲琦變法之弊、封奏日聞、遂貶忠州長史」と述べて、第五琦の宰相解任の原因となったことを傳える。

穀物價格が七千文に至ったという記事は、『資治通鑑』巻二二一肅宗上元元年(七六〇)六月條に「三品錢行浸久、屬歲荒、米斗至七千錢、人相食。京兆尹鄭叔淸捕私鑄錢者、數月間、榜死者八百餘人、不能禁。乃敕京畿、開元錢與乾元小錢皆當十、其重輪錢當三十、諸州更俟進止。是時史思明亦鑄順天得一錢、一當開元錢百。賊中物價尤貴」とある。また『册府元龜』巻五〇一邦計部錢幣三に「(乾元)二年(七五九)八月、又鑄大錢……於是新鑄與乾元・開通元寶錢三品竝行焉。而穀價騰貴、米斗至七十(私案當作千)、餓死者相枕於道」とあって、本志と同系統の史料を殘している。斗米七十文なら騰貴とは言えない。十・千形近による七千の譌誤である。

ただ『舊唐書』巻十肅宗本紀乾元三年(七六〇)四月條には「是歲饑、米斗至一千五百文」とあり、また『舊唐書』巻三七五行志にも「乾元三年閏四月、大霧、大雨月餘。是月、史思明再陷東都、京師米斗八百文、人相食、殍骸蔽地」とあって異なる米價高騰を傳える。

⑭**乃擡至三十**　この措置について、乾元二年の出來事のように記述している。しかし『唐會要』巻八十九泉貨條に「至上元元年六月七日詔、其重稜五十價錢、宜減作三十文行用。其開元舊錢、宜一錢十文行用。乾元當十錢、宜依前行用。仍令京中及畿縣內依此處分。諸州待後進止」とあり、また『舊唐書』巻十肅宗本紀上元元年六月乙丑(七日)條に「詔先鑄重稜錢一當五十、宜減當三十文、開元宜一當十」とある。この措置がとられたのは、上元元年六月七日である。この措置を指示する詔敕は、本志下文の〔原文〕三〇に掲載する。前後二重に記述があり、本志の杜撰である。

⑮**人間擡加價錢爲虛錢**　政府規定の錢價(實錢價値)より高く價値を規定した錢を虛錢と言う。政府が錢價の價値を短期間に上下したため、民間では、政府規定の實錢價値より錢價を切上げて、錢價安定を圖ったものであろう。『唐會要』巻八十九泉貨條に「至(上元元年)十二月二十九日詔、應典貼莊宅店鋪田地碨磑等、先爲實錢典貼者、令還以實錢價、先以虛錢典貼者、令以虛錢贖。其餘交關、竝依前用當十錢。由是錢有虛實之稱」とある。政府も一定の領域を指定したうえで、實錢・虛錢による交易を認めざるを得なくなった。

⑯**長安至爲錢**　『通典』は、舊錢が鑄潰されて重輪錢が私鑄されたこと、のちに兩種の乾元錢が廢止されると、それらが鑄潰されて銅器となったことを傳える。『通典』巻九食貨錢幣下に「又鑄重稜錢、每貫重二十斤、一文當開通五十文(皆鑄錢使第五琦所奏也)。姦猾之人、多破用舊錢、私鑄新錢、雖獲深利、隨遭重刑、公私不便。尋總停廢、還用開元通寶錢。人間無復有乾元・重稜二錢者、蓋竝鑄爲器物矣」とある。

⑰**姦人豪族犯禁者不絕**　乾元錢重輪錢發行後、半年もたたぬうちに私鑄者が續出したことを、『册府元龜』巻五〇一邦計部錢幣三寶應元年五月條は「初度支使第五琦奏鑄乾元重寶錢、以一當十、以贍國用。又以乾元重寶錢、奏加重稜、以一當五十、行之僅半歲、犯私鑄者日有數百、府縣不能禁」と傳える。

〔通釋〕

乾元元年（七五八）七月十六日、詔敕を下し、「貨幣が現れて以來、長い歴史がある。貨幣には代代變遷があり、時時に價値の調整が行なわれてきた。周には九府を創設して、確かに貨幣流通の利益を開拓し、漢は五銖錢を鑄造して、また改鑄方法を擴大した。必ず小錢と大錢とがともに適合し、價値の大きい貨幣と小さい貨幣とが互いに均衡するようにしたのである。公私を裨益し、變化に對應するのが政治の道理である。しかし、いまだ戰亂が終息せず、國庫がなお空になっているとき、漢の卜式が眞心をもって軍費を獻上し、桑弘羊が國家を豊かにする政策を創設したように、心やすらかに法令を定めるのは、誠に人民に便益を與えるためである。御史中丞の第五琦が、錢幣を改定して一枚十文相當とし、別途新錢を鑄造するが、舊錢も廢止せず、鑄錢監の資財を充實して、十倍の利益を上げたく思う、と奏請してきた。これは所謂「人民が混亂せず、古制にしたがって道理がある」という政策である。諸鑄錢監で別途當十錢を鑄造することを許し、その錢文を乾元重寶とするがよい。開元通寶錢は舊來通り流通させよ。要請のあった、銅を採掘して錢を私鑄する者に對する取締りと處分については、ただちに箇條書き規定を作って上奏せよ」と命じた。

乾元二年（七五九）三月二十九日、第五琦が宰相になった。第五琦は、さらに乾元重寶重輪錢を鑄造し、その一枚の價値を五十文相當とし、二十斤で一貫とするよう願い出た。乾元二年八月、詔敕により、これを裁可した。こうして新錢と乾元重寶錢・開元通寶錢との三種の錢が竝んで流通することになった。まもなく穀物價格は高騰し、脫穀した穀物は一斗につき七〇〇〇文にもなり、餓死者が路傍に枕を竝べるありさまとなった。そこで上元元年（七六〇）六月七日、舊來の開元通寶錢の價値を切上げて、一枚十文相當とし、乾元重寶背重輪錢は價値を切下げて、一枚三十文相當とした。人民は錢貨の價値が安定しないことを嫌い、民間では錢貨の價値を上乘せして虛錢としたので、長安城中では爭って盜鑄が行なわれ、佛寺・道觀の鐘や銅像はおおむね鑄つぶされて錢になり、盜鑄禁止令を犯す惡黨や豪族が續出した。京兆尹鄭叔淸は彼らを捕縛し、まったく容赦しなかった。數箇月のうちに八〇〇人餘りが杖で打たれて死んだ。人民は益ます生きづらくなった。

〔原文〕三〇

上元元年六月、詔曰、因時立制、頃議新錢、且是從權、知非經久。如聞、官鑪之外、私鑄頗多、吞併小錢、踰濫成弊。抵罪雖衆、禁姦未絕。況物價益起、人心不安。事藉變通、期於折衷。其重稜五十價錢、宜減作三十文行用。其開元舊時錢、宜一當十文行用。其乾元當十錢[1]、宜依前行用。仍令中京[2]及畿縣內依此處分、諸州待進止。

七月、敕、重稜五十價錢、先令畿內減至三十價行。其天下諸州、竝宜準此。

寶應元年五月[3]、改行乾元錢、一以當二、乾元重稜小錢、亦以一當二、重稜大錢、一以當三。尋又改行乾元大小錢、竝以一當一。其私鑄重稜大錢、不在行用之限。

大曆四年正月、關內道鑄錢等使戶部侍郎第五琦上言、請於絳州汾陽銅源④兩監、增置五鑪鑄錢、許之。

〔校訂〕

①**乾元當十錢**　標點本・諸本もと「乾元十當錢」に作る。十當二字文義を成さず。『唐會要』巻八十九泉貨條、『册府元龜』巻五〇一邦計部錢幣部三は「乾元當十錢」に作る。いま『唐會要』・『册府元龜』により乙正する。

②**仍令中京**　諸本もと「中京」に作る。標點本校勘記は、「各本原作「中京」、據唐會要巻八九・册府巻五〇一・唐大詔令集巻一一二改」と言い、「京中」に作る。加藤繁譯注上巻二八三（七五頁）は「中京」を是とする。『新唐書』巻三十七地理志一に「上都、初曰京城、天寶元年曰西京、至德二載曰中京、上元二年復曰西京、肅宗元年曰上都」とある。これによれば上元元年（七六〇）六月の時點で、長安は中京が正式な名稱であったことになる。いま加藤譯注に從い、再び「中京」に乙正する。

③**寶應元年五月**　標點本・諸本もと四月に作る。『舊唐書』巻十一代宗本紀によれば、四月丁卯（十八日）に肅宗崩じ、己巳（二十日）代宗が即位している。この時期に改定は難しい。同本紀五月丙戌（八日）條に「……改行乾元錢・重稜小錢一當二、重稜大錢一當三」とあって、この錢價改定を五月八日とする。四月は『舊唐書』食貨志編纂者の誤記と見るほかない。いま本紀により、四月を五月に改訂する。

④**銅源**　標點本・諸本もと「銅原」に作る。『册府元龜』巻五〇一邦計部錢幣三・『泉志』巻三所引『代宗實錄』は「銅源」に作る。いま兩書によって源字に改める。

〔訓讀〕

上元元年六月①、詔して曰く、時に因りて制を立て、頃ごろ新錢を議す②。且《しば》らく是れ權に從い、經久に非ざるを知る。如聞《きくな》らく、官鑪の外、私鑄頗る多く、小錢を呑併し、踰いよ濫れて弊を成す。罪に抵《あ》つること衆しと雖も、姦を禁じて未だ絶えず。況んや物價益ます起こり、人心安んぜざるをや。事、變通に藉《か》り、折衷を期さん。其れ重稜五十價錢、宜しく減じて三十文と作して行用すべし。其れ開元舊時の錢、宜しく一もて十文に當てて行用すべし。其れ乾元十當錢、宜しく前に依りて行用すべし。仍りて中京及び畿縣③の內に令し、此れに依りて處分せしめよ。諸州は進止を待て、と。

七月、敕すらく④、重稜五十價錢、先に畿內に令し、減じて三十價に至らしめて行なわしむ。其れ天下諸州、竝びに宜しく此れに準るべし、と。

寶應元年五月、改めて乾元錢を行ない、一以て二に當つ。乾元重稜小錢も亦た一を以て二に當つ。重稜大錢、一以て三に當つ⑤。尋いで又た改めて乾元大小錢を行ない、竝びに一を以て一に當つ⑥。其の私鑄の重稜大錢は、行用の限りに在らず。

大曆四年正月⑦、關內道鑄錢等使・戶部侍郎第五琦⑧上言し、絳州汾陽・銅源の兩監に於て五鑪を增置し⑨、錢を鑄んことを請う。之を許す。

〔注釋〕

①**上元元年六月詔**　上元は、肅宗の治世の年號（七六〇～七六一）。乾元三年閏四月十九日に改元。この詔敕、『舊唐書』巻十肅宗本紀は六月乙丑（七日）とし、『唐會要』巻八十九泉貨條も六月七日とし、兩者齟齬はない。ただ『唐大詔令集』巻一一二は文尾に註して九月という。いま本紀・會要により六月七日とする。なお、この詔敕の內容は、前段〔原文〕二九後半に記述されており、重複する。

②**頃議新錢**　新錢についての會議は、四箇月前の乾元三年二月の詔敕によって命ぜられたものである。『唐會要』巻八十九・『冊府元龜』巻五〇一・『唐大詔令集』巻一一二「令百官議罷新錢詔」に掲載するが、ここには『冊府元龜』巻五〇一邦計部錢幣三所載をあげる。「三年二月、詔曰、泉府之設、其來尙矣。或時改作、則制有輕重。往以金革是殷、邦儲稍闕、屬權臣掌賦、變法非良、遂使貨物相沿、穀帛騰踴。求之輿頌、弊實由斯。其易柱調絃、政之要者。今欲仍從舊貫、漸罷新錢、又慮權行、轉資艱急。如或循循所務、未塞其源。實恐物價虛騰、黎元失業。靜言體要、用藉良圖。且兩漢舊規、典章沿革、必朝廷會議、共體至公。蓋明君不獨專法、當從衆議、庶遵行古之道、俾廣無私之論。宜令文武百官九品以上、竝於尙書省議訖、委中書門下、詳擇奏聞」。ただ、發敕の時期について『冊府元龜』は三年二月といい、『唐大詔令集』は三年三月といい、『唐會要』は三年十二月という。乾元三年は閏四月に改元して上元元年となるから、十二月はない。二月の誤りである。いま『冊府元龜』にしたがい、二月とする。

③**畿縣**　唐制では、國都のある京兆府・河南府・太原府に屬する諸縣のうち、國都城外に置かれている諸縣を畿縣とする。『大唐六典』巻三戶部郞中條に「凡三都之縣、在城內曰京縣、城外曰畿縣」とあり、また『資治通鑑』巻二一〇開元元年十月辛卯條胡三省注に「唐京城兩赤縣爲京縣、畿內諸縣爲畿縣」などとある。本文では「中京及畿縣」と言う。それが指す對象は、長安城內の萬年・長安二縣および長安城外の二十一縣である。

④**七月敕**　『唐會要』巻八十九泉貨條に「至七月二十五日敕、先造重稜五十價錢、先令畿內減三十價行。其天下諸州、竝宜準此」とあり、また『資治通鑑』巻二二一も七月癸丑（二十五日）とする。

⑤**寶應至當三**　寶應は肅宗治世の年號（七六二・七六三）。二回にわたる錢價改定について、『舊唐書』巻十一代宗本紀寶應元年五月丙戌（八日）條に「……改行乾元錢・重稜小錢一當二、重稜大錢一當三。丙申（十八日）、以戶部侍郎元載同中書門下平章事、充度支轉運使。改乾元大小錢竝一當一」とある。一方『冊府元龜』巻五〇一邦計部錢幣三に「代宗寶應元年五月甲午（十六日）、改行乾元錢一當二、乾元重稜大錢以一當十。丙申（十八日）、改行乾元大小錢竝以一當一。其私鑄重稜錢、不在行用之限」とある。第二回の錢價改定はともに五月十八日で、三種の錢價を一當一とする點で一致する。ただ第一回のそれは、『舊唐書』は五月八日、『冊府元龜』は甲午（十六日）とし、日が異なる。また『舊唐書』は重稜大錢一當三、『冊府元龜』は重稜大錢一當十とし、錢價を異にする。『新唐書』巻五十四食貨志四に「代宗卽位、乾元重寶錢以一當二、重輪錢以一當三、凡三日而大小錢皆以一當一」とあって、第一回と第二回の間隔を三日と記している。これによって月日は、『冊府元龜』の五月十六日・十八日を、錢價は『舊唐書』の一當三を正しいとすべきである。

○**乾元錢**　乾元元年始鑄の乾元重寶當十錢を言う。

○**乾元重稜小錢・重稜大錢**　『泉志』巻三には「舊譜曰、徑二寸四分、重十二銖。李孝美曰、此錢有兩品、小者至薄而文字昏暗、徑寸、重五銖、大者極厚而製作精好、徑寸五分、重十四銖」とあり、李孝美『錢譜』は、乾元重寶背重輪錢には大型と小型の二種が存在すると傳える。現存する背重輪錢は、大きいものは徑三・五cm前後から、小さいものは開元通寶錢大のものまで、連續的に様ざまな大きさのものが存在する。したがって乾元重稜小錢が具體的にどのようなものを指しているのかははっきりしない。ただ、さきに當十錢として發行された乾元重寶錢と同じ錢價に設定されていることから推測すれば、重稜小錢は、乾元重寶當十錢と同じ大きさのものを特に指している可能性がある。

⑥**尋又至當一**　先に述べたように、この第二回錢價改定について、『舊唐書』卷十一・『冊府元龜』卷五〇一は、ともに五月丙申（十八日）とする。この日付に誤りはない。ただ『資治通鑑』卷二二二は五月壬辰（十四日）條に、禮部尙書蕭華の左遷記事を記した後、續けて「敕乾元大小錢皆一當一、民始安之」と記し、『唐會要』卷八十九泉貨條には「至寶應元年五月十九日、敕文、集開元・乾元重稜錢、竝宜準一文用、不須計以虛數」とある。『資治通鑑』の記事は干支の記入漏れであろう。『唐會要』の記事は、翌日に出された敕文であり、再度前日の措置をくりかえしたものであろう。文章自體が異なっており、またこのときに至り、乾元錢・開元錢による虛錢を廢止するよう命じている。

○**乾元大小錢**　この時點で錢價當三であった乾元重寶重輪大型錢と、當二であった乾元重寶當十錢、およびそれと等價とされた乾元重寶重輪小型錢の、錢價でいえば二種、錢種でいえば三種の錢を指す。

⑦**大曆四年正月**　大曆は代宗の治世の年號（七六六～七七九）。この記事は、南宋洪遵『泉志』卷三正用品下「大曆錢」條に「張台曰、大曆是代宗年號、計此時所鑄。余按、此錢徑九分、重三銖六參、銅色昏濁、字畫遒勁、史氏不敍鑄作之因。切考代宗實錄云、大曆四年正月丁酉（二十八日）、開（當作關）內道鑄錢等使第五琦上言、請于絳州汾陽・銅源兩監、增置五鑪鑄錢、許之。豈非當時鑄此耶」（『玉海』卷一八〇所引『代宗實錄』同文）とある。この『代宗實錄』によれば、第五琦の上奏は、大曆四年（七六九）正月二十八日である。

⑧**關內道鑄錢等使戶部侍郎第五琦**　『唐會要』卷五十九尙書省諸司下鑄錢使條に「廣德二年（七六四）正月、第五琦除戶部侍郎、充諸道鑄錢使」とあり、『舊唐書』卷十一代宗本紀廣德二年正月癸亥（二十五日）條には「罷度支使、以戶部侍郎第五琦專判度支及諸道鹽鐵・轉運・鑄錢等使」とあって、はじめて鑄錢使を兼務する。また『舊唐書』卷十一代宗本紀永泰二年（七六六）正月丙戌（三十日）條には「以戶部尙書劉晏充東都京（當作都）畿・河南・淮南・江南東西道・湖南・荊南・山南東道轉運・常平・鑄錢・鹽鐵等使、以戶部侍郎第五琦充京畿・關內・河東・劍南西道轉運・常平・鑄錢・鹽鐵等使。至是天下財賦、始分理焉」とあり、永泰二年（七六六）には劉晏と全國を二分して財務を統括する。さらに『資治通鑑』卷二二四大曆五年（七七〇）三月條に「己丑（二十六日）、罷度支使及關內等道轉運・常平・鹽鐵使、其度支事委宰相領之」とあり、『舊唐書』卷十一代宗本紀大曆五年五月庚辰（十八日）條に「戶部侍郎・判度支第五琦爲饒州刺史」とある。廣德二年（七六四）正月から大曆五年（七七〇）三月の時點まで、第五琦は鑄錢使の使職を兼帶していた。

⑨**絳州汾陽銅源兩監增置五鑪鑄錢**　絳州は河東道に屬し、現在の山西省侯馬市の西方付近に當たる。汾陽監・銅源監について、所在地などその詳しいことはわからない。ただ嘉慶重修『大淸一統志』卷一五五絳州・古蹟・汾陽監條には「在州北有汾陽・銅源等鑄錢監」とある。

また『新唐書』卷三十九地理志三河東道絳州翼城縣條原注に「有銅源・翔皐錢坊二」とあり、銅源監と翔皐錢坊の存在を傳える。歐陽脩は、別に「相度銅利牒」（『歐陽文忠公集』卷一一五河東奉使奏草卷上）のなかで「翼城縣有錢坊一、在縣東十五里翔皐山下。又有唐王城冶、在縣北平城三十六里。又有曹公冶、在縣東南七十五里。又有廢銅窟、在縣西三十里。稷山縣甘祚鄉有銅冶村。絳縣有唐古銅冶、在縣南五十里倉山谷內。垣曲

縣有錢坊、在縣西北九十二里程子村銅源監內。自唐以來、絳州舊曾鼓鑄銅錢、鑪冶古跡見在」とも述べる。

○**大曆元寶**　このとき絳州五鑪で鑄造された錢の錢文を大曆元寶とする說が、早くは前揭注釋⑦『泉志』から見える。これについて彭信威[二〇〇七]は、出來ばえが悪く、私鑄錢であろうと云う（二一六頁）。近年では、實物の出土狀況などによる考察の結果、大曆元寶錢は、代宗大曆年間に、中央とは隔絶していた安西都護府のもとで鑄造されたものとする（中國錢幣大辭典編纂委員會[二〇〇三]四七八頁）。したがって本志にいう絳州五鑪鑄造錢は、從來の開元通寶錢であったと考えてよい。

〔通釋〕

上元元年（七六〇）六月七日、詔敕を下し、「時宜によって制度を定めるため、先ごろ新錢について議論させた。さしあたり便宜に從ったことであり、恆久の制度でないことは理解している。聞けば、官鑄のほかに私鑄がかなり多く、小錢を呑みつぶして、はなはだしい弊害となっている。刑罰を受ける者は多いが、不正を禁斷しても根絶できない、とのこと。まして物價は益ます高騰し、民心が不安定になっている。臨機に對應し、中正を期したい。重稜の當五十錢は、價値を三十文に減じて行使させるがよい。舊來の開元通寶錢は、一枚十文相當として行使させるがよい。乾元重寶當十錢は、以前の通り行使させるがよい。中京長安や畿縣の管轄下においては、これに依って處置せよ。諸州は命令があるのを待て」と諭した。

七月二十五日、詔敕が下り、「重稜當五十錢について、さきに畿內地域では、三十文相當に價値を減じて行使させるよう命じた。天下の諸州は、皆なこれにならって行使するがよい」と命じた。

寶應元年（七六二）五月十六日、改めて乾元重寶當十錢を一枚二文相當とし、乾元重稜小錢もまた一枚二文相當とし、重稜大錢は一枚三文相當として行使することとした。まもなく十八日、また改めて乾元大小錢をすべて一枚一文相當として行使し、私鑄の重稜大錢は、行使對象外とした。

大曆四年（七六九）正月二十八日、關內道鑄錢等使・戶部侍郎第五琦が上奏し、絳州の汾陽監・銅源監に錢鑪五基を增設して錢を鑄造するよう願い出た。代宗はこれを許可した。

〔原文〕三一

建中元年九月、戶部侍郎韓洄上言、江淮錢監、歲共鑄錢四萬五千貫、輸於京師。度工用轉送之費、每貫計錢二千、是本倍利也。今商州有紅崖冶、出銅益多。又有洛源監、久廢不理。請增工鑿山以取銅、興洛源錢監、置十鑪鑄之。歲計出錢七萬二千貫、度工用轉送之費、貫計錢九百、則利浮本也。其江淮七監、請皆停罷。從之。

貞元九年正月、張滂奏、諸州府公私諸色鑄造銅器雜物等、伏以國家錢少、損失多門。興販之徒、潛將銷鑄。錢一千爲銅六斤、造寫器物、則斤直六百餘。有利既厚、銷鑄遂多。江淮之間、錢實減耗。伏請準從前敕文、除鑄鏡外、一切禁斷。

〔訓讀〕

建中元年九月、戸部侍郎韓洄上言すらく、①江淮の錢監、歳ごとに共に錢四萬五千貫を鑄し、京師に輸す。②工用・轉送の費を度《はか》るに、毎貫錢二千を計《かぞ》う、是れ本、利に倍するなり。③今、商州に紅崖冶有り、④銅を出だすこと益ます多し。又た洛源監有り、⑤久しく廢して理めず。請うらくは、工を增し山を鑿ちて以て銅を取り、洛源錢監を興し、十鑪を置きて之を鑄せんことを。歳ごとに計うるに錢七萬二千貫を出だし、工用・轉送の費を度るに、貫ごとに錢九百を計うれば、則ち利、本より浮くなり。其れ江淮の七監⑥は、皆な停罷せんことを請う、と。之に從う。⑦

貞元九年正月、張滂奏すらく、⑧諸州府の公私諸色鑄造銅器雜物等、伏して以えらく、國家錢少なく、損失門多し。興販の徒、潛かに將《もち》て銷鑄す。錢一千、銅六斤と爲し、器物を造寫すれば、則ち斤ごとに六百餘に直《あた》いす。⑨利有ること既に厚く、銷鑄遂に多し。江淮の間、錢實に減耗す。伏して請うらくは、從前の敕文に準り、⑩鏡を鑄するを除くの外、⑪一切禁斷せんことを、⑫と。

〔注釋〕

①**建中元年九月戸部侍郎韓洄上言**　建中は、德宗の治世の年號（七八〇～七八三）。韓洄上言については、『舊唐書』巻十二德宗本紀上建中元年九月戊辰（七日）條に「判度支韓洄奏請於商州紅崖冶洛源監置十鑪鑄錢、江淮七監毎鑄一千費二千文、請皆罷、從之」とある。韓洄上言は九月七日である。

○**戸部侍郎韓洄**　韓洄（?～七九四）、字は幼深。京兆府長安（陝西省西安市）の人。玄宗開元年間の宰相韓休の子、德宗貞元年間の宰相韓滉の弟である。『舊唐書』巻一二九、『新唐書』巻一二六に立傳する。彼が戸部侍郎判度支の任に就いたのは、建中元年三月癸巳（二十八日）である。『舊唐書』巻十二德宗本紀上建中元年三月條に「癸巳（二十八日）、以諫議大夫韓洄爲戸部侍郎・判度支。時將貶劉晏、罷使名、歸尙書省本司。今又命洄判度支、令金部郎中杜佑權勾當江淮水陸運使、一如劉晏・韓滉之則、蓋楊炎之排晏也」とあり、周邊の事情を傳える（新舊『唐書』本傳略同）。

②**江淮至京師**　『新唐書』巻五十四食貨志四に「諸道鹽鐵轉運使劉晏以江嶺諸州任土所出、皆重粗賤弱之貨、輸京師、不足以供道路之直。於是積之江淮、易銅鉛薪炭、廣鑄錢、毎歳得十餘萬緡、輸京師及荊・揚二州。自是錢日增矣」（『玉海』巻一八〇唐開元通寶條略同）とある。建中元年以前、すでに劉晏によって江淮地域で鑄錢が行なわれ、上供されたことが確認できる。

③**是本倍利**　ここにいう「本」とは本錢、すなわち生產費のこと。「利」とは純利益をいう。本文は、運搬費用を含む生產費が、純利益の額の二倍に及んでいたことを言う。

④**商州有紅崖冶**　商州（陝西省商縣付近）は、『舊唐書』巻三十九地理志二、『大唐六典』巻三戸部尙書戸部郎中條によれば山南東道の所屬、『新唐書』巻三十七地理志一は關內道の所屬とする。

○**紅崖冶**　『册府元龜』巻一五三帝王部明罰二に「貞元十六年七月、杖死紅崖冶丁匠李藏芬等三十一人、以專殺長吏故也」とあり、また『舊唐書』巻三十七五行志に「元和二年、開紅崖冶役夫將化爲虎、衆以水沃之、化而不果」（『唐國史補』巻中・『新唐書』巻三十六は「洪崖冶」に作る）とある。嘉慶重修『大清一統志』巻二四六商州・古蹟・洛源監條に「在州東。唐書地理志、商州有洛源監錢官。舊志、監在州東五十里孝野崖、又東十五里東原上有紅崖冶。其地產銅、亦舊置錢官之所」とある。

なお「洪崖冶」については司馬光「殿中丞知商州薛府君墓誌銘」（『溫國文正公文集』巻七十九）に「先是、屬縣宰有建言商山產銅、請置監鑄錢。朝廷下其議、轉運使有是之者。府君上言、朝廷前置阜民監於州境洪崖冶、鑄鐵錢……」とあり、北宋期にも紅崖冶の存在したことがわかる。

⑤**又有洛源監**　この鑄錢監については、『新唐書』巻三十七地理志一關內道商州上洛郡條に「有洛源監錢官」とある。また『太平廣記』巻一五三定數八崔朴條に「（楊）炎居相位十日、追洛源驛王新爲中書主事。仍奏授鄂州唐年縣尉李全方監察御史、仍知商州洛源監」とみえ、李全方がこの時の知商州洛源監であったことがわかる。

⑥**江淮七監**　ここにいう「七監」の具體は不明。文獻資料上、存在が確認できる錢監は十三箇所である（『玉海』巻一八〇錢幣・唐鑄錢七監條、李錦繡［二〇〇二］）。すなわち、揚州①丹陽監・②廣陵監（『新唐書』巻四十一地理志五）、宣州③梅根監・④宛陵監（『元和郡縣圖志』巻二十八）、鄂州⑤鳳山監（『新唐書』巻四十一地理志五）、饒州⑥永平監（『新唐書』巻四十一地理志五、『元和郡縣圖志』巻二十八）、信州⑦玉山監（『新唐書』巻四十一地理志五）、郴州⑧桂陽監（『新唐書』巻四十一地理志五）、蔚州⑨飛狐監（『新唐書』巻五十四食貨志）、絳州⑩汾陽監・⑪銅源監（『册府元龜』巻五〇一）、⑫商州洛源監（『新唐書』巻三十七地理志一、本志）、⑬河中府（蒲州）解縣紫泉監（『新唐書』巻三十九地理志三）である。うち①丹陽監から⑦玉山監まではほぼ江淮地域に屬し、ちょうど七監となる。ただし建中元年（七八〇）九月の時點で、以上の七監がすべて併存していたかどうか、不明である。

なおこの時期、江淮地域では粗惡な私鑄錢が廣範に橫行していた。『唐會要』巻八十九泉貨條に「（建中）二年八月、諸道鹽鐵使包佶奏、江淮百姓、近日市肆交易錢、交下粗惡、揀擇納官者、三分纔有二分、餘竝鉛錫銅盪、不敷斤兩。致使絹價騰貴、惡錢漸多、訪聞諸州山野地窖、皆有私錢、轉相貨易、奸濫漸深、今委本道觀察使明立賞罰、切加禁斷」とある。

⑦**請皆停罷從之**　江淮七監廢止とともに、韓洄は、天下全國土の銅冶・鐵冶を節度使等の占有から鹽鐵使に回收するよう提案し、これも同時に裁可されている。『册府元龜』巻五〇一邦計部錢幣三に「德宗建中元年九月、戶部侍郎韓洄上言、……其江淮七監、請皆罷之。又天下銅鐵之冶、是曰山澤之利、當歸於王者、非諸侯方岳所宜有。今諸道節度都團練使、皆占之、非宜也、諸總隸鹽鐵使。皆從之」とある。

⑧**貞元九年正月張滂奏**　貞元は、德宗治世の年號（七八五～八〇五）。張滂上奏について、『資治通鑑』巻二三四貞元九年正月癸卯條に「滂又奏、姦人銷錢爲銅器以求贏、請悉禁銅器。銅山聽人開采、無得私賣」とある。正月癸卯は二十四日である。この日、張滂はまた稅茶法の創設を提案している。『舊唐書』巻十三德宗本紀貞元九年正月癸卯條に「初稅茶、歲得錢四十萬貫、從鹽鐵使張滂所奏。茶之有稅、自此始也」とある。

さらに『舊唐書』巻十三德宗本紀下貞元九年正月條に「甲辰（二十五日）、禁賣劍銅器。天下有銅山、任人採取、其銅官買、除鑄鏡外、不得鑄造」とあり、上奏の翌日に詔敕が出され、實施にうつされたことがわかる。

より詳細な張滂の上奏文が殘っているので、參考のために引用する。『册府元龜』巻五〇一邦計部錢幣三に「貞元九年正月、諸道鹽鐵使張滂奏、諸州府公私諸色鑄造銅器雜物等、伏以國家錢少、損失多門。興販之徒、潛將銷鑄、每銷錢一千、爲銅六斤。造寫器物、則斤直六千餘、其利

既厚、銷鑄遂多。江淮之間、錢寶減耗。伏准建中元年六月二十六日敕令、准大暦七年十二月十五日敕文、一切禁斷。年月深遠、違犯尚多。臣請自今已後、應有銅山任百姓開採、一依時價、官爲收市、除鑄鏡外、一切不得鑄造及私相買賣。其舊器物先在人家、不可收集、破損物、仍許賣入官、所貴銅價漸輕、錢免銷毀。伏請委所在觀察使與臣屬吏、會計處置。詔曰可」とある。

○**張滂**　『舊唐書』・『新唐書』ともに傳を立てず。『舊唐書』巻十三德宗本紀下によれば、貞元八年二月に戸部侍郎・諸道鹽鐵轉運使となり、同十年十一月に衞尉卿に遷るまでその任にあった。その間、貞元八年四月丙午條に「以東都・河南・淮南・江南・嶺南・山南東道兩稅等物、令戸部侍郎張滂主之、以河內・河東・劍南・山南西道等財、戸部尙書判度支班宏主之。一遵大暦故事、如劉晏・韓滉分掌焉」とあるように、大暦年間の故事にならって、戸部尙書・判度支の班宏とともに、天下全國土の財政を東西に二分して管轄した。貞元十一年四月、戸部侍郎・判度支裴延齡と反目して德宗の怒りを買い、汀州刺史に左遷された。

⑨**斤直六百餘**　『唐會要』巻八十九泉貨條・『冊府元龜』巻五〇一邦計部錢幣三は「斤直六千餘」に作る。一斤六百錢なら六斤で三六〇〇錢となり、千錢を鑄潰して銅器を造れば、三・六倍の價値になる。六千錢であれば三十六倍という途方もない額となる。翌年この銅禁令が停止された時、「其器物約每斤價値、不得過一百六十文」と命じている（注釋⑫『唐會要』參照）。一斤一六〇文以內なら六〇〇文は約四倍で「利有ること既に厚」いという記述に合う。六〇〇〇文なら約四十倍になり、現實的でない。いまは本志に從う。

⑩**準從前敕文**　從前敕文とは、注釋⑧に參考として引用した『冊府元龜』巻五〇一邦計部錢幣三に「……伏准建中元年六月二十六日敕令、准大暦七年十二月十五日敕文、一切禁斷」とあることから分かるように、建中元年（七八〇）六月二十六日敕令、大暦七年（七七二）十二月十五日敕文である。この二つの敕文のうち大暦七年のものは、『冊府元龜』巻五〇一邦計部錢幣三に「（大暦）七年十二月、禁天下新鑄造銅器、唯鏡得鑄。其器舊者、聽用之、不得貨鬻。將廣錢貨、資國用也」とあるものに違いない。また『舊唐書』巻十一代宗本紀大暦七年十二月條に「壬子（六日）、禁鑄銅器」とあるのも、この敕文である。ただし、日付は壬子六日であって、十五日とは異なる。

⑪**除鑄鏡外**　百衲本・合鈔本・殿本等諸本は鏡字を錢字に作る。標點本は、『舊唐書』巻十三德宗本紀・『唐會要』巻八十九・『冊府元龜』巻五〇一等により、鏡字に校改する。張滂が準據を指示した（大暦）七年十二月の敕文には「禁天下新鑄造銅器、唯鏡得鑄」（『冊府元龜』巻五〇一邦計部錢幣三）とあるから、鏡字を是とすべきである。

⑫**一切禁斷**　この銅禁令は、翌貞元十年六月の敕文によって解禁され、さらに元和二年二月の敕文によって、銅禁令が復活する。『唐會要』巻八十九泉貨條に「（貞元）十年六月敕、今後天下鑄造買賣銅器、竝不須禁止。其器物約每斤價値、不得過一百六十文。委所在長吏、及巡院同勾當訪察。如有銷錢爲銅。以盜鑄錢罪論。……元和元年二月、以錢少禁用銅器」とある。

〔通釋〕

建中元年（七八〇）九月七日、戸部侍郎判度支韓洄が上奏し、「江淮地域の鑄錢監は、毎年合計四萬五〇〇〇貫の錢を鑄造し、京師に輸送しております。その鑄造經費と運送費とを計算すると、一貫につき二〇〇〇文となり、生産費が利益の二倍になっています。現在、商州に紅崖冶があり、益ます多くの銅を産出しており、別に洛源監がありますが、久しく廢置されています。工匠を増員し、山を掘削して銅を採取し、洛源錢監を立て直して錢鑪十基を設置し、錢を鑄造するよう願いあげます。年間に合計七萬二〇〇〇貫を生産し、鑄造經費と運送費を計算すると、一貫につき九百文となるので、利益の額が生産費を上回ります。江淮地域の七錢監は、すべて廢止するよう願いあげます」と提案した。德宗はこれを許した。

貞元九年（七九三）正月二十四日、諸道鹽鐵使張滂が上奏し、「諸州府の公私にわたる各種の鑄造銅器・雜器等につき、恐れながら考えまするに、國家の錢が減少し、損失が多岐に渉るのは、商人の輩がひそかに錢を鑄潰して銅器を製造するからです。錢一〇〇〇文で銅六斤になりますが、銅器を鑄造すれば、一斤につき六〇〇文餘りになります。その利益が多いので、錢から鑄直すことが多くなり、江淮地域では、錢の量が確實に減少しているのです。恐れながら從前の敕文にもとづき、銅鏡の鑄造を除き、一切ご禁斷くださいますよう願い上げます」と提案した。

〔原文〕三二

元和三年五月、鹽鐵使李巽上言、得湖南院申、郴州平陽高亭兩縣界、有平陽冶及馬跡曲木等古銅坑約二百八十餘井。差官檢覆、實有銅錫。今請於郴州舊桂陽監置鑪兩所、採銅鑄錢、毎日約二十貫、計一年鑄成七千貫、有益於人。從之。

其年六月、詔曰、泉貨之法、義在通流、若錢有所壅、貨當益賤。故藏錢者得乘人之急、居貨者必損己之資。今欲著錢令以出滯藏、加鼓鑄以資流布、使商旅知禁、農桑獲安。義切救時、情非欲利。若革之無漸、恐人或相驚。應天下商賈先蓄見錢者、委所在長吏、令收市貨物、官中不得輒有程限、逼迫商人、任其貨易、以求便利。計周歳之後、此法徧行、朕當別立新規、設蓄錢之禁。所以先有告示、許有方圓。意在他時、行法不貸。又天下有銀之山、必有銅鑛。銅者可資於鼓鑄、銀者無益於生人。權其重輕、使務專一。其天下自五嶺以北、見採銀坑、竝宜禁斷。恐所在坑戸、不免失業、各委本州府長吏勸課、令其採銅、助官中鑄作。仍委鹽鐵使條疏①聞奏。

〔校訂〕

①**條疏聞奏**　標點本・百衲本もと「條流」に作る。『冊府元龜』・『唐會要』『唐大詔令集』もまた「條流」に作る。ただ聞人本・殿本・合鈔本は、「流」字を「疏」に作り、條疏とする。條流の流字、字義通ぜず、正しくは疏字であるが、字形近似するにより、流字に譌誤したもの。唐代前半期以前にはすべて條疏に作るが、唐後半期以後、次第に條流が現れ、五代には一般になる。誤用が正用に轉じたのである。ここは正用する聞人本・殿本・合鈔本により、條疏に改訂する。

〔訓讀〕

元和三年①五月、鹽鐵使李巽②上言すらく、湖南院③の申を得たるに、郴州平陽・高亭兩縣界④に、平陽冶及び馬跡・曲木等の古銅坑、約《およ》そ二百八十餘井有り⑤、とあり。官を差《つかわ》して檢覆するに、實に銅錫有り。今、請うらくは、郴州の舊《もと》の桂陽監⑥に於て鑪兩所を置き、銅を採りて錢を鑄んことを。每日約そ二十貫⑦、計《かぞ》うるに一年にして七千貫を鑄成し、人に益有り、と。之に從う。

其の年六月、詔して曰く⑧、泉貨の法、義は通流するに在り。若し錢、壅《ふさ》ぐ所有れば、貨、當に益ます賤《やす》かるべし。故に錢を藏する者、人の急に乘ずるを得、貨を居《たくわ》うる者、必ず己の資を損なう。今、錢令を著して以て滯藏を出だし、鼓鑄を加えて以て流布に資し、商旅をして禁を知らしめ、農桑をして安きを獲しめんと欲す。義は時を救うに切にして、情は利を欲するに非ず。若し之を革《あらた》むるに漸無ければ、恐るらくは人、或いは相い驚かん。應《およ》そ天下の商賈の先に見錢を蓄うる者は、所在の長吏に委ねて貨物を收市せしめ、官中、輒りに程限有りて、商人に逼迫するを得ず、其の貨易するに任せ、以て便利を求めしめよ。計るに周歲の後、此の法徧く行なわるれば、朕、當に別に新規を立て、蓄錢の禁を設くべし⑨。先に告示有りて、方圓すること有るを許す所以なり。意は他時に法を行ないて貸《ゆる》さざるに在り。又た天下の銀有るの山⑩、必ず銅鑛有り。銅は鼓鑄に資す可きも、銀は生人に益無し。其の重輕を權《はか》り、專一に務めしめよ。其れ天下の五嶺自り以北⑪、見に銀を採るの坑、竝びに宜しく禁斷すべし⑫。恐るらくは所在の坑戸、業を失うを免れざるを。各おの本州府の長吏に委ねて勸課し、其れをして銅を採り、官中の鑄作を助けしめよ。仍りて鹽鐵使に委ねて條疏し聞奏せしめよ⑬、と。

〔注釋〕

①**元和三年**　第十一代皇帝憲宗李純（七七八〜八二〇、在位八〇五〜八二〇）治世の年號（八〇六〜八二〇）。憲宗の治績は『舊唐書』巻十四・十五本紀、『新唐書』巻七本紀に記す。

②**鹽鐵使李巽**　李巽（七四〇〜八〇九）、字は令叔。趙州贊皇縣（河北省贊皇縣）の人。明經に擧げられ、湖南・江西觀察使を歷任し、初期憲宗朝に判度支鹽鐵轉運使、吏部尙書となる。『舊唐書』巻一二三、『新唐書』巻一四九に立傳する。『舊唐書』巻一二三本傳に「順宗卽位、入爲兵部侍郎。司徒杜佑判度支鹽鐵轉運使、以巽幹治、奏爲副使。佑辭重位、巽遂專領度支鹽鐵使。榷筦之法、號爲難重、唯大曆中僕射劉晏雅得其術、賦入豐羨。巽掌使一年、征課所入、類晏之多歲、明年過之、又一年加一百八十萬貫。舊制、每歲運江淮米五十萬斛抵河陰、久不盈其數、唯巽三年登焉。遷兵部尙書、明年改吏部尙書、使任如故」とある。鹽鐵使在任は元和元年（八〇六）四月十四日から元和四年（八〇九）五月二十二日死亡時まで（『舊唐書』巻十四憲宗本紀上）。

③**湖南院**　加藤繁譯注上巻二九八（七八頁）は湖南鹽鐵巡院の略稱とする。鹽鐵使が報告を受けているところから見て、湖南院は鹽鐵使系統に屬する湖南鹽鐵轉運院の略稱である（李錦繡［二〇〇一］四三五頁）。湖南院は潭州（湖南省長沙市）にあった。

④**郴州平陽高亭兩縣**　郴州は、江南西道に屬する州。現在の湖南省郴州

市付近。平陽・高亭はともにその屬縣である。平陽縣は現在の桂陽縣付近、高亭縣は永興縣の西方にあたる。

⑤**有平陽冶及馬跡曲木等古銅坑約二百八十餘井**　『元和郡縣圖志』巻二十九江南道五郴州平陽縣條に「銀坑、在縣南三十里。所出銀至精好、俗謂之偈子銀、別處莫及。亦出銅鑛、供桂陽監鼓鑄」とある。

⑥**郴州舊桂陽監**　桂陽監は、鑄錢監の名稱。『新唐書』巻四十一地理志五江南道郴州桂陽郡條に「有桂陽監錢官」とあり、『元和郡縣圖志』巻二十九江南道五郴州條には「桂陽監、在城内。毎年鑄錢五萬貫」とある。また『泉志』巻三正用品下「咸通錢」條に「舊譜曰、唐咸通十一年、桂陽監鑄錢官王彤進新鑄錢、文曰咸通元寶。尋有敕、停廢不行」（『玉海』巻一八〇唐鑄錢七監・錢官條所引『錢譜』ほぼ同文）とあり、咸通年間にも鑄錢監として稼働していたことがわかる。

⑦**毎日約二十貫**　『新唐書』巻五十四食貨志四は「復置桂陽監、以兩鑪日鑄錢二十萬。天下歳鑄錢十三萬五千緡」と述べ、桂陽監錢鑪二基の一日鑄造量を「二十萬（二〇〇貫）」とする。「二十萬」は「二十貫」の譌誤か。ただ、新志によれば、年間鑄造量は七萬貫となり、『元和郡縣圖志』に云う五萬貫に近くなる。

　『通典』巻九食貨錢幣下原注に記載する天寶年間の鑄錢實績によれば、全國に郴州の五鑪をふくむ九十九鑪が設置され、「毎鑪計鑄錢三千三百貫、約一歳計錢三十二萬七千餘貫」とある。本志は二鑪で年間七千貫であるから、一鑪あたり三五〇〇貫となり、天寶年間の實績に見合う。『新唐書』は誤りである。『元和郡縣圖志』に云う五萬貫も信憑性を欠くと言わざるを得ない。

⑧**其年六月詔曰**　この詔敕の内容は、蓄錢禁止と民間における銀の採掘禁止の二つである。この詔敕については、『舊唐書』巻十四憲宗本紀上元和三年六月條にも「戊辰（十七日）、詔以錢少、欲設畜錢之令、先告諭天下商賈畜錢者、竝令逐便市易、不得畜錢。天下銀坑、不得私採」とあり、全體の要約を記述する。發敕日は、六月十七日である。

⑨**計周至之禁**　ここにいう「周歳之後」の「蓄錢之禁」に該當するものは史乘に確認できない。元和三年以降に確認できる蓄錢禁止令には、元和十二年正月の敕がある（後出）。

⑩**天下有銀之山**　銀をふくむ鑛山の全體について、良質の史料とは言えないが、『新唐書』が記述を殘しているので、參考に擧げておく。『新唐書』巻五十四食貨志四に「凡銀・銅・鐵・錫之冶一百六十八。陝・宣・潤・饒・衢・信五州、銀冶五十八、銅冶九十六、鐵山五、錫山二、鉛山四。汾州礬山七。……開元十五年、初税伊陽五重山銀・錫。……元和初、天下銀冶廢者四十、歳采銀萬二千兩、銅二十六萬六千斤、鐵二百七萬斤、錫五萬斤、鉛無常數。開成元年、復以山澤之利歸州縣、刺史選吏主之。其後諸州牟利以自殖、擧天下不過七萬餘緡、不能當一縣之茶税。及宣宗增河湟戍兵衣絹五十二萬餘匹、鹽鐵轉運使裴休請復歸鹽鐵使以供國用、增銀冶二・鐵山七十一、廢銅冶二十七・鉛山一。天下歳率銀二萬五千兩・銅六十五萬五千斤・鉛十一萬四千斤・錫萬七千斤・鐵五十三萬二千斤」とある。

　これらの鑛山は、開元年間までは私掘が許され、國家は税を取るだけであった。『大唐六典』巻二十二少府監掌冶署條に「凡天下諸州出銅鐵之所、聽人私採、官收其税」とある。

⑪**其天下自五嶺以北**　五嶺についてはいくつか説がある。『漢書』巻三十二張耳傳「南有五領（私案『史記』作五嶺）之戍」條の顔師古注に「裴氏廣州記云、大庾・始安・臨賀・桂陽・揭陽、是爲五領。鄧德明南康記曰、大庾領一也、桂陽騎田領二也、九眞都龐領三也、臨賀萌渚領四也、始安越城領五也」とあり、五嶺について二説をあげている。雙方若干の異動があるものの、その地名の比定地に大差はなく、唐代の行政區畫でいえ

ばおおむね嶺南道とそれ以北とを分かつ一帯に存在していた山嶺を指すと考えてよい。

⑫**見採銀坑竝宜禁斷**　『大唐六典』・『通典』・『元和郡縣圖志』・『新唐書』地理志などを整理して、唐代の銀産地を統計的に把握した楊遠［一九八二］（一三二頁）によれば、唐代の銀產地はすべて九十七箇所あり、嶺南道が最多で五十一箇所、次いで江南道の二十八箇所、河南道六箇所であり、その他は三箇所以下（關內道一箇所、河東道三箇所、山南道二箇所、隴右道三箇所、淮南道一箇所、劍南道二箇所）である。產銀額は不明であるが、唐全土におけるその壓倒的な部分を嶺南道が占めていたと考えてよい。嶺南道以外の地における銀の產出については、例えば『元和郡縣圖志』巻五河南道・河南府伊陽縣條に「銀鉚窟、在縣南五里、今歲稅銀一千兩」とあり、また同書巻二十八江南道・饒州樂平縣條に「銀山在縣東一百四十里、每歲出銀十萬餘兩、收稅山銀七千兩」とある（加藤繁［一九六五］、および日野開三郎［一九八二］參照）。

元和三年に廢止された銀坑については、注釋⑩に引いた『新唐書』食貨志に「元和初、天下銀冶廢者四十、歲采銀萬二千兩」とみえる。なお五嶺以北での銀採掘禁止令は、同年十月にも再度命じられている。『冊府元龜』巻四九三邦計部山澤一に「（元和三年）十月乙亥（二十七日）、重申採銀之禁、應輙採一兩已上者笞二十、遞出本界州縣、官吏節級科罰」とある。

⑬**條疏聞奏**　條疏は、條件などと同じく、箇條書きの規定をつくること。この條疏には、前掲注釋⑫『冊府元龜』所引元和三年十月乙亥「重申採銀之禁」にある「應輙採一兩已上者笞二十、遞出本界州縣、官吏節級科罰」のような規定がふくまれていたはずである。

〔通釋〕

元和三年（八〇八）五月、鹽鐵使の李巽が上奏し、「湖南鹽鐵轉運院の報告によれば、郴州の平陽・高亭兩縣の縣界に、平陽冶および馬跡・曲木などの古い銅坑が、およそ二八〇箇所餘りあるとのこと。官人を遣わして調査させたところ、確かに銅錫が存在しました。このたび郴州の舊桂陽錢監に錢鑪二基を設置し、銅を採掘して錢を鑄造するよう願いあげます。一日におよそ二十貫、一年で合計七〇〇〇貫の錢が鑄造でき、人民にとって利益があります」と提案した。憲宗はこれを許した。

その年（元和三年）の六月十七日、詔敕を下し、「貨幣制度は、流通することを目的とする。もし錢が滯留すれば、物價は益ます下落する。ゆえに錢を蓄藏する商人は、人の急につけ入ってもうけることができ、物を蓄積する農民は、自らの資產を損なうことになる。このたび、錢令を規定して蓄藏錢を放出させ、鑄造量を增やして流通を助けることとした。商人には禁令のあることを理解させ、農民には平穩を得させたく思う。その目的は時難を徹底して救うことにあり、利益を得んとする思いはない。もし變革がゆっくり進まなければ、人民のなかには動搖する者も出てこよう。天下の商人で、以前より現錢を蓄藏する者については、各地の地方長官に命じ、物資を交易させて錢を放出させよ。地方政府はみだりに期限を設けて商人を壓迫してはならない。交易を放任し、利便を追求せよ。一年の後、この法が行き渡ったならば、朕は別に新しい法規を定め、畜錢の禁令を設けるはずである。あらかじめ告知を行ない、あれこれ對應することを許す次第である。その本意は、次の機會には容赦なく法を斷行するところにある。

また銀を埋藏する天下全國土の鑛山には、かならず銅鑛が存在する。銅は錢の鑄造に必要であるが、銀は人民の役には立たない。銀と銅の價値を秤にかけ、つとめて銅に重心を置くようにせよ。五嶺以北の全國土にあって、現在、銀を採掘している鑛山は、すべて採掘を禁止するがよい。ただ各地の坑戶が失業してしまうことを心配する。各おの當該州府の長官に命じ、仕事を割當てて坑戶に銅を採掘させ、地方政府の錢貨鑄造を助けさせよ。よって鹽鐵使に命じ、箇條書き規定を作って上奏させよ」と命じた。

〔原文〕三三

四年閏三月敕①、京城時用錢、每貫頭除二十文、陌內欠錢及有鉛錫錢等。準②貞元九年三月二十六日敕、陌內欠錢、法當禁斷、慮因捉搦、或亦生姦。使人易從、切於不擾。自今已後、有因交關用欠陌錢者、宜但令本行頭及居停主人牙人等檢察送官。如有容隱、兼許賣物領錢人糾告、其行頭主人牙人、重加科罪。府縣所由祇承人等、竝不須干擾。若非因買賣、自將錢於街衢行者、一切勿問。

其年六月、敕、五嶺已北所有銀坑、依前任百姓開採、禁見錢出嶺。

六年二月、制、公私交易十貫錢已上、卽須兼用匹段。委度支鹽鐵使及京兆尹、卽具作分數、條疏③聞奏。茶商等公私便換見錢、竝須禁斷。

其年三月、河東節度使王鍔奏請、於當管蔚州界、加置鑪鑄銅錢、廢管內錫錢。許之。仍令加至五鑪。

〔校訂〕

①**四年閏三月敕**　標點本・諸本もと敕字無し。加藤繁譯注上卷三〇七（八一頁）に「四年閏三月の下には、本食貨志各本にも唐會要卷八九にも、直に京城時用錢云云とあれども、此の間に敕字無くば文義通ぜず。蓋し敕字脫落したるなるべし」と云う。本志下文に引く大和三年六月敕にも「中書門下奏、準元和四年閏三月敕、應有鉛錫錢、竝合納官、如有人糾得一錢、賞百錢者。當時敕條、貴在峻切、今詳事實、必不可行」とあり、これを左證する。いまこれに從い、敕字を增補する。

②**準貞元九年三月二十六日敕**　「準」字、百衲本・聞人本等諸本には無い。標點本校勘記に「「準」字各本原無、據唐會要卷八九補」とあり、いまこれによって、準字を補う。

③**條疏聞奏**　標點本・百衲本もと「條流聞奏」に作る。聞人本・殿本・合鈔本は條疏に作る。いま聞人本・殿本・合鈔本の正用に從い、流字を疏字に改訂する。條疏については、〔原文〕三一校訂①參照。

〔訓讀〕

四年閏三月、敕すらく①、京城時用の錢、每貫頭二十文を除き、陌內に錢を欠き、及び鉛錫錢有るもの等あり。②貞元九年三月二十六日の敕に準るに③、陌內の欠錢、法として當に禁斷すべきも、捉搦するに因りて、或いは亦た姦を生ぜんことを慮る。人をして従い易からしめ、擾《みだ》れざるを切とす。今自り已後、交關するに因りて欠陌錢を用うる者有れば、宜しく但だ本行頭及び居停の主人・牙人等④をして、檢察して官に送らしむべし。如し容隱すること有れば、兼ねて物を賣り錢を領するの人の糾告するを許し、其の行頭・主人・牙人、重く科罪を加えよ。府縣の所由・祗承人等⑤、竝びに干擾するを須《もち》いず。若し買賣するに因るに非ずして、自ら錢を街衢に將ちて行く者は、一切問うこと勿れ、と。

其の年六月、敕すらく⑥、五嶺已北の所有《あらゆる》銀坑、前に依りて百姓の開採するを任《ゆる》し⑦、見錢の嶺を出づるを禁ず、と。

六年二月、制すらく、公私の交易、十貫錢已上、即ち須らく兼ねて匹段を用うべし⑧。度支・鹽鐵使及び京兆尹に委ねて、即ちに具さに分數を作し、條疏して聞奏せしめよ。茶商等の公私に見錢を便換するは⑨、竝びに須らく禁斷すべし、と。

其の年三月、河東節度使王鍔⑩奏請すらく、當管蔚州の界に於いて鑪を加置して銅錢を鑄し、管內の錫錢を廢さん⑪、と。之を許す。仍りて加えて五鑪に至らしむ⑫。

〔注釋〕

①**四年閏三月敕**　本節敕文を引用する文宗大和三年六月敕が、『册府元龜』巻五〇一邦計部錢幣三に「文宗太和三年六月、中書門下奏、元和四年閏三月四日敕、應有鉛錫錢、竝合納官、如有人糾得一錢、賞百錢。當時敕條、貴在峻切、今詳事實、必不可行……」とある。本閏三月敕の發敕日が四日であることが分かる。

②**毎貫頭除二十文陌內欠錢及有鉛錫錢等**　本閏三月敕は、この時期に長安で行用する三種の貨幣使用形態について禁止する。すなわち、⑴「毎貫頭除二十文」、⑵「陌內欠錢」、⑶「有鉛錫錢」である。このうち新たに禁止されたのは⑴「毎貫頭除二十文」であり、⑵「陌內欠錢」については、「貞元九年三月二十六日敕」を準用するよう指示する。⑶「有鉛錫錢」については、本來この敕文にあった規定が省略されている。本節で省略された「有鉛錫錢」規定については、後文〔原文〕三七の大和三年六月中書門下上奏に引用しているので、この時の規定內容が判明する。後出元和十四年六月敕に「毎貫除二十文、足陌內欠錢及有鉛錫錢」とあるのは、本四年閏三月敕をうけたものである。なお、鉛錫錢はもとより私鑄錢である。その錢樣は巻末「唐代鑄造錢」⑶―16・17・18參照。

⑴「毎貫頭除二十文」とは、一貫＝一括り錢一〇〇〇枚のうちから二〇枚を控除した九八〇文で行使される貨幣流通の形態をいう。⑵「陌內欠錢」とは短陌を言う。短陌とは百個未滿の錢を名目百文（一陌）として行使することで、短錢・錢陌・除陌などとも稱される（宮澤知之［一九九八］第二部第一章參照）。⑶「有鉛錫錢」は、一貫もしくは一足陌內に鉛錫錢を混在させて行使する貨幣使用形態をいう。

③**準貞元九年三月二十六日敕**　貞元は德宗の治世の年號（七八五～八〇五）。その九年は西曆七九三年に相當する。

貞元九年三月二十六日敕について、『册府元龜』巻五〇一邦計部錢幣三に「（貞元九年）三月敕、陌內欠錢、法當禁斷、慮因捉搦、或亦生姦。使人易從、切於不擾。自今已後、有因交關用欠陌錢者、宜但令本行頭及居停主人・牙人等撿察送官。如有容隱、兼許賣物領錢人糾告、其行頭・主人・牙人、重加科罪。府縣所由祗承人等、竝不須干擾。若非因買賣、

自將錢於街衢行者、一切勿問」とある。本節の元和四年閏三月敕は、これを全文踏襲している。

④**本行頭及居停主人・牙人**　行頭について。行は、肆とも言い、市内の同業商店のならびの意。『大唐六典』巻二十太府寺京都諸市令條に「凡建標立候、陳肆辨物、以二物平市（謂秤以格、斗以槪）、以三賈均市（精爲上賈。次爲中賈、麄爲下賈）」とあり、肆・行ごとに標識を立てて商う商品を明示した。天聖令關市令（宋第一〇條）にも「諸市四面不得侵占官道以爲賈舍、毎肆立標行名、市司毎行準平貨物時價爲三等、旬別一申本司」とあって、繼承された。

具體を示す史料として、宋敏求『長安志』巻八東市條に「市內、貨財二百二十行、四面立邸、四方珍奇、皆所積集」とあり、また圓仁『入唐求法巡禮行記』巻四會昌三年六月二十七日條に「夜三更、東市失火、燒東市曹門已西十二行四千餘家」などとみえる。行頭とは、行の頭目の意。また行老・行首とも稱せられた（加藤繁［一九五二］「唐宋時代の商人組合「行」を論じて清代の會館に及ぶ」參照）。

○**居停主人**　邸店主のこと。倉庫を備える宿泊業者および倉庫業者を指す語である。時には省略して、單に「主人」とも表記される（加藤繁［一九五二］「居停と停塌」參照）。

○**牙人**　唐代の牙人は主として取引斡旋業を營んだ。唐中葉以降、客商の活動が活發化すると、邸店は客商のための取引周旋に乘り出し流通機構の中で重要な位置を占めるに至る。このような過程に對應して、邸店の信賴を受けて取引者を斡旋していた牙人が次第に擡頭していく。十世紀初め頃から、市制の解體にともない、都市農村間の流通を有機的に媒介する役割を擔って、牙人は仲買業にも進出するようになった（宮澤知之［一九九八］第一部第四章）。

⑤**府縣所由祗承人等**　所由は府司・縣司に勤務する胥吏。祗承人は不詳。加藤繁譯注上巻三一五（八二頁）は「祗承人は職役の一種なるべく人民を指點してこれに充てたるならん」と云う。

⑥**其年六月敕**　『舊唐書』巻十四憲宗本紀上元和四年六月條に「辛丑、五嶺已北銀坑、任人開採、禁錢不過嶺南」とある。六月辛丑は二十七日。

⑦**依前任百姓開採**　「依前」とは、銀鑛採掘を禁止した前出〔原文〕三二の「元和三年六月敕」以前の狀態を言う。

⑧**公私交易十貫錢已上卽須兼用匹段**　交易に際し、現錢とともに絹帛を實物貨幣として用いること。早くは玄宗の開元年間に見られる。『唐會要』巻八十九泉貨條に「其年（開元二十二年）十月六日敕、貨物兼通、將以利用、而布帛爲本、錢刀是末、賤本貴末、爲弊則深、法教之間、宜有變革。自今已後、所有莊宅、以馬交易、竝先用絹布綾羅絲綿等、其餘市價至一千以上、亦令錢物兼用、違者科罪」とある。

この政策の實施結果について、元稹は、その他の貨幣政策をふくめて批判的に紹介している。『元氏長慶集』巻三十四表狀「錢貨議狀」に「竊見元和以來、初有公私器用禁銅之令、次有交易錢帛兼行之法、近有積錢不得過數之限、毎更守尹、則必有用錢不得加除之牓、然而銅器備列於公私、錢帛不兼於賣鬻、積錢不出於墻垣、欺濫遍行於市井、亦未聞鞭一夫、黜一吏、賞一告訐、壞一蓄藏。豈法不便於時耶。蓋行之不至也」とある。

⑨**茶商等公私便換見錢**　便換は、飛錢とも言う。『新唐書』巻五十四食貨志四に「時商賈至京師、委錢諸道進奏院及諸軍・諸使・富家、以輕裝趨四方、合券乃取之、號飛錢」とある。商人が長安に來ると、各地の節度使の進奏院（長安駐在事務所）や諸軍・諸使・富家に現錢を預けて證書を受けとり、輕裝で各地に趣いて、その地で證書を照合して現錢を受領した、これを飛錢と呼んだのである。便換・飛錢は、送金手形である。

⑩**河東節度使王鍔**　河東道はいわゆる十道のうちの一つ。その擴がりはおおよそ今の山西省の境域と重なる。

○王鍔　王鍔（七四〇～八一五）、字は昆吾、自らは太原の人と稱す。元和三年（八〇八）九月、淮南より河中晉絳慈隰節度使に遷り、およそ二年ののち、同五年十一月に太原尹・北都留守・河東節度使に移鎭、同十年十二月乙丑（二十八日）、在職のまま卒した。卒年七十六。『舊唐書』卷一五一、『新唐書』卷一七〇に立傳する。

⑪奏請至錫錢　奏請内容とそれを許可した詔敕のより具體的な内容が殘っている。『册府元龜』卷五〇一邦計部錢幣三元和六年條に「三月、河東節度使王鍔奏請、於當管蔚州界加置鑪鑄銅錢、漸廢錫錢。詔、河東道自用錫錢巳來、百姓不堪其弊。若蔚州鼓鑄、漸致銅錢、則公私之間、皆得允用。宜委所司、子細計料量借錢、今積漸加至五鑪」とある。

○蔚州　河東道に屬す。現在の山西省靈丘縣。蔚州はこれ以前よりすでに、鑄錢監所在州のひとつとして文獻中にあらわれる。『大唐六典』卷二十二太府寺諸鑄錢監條原注に「今絳州三十鑪、楊・宣・鄂・蔚各十鑪、益・鄧・郴各五鑪、洋州三鑪、定州一鑪」とある。

○錫錢　唐代の河東は往往にして錫錢の流通する地域であった。『新唐書』卷五十四食貨志四に「（大和）八年（八三四）、河東錫錢復起、鹽鐵使王涯置飛狐鑄錢院於蔚州、天下歲鑄錢不及十萬緡」とあり、錫錢流通がくりかえされている。

同時に鐵錢や鉛錢も流通していた。『元和郡縣圖志』卷十四河東道三に「元和七年……、時朝廷新收易・定、河東道久用鐵錢、人不堪弊、至是倶受利焉」とあり、また『資治通鑑』卷二四二長慶元年（八二一）九月條にも「戸部尚書楊於陵以爲、又大曆以前、淄靑・太原・魏博貿易雜用鉛・鐵、嶺南雜用金・銀・丹砂・象齒、今一用錢」とある。鉛錢・鐵錢は、私鑄錢である。

⑫許之仍令加至五鑪　許可した詔敕の内容は、前揭注釋⑪所引『册府元龜』に詳しい。その發敕の日付について、『舊唐書』卷十四憲宗本紀上元和六年三月丁未條に「河東舊使錫錢、民頗爲弊、宜於蔚州置五鑪鑄錢」とある。丁未は十三日。

このとき五基の錢鑪が置かれたのは州内飛狐縣の地であろう。『元和郡縣圖志』卷十四河東道三蔚州飛狐縣條に「元和七年、中書侍郎平章事李吉甫奏、臣訪聞、飛狐縣三河冶銅山約數十里、銅鑛至多、去飛狐錢坊二十五里、兩處同用拒馬河水、以水斛銷銅。北方諸處、鑄錢人工絶省、所以平日三河冶置四十鑪鑄錢、舊跡竝存、事堪覆實。今但得錢本、令本道應接人夫、三年以來、其事卽立、救河東困竭之弊、成易定援接之形。制置一成、久長獲利。詔從之。其年六月起工、至十月置五鑪鑄錢、每歲鑄成一萬八千貫」とある。ただし『圖志』所載のこの記事は王鍔の奏請を記さず、元和七年の李吉甫の上奏を記し、これによって同年十月、錢鑪五基が設けられたと述べる。

なお、『册府元龜』卷五〇一邦計部錢幣三にも「（元和）七年二月詔、蔚州鑄錢、令度支量支錢三萬貫充本。是月、詔曰、錢重物輕、爲弊頗甚、詳求適變、將以便人。所貴緡貨通行、里閭寬息。宜令百寮各隨所見、作利害狀、以聞」とある。蔚州にて五鑪を增設し、鑄錢が實行に移されたのは、元和七年の時點でのことであろう。李吉甫の上奏によれば、遲延した原因は、鑄錢元本よりも鑄錢工の缺少であった。

〔通釋〕

元和四年（八〇九）閏三月四日、詔敕を下し、「京城長安の、現今の貨幣使用には、（一貫一千文については、）貫頭ごとに二〇文を差し引いて使用するもの、一陌百文内の欠錢、および鉛錫錢を混ぜて使用するもの等がある。貞元九年（七九三）三月二十六日の敕文を準用し、陌内欠錢については、法令にあっては禁止すべきであるが、取締りにかかわって、また惡事が出來するのではないかと憂慮する。人民が従いやすく、混亂させないことが大切である。以後、交易にかかわって一陌百文に滿たない錢を使用したばあい、ただ當該の行頭や居停の主人・牙人等だけを取調べて官署に引き渡すがよい。もし隱し立てする者があれば、別に物を販賣して錢を受け取った者が告發することを許し、行頭や居停の主人・牙人等には、重い刑罰を加えよ。府縣の所由・祇承人等は、斷じて干渉・妨害してはならない。賣買とは關係なく、自ら錢を所持して街頭を行くばあいは、一切罪に問うてはならぬ」と諭した。

その年（元和四年）六月二十七日、詔敕を下し、「五嶺以北のすべての銀坑は、從前どおり人民が採掘することを許し、現錢を嶺南に持ち出すことは禁止せよ」と命じた。

元和六年二月、制敕を下し、「公私における交易錢額が十貫以上であるばあい、是非にも布帛をあわせて使用させる必要がある。度支使・鹽鐵使および京兆尹に命じて現錢と布帛との割合を子細に算出させ、箇條書き規定を作成して上奏させよ。茶商人らが公私にわたって現錢を便換（飛錢）することは、みな禁止すべきである」と命じた。

その年（元和六年）三月、河東節度使の王鍔が「當方管下の蔚州界內において、錢鑪を增設して銅錢の鑄造を行ない、管下の錫錢流通を停止したい」と奏請した。十三日、憲宗はこれを許し、錢鑪を五基に增やした。

〔原文〕三四

七年五月、戶部王紹度支盧坦鹽鐵王播等奏、伏以京都時用、多重見錢、官中支計、近日殊少。蓋緣比來不許商人便換、因茲家有滯藏、所以物價轉輕①、錢多不出。臣等今商量、伏請許令商人於三司任便換見錢、一切依舊禁約。伏以比來諸司諸使等、或有便商人錢、多留城中、逐時收貯、積藏私室、無復通流。伏請自今已後、嚴加禁約。從之。

八年四月、敕、以錢重貨輕、出內庫錢五十萬貫、令兩市收市布帛、每端匹估加十之一。

〔校訂〕

①**物價轉輕**　標點本・諸本もと「物價轉高」に作る。『唐會要』卷八十九・『册府元龜』卷五〇一、「高」字を「輕」に作る。中華書局標點本校勘記には、「「高」字唐會要卷八九、册府卷五〇一作「輕」、新書卷五四食貨志作「繒帛價輕」。張森楷校勘記云：「案錢難得則物富貶價、下文亦云『錢重貨輕』、則輕字是也」」とあり、また加藤繁譯注上卷三二五（八四頁）には、「物價轉た高くは轉た輕くの誤なり。唐會要卷八九・册府元龜卷五〇一には轉た輕くに作れり」という。これにより、高字を輕字に改訂する。

〔訓讀〕

七年五月、戶部王紹・度支盧坦・鹽鐵王播等奏すらく①、伏して以《おも》えらく、京都②の時用、多く見錢を重んじ、官中の支計、近日殊に少なし。蓋し比來商人の便換するを許さず、茲れに因りて家ごとに滯藏有るに緣る。物價轉《うた》た輕く、錢多く出でざる所以なり。臣等今、商量し、伏して請うらくは、商人をして三司③に於て見錢を便換するを任《ゆる》さしむるも、一切舊に依りて禁約するを許されんことを。伏して以えらく、比來諸司・諸使等、或いは商人に錢を便《か》り、多く城中に留むること有り、時を逐いて收貯し、私室に積藏したれば、復たは通流すること無し。伏して請うらくは、自今已後、嚴しく禁約を加えんことを、と。之に從う。

八年四月、敕すらく④、錢重く貨輕きを以て、內庫⑤の錢五十萬貫を出だし、兩市⑥をして布帛を收市し、端匹每に估りて十の一を加えしめよ⑦、と。

〔注釋〕

①**戶部王紹度支盧坦鹽鐵王播等奏**　『唐會要』卷八十九泉貨條は「兵部尙書判戶部事王紹・戶部侍郎判度支盧坦・鹽鐵使王播」に作り、『冊府元龜』卷五〇一邦計部錢幣三は「兵部尙書判戶部王紹・戶部侍郎判度支盧坦・鹽鐵使王播」に作る。

○**王紹**　王紹（七四三～八一四）、名はもと純といったが、のち憲宗の諱を避けて紹と稱した。元和年間初頭、檢校尙書右僕射、のち兵部尙書・判戶部を拜した。『舊唐書』卷一二三、『新唐書』卷一四九に立傳する。

○**盧坦**　盧坦（七四九～八一七）、字は保衡。河南府洛陽の人。元和三年に刑部侍郎・鹽鐵轉運使、ついで戶部侍郎・判度支となった。『舊唐書』卷一五三、『新唐書』卷一五九に立傳する。

○**王播**　王播（七五九～八三〇）、字は明敭。その先は太原の人。元和六年三月、刑部侍郎に遷り、諸道鹽鐵轉運使となった。〔原文〕四四注釋①參照。

②**京都**　西京長安と東都洛陽。西京と東都とをあわせて京都と言う。

③**三司**　戶部・度支・鹽鐵の三司を言う。『唐會要』卷八十九・『冊府元龜』卷五〇一は、ともに「戶部・度支・鹽鐵三司」に作る。『五代會要』卷二十四建昌宮使・長興元年八月敕條原注に「唐朝以戶部度支掌錢貨、鹽鐵則特使名。戶部度支則尙書省本司侍郎・郎中判其事」とある。

④**八年四月敕**　『舊唐書』卷十五憲宗本紀下元和八年四月條に「丙戌、以錢重貨輕、出庫錢五十萬貫、令兩常平倉收市布帛、每段匹於舊估加十之一」とある。四月丙戌は四日。

⑤**內庫**　國家財庫である左右藏庫に對する天子の專屬財庫として、玄宗の開元年間以來、內廷に設置された倉庫。大盈庫・瓊林庫を主要倉庫とする。內侍省に屬する宦官が大盈庫使・瓊林庫使などの使職を帶びて管掌した。李錦繡［二〇〇二］第一篇第四章第一節「唐後期的內庫及管理機構」、竝びに〔原文〕三注釋⑩・〔原文〕六注釋②參照。

⑥**兩市**　長安城內東西兩市を言う。『舊唐書』卷十五憲宗本紀は、「兩常平倉」に作り、『唐會要』卷八十九・『冊府元龜』卷五〇一は、「兩常平」に作る。兩市常平倉の意。『唐會要』卷八十八倉及常平倉條に「（永徽）六年（六五五）、京東二市（私案『舊唐書』卷四十九食貨志下作京東西二市）置常平倉、以大雨道路不通、京師米貴。顯慶二年（六五七）十二月三日、京常平倉、置常平署官員」とある。唐代の常平倉の制度については、『舊唐書』卷四十九食貨志下、『唐會要』卷八十八倉及常平倉條等參照。

⑦**每端匹估加十之一**　前揭注釋④『舊唐書』憲宗本紀は、「於舊估加十之一」に作る。從前の估價にその一割を加えて購入價格とすること。估價については、〔原文〕二〇注釋⑥參照。

〔通釋〕

（元和）七年五月、兵部尚書判戸部事王紹・戸部侍郎判度支盧坦・鹽鐵使王播が上奏し、「恐れながら思いまするに、西京長安・東都洛陽で現在使用する貨幣のうち、おおむね現錢が尊ばれており、官府の出納に用いる現錢は、近日來殊に減少しています。つまり、近頃は商人に便換を許さないので、そのために家家に現錢が退藏され、布帛の價格がいよいよ下落し、錢がおおむね出回らなくなってしまった譯です。私どもこのたび協議し、商人が三司にて現錢を便換することのみ許し、このほかは一切、從來どおり禁止することをお許しくださるよう願いあげます。恐れながら思いまするに、近頃、諸司・諸使などのなかには、商人から錢を借り、多く長安城内に存留する者がおり、時を追って自分の家にとりまとめて蓄藏していくので、現錢は二度と流通しなくなっています。今後は、嚴重に禁制を加えられますよう、恐れながら願いあげます」と提案した。憲宗はこれを許した。

元和八年四月四日、詔敕を下し、「錢の價値が高く、布帛の價格が低いので、内藏庫から錢五十萬貫を放出し、東西兩市の常平倉に命じて布帛を買上げさせ、布一端・帛一匹ごとに、一割上乘せして購入價格とせよ」と命じた。

〔原文〕三五

十二年正月、敕、泉貨之設、故有常規、將使重輕得宜。是資斂散有節、必通其變、以利於人。今繒帛轉賤、公私俱弊。宜出見錢五十萬貫、令京兆府揀擇要便處開場、依市價交易、選清強官吏、切加勾當。仍各委本司、先作處置、條件聞奏。必使事堪經久、法可通行。

又敕、近日布帛轉輕、見錢漸少、皆緣所在壅塞、不得通流。宜令京城內、自文武官僚、不問品秩高下、竝公郡縣主中使等、下至士庶商旅寺觀坊市、所有私貯見錢、竝不得過五千貫。如有過此、許從敕出後、限一月內、任將市別物收貯。如錢數較多、處置未了、任於限內於地界州縣陳狀、更請限。縱有此色、亦不得過兩箇月。若一家內別有宅舍店舖等、所貯錢竝須計用在此數。其兄弟本來異居曾經分析者、不在此限。如限滿後有違犯者、白身人等、宜付所司、決痛杖一頓處死。其文武官及公主等、竝委有司聞奏、當重科貶。戚屬中使、亦具名銜聞奏。其賸貯錢、不限多少、竝勒納官。數內五分取一分充賞錢、止於五千貫。此外察獲及有人論告、亦重科處分、竝量給告者。

時京師里閭區肆所積、多方鎭錢、王鍔韓弘李惟簡、少者不下五十萬貫。於是競買第屋以變其錢、多者竟里巷、傭僦以歸其直。而高貲大賈者、多依倚左右軍、官錢爲名、府縣不得窮驗、法竟不行。

〔訓讀〕

十二年正月、敕すらく①、泉貨の設、故《いにしえ》より常規有り②、將て重輕をして宜しきを得せしむ。是れ斂散節有り、必ず其の變を通じ、以て人を利するを資《ま》つ。今、繒帛轉《うた》た賤《やす》くして、公私俱に弊す。宜しく見錢五十萬貫を出だし、京兆府をして要便の處を揀擇して場を開き、市價に依りて交易し、淸強の官吏を選びて、切に勾當を加えしむべし。仍りて各おの本司に委ねて、先に處置を作し、條件して聞奏せしめよ。必ず事をして經久に堪え、法をして通行す可べからしめよ、と。

又た敕すらく、近日、布帛轉《うた》た輕く、見錢漸く少なきは、皆な所在に壅塞し、通流するを得ざるに緣る。宜しく京城の內に令し、文武官僚自り、品秩の高下を問わず、竝びに公郡縣主③・中使④等、下は士庶・商旅・寺觀・坊市に至るまで、所有《あらゆる》私貯の見錢、竝びに五千貫を過ぐるを得ざらしむべし。如し此れを過ぐること有れば、許して敕出でて從りの後、一月の內を限り、將て別物を市いて收貯するを任《ゆる》す。如し錢數較や多く、處置未だ了らざれば、限內に於て地界の州縣に狀を陳べ、更に限を請うを任《ゆる》す。縱《たと》い此の色有るも、亦た兩箇月を過ぐるを得ず。若し一家の內、別に宅舍店舖等有れば、貯うる所の錢、竝びに須らく計用して此の數に在らしむべし。其れ兄弟の本來居を異にし、曾經《かつ》て分析したる者は、此の限りに在らず。如し限滿つるの後、違犯する者有れば、白身人⑤等、宜しく所司に付し、痛杖一頓に決して死に處すべし⑥。其れ文武官及び公主等、竝びに有司に委ねて聞奏せしめ、重科に當てて貶す。戚屬・中使も亦た名銜を具して聞奏せよ。其れ贓貯の錢は、多少を限らず、竝びに勒して官に納めしめよ。數內五分して一分を取りて賞錢に充て、五千貫に止めよ⑦。此の外、察獲し及び人の論告するもの有らば、亦た重科もて處分し、竝びに量りて告者に給え、と。

時に京師、里閭區肆に積む所、多く方鎭の錢にして、王鍔・韓弘・李惟簡、少なき者も五十萬貫を下らず⑧。是に於て競いて第屋を買いて以て其の錢を變じ、多き者は里巷を竟め⑨、傭僦⑩して以て其の直を歸す。而して高貲大賈、多く左右軍に依倚し⑪、官錢を名と爲す。府縣窮驗⑫するを得ずして、法竟に行なわれず。

〔注釋〕

①**十二年正月敕**　『唐會要』巻八十九泉貨條は本志に同じ。『冊府元龜』巻五〇一邦計部錢幣三は、十二年四月とする。ここは『唐會要』に從う。

②**泉貨之設故有常規**　『唐會要』巻八十九泉貨條・『冊府元龜』巻五〇一邦計部錢幣三は、ともに「泉貨之設、古有常規」に作る。本志故字は古字の意である。

③**公郡縣主**　公主・郡主・縣主、いずれも宗室に屬する女子に與えられる封號。『舊唐書』巻四十三職官志二吏部司封郎中條に「凡外命婦之制、皇之姑、封大長公主、皇姉妹、封長公主、皇女、封公主、皆視正一品。皇太子之女、封郡主、視從一品。王之女、封縣主、視正二品」とある。

④**中使**　『六臣註文選』巻五十九沈休文「齊故安陸昭王碑文」中使條張銑注に「天子私使、曰中使」とあるように、中使とは、宣敕の任を帶びて宮中より派出される使者を言い、多く宦官がこの任を負った。ただ、當

時宦官は內使とも稱された。『資治通鑑』卷二二三廣德元年（七六三）十月條所引胡三省注に「時宦官皆爲內諸司使、故曰內使」とある。ここにいう「中使」は「內使」と同意であろう。

この時期に內侍省を構成した宦官は、高品官・品官、官品をもたない白身の宦官、合わせて四六一八人、そのうち高級官人は一六九六人であった。『唐會要』卷六十五內侍省條に「至元和十五年（八二〇）四月、內侍省奏、應管高品・品官・白身、共四千六百一十八人。數內一千六百九十六人、高品諸司使、幷內養諸司判官等、餘幷單貧、無屋室居止、須稍優恤。宜各加衣糧半分、度支據數支給（謹按舊史、天寶末、品官黃衣以上三千餘人。下文已云盛矣。今則又踰其數焉）」とある。

⑤**白身人**　本節でも文武官及び公主等と對比するように、九品官人、あるいは九品官の任官資格をもつ出身人との對比で用いられる無官・無爵の庶人を言う。前揭注釋④『唐會要』卷六十五內侍省條參照。なお例をあげれば、『通典』卷十五選擧三歷代制下に「（貞元）五年（七八九）五月敕、自今以後、諸色人中有習三禮者、前資及出身人依科目選例、吏部考試。白身依貢擧例、禮部考試。每經問大義三十條、試策三道。所試大義、仍委主司於朝官・學官中、揀擇精通經術三五人聞奏、主司與同試問」とある。明經出身・進士出身、流外出身など、樣ざまな經路を通じて任官資格を得た者を出身人と呼び、任官資格をもたない庶人を白身人と呼んでいる。また『册府元龜』卷一〇二帝王部招諫一廣德二年（七六四）條に「二月制、百官有論時政得失、竝任指陳事實、具狀進封。必宜切直無諱。有司白身人亦宜准此、任詣匭使進表。朕將親覽、必加擇用」とあり、ここでは百官と有司白身人とを對比する。有司白身人とは、諸司職掌人、色役就任者など、庶人の身分で官府に勤務する「庶人在官者」を指している。

⑥**決痛杖一頓處死**　刑名。『唐會要』卷三十九議刑事輕重條に「至寶應元年九月八日、刑部・大理奏、准式、制敕處分、與一頓杖者、決四十。至到與一頓及重杖一頓、竝決六十。無文至死者、爲准式處分。又制敕或有令決痛杖一頓者、式文既不載杖數、請准至到與一頓、決六十、竝不至死」と見え、その打數に六十回と定められていたことがわかる。ここにいう杖・重杖・痛杖の別は「杖の長さや太さなどによるもの」と云う（內田智雄編〔一九七〇〕二九〇頁）。

⑦**數內五分取一分充賞錢止於五千貫**　『唐會要』卷八十九・『册府元龜』卷五〇一は、「數內五分取一分、充賞錢數、其賞錢止於五千貫」に作る。加藤繁譯注上卷三四二（八八頁）は、「本志各本には「其」の字無し。唐會要卷八九・册府元龜卷五〇一には「其」の字有り。本志には誤りて脫したるならん」と云う。指摘のとおりであるが、意は通じるので、原文のまま通釋する。

⑧**王鍔韓弘李惟簡少者不下五十萬貫**　『唐會要』卷八十九・『册府元龜』卷五〇一は、「如王鍔・韓弘・李惟簡、少者不下五十萬貫」とあって如字を加える。この方が意は通じやすい。

○**王鍔**　王鍔（七四〇～八一五）、〔原文〕三三注釋⑩參照。彼は元和十年十二月に死去しているから、當該詔敕の發出時點ではすでに故人である。

○**韓弘**　韓弘（七六五～八二二）、滑州匡城（河南省洧川縣東北）の人。貞元十五年（七九九）、宣武軍都知兵馬使から宣武軍節度副大使知節度事・宋亳汴潁觀察等使となる。以後、德宗・憲宗兩朝を通じて宣武軍節度使として威を振るった。元和十四年（八一九）七月、入覲して節度使の職を辭し、同十五年六月、河中尹・河中晉絳節度觀察等使に遷る。『舊唐書』卷一五六、『新唐書』卷一五八に立傳する。また韓愈に「司徒兼侍中中書令贈太尉許國公神道碑銘」がある。

○**李惟簡**　李惟簡は、成德軍節度使李寶臣の第三子（？～八一八）。元和

初年、檢校戶部尚書・左金吾衛大將軍。また鳳翔・隴右節度使を拜す。『舊唐書』巻一四二、『新唐書』巻二一一に立傳する。

　當時の京兆府の年間兩稅收取額は、兩稅錢六十八萬貫・斛斗三十二萬石、總定額一〇〇萬貫石であった（渡邊信一郎［二〇一〇］五三四頁）。五十萬貫を下らないという現錢蓄積は相當な規模である。

⑨**竟里巷**　加藤繁譯注上巻三四四（八八頁）に「里は坊に同じ。城中の一區畫なり。巷は里中の道路。里巷を竟むとは一坊の地を悉く買ひ入る、ことを謂ふならん」と云う。

⑩**傭僦**　加藤繁譯注上巻三四五（八八頁）に「傭は人を雇ふなり。僦は家屋舟車を賃借するの意なるが、茲にては車を雇ふことを謂ふならん」と解釋する。

⑪**左右軍**　唐制、禁軍には北衙禁軍と南衙十二衞禁軍があった。ここに云う左右軍は、左右羽林・左右龍武・左右神武の北衙六軍および左右神策軍である。『舊唐書』巻四十四職官志三左右羽林軍・左右龍武軍・左右神武軍・左右神策軍の條參照。同職官志三・六軍統軍條に「興元元年（七八四）正月二十九日敕、左右羽林・左右龍武・左右神武各置統軍一人、秩從二品」とある。北衙六軍は宮城北門に駐屯し、神策軍は、京西（鳳翔・秦州・隴州・原州・涇州・渭州）及び京北（邠州・寧州・丹州・延州・鄜州・坊州・慶州・靈州・鹽州・夏州・綏州・銀州・宥州）に駐屯した（『資治通鑑』巻二三九憲宗元和七年是歲條）。

⑫**府縣**　京兆府および長安・萬年の兩縣を言う。

〔通釋〕

（元和）十二年正月、詔敕を下し、「鑄貨には、造られたそのかみより常法がある。それは鑄貨の價値を適正に均衡させることである。それには鑄貨の收集・放出に節度があり、必ず臨機應變に運用して、民に利益をもたらす必要がある。現今、絹價がいやましに下落し、公私ともに弊害となっている。現錢五十萬貫を放出し、京兆府に命じて、適切な要地を選んで交易場を設置し、市場價格で交易させ、清廉にして力量に富む官吏を選りすぐって、嚴しく監督させるがよい。よって各おの當該官司に命じ、前もって實行案をつくらせ、箇條書きにして上奏させよ。必ずこの實行案が長期にわたって維持され、法としてあまねく行きわたるようにせよ」と命じた。

　さらに詔敕を下し、「近ごろ、布帛の價格はいやましに下落し、現錢の流通が次第に減少している。これはみな、現錢が至るところで滯留し、流通しないことによる。長安城內の、文武百官より、その品秩の高下を問わず、ならびに公主・郡主・縣主、中使等、下は士庶・商旅・寺觀・坊市の住人に至るまで、私に蓄積したその現錢は、決して五〇〇〇貫を超過せぬようにするがよい。もしこの額を超過するのであれば、發敕後一箇月以內に、他の物資を購入して貯備することを許す。もし錢の額が比較的大きく、處分しきれなければ、期限內に所屬の州縣に文書を提出し、あらためて期限延長を申請することを許す。たとえこの種の事情があろうとも、決して二箇月を超えてはならぬ。もし一家のうちに別に家屋や店舗があれば、そこに貯備する現錢は、みな必ずこの制限額內に繰入れるべきである。兄弟で元來別に居住し、すでに家產分割している場合は、この限りではない。期限が滿了したのち、もし規定に違反したならば、無官の白身人は、擔當官司に身柄を引渡し、痛杖一頓處死にあてるがよい。文武百官および公主等については、ならびに關係官司に命じて上奏させ、重い罪に當てて降格させよ。外戚や中使もまた、官位姓名を書きあげて上奏させよ。制限額を超過した現錢は、多少にかかわらず、すべて強制的に國家に納めさせよ。その額の中から五分の一を褒賞に充てるが、五〇〇〇貫までとする。これ以外に官に摘發されたり、人に告發されたりした場合についても、重い罪で處分し、あわせて相當額を告發者に與えよ」と命じた。

このとき、京師長安の坊里や市肆に蓄積されていた現錢は、おおむね藩鎮の錢であり、王鍔・韓弘・李惟簡等の錢は、少額でも五十萬貫を下らなかった。かくしてかれらは、競って邸宅を買い、錢を資産に變えた。多い場合には一坊を買い占め、車を雇って對價の錢を送り届けた。高額資産をもつ大商人は、おおむね左右禁軍に委託し、禁軍の官錢であることを標榜したので、京兆府・諸縣はこれを徹底的に調査することができなかった。この詔敕は、結局實行されなかった。

〔原文〕三六

十四年六月、敕、應屬諸軍諸使、更有犯時用錢、毎貫除二十文、足陌內欠錢及有鉛錫錢者、宜令京兆府、枷項收禁、牒報本軍本使、府司差人就軍、及看決二十。如情狀難容、復有違拒者、仍令府司聞奏。

十五年八月、中書門下奏、伏準群官所議鑄錢、或請收市人間銅物、令州郡鑄錢。當開元以前、未置鹽鐵使、亦令州郡勾當鑄造。今若兩稅盡納匹段、或慮兼要通用見錢。欲令諸道公私銅器、各納所在節度團練防禦經略使、便據元敕給與價直、并折兩稅。仍令本處軍人鎔鑄、其鑄本、請以留州留使年支未用物充、所鑄錢便充軍府州縣公用。當處軍人、自有糧賜、亦較省本。所資衆力、并收衆銅、天下併功、速濟時用。待一年後、鑄器物、盡則停。其州府有出銅鉛可以開鑪處、具申有司、便令同諸監冶例、毎年與本充鑄。其收市銅器期限、并禁鑄造買賣銅物等、待議定、便令有司條疏①聞奏。其上都鑄錢及收銅器、續處分。將欲頒行、尚資周慮、請令中書門下兩省御史臺竝諸司長官、商量重議聞奏。從之。

〔校訂〕

①**條疏聞奏**　標點本もと「條流聞奏」に作る。百衲本同じ。聞人本・殿本・合鈔本、流字を疏に作る。いま聞人本・殿本・合鈔本により、疏字に改訂する。

〔訓讀〕

十四年六月、敕すらく、應《およ》そ諸軍・諸使①に屬し、更に時用の錢を犯し、毎貫二十文を除き、足陌內に錢を欠き、及び鉛錫錢有る者有れば、宜しく京兆府をして項《くび》に枷《かせ》して②收禁し、本軍・本使に牒報せしめ、府司をして人を差《つかわ》して軍に就かしめ、及び看決二十たらしむべし③。如し情狀容《ゆる》し難く、復た違拒する者有れば、仍りて府司をして聞奏せしめよ、と。

十五年八月、中書門下奏すらく④、伏して群官議する所の鑄錢に準《よ》るに、或いは人間の銅物を收市し、州郡をして錢を鑄せしめんことを請う、とあり。開元以前に當たりては、未だ鹽鐵使を置かず⑤、亦た州郡をして鑄造を勾當せしむ⑥。今、若し兩稅、盡く匹段を納むれば、或いは兼ねて見錢を通用するを要せんことを慮る。諸道の公私の銅器をして、各おの所在の節度・團練・防禦・經略使⑦に納めしめ、便ち元敕に據りて價直を給與し、并せて兩稅に折せしめんと欲す。仍りて本處の軍人をして鎔鑄せしむるに、其の鑄本、留州・留使⑧の年支未だ用いざるの物を以て充て、鑄する所の錢は便ち軍府・州・縣の公用⑨に充てんことを請う。當處の軍人、自ら糧賜有り⑩、亦た較や本を省かん。資《ま》つ所の衆力、并びに衆銅を收むるに、天下功を併せれば、速かに時用を濟わん。一年の後を待ちて、器物を鑄して盡くせば則ち停む。其れ州府に銅鉛を出だし、以て鑪を開く可き處有れば⑪、有司に具申し、便ち諸もろの監・冶の例に同じくし⑫、毎年本を與えて鑄に充てしめよ⑬。其れ銅器を收市するの期限、并びに銅物等を鑄造買賣するを禁ずること、議の定まるを待ち、便ち有司をして條疏して聞奏せしめん。其れ上都の鑄錢⑭及び銅器を收むること、續きて處分せしめん⑮。將に頒行せんと欲するも、尙お周慮を資《ま》つ。請うらくは、中書門下兩省・御史臺、竝びに諸司の長官をして商量重議し、聞奏せしめんことを⑯、と。之に從う。

〔注釋〕

① **屬諸軍諸使**　諸軍・諸使は、京師長安にある重要使司と左右羽林・左右龍武・左右神武・左右神策などの諸禁軍を言う。屬は、州縣戶籍から離脱し、色役戶や軍士等の納課戶となって、これら使司もしくは軍に係屬すること。戶籍・名牒を諸軍・諸使に係屬することによって、富戶・商人はその戶下に包攝された家に對する租稅徭役の徵發を回避し、政治經濟的保護を受けた。本條の錢遣いに關する不正容認もその一端である。具體的には『唐會要』巻七十二京城諸軍條に「（元和）十三年十二月敕、左右龍武等六軍、及威遠營、應納課戶、其一千八十人所請衣糧、宜竝勒停。仍委本軍、具名牒送府縣收管（自貞元以來、長安富戶、皆隸要司求影庇。禁軍挂籍、十五六焉。至有恃其多藏、安處闤闠、身不宿衛、以錢代行、謂之納課戶。至是禁絕）」とある。納課戶は、元和十三年には、一旦禁絕されたが、本條によって、依然繼續していることがわかる。

軍關係以外の諸使には、延資庫使・度支使（『唐會要』巻五十九尙書省諸司下）、五坊宮苑使・閑廏使・九成宮使（『唐會要』巻七十八諸使中）、宣徽兩院・小馬坊・豐德庫・御廚・客省・閤門・飛龍・莊宅九使、樞密使（『唐會要』巻七十九諸使雜錄下）、內莊宅使・左右街使（『唐會要』巻八十六街巷）、鹽鐵・戶部・度支三使（『唐會要』巻八十八鹽鐵）など、多樣な職掌をもつ使職がある。

② **枷項**　枷とは、木製のくびかせのこと。仁井田陞〔一九五九〕は「枷は木製の頸械（頸枷）である」と云い、敦煌發見の「佛說十王經圖卷」の圖版を掲げてそこに描かれる三種の頸械に解說を付す。枷については、『通典』巻一六八刑六考訊附條に「諸枷長五尺以上六尺以下、頰長二尺五寸以上六寸以下、共闊尺四寸以上六寸以下、徑三寸以上四寸以下。杻長一尺六寸以上二尺以下、闊三寸、厚一寸。鉗重八兩以上一斤以下、長一尺以上一尺五寸以下。鏁長八尺以上一丈二尺以下」（『大唐六典』巻六刑部郎中條略同文）とある。本條は、仁井田陞〔一九三三〕『唐令拾遺』に獄官

令四二として復元する。

③看決二十　加藤繁譯注上卷三四八（八九頁）に「二十は杖二十なるべし。看決は卽決の意か」と云う。

④十五年八月中書門下奏　この中書門下上奏は、「錢重物輕」現象への對策を提言した楊於陵等群官の議文を檢討したものである。楊於陵等の提案は、二つの部分にわけられるので、これを檢討した上奏も前半と後半の二つに分けられた。前半部分は兩稅錢・課利をすべて物納にすること、後半部分は銅器を收拾して銅錢鑄造を行ない、銅錢量を增大することを檢討する。前半部分は、兩稅法にかかわるので、すでに〔原文〕二〇で記述され、錢法にかかわる後半部分は省略された。〔原文〕二〇で省略された後半部分が錢法の一環として、ここに記述されたのである。上奏の全體を知るには〔原文〕二〇と本節とをあわせて理解しなければならない。そのためにここでは、問題の經緯と中書門下上奏の全文を記す『册府元龜』卷五〇一邦計部錢幣三の記述を參考に擧げておく。

　穆宗以元和十五年正月卽位、閏正月、詔曰、當今百姓之困、衆情所知。欲減稅則國用不充。依舊則人困轉甚。貨輕錢重、征稅暗加。宜令百寮、各陳意見、以革其弊。

　八月、中書門下奏、伏惟今年閏正月十七日敕、令百寮議錢貨輕重者。今據群官楊於陵等伏請天下兩稅・榷酒・鹽利等、悉以布帛絲綿、任土所產物充稅、竝不徵見錢、則物漸重、錢漸輕、農人且免賤賣疋帛者。伏以群官所議、事皆至當、深利公私。請商量付度支、據諸州府應徵兩稅、供上都及留州・留使舊額、起元和十六年以後、竝改配端疋斤兩之物爲稅額、如大曆以前租庸課調、不計錢、令其折納。使人知定制、供辦有常。仍約元和十五年徵納布帛等估價、其舊納虛估物、與依虛估物迴計、如舊納實估物并見錢、卽於端疋斤兩上、量加估價迴計。變法在長其物價、價長則永利公私。初雖微有加饒、法行卽當就實。此（此當作比）舊給用、固利而不害。仍作條件處置、編入旨符。其鹽利・酒利、本以榷率計錢、有銖兩（銖兩二字當作殊字）兩稅之名、不可除去錢額。但舊額中有令納見錢者、亦請令折納時估疋叚。上既不專以錢爲稅、人得以所產用輸官、錢則貨幣（匹字當作錢貨）必適其重輕、隴畝自廣於蠶織。便時惠下、庶得其宜。其土乏絲麻、或地邊塞、風俗旣異、賦入不同、亦請商量、委所司裁酌、隨便宜處置。

　又群官所議鑄錢、或請收市人間銅器、令州郡鑄錢者。昔漢朝亦令郡國鑄錢、當開元以前、未置鹽鐵使、亦令州郡勾當鑄造。今若兩稅盡納疋段、或慮兼要通用見錢。欲令諸道公私銅器、各納所在節度・團練・防禦・經略使、便據元敕給與價直、并兩稅、仍令本處軍人鎔鑄。本請以留州・留使年支用錢物充、所鑄錢使（使當作便）充軍府・州・縣公用。當處軍人、自有糧賜、亦較省本、所資衆力、并收衆銅、天下併功、速濟時用。待一年後、鑄器盡停。其諸州府有出銅錢（錢當作鉛）可以開鑪鑄處、具申有司、便出令同諸州監冶例、每年與本充鑄。如此則見錢梢廣、物價漸增、天下百姓、日有所利、軍國用度、亦冀無虧。其收市銅器期限、并禁鑄造買賣銅物等、待議定、令有司條流聞奏。其上都鑄錢及收銅器、請續處分。將欲頒行、尙資周慮。請令門下中書兩省・尙書省・御史臺并諸官、商量重議聞奏。從之。

⑤當開元以前未置鹽鐵使　前揭『册府元龜』卷五〇一には、この句の前に「昔漢朝亦令郡國鑄錢」九字があり、文意はより通じる。鹽の專賣を掌る鹽鐵使がはじめて置かれたのは肅宗乾元元年（七五八）である。『唐會要』卷八十七轉運鹽鐵總敍に「肅宗初、第五琦始以錢穀得見、……乾元元年、加度支郎中、尋兼中丞、爲鹽鐵使、於是始立鹽鐵法」とある。第五琦は同時に轉運・鑄錢などの使職をも兼任した。

⑥亦令州郡勾當鑄造　『大唐六典』卷二十二少府監諸鑄錢監條原注には「皇朝、少府置十鑪、諸州亦皆屬焉。及少府罷鑄錢、諸州遂別」とあり、開

元年間まで、鑄錢は少府監と諸州で行なわれたが、開元末年までに少府直屬の錢鑪は廢止され、別途諸州の鑄錢監で錢鑪の管理を行なうこととなった。

⑦**節度團練防禦經略使**　節度は節度使、團練は團練守捉使、防禦は防禦使、經略は經略使。いずれも軍事關係の使職名で、方鎭・藩鎭と總稱される。本節の前年元和十四年、藩鎭の軍制改革が行なわれた。『唐會要』巻七十八諸使中條に「十四年二月詔、諸道節度使・團練・都防禦・經略等使、所管支郡、除本軍州外、別置鎭遏守捉兵馬者、竝合屬刺史等。如刺史帶本州團練・防禦・鎭遏等使、其兵馬額便隸此使。如無別使、卽屬軍事。其有邊于溪洞、接連蕃蠻之處、特建城鎭。不關州郡者、卽不在此限（自艱難以來、天下有軍、諸將之權尤重、至是、遂分屬於所管州郡焉）」とある。これら節度使等藩鎭は、數州から十數州の支郡を統括する軍事司令官であるが、みずからも常駐する州の刺史を兼務した。藩鎭の常駐する州を會府と言う。前掲元和十四年の軍制改革は、會府にのみ置かれた軍事組織を支郡にも分置し、その州刺史に鎭遏使・守捉使・兵馬使の使職を帶びさせたものである。

⑧**留州留使**　〔原文〕二一〇注釋④參照。留州とは、兩稅收入のうち、州に留められて州の財政經費となるものを言う。留使は送使とも言い、支配下の州から藩鎭のもとに送納され、道の經費となるものを言う。

⑨**軍府・州・縣公用**　節度使・團練守捉使・防禦使・經略使は、州刺史を兼ねたので、軍院（使府）と州院（州司）、すなわち軍政・民政兩系統の官僚機構を統制した。軍府はこの使府を言う。

公用は、使府・州司・縣司など地方官司の經費を言う。唐代には地方に獨自財源はなく、地方財政は存在しない。國家財政のなかの地方會計・經費が存在するだけである。地方經費は、⑴兩稅の地方存留部門（留州・留使等、主として官人・兵士の俸祿・給料となる）、⑵常平・義倉部門（地稅收取を地方に存留・貯備して保險的經費とする）、⑶公用部門である。公用部門は主として行政經費をまかなう。公用部門を構成する經費の來源は、正稅である兩稅以外のもので、各地方官司によって樣ざまであるが、兩稅からの再配分部分である回殘・羨餘錢物、諸色本錢の運用利益・利潤などが基本である（渡邊信一郎〔二〇一〇〕五二三〜五二八頁）。ここでは兩稅の未使用部分を用いて鑄造した銅錢を公用に再配分するという提案である。

⑩**糧賜**　衣賜月糧のこと。『舊唐書』巻十六穆宗本紀長慶元年正月條に「靈武節度使李聽奏請於淮南・忠武・武寧等道防秋兵中取三千人衣賜月糧、賜當道自召募一千五百人馬驍勇者以備邊」とあって、糧賜が衣賜月糧の短縮形であり、兵士の給料であることがわかる。すなわち募兵制兵士である健兒に支給される給料で、家族分を含む食糧と春と冬に支給される反物・衣服を言う。『唐會要』巻七十八諸使雜錄條に「大曆十二年五月十日、中書門下狀奏、……兵士量險隘召募、謂之健兒、給春冬衣幷家口糧。當上百姓、名曰團練、冬夏追集、日給一身糧及醬菜」とある。

兵士に對する糧賜は、內容が單純である。しかし武官の糧賜については內容がもう少し複雜である。德宗貞元四年正月に中央官人俸給改訂があり、全中央官人の給與一覽が殘っている。その中の諸衛上將軍の本給每月六十貫に加えて、「糧賜」として「每月各糧米六斗・鹽七合五勺、手力七人・資一十千五文、私馬五匹・草三百束・料九石七斗五升、隨身十五人・糧米九石・鹽一斗一升三合五勺。春衣布一十五端・絹三十匹、冬衣綿紬一十五疋・絹三十匹・綿三十屯」を支給している。武官に固有の從僕・私馬の支給を除けば、糧食・春冬衣が基本內容であり、それは兵士と一般である。

⑪**可以開鑪處**　前掲『冊府元龜』巻五〇一は「可以開鑪鑄處」に作る。このほうが文章として分かりやすい。

⑫**諸監冶例**　前出の紅崖冶など銅器・鐵器等を鑄造する諸冶の監督官司である冶監（正七品下）、銅錢鑄造施設である鑪の監督官司である鑄錢監をいう（『大唐六典』巻二十二少府監）。

⑬**毎年與本充鑄**　この句の後に、前掲『冊府元龜』巻五〇一は、「如此則見錢稍廣、物價漸增、天下百姓日有所利、軍國用度亦冀無虧」の六句二十七字を記す。

⑭**上都鑄錢**　上都は長安を言う。『新唐書』巻三十七地理志關内道條に「上都、初曰京城、天寶元年曰西京、至德二載曰中京、上元二年復曰西京、肅宗元年曰上都」とある。この時期の長安での鑄錢事業がどのようになったかについては不明。のちの武宗會昌六年（八四六）には、京兆府において錢背に京（京）字を鑄込んだ開元通寶錢が鑄造される（『泉志』巻三新開元錢背文條）。

⑮**續處分**　前掲『冊府元龜』巻五〇一は「請續處分」に作る。このほうが文章としては通じやすい。

⑯**請令至聞奏**　『冊府元龜』巻五〇一は「請令門下・中書兩省・尚書省・御史臺、幷諸官商量」に作り、『唐會要』巻八十九泉貨條は「請令中書・門下兩省・尚書省・御史臺、竝諸司長官商量、重議聞奏」に作り、『舊唐書』巻十六穆宗本紀は「請中書・門下・御史臺・諸司官長重議施行」に作る。尚書省が加わる『冊府元龜』『唐會要』を是とすべきである。

〔通釋〕

元和十四年（八一九）六月、詔敕を下し、「諸軍・諸使に所屬する者が、二十文を控除した一貫文、錢一〇〇枚に滿たない足陌錢、および鉛錫錢を混じえて使用するなど、かさねて錢の行使に違犯した場合には、京兆府に命じ、首かせをはめて拘留し、文書によって所屬する諸軍・諸使に通知させるか、京兆府司から人を派遣して、諸軍・諸使に行かせるかして、ただちに杖打ち二十回の罪に處するがよい。もし容赦しがたい事情があり、再度違犯する者があれば、京兆府司に命じて、上奏させよ」と命じた。

元和十五年（八二〇）八月、中書門下が上奏し、提案した。

恐れながら、鑄錢についての楊於陵等群官の議文によれば、その中に民間の銅製品を買い上げ、諸州において錢を鑄造するよう、提案がありました。

開元年間以前にあっては、まだ鹽鐵使は設けられず、そのときも諸州に錢の鑄造を管理させておりました。このたびもし、兩稅をすべて布帛で納めることになっても、あわせて現錢を使用する必要が出てくるのではないかと思います。諸道にある公私の銅器は、それぞれ各地の節度使・團練使・防禦使・經略使に納付させ、元敕の規定に據って對價を支給するか、竝行して兩稅錢納入に代替させたく思います。

よってその地の軍人に錢を鑄造させますが、その鑄造元本は、道・州に存留する年間經費中の未使用の反物を充當し、鑄造した錢は、軍府・州司・縣司の公用に充てるよう願いあげます。その地の軍人には、もともと給與として食糧・反物の支給があるので、ここでもまた鑄造元本を少しく節約できます。

必要な勞働力、ならびに諸種の銅器の收用については、天下が力を併せれば、速やかに當面の必要をまかなえます。一年ののち、銅器が鑄潰されて無くなれば、停止します。

銅や鉛を產出し、錢鑪を開設できる州府については、擔當官司に具申し、鑄錢監・諸冶の例にならい、毎年元本を支給して錢を鑄造させます。

銅器買上げの期限、ならびに銅器の鑄造・賣買の禁止などについては、議論が定まるのを待ち、擔當官司に命じ、箇條書き規定を作成して上奏させます。

上都長安での錢の鑄造、および銅器買上げについては、ひきつづき處理するよう願いあげます。

命令を發布するに際し、なお熟慮する必要があります。中書門下兩省・尙書省・御史臺ならびに諸官司長官に命じ、協議して議論を重ねたうえで、上奏させられますよう願いあげます。

穆宗はこれを許した。

〔原文〕三七

長慶元年九月、敕、泉貨之義、所貴通流。如聞、比來用錢、所在除陌不一。與其禁人之必犯、未若從俗之所宜、交易往來、務令可守。其內外公私給用錢、從今以後、宜每貫一例除墊八十、以九百二十文成貫、不得更有加除及陌內欠少。

大和三年六月、中書門下奏、準元和四年閏三月敕、應有鉛錫錢、竝合納官、如有人糾得一錢、賞百錢者。當時敕條、貴在峻切。今詳事實、必不可行。只如告一錢賞百錢、則有人告一百貫錫錢、須賞一萬貫銅錢。執此而行、事無畔際。今請以鉛錫錢交易者、一貫已下、以州府常行杖①決脊杖二十、十貫已下、決六十徒三年、過十貫已上、所在集衆決殺。其受鉛錫錢交易者、亦準此處分。其所用鉛錫錢②、仍納官。其能糾告者、每一貫賞五千文、不滿貫者、準此計賞、累至三百千、仍且取當處官錢給付。其所犯人罪不至③死者、徵納家資、充塡賞錢。可之。

〔校訂〕

①**州府常行杖**　標點本・諸本もと「州府常行」に作る。『唐會要』巻八十九泉貨、『册府元龜』巻五〇一邦計部錢幣三、竝びに「常行杖」に作り、杖一字多い。『舊唐書』巻十七上文宗本紀大和三年六月壬申敕も「州府常行杖決脊杖二十」に作る。今これらにより、杖字を補う。

②**其所用鉛錫錢**　標點本・諸本もと「其用鉛錫錢」に作る。『唐會要』巻八十九泉貨、『册府元龜』巻五〇一邦計部錢幣三、竝びに「其所用鉛錫錢」に作り、所一字多い。今これにより、所字を補う。

③**罪不至死者**　標點本・諸本もと「罪不死者」に作る。『唐會要』巻八十九泉貨、『册府元龜』巻五〇一邦計部錢幣三、同巻六一三刑法部定律令五、竝びに「罪不至死者」に作り、至一字多い。今これにより、至字を補う。

〔訓讀〕

長慶元年①九月、敕すらく、泉貨の義、貴ぶ所は通流なり。如聞らく、比來用錢、所在の除陌②一ならず。其の人の必ず犯すを禁ずる與りは、未だ俗の宜しとする所に從い、交易往來、務めて守る可からしむるに若かず。其れ內外公私給用の錢、今從り以後、宜しく每貫一例に八十を除墊③し、九百二十文を以て貫を成すべし。更に加除及び陌內の欠少④有るを得ず、と。

大和三年六月、⑤中書門下奏すらく、元和四年閏三月の敕⑥に準るに、應《およ》そ鉛錫錢有るもの、竝びに合《まさ》に官に納むべし。如し人の一錢を糾得すること有れば、百錢を賞《たま》え、とあり。當時の敕條、貴ぶこと峻切に在り。今、事實を詳かにするに、必ず行なう可からず。只だ如し一錢を告げて百錢を賞《たま》えば、則ち人有りて、一百貫の錫錢を告ぐるに、須らく一萬貫の銅錢を賞うべし。此れを執りて行なえば、事、畔際無からん。⑦今、請うらくは、鉛錫錢を以て交易する者《とき》、一貫已下は、州府の常行杖を以て、脊杖二十⑧に決し、十貫已下は、六十・徒三年⑨に決し、十貫已上を過ぐれば、所在に衆を集めて決殺⑩せんことを。其れ鉛錫錢を受けて交易する者も亦た此に準りて處分せん。其れ用うる所の鉛錫錢、仍りて官に納む。其れ能く糾告する者は、一貫每に五千文を賞い、⑪貫に滿たざる者《とき》は、此れに準りて賞を計り、累ねて三百千に至らば、仍りて且《しばら》く當處の官錢を取りて給付せん。其れ犯す所の人、罪の死に至らざる者《とき》は、家資を徵納し、賞錢に充塡せん、⑫と。之を可とす。⑬

〔注釋〕

①**長慶**　穆宗の治世の年號（八二一～八二四）。

②**除陌**　〔原文〕一二注釋①、ならびに本節注釋③參照。

③**除墊**　除墊は、控除すること。本節では一貫單位の錢の控除を主對象とする。『唐會要』卷八十九泉貨條元和十一年九月敕に「今後應內外支用錢、宜每貫除墊一陌外、量抽五十文、仍委本道本司本使、據數逐季收計」とある。元和十一年（八一六）には、財政支出にあたって、一貫から一五〇文を控除するよう指示している。本節の敕文では、財政支出だけでなく、內外公私にわたって行使する錢について、一律に一貫から八十文を控除することを認めたのである。

④**陌內欠少**　陌內欠少とは短陌を言う。短陌とは百個未滿の錢を名目百文（一陌）として行使すること（〔原文〕三三注釋②參照）。短陌の行使は、唐中期以降宋代にかけて廣汎に現れた現象であるが、この詔敕では、短陌行使を禁じたのである。

⑤**大和三年六月**　『册府元龜』卷六一三刑法部定律令五は、「（大和）三年六月壬申（二十四日）、中書門下奏、元和四年閏三月四日敕、應有鉛錫錢、竝合納官、如有人糾得一錢、賞百錢……」とあって、この上奏の日付を六月壬申（二十四日）とする。また『舊唐書』卷十七上文宗本紀上には「壬申、元和四年敕、禁鉛錫錢皆納官、許人糾告、一錢賞百錢、此爲太過。此後以鉛錫錢交易者、一貫以下、州府常行杖決脊杖二十、十貫以下、決六十・徒三年、過十貫已上、集衆決殺。能糾告者、一貫賞錢五十文」とある。これらにより、本節の中書門下上奏に對して下された裁可發敕の日付を上奏と同日の六月二十四日とする。

○**大和**　文宗の治世の年號（八二七～八三五）。殿本は「太和」に作り、『唐會要』卷八十九泉貨條、『册府元龜』卷五〇一邦計部錢幣三も亦た「太和」に作る。錢大昕『廿二史考異』卷四十二太和元年條に「太當作大。予見唐石刻書、文宗年號皆是大字、與魏明帝・晉海西公・後魏孝文・吳楊溥稱太和者各別。今刊本新舊史皆誤爲太矣」という。大和が正しい。

⑥**元和四年閏三月敕**　『唐會要』卷八十九・『册府元龜』卷五〇一・同書卷六一三に記す大和三年六月の中書門下の上奏にも略ぼ同文を引用する。ただ、『册府元龜』卷五〇一および同書卷六一三では、その發敕の日付

を閏三月四日のこととする。

ここに引用する敕文は、〔原文〕三三の元和四年閏三月敕と一連のものである。〔原文〕三三の敕文では省略された鉛錫錢への對應を記す。〔原文〕三三注釋②參照。

⑦**事無畔際**　この句の下、『唐會要』巻八十九泉貨條には「昨因任淸等犯罪、施行不得、遂參酌事理、量情科賞。或恐已後民間更有犯者、宜立節文、令可遵守。臣等商量」の四十二字、『册府元龜』巻五〇一邦計部錢幣三には「昨因任淸等犯罪、施行不得、遂酌事理、量情科賞。或恐已後民間更有犯者、宜立節文、令可遵守。臣等商量」の四十一字有り。本志が省略した部分である。參考に供する。

⑧**常行杖決脊杖二十**　常行杖は、杖刑に用いる刑杖の一つ。『通典』巻一六八刑六考訊附條に「諸杖皆削去節目、長三尺五寸。訊囚杖、大頭三分二釐、小頭二分二釐。常行杖、大頭二分七釐、小頭一分七釐。笞杖、大頭二分、小頭一分半。其決笞者、腿分受。決杖者、背・腿・臀分受。及須數等拷訊者、亦同。笞以下、願背腿均受者、聽。卽殿廷決者、皆背受」（『大唐六典』巻六刑部郞中條、『舊唐書』巻五十刑法志略同文）とある。本條は、仁井田陞［一九三三］『唐令拾遺』に獄官令四一として復元する。これによれば、脊杖とは、決杖のうち、杖で背中を打つ刑である。常行杖は、長さ三尺五寸（約一〇三・六㎝）、兩端の大頭直徑二分七釐（約八㎜）、小頭一分七釐（約五㎜）の刑杖である。決とは、笞杖刑・死刑のような、卽座に完了する性質を有する刑を執行することを意味する（律令研究會編『譯註日本律令五　唐律疏議譯註篇一』一五七頁參照）。

⑨**決六十徒三年**　六十は杖打ちの回數。杖刑の回數には、六十・七十・八十・九十・一百の五等があった（『唐律疏議』巻一名例律杖刑五條）。徒とは所定の年數、勞役に服せしめる刑罰をいう。唐制では徒刑には一年・一年半・二年・二年半・三年の五等があった（『唐律疏議』巻一名例律徒刑五條）。

⑩**決殺**　唐朝においては、『通典』巻一六五刑法三刑制下に「建中三年八月、刑部侍郞班宏奏、其十惡中、惡逆以上四等罪、請准律用刑。其餘及犯別罪、應合處斬刑、自今以後、竝請決重杖一頓處死、以代極法。重杖既是死刑、諸司使不在奏請決重杖限。敕旨依」（『宋刑統』巻一名例律五刑條所引「建中三年八月二十七日敕節文」略同）とあるように、建中三年（七八二）以降、十惡の中、惡逆以上の四等（謀反・謀大逆・謀叛・惡逆）に該當する者を除き、その他の死罪に該當する受刑者は、絞・斬刑の極刑に代替して、重杖による死刑とされ、「決重杖一頓處死」と呼ばれた。したがって大和三年に繫年されるこの上奏文中にある「決殺」は、杖打ちによる處刑であったことになる。ただし、一回の執行に與えられる杖數には定めがあり、その規定回數内に必ずしも絕命するとは限らなかった。

⑪**每一貫賞五千文**　『舊唐書』巻十七上・『册府元龜』巻五〇一は、「五千」を「五十」に作る。一貫五千文であれば、一錢告發して五文の褒賞になるが、一貫五十文であれば、一錢告發して〇・〇五文の褒賞となり、事宜にあわない。五千に從う。

⑫**充塡賞錢**　『唐會要』巻八十九泉貨條には、「充塡賞錢」の後に「其元和四年閏三月敕、便望删去」の十三字が有る。閏三月敕の削除を求めるこの十三字は、本志が省略した部分である。

⑬**可之**　上奏裁可の詔敕節文は、本節注釋⑤『舊唐書』巻十七上文宗本紀上參照。中書門下上奏と同日、すなわち大和三年六月壬申（二十四日）である。

〔通釋〕

長慶元年（八二一）九月、詔敕を下し、「貨幣の存在意義は、流通を重視するところにある。聞けば、近ごろ行用する錢は、各地で除陌法が異なっているとのこと。人民が違反するに決まっていることを禁じるよりも、世俗が良しとすることに從い、交易・交通の際に、努めてそれを守らせる方がましである。中央・地方で公私に使用する錢については、今後、一貫ごとに一律に八十文を控除し、九二〇文を一貫とするがよい。さらに控除數を增減したり、また一陌が一〇〇文未滿であることは許さない」と諭した。

大和三年（八二九）六月二十四日、中書門下が上奏し、「元和四年閏三月四日の詔敕によれば、鉛錫錢を混じえるものは、みな官に收納すべきである。もし人民が一文告發できれば、褒賞錢一〇〇文を與えよ、とあります。その時の詔敕は、峻嚴であることを重視しました。このたび實情を吟味してみると、これは決して實施しうるものではありません。もし一文告發しただけの者に錢一〇〇文を褒賞すれば、一〇〇貫の錫錢を告發した者には、是非にも一萬貫の銅錢を報いる必要があります。このやり方を執れば、限度がありません。このたび、鉛錢・錫錢を用いて交易した場合、一貫以下は、州府の常行杖で脊杖二十打ちの刑に處し、十貫以下は、杖打ち六十・勞役三年の刑に處し、十貫以上は、その地に民衆を集めて、公開處刑とするよう願いあげます。鉛錢・錫錢を受取って交易したときも、これに據って處置されますよう。使用した鉛錢・錫錢は、官に收納します。告發し得た者には、一貫につき銅錢五〇〇〇文を褒賞し、一貫未滿の場合は、これを基準として褒賞額を算出します。累計して三百貫になれば、當面その地の官錢を用いて給付します。犯人の罪が死罪に至らないときは、その家の財產を召上げて褒賞金に充當します」と提案した。

同日、文宗はこの上奏を裁可した。

〔原文〕三八

四年十一月、敕、應私貯見錢家、除合貯數外、一萬貫至十萬貫、限一周年內處置畢、十萬貫至二十萬貫以下者、限二周年處置畢。如有不守期限、安然蓄積、過本限、即任人糾告、及所由覺察。其所犯家錢、並準元和十二年敕納官、據數五分取一分充賞。糾告人賞錢、數止於五千貫。應犯錢法人色目決斷科貶、並準元和十二年敕處分。其所由覺察、亦量賞一半。事竟不行。

〔訓讀〕

四年十一月、敕すらく、應《およ》そ私に見錢を貯うるの家、合《まさ》に貯うべきの數①を除くの外、一萬貫より十萬貫に至るまで、一周年の內を限りて處置し畢れ②。十萬貫より二十萬貫以下に至るまで者《は》、二周年を限りて處置し畢れ。如し期限を守らず、安然として蓄積し、本限を過ぐること有れば、即ち人の糾告し、及び所由の覺察するを任《ゆる》す。其の犯す所の家錢、並びに元和十二年の敕に準りて官に納めしめ③、數に據りて五分して一分を取りて賞に充てよ。糾告する人の賞錢、數は五千貫に止《とど》めよ。應そ錢法を犯すの人、色目もて決斷科貶し、並びに元和十二年の敕に準りて處分せよ④。其れ所由の覺察⑤するも、亦た量りて一半を賞《たま》え、と。事、竟に行なわれず。

〔注釋〕

①**合貯數**　『新唐書』巻五十四食貨志四には「（大和）四年、詔積錢以七千緡爲率、十萬緡者期以一年出之、二十萬以二年」とある。新志によれば、蓄積が許される現錢限度額は七千貫である。

②**一萬至置畢**　前掲注釋①『新唐書』食貨志四によれば、「十萬緡者期以一年出之、二十萬以二年」とあるが、本志ならびに『册府元龜』巻五〇一邦計部錢貨三・『唐會要』巻八十九泉貨の記述と異なり、信頼できない。參考にとどめる。

③**竝準元和十二年敕納官**　この敕文は〔原文〕三五に前出。そこには「其賸貯錢、不限多少、竝勒納官。數内五分取一分充賞錢、止於五千貫」とある。

④**竝準元和十二年敕處分**　この敕文も、〔原文〕三五に前出。そこには「白身人等、宜付所司、決痛杖一頓處死。其文武官及公主等、竝委有司聞奏、當重科貶。戚屬・中使、亦具名銜聞奏」とある。これによれば、色目とは、白身人、文武官及公主等、戚屬・中使などの地位・身分を言う。

⑤**所由覺察**　所由とは一つの職務系統に屬する官吏、多くは一系統中のある部分を擔當する胥吏を言う。『資治通鑑』巻一七七開皇十年二月條胡三省注に「所由、猶所主也」とあり、また同書巻二四二長慶二年四月甲戌條胡三省注に「所由、……事必經由其手、故謂之所由」とある。

覺察とは、取り調べて摘發すること。用例の一として、『舊五代史』巻一四六食貨志所載同光二年（九二四）三月詔に「詔曰、……宜令京城・諸道、于坊市行使錢内、點檢雜惡鉛錫錢、竝宜禁斷。沿江州縣、毎有舟船到岸、嚴加覺察、不許將雜鉛錫惡錢往來、換易好錢、如有私載、竝行收納」とある。

〔通釋〕

大和四年（八三〇）十一月、詔敕を下し、「私に見錢を蓄積している家は、蓄えることが許される額を除いて、一萬貫から十萬貫までは、滿一年以内に處分し終えよ。十萬貫から二十萬貫までは、滿二年を期限として處分し終えよ。もし期限を遵守せず、安閑として錢を貯め込み、この期限を經過したならば、ただちに人が告發し、また擔當胥吏が摘發することを許す。期限を犯した家の現錢は、ならびに元和十二年の敕文によって官に收納し、その額の五分の一を取り分けて褒賞にあてよ。告發者の褒賞錢額は、五〇〇〇貫までとせよ。錢貨制度に違反した者には、その地位・身分に應じて判決を下し、罪を科し、降格すること、いずれもみな元和十二年の敕文によって措置せよ。擔當胥吏が摘發したばあいも、その半額を褒賞とせよ」と命じた。

この政策は、結局實行されなかった。

〔原文〕三九

五年二月、鹽鐵使奏、湖南管内諸州百姓私鑄造到錢。伏緣衡道數州、連接嶺南、山洞深邃、百姓依模監司錢樣、競鑄造到脆惡姦錢、轉將賤價博易、與好錢相和行用。其江西鄂岳桂管鑄濫錢、竝請委本道觀察使條疏①禁絶。敕旨、宜依。

會昌六年二月、敕、緣諸道鼓鑄佛像鐘磬等、新錢已有次第。須令舊錢流布、絹帛價稍增。文武百僚俸料、宜起三月一日、竝給見錢。其一半先給虛估匹段、對估②時價支給。

敕、比緣錢重幣輕、生人坐困。今加鼓鑄、必在流行。通變救時、莫切於此。宜申先甲之令、以誡居貨之徒。京城及諸道、起今年十月以後、公私行用、竝取新錢、其舊錢權停三數年。如有違犯、同用鉛錫惡錢例科斷、其舊錢竝納官。事竟不行。

〔校訂〕

①**條疏禁絕**　標點本もと「條流禁絕」に作る。百衲本同じ。聞人本・殿本・合鈔本、流字を疏に作る。いま聞人本・殿本・合鈔本により、疏字に改訂する。

②**對估時價支給**　標點本もと「對估價支給」に作る。諸本同じ。『舊唐書』巻十八上武宗本紀會昌六年二月條、及び『册府元龜』巻五〇一邦計部錢幣三、竝びに同書巻五〇八邦計部俸祿四は「對估時價」に作る。加藤繁譯注上巻三六五（九五頁）は「本志に「價に對估して」とあるを、舊唐書武宗本紀及び册府元龜巻五〇一には「時價に對估して」と有り。本文は時の字を脱したるならん」と云う。いま本紀・『册府元龜』に從い、時字を補う。

〔訓讀〕

五年二月、鹽鐵使奏すらく①、湖南管內諸州②百姓の私に鑄造したる錢。伏して緣るに、衡・道の數州、嶺南に連接し③、山洞深邃なり。百姓、監司の錢樣④に依模し、競いて脆惡の姦錢を鑄造し、轉た賤價を將て博易し、好錢と相い和して行用す。其れ江西・鄂岳・桂管の鑄濫錢⑤、竝びに本道觀察使に委ね、條疏して禁絕せられんことを請う、と。敕旨に⑥、宜しく依るべし、とあり。

會昌六年二月敕すらく⑦、諸道、佛像・鐘・磬等を鼓鑄したるに緣り、新錢已に次第有り⑧。須らく舊錢をして流布せしめ、絹帛の價をして稍《ようや》く增さしむべし。文武百僚の俸料、宜しく三月一日起《よ》り、竝びに見錢を給うべし。其の一半、先に虛估匹段を給いしは、時價に對估して支給せよ⑨、と。

敕すらく、比ごろ、錢重く幣輕きに緣り、生人、坐《いなが》らにして困《くる》しむ。今、鼓鑄を加うるは、必ず流行するに在り。通變して時を救うに、此より切なるは莫し。宜しく先甲の令⑩を申《かさ》ねて、以て貨を居《たくわ》うるの徒を誡むべし。京城及び諸道、今年十月起《よ》り以後⑪、公私の行用、竝びに新錢を取り、其の舊錢は權《かり》に停むること三數年とす。如し違犯するもの有れば、鉛錫惡錢を用うるの例に同じくして科斷し、其の舊錢は竝びに官に納めしめよ、と。事、竟に行なわれず⑫。

〔注釋〕

①**鹽鐵使奏**　大和五年二月に鹽鐵使の職に在ったのは王涯である。王涯は大和四年（八三〇）正月丙申二十一日に諸道鹽鐵轉運使となり、大和九年（八三五）十一月二十一日の甘露の變で殺されるまで在任した（『舊唐書』巻十七下文宗本紀下）。王涯（?～八三五）については、〔原文〕五注釋⑩參照。

②**湖南管內**　湖南觀察處置使の管轄區域內の意。湖南觀察處置使の治州は潭州（湖南省長沙市）、管州は衡州・郴州・永州・連州・道州・邵州の六州。その擴がりはおおよそ現在の湖南省の範圍と重なる。

③**衡道數州連接嶺南**　衡州（湖南省衡陽市）は江南西道に屬し、湖南觀察處置使管下の州の一。この州は直接には嶺南道に鄰接せず、間に郴州を挾む。道州（湖南省道縣西）も江南西道に屬し、湖南觀察處置使の管州の一である。この州は直接、嶺南道に接する。湖南觀察處置使管轄下で嶺南道に接するのは、郴・連・道・永・邵の五州である（譚其驤編［一九八二］『中國歷史地圖集』第五冊五七～五八頁參照）。

④**監司錢樣**　監司は鑄錢監。錢樣は樣錢とも言い、鑄錢監が鑄た見本とすべき基準錢の意。「錢樣」の用例には、以下のものがある。『安祿山事迹』卷上天寶九載條に「先許祿山、於管內上谷郡起五鑪鑄錢、時又進錢樣一千貫」とあり、『唐大詔令集』卷一一二「行重輪錢敕」に「仍令鑄錢使郎勾當起鑄新錢、或有姦濫、所由奉法、勿至寬容、仰州縣明示錢樣、切須捉搦、勿使違越。……（乾元二年八月）」とあり、さらに宋・葉大慶『攷古質疑』卷三所引『談賓錄』に「武德中、進開元錢樣、文德皇后掐一痕、因鑄之」とある。

⑤**其江西鄂岳桂管鑄濫錢**　『唐會要』卷八十九泉貨條に「其江西鄂岳桂管嶺南等道應有出銅錫之處亦慮私鑄濫錢」に作る。本志は、中間の「嶺南等道應有出銅錫之處亦慮私」（『冊府元龜』卷五〇一邦計部錢幣三條略同）の十四字を省略する。十四字ある方が、文意通暢する。通釋では、これを補って譯出する。

○**江西・鄂岳・桂管**　いずれも觀察處置使の所轄地をいう。江西は江南西道觀察處置使。治州は洪州、管州は饒州・虔州・吉州・江州・袁州・信州・撫州の七州。その擴がりはおおよそ現在の江西省の範圍と重なる。鄂岳は鄂岳觀察處置使。治州は鄂州、管州は沔州・安州・黃州・蘄州・岳州の五州。その擴がりはおおよそ現在の湖北省東部に湖南省北西部を含めた範圍にあたる。桂管は桂管觀察處置使。治州は桂州、管州は梧州・賀州・昭州・象州・柳州・嚴州・融州・龔州・富州・蒙州・思唐州の十一州。その擴がりはおおよそ現在の廣西壯族自治區の北部にあたる。なお『唐會要』卷八十九泉貨條および『冊府元龜』卷五〇一邦計部錢幣三は、江西・鄂岳・桂管に續けて嶺南道をも連ねる。通釋は、これに從う。

⑥**敕旨宜依**　中央官司が皇帝の命をうけて法令化し、施行を奏請する場合に、裁可を與えるのに用いる詔敕の一つ。『大唐六典』卷九中書省中書令條に「凡王言之制有七、……五曰敕旨（謂百司承旨而爲程式、奏事請施行者）」とあり、また『新唐書』卷四七百官志二にも「凡王言之制有七、……五曰敕旨、百官奏請施行則用之」とある。通常は「從之」「許之」で表現することが多い。

⑦**會昌六年二月敕**　會昌は第十五代皇帝武宗李炎（八一四～八四六、在位八四〇～八四六）治世の年號（八四一～八四六）。『舊唐書』卷十八上、『新唐書』卷八に本紀があり、その治績を記す。本節の敕文が出された六年三月に武宗は死去し、宣宗が卽位する。

本節二通の敕文は、『舊唐書』卷十八上武宗本紀會昌六年二月壬辰（二十一日）條に「敕、比緣錢重幣輕、生人轉戰困、今新加鼓鑄、必在流行、通變救時、莫切於此。宜申先甲之令、以儆居貨之徒。京城諸道、宜起來年正月已後、公私行用、竝取新錢。其舊錢權停三數年。如有違犯、同用鉛錫錢例科斷、其舊錢竝沒納。又敕、諸道鑄錢、已有次第、須令舊錢流布、絹價値稍增。文武百僚俸料、起三月一日、竝給見錢。一半先給疋段、對估時價、皆給見錢」とある。武宗本紀は、發敕の日付を二月二十一日とする。また二通の敕文の順序を前後轉倒して記す。『唐會要』卷八十九泉貨條竝びに『冊府元龜』卷五〇一邦計部錢幣三に引く敕文の順序は本志に同じ。

⑧**諸道鼓鑄佛像鐘磬等新錢已有次第**　會昌新錢の鑄造について、『舊唐書』卷十八上武宗本紀會昌五年七月庚子條に記す中書の上奏に、「天下廢寺銅像・鐘・磬、委鹽鐵使鑄錢。其鐵像委本州鑄爲農器。金・銀・鍮石等像銷付度支。衣冠士庶之家所有金・銀・銅・鐵之像、敕出後、限一月納官。如違、委鹽鐵使、依禁銅法處分。其土・木・石等像合留寺內依舊（『唐會要』卷四十九雜錄條略同）」とある。また『入唐求法巡禮行記』卷四會昌五年六月二十八日條に「近敕有牒來云、天下銅佛・鐵佛盡毀碎、稱量斤兩、委鹽鐵司收管訖、具錄聞奏者」とあり、さらに同書同年八月二十七日條には「又有敕云、天下寺舍僧尼所用銅器・鐘磬・釜鐺等、委諸道鹽鐵使收入官庫、且錄聞奏者」とある。

　回收のうえ鑄錢の材料となった器物として、『新唐書』卷五十四食貨志四は「銅像・鍾・磬・鑪・鐸」を、『泉志』卷三所引『舊譜』には「銅鐘・佛像・僧尼瓶碗等」をあげる。

○**鐘**　鐘（鍾）と稱呼される打鳴具は殷周以來あるが、ここにいう鐘は佛寺に備え付けられた鑄銅製の梵鐘、釣鐘の類を言う。『倭名類聚鈔』卷五調度部第十四伽藍具六十八鐘條原注に「洪鐘、俗云於保加禰」とある。

○**磬**　『倭名類聚鈔』卷五調度部第十四伽藍具六十八磬條原注に、和名「宇知奈良之」とある。懸架して槌で打ち鳴らす打鳴具の一種。例えば『入唐求法巡禮行記』卷一開成三年十二月八日條には、「八日、國忌之日、從捨五十貫錢、於此開元寺設齊、供五百僧。……有一僧打磬、唱一切恭敬、敬禮常住三寶、畢、即相公・將軍起立取香器、州官皆隨後取香盞、分配東西各行。……其唱禮一師、不動獨立、行打磬、梵休、即亦云、敬禮常住三寶。相公・將軍共坐本座」とあり、揚州開元寺における國忌設齋において、儀禮の進行にあわせて打ち鳴らされていることを記録する。

○**新錢**　新錢についての總括的な記述は、『泉志』卷三正用品下新開元錢背文條に「舊譜曰、武宗會昌年鑄。時初廢天下佛寺、宰相李德裕奏請、以廢寺銅鐘・佛像・僧尼瓶碗等、所在本道鑄錢。揚州節度使李紳、乃于新錢背加昌字、以表年號而進之。有敕。遂敕鑄錢之所、各以本州郡名爲背文。於是京兆府以京字在穿上、洛陽以洛字在穿上、成都以昌字在穿上、西川以益字在穿上、藍田縣以藍字在穿右、襄州以襄字在穿上、江陵府以荊字在穿右、越州以越字在穿下、宣州以宣字在穿左、江西以洪字在穿上、湖南以潭字在穿左、兗州以兗字在穿上、浙西以潤字在穿上、鄂州以鄂字在穿上、平州以平字在穿上、興元府以興字在穿上、梁州以梁字在穿右、廣州以廣字在穿右、東川以梓字在穿上、福州以福字在穿上、丹州以丹字在穿上、桂陽監以桂字在穿右。揚州以揚字在穿上。李孝美曰、此錢背文復有襄字或在穿右、梁字或在穿上者。但揚字錢終莫之見。疑當時已行昌字、而未嘗改耳」とある。錢樣の一部は卷末「唐代鑄造錢」(2)―12、(3)―13・14・15參照。

　新錢は、會昌五年に開始された廢佛を機に全國二十三の諸州で鑄造された錢である。『舊唐書』卷一六五柳仲郢傳に「時廢浮圖法、以銅像鑄錢」とあるように、廢佛によって回收された銅像や銅鐘・銅磬などを材料とし、大量に鑄造された。その錢は、『新唐書』卷五十四食貨志四に「大小徑寸、如開元通寶」とあるように、從來通行の開元通寶錢と同樣の錢である。その背には、『泉志』卷三に引く『舊譜』が述べるように、年號を示す「昌」字や鑄造地を示す「京」・「洛」等の文字が鑄込まれており、從來の開元通寶錢と容易に識別することができる。中國で公用される鑄貨のかたちが圓形方孔に定まって以降、錢體に鑄造地をあらわす文字が鑄込まれるのは、三國蜀漢で鑄られたと考えられる直百五銖錢の錢背に「爲（犍爲郡）」字が鑄込まれて以來のことである。

⑨**文武至支給**　文武百僚俸料とは、中央官司の文武官人約三千人に支給される俸給を言う。唐後半期の官人の俸給制度は、代宗大暦十二年（七七七）四月の度支上奏によって中央官人の月料錢制度、ついで同年五月の中書門下上奏によって地方官員の月料錢制度として成立する。中央官人の俸給制度は、さらに徳宗貞元四年正月の中書門下上奏により、戸部曹財政を財源として、大きな改定を實施することによって確立する（以上『冊府元龜』巻五〇六邦計部俸祿二、渡邊信一郎［二〇一〇］第十四章）。これは、前年十一月の宰相李泌の奏請によるもので、『冊府元龜』巻五〇六俸祿二貞元四年十一月條に「又奏請加百官俸料。各據品秩、以定月俸、而隨曹閑劇、加置手力資課・雜給等。帝皆許之。人以爲便」とあるように、基本給である月俸料、手當である手力資課・雜給からなり、さらに武官に對しては糧賜・糧料などの特別手當が支給された。俸料總額は、文官一八九〇員・武官八九六員（一一七二員）・京兆府縣官等、總計三〇七七員（總計は合わない）に對し、一年間總計六一萬六八五五貫四〇四文が支給された。

　月料錢は、たとえば「侍中・中書令各一百六十千（貫）文」とあるように錢額表示であるが、中央官人のばあい、半分は現錢、半分は錢額で評價された布帛が支給された。元和十二年（八一七）四月敕により、全額現錢支給に改定されるが、同十四年（八一九）にはまた半額現錢・半額布帛方式に改められる。文宗期に入ると、大和九年（八三五）六月詔により、まず宰相の月料錢のみ全額現錢法式となり（以上『冊府元龜』巻五〇七俸祿三）、ついで本節の記述にあるとおり、會昌六年二月敕により、中央官人の月料錢は、半額現錢・半額布帛方式から全額現錢方式に轉換する。この背景に、會昌開元錢の増鑄があることは言うまでもない。

　地方官人の月料錢については、詳細はまだわからないが、大和三年七月詔で、滄州・徳州兩州の州院官人について、月料錢額の改定を行ない、半額實錢・半額布帛方式による支給を指示している（『冊府元龜』巻五〇七俸祿三）。地方官にあっても、半額現錢・半額布帛方式が一般であったとみてよい。

⑩**先甲之令**　創制の新令、重要な法令を言う。『周易』蠱卦に「蠱、元亨、利涉大川、先甲三日、後甲三日」とあり、王弼の注を承けた孔穎達正義に「甲者創制之令者、甲爲十日之首、創造之令、爲在後諸令之首、故以創造之令、謂之爲甲。故漢時謂令之重者、謂之甲令、則此義也。創制不可責之以舊者、以人有犯令而致罪者、不可責之舊法。有犯則刑、故須先後三日、慇勤語之、使曉知新令、而後乃專誅。謂兼通責讓之罪、非尊謂誅殺也」とある。

⑪**起今年十月以後**　『唐會要』巻八十九泉貨・『冊府元龜』巻五〇一邦計部錢幣三は「起今年十月以後」に作り、『舊唐書』巻十八上武宗本紀は「宜起來年正月已後」に作る。通釋は、本志・會要・『冊府元龜』による。

⑫**事竟不行**　この詔敕が出てからわずか一箇月餘りのちの會昌六年三月二十三日に武宗は沒し、宣宗が卽位する。『新唐書』巻五十四食貨志四には「會宣宗卽位、盡黜會昌之政、新錢以字可辨、復鑄爲像」とある。ただ、武宗會昌年中に鑄られた開元通寶錢は、現在まで多く殘存する。

〔通釋〕

　大和五年（八三一）二月、鹽鐵使王涯が上奏し、「湖南觀察使管轄下の諸州の人民が私に鑄造した錢につきまして。恐れながら、衡州・道州等諸州は嶺南道と地續きで、溪谷が深く入組む山地であり、人民は鑄錢監の基準錢を模倣し、爭って脆弱な惡錢を鑄造しており、いよいよ安價にて交易し、好錢と混ぜて使用しているとのこと。江西觀察使・鄂岳觀察使・桂管觀察使・嶺南道觀察使管下の銅・錫を產出する土地でも、また粗惡錢を私鑄する恐れがあります。ならびにその道の觀察使に命じて、箇條書き規定を作成させ、徹底的に禁止するよう願いあげます」と提案した。

　敕旨に、「よきにはからえ」とあった。

　會昌六年（八四六）二月二十一日、敕文を下し、「諸道において、佛像や銅鐘・銅磬などを鑄潰したことにより、新錢鑄造の段取りができた。このうえは、ぜひとも舊錢をも流通させて、絹帛の價格を少しずつ上昇させるべきである。中央文武百官の俸料は、三月一日より、みな現錢を支給するがよい。その半分は、以前虛估（割增價格）で錢額換算した布帛を支給していたが、時估（實估）で換算しなおして見錢を支給せよ」と命じた。

　さらに敕文を下し、「このところ錢の價値が高どまりにあるのに對し、布帛の價格が低落していることにより、人民はなすすべ無く困窮している。このたびの新錢增鑄の重點は、廣くゆきわたらせるところにある。臨機應變に時世を救うには、これより大切なものはない。創制の新令を重ねて宣布し、財貨を蓄藏する輩への戒めとするがよい。長安や全國諸道では、今年十月以後、公私に行用する錢は、ならびに新鑄錢を用いよ。舊錢の使用は暫定的に數年間さし止めよ。もし違反することがあれば、鉛錢・錫錢・惡錢行使の法令に基づいて罪を科す。舊錢は、ならびに官に納付させよ」と命じた。この政策は結局實行されなかった。

三　鹽　法

〔原文〕四〇

開元九年十一月①、河中尹姜師度、以安邑鹽池漸涸、開拓疏決
水道②、置爲鹽屯。公私大收其利。

其年十一月五日、左拾遺劉彤上表曰、臣聞、漢孝武爲政、廏
馬三十萬、後宮數萬人、外討戎夷、內興宮室、殫費之甚、實百
當今。而古費多而貨有餘、今用少而財不足、何也。豈非古取山
澤、而今取貧民哉。取山澤、則公利厚、而人歸於農。取貧民、
則公利薄、而人去其業。故先王作法也、山海有官、虞衡有職、
輕重有術、禁發有時。一則專農、二則饒國。濟人盛事也。臣實
爲當今宜之③。

夫煮海爲鹽、採山鑄錢、伐木爲室、豐餘之輩④。寒而無衣、飢
而無食、傭賃自資者、窮苦之流也。若能收山海厚利⑤、奪豐餘之
人⑥、寬厚斂重徭⑦、免窮苦之子、所謂損有餘而益不足。帝王之道、
可不謂然乎。臣願、陛下詔鹽鐵木等官、各收其利⑧、貿遷於人、
則不及數年、府有餘儲矣。然後下寬大之令⑨、蠲窮獨之徭、可以
惠群生、可以柔荒服。雖戎狄猾夏、堯湯水旱、無足虞也。奉天
適變、惟在陛下行之。

上令宰臣議其可否。咸以鹽鐵之利、甚益國用、遂令將作大匠
姜師度戸部侍郎強循、俱攝御史中丞、與諸道按察使檢責海內鹽
鐵之課。

至十年八月十日、敕、諸州所造鹽鐵、每年合有官課⑩。比令使
人勾當、除此外、更無別求。在外不細委知。如聞、稍有侵刻⑪。
宜令本州刺史上佐一人檢校、依令式收稅。如有落帳欺沒、仍委
按察使、糾覺奏聞。其姜師度、除蒲州鹽池以外、自餘處更不須
巡檢。

〔校訂〕

①**開元九年十一月**　標點本・諸本もと「元年十一月」に作る。また『唐會要』巻八十八鹽鐵條は開元元年十一月に作る。先天二年十二月朔日に開元と改元されたので（『舊唐書』巻八玄宗本紀上）、開元元年は十二月のみである。本志・會要には年・月ともに譌誤がある。

『舊唐書』巻八玄宗本紀上開元九年條に「正月丙申（十九日）、改蒲州爲河中府、置中都。……七月戊申（三日）罷中都、依舊爲蒲州」とあり、『唐會要』巻六十八諸府尹・河中府條に「開元九年正月八日、改爲河中府、號中都、以姜師度爲尹。六月三日、停中都、却爲州」とある。姜師度が河中尹であったのは、開元九年正月から六月もしくは七月である。金

井之忠［一九三八］は、開元九年が正しいとし、加藤繁譯注上巻三六七（九七頁）もこれに從う。いまこれらにより元年を九年に改める。十一月にも問題があるが、闕疑として後考を俟つ。

②**開拓疏決水道**　標點本・諸本もと「師度開拓疏決水道」に作る。師度重複して文義少しく通じない。『唐會要』巻八十八鹽鐵條は、「師度」の二字なし。いま『唐會要』によって、師度二字を削除する。

③**實爲當今宜之**　標點本もと「實爲今疑之」に作る。百衲本・殿本同じ。聞人本は「實謂今疑之」に作り、合鈔本は「實謂今宜之」に作る。『唐會要』巻八十八鹽鐵條は「實爲當今宜之」に作る。いま『唐會要』によって改める。

④**豐餘之輩**　標點本もと「農餘之輩」に作る。百衲本・聞人本・殿本同じ。合鈔本・『唐會要』・『通典』巻十食貨鹽鐵條は「豐餘之輩」に作る。いま合鈔本・『唐會要』によって、豐字に改める。

⑤**收山海厚利**　標點本・百衲本・聞人本・殿本もと「以山海厚利」に作る。以字、文義通暢しない。合鈔本・『唐會要』・『通典』ともに「收山海厚利」に作る。いまこれらによって、以字を收字に改める。

⑥**奪豐餘之人**　標點本もと「資農之餘人」に作る。百衲本・聞人本・殿本同じ。資では、文義轉倒して通暢しない。合鈔本・『唐會要』・『通典』、みな「奪豐餘之人」に作る。下文「免窮苦之人」とよく對になる。いまこれらによって資字を奪字に改める。

⑦**寬厚斂重徭**　標點本もと「厚斂重徭」に作る。百衲本・聞人本・殿本同じ。合鈔本は「寬厚斂重徭」に作り、『唐會要』は「蠲調斂重徭」に作る。いま合鈔本により、寬字を補う。

⑧**各收其利**　標點本もと「收興利」に作る。諸本同じ。文義やや通じない。『唐會要』・『通典』は、「各收其利」に作る。いま『唐會要』・『通典』によって、各字を補い、興字を其字に改める。

⑨**寬大之令**　標點本・諸本もと「寬貸之令」に作る。『唐會要』・『冊府元龜』巻四九三邦計部山澤一・『通典』、みな「貸」を「大」に作る。いま『唐會要』その他により、貸字を大字に改める。

⑩**至十年八月十日敕諸州所造鹽鐵每年合有官課**　この二十字、標點本・諸本もと無し。『唐會要』巻八十八鹽鐵條に、この二十字あり。「比令使人勾當」に始まる段落、前後文章つながらず。この二十字あって、はじめて文意通暢する。本志編纂の時、もしくは本志傳來の過程で一行二十字分を脱落したのであろう。いま會要によって補う。

⑪**稍有侵刻**　標點本・諸本もと「稱有侵刻」に作る。稱字、文意やや通じない。『唐會要』は、「稍有侵剋」に作り、文意通暢する。稱・稍字形の近似するによって誤る。いま『唐會要』によって、稱字を稍字に改める。

〔訓讀〕

開元九年十一月、河中尹姜師度①、安邑の鹽池②漸《ようや》く涸《か》るるを以て、開拓して水道を疏決し、置きて鹽屯③と爲す。公私大いに其の利を收む。

其の年十一月五日、左拾遺劉彤④上表して曰く、臣聞くならく、漢の孝武、政を爲すや、廏馬三十萬、後宮數萬人⑤、外に戎夷を討ち、内に宮室を興し、殫費の甚しきこと、實に當今に百たり。而るに古え、費多くして貨餘り有り、今、用少くして財足らざるは、何ぞや。豈に古えは山澤に取り、而して今は貧民に取るに非ざるか。山澤に取れば、則ち公利厚く、而して人、農に歸す。貧民に取れば、則ち公利薄く、而して人、其の業を去る。故に先王の法を作るや、山海に官有り⑥、虞衡に職有り⑦、輕重に術有り⑧、禁發に時有り⑨。一は則ち農を專らにし、二は則ち國を饒《ゆた》かにす。人を濟うの盛事なり。臣實に爲《おも》えらく、當今之に宜《かな》う、と。

夫れ海を煮て鹽を爲り、山に採りて錢を鑄⑩し、木を伐りて室を爲るは、豐餘の輩なり。寒くして衣無く、飢えて食無く⑪、傭賃して自ら資《と》るは、窮苦の流なり。若し能く山海の厚利を收めて、豐餘の人より奪い、厚斂・重傜を寛《ゆる》めて、窮苦の子を免れしむれば、所謂餘り有るを損じて、而して足らざるに益すなり⑫。帝王の道、然りと謂わざるべけんや。臣願わくは、陛下鹽鐵木等の官に詔し、各おの其の利を收め、人に貿遷せしむれば、則ち數年に及ばずして、府に餘儲有らん。然る後、寛大の令を下し、窮獨の傜を蠲《のぞ》けば、以て群生を惠むべく、以て荒服を柔《なつ》くべし。戎狄、夏を猾《みだ》し⑬、堯湯、水旱す⑭と雖も、虞《おそる》るに足る無きなり。天を奉じて變に適する⑮は、惟だ陛下、之を行うに在り、と。

上、宰臣をして其の可否を議せしむ。咸な以えらく、鹽鐵の利、甚だ國用を益す、と。遂に將作大匠姜師度⑯・戸部侍郎強循⑰をして、倶に御史中丞を攝《か》ね⑱、諸道按察使⑲と海內の鹽鐵の課を檢責せしむ。

十年八月十日に至り、敕すらく、諸州造る所の鹽鐵、毎年合に官課⑳有るべし。比ごろ使人をして勾當せしめ、此を除くの外、更に別に求むること無からしむ。外に在りては細かに委知せず。如《き》聞《く》らく《な》、稍やく侵刻するもの有り、と。宜しく本州刺史・上佐㉑一人をして檢校せしめ、令式に依りて稅を收めしむ㉒べし。如し落帳・欺沒㉓するもの有れば、仍りて按察使に委ね、糾覺して奏聞せしめよ。其れ姜師度、蒲州㉔鹽池を除く以外、自餘の處、更に巡檢するを須いず㉕、と。

〔注釋〕

①**河中尹姜師度**　姜師度（?～七二三）、魏州魏（河北省大名縣）の人。明經に擧げられ、神龍（七〇五～七〇七）の初め、易州刺史・河北道監察兼支度營田使を歴任し、土木・水利事業に長じた。景雲二年（七一一）司農卿、開元初年に陝州刺史、六年に河中尹、同州刺史となり、將作大匠に終わる。七十餘歳で卒す。『舊唐書』巻一八五良吏傳下、『新唐書』巻一〇〇に立傳する。

②**安邑鹽池**　安邑縣、現在の山西省運城市。貞觀十七年（六四三）、蒲州（後の河中府）に屬す。乾元三（『舊唐書』は元年）年（七六〇）、陝州に屬す。鹽地は安邑縣の南五里に在り、東西四十里、南北七里、西は解縣の界に入る（『元和郡縣圖志』巻六河南道二陝州條、『舊唐書』巻三十八地理志一陝州條）。また『水經注』には、鹽池は安邑の西南にあり、長さ五十一里、廣さ六里、周圍百一十四里とある（酈道元『水經注』巻六涑水條）。

③**置爲鹽屯**　鹽屯の經營形態については、『通典』所引の開元二十五年屯田格を參照することができる。『通典』巻十食貨鹽鐵條に「……又屯田格、幽州鹽屯、毎屯配丁五十人、一年收率滿二千八百石以上、準營田第二等。二千四百石以上、準第三等。二千石以上、準第四等。大同横野軍鹽屯配兵五十人、毎屯一年收率千五百石以上、準第二等、千二百石以上、準第三等、九百石準第四等。……」とある。これによれば、幽州の鹽屯では、一鹽屯ごとに正丁五十人、大同横野軍の鹽屯では一屯ごとに兵士五十人を配置して鹽を生產し、年間生產量によって、營田に準據して等級化された。鹽屯には、租調役制の正役を勞働力とする幽州の民屯經

營と兵士を勞働力とする横野軍の軍屯經營の二形態があった。蒲州鹽屯は、民屯經營であったはずである。

　鹽屯經營とは別に、蒲州では、租分方式による生産が行なわれた。同じく『通典』卷十食貨鹽鐵條に「(開元)二十五年倉部格。蒲州鹽池、令州司監當、租分與有力之家營種之。課收鹽、毎年上中下畦、通融收一萬石。仍差官人檢校、若陂渠穿穴、所須功力、先以營種之家人丁充。若破壞過多、量力不濟者、聽役隨近人夫」とある。州司の監督のもとに、有力戸に經營させ、生産された鹽を州と有力戸との間で分收する方式である。鹽畦をとりまく水利施設の修繕には、有力戸の人丁を優先し、それ以上必要なときには近鄰の人夫(雜徭)を用いることが許された。專賣制施行以前、蒲州民屯と竝んで存在した典型的な經營形態であろう。

④**其年十一月五日左拾遺劉彤**　『册府元龜』卷四九三邦計部山澤一は、「是月」に作る。『(宋版)通典』卷十は「大唐開元元年十一月」に、『(殿版)通典』は「大唐開元元年十二月」に作る。また劉彤の上表を載せる『大唐新語』には、開元九年とある。劉肅『大唐新語』卷四政能篇第八に「開元九年、左拾遺劉彤、上表論鹽鐵曰、臣聞、漢武帝爲政、廏馬三十萬、後宮數萬人、……帝王之道、不可謂然。文多不盡載」とある。『大唐新語』に從うべきである。

○**左拾遺**　門下省の屬官。從八品上。皇帝に近侍し、諷諫を掌る(『大唐六典』卷八門下省條、『舊唐書』卷四十三職官志二門下省條)。

⑤**廏馬三十萬後宮數萬人**　前漢の貢禹が元帝に奉った上奏文には、「方今、齊三服官、作工各數千人、一歳費數鉅萬。蜀・廣漢、主金銀器、歳各用五百萬。三工官、官費五千萬、東西織室亦然。廏馬食粟將萬匹。……武帝時、又多取好女、至數千人、以塡後宮」とある(『漢書』卷七十二貢禹傳)。

　また『漢書』卷十九百官公卿表上太僕條に「又邊郡六牧師苑令、各三丞」とあり、顏師古注に「漢官儀云、牧師諸苑三十六所、分置北邊・西邊、分養馬三十萬頭」とある。「廏馬三十萬」は、この牧師の飼育する養馬三十萬匹と混同したものであろう。

⑥**山海有官**　『管子』海王篇第七十二に「桓公曰、然則吾何以爲國。管子對曰、唯官山海、爲可耳。桓公曰、何謂官山海。管子對曰、海王之國、謹正鹽筴。……今鐵官之數曰、一女必有一鍼一刀、若其事立。耕者必有一耒一耜一銚、若其事立。……不爾而成事者、天下無有」とある。これについて、安井衡は、「官、職也。使山海供職。言盡其利也」という(『管子纂詁』)。

⑦**虞衡有職**　虞衡は山林川澤を掌る官で、虞人・衡人を言う。『周禮』天官太宰に「以九職任萬民、三曰虞衡」とあり、鄭玄注に「虞衡掌山澤之官、主山澤之民者」、賈公彦疏に「案、地官掌山澤者、謂之虞。掌川林者、謂之衡」とある。

⑧**輕重有術**　人君が適時に農民から穀物の收集、または農民への放散を行ない、穀物價格の高低・輕重を調節して均衡を維持し、商人による穀物價格の攪亂と農民からの收奪を排除し、農民社會に蓄積をもたらし、農業再生産を保證する政令を言う。『管子』國蓄篇第七十三・『漢書』卷二十四下食貨志下の敍述をふまえる。ここには、記述のまとまっている『漢書』食貨志を參照する。食貨志に「至管仲相桓公、通輕重之權、曰、歳有凶穰、故穀有貴賤。令有緩急、故物有輕重。人君不理、則畜賈游於市、乘民之不給、百倍其本矣。……民有餘則輕之、故人君斂之以輕。民不足則重之、故人君散之以重。凡輕重斂散之以時、則準平。守準平、使萬室之邑、必有萬鍾之臧、臧繦千萬。千室之邑、必有千鍾之臧、臧繦百萬。春以奉耕、夏以奉耘、耒耜器械、種饟糧食、必取澹焉。故大賈畜家不得豪奪吾民矣」とある。

⑨**禁發有時**　山林藪澤の地には禁止期間と利用期間が定められていること。『管子』八觀篇第十三に「山林雖近、草木雖美、宮室必有度、禁發必

有時」とある。また『禮記』王制篇第五に「獺祭魚、然後虞人入澤梁。豺祭獸、然後田獵。鳩化爲鷹、然後設尉羅。草木零落、然後入山林。昆蟲未蟄、不以火田（鄭玄注「取物必順時候」）。不麛、不卵、不殺胎、不殀夭、不覆巣」とあり、虞人の山澤利用の時期など、品物ごとに時期が決められている。

⑩**煮海爲鹽採山鑄銭**　海水を煮て鹽を造り、山から銅を採掘して銭を鑄造すること。『漢書』巻四十九鼂錯傳に「上曰、吳王卽山鑄錢、煮海爲鹽、誘天下豪桀」とある。

⑪**寒而無衣飢而無食**　『管子』輕重戊篇第八十四に「桓公問管子曰、民飢而無食、寒而無衣、應聲之正、無以給上、室屋漏而不居、牆垣壞而不築。爲之奈何」とある。

⑫**所謂損有餘而益不足**　『荀子』からの引用である。『荀子』禮論篇第十九に「禮者斷長續短、損有餘益不足、達愛敬之文、而滋成行義之美者也」とある。

⑬**戎狄猾夏**　夷狄が中國を侵犯し混亂させること。『尙書』舜典に「帝曰、皐陶、蠻夷猾夏、寇賊姦宄」とあり、その僞孔安國傳に「猾、亂也。夏、夏華」とある。

⑭**堯湯水旱**　聖王の時代にも自然災害があったことを言う。『鹽鐵論』水旱篇第三十六に「大夫曰、禹湯聖主、后稷伊尹賢相也。而有水旱之災。水旱天之所爲、飢穰陰陽之運也。非人力」とある。

⑮**奉天適變**　加藤繁譯注上巻三八七（九九頁）は『周易』乾卦文言傳「先天而天弗違。後天而奉天時」、ならびに『周易』繫辭下篇「上下常无、剛柔相易、不可爲典要。唯變所適」を引用し、「天の時（働きといふ意）を遵奉して事變に適應するといふこと」とする。適變とは、物事が變動の過程にあるときには、定準がないので、臨機に對應することを言う。「唯變所適」の孔穎達正義に「言剛柔相易之時、既无定準、唯隨應變之時所之適也」とある。

⑯**將作大匠**　將作大匠は、將作監の長官。從三品。兩京の營造土木の政令を掌る（『大唐六典』巻二十三將作監條、『舊唐書』巻四十四職官志三將作監條參照）。

⑰**強循**　強循、字は季先、鳳州（陝西省鳳縣）の人。官は大理少卿・太子右庶子に至る。『舊唐書』巻一八五良吏傳下姜師度傳に附傳し、『新唐書』巻一〇〇に立傳する。

⑱**攝御史中丞**　攝とは定員のある正員官ではなく、詔敕によって定員外の官に任命すること。『通典』巻十九職官一總序の「檢校・試・攝・判・知之官」原注に「攝者、言敕攝、非州府版署之命。……皆是詔除而非正命」とある。御史中丞については、〔原文〕三注釋①御史參照。

⑲**諸道按察使**　按察使は、巡察使・巡撫使などと同樣、時時に地方各道に派遣され、調査條目を立てて諸州官員の治績を評價したり、風俗の得失等を訪察して、皇帝に報告することを任務とする。

按察使の設置については、『唐會要』巻七十七諸使上巡察按察巡撫等使條に「景龍三年、置十道按察使、分察天下。至開元八年五月、復置十道按察使、以陸象先・王晙等爲之」とある。中宗景龍三年（七〇九）に初めて設置され、開元八年（七二〇）五月に再設置された。本節の諸道按察使は、開元八年設置の十道按察使である。

その使者名・條目については、『冊府元龜』巻一六二帝王部命使二開元八年條に「五月、置十道按察使。八月、以御史大夫王晙充關內道按察使、揚州長史王怡充淮南道按察使、右庶子齊澣充河南道按察使、少府監楊孚充劍南道按察使、秦州都督張守潔充隴右道按察使、荊州長史盧逸充山南道按察使、鴻臚少卿蕭嵩充河南道按察使、襄州刺史裴觀爲梁州都督山南道按察使、潤州刺史趙升卿充江南東道按察使、宣州刺史霍廷充淮南道按察使。仍下制曰、……御史大夫王晙等竝識通政要、位以才達、茂其聲實、弘此憲章。宜分遣巡案、以時糾察。巡內有長吏貪擾、獄訟冤滯、暗懦尸祿、苛虐在官、即宜隨事案擧、所犯狀竝推勘、准格斷覆訖奏聞、仍便覆囚。夫牧宰之職、教導是先。錄曹之任、紀綱斯在。其有政理殊尤、清直獨立者、咸以名薦。餘官有清白者稱、及諸色不善、各別爲科目、同狀奏聞。其尋常平狀、竝不須通、俾夫善取其尤、罰無所濫、疎而不漏、察而不苛。必將正其源流、宏彼綱目、不可總此煩碎、擾其吏人。應是州縣常務、事非損益者、使人更不必干預。其百姓有不支濟、應須處置、事狀不便於釐革者、與州縣商量處分訖奏聞……」とある。ここでは四條目による地方官人・地方政治の監察を任務としている。

⑳**官課** 加藤繁譯注上巻三九四（一〇一頁）は、「官課は官にて定めたる課額の意味にして、即ち一州の鹽鐵税收入幾何といふことを法規もて定めたるを謂ふ」とする。ここでは國家が決定した定額の課利（專賣）收益を言う。

㉑**上佐** 州司官員のうち、別駕・長史・司馬などの幹部職員をいう。『通典』巻三十三職官十五總論郡佐條に「大唐州府佐史、與隋制同。有別駕・長史・司馬一人」とあり、その原註に「大都督府、司馬有左右二員。凡別駕・長史・司馬、通謂之上佐」とある。

㉒**依令式收税** 令式は、唐朝の基本法典である律令格式のうちの令と式を言う。令については、『大唐六典』巻六刑部尚書條に「凡令二十有七（分爲三十巻）。……（……皇朝之令、武德中、裴寂等與律同時撰。……開元初、姚元崇、四年、宋璟竝刊定）」とあり、式については同書同巻同條に「凡式三十有三篇（亦以尚書省刑（私案當作諸）曹、及祕書・太常・司農・光祿・太僕・太府・少府、及監門・宿衞・計帳爲其篇目。凡三十三篇、爲二十巻。……皇朝、永徽式十四巻、垂拱・神龍・開元式竝二十巻。其刪定、與定格令人同也）」とある。本節の時期に用いられたのは、開元四年に編纂が命じられ、開元七年に成った開元七年令、開元七年式である。

ここに令・式によって税を收取するというのは、鹽課專賣方式を停止し、開元七年令・式の規定にたちもどって租税方式による鹽税收取を命じたものである。

㉓**欺沒** 『元氏長慶集』巻三十九「論當州朝邑等三縣代納夏陽・韓城兩縣率錢狀」「當州所徵斛斗草及地頭等錢畸零分數」條に「人戶輸納、元無畸零。蹙數所成、盡是姦吏欺沒。……於官司簿書、永絶姦詐」とある。また『新唐書』巻一六四王彥威傳に「臣按見財、量入以爲出、隨色占費、終歲用之、無毫釐差。假令臣一旦迷愚、欲自欺沒、亦不可得」とあり、『舊唐書』巻一五七王彥威傳には「欺竊」とある。したがって、欺沒とは帳簿を操作して小まめに財物を横領するの意であろう。

㉔**蒲州** 現在の山西省永濟市蒲州鎭。開元八年、河中府となり、同年六月、蒲州に降格。乾元三年四月、再び河中府となる。屬縣に安邑とともに鹽池の東を管轄した解縣がある（『元和郡縣圖志』巻十二河東道一河中府條、『舊唐書』巻三十八地理志一河東道河中府條）。

㉕**至十至巡檢** 本條は、鹽鐵の課利（專賣）を停止し、令式による租税賦課に再轉換したことを述べる。その理由について、『舊唐書』巻一八五下姜師度傳に「明年、左拾遺劉彤上言、請置鹽鐵之官、收利以供國用、則免重賦貧人、使窮困者獲濟。疏奏、令宰相議其可否、咸以爲鹽鐵之利、甚裨國用。遂令師度與戶部侍郎強循、竝攝御史中丞、與諸道按察使計會、以收海內鹽鐵。其後頗多沮議者、事竟不行」とあって、その後、反對論が多くなって實行できなかったとある。本志に記す敕文では、鹽課收納にかかわって漸次擴大した地方官による侵害・横領を問題にしている。

〔通釋〕

開元九年（七二一）十一月、河中尹姜師度は、安邑の鹽池が次第に涸れてきたため、土地を開拓し、溝渠を通じて、鹽屯を設置した。公私ともに大いに鹽の利益を得た。

その年の十一月五日、左拾遺劉彤が上表して提案した。

わたくしの聞くところ、漢の武帝の治世には、廄舍の馬が三十萬匹、後宮の宮女は數萬人となり、國外では異民族を討伐し、國內では宮殿を造營して、財政支出が夥しく、實に現今の百倍であった、とのこと。しかしながら古えは經費が多くても、財貨に餘りがあり、今は支出が少ないのに、財貨が不足しています。これはなぜでしょうか。古えは山澤の地から財用を採取したのに、今は貧民から收取するからではないでしょうか。山澤の地から採取すれば、國家の利益は多く、人民は農業經營にもどります。貧民から收取すれば、國家の利益は少なく、人民は農地を棄てて逃げてしまいます。そのため先王は法令を作り、山海には鐵・鹽を管理する官を設け、山林川澤には虞人・衡人の職を設け、物價の均衡調整策を作り、山澤地の利用を定められた季節に限定したのです。それは、一つには專ら農業を重視し、二つには國を豐かにするものであって、人民を救濟する偉大な政治であります。わたくしは、まことに現今こそ山澤地を利用すべき時だと思います。

海水を煮て鹽をつくり、鑛山から採掘して貨幣を鑄造し、木を伐って家を建てているのは、富豪の輩です。寒くても衣服が無く、飢えても食糧が無く、人に雇われて生活しているのは、貧窮の輩です。もし山海の大きな利益を國家に收めて富豪層から取り上げ、重い租稅と傜役とを緩和して貧窮層の稅役負擔を減免することができれば、所謂餘り有るところを減らし、不足するところに益すということになります。帝王の政道は、まことにかようでなければなりません。

わたくし、陛下が鹽・鐵・材木等の官に詔を下し、山澤の利益を收め、民間において交易するよう、願いあげる次第です。さすれば數年も經たぬうちに、府庫には餘りある蓄えができます。しかるのち寛大な法令を下し、貧窮層の傜役を免除するならば、生きとし生けるものに惠みを與え、遠くの異民族をも自發的に從わせることができます。異民族が中國を擾亂したり、帝堯・湯王の御世にさえあった自然災害が起ったりしても、恐れるに足りません。天地自然の秩序を奉順し、變化に適切に對處すること、これこそ陛下の斷行如何にかかっております。

玄宗は、宰相たちに命じて、專賣制の可否を議論させた。宰相たちはみな、鹽鐵專賣の利益は、國家財政にとってきわめて有益である、と論じた。かくて將作大匠姜師度・戶部侍郎強循に御史中丞を兼ねさせて、諸道の按察使とともに全國土の鹽鐵專賣について調査立案させた。

開元十年（七二二）八月十日に至って詔敕が下り、「諸州で製造する鹽鐵には、毎年國家に收納すべき割當て額がある。さきごろ使人に帳簿の監査を行なわせ、地方官には、割當て額以外は、けっして別に取立てせぬよう命じた。地方の事情についていては、詳細に知ることはできぬが、聞けば、地方官が少しずつ侵奪・横領しているという。各州の刺史と上佐一人に帳簿を管理させ、令式にしたがって徵稅させるがよい。もし刺史・上佐が帳簿を缺落させたり、操作して横領したりするときは、按察使に命じて摘發し、報告させよ。姜師度は、蒲州の鹽池を除き、それ以外の地については、けっして巡檢する必要はない」と諭した。

〔原文〕四一

貞元十六年十二月、史牟奏、澤潞鄭等州、多食末鹽。[1]請禁斷。

從之。

元和五年正月、度支奏、鄜州邠州涇原諸將士、請同當處百姓例、食烏白兩池鹽。從之②。

六年閏十二月、度支盧坦奏、河中兩池顆鹽、敕文只許於京畿鳳翔陝虢河中澤潞河南許汝等二十五州③界內糶貨。比來因循、兼越入興元府及洋興鳳文成等六州④。臣移牒勘責、得山南西道觀察使報、其果閬兩州鹽、本土戶人及巴南諸郡市糴、又供當軍士馬、尚有懸欠。若兼數州、自然闕絕。又得興元府諸耆老狀申訴。臣今商量、河中鹽、請放入六州界糶貨。從之。

〔校訂〕

①**多食末鹽**　標點本・諸本もと「多是末鹽」に作る。『唐會要』卷八十八鹽鐵條および『册府元龜』卷四九三邦計部山澤一、ともに「多食末鹽」に作る。いま會要・『册府元龜』によって、是字を食字に改める。

②**從之**　標點本・諸本もとこの二字無し。『唐會要』卷八十八鹽鐵條および『册府元龜』卷四九三邦計部山澤一、ともに「從之」二字あり。いま會要・『册府元龜』によって、二字を補う。

③**二十五州**　標點本・諸本、『唐會要』ともに「十五州」に作る。『册府元龜』卷四九三邦計部山澤一は「二十五州」に作る。いま『册府元龜』に從い二字を補う。本節注釋⑩をも參照。

④**兼越入興元府及洋興鳳文成等六州**　標點本もと「兼越興鳳文成等六州」に作る。『唐會要』卷八十八鹽鐵條は「兼越興元府及洋州・興・鳳・文・成等六州」に作り、また『册府元龜』卷四九三邦計部山澤一に「兼越入興元府及洋・興・鳳・文・成等六州」に作る。『會要』の洋州、州字重複、いま『册府元龜』に從い削る。會要・『册府元龜』によって、「興元府及洋」五字を加える。また越入の入字、本志・會要に無し。いま『册府元龜』に從い入字を加える。

〔訓讀〕

貞元十六年十二月、史牟①奏すらく、澤・潞・鄭等の州②、多く末鹽③を食《くら》う。請うらくは禁斷せんことを、と。之に從う④。

元和五年正月、度支奏すらく⑤、鄜州・邠州・涇原の諸將士⑥、請うらくは當處の百姓の例に同じくし、烏・白兩池の鹽⑦を食らわしめんことを、と。之に從う。

六年閏十二月、度支盧坦⑧奏すらく、河中兩池の顆鹽⑨、敕文に只だ京畿・鳳翔・陝・虢・河中・澤・潞・河南・許・汝等二十五州⑩の界內に於てのみ糶貨するを許す。比來因循し、兼ねて興元府及び洋・興・鳳・文・成等六州⑪に越入す。臣、移牒して勘責するに、山南西道觀察使⑫の報を得たるに、其れ果・閬兩州の鹽⑬、本土の戶人及び巴南諸郡⑭に市糴し、又た當軍の士馬に供して、尚お懸欠有り。若し數州を兼ぬれば、自然に闕絕せん、とあり。又た興元府の諸耆老⑮の狀もて申訴するを得たり。臣、今商量するに、河中の鹽、請うらくは放《ゆる》して六州の界に入れて糶貨せしめんことを、と。之に從う。

〔注釋〕

①**史牟**　傳記未詳。德宗貞元四年（七八八）、諸科出身（『登科記考』卷十二）、貞元十六年、金部郎中となって安邑・解縣兩池の池務を主った。史牟の上奏によって榷鹽使が設置された（『唐會要』卷八十八鹽鐵使）。

②**澤潞鄭等州**　河東道の澤州（山西省晉城縣）と潞州（山西省長治縣）、および河南道の鄭州（河南省鄭縣）は、いずれも河東鹽の供給地（注釋③參照）。

③**末鹽**　海水を煮て造るので海鹽と言い、またさらさらの粉末狀になるので末鹽と呼ぶ。『資治通鑑』卷二二六建中元年（七八〇）七月己丑條に、「（劉）晏專用榷鹽法、充軍國之用。時自許・汝・鄭・鄧之西、皆食河東池鹽、度支主之。汴・滑・唐・蔡之東、皆食海鹽、晏主之」とあり、汝・鄭・鄧州以西が河東鹽、汴・滑・唐・蔡以東が海鹽（末鹽）の供給地であった。

④**請禁斷從之**　『唐會要』卷八十八鹽鐵條は、「請一切禁斷」に作る。通釋は會要に從い、一切二字を補って記述する。

⑤**元和五年正月度支奏**　「正月」二字、『唐會要』卷八十八鹽鐵條・『冊府元龜』卷四九三邦計部山澤一は、「五月」に作る。確定しがたいので、しばらく原文による。

上奏した度支の人名を缺くが、本志の正月に從えば、この時の度支は、戶部尙書判度支李元素である。『舊唐書』卷十四憲宗本紀上元和四年四月庚子（二十五日）條に「以太常卿李元素爲戶部尙書判度支」とあり、また同書同卷元和五年三月乙巳（五日）條に「以御史中丞李夷簡爲戶部侍郎判度支、……夏四月庚午朔、癸酉（四日）、戶部尙書李元素卒」とある。元和四年四月二十五日から五年三月頃まで、戶部尙書李元素が判度支の職にあり、五年三月五日から李夷簡が戶部侍郎判度支となった。『冊府元龜』の傳える五年五月が正しければ、上奏した度支は戶部侍郎李夷簡である。通釋は、しばらく戶部尙書判度支李元素に從う。

⑥**鄜州邠州涇原諸將士**　鄜州・邠州は、『唐會要』卷八十八鹽鐵條に「鄜坊邠寧涇原諸軍將士」に作り、また『冊府元龜』卷四九三邦計部山澤一も「鄜坊邠寧涇原諸軍將士等」に作る。會要の「鄜坊・邠寧・涇原諸軍將士」が本來の記述であり、鄜坊・邠寧・涇原の三節度使を言う。「諸軍將士」は、節度使諸軍の軍將・兵士を言う。

○**鄜州**（陝西省鄜縣）。鄜坊節度使は、鄜・坊・丹・延の四州を領した。當時の節度使は路恕。元和三年から六年九月に沒するまでその任にあった（吳廷燮『唐方鎭年表』卷一鄜坊條）。

○**邠州**（陝西省邠縣）。邠寧節度使は邠・寧・慶の三州を領した。當時の節度使は閻巨源。元和四年から同九年十二月辛亥に沒するまで任にあった（『唐方鎭年表』卷一邠寧條）。

○**涇原**　涇原節度使は、涇州（甘肅省涇川縣）刺史を兼ね、原・渭・武の合計四州を領した。當時の節度使は朱忠亮。元和三年から元和八年十月辛卯に沒するまで任にあった（『唐方鎭年表』卷一涇原條）。

⑦**烏白兩池鹽**　烏池と白池は瓦池・細項池とともに鹽州五原縣（陝西省定邊縣）にあった（『新唐書』卷五十四食貨志四）。また『唐會要』卷八十八鹽鐵使には、烏池に置かれた榷稅使について「烏池在鹽州。置榷稅使一員、推官一員、巡官兩員、胥吏一百三十人、防池官健、及鹽戶四百四十人」と、その組織を記述する。

⑧**度支盧坦**　盧坦（七四九〜八一七）、字は保衡。洛陽（河南省洛陽市）の人。元和五年（八一〇）十二月癸酉（七日）刑部侍郎諸道鹽鐵轉運使となり、翌六年四月庚午（六日）兵部侍郎判度支に轉じ、八年八月辛丑（二十一日）まで在任。同日、梓州刺史劍南東川節度使に遷され、在任中、元和十二

年九月戊戌（十二日）卒した（いずれも『舊唐書』卷十四・十五憲宗本紀上下）。『舊唐書』卷一五三、『新唐書』卷一五九に立傳する。

⑨**河中兩池顆鹽**　『新唐書』卷五十四食貨志四に「蒲州安邑・解縣、有池五。總曰兩池。歲得鹽萬斛、以供京師」とある。また河中鹽池は、鹽田に縱横に水路を作り、水路にたまった鹽水を風で乾かして作るため、その鹽は凝固して結晶となり、顆粒狀であるため、顆鹽と呼ばれた（陳衍德・楊權［一九九〇］二〇〜二五頁）。

⑩**京畿至五州**　『册府元龜』卷四九三邦計部山澤一は、「二十五州」に作る。沈亞之『沈下賢文集』卷六「解縣令廳記」に「蒲鹽田居解邑下、歲出利、流給雍洛二都三十郡。其所會貿、皆天下豪商猾估、而姦吏踵起、則解之爲縣、盆不能等於他縣矣」とあり、解縣の鹽が兩京・三十州に供給されている。「解縣令廳記」は、末尾に「長慶二年、余客其地、因受命而著記云」とあって、穆宗長慶二年（八二二）に著述されたものである。本條の興元府以下六州を差引けば二十四州となる。『册府元龜』の二十五州を是とすべきであろう。

○**京畿**は京畿道、現在の陝西省南部一帶。そのほか鳳翔府は陝西省鳳翔縣、陝州は河南省陝縣、虢州は河南省靈寶縣、河中府は山西省永濟縣、澤州は山西省晉城縣、潞州は山西省長治縣、河南府は河南省洛陽縣、許州は河南省許昌縣、汝州は河南省臨汝縣である。

⑪**興元府及洋興鳳文成等六州**　興元府以下六州は、いずれも山南西道節度觀察使の屬州である（『舊唐書』卷三十九地理志二山南西道條）。梁州興元府は、現在の陝西省南鄭縣、洋州は陝西省洋縣、興州は陝西省略陽縣、鳳州は陝西省鳳縣、文州は甘肅省文縣、成州は甘肅省成縣である。

⑫**山南西道觀察使**　山南西道節度觀察使處置等使。興元尹を兼ねて、興元府・洋・集・壁・文・通・巴・興・鳳・利・開・渠・蓬・閬・果の十四州を領す。當時の觀察使は裴玢。元和三年から同七年二月辛亥に卒するまでその任にあった（『唐方鎭年表』卷四山南西道條）。

⑬**果閬兩州鹽**　果州は現在の四川省南充縣、閬州は四川省閬中縣である。『新唐書』卷五十四食貨志四に「唐有鹽池十八、井六百四十、皆隷度支。……果・閬・開・通、井百二十三」とあり、果州と閬州は井鹽を產出した。

⑭**巴南諸郡**　巴南は、唐代の山南西道南部を言う。『舊唐書』卷十一代宗本紀大曆七年（七七二）十一月庚辰條に「詔、自頃蕃戎入寇、巴南屢多征役。其巴・蓬・渠・集・壁・充・通・開等州、宜放二年租庸」とある。巴南の諸郡とは、巴嶺（陝西の南境、西鄕・南鄭・鎭巴諸縣より四川の南江・通江諸縣に亙る山脈）の南、果州・閬州より西の諸州を言う（加藤繁譯注上卷四一五、一〇五頁）。

⑮**耆老**　一般に六十代・七十代の老人を言う。『國語』卷十九吳語に「王乃命有司、大徇於軍、曰、有父母耆老、而無昆弟者、以告」とあり、韋昭注に「六十曰耆、七十曰老」とある。中村治兵衞［一九六六］によれば、唐代の耆老は、地方の利害を代表して發言行動する地方の代表者もしくは有識者をさすと云う。

〔通釋〕

貞元十六年（八〇〇）十二月、史牟が上奏し、「澤・潞・鄭等の州では、多くが海鹽を食しています。一切禁絕するよう願いあげます」と提案した。德宗はこれを許した。

元和五年（八一〇）正月、判度支李元素が上奏し、「鄜坊節度使・邠寧節度使・涇原節度使の諸軍將官・兵士は、現地の百姓と同樣に、烏池と白池の鹽を食するよう願いあげます」と提案した。憲宗はこれを許した。

六年（八一一）閏十二月、判度支盧坦が上奏し、「河中兩池の鹽は、敕文には、京畿・鳳翔・陝・虢・河中・澤・潞・河南・許・汝など二十五州の境域内でのみ販賣することが許されております。近頃はだらだらと擴大し、あわせて梁州興元府および洋・興・鳳・文・成などの六州にまで境域を越えて鹽の販賣を行なっています。わたくしが、山南西道觀察使に文書を送って問いただしたところ、觀察使からの返答を得ました。「果・閬兩州の鹽は、現地の編戶及び巴南の諸郡に販賣し、さらに本道軍隊の兵馬にも供給しており、なお不足しています。もしこの數州にもあわせて供給するとなれば、おのずと缺乏することになります」とのこと。また興元府の耆老たちの訴狀も得ました。わたくしこのたび思慮いたしまするに、河中の鹽を六州の境域に投入して販賣するよう願いあげます」と提案した。憲宗はこれを許した。

〔原文〕四二

十年七月、度支使皇甫鏄奏、加峽內四監劍南東西川山南西道鹽估、以利供軍。從之。

十三年、鹽鐵使程异奏、應諸州府、先請置茶鹽店收稅。伏準今年正月一日赦文、其諸州府、用兵已來①、或慮有權置職名、及擅加科配。事非常制、一切禁斷者。伏以榷稅茶鹽、本資財賦、贍濟軍鎭、蓋是從權。昨兵罷、自合便停。事久實爲重斂。其諸道先所置店、及收諸色錢物等、雖非擅加、且異常制。伏請準赦文勒停。從之。

〔校訂〕

①**用兵已來**　標點本・諸本もと「因用兵已來」に作る。『唐會要』卷八十八鹽鐵條・『册府元龜』卷四九三邦計部山澤一もまた同じ。ただ因字義を成さず。鹽鐵使程异の引用する元和十三年正月一日赦文は、『册府元龜』卷八十九帝王部赦宥八に「十三年正月乙酉朔、帝御含元殿、受朝賀禮畢。御丹鳳樓、大赦天下、詔曰、……其諸道州府縣、用兵已來、或慮有權置職名、及擅加科配。事非永制者、一切禁斷」とあり、因字無し。いまこれによって因字を削る。

〔訓讀〕

十年七月、度支使皇甫鏄①奏すらく、峽內の四監・劍南東西川・山南西道の鹽估を加え②、以て供軍に利せん③ことを、と。之に從う。

十三年④、鹽鐵使程异⑤奏すらく、應《およ》そ諸州府、先に請いて茶鹽店⑥を置きて稅を收む。伏して今年正月一日の赦文に準るに、其れ諸州府、用兵已來⑦、或いは慮《おおむ》ね權《かり》に職名を置き、及び擅《ほしいまま》に科配⑧を加うる有り。事、常制に非ざれば、一切禁斷せよ、とあり。伏して以えらく、茶鹽に榷稅⑨するは、本と財賦を資《たす》け、軍鎭を贍濟す、蓋し是れ權に從うなり。昨《さき》ごろ兵罷む、自ずから合に便停すべし。事久しければ實に重斂と爲る。其れ諸道、先に置く所の店、及び諸色錢物等を收むるは、擅に加うるに非ずと雖も、且《な》お常制に異なる。伏して請うらくは、赦文に準いて勒停せんことを、と。之に從う。

〔注釋〕

①**十年七月度支使皇甫鎛**　十年七月の記年、『舊唐書』食貨志諸本、『唐會要』・『册府元龜』ともに十年七月に作る。皇甫鎛が度支使の任にあったのは、元和十一年四月十六日から元和十五年正月九日である（『資治通鑑』巻二四〇元和十一年四月辛亥（十六日）條、『新唐書』巻六十二宰相表中元和一五年正月壬午（九日）條、嚴耕望『唐僕尙丞郎表』）。それは、元和九年三月頃から元和十一年四月十五日まで判度支の任にあった楊於陵のあとを承けたものである（嚴耕望『唐僕尙丞郎表』）。したがって、この記事は十年に繫年することはできない。十一年もしくは十二年の誤りである。どの年に繫年するか、對校史料を缺くので、いまは闕疑とする。

○**皇甫鎛**　安定朝那（甘肅省平涼縣東南）の人。貞元の進士。司農卿兼御史中丞に累遷し、元和十一年判度支となる。淮西の討伐にあたり、民より嚴しく收奪して軍事財政を維持した功により、元和十三年、鹽鐵使程异とともに宰相となり、依然判度支を兼ねた。元和十五年（八二〇）正月、穆宗が即位すると、崖州司戶に左遷され、その地で死んだ。『舊唐書』巻一三五、『新唐書』巻一六七に立傳する。

②**加峽內四監劍南東西川山南西道鹽估**　峽內の鹽監は、もと鹽鐵使の管轄下にあったが、元和六年（八一一）に度支使の管轄に移った。『唐會要』巻八十七轉運鹽鐵總敍（及び『舊唐書』巻四十九食貨志下、『唐大詔令集』巻一一一「制置諸道兩稅使敕」）に「其年（元和六年）、詔曰、……峽內煎鹽五監、先屬鹽鐵使。今宜割屬度支、便委山南西道兩稅使、兼知糶賣。峽內鹽屬度支、自此始也」とある。

　峽內は、山南東道の西部、長江中流にある三峽一帶の地域。四川省東部から湖北省西部に位置した涪州・忠州・萬州・夔州・歸州・峽州を指すと考えられる。たとえば、『舊五代史』巻三十四唐書十莊宗本紀八同光四年（九二六）三月丙辰條に「荊南高季興上言、請割峽內夔・忠・萬等三州、却當道、依舊管係」とある。

○**四監**　譚英華［一九八八］（三九頁）は、『舊唐書』巻四十九食貨志下（〔原文〕五八）に記す元和六年の詔に、「峽內煎鹽五監」とあることによって、四監が五監の誤りである可能性を指摘する。五監としては、夔州に設置された奉節縣の永安井鹽官、雲安縣鹽官、大昌縣鹽官の三監、萬州南浦縣の塗澮監・漁〔渙〕陽監が史乘に見える（『新唐書』巻四十地理志四山南道および『新唐書』巻五十四食貨志四〔　〕內は食貨志）。なお『新唐書』巻五十四食貨志四によれば、五監のうち雲安・渙陽・塗澮の三監は、順宗の時（永貞元年・八〇五）に設置されている。

○**鹽監**　鹽官とも言う。鹽の「專賣」は、州縣の地方行政組織とは別系統の使職である鹽鐵使・度支使よって管理運營された。鹽鐵使・度支使は、地方に鹽院・巡院を置き、その下に鹽官・鹽監を置いて生產地にある鹽場を統括させた。鹽監は、製鹽業者を統轄して鹽の生產を管理し、生產費に權利（專賣利益）を加えた卸し價格にもとづいて、鹽監・鹽場で行なわれる鹽商人への獨占的な卸賣を監督する監司である（高橋繼男［一九七六］、陳衍德・楊權［一九九〇］九一～一〇二頁）。

○**劍南東西川**　劍南東川道と劍南西川道を言い、各おのに節度使を置いた。至德二年（七五七）、劍南道を東西に分かち、東川は十二州（梓・劍・緜・遂・渝・合・普・榮・陵・瀘・龍・昌）、西川は二十六州（成都府・彭・蜀・漢・邛・簡・資・嘉・戎・雅・眉・松・茂・翼・維・當・悉・靜・柘・恭・眞・黎・嶲・姚・協・曲）が屬した（『元和郡縣圖志』巻三十一～三十三、『舊唐書』巻四十一地理志四）。

　『新唐書』巻五十四食貨志四に「邛・眉・嘉有井十三、劍南西川院領之。梓・遂・綿・合・昌・渝・瀘・資・榮・陵・簡有井四百六十、劍南東川院領之。皆隨月督課」とある。西川の邛・眉・嘉三州には十三の鹽井があり、度支西川巡院の管理下にあり、また東川の梓・遂・緜・

合・昌・渝・瀘・榮・陵、および西川の資・簡諸州に合計四百六十の鹽井があり、度支劍南東川巡院の管理下にあって、月ごとに鹽利が徵収されたことがわかる。

○**山南西道**　興元府以下、十七州（興元府・洋・利・鳳・興・成・文・扶・集・壁・巴・蓬・通・開・閬・果・渠）が屬した（『元和郡縣圖志』卷二十二、『舊唐書』卷三十九地理志二）。『新唐書』卷五十四食貨志四に「黔州有井四十一、成州・巂州井各一、果・閬・開・通井百二十三、山南西院領之……皆隨月督課」とあり、黔州に合計四十一、成州一・巂州一、通・開・閬・果四州に合計一二三の鹽井があり、度支山南西院の管理下にあった。

　夔州・萬州の峽內五監は、山南東道に所屬する。山南東道には、襄州に鹽鐵山南東道巡院が置かれたが、五監の度支歸屬以後、度支山南西道分巡院・山南西道兩稅使の管理下に入った（前出）。

○**鹽估**　鹽監・鹽院等で鹽を商人に卸賣りする際の價格。本條の當該地域における鹽價は分からないが、當時の江淮監院の鹽價は一斗二五〇文、兩池鹽價は三〇〇文であった（「唐代鹽價一覽」一五九頁參照）。

③**以利供軍**　『新唐書』卷五十四食貨志四には、「憲宗之討淮西也、度支使皇甫鎛加劍南東西兩川・山南西道鹽估以供軍」とあり、淮西節度使吳元濟の反亂鎮定のための軍費捻出であった。この時期、戰費の調達・供給が課題になっていた。『舊唐書』卷十五憲宗本紀下には、「（元和十年）十一月戊辰、詔出內庫繒絹五十五萬匹供軍」、「（元和十一年四月）庚戌、貶戶部侍郎・判度支楊於陵爲郴州刺史、坐供軍有闕也」、「（十一年十一月）庚午、以司農卿王遂爲宣州刺史・宣歙池觀察使、以京兆尹李翛爲潤州刺史・浙西觀察使。以遂・翛常歷計司、能聚斂、方藉供軍、故有斯授。……丁丑、出內庫錢五十萬貫供軍」、「（元和十二年）二月壬申、出內庫絹布六十九萬段匹・銀五千兩、付度支供軍」、「（元和十二年）六月己未朔、以衞尉卿程异爲鹽鐵使、代王播。時异爲鹽鐵使副、自江南收拾到供軍錢一百八十五萬以進、故得代播」、「（元和十二年）九月丁亥朔、戊子、出內庫羅綺・犀玉・金帶之具、送度支估計供軍」などとあり、淮西戰役にかかわって、內庫や江南からの供軍（軍事經費支援）がたびたびあり、供軍の成否によって財務官僚の罷免、昇進が行なわれた。本條の鹽價增額もその一環であった。

④**十三年**　『冊府元龜』卷四九三邦計部山澤一は、「十三年三月」に作る。通釋はこれに從う。

⑤**程异**　程异（?〜八一九）、字は師擧、京兆長安（陝西省西安市）の人。貞元末年、鹽鐵轉運揚子院留後となり、累遷して御史中丞兼鹽鐵轉運副使となる。淮西用兵にあたり、軍事經費調達の功によって、元和十二年六月一日、鹽鐵轉運使となり、元和十三年には工部侍郎・同中書門下平章事（宰相）となり、引き續き鹽鐵轉運使を兼任し、翌年四月に死ぬまで、その任にあった。『舊唐書』卷一三五、『新唐書』卷一六八に立傳する。

⑥**茶鹽店**　茶鹽の倉庫。唐代の諸州府は、茶鹽商人を強制して貨物をここに預入れさせ、藏敷料を徵收した（加藤繁［一九五二］上卷四六五頁）。ここでは茶店・鹽店の意、これら倉庫に貯藏された鹽・茶を利用して、諸道州府が卸賣りして茶稅・鹽利を自己の收入としたものである。

⑦**用兵已來**　元和九年（八一四）九月、淮西節度使吳少陽の死をきっかけに始まった、その子吳元濟の亂を言う。淮西の叛亂は、十二年十月、吳元濟が捕えられて終息した（『舊唐書』卷十五憲宗本紀下、『新唐書』卷二一四吳元濟傳）。

⑧**科配**　正稅以外に財物・勞働を割當てて徵收すること。『舊唐書』卷九十八裴耀卿傳に「車駕東巡、州當大路、道里綿長、而戶口寡弱。耀卿躬自條理、科配得所」とある。

⑨**榷稅茶鹽**　稅茶と榷鹽の意。茶については、のちに本志五「雜稅」にも

記述するように税茶法實施時期と榷茶法實施時期とがあった。貞元九年（七九三）の創設以來、この時期には税茶法を實施しており、州縣が茶戶に十分の一税を賦課するか、茶商には要路で茶價の十分の一税を賦課した。

榷茶・榷鹽は、所謂專賣制である。榷は、『漢書』巻六武帝紀天漢三年條に「初榷酒酤」とあり、顔師古注に「如淳曰、榷音較。……韋昭曰、以木渡水曰榷。謂禁民酤釀、獨官開置、如道路設木爲榷、獨取利也。師古曰、榷者、歩渡橋。爾雅謂之石杠、今之略彴是也。禁閉其事、總利入官、而下無由以得、有若渡水之榷、因立名焉。韋説・如音是也」とある。一本の木を渡した橋を渡るように、他者が渡ることを禁じることを榷と言う。顔師古が展開するように、「民間の營利を禁じ、すべての利益を國家が獨占するので、民間では利益を得る手立てがない。一本の木を渡した橋を渡るに似るので、榷の名稱ができた」のである。

國家―官の利益獨占は、生産・流通・販賣過程のどこかで行なわれるので、所謂專賣制ではないことがある。榷鹽法のばあいは、鹽戶から國家が鹽を買上げ、商人に卸賣りするときに榷利を獨占し、運搬・小賣は商人に任せるので、卸賣りの過程での利益獨占である（陳衍德・楊權［一九九〇］六四頁、島居一康［二〇一二］一四五～一四七頁）。

この文言は、鹽鐵使・度支使による鹽專賣、戶部による税茶を一般的に指すのではなく、藩鎮・州・縣が、軍事經費を捻出するための臨時措置として、みずから茶店・鹽店を設置して獨占利益をあげたことを言う。

〔通釋〕

元和十一年（八一五、もしくは十二年）七月、度支使の皇甫鎛が上奏し、「三峡地域内の四（五）鹽監・剣南東川道・西川道・山南西道の鹽の估價をひき上げ、これによって軍事經費に役立たせます」と提案した。憲宗はこれを許した。

十三年三月、鹽鐵使の程异が上奏し、「諸道州府は、さきごろより朝廷に要請し、茶店・鹽店を設置して税を徵收しています。おそれながら今年正月一日の赦文によりますと、「淮西の戰役以來、諸道州縣のなかには、假の官職を置き、勝手に錢物の割當てを行なうものがある。これは正規の制度ではない、一切禁止せよ」とあります。おそれながら思慮いたしまするに、このたびの茶への課税と鹽の專賣は、もとより財政を補塡し、節度使の軍事經費を支援するものであって、要するに臨時の措置であります。さきごろ淮西の戰役が終りましたので、おのずとただちに停止すべきであります。茶店・鹽店による課税が久しくなれば、まことに重税となります。先に諸道が設置した茶店・鹽店、及び徵收した諸種の錢物等は、勝手に付加したものでないとはいえ、やはり正規の制度とは異なります。おそれながら、正月の赦文に従い、強いて停止するよう願いあげます」と提案した。憲宗はこれを許した。

〔原文〕四三

十四年三月、鄆青兗三州、各置榷鹽院。

長慶元年三月、敕、河朔初平、人希德澤。且務寬泰、使之獲安。其河北榷鹽法、宜權①停。仍令度支與鎭冀魏博等道節度、審察商量。如能約計課利錢數、分付榷鹽院、亦任穩便。

自天寶末兵興以來、河北鹽法、羈縻而已。曁元和中、皇甫鎛奏置稅鹽院、同江淮兩池榷利。人苦犯禁、戎鎭亦頻上訴。故有是命。

〔校訂〕

①**宜權停**　標點本、諸本もと「且權停」に作る。『唐會要』卷八十八鹽鐵條・『册府元龜』卷四九三邦計部山澤一ともに「宜權停」に作る。いま兩書によって且字を宜字に改める。

〔訓讀〕

十四年三月、鄆・靑・兗三州、各おの榷鹽院を置く①。

長慶元年三月、敕すらく②、河朔初めて平らぎ③、人、德澤を希《ねが》う。且《しばら》く寬泰に務め、之をして安らぎを獲しめん。其れ河北の榷鹽法④、宜しく權《かり》に停むべし。仍りて度支をして鎭冀・魏博等の道の節度⑤と、審察商量せしめよ。如し能く課利の錢數を約計し、榷鹽院に分付すれば⑥、亦た穩便を任《ゆる》す、と。

天寶の末、兵興りて自り以來、河北の鹽法、羈縻するのみ⑦。元和中に暨《およ》び、皇甫鎛、奏して稅鹽院を置き⑧、江淮・兩池の榷利に同じくす。人苦しみて禁を犯し、戎鎭も亦た頻《しきり》に上訴す。故に是の命有り。

〔注釋〕

①**十四年至榷鹽院**　本條は、元和十四年二月、平盧軍節度使李師道を平定したのちの、山東における鹽法施行の經緯を記述する。

憲宗は、二月に平盧軍節度使李師道を平定すると、翌三月十日、まず馬總を鄆・濮・曹觀察等使（天平軍）に、三月十一日、薛平を靑州刺史・平盧軍節度・淄・靑・齊・登・萊觀察使、王遂を沂州刺史・沂・海・兗・密都團練觀察使（兗海軍）に三分割した（『舊唐書』卷十五憲宗本紀下元和十四年三月戊子・己丑條）。同三月、それぞれの治所である鄆州（山東省東平縣）・靑州（山東省益都縣）・兗州（山東省滋陽縣）の三箇所に「榷鹽院」を置き、山東における鹽專賣を實施したとするのがこの記事である。このちの山東における鹽法の經緯については、〔原文〕四五で記述される。

②**長慶元年三月敕**　本條敕文竝びに次條は、河朔三鎭平定過程における鹽法實施の經緯を記す。

この詔敕の概略は、『舊唐書』卷十六穆宗本紀長慶元年三月戊申（十二日）條に「罷河北榷鹽法、許約計課利、都數付榷鹽院」とあり、三月十二日に發せられたことがわかる。通釋はこの日付による。

③**河朔初平**　安史の亂以後、長らく唐朝に反抗し、半獨立の形成を保ってきた河朔三鎭、すなわち魏博節度使・鎭冀節度使・盧龍軍節度使の唐朝への歸順を言う。魏博は元和七年十月、鎭冀は元和十三年二月、盧龍軍は長慶元年三月に歸順した（『通鑑』卷二三九元和七年十月甲辰條、同卷二四〇元和十三年二月己酉條、同卷二四一長慶元年條）。この記述は、盧龍軍の唐朝への歸順の意向がはっきりしたことを踏まえたものと考えてよい。

④**河北榷鹽法**　ここに言う河北榷鹽法は、元和十五年九月以後の榷鹽使―榷鹽院體制下の鹽法である。

河北の鹽法は、當初の稅鹽法から、元和十五年、榷鹽法に轉換した。『舊唐書』卷十六穆宗本紀元和十五年九月條に「庚子朔、改河北稅鹽使爲榷鹽使」（『唐會要』卷八十八鹽鐵條同文）とある。これによれば、河北の鹽法は、まず税鹽使とその下に税鹽院が設置されていたことになる。本節後文に「暨元和中、皇甫鎛奏置税鹽院」とあるのは、このことを言う。

皇甫鎛が河北に税鹽院を設置する提案をなしうるのは、度支使の任にあった元和十一年四月十六日から元和十五年正月九日までである（〔原文〕四二注釋①參照）。一方、魏博の歸順は元和七年十月、鎭冀の歸順は元和十三年二月であった。兩方の事情を考えあわせると、税鹽使—税鹽院による河北鹽法の開始は、元和十三年二月を去ることそう遠くない時期であろう。

整理すると、歸順後の河北鹽法は、皇甫鎛の提案によって、元和十三年半ば頃に、まず鹽税賦課方式を採用し、税鹽使—税鹽院體制によって運營された。元和十五年九月に税鹽使が榷鹽使に改められて、榷鹽（專賣）方式に轉換し、榷鹽使—榷鹽院體制に移行した。本節長慶元年三月十二日の敕文は、前年九月一日に制置した榷鹽使を一時的に停止し、税鹽方式にもどしたものである。

⑤**鎭冀魏博等道節度**　鎭冀は、成德軍節度・鎭冀觀察處置等使を言い、恆・冀・深・趙・德・棣の六州を領した。元和十三年の歸順の際、德・棣二州を獻上した（『唐方鎭年表』卷四成德條）。魏博節度使は、魏・博・澶・貝・瀛・滄・德・相・衞・洺の十州を領した（『唐方鎭年表』卷四魏博條）。幽州盧龍軍は三月に歸順の意向を示したばかりなので、對象となっていない。

⑥**如能約計課利錢數分付榷鹽院**　この文章、やや分かりにくい。『唐會要』卷八十八鹽鐵條は、「如能約計課利錢數、都收管、毎年據數、付榷鹽院」に作り、前掲『舊唐書』卷十六穆宗本紀長慶元年三月戊申（十二日）條に「罷河北榷鹽法、許約計課利、都數付榷鹽院」に作る。これらによれば、鹽鐵使管轄下にあった榷鹽（專賣法）の課利（定額收益）を計算し、すべて各節度使の管轄下に置いたうえで、各節度使から定額數にもとづいて收益を榷鹽院に引き渡すことを言うのであろう。これは、河北地域における榷鹽使—榷鹽院體制を廢止する方針に對し、いま一つ、榷鹽體制を殘したうえで、鹽鐵使管轄下から各節度使へ管轄權を移轉し、各節度使から定額收益だけを榷鹽院に收納するという穩便・次善の施策を提示するものである。

この時、この方策が實行されたかどうか、明證を缺く。しかし、開成二年（八三七）には、蘇州刺史が鹽場を管理することが實施され、これを「變法」と呼んでいる。『册府元龜』卷四九四邦計部山澤二に「（開成）二年、三月乙酉、鹽鐵使奏、得蘇州刺史盧商狀、分鹽場三所、隸屬本州。元糶鹽七萬石、加至十三萬石、倍收税額、直送價錢。五月、以蘇州刺史盧商爲潤州刺史・攝御史大夫・充浙江西道都團練觀察等使。尙在蘇州、變鹽法、獲利倍多。時宰臣爲鹽鐵使、以課績上聞。故有是命」とある。蘇州による鹽場管理後も、收益は、鹽鐵使に收納されたであろう。

⑦**河北鹽法羈縻而已**　羈縻とは馬や牛をつなぎとめることを言い、形式的で實質的な關係のないことを喩える。『史記』卷一一七司馬相如列傳に「蓋聞天子之於夷狄也、其義羈縻、勿絕而已」とあり、その索隱に「案、羈、馬絡頭也。縻、牛韁也。漢官儀、馬云羈、牛云縻。言制四夷如牛馬之受羈縻也」とある。唐朝の鹽法は形式的には存在しても、實施されなかったことを言う。

⑧**奏置税鹽院**　先にも引用したように、『舊唐書』卷十六穆宗本紀元和十五年九月條に「庚子朔、改河北税鹽使爲榷鹽使」とあって、河北鹽法は、税鹽使—税鹽院體制から榷鹽使—榷鹽院體制に移行した。榷鹽法が專賣制であるのに對し、税鹽法は鹽生產者である鹽戶に直接租税を賦課する方式であろう。

〔通釋〕

元和十四年（八一九）三月、鄆・青・兗の三州に、それぞれ榷鹽院を置いた。

長慶元年（八二一）三月十二日、敕文を下し、「河朔はやっと平定されたばかりで、人びとは恩澤を望んでいる。しばらく寛大な政治に務め、人びとに安寧を得させたい。河北の榷鹽法は、一時停止するがよい。よって度支に命じ、鎭冀・魏博等の節度使と、仔細に調査して協議させる。もし節度使が鹽の收益錢額をとりまとめて管理し、毎年その定額を榷鹽院に引渡すことができるなら、それもまた穩當であり、認めよ」と諭した。

天寶（七四二～七五六）の末年に内亂が興って以來、河北の鹽法は、形だけになっていた。元和年間（八〇六～八二〇）になり、皇甫鎛が上奏して河北に税鹽院を置き、江淮・兩池の專賣收益と同等にした。人びとは鹽税に苦しんで鹽禁を犯し、節度使もまた頻りに上訴した。そのためこの敕命が降ったのである。

〔原文〕四四

其月、鹽鐵使王播奏、揚州白沙兩處納榷場、請依舊爲院。

又奏、諸道鹽院、糶鹽付商人、請每斗加五十、通舊三百文價、諸處煎鹽停場、置小鋪糶①鹽、每斗加二十文、通舊一百九十文價。

又奏、應管煎鹽戶及鹽商、并諸鹽院停場官吏所由等、前後制敕、除兩稅外、不許差役追擾。今請更有違越者、縣令刺史貶黜罰俸。竝從②之。

〔校訂〕

①**小鋪糶鹽**　標點本・諸本もと「糴」字に作る。いま『唐會要』・『册府元龜』によって、「糶」字に改める。

②**竝從之**　標點本・諸本もと「從之」に作る。『唐會要』・『册府元龜』は、「竝從之」に作る。いまこれによって竝字を加える。

〔訓讀〕

其の月、鹽鐵使王播①奏すらく、揚州・白沙兩處の納榷場②、請うらくは舊に依りて院と爲さん③ことを、と。

又奏すらく、諸道の鹽院④、鹽を糶《う》りて商人に付するに、請うらくは斗每に五十を加え、舊を通じて三百文の價とし⑤、諸處の煎鹽停場の、小鋪を置きて鹽を糶るは、斗每に二十文を加え、舊を通じて一百九十文の價とせんことを、と。

又奏すらく、應管《あらゆる》煎鹽戶、及び鹽商、并びに諸鹽院・停場の官吏・所由等、前後の制敕、兩稅を除くの外、差役・追擾するを許さず⑥。今請うらくは更に違越すること有れば、縣令・刺史、貶黜罰俸せん⑦ことを、と。竝びに之に從う。

〔注釋〕

①**鹽鐵使王播**　王播（七五九～八三〇）、字は明敭、太原（山西省陽曲縣）の人。進士に擧げられ、元和六年（八一一）三月、刑部侍郎・諸道鹽鐵轉運

唐代鹽價一覽

年　代	江淮鹽價（每斗）	兩池鹽價（每斗）
天寶・至德年間（742～757）	10文（市價）	10文（市價）
乾元元年（758）	110文（10文＋榷價100文）	110文（10文＋榷價100文）
建中３年（782）年以前	210文（10文＋榷價200文）	210文（10文＋榷價200文）
建中３年（782）	310文（10文＋榷價300文）	310文（10文＋榷價300文）
建中３年後	370文（10文＋榷價360文）	370文（10文＋榷價360文）
永貞元年（805）	250文（監院） （170文　亭場小舖）	300文
長慶元年（821）	300文（監院） 190文（亭場小舖）	300文

＊『新唐書』54食貨志４，『册府元龜』493邦計部山澤１

使となる。程异を副使に推薦し、淮西用兵にあたって軍費を充足した功により禮部尚書を拜す。王播は皇甫鎛も推薦したが、却って皇甫鎛の策動により、鹽鐵轉運使の任を解かれ、同十三年、成都尹・劍南節度使となる。穆宗が卽位し、皇甫鎛が失脚すると、長慶元年（八二一）七月、刑部尚書を拜するとともに、鹽鐵轉運等使に復歸した。時に河北が再び叛くと、裴度に代わって淮南節度使となり、鹽鐵轉運使を兼任した。當時淮南では、旱魃によって人びとが相い食らう狀態であったが、嚴しく税を取りたてて人びとの怨みをかう一方、揚州城内運河が江南からの漕運に支障をきたしたため、城外に新たな運河を開き、江北漕運の便を良くした。『舊唐書』巻一六四、『新唐書』巻一六七に立傳する。

②**揚州白沙兩處納榷場**　揚州は現在の江蘇省揚州市、白沙は鎭の名で、現在の江蘇省儀徵縣。白沙鎭は、長江北岸の泥砂の堆積によって形成された土地であり、唐代後半の水運では白沙が長江上・中流方面から江北運河へ入るための入口となった（愛宕元［一九九七］三八八頁參照）。

納榷場は、政府が商人から課利（榷利、すなわち專賣利益）を收取して鹽を卸賣りする機關のひとつである。鹽の卸賣機關には、本節下文にある鹽院＝巡院、生産現場である亭（停）場などがある。劉晏以後の鹽專賣は、卸賣りによる間接專賣法であった。すなわち、鹽の時價（十日ごとに各州縣の市司で評定される物價、時估とも言う）十文に課利（當初百文、のちに增加、「唐代鹽價一覽」參照）を加えて商人に卸し販賣し、あとの運搬・小賣は商人の自由に任せる方式をとった（陳衍德・楊權［一九九〇］六〇～六五頁、島居一康［二〇一二］一五三～一五五頁參照）。政府が鹽の課利（榷利）の獨占を實現する接點のひとつが納榷場である。

③**依舊爲院**　院は巡院を言う。私鹽の取締り・裁判、鹽商に對する鹽の販賣・鹽商の登錄・各州の鹽倉の管理・鹽利の收納・上供等の鹽政任務を掌っていた（高橋繼男［一九七六］、陳衍德・楊權［一九九〇］九二頁）。『新唐書』巻五十四食貨志四に「自淮北置巡院十三、曰揚州・陳許・汴州・廬壽・白沙・淮西・甬橋・浙西・宋州・泗州・嶺南・兗鄆・鄭滑」とあり、『新唐書』は揚州と白沙に巡院を設置したと記述する。ただし『新唐書』の記載は信憑性に疑問がある（高橋繼男［一九七二］・［一九七三］）。

④**諸道鹽院**　鹽院は巡院を言う。また鹽院は字體から監院と通じ、さらに監院が鹽監・巡院兩者を指す場合もある（高橋繼男［一九七六］參照）。

⑤通舊三百文價　唐代における一斗あたりの鹽價の推移については、「唐代鹽價一覽」參照。

⑥應管至追擾　長慶元年をふくむ前後の關係敕文については、『册府元龜』卷一六〇帝王部革弊二大和五年（八三一）十月條に「中書門下奏、應屬諸使內外百司、度支・戶部・鹽鐵、在城及諸監院、畿內幷諸州監牧、公主邑司等、將健・官典・所繇等、准承前例、皆令先具挾名、勑牒州府、免本身色役。自艱難已後、事或因循、多無挾名、私自補置、恣行影占、侵害平人。自元和二年（八〇七）・長慶元年（八二一）・寶曆元年（八二五）・大和三年（八二九）、前後赦令約勒、皆令條疏、及勒具挾名聞奏。所司竟未遵行、姦弊日深、須有釐革……」とあり、參照することができる。

〇煎鹽停場　通常鹽場と稱される地方下級鹽稅機關であり、鹽監の管下にある產鹽地の製造現場に置かれた（妹尾達彥［一九八二］、陳衍德・楊權［一九九〇］）。本節に見るように卸賣をする小舖を設置することがあった。

⑦縣令刺史貶黜罰俸　『唐會要』卷八十八鹽鐵條には、「縣令奏聞貶黜、刺史罰一季俸錢」とあり、本志の記述はこの文章の節略である。通釋では、『唐會要』の具體的な記述によって譯出する。

罰俸は、律に規定の無い、官人に對する處分のひとつで、比較的輕微な違反について、敕旨によって俸料錢を一箇月單位、もしくは一季三箇月單位で沒收する。玄宗期に始まり、唐代後期官人俸給制の成立した德宗・憲宗期に盛んになった（松浦直弘［一九九四］）。

〔通釋〕

その月（長慶元年三月）、鹽鐵使王播が上奏し、「揚州・白沙二箇所の納榷場は、もとどおり巡院とするよう願いあげます」と提案した。

王播はまた上奏し、「諸道の鹽院が、商人に交付する卸し價格については、一斗每に五十文を增し、舊來の價格と合わせて三〇〇文とするよう、各地の煎鹽停場が、店鋪を置いて鹽を販賣する價格については、一斗每に二十文を增し、舊來の價格と合わせて一九〇文とするよう願いあげます」と提案した。

王播はまた上奏し、「煎鹽戶、及び鹽商、竝びに鹽院・停場の官典・胥吏等については、これまでの制敕では、兩稅の納入以外、色役に徵發して混亂させることを禁止しております。このたびさらに違反した場合、縣令については朝廷に報告して降格させ、刺史については一季三箇月分の俸料錢を召上げるよう願いあげます」と提案した。

穆宗はこれらをみな許可した。

〔原文〕四五

二年五月、詔曰、兵革初寧、亦資榷筦。閭閻重困、則可蠲除。如聞、淄青兗鄆三道、往年①糶鹽價錢、近取七十萬貫、軍資給費、優贍有餘。自鹽鐵使收管已來、軍府頓絕其利、遂使經行陣者、有停糧之怨、服隴畝者、有加稅之嗟、犯鹽禁者、困鞭撻之刑、理生業者、乏蠶醬之具。雖縣官受利、而郡府益空。俾人獲安寧、我因節用。其鹽鐵使②、先於淄青兗鄆等道管內、置小鋪糶鹽、巡院納榷、起今年五月一日已後、一切竝停。仍各委本道、約校比來節度使自收管、充軍府逐急用度、及均減管內貧下百姓兩稅錢數。至年終、各具糶鹽所得錢、幷均減兩稅、奏聞。

〔校訂〕

①**往年**　標點本・諸本もと「往來」に作る。文章、義を成さず。合鈔本・『唐大詔令集』卷一一二「停淄靑等道糶鹽敕」・『唐會要』卷八十八鹽鐵條・『册府元龜』卷四九三邦計部山澤一は、「往年」に作る。いま合鈔本・『唐會要』等によって往年に改める。

②**其鹽鐵使**　標點本・諸本もと「其鹽鐵」に作り、使字無し。いま『唐會要』卷八十八鹽鐵條によって使字を補う。

〔訓讀〕

二年五月、詔①して曰く、兵革初めて寧《たいら》ぎ②、亦た榷筦を資《ま》つ。閭閻重困したれば、則ち蠲除すべし。如聞《きくな》らく、淄靑・兗・鄆三道③、往年鹽を糶《う》り價錢、近《ほとん》ど七十萬貫を取り、軍資給費、優贍にして餘り有り。鹽鐵使、糧收管して自り已來、軍府頓《とみ》に其の利を絕ち、遂に行陣を經る者をして、糧を停むるの怨《うらみ》有らしめ、隴畝に服する者をして、稅を加うるの嗟《なげき》有らしめ、鹽禁を犯す者をして、鞭撻の刑に困しましめ、生業を理むる者をして、蠶醬の具④に乏しからしむ。縣官、利を受くると雖も、而ども郡府益ます空し、と。人をして安寧を獲せしめ、我をして因りて節用せしめん⑤。其れ鹽鐵使、先に淄靑・兗・鄆等道の管內に於て、小鋪を置きて鹽を糶り、巡院の榷を納むるは、今年五月一日起《よ》り已後、一切竝びに停《とど》めよ⑥。仍りて各おの本道に委ねて⑦、比來、節度使自ら收管し、軍府逐急の用度に充てたる、及び管內貧下の百姓の兩稅を均減したるの錢數⑧を約校せしめよ。年終に至れば、各おの鹽を糶りて得たる所の錢、幷びに均減したる兩稅⑨を具して奏聞せよ、と。

〔注釋〕

①**二年五月詔**　合鈔本は「三年五月詔」に、『唐會要』卷八十八鹽鐵條は「其年五月敕」に作る。しばらく標點本に據る。

②**兵革初寧**　長慶元年七月、軍士が幽州節度使張弘靖を監禁して朱克融を留後に擁立した事件、また成德軍節度使田弘正等を殺害して王廷湊を留後に擁立した事件などをきっかけに、朝廷に歸順したばかりの河北で再び兵亂が起こった。この兵亂が長慶二年正月に平定されたことを言う（『舊唐書』卷十六穆宗本紀長慶元年七月甲寅（二十日）條、同八月己巳（六日）條、同二年正月戊申（十六日）條、二月甲子（二日）條等參照）。

③**淄靑兗鄆三道**　三道は、平盧軍節度使（淄・靑・齊・登・萊）、兗海節度使（兗・海・沂・密）、天平軍節度使（鄆・曹・濮）である。元和十四年（八一九）二月、憲宗朝は平盧軍節度使李師道を平定して、平盧軍を三節度使に分割し、翌三月、それぞれの治所である鄆・靑・兗三州に榷鹽院を置き、山東において鹽專賣制を實施した（〔原文〕四三注釋①）。本節はその後の、山東における狀況と專賣制停止を傳える。

④**蠶醬之具**　鹽が繭の貯藏處理や味噌類の調味料の素材であることを言う。繭の貯藏について、賈思勰『齊民要術』卷五種桑柘第四十五「養蠶法」に、「用鹽殺繭、易繰而肕」とあり、また陳旉『農書』卷下「簇箔繭之法」篇第五に「如多卽以鹽藏之、蛾乃不出、且絲柔韌潤澤也。藏繭之

法、先曬令燥、埋大甕。地上甕中、先鋪竹簀、次以大桐葉覆之、乃鋪鹹一重、以十斤爲率、摻鹽二兩、上又以桐葉平鋪。如此重重隔之、以至滿瓮。然後密蓋、以泥封之、七日之後、出而澡之、頻頻換水、卽絲明快。隨以火焙乾、卽不黏㲉、而色鮮潔也」とある。鹹を鹽漬けすると、鹹のなかの蟲が死に、絲を繰りやすく、かつ強靱な絲とすることができる（布目順郎〔一九七九〕三〇三～三〇四頁）。

醬は、味噌類の調味料を言う。『齊民要術』巻八作醬法第七十に「大率豆黃三斗・麴末一斗・黃蒸末一斗・白鹽五升・蒿三指一撮、豆黃堆量不槩、鹽麴輕量平槩、三種量訖、於盆中、面向太歲和之。攪令均調、以手痛挼、皆令潤澤」とある。豆醬のほか、肉醬・魚醬・麥醬・蟹醬等の釀造法を記すが、鹽が重要な素材となっている。

⑤**我因節用**　『唐會要』巻八十八鹽鐵條は「我能節用」に作る。このほうが文意やや通じやすい。

⑥**一切竝停**　この後、太和五年（八三一）以降になると、再び鹽鐵使が平盧・兗海（泰寧）・天平軍節度使管內の鹽利を徵收することになる。『新唐書』巻一四八王承元傳に「（大和）五年、徙節平盧・淄青。始、鹽禁未嘗行兩河、承元請歸有司、由是兗鄆諸鎭皆奉法」とあり、『舊唐書』巻一四二王武俊傳付王承元傳に「時均輸鹽法未嘗行於兩河、承元首請鹽法、歸之有司、自是兗鄆諸鎭、皆稟均輸之法」とある。また高橋繼男〔一九八五〕をも參照。

⑦**仍各委本道**　『唐會要』巻八十八鹽鐵條は、「仍委薛平・馬總・曹華」に作る。薛平は平盧軍節度使であり、元和十四年から寶曆元年（八二五）まで在任した（『唐方鎭年表』巻三平盧條）。馬總は天平軍節度使であり、元和十四年から長慶二年まで在任した（同巻天平條）。曹華は兗海（泰寧）節度使であり、元和十五年から長慶二年八月まで在任した（同巻泰寧條）。通釋はこれによる。

⑧**兩稅錢數**　『唐會要』巻八十八鹽鐵條には、この下に「兼委節度觀察使」の七字あり。このほうが文意より明確になる。

⑨**幷均減兩稅**　兩稅錢は、兩稅戶の資產を等級化し、その等級に應じて稅錢額を決定して徵稅する。これを均率と呼んでいる。『唐會要』巻八十三租稅上に「建中元年正月五日赦文。宜委黜陟使、與觀察使及刺史轉運所由、計百姓及客戶、約丁產定等第、均率作年支兩稅」とある。この兩稅錢減免も、一律同額の減免ではなく差等をもうけて減免したことを言う。

〔通釋〕

長慶二年五月、詔敕を下し、「河北の戰役はやっと平定されたばかりで、財政は鹽の專賣に賴っている。しかし人民は甚だ困窮しており、鹽稅を減免するべきである。聞けば、淄靑・兗・鄆の三道では、往年には鹽の販賣收入が七十萬貫に近く、軍事經費には、みちあふれる餘剩があったが、鹽鐵使が管理して以來、節度使は俄かに利益の道を絕たれ、かくて從軍經驗者は給料の支給停止を怨み、農業從事者は增稅を嗟き、鹽の密賣人はムチ打ちの刑に苦しみ、生業を營む者は、鹹の處理や調味料の素材を缺くことになった。中央政府が鹽の專賣收益を享受するのに對し、地方官府は益ます窮乏している、という。人民には生活の安定をもたらし、我われには財政の節約が必要である。

鹽鐵使は、先ごろより淄靑・兗・鄆三道の管內において、店鋪を置いて鹽を販賣させ、巡院に專賣收益を收納させているが、今年五月一日以後、すべて停止せよ。よって平盧軍節度使薛平・天平軍節度使馬總・兗海節度使曹華に命じ、先般以來、各節度使が自ら管理し、軍府の重要經費に充てていた鹽の販賣錢額、及び等級に應じて減額した管內の貧窮農民の兩稅錢額をとりまとめさせよ。あわせて各節度使・觀察使に命じ、年末には、鹽の販賣錢額、竝びに減額した兩税錢額を書きあげて、報告させよ」と命じた。

〔原文〕四六

安邑解縣兩池、舊置榷鹽使、仍各別置院官。元和三年七月、復以安邑解縣兩池留後爲榷鹽使。先是、兩池鹽務隷度支、其職視諸道巡院。貞元十六年、史牟以金部郎中主池務、恥同諸院、遂奏置使額。二十一年、鹽鐵度支合爲一使、以杜佑兼領。佑以度支既稱使、其所管不宜更有使名、遂與東渭橋使同奏罷之。至是、裴均主池務、職轉繁劇、復有是請。

大和三年四月、敕、安邑解縣兩池榷課、以實錢一百萬貫爲定額。至大中二年正月、敕、但取匹段精好、不必計舊額錢數。及大中六年①、度支奏、納榷利一百二十一萬五千餘貫。

〔校訂〕

①大中六年　標點本・諸本もと「大中年」に作る。『唐會要』は、「大中六年」に作る。いまこれによって「大中六年」に改める。

〔訓讀〕

安邑・解縣の兩池、舊と榷鹽使を置き、仍りて各おの別に院官を置く。①元和三年七月、復た安邑・解縣兩池留後を以て榷鹽使と爲す。②是より先、兩池の鹽務、度支に隷し、其の職、諸道巡院に視《なぞ》らう。貞元十六年、史牟、金部郎中を以て池務を主り、③諸院に同じきを恥じ、遂に奏して使額を置く。二十一年、鹽鐵・度支、合して一使と爲し、杜佑を以て兼領せしむ。④佑以《おも》えらく、度支既に使を稱す、其の所管、宜しく更に使名有るべからず、と。遂に東渭橋使と同に奏して之を罷む。⑤是に至り、裴均、池務を主り、職、轉《うた》た繁劇たり、復た是の請有り。⑥

大和三年四月、敕すらく、安邑・解縣兩池の榷課、實錢一百萬貫を以て定額となす、と。大中二年正月に至り、敕すらく、⑦但だ匹段の精好なるを取り、必ずしも舊額の錢數を計えざれ、と。大中六年に及び、度支奏すらく、榷利一百二十一萬五千餘貫を納む、と。

〔注釋〕

①**安邑解縣兩池舊置榷鹽使仍各別置院官**　本節は河東兩池鹽の專賣機構について、その變遷を記述する。兩池榷鹽使と院官の組織については、『唐會要』卷八十八鹽鐵使條に「安邑・解縣兩池。置榷鹽使一員、推官一員、巡官六員、安邑院官一員、解縣院官一員、胥吏若干人、防池官健若干人」とあり、榷鹽使の下に安邑院官と解縣院官が置かれた。なお、榷鹽使が置かれる前の兩池では、河中巡院の下に知解縣池と知安邑池が置かれていた（高橋繼男［一九七六］）。

○安邑については、〔原文〕四〇注釋②參照。

○**解縣**　現在の山西省解縣。解縣には鹽池と女鹽池があった（『舊唐書』卷三十九地理志二河東道河中府條、『新唐書』卷三十九地理三河東道河中府條）。

②**元和三年七月復以安邑解縣兩池留後爲權鹽使**　このことについては、『舊唐書』卷十四憲宗本紀上元和三年（八〇八）七月己亥（十九日）條に「復以度支安邑・解縣兩池留後爲權鹽使」とあり、七月十九日であったことがわかる。

鹽政にかかわる留後官については、兩池留後のほか、東都鹽鐵轉運留後、江陵鹽鐵轉運留後、鹽鐵轉運河陰留後、揚子院留後などがある。『唐會要』卷八十八鹽鐵に「（長慶）四年五月敕、東都・江陵鹽鐵轉運留後、竝改爲知院者。從鹽鐵使王涯請也」とあり、東都及び江陵鹽鐵轉運留後は長慶四年（八二四）、鹽鐵使王涯の要請によって知院官となった。また鹽鐵轉運河陰留後であった元秬は、元和十四年（八一九）、病を理由に辭職している（『元氏長慶集』卷五十七「唐故朝議郎・侍御史・內供奉・鹽鐵轉運河陰留後河南元君墓誌銘」）。揚子院については、貞元末、程异が鹽鐵轉運揚子院留後となっている（『舊唐書』卷一三五本傳及び〔原文〕四二注釋⑤參照）。

③**金部郎中主池務**　金部郎中は從五品上、戶部尙書金部司の長。金部司は、國家の庫藏を管轄し金銀錢帛の出納や、度量衡の制度を掌る（『大唐六典』卷三、『舊唐書』卷四三職官志二）。

史牟の勤務態度について、『唐國史補』卷中に「史牟權鹽于解縣、初變法以中朝廷。外甥十餘歲、從牟撿畦、拾鹽一顆以歸。牟知、立杖殺之。其姊哭而出救、已不及矣」とある。

④**二十一年鹽鐵度支合爲一使以杜佑兼領**　『舊唐書』卷十四順宗本紀貞元二十一年三月條に「丙戌（十七日）、檢校司徒同平章事杜佑爲度支鹽鐵使」とある。

○**杜佑**　杜佑（七三五～八一二）、字は君卿、京兆萬年（陝西省西安市）の人。恩蔭によって入仕し、濟南郡參軍・剡縣丞に補せられる。楊炎が宰相となると、工部・金部郎中の職で水陸轉運使に充てられ、度支郎中・兼和糴等使、戶部侍郎・判度支などを歷任。後に、嶺南節度使・淮南節度使を經て、元和元年に司徒・同平章事を拜命した。『通典』二百卷を編纂した。『舊唐書』卷一四七・『新唐書』卷一六六に立傳する。

⑤**與東渭橋使同奏罷之**　この一文、文意ややとりにくいところがあるが、東渭橋使も一緒に廢止したことを言う。

○**東渭橋使**　東渭橋は長安の東北、渭水に架かる三本の橋のひとつ。そばに東渭橋倉（北太倉）があり、東渭橋使は、度支使の管轄下にあって、この穀物倉庫の出納を掌った。

東渭橋については、『資治通鑑』卷二一九至德二載（七五七）四月庚寅條胡三省注に「唐都長安、跨渭爲三橋。東曰東渭橋、中曰中渭橋、西曰西渭橋。程大昌曰、……在萬年縣東南四十里者、爲東渭橋」とある。東・中・西渭橋いずれも木製の橋であった（『大唐六典』卷七工部尙書水部郎中條）。

一九六七年、陝西省高陵縣耿鎭公社周家大隊白家嘴生產隊において、開元九年十一月十八日の記年と四七〇字餘の刻字をもつ「東渭橋記」が發見された。また一九七五年前後から、周邊一帶が發掘され、唐代東渭橋の遺構が確認された。遺構は、松木製の橋脚をもつ木製橋であり、橋長は四〇〇mと推定されている。その位置は、高陵縣耿鎭公社周家大隊白家嘴生產隊の南西約三〇〇mにあたり、渭水の現河道から南へ一五〇〇m隔たっているという（愛宕元〔一九八六〕）。開元九年の工事は、碑銘に「曾ち未だ月を逾えずして、其の功乃ち□」とあって、一箇月に滿たない工期であるから、改修工事であったとみてよい。

東渭橋に北倉（北太倉）が置かれたことは、沈亞之『沈下賢集』巻六「東渭橋給納使新廳記」に「渭水東附河、輸流透迤于帝垣之後、倚垣而跨爲梁者三、名分中東西。天廩居最東、內淮江之粟、而群曹百衞、於是仰給。……長慶中、得儒臣杜生、以行御史主之」とある。江淮からの穀物輸送の最終到達地點にあり、ここに東渭橋倉（北太倉）が設置された。それは、咸亨三年（六七二）の王師順による漕運改革によって設置された轉運倉で、當初渭南倉と呼ばれ、渭水の南岸にあった（〔原文〕四八注釋③）。

また『陸宣公翰苑集』巻十八中書奏議第二「請減京東水運收脚價於沿邊州鎭儲蓄軍糧事宜狀」にも「頃者、毎年從江西・湖南・浙東・浙西・淮南等道、都運米一百一十萬石、送至河陰。其中減四十萬石、留貯河陰倉。餘七十萬石、送至陝州。又減三十萬石、留貯太原倉。唯餘四十萬石、送赴渭橋輸納」とあって、東渭橋倉が江淮から長安への漕運ルートの終點にあたっていたことが確認できる。その重要性からここには巡院が置かれていた（高橋繼男〔一九七六〕）。

沈亞之が紹介する東渭橋給納使は、この貞元二十一年に廢止された東渭橋使が、長慶年間に再建されたことを言うのであろう。

⑥**至是裴均主池務職轉繁劇復有是請**　この記事、『唐會要』巻八十八鹽鐵使條に「元和三年七月、判度支裴珣（私案『册府元龜』巻四八三邦計部總序云判度支裴均。是也。均珣行書相似而誤）、以兩池職轉繁劇、復以留後爲鹽鐵使（私案『册府元龜』總序云、後（私案當作復）以留後爲権鹽使。是也）」とある。時は元和三年七月、判度支裴均による奏請であったことがわかる。

○**裴均**　裴均、字は君齊。河東聞喜（山西省聞喜縣）の人。明經出身。元和三年、尙書右僕射・判度支となり、次いで檢校左僕射・同中書門下平章事・山南道節度使となる。六十二歳で卒した。『新唐書』巻一〇八裴行儉傳に附傳する。

⑦**大中二年正月敕**　『唐會要』巻八十八鹽鐵使條は「大中元年」に作る。いずれが是であるか決定できないので、しばらく本志に從い、存疑とする。

大中は、第十六代皇帝宣宗李忱（八一〇～八五九、在位八四六～八五九）の年號（八四七～八五九）。宣宗の治績は、『舊唐書』巻十八下、『新唐書』巻八宣宗本紀に記述する。

〔通釋〕

安邑・解縣の兩池では、舊來権鹽使を置き、安邑・解縣それぞれに院官を別置していた。元和三年（八〇八）七月十九日、再び安邑・解縣兩池留後を権鹽使とした。これより以前、兩池の鹽政は度支に屬しており、兩池の職務を諸道の巡院と同等とみなした。貞元十六年（八〇〇）、史牟が金部郎中となり兩池の職務を掌ると、諸道の巡院と同列であることを恥じ、上奏して権鹽使の使名を設けた。貞元二十一年（八〇五）三月十七日、鹽鐵使と度支使を統合して一使とし、杜佑にあわせて統括させた。杜佑は、度支が使と稱している以上、度支管轄下にある官司が、さらに使と稱するのはよくないと考え、上奏して東渭橋使と権鹽使の使名をともに廢止した。元和三年（八〇八）に至り、判度支裴均が兩池の鹽政を掌ると、その職務はいよいよ繁劇になり、再び度支兩池留後を権鹽使とする奏請が出されたのである。

大和三年（八二九）四月、敕文を下し、「安邑・解縣兩池の鹽の課額は、實錢一百萬貫を定額とする」と命じ、大中二年（八四八）正月、敕文を下し、「良質の布帛を收取するのであれば、必ずしも舊來の實錢定額で會計する必要はない」と諭した。大中六年（八五二）には、度支使が上奏し、「安邑・解縣兩池の專賣收入一二一萬五〇〇〇餘貫を納入する」と報告した。

〔原文〕四七

女鹽池在解縣。朝邑小池在同州。鹵池在京兆府奉先縣。竝禁斷不榷。

烏池在鹽州。舊置榷稅使。長慶元年三月、敕、烏池每年糶鹽收榷博米①、以一十五萬石爲定額。

溫池、大中四年三月、因收復河隴、敕令度支收管溫池鹽、仍差靈州分巡院官勾當。至六年三月、敕令割屬威州、置榷稅使。緣新制置、未立榷課定額。

胡落池、在豐州界、河東供軍使收管。每年採鹽約一萬四千餘石、供振武天德兩軍、及營田水運官健。自大中四年、党項叛擾、饋運不通。供軍使請、權市河東白池鹽供食、其白池屬河東節度使、不係度支。

初、玄宗已前、亦有鹽池使。景雲二年②三月、蒲州刺史充關內鹽池使。先天二年九月、強循除豳州刺史、充鹽池使。此卽鹽州池也。開元十五年五月、兵部尚書蕭嵩除關內鹽池使。自是③朔方節度常帶鹽池使也。

〔校訂〕

①**收榷博米**　標點本・諸本もと「收博榷米」に作る。『冊府元龜』卷四九三邦計部山澤一同じ。文意通じない。『唐會要』卷八十八鹽鐵使條は「收榷博米」に作る。加藤繁譯注上卷四六二（一一四頁）は、『唐會要』を是とする。いま『唐會要』によって乙正する。

②**景雲二年**　標點本・諸本もと「景雲四年」に作る。『唐會要』卷八十八鹽池使條も同じ。ただ『冊府元龜』卷四八三邦計部總序に「睿宗景雲二年、以蒲州刺史充關內鹽池使。鹽鐵之有使、自此始也」とあり、『冊府元龜』によれば、「睿宗景雲二年」のことである。景雲（七一〇～七一一）は、睿宗治世の元號であり、二年までしかない。本志・『唐會要』ともに記年を誤る。いま『冊府元龜』によって景雲二年に繫年する。

③**自是**　標點本・諸本もと「此是」に作る。文義やや通じない。『唐會要』卷八十八鹽池使條は、「自是」に作る。いまこれによって、此字を自字に改める。

〔訓讀〕

女鹽池、解縣に在り①。朝邑小池、同州に在り②。鹵池、京兆府奉先縣に在り③。竝びに禁斷するも榷せず。

烏池、鹽州に在り。舊と榷稅使を置く④。長慶元年三月、敕すらく、烏池、每年鹽を糶《う》り榷を收めて米を博《か》い、一十五萬石を以て定額と爲す⑤、と。

溫池⑥、大中四年三月、河隴を收復するに因り⑦、敕して、度支をして溫池の鹽を收管せしめ、仍りて靈州分巡院官⑧を差わし勾當せしむ。六年三月に至り、敕して、威州に割屬せしめ、榷稅使を置く⑨。新たに制置するに緣り、未だ榷課の定額を立てず。

胡落池、豐州の界に在り⑩、河東供軍使收管す。⑪每年鹽を採ること約一萬四千餘石、振武・天德兩軍、及び營田・水運の官健に供す。⑫大中四年、党項叛擾して自り、饋運通ぜず。供軍使、權《かり》に河東白池の鹽を市《か》いて食に供し、其の白池、河東節度使に屬せしめ、度支に係《つな》げざらんことを請う。⑬
初め玄宗已前、亦た鹽池使⑭有り。景雲二年三月、蒲州刺史を關內鹽池使に充つ。先天二年九月、強循を豳州刺史に除し⑮、鹽池使に充つ。此れ卽ち鹽州の池なり。⑯開元十五年五月、兵部尙書蕭嵩⑰を關內鹽池使に除す。是れ自り朔方節度、常に鹽池使を帶ぶるなり。⑱

〔注釋〕
①**女鹽池在解縣**　『元和郡縣圖志』卷十二河東道一解縣條に「鹽池、在縣東十里。女鹽池、在縣西北三里。東西二十五里、南北二十里。鹽味少苦、不及縣東大池鹽。俗言、此池亢旱、鹽卽凝結。如逢霖雨、鹽則不生。今大池與安邑縣池、總謂之兩池、官置使以領之。每歲收利納一百六十萬貫」とある。また『水經注』卷六涑水條には、「女鹽澤」とある。
②**朝邑小池在同州**　朝邑は現在の陝西省朝邑縣。同州は現在の陝西省大茘縣。朝邑は、乾元三年（七六〇）、いったん河中府に屬するが、大曆五年（七七〇）、再び同州に歸屬した（『舊唐書』卷三十八地理志一同州條、『新唐書』卷三十七地理志一同州條）。『新唐書』地理志同州朝邑縣條に「小池有鹽」とある。
③**鹵池在京兆府奉先縣**　『新唐書』卷三十七地理志一同州奉先縣條に「有鹵池二、大中二年（八四八）、其一生鹽」とあり、奉先縣には鹵池が二つあった。これに關して『長安志』卷十八蒲城縣條に「東鹵池在縣南二十里。……唐大德（私案當作中）十二年、東池生瑞鹽。後敕禁斷、鹽不復生。西鹵池在縣東三十里」とある。また『舊唐書』卷十七上文宗本紀上大和二年（八二八）三月丁巳朔條に「度支奏、京兆府奉先縣界、鹵池側近百姓、取水柏柴、燒灰煎鹽、每一石灰得鹽一十二斤一兩。亂法甚於鹹土。請行禁絕、今後犯者、據灰計鹽、一如兩池鹽法條例科斷。從之」とある。
○**奉先縣**　現在の陝西省蒲城縣。もと蒲城縣と稱し、同州に屬す。開元四年（七一六）、京兆府に屬し、奉先縣に改稱する（『元和郡縣圖志』卷一關南道一京兆府條、『舊唐書』卷三十八地理志一京兆府條）。
④**烏池在鹽州舊置榷稅使**　鹽州の烏池について、『新唐書』卷五十四食貨志四に「鹽州五原有烏池・白池・瓦池・細項池。靈州有溫泉池・兩井池・長尾池・五泉池・紅桃池・回樂池・弘靜池。會州有河池。三州皆輸米以代鹽」とある。また『元和郡縣圖志』卷四關南道四鹽州五原縣條に「鹽池四所。一烏池、二白池、三細項池、四瓦窯池。烏・白二池出鹽、今、度支收糶。其瓦窯池・細項池竝廢」とある。
烏池の榷稅使組織について、『唐會要』卷八十八鹽鐵使條に「烏池在鹽州。置榷稅使一員、推官一員、巡官兩員、胥吏一百三十人、防池官健、及池戶四百四十人」とある。また『册府元龜』卷四九四邦計部山澤二開成元年（八三六）六月條に「鹽州奏請、移置榷院於宥州」とあり、開成二年には宥州に移置された。
⑤**長慶至定額**　『唐會要』卷八十八鹽鐵使條に同文を記述する。
⑥**溫池**　縣名、はじめ靈州、のち威州に屬す。現在の寧夏回族自治區吳忠市の東南。『元和郡縣圖志』卷四靈州條に「縣側有鹽池」とある。
⑦**收復河隴**　大中三年正月、吐蕃に沒していた秦・原・安樂（威州）の三州、及び石門・驛藏・制勝・石峽・木靖・木峽・六盤の七關が來降したことを指す（『舊唐書』卷十八下宣宗本紀大中三年（八四九）正月丙寅（十一日）條、『通鑑』卷二四八大中三年二月條）。ただし『資治通鑑考異』は、實質的な來

降を、大中五年（八五一）十月とする。『資治通鑑考異』巻二十二大中五年十一月條に「按實錄、五年二月壬戌（十九日）、天德軍奏、沙州刺史張義潮・安景旻、及部落使閻英達等、差使上表、請以沙州降。十月、義潮遣弟義澤、以本道瓜・沙・伊・肅等十一州地圖・戶籍來獻。河隴陷沒百餘年、至是悉復故地。十一月、建沙州爲歸義軍節度、以張義潮爲節度使・河沙等十一州觀察・營田處置等使」とある。

⑧**靈州分巡院官**　靈州は、現在の寧夏回族自治區吳忠市。

⑨**敕令割屬威州置榷稅使**　威州は、現在の寧夏回族自治區吳忠市の南。もと安樂州。至德の後、吐蕃に沒し、大中三年收復し改名した（『新唐書』巻三十七地理志一）。

溫池の榷稅使組織について、『唐會要』巻八十八鹽鐵使條に「溫池、置榷稅使一員、推官兩員、巡官兩員、胥吏三十九人、防池官健、及池戶百六十五戶」とある。

⑩**胡落池在豐州界**　豐州は、現在の內モンゴル自治區巴彥淖爾市の南。『新唐書』巻五十四食貨志四に「安北都護府有胡落池。歲得鹽萬四千斛、以給振武・天德」とある。安北都護府は、豐州・勝州界に位置する（『舊唐書』巻三十八地理志一安北大都護府條）。また『元和郡縣圖志』巻四夏州長澤縣條に「胡洛鹽池、在縣北五十里。周回三十里、亦謂之獨樂地、聲相近也。漢有鹽官」とあり、夏州に「胡洛鹽池」がある。「胡落池」と「胡洛鹽池」が同一の鹽池なのか斷定できない。

⑪**河東供軍使收管**　杜牧『樊川文集』巻十七「馬曙除右庶子・王固除太僕少卿・王球除太府少卿制」に「敕、前度支河東・振武・天德等道營田供軍使・檢校太僕卿・兼御史中丞馬曙等」とあり、供軍使が營田使を兼任していた事例がある。

⑫**供振武天德兩軍及營田水運官健**　振武軍は現在の內モンゴル自治區呼和浩特市の南西、天德軍は、現在の內モンゴル自治區巴彥淖爾市の西南にあった。

○**營田**　一般的に政府が農民を招致して耕作させる土地。『資治通鑑』巻二四八大中三年（八四九）八月己丑（八日）條胡三省注引宋白『續通典』に「史臣曰、營田之名、蓋緣邊多隙地、蕃兵鎮戍、課其播殖以助軍須。謂之屯田。其後中原兵興、民戶減耗、野多閒田、而治財賦者、如沿邊例開置、名曰營田。行之歲久、不以兵、乃招致農民強戶。謂之營田戶」とある。ただ本條の記述では、營田の勞働力は、官健である。屯田と營田の區別は、唐代ではそれほど明確ではない。

○**官健**　開元年間に府兵制・防人制が解體したのち、兵士は政府が召募する募兵制の健兒に轉換した。兵士の家族の生活費をふくめた給與を支給するので官健とも言う。縣官（政府）が兵士の生活費を……『資治通鑑』巻二二四大曆三年（七六八）是歲條胡三省注に「兵農既分、縣官費衣糧以養軍。謂之官健。猶言官所養健兒也」とある。健兒については、なお〔原文〕三六注釋⑩參照。

⑬**自大中四年至供軍使請**　『資治通鑑』巻二四九大中四年（八五〇）九月丁酉（二十三日）條に「党項爲邊患、發諸道兵討之。連年無功、戍饋不已」とある。同五年三月條には、「以白敏中爲司空・同平章事、充招党項行營都統・制置等使・南北兩路供軍使、兼邠寧節度使」とあり、白敏中が南北兩路供軍使となり、同年十月、党項が平定されるまでその任にあった（同十月戊辰三十日條）。よって白池鹽を河東節度使に繫屬することを要請したのは南北兩路供軍使である可能性もある。

○**党項**　党項は、前漢の西羌の別種と云われ、南北朝期には青海地方に居住した。しだいに東遷し、安史の亂後には、陝西省北部から甘肅省東南部に移住し、慶州一帶の東山部、銀州・夏州一帶の平夏部、安州・鹽州以南の山谷に居住する南山部等に分かれていた。大中四年の叛亂の中心は、南山部・平夏部である（『舊唐書』巻一九八党項傳、『資治通鑑』巻二四九大中五年條）。

○白池　白池は烏池と瓦池・細項池とともに鹽州五原縣（陝西省定邊縣）にあった（『舊唐書』巻三十七地理志一鹽州條）。

⑭**亦有鹽池使**　この下、景雲四年以下、本節すべて『唐會要』巻八十八鹽池使條に同じ。本志・『唐會要』ともに、蘇冕『會要』もしくは大中『續會要』に據ったことがわかる。

⑮**強循除豳州刺史**　強循については、〔原文〕四〇注釋⑰參照。

○豳州　現在の陝西省彬縣。武德元年（六一八）、隋の新平郡を豳州に改める。開元十三年（七二五）、豳字を邠に改め邠州とし、天寶元年（七四二）に新平郡に改める。乾元元年（七五八）、再び邠州に改めた（『元和郡縣圖志』巻三關內道三邠州條、『舊唐書』巻三十八地理志一邠州條）。

⑯**鹽州池**　鹽州は現在の陝西省定邊縣。武德元年、隋の鹽川郡を鹽州に改める。貞觀二年（六二八）、靈州都督府の管轄となる。天寶元年、五原郡に改め、乾元元年、再び鹽州に改稱した（『元和郡縣圖志』巻四關內道四鹽州條、『舊唐書』巻三十八地理志一鹽州條）。

『元和郡縣圖志』巻四鹽州五原縣條に「鹽池四所。一烏池、二白池、三細項池、四瓦窯池。烏・白二池出鹽、今、度支收糶。其瓦窯池・細項池竝廢」とある（本節注釋④參照）。

⑰**兵部尙書蕭嵩除關內鹽池使**　蕭嵩が朔方節度使に敍任され、鹽池使を加えられたのは、開元十五年（七二七）五月である。『唐會要』巻七十八諸使中節度使に「開元元年十月六日、敕、朔方行軍大總管、宜准諸道例、改爲朔方節度使。其經略・定遠・豐安軍、西・中受降城、單于・豐・勝・靈・夏・鹽・銀・匡・長・安樂等州、竝受節度。至十四年七月、除王晙帶關內支度・屯田等使。十五年五月、除蕭嵩、又加鹽池使」とある。本文「除關內鹽池使」には缺落があり、本來「除朔方節度使、加關內鹽池使」に作るべきである。かくして始めて次句「自是朔方節度常帶鹽池使」に繫がる。

また『資治通鑑』巻二一三開元十五年（七二七）十月辛巳（十三日）條に「以朔方節度使蕭嵩爲河西節度等副大使」とあり、蕭嵩は、開元十五年十月には河西節度等副大使となっている。したがって、蕭嵩が朔方節度使・關內鹽池使の任にあったのは、開元十五年五月から十月までの半年間であった。

○蕭嵩　蕭嵩（?〜七四九）、後梁明帝の子・宋國公蕭瑀の子孫。景雲元年（七一〇）監察御史、開元八年（七二〇）河南道按察使となり、累遷して尙書左丞・兵部侍郎、のち兵部尙書・朔方節度使、河西節度使・判涼州事となる。吐蕃を破った功績により、同中書門下三品を加えられ、開元二十四年（七三六）、太子太師を拜した。『舊唐書』巻九十九、『新唐書』巻一〇一に立傳する。

⑱**朔方節度常帶鹽池使**　朔方節度使の治所は靈州（寧夏回族自治區靈武市）。前掲『唐會要』巻七十八諸使中節度使に「開元元年十月六日（私案先天二年十二月朔改元爲開元元年、則開元元年無十月。疑是十二月譌）、敕、朔方行軍大總管、宜准諸道例、改爲朔方節度使。……十五年五月、除蕭嵩、又加鹽池使。二十年四月、除牛仙客、又加押諸蕃部落使。二十九年、除王忠嗣、又加水運使。天寶五載十二月、除張齊丘、又加管內諸軍採訪使。已後遂爲定額」とあり、開元元年（七一三）十二月に朔方節度使が設置されたのち、天寶五載（七四六）十二月までの間に、つぎつぎと關內支度・屯田等使、鹽池使、押諸蕃部落使、水運使、管內諸軍採訪使が加えられ、朔方節度使の常時兼帶使額となったことがわかる。

〔通釋〕

女鹽池は解縣に在る。朝邑小池は同州に在る。鹵池は京兆府奉先縣に在る。みな民間による鹽の生産・販賣を禁止したが、專賣を行なわなかった。

烏池は鹽州に在る。舊來榷税使を置いた。長慶元年（八二一）三月、敕文を下し、「烏池において毎年鹽を販賣し、その收益によって米を購入し、十五萬石を定額とせよ」と命じた。

溫池。河隴の地を回復したことを機に、大中四年（八五〇）三月、敕文を下し、度支に溫池の鹽政を管轄させ、靈州分巡院の官吏を派遣して管理させた。六年（八五二）三月に至り、敕文を下し、溫池を割いて威州の所屬とし、榷税使を置いた。新たに制置したため、まだ鹽の課額を定めていない。

胡落池は豐州の領域內にあり、河東供軍使が管轄する。毎年、鹽約一萬四〇〇〇餘石を採り、振武・天德の二軍、及び營田・水運使の官健に供給した。大中四年（八五〇）、党項が亂を起こすと、糧食輸送が通じなくなった。供軍使は、さしあたり河東白池の鹽を購入して供給することとし、白池については河東節度使に所屬させ、度支に係屬しないよう奏請した。

そのむかし、玄宗以前にも鹽池使があった。景雲二年（七一一）三月、蒲州刺史を關內鹽池使に充てた。先天二年（七一三）九月、強循を豳州刺史に任命し、鹽池使に充てた。この鹽池は鹽州池を言う。開元十五年（七二七）五月、兵部尚書蕭嵩を朔方節度使に任命し、關內鹽池使を加えた。これ以來、朔方節度使は、常に鹽池使を帶びることとなった。

舊唐書巻四十九　志第二十九　食貨下

四　漕　運

〔原文〕四八

武德八年十二月、水部郎中姜行本請於隴州開五節堰、引水通運、許之。

永徽元年、薛大鼎爲滄州刺史。界內有無棣河、隋末塡廢。大鼎奏開之、引魚鹽於海。百姓歌之曰、新河得通舟楫利、直達滄海魚鹽至。昔日徒行今聘駟、美哉薛公德滂被。

咸亨三年、關中飢。監察御史王師順奏請運晉絳州倉粟以贍之。上委以運職。河渭之間、舟楫相繼、會于渭南、自師順始之也。

大足元年六月、於東都立德坊南穿新潭、安置諸州租船。

神龍三年、滄州刺史姜師度於薊門之北①、漲水爲溝、以備奚契丹之寇。又約舊渠、傍海穿漕、號爲平虜渠、以避海難運糧。

開元二年、河南尹李傑奏、汴州東有梁公堰、年久堰破、江淮漕運不通、發汴鄭丁夫以濬之。省功速就、公私深以爲利。十五年正月、令將作大匠范安及、檢校鄭州河口斗門②。先是、洛陽人劉宗器上言、請塞汜水舊汴河口、於下流滎澤界開梁公堰、置斗門、以通淮汴。擢拜左衞率府冑曹。至是、新漕塞、行舟不通、貶宗器焉。安及遂發河南府懷鄭汴滑三萬人疏決、開舊河口、旬日而畢。

〔校訂〕

①**薊門之北**　標點本・諸本もと「薊州之北」に作る。薊州は、開元十八年に幽州から分置した州であり（『舊唐書』巻三十九地理志二幽州大都督府條）、神龍三年には無い。『舊唐書』巻一八五良吏傳下姜師度傳に「神龍初、累遷易州刺史・兼御史中丞、爲河北道監察兼支度營田使。師度勤於爲政、又有巧思、頗知溝洫之利。始於薊門之北、漲水爲溝、以備奚・契丹之寇」に作る。「薊門は薊邱ともいふ。今の北平（北京）の北」（加藤繁譯注下巻一五、一一九頁）にある。いま『舊唐書』姜師度傳・加藤譯注により、薊州を薊門に改める。

②**檢校鄭州河口斗門**　標點本・諸本もと「檢行鄭州河口斗門」に作る。檢行二字、通常官職に用い、この文脈では落着かない。『唐會要』巻八十七漕運條は「十五年正月十二日、令將作大匠范安及、檢校鄭州河口斗門」に作る。いま會要により、行字を校字に改める。

〔訓讀〕

武德八年十二月、水部郎中姜行本、隴州に於て五節堰を開き、水を引きて通運せんことを請う。之を許す。①

永徽元年、薛大鼎、滄州刺史と爲る。界内に無棣河有り、隋末に塡廢す。大鼎、奏して之を開き、魚鹽を海より引《いた》す。百姓之を歌いて曰く、新河通ずるを得て舟楫利あり、直ちに滄海に達して魚鹽至る。昔日徒行するも今は騁馳す、美なる哉薛公、德は滂《あまね》く被《おお》う②、と。

咸亨三年、關中飢ゆ。監察御史王師順、晉・絳州の倉粟を運びて以て之を贍わさんことを奏請す。上、委ぬるに運職を以てす。河渭の間、舟楫相い繼ぎ、渭南に會するは、師順自り之を始むるなり。③

大足元年六月、東都立德坊の南に於て新潭を穿ち、諸州の租船を安置す。④

神龍三年、滄州刺史姜師度、薊門の北に於て、水を漲りて溝を爲り、以て奚・契丹の寇に備う。又た舊渠を約し、海に傍《そ》いて漕を穿ち、號して平虜渠と爲し、以て海難を避けて糧を運ぶ。⑤

開元二年、河南尹李傑奏すらく、汴州の東に梁公堰有り、年久しくして堰破れ、江淮の漕運通ぜず。汴・鄭の丁夫を發して以て之を濬《さら》わん、と。功を省きて速やかに就《な》り、公私深く以て利と爲す。⑥

十五年正月、將作大匠范安及をして、鄭州河口の斗門を檢校せしむ。是れより先、洛陽の人劉宗器上言すらく、請うらくは、汜水の舊汴河口を塞ぎ、下流の滎澤の界に於て梁公堰を開き、斗門を置きて、以て淮汴に通ぜん、と。擢んでて左衛率府胄曹を拜す。是に至り、新漕塞がり、行舟通ぜず、宗器を貶す。安及遂に河南府・懷・鄭・汴・滑の三萬人を發して疏決し、舊河口を開き、旬日にして畢る。⑦

〔注釋〕

①**武德至許之**　『唐會要』巻八十七漕運條は、本條と同文であるが、日付のみ加えて「八年（六二五）十二月十八日」とする。通釋はこの日付による。

○**水部郎中**　工部尙書水部司の長官、從五品上、灌漑水利の政令を掌る。『大唐六典』巻七工部尙書水部郎中條に「水部郎中・員外郎掌天下瀆陂池之政令、以導達溝洫、堰決河渠。凡舟楫灌漑之利、咸總而擧之」とある。

○**隴州五節堰**　『新唐書』巻三十七地理志一隴州汧源縣（陝西省隴縣）條に「有五節堰、引隴川水通漕。武德八年、水部郎中姜行本開、後廢」とある。

　堰は棣とも言い、「運河の水位の高き部分と低き部分と相接する處に緩かなる傾斜面を設け、水量多い時を利用して繩索以て船を引き上げ、或は滑り下ろす爲の特殊の施設である」（青山定雄［一九六三］二四五頁）。

○**姜行本**　姜行本（?～六四五）、名は確、字で有名になる。秦州上邽（甘肅省天水縣西）の人。貞觀年間に將作大匠、貞觀十四年の高昌の戰役に行軍副總管として從軍し、貞觀十九年の高句麗戰役に從軍中、流矢に當たって戰死した（『舊唐書』本傳に貞觀十七年に作るが、高句麗戰役は太宗本紀・高句麗傳ともに十九年である）。『舊唐書』巻五十九、『新唐書』巻九十一に立傳する。

②**永徽至滂被**　無棣河は無棣溝を言う。その再構築については、『新唐書』巻三十九地理志三滄州無棣縣（山東省無棣縣）條に「有無棣溝通海、隋末廢、永徽元年（六五〇）、刺史薛大鼎開」とあり、また『太平寰宇記』巻

六十五滄州無棣縣條に「無棣溝、……按此溝東流、經縣理南、又東流與鬲津枯溝合而入海。隋末溝廢。唐永徽元年、薛大鼎爲刺史、奏開之、引魚鹽之利於海。百姓歌曰、新河得通舟楫利、直達滄海魚鹽至。昔日徒行今騁駟、美哉薛公德滂被」とある。『舊唐書』薛大鼎傳にも同様の內容を傳える。

○**薛大鼎**　薛大鼎（?～六五四）、字は重臣、蒲州汾陰（山西省榮河縣）の人。貞觀年間に累遷して鴻臚少卿、滄州刺史、永徽四年、行荊州大都督府長史、翌年死去。『舊唐書』卷一八五良吏傳上、『新唐書』卷一九七循吏傳に立傳する。

③**咸亨至之也**　『唐會要』卷八十七漕運條には「咸亨三年（六七二）、關中飢、監察御史王師順奏請運晉・絳州倉粟以贍之。上委以漕運。河渭之間、舟楫相繼、置倉於渭南東、自師順始」とあり、本志「會于渭南」を「置倉於渭南東」に作る。『唐會要』卷八十七轉運鹽鐵總敍は「其後、監察御史王師順運晉・絳之粟于河渭之間、增置渭橋倉、自師順始」に作り、『資治通鑑』卷二二六建中元年七月條胡三省注に引く宋白『續通典』にも「宋白曰、武德永徽之後、姜行本・薛大鼎・褚朗皆言漕運未能通濟。後監察御史王師順請運晉・絳之粟于河渭之間、始置渭橋倉。……」とある。渭水の南岸東側にある穀倉とは、渭南倉であり、のちの東渭橋倉を言う。

○**晉・絳州倉粟**　晉州は山西省臨汾縣、絳州は山西省新絳縣に位置する。倉粟は、州の正倉に貯備された穀物を言う。山西省西南部汾水下流域から長安への漕運路が、王師順によって確立したのである。

○**王師順**　兩『唐書』に立傳無し。『新唐書』卷二〇〇王仲丘傳に「王仲丘、沂州琅邪（山東省諸城縣東南）人。祖師順、仕高宗、議漕輸事、有名當時、終司門郎中」とある。

④**大足至租船**　『唐會要』卷八十七漕運條には「大足元年六月九日、於東都立德坊南穿新潭、安置諸州租船」とあり、日付をより具體的に記す。また『新唐書』卷三十八地理志二河南府河南縣條に「有洛漕新潭、大足元年開、以置租船」とある。

洛漕新潭の規模の一端について、『舊唐書』卷三十七五行志に「（開元）十四年（七二六）……七月十四日、瀍水暴漲、流入洛漕、漂沒諸州租船數百艘、溺死者甚衆、漂失楊・壽・光・和・廬・杭・瀛・棣租米一十七萬二千八百九十六石、幷錢絹雜物等。因開斗門決堰、引水南入洛、漕水燥竭、以搜漉官物、十收四五焉」と記している。江淮・河北の租船數百艘が洛陽新潭に集結していることがわかる。

⑤**神龍至運糧**　『唐會要』卷八十七漕運條に同文を記すが、末尾を「號爲平虜渠、以避海難。運糧者至今賴焉」と締めくくる。本志末尾「運糧」二字は、蘇冕撰『會要』の評價を記す部分に屬するものであるから、海難で句讀を區切り、運糧二字を削除するか、つぎにあげる『舊唐書』本傳のように、「糧運者至今利焉」と最後まで引用するべきである。通釋に當たっては、運糧二字を削除する。

平虜渠については、『舊唐書』卷一八五良吏傳下本傳に「神龍初、累遷易州刺史・兼御史中丞、爲河北道監察兼支度營田使。師度勤於爲政、又有巧思、頗知溝洫之利。始於薊門之北、漲水爲溝、以備奚・契丹之寇。又約魏武舊渠、傍海穿漕、號爲平虜渠、以避海艱。糧運者至今利焉」とあり、『新唐書』卷三十九地理志三薊州漁陽縣條にも「有平虜渠、傍海穿漕、以避海難。又其北漲水爲溝、以拒契丹、皆神龍中、滄州刺史姜師度開」とある。舊渠は曹魏武帝曹操が開鑿した溝渠であるという。

○**奚・契丹**　奚はもと庫莫奚と呼ばれた鮮卑＝トルコ系種族。シラ＝ムレン流域の契丹と鄰接し、抗爭をくりかえした。契丹はモンゴル系種族で、この時期には鮮卑族の故地であるシラ＝ムレン上流域に居住した。武德年間には、しばしば唐の邊境を犯したが、貞觀二年（六二八）、唐に歸順し、貞觀二十二年、奚とともに內屬し、羈縻州となった。則天武后の萬歳通天年間（六九六・六九七）、別部の孫萬榮が營州に據って叛亂を起し、一時期、檀州・幽州・冀州まで攻略したが、間もなく鎮壓された。ともに『舊唐書』卷一九九下北狄傳、『新唐書』卷二一九北狄傳に立傳する。

〇**姜師度**　姜師度については〔原文〕四〇注釋①參照。

⑥**開元至爲利**　『唐會要』卷八十七漕運條に同文があるが、「省功速就、公私深以爲利」の後に「刻石水濱、以紀其績」の二句を加える。省功以下、其績まで一續きの文章である。

〇**開元二年河南尹李傑**　『唐會要』卷八十七陝州水陸運使條に「先天二年（七一三、十二月改元開元元年）十月、李傑爲刺史、充水陸運使、自此始也」とあり、同書同卷河南水陸運使條に「開元二年（七一四）閏二月、陝郡刺史李傑除河南少尹、充水陸運使」とある。李傑の官職は、河南少尹・河南水陸運使である。

〇**汴州東有梁公堰**　汴州は現在の河南省開封市。梁公堰のある河陰縣は、汴州の西にある。東は西の誤りである（加藤繁譯注下卷一八（一二〇頁））。梁公堰の浚渫・再建について『舊唐書』卷一〇〇李傑傳に「開元初、爲河南尹。……先是、河・汴之間有梁公堰、年久堰破、江淮漕運不通。傑奏發汴・鄭丁夫以濬之。省功速就、公私深以爲利。刻石水濱、以紀其績」とある。また『通典』卷一七七州郡七河南府河陰縣條に「其汴口堰在縣西二十里。又名梁公堰。隋文帝開皇七年（五八七）、使梁睿、增築漢古堰、遏河入汴也」（『元和郡縣圖志』卷五河南府河陰縣條略同）とある。梁公堰は汴口堰を言い、隋の梁睿によって再建されたので、その名がついた。李傑傳に「河・汴之間」とあり、汴河（通濟渠）から黄河に入る地點（板渚）に梁公堰が設けられていた。本志下文開元十八年の裴耀卿上疏中に「始至河口、卽逢黄河水漲、不得入河。又須停一兩月、待河水小、始得上河入洛」とあって、黄河の水位が高く、汴河のそれが低かったことがわかる。

のち廣德二年（七六四）三月、劉晏が元載にあてた書簡に「驅馬陝郊、見三門渠津遺迹。到河陰・鞏・洛、見宇文愷置梁公堰、分黄河水入通濟渠。大夫李傑新堤故事、飾像河廟、凜然如生」（『舊唐書』卷一二三劉晏傳、全文は〔原文〕五三注釋⑨參照）とあり、隋朝の梁公堰を修復した李桀の像が河廟に存在したことがわかる。なお宇文愷が建造したのは、開皇四年に開かれた京師大興城―潼關間の「廣通渠」であり（『隋書』卷二十四食貨志）、劉晏の記憶違いであろうか。

〇**發汴・鄭丁夫**　丁夫、丁は、租調役制の正役二十日を擔う正丁、夫は雜徭を擔う役丁を言う。『唐律疏議』卷二十八捕亡律「丁夫雜匠」條疏議に「丁謂正役、夫謂雜徭及雜色工匠」とある。

〇**李傑**　李傑（?～七一八）、本名は務光、相州滏陽（河北省磁縣）の人。明經出身、累遷して開元初年に河南尹、ついで御史大夫、のちに出て衢州刺史、揚州大都督府長史となったが、御史の彈劾に遭い、免官、死去。『舊唐書』卷一〇〇、『新唐書』卷一二八に立傳する。

⑦**十五年正月至旬日而畢**　『唐會要』卷八十七漕運條に同文を記載するが、冒頭を「十五年正月十二日」に作り、日付を加える。同條また「至是、新漕渠塡塞、行舟不通、貶宗器爲循州安懷戍主」に作り、具體的である。同條下文にさらに「安及遂發河南府懷鄭汴滑衞」とあり、衞州を加える。通釋はこれによる。

〇**范安及**　兩『唐書』に立傳無し。崔令欽『敎坊記』序に「翌日、詔曰、太常禮司、不宜俳優雜伎。乃置敎坊、分爲左右而隸之。左驍衞將軍范安及爲之使」とあり、『資治通鑑』卷二一一開元二年正月條には「命右驍衞將軍范及爲之使」と記す。『資治通鑑』は、安字を落としている。范安及はもと宦官であり、開元二年には、左驍衞將軍・敎坊使となった。また『舊唐書』卷八玄宗本紀開元十八年閏六月條に「己丑、令范

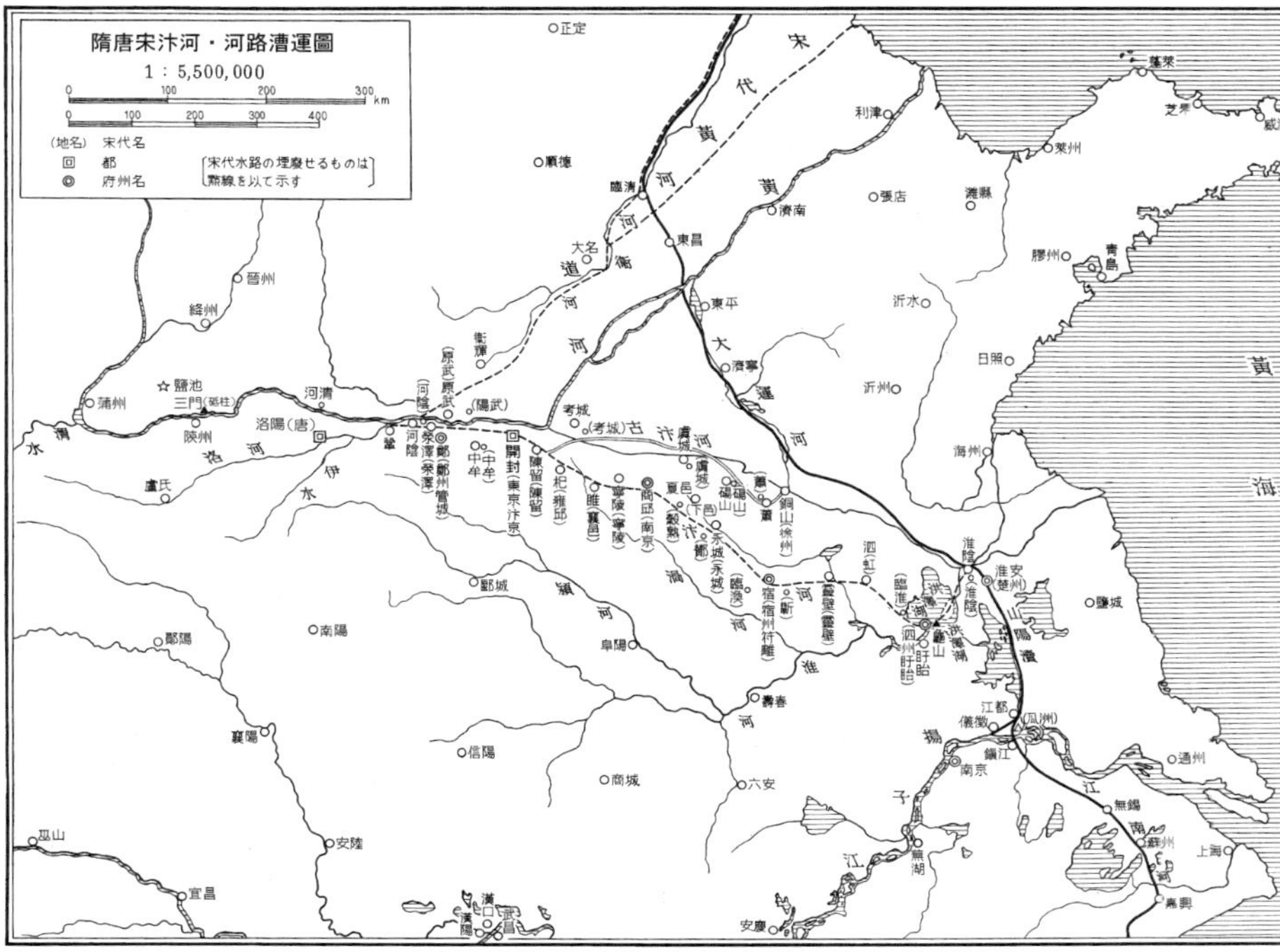

隋唐宋三代、汴河河道圖（青山定雄［1963］「隋唐宋三代、汴河々道圖」により改變）

安及・韓朝宗就瀍・洛水源疏決、置門以節水勢」とあり、同書同巻開元二十年六月條に「其月、遣范安及於長安廣花萼樓、築夾城至芙蓉園」とある。この間、将作大匠の官にあったと考えられる。

○鄭州河口斗門　鄭州は現在の河南省鄭縣。河口は汴河口を言い、汴口堰（梁公堰）と水量調節用の斗門とが設置されている。汴河は、隋の通済渠である。『元和郡縣圖志』巻五河南府河陰縣條に「汴渠在縣南二百五十歩、亦名莨蕩渠。……煬帝大業元年（六〇五）、更令開導、名通濟渠。自洛陽西苑、引穀洛水、達於河。自板渚、引河入汴口、又從大梁之東、引汴水入泗、達於淮、自江都宮、入於海。亦謂之御河。……自揚益湘南、至交廣閩中等州、公家運漕、私行商旅、舳艫相繼。隋氏作之雖勞、後代實受其利焉」とある。

斗門は、堤防・堰に設置する水門で、水量の調整をおこない、また水量調整をつうじて船舶の通行を管理する施設である。たとえば、韓愈『昌黎先生集』巻二十五「唐故江西観察使韋公墓誌銘」に「拜洪州刺史・江南西道觀察使。……明年、築堤扞江十二里、疏爲斗門、以走潦水。公去位之明年、江水平堤」とある。

○汜水舊汴河口　舊汴河口は、前の「鄭州河口」に同じ。汜水は縣名である（河南省汜水縣）。『元和郡縣圖志』巻五河南府汜水縣條に「汴口、去縣五十里、今屬河陰」とある。開元二十二年に河陰縣が創建される前は、汴河口は鄭州汜水縣に屬したとみてよい。

〔通釋〕

武徳八年（六二五）十二月十八日、水部郎中姜行本が、隴州で五節堰を開設し、水を引いて漕運したいと提案した。高祖はこれを許した。

永徽元年（六五〇）、薛大鼎が滄州刺史となった。滄州の領域内には無棣河があったが、隋末に塞がってしまった。大鼎が奏請して無棣河を開通し、魚鹽が海から届くようにした。百姓たちは、「新渠開通して水運の利益あり、滄海より直送して魚鹽の利至る。そのかみの徒歩、いまは早足、うるわしきかな薛公、德は廣く行きわたる」と歌った。

咸亨三年（六七二）、關中が飢饉となった。監察御史王師順が、晉州・絳州の倉粟を輸送して、關中の穀物を充實したいと奏請した。高宗は、王師順に漕運の職務を委ねた。黄河・渭水の間に、舟が行き交い、渭水南岸の東に穀物を集積するようになったのは、王師順から始まったことである。

大足元年（七〇一）六月九日、東都洛陽の立德坊の南に新潭を開鑿し、諸州からの租穀輸送船を安置した。

神龍三年（七〇七）、滄州刺史姜師度は、薊門の北で、水を漲って運河を造り、奚・契丹の侵攻に備えた。また古い運河を繋ぎ合せ、海に沿って運河を開鑿し、平虜渠と呼んで、海難を避けた。

開元二年（七一四）、河南少尹・水陸運使李傑が上奏し、汴州の西に梁公堰があるが、年月がたって堰が崩落し、江淮の漕運が通じない。汴・鄭の正役・雜徭を徵發して浚渫したい、と提案した。勞働を節約し、速やかに竣工したので、公私ともに大きな利益を得た。

開元十五年（七二七）正月十二日、將作大匠范安及に命じて、鄭州の汴河流入口の斗門を調査させた。これ以前、洛陽の人劉宗器が上言し、汜水縣の舊汴河の流入口を塞ぎ、下流の滎澤縣の境界で梁公堰を開き、斗門を設置して、淮水・汴河に通じたいと奏請した。劉宗器は、左衛率府冑曹に拔擢された。十五年正月になって、新しい運河が塞がり、水運が通じなくなったので、宗器を循州安懐戍主に左遷した。かくて范安及は、河南府・懷・鄭・汴・滑・衛の諸州から三萬人を徵發して浚渫し、舊汴河口を開いたが、十日間で終了した。

〔原文〕四九

十八年、宣州刺史裴耀卿上便宜事條曰、江南戸口稍廣、倉庫所資、惟出租庸、更無征防。緣水陸遙遠、轉運艱辛、功力雖勞、倉儲不益。竊見每州所送租及庸調等、本州正二月上道、至揚州入斗門。卽逢水淺、已有阻礙、須留一月已上。至三四月已後①、始渡淮入汴、多屬汴河乾淺、又般運停留。至六七月、始至河口、卽逢黄河水漲、不得入河。又須停一兩月。待河水小、始得上河入洛、卽漕洛乾淺②、船艘隘鬧、般載停滯、備極艱辛。計從江南至東都、停滯日多、得行日少、糧食既皆不足、欠折因此而生。又江南百姓不習河水、皆轉雇河師水手、更爲損費。伏見國家舊法、往代成規、擇制便宜、以垂長久。河口元置武牢倉、江南船不入黄河、卽於倉內便貯。鞏縣置洛口倉、從黄河不入漕洛、卽於倉內安置。爰及河陽倉柏崖倉太原倉永豐倉渭南倉、節級取便、例皆如此、水通則隨近運轉、不通卽且納在倉。不滯遠船、不憂欠耗③、比於曠年長運、利便一倍有餘。今若且置武牢洛口等倉、江南船至河口、卽却還本州、更得其船充運、幷取所減脚錢、更運江淮變造義倉、每年剩得一二百萬石、卽望數年之外、倉廩轉加。其江淮義倉、下濕不堪久貯、若無船可運、三兩年色變、卽給貸費散、公私無益。疏奏不省。

〔校訂〕

①**三四月已後**　標點本・諸本もと「四月已後」に作る。『通典』巻十漕運條は「三月四月後、始渡淮入汴」に作る。本節前後に「正二月上道」、「至六七月、始至河口」とあり、『通典』はそれを「正月二月上道」、「至六月七月後、始至河口」に作る。いま『通典』により、三字を補う。

②**卽漕洛乾淺**　標點本・諸本もと「卽漕路乾淺」に作る。『通典』巻十食貨漕運條も同じく漕路に作る。ただ本條下文に「從黃河不入漕洛」とあり。また『冊府元龜』巻四九八邦計部漕運條、竝びに『元和郡縣圖志』巻五河南府河陰縣條に引く裴耀卿上疏はともに漕洛に作る。いま本條下文の漕洛に從い、この漕路を漕洛に改める。

③**不憂欠耗**　標點本・諸本もと「不憂久耗」に作る。久字文義やや疎通せず。『通典』巻十食貨漕運條ならびに『冊府元龜』巻四九八邦計部漕運條ともに「不憂欠耗」に作る。いま『通典』・『冊府元龜』により、久字を欠字に改める。久・欠、字形の近似するにより誤る。

〔訓讀〕

十八年、宣州刺史裴耀卿、便宜事條を上《たてまつ》りて①曰く、江南の戸口稍や廣きも、倉庫の資つ所、惟だ租庸を出だすのみにして、更に征防無し②。水陸遙遠にして、轉運艱辛するに緣り、功力勞すると雖も、倉儲益さず。竊に見るに每州送る所の租及び庸調等、本州正・二月に道に上り、揚州に至りて斗門に入る。卽《も》し水淺きに逢えば、已にして阻礙有り、須らく一月已上留むべし。三・四月已後に至りて、始めて淮を渡りて汴に入るに③、多ね汴河の乾淺に屬し、又た般運停留す。六・七月に至り、始めて河口に至るに、卽し黃河の水漲に逢えば、河に入ることを得ず。又た須らく一兩月停むべし。河水の小なきを待ち、始めて河に上りて洛に入るを得るも、卽し漕洛乾淺すれば④、船艘隘鬧し、般載停滯し、備さに艱辛を極む。計るに江南從り東都に至るまで、停滯の日多く、行くを得るの日少なく、糧食既にして皆な足らず、欠折此れに因りて生ず。又た江南の百姓、河水に習わず、皆な河師・水手を轉雇し、更に損費を爲す。伏して見たるに、國家の舊法、往代の成規、擇んで便宜を制し、以て長久に垂る。河口に元と武牢倉を置き⑤、江南の船黃河に入らざれば、卽ち倉內に便貯す。鞏縣に洛口倉を置き⑥、黃河從り漕洛に入らざれば、卽ち倉內に安置す。爰《ここ》に河陽倉・柏崖倉・太原倉・永豐倉・渭南倉に及ぶまで⑦、節級に便を取り、例として皆な此の如くし、水通ずれば則ち隨近に運轉し、通ぜざれば卽ち且く納めて倉に在《たくわ》う。遠船を滯らせず、欠耗を憂えず⑧、曠年の長運に比べて、利便一倍して餘り有り。今、若し且く武牢・洛口等の倉を置き、江南の船河口に至れば、卽ち本州に却還し、更に其の船の運に充つるを得せしめ、幷びに減ずる所の脚錢を取り、更に江淮の變造義倉を運ばしむれば⑨、每年一二百萬石を剩得し、卽ち望むらくは數年の外、倉廩轉た加わらんことを。其れ江淮の義倉、下濕にして久貯するに堪えず⑩。若し船の運ぶ可きもの無ければ、三兩年して色變じ、卽ち給貸して費散し、公私に益なし、と。疏奏するも省《かえりみ》られず。

〔注釋〕

①**十八年宣州刺史裴耀卿上便宜事條**　本條の同文は、『通典』巻十食貨漕運條、『册府元龜』巻四九八邦計部漕運條にある。『唐會要』巻八十七轉運鹽鐵總敍條には、別に「十八年、宣州刺史裴耀卿上言、請依舊法、敖倉於河口（私案『玉海』巻一八二引會要敖倉上有理字）、立輸場以受米。置河陰縣及河陰・柏崖・集津・三門倉。鑿崖開山、以車運數十里、積於太原倉、以利漕運。上從之」とある。この會要の記述は、二十一年上疏ならびに二十二年の措置を混在させていて、混亂があり、信頼できない。

○**宣州刺史裴耀卿上便宜事條**　『通典』巻十食貨漕運條に「開元十八年玄宗問朝集使利害之事。宣州刺史裴耀卿上便宜曰、……」とある。本條は、宣州（安徽省宣城縣）の朝集使として長安にあった裴耀卿が玄宗の諮問に答えた上奏文である。朝集使は、都督・州刺史・州府上佐（司馬・長史）等地方州府幹部が一年交替で擔當し、毎年十月二十五日に首都到着、十一月一日に太極殿で全員皇帝に謁見し、尙書都堂で九品以上京官と會見した。主要な任務は、各州府を代表して、王朝の大禮に參加すること、尙書省の考堂に集合して各州縣地方官の人事考課に應じること、元會儀禮に參加して、各地方の貢物・貢擧人（科擧受驗者）を獻上することである（渡邊信一郎［一九九六］一七七〜一八三頁）。裴耀卿の便宜上奏が、十一月一日の皇帝引見儀禮の際に奉呈された可能性は、ある。

○**裴耀卿**　裴耀卿（六八一〜七四三）、字は煥之、絳州稷山（山西省稷山縣）の人。童子擧出身。州刺史を歴任したのち、開元二十年、京兆尹となり、まもなく黄門侍郎・同中書門下平章事を拝命した。開元二十四年に尙書左丞相、天寶元年に尙書左僕射に進んだが、翌年死去。『舊唐書』巻九十八、『新唐書』巻一二七に立傳する。

②**更無征防**　征防は軍役を言う。唐代の農民正丁は、租調正役のほか、軍役として中央禁軍を編成する折衝府・十二衛系統の府兵・衛士、もしくは邊境・關津・橋梁の防衛、州縣の倉庫・城門の警備を擔當する都督府鎭戍系統の防人を負擔した（渡邊信一郎［二〇一〇］三九六〜三九九頁）。『唐律疏議』巻三名例律「犯徒應役」條疏議に「征防之徒、遠從戍役」とあって、征防は主として防人を言う。また臨時に外征などの戰役がある場合には、これら衛士・防人の兵士や兵役に就いていない者を選拔して、遠征軍を編成した。これを征行と言い、兵士を兵募あるいは征人と呼んだ。『唐律疏議』巻十六擅興律「乏軍興者斬」條疏議に「興軍征討、國之大事。調發征行、有所稽廢者、名乏軍興」とあり、また『唐律疏議』巻十六擅興律「揀點衛士」條疏議に「征人謂非衛士、臨時募行者」とあり、さらに『大唐六典』巻五兵部尙書兵部郎中條に「凡天下諸州差兵募、取戶殷丁多、人材驍勇。選前資官・勳官、部分强明、堪統攝者、節級權補主帥以領之」とある。これら防人・征人・兵募を總稱して征防と呼んだのであろう。

③**始渡淮入汴**　唐の運河は、江南から言うと、揚州から邗溝に入り、楚州（江蘇省淮安縣）まで遡航したところで淮水に入る。この地點は末口と呼ばれ、運河邗溝の水位が高く、淮水が低いので、この末口に平水堰を設置して船舶を通す。さらに淮水を遡航して泗州（現在は江蘇省盱眙縣北方洪澤湖中に在り）に至り、汴河（通濟渠）に入る。「渡淮入汴」とはこのことを言う。のちの廣德二年（七六四）三月、劉晏が江淮から元載にあてた書簡（全文は一九九・二〇〇頁參照）には、「以書遺元載曰、浮于淮・泗、達于汴、入于河」とあって、まさにこの行程を記している。

④**得上河入洛卽漕洛乾淺**　漕洛は洛水を利用した漕運渠である。『舊唐

書』巻三十七五行志に「(開元)十四年(七二六)……七月十四日、瀍水暴張、流入洛漕、漂没諸州租船數百艘、溺死者甚衆、漂失楊・壽・光・和・廬・杭・瀛・棣租米一十七萬二千八百九十六石、幷錢絹雜物等。因開斗門決堰、引水南入洛、漕水燥竭、以搜漉官物、十收四五焉」とあり、洛漕なる漕渠が存在する。漕洛は洛漕であろう。

この漕運渠は通津渠と呼ばれた。『隋書』巻三煬帝紀上大業元年(六〇五)三月條に「辛亥、發河南諸郡男女百餘萬、開通濟渠、自西苑引穀・洛水達于河、自板渚、引河通于淮」とあり、また『隋書』巻二十四食貨志に「煬帝卽位、……開渠、引穀・洛水、自苑西入、而東注于洛。又自板渚引河、達于淮海、謂之御河」とある。さらに『元和郡縣圖志』巻五河南府河南縣條に「通津渠在縣南三里。隋大業元年、分洛水西北名千步磧、渠東北流入洛水、謂之洛口」とある。これらによれば、通濟渠の起點として、穀水・洛水の水を利用して、洛陽西苑から洛水に到達する通津渠が造られている。それは、黃河の水を引いて、板渚すなわち梁公堰から淮水に到達する汴河を造ったことと一連の事業であった。通濟渠の起點になる洛陽—洛水間の通津渠と洛水とをあわせて洛漕あるいは漕洛と呼んだのである。黃河から洛漕に入る河口を洛口と言い、後にみるように隋朝には興洛倉(洛口倉)が置かれた。

⑤河口元置武牢倉　武牢倉の具體はよくわからない。ただ汴河口にあった汜水縣には虎牢城があり、縣治が置かれた。武牢の武字は、唐の高祖李淵の祖父である李虎を避諱して代替したものである。武牢倉は武牢城そのものであった可能性が高い。『元和郡縣圖志』巻五河南府汜水縣條に「汜水縣、古東虢國、鄭之制邑、漢之成皋縣、一名虎牢。……垂拱四年(六八八)、改名廣武縣。神龍元年(七〇五)、復爲汜水關。開元二十九年(七四一)、自虎牢城、移於今理」とある。

⑥鞏縣置洛口倉　洛口倉は、興洛倉とも言い、東都洛陽東方の鞏縣(河南省鞏縣西南)に設置された穀物倉。『隋書』巻三〇地理志中河南郡鞏縣條に「後齊廢、開皇十六年復。有興洛倉」とある。『資治通鑑』巻一八〇隋煬帝大業二年(六〇六)條に「十月、詔改脩律令。置洛口倉於鞏東南原上、築倉城。周回二十餘里、穿三千窖、窖容八千石以還。置監官幷鎭兵千人」とある。これによれば、洛口倉の設置は、大業二年(六〇六)のことであり、洛口倉は、別名興洛倉であったこと、また洛口(興洛)倉の穀物收藏容量は二千四百萬石であったことが分かる。

⑦爰及河陽倉柏崖倉太原倉永豐倉渭南倉　これらの穀物倉は、隋に設置され、唐に繼承された倉と唐代咸亨年間に設置された倉とを含む。隋朝設置の倉については、『隋書』巻二十四食貨志に「開皇三年、朝廷以京師倉廩尙虛、議爲水旱之備。於是詔於蒲陝虢熊伊洛鄭懷邵衞汴許汝等水次十三州、置募運米丁。又於衞州置黎陽倉、洛州置河陽倉、陝州置常平倉、華州置廣通倉、轉相灌注、漕關東及汾晉之粟、以給京師」とある。

○河陽倉　開皇三年(五八三)、洛州河南郡に設置された河陽倉について、『隋書』巻三十地理志中河南郡偃師縣(河南省偃師縣)條に「開皇十六年置。有關官。有河陽倉」とある。唐代の河陽倉については、『唐會要』巻八十八倉及常平倉條に「咸亨元年(六七〇)閏九月六日、置河陽倉、隷司農寺」とあり、また同條に「(開元)十年(七二二)九月十五日、廢河陽倉・柏崖倉・坦縣等倉」とある。隋の河陽倉がいつ廢止されたのか、隋唐の河陽倉の繼承關係についてはわからない。

○柏崖倉　下文の開元二十二年裴耀卿上奏には「河清柏崖倉」とある。『新唐書』巻三十八地理志二河南府河清縣條に「有柏崖倉」とあり、『通典』巻一七七州郡七河南府河清縣條には「柏崖故城在縣西。卽東魏將侯景築。其倉、咸亨中、考功郎中王本立置也」とある。また『舊唐書』巻五高宗本紀咸亨三年六月丙子(十七日)條に「於洛州栢崖置倉」とあり、『舊唐書』巻八玄宗本紀上開元十年九月條に「廢河陽栢崖倉」とある。さらに『唐會要』巻八十八倉及常平倉條には「（咸亨）三年六月十七日、于洛州柏崖置敕倉、容二十萬石、開元十年九月十一日廢」とある。柏崖倉は敕倉とも言い、咸亨三年六月十七日、考功郎中王本立によって創設され、開元十年九月十一日に廢止されたのである。

〇**太原倉**　『元和郡縣圖志』巻六陝州陝縣條に「太原倉在縣西南四里。隋開皇二年（私案二當作三）置。以其北臨焦水、西俯大河、地勢高平、故謂之太原。今倉實中周迴六里」とある。太原倉は、前掲『隋書』食貨志に開皇三年の創設とする常平倉であろう。

〇**永豐倉**　『元和郡縣圖志』巻二華州華陰縣條に「永豐倉在縣東北三十五里渭河口。隋置。因倉又置監」とある。前掲『隋書』食貨志にみえる華州廣通倉は、この永豐倉である。

〇**渭南倉**　咸亨三年、王師順が增置した穀物倉で、東渭橋倉の前身を言う。〔原文〕四八註釋③參照。

隋朝期のこれら穀物倉の貯藏量については、『通典』巻七食貨七論の原注「隋氏西京太倉、東京含嘉倉・洛口倉、華州永豐倉、陝州太原倉、儲米粟多者千萬石、少者不減數百萬石」とある。洛口倉、陝州太原倉、華州永豐倉の規模がわかる。

また唐代天寶八年（七四九）の貯藏量については、『通典』巻十二食貨・輕重條に「天寶八年、凡天下諸色米都九千六百六萬二千二百二十石」とあり、そのうち「諸色倉糧總千二百六十五萬六千六百二十石」として、「北倉（六百六十一萬六千八百四十石）、太倉（七萬一千二百七十石）、含嘉倉（五百八十三萬三千四百石）、太原倉（二萬八千一百四十石）、永豐倉（八萬三千七百二十石）、龍門倉（二萬三千二百五十石）」を計上している。北倉は、東渭橋倉である。倉糧について比較すれば、隋の倉糧は洛口倉だけで唐の倍にあたる二四〇〇萬石の容量があり、壓倒的に多い。唐の倉貯は、このほかに和糴、正倉・義倉・常平倉があり、全體で九六〇〇萬石餘になった。

⑧**不滯遠船不憂欠耗**　『元和郡縣圖志』巻五河南府河陰縣條に引く裴耀卿上疏は、この部分を「不滯遠船、不生隱盜」に作る。欠損の原因がより明瞭である。

⑨**更運江淮變造義倉**　變造は籾付きの穀物を糙（玄）米に調整して轉送することを言う。義倉・變造については、〔原文〕一四注釋②參照。

⑩**江淮義倉下濕不堪久貯**　この文章、とりわけ下句は、倉庫令を意識した文言である。唐令では、穀物倉庫が立地する燥濕狀況による穀物の貯藏年限や代替措置が規定されていた。『天聖令』倉庫令不行唐令第一條（唐一）に「諸倉窖貯積者、粟支九年、米及雜種支五年、下溼處粟支五年、米及雜種支三年。貯經三年以上、一斛聽耗一升。五年以上二升。其下溼處稻穀及粳米、各聽耗一倍。此外不得計年除耗。若下溼處、稻穀不可久貯者、折納火米及糙米。其折糙米者計稻穀三斛、折納糙米一斛四斗」とある。

〔通釋〕

開元十八年（七三〇）、宣州刺史裴耀卿が便宜事條を上奏した。

江南の戸口はかなり多いのに、國庫に必要なものは、ただ租庸調を供出するだけで、軍役はまったく負擔しません。供出する租庸調も、水陸の輸送距離が遙かに長く、順次輸送することが困難であることから、勞力を費やしても、國庫の蓄積は增加しないのです。

鄙見によれば、江南の各州が送納する租及び庸調物等は、その州から正月・二月に出發し、揚州に到着すると、邗溝に通じる斗門に入ります。もし水量が少ないときであれば、航行の妨げとなって、是非にも一箇月以上留まる必要があります。三月・四月以後になって、やっと淮水を航行して汴河に入っても、おおむね汴河の乾淺期にあたり、また輸送が停滯します。六月・七月以後になって、やっと黄河河口に到着しても、もし黄河の水量が膨張するときにあたれば、黄河に入ることができません。また是非にも一、二箇月留まる必要があります。黄河の水量が小さくなるのを待って、やっと黄河に乘込み、洛水に入ることができても、もし洛漕の乾淺期であれば、船艘が混雜し、輸送が停滯することになって、あらゆる困苦・辛酸を極めることになります。總計すると江南から東都に至るまで、停滯する日が多く、航行できる日は少ないので、糧食がまったく足らなくなってしまい、それが原因となって欠損が生じます。さらに江南の百姓は、黄河水運に習熟しておらず、皆なつぎつぎに河師・水手を雇っていくので、一層の出費となります。

　おそれながら唐朝の舊法、前代の成法を參照しますと、事宜にかなった制度を精選してあり、長く後世の規範となるものです。汴河河口には、元來武牢倉を設置し、江南の船が黄河に入れなければ、ただちに倉内に穀物を適宜貯備しておりました。鞏縣には洛口倉を設置し、船が黄河から洛漕に入れなければ、ただちに倉内に貯備しておりました。河陽倉・柏崖倉・太原倉・永豐倉・渭南倉に至るまで、あらまし皆なこのように、節目ごとに適切に對處し、水運が通じれば近鄰に轉運し、通じなければしばらく倉庫に貯備していたのです。遠方の船を滯留させず、竊盜による欠損の心配もなく、一年を無駄にする長距離輸送に比べて、利便性は倍以上です。

　このたび、かりにもし武牢・洛口等に倉庫を設置し、江南の船が汴河河口に到着したとき、ただちに歸還させ、江南の各州があらためて船を漕運に充當することができるようにし、この船と削減した輸送費とをあわせて用い、あらためて江淮地域の義倉穀から調整した玄米を漕運するならば、毎年一、二百萬石の餘剩を得ることができ、數年もたてば、穀物倉庫の蓄積がいやましに增加することが期待できます。

　江淮地域は濕潤で、義倉の穀物を長期間貯藏することには堪えられません。もし船で漕運することができなければ、二、三年で變色してしまい、貸出して費消することになり、公私ともに利益になりません。

上疏は受入れられなかった。

〔原文〕五〇

　至二十一年、耀卿爲京兆尹、京師雨水害稼、穀價踊貴。玄宗以問耀卿。奏稱、昔貞觀永徽之際、祿廩未廣、毎歲轉運、不過一二十萬石便足。①今國用漸廣、漕運數倍、猶不能支。從都至陝、河路艱險、既用陸運、無由廣致。若能開通河漕、②變陸爲水、則所支有餘、動盈萬計。且江南租船、候水始進、吳人不便漕輓、由是所在停留、日月既淹、遂生竊盜。臣望於河口置一倉、納江東租米、便放船歸。從河口卽分入河洛、官自雇船載運。三門之東、置一倉。三門既屬水險、③卽於河岸開山、車運十數里。三門之西、又置一倉、毎運至倉、卽般下貯納。水通卽運、水細便止。自太原倉泝河、更無停留、所省鉅萬。前漢都關中、年月稍久、及隋亦在京師、緣河皆有舊倉、所以國用常贍。上深然其言。

至二十二年八月、置河陰縣及河陰倉、河清縣置柏崖倉④、三門東置集津倉⑤、三門西置鹽倉⑥。開三門北山十八里⑦、以避湍險。自江淮而泝鴻溝、悉納河陰倉。自河陰送納含嘉倉、又送納太原倉、謂之北運。自太原倉浮于渭、以實關中。上大悅。

尋以耀卿爲黃門侍郎同中書門下平章事、充江淮河南轉運都使、以鄭州刺史崔希逸河南少尹蕭炅爲副。凡三年、運七百萬石、省陸運之傭四十萬貫。

舊制、東都含嘉倉積江淮之米、載以大輿、而西至于陝三百里、率兩斛計傭錢千、此耀卿所省之數也。明年、耀卿拜侍中、而蕭炅代焉。二十五年、運米一百萬石。

〔校訂〕

①**不過一二十萬石便足**　標點本・諸本もと「不過二十萬石便足」に作る。『唐會要』卷八十七漕運條は「不過一二十萬石便足」に作り、『通典』卷十食貨漕運條に「不過一二十萬石、所用便足」に作る。いま會要・『通典』により、二十の上に一字を補う。

②**若能開通河漕**　標點本・諸本もと「若能兼河漕」に作る。『唐會要』卷八十七漕運條は「若能開漕運」に作り。『通典』卷十食貨漕運條は「若能開通漕運」に作る。いま『通典』に従い、兼字を開通二字に改める。

③**三門既屬水險**　標點本・諸本もと「三門既水險」に作る。『唐會要』卷八十七漕運條・『通典』卷十食貨漕運條ならびに「既屬水險」に作る。いま會要・『通典』に従い、屬字を補う。

④**河清縣置柏崖倉**　標點本・諸本もと「河西柏崖倉」に作る。河西字義通じない。『唐會要』卷八十七漕運條・『通典』卷十食貨漕運條ならびに「河清縣置柏崖倉」に作る。いま會要・『通典』に従い、河西を河清に改め、置字を補う。

⑤**三門東置集津倉**　標點本・諸本もと「三門東集津倉」に作る。いま『唐會要』卷八十七漕運條・『通典』卷十食貨漕運條に従い、「三門東」の下に置字を補う。

⑥**三門西置鹽倉**　標點本・諸本もと「三門西鹽倉」に作る。いま『唐會要』卷八十七漕運條・『通典』卷十食貨漕運條に従い、「三門西」の下に置字を補う。

⑦**開三門北山十八里**　標點本・諸本もと「開三門山十八里」に作る。『唐會要』卷八十七漕運條・『通典』卷十食貨漕運條ならびに「開三門北山十八里」に作る。いま會要・『通典』に従い、北字を補う。

〔訓讀〕

二十一年に至り①、耀卿、京兆尹と爲る。京師、雨水稼を害し、穀價踊貴す②。玄宗以て耀卿に問う。奏して稱すらく、昔貞觀・永徽の際、祿廩未だ廣からず、毎歳の轉運、一、二十萬石を過ぎずして便ち足る。今國用漸く廣く、漕運數倍するも、猶お支する能わず。都從り陝に至るまで、河路艱險にして、既に陸運を用うるも、廣く致すに由し無し③。若し能く河漕を開通し、陸を變じて水と爲せば、則ち支する所餘り有り、動《やや》もすれば萬計に盈つ。且つ江南の租船、水を候《ま》ちて始めて進み、呉人、漕輓を便とせず、④是に由り所在に停留し、日月旣に淹《ひさ》しく、遂に竊盜を生ず。臣望むらくは、河口に於て一倉を置き、江東の租米を納めて、⑤便ち船を放《ゆる》して歸らしめんことを。河口從り、卽ち分かちて河・洛に入らしめ、官自ら船を雇いて載運す。三門の東、⑥一倉を置く。三門旣に水險に屬す、卽ち河岸に於て山を開き、車運すること十數里。三門の西、又た一倉を置き、運びて倉に至る毎に、卽ち般下して貯納す。水通ずれば卽ち運び、水細ければ便ち止《とど》む。太原倉自り河を泝《さかのぼ》り、⑦更に停留すること無ければ、省く所鉅萬なり。前漢關中に都し、年月稍や久しく、隋に及びて亦た京師に在り、緣河皆な舊倉有り、國用常に贍る所以なり、⑧と。上深く其の言を然りとす。

二十二年八月に至り、⑨河陰縣及び河陰倉を置き、河清縣に柏崖倉を置き、三門の東に集津倉を置き、三門の西に鹽倉を置く。⑩三門の北山を開くこと十八里、以て湍險を避く。⑪江淮自りして鴻溝を泝り、⑫悉く河陰倉に納む。河陰自り送りて含嘉倉に納め、又た送りて太原倉に納む、これを北運と謂う。⑬太原倉自り渭に浮び、以て關中を實《み》たす。上大いに悅ぶ。

尋で耀卿を以て黄門侍郎・同中書門下平章事と爲し、江淮・河南轉運都使に充て、鄭州刺史崔希逸・河南少尹蕭炅を以て副と爲す。⑭凡三年、七百萬石を運び、陸運の傭四十萬貫を省く。⑮

舊制、東都含嘉倉、江淮の米を積み、載《の》するに大輿を以てし、而して西のかた陝に至るまで三百里、率ね兩斛ごとに傭を計うること錢千、此れ耀卿省く所の數なり。⑯明年、耀卿侍中を拜し、而して蕭炅これに代る。⑰二十五年、米一百萬石を運ぶ。⑱

〔注釋〕

①**至二十一年**　本節は、『通典』卷十食貨漕運ならびに藍本會要によって、ほぼそのまま編集したものである。冒頭「至二十一年」から「自太原倉浮于渭、以實關中」までは、現行『唐會要』卷八十七漕運條とほぼ同文であり、また續く「尋以耀卿爲黄門侍郎」から末尾「運米一百萬石」までは、『唐會要』八十七轉運鹽鐵總敍と同文である。本志・『唐會要』ともに冒頭の開元二十一年裴耀卿上疏は、『通典』・『册府元龜』所載の文章と比較すると、かなりの編集を加えて省略するところが多く、文意疎通しないところもある。ここに『通典』卷十食貨漕運から全文を引用し、のちに適宜參照し、通釋にも利用する。強調箇所は、本志ならびに『唐會要』の編集・採錄した文章である。

至二十一年、**耀卿爲京兆尹**、**京師雨水害稼**、**穀價踴貴**。**耀卿奏**曰、伏以、陛下仁聖至深、憂勤庶務、小有飢乏、降詔哀矜、躬親支計、救其危急。今旣大駕東巡、百司扈從、諸州及三輔先有所貯、且隨見在發重臣、分道振給、計可支一二年。從東都廣漕運、以實關輔、待稍充實、車駕西還、卽事無不濟。

臣以、國家帝業、本在京師、萬國朝宗、百代不易之所。但爲秦中地狹、收粟不多。儻遇水旱、便卽匱乏。往者**貞觀・永徽之際**、**祿廩**數少、**每年轉運**、**不過一二十萬石**、所用**便足**、以此車駕久得安居。**今**昇平日久、**國用漸廣**、每年陝洛**漕運**、**數倍**於前、支**猶**不給。陛下數幸東都、以就貯積。爲國大計、不憚劬勞、皆爲憂人而行、豈是故欲來往。若能更廣陝運、支（粟）入京、倉廩常有二三年糧、卽無憂水旱。今日天下輸丁約有四百萬人、每丁支出錢百文、充陝洛運脚、五十文充營窖等用、貯納司農及河南府・陝州、以充其費。租米則各隨遠近、任自出脚送納。

東都至陝、河路艱險、既用陸脚、無由廣致。若能開通河漕、變陸爲水、則所支有餘、動盈萬計。且江南租船、所在候水、始敢進發。吳人不便河漕、由是所在停留、日月既淹、遂生隱盜。臣請於河口置一倉、納江南租米、便令江南船迴。其從河口、卽分入河洛、官自僱船載運。河運者至三門之東、置一倉。既屬水險、卽於河岸、傍山車運十數里。至三門之西、又置一倉。每運置（冊府作至、是）倉、卽般下貯納。水通卽運、水細便止。漸至太原倉、泝河入渭、更無停留、所省巨萬。臣常任濟・定・冀等三州刺史、詢訪故事、前漢都關內、年月稍久、及隋亦在京師、緣河皆有舊倉、所以國用常贍。若依此行用、利便實深。上大悅。

尋以耀卿爲黃門侍郎・同中書門下平章事、敕鄭州刺史（私案當有崔希逸三字）及河南少尹蕭炅、自江淮至京以來、檢古倉節級貯納。仍以耀卿爲轉運都使。於是始置河陰縣及河陰倉、河淸縣置柏崖倉、三門東置集津倉、三門西置三門倉。開三門北山十八里、陸行以避湍險。自江淮西北泝鴻溝、悉納河陰倉。自河陰候水漲涸、漕送含嘉倉、又取曉習河水者、遞送納於太原倉、所謂北運也。自太原倉浮渭、以實關中。凡三年、運七百萬石、省脚三十萬貫。耀卿罷相後、緣邊（冊府作北、是）運險澀、頗有欺隱、議者又言其不便、事又停廢。

本志・會要が省いているのは、關中の不作による食糧不足を解消するために、玄宗以下朝廷が東都に移動して食糧にありつくべきこと、また天下全國土の正役輸丁約四百萬人から一人一五〇文を徵收して、陝州・洛陽間の輸送費や倉庫造作費用に充當することである。財物の輸送に正役の過半數にあたる四百萬丁が使役されたのであるから、唐代律令制下の賦役制は、租庸調制ではなく租調役制であったこと、そこからまた正役の輸送勞働が雇用勞働に轉換していく過程がわかる。

○至二十一年裴耀卿爲京兆尹　この記述は誤りである。裴耀卿が京兆尹になったのは、開元二十年である。『舊唐書』卷九十八裴耀卿傳に「（開元）二十年、……時突厥及室韋果勒兵邀險、謀劫襲之、比至而耀卿已還。其冬、遷京兆尹。明年秋、霖雨害稼、京城穀貴。上將幸東都、獨召耀卿問救人之術、耀卿對曰、……」とある。裴耀卿は、開元二十年冬に京兆尹となり、翌二十一年秋、水害による長安の穀物價格騰貴をさけて、東都洛陽に行幸しようとした玄宗の下問に對し、その對應策を奏上したのである。通釋は、この經緯をふまえ、誤りを正して譯出する。

②**京師雨水害稼穀價踊貴**　開元二十一年の降雨災害については、『舊唐書』玄宗本紀上卷八開元二十一年是歲條に「是歲、關中久雨害稼、京師飢。詔出太倉米二百萬石給之」とある。

③**從都至陝河路艱險既用陸運無由廣致**　東都洛陽から京師長安までの穀物輸送について、東都から陝州までは陸運、陝州から京師までは水運を用いることが令式に規定されていた。『大唐六典』卷三戶部尙書倉部郎中條に「凡都之（案當作以）東租、納於都含嘉倉、自含嘉倉轉運、以實京之太倉。自洛至陝運於陸、自陝至京運於水。量其遞運、節制置使、以監充之（陸路從洛至陝、分別量計十五文、付運使、於從路分爲之遞。應須車牛、任使司量運多少、召雇情願者充。以十月起運、盡歲止）」とある。

東都・陝州間の陸運路の具體は、開元初年に河南尹李傑が創始した八遞場陸送法がある。『通典』卷十食貨漕運條原注に「舊於河南路、運至陝郡太原倉、運至永豐倉及京太倉。開元初、河南尹李傑始爲陸運使、從含嘉倉、至太原倉、置八遞場、相去每長四十里。每歲冬初起、運八十萬

石、後至一百萬石。毎遞用車八百乘、分爲前後、交兩月而畢。其後漸加、至天寶七載、滿二百五十萬石。毎遞用車千八百乘、自九月至正月畢。天寶九載九月、河南尹裴迥以遞重恐傷牛、於是以遞場爲交場、兩遞簡擇近水處爲宿場、分官押之、兼防其盜竊。大曆後、水陸運毎歳四十萬石入關」とある。この黄河南岸を行く陸運路が「南路」である。裴耀卿の指摘とは異なり、併用された陸運南路の輸送も堅調であった。

　裴耀卿の上疏は、法令で陸送と規定された洛陽・陝州間の輸送を水運に變更して輸送量を擴大すること、そのために必須となる三門の難所を回避するための方法を提案するものである。

④**吳人不便漕輓**　江南の人びとが黄河水運に不慣れなことを言う。漕輓二字、『通典』巻十漕運は「吳人不便河漕」に作る。本節は、洛陽・陝州間の黄河水運を主題にしているので、漕輓でも分からないことはないが、河漕に作る方がより明瞭である。

⑤**納江東租米**　『通典』巻十漕運は「納江南租米」に作る。本志のように江東でも通じるが、ここでは江南租船を問題にしているので、江南の方がより明瞭である。通釋は江南に從う。

⑥**三門之東置一倉**　三門は底柱（砥柱、音シチュウ）とも言い、兩岸に山がせまって狭くなっている黄河のなかに、屹立する二つの石山と十九の早瀬があり、三本に分かれた水流が急峻となって、古來黄河航行中最大の難所であった。黄河兩岸の山と河中の二つの石山が三つの水門を構成するかの如く見えるので三門と呼ぶ。酈道元『水經注』巻四河水注に砥柱の狀況を述べて、「自砥柱以下、五戶已上、其間一百二十里、河中竦石傑出、勢連襄陸。蓋亦禹鑿以通河、疑此閼流也。其山雖闢、尙梗湍流、激石雲洄、澴波怒溢、合有一十九灘、水流迅急、勢同三峽、被害舟船、自古所患」と言う。

⑦**自太原倉泝河**　『唐會要』巻八十七漕運條は「自太原倉泝河入渭」に作り、『通典』巻十漕運條も「漸至太原倉、泝河入渭」に作り、ともに「泝河」の下「入渭」二字を添える。このほうが意味は明瞭である。通釋は二字を添えて譯出する。

⑧**緣河皆有舊倉所以國用常贍**　『通典』巻十食貨漕運條には、この下に續けて「若依此行用、利便實深。上大悅」の文章がある。この文章が無ければ、上疏が中途半端に終わるの感が否めない。通釋には、この文章を加えて譯出する。

⑨**至二十二年八月**　『唐會要』巻八十七漕運條は「至二十二年八月十四日」に作り、日付がある。『舊唐書』巻八玄宗本紀上開元二十二年八月條に「八月、先是、駕至東都。遣侍中裴耀卿、充江淮河南轉運使、河口置輸場。壬寅（十四日）、於輸場東、置河陰縣」とあり、本志の記述と適合する。通釋は會要・玄宗本紀の日付による。

⑩**三門西置鹽倉**　鹽倉、『通典』巻十食貨漕運條は、三門倉に作る。

⑪**以避湍險**　『通典』巻十食貨漕運條は、「陸行以避湍險」に作る。意味はより明瞭である。通釋には陸行の意を添えて譯出する。

⑫**自江淮而泝鴻溝**　『通典』巻十食貨漕運條は、「自江淮西北泝鴻溝」に作る。西北二字ある方が具體的である。通釋は、西北二字を添えて譯出する。

　鴻溝は漢代の運河である。唐代には汴河の雅稱に用いた。『史記』巻二十九河渠書に「自是之後、滎陽下引河東南爲鴻溝、以通宋・鄭・陳・蔡・曹・衞、與濟・汝・淮・泗會」とあり、その司馬貞索隱に「楚漢中分之界、文穎云卽今官渡水也。蓋爲二渠、一南經陽武、爲官渡水。一東經大梁城、卽鴻溝、今之汴河是也」とある。

⑬**謂之北運**　前掲注釋③に言及した從前の黄河南岸陸運に對し、黄河北岸の山麓十八里を陸送したので北運と呼んだのであろう。『通典』には「耀卿罷相後、緣邊（冊府作北、是）運險澀、頗有欺隱、議者又言其不便、

事又停廢」とあり、開元二十四年（七三六）十一月二十七日（『舊唐書』玄宗本紀上・『新唐書』宰相表中）に裴耀卿が宰相を退任してのち、北運は廢止された。二十二年八月から數えて足かけ三年、七百萬石の輸送實績と四十萬貫の輸送經費削減を殘して、北運は一旦終了したのである。

⑭**尋以至爲副**　この一連の官職任命記事は、繫年を誤って編集している。裴耀卿が黄門侍郎同中書門下平章事になったのは、『舊唐書』巻八玄宗本紀上開元二十一年十二月丁未（十四日）條に「京兆尹裴耀卿爲黄門侍郎、前中書侍郎張九齡起復舊官、竝同中書門下平章事」とあり、『新唐書』巻六十二宰相表中は、これを二十一年十二月丁巳二十四日に記載する。日付は異なるが、いずれも開元二十一年十二月である。前掲『通典』には、「……緣河皆有舊倉、所以國用常贍。若依此行用、利便實深。上大悅。尋以耀卿爲黄門侍郎・同中書門下平章事」とあって、二十一年上疏のすぐ後に記載する。この宰相任命記事は、「上深然其言」の下「至於二十二年」の前に置くべき記事である。

また、前掲『舊唐書』巻八玄宗本紀開元二十二年八月條に「八月、先是、駕至東都。遣侍中裴耀卿、充江淮河南轉運使、河口置輸場。壬寅（十四日）、於輸場東、置河陰縣」とあるので、裴耀卿が轉運使に任命されたのは、玄宗が東都洛陽に行幸した二十二年正月己巳七日（玄宗本紀）以降、とりわけ裴耀卿が侍中となった五月二十八日（『舊唐書』巻八玄宗本紀開元二十二年五月戊子條）以後のことである。二十一年條に一括することには問題があるが、ことをわけて記述すると、本志の記述を解體することになるので、しばらく一連の記述としてあつかい、通釋は、『通典』・玄宗本紀により、「上深然其言」の下に配置して譯出する。

○**鄭州刺史崔希逸**　兩『唐書』に立傳しない。『舊唐書』玄宗本紀によれば、開元年間に散騎常侍、河西節度使、河南尹等を歴任している。

○**河南少尹蕭炅**　兩『唐書』に立傳しない。『舊唐書』玄宗本紀によれば、開元年間に、岐州刺史、戶部侍郎、河西節度使、天寶年間に河南尹、京兆尹を歴任している。

⑮**凡三年運七百萬石省陸運之傭四十萬貫**　この記述は、前掲『通典』によれば、「自太原倉浮渭、以實關中」のあとに直接續くべきものであるが、本志は「上大悅」を插入するので、通釋では、そのあとに續けて譯出する。

○**省陸運之傭四十萬貫**　前掲『通典』・『新唐書』食貨志は「三十萬貫」に作る。しばらく本志の記述による。

⑯**舊制至數也**　東都含嘉倉から陝州までの距離について、「西至于陝三百里」とあるが、『元和郡縣圖志』巻六陝州條の八到に「西到上都五百十里、東到東都三百五十里……」とあり、この記述は概數である。

○**率兩斛計傭錢千**　二石につき輸送勞賃一貫であるから、削減額は、四十萬貫であれば八十萬石分、三十萬貫であれば六十萬石に相當する。

⑰**明年耀卿拜侍中而蕭炅代焉**　裴耀卿の侍中拜命は、『舊唐書』巻八玄宗本紀開元二十二年五月戊子（二十八日）條に「黄門侍郎裴耀卿爲侍中」（『新唐書』巻六十二宰相表中同じ）とある。前掲玄宗本紀八月條には「八月、先是、駕至東都。遣侍中裴耀卿、充江淮河南轉運使、河口置輸場。壬寅（十四日）、於輸場東、置河陰縣」とあり、『新唐書』宰相表中二十二年條には「八月、耀卿爲江淮以南回造使」とある。開元二十二年八月に、侍中裴耀卿が江淮河南轉運使、江淮以南回造使であったことがわかる。明年すなわち開元二十三年に繫年するのは間違いである。また侍中の官にあって轉運使・回造使の職を拜命したのであるから、侍中を拜命して轉運使の職を蕭炅に讓ったのでもない。この記事全體が誤りである。この前後の本志の編年は、言葉の眞の意味において杜撰である。

『唐會要』巻八十七轉運使條に「開元二十一年八月、侍中裴燿卿充江南淮南轉運使、二十二年九月、太府少卿蕭炅充江淮處置轉運使」とある。

開元二十一年八月が、二十二年八月の誤りであることは、前段の考證で明らかである。したがって蕭炅が江淮處置轉運使に任ぜられたのも、繫年を一年繰下げた開元二十三年九月である可能性が高い。ただ、傍證する史料が無いのでしばらく闕疑とする。通釋は、「耀卿拜侍中」を削除し、しばらく『唐會要』轉運使條に從い、蕭炅の江淮轉運使就任の繫年を一年繰下げて譯出しておき、後考を俟つこととする。

⑱**二十五年運米一百萬石**　東都洛陽から京師長安に毎年一〇〇萬石輸送したことは、『大唐六典』卷十九司農寺條に「凡天下租稅、及折造、轉運于京都、皆閱而納之。毎歲自都轉米一百萬石、以祿百官、及供諸司。若駕行幸東都、則減或罷之」とある。これは令式に規定された輸送量であり、中央官僚の祿米と中央諸官司の食糧に供するものであった。しかし、本志の記述とは異なり、『唐會要』卷八十七陝州水陸運使條に「(開元)二十五年六月二十三日詔、河南陝運兩使、毎年常運一百八十萬石米送京、近已減八十萬石。今據太倉米數、支計有餘。其今年所運一百萬石、亦宜停」とあって、この百萬石の輸送も停止している。本志の記事はやや信憑性を缺く。

　江淮地域からの穀物輸送の停止は、この年開元二十五年に始まる關中和糴法によって確保された穀物貯備の實現による。『資治通鑑』卷二一四開元二十五年七月條に「先是、西北邊數十州多宿重兵、地租營田皆不以贍、始用和糴之法。有彭果者、因牛仙客獻策、請行糴法於關中。戊子、敕以歲稔穀賤傷農、命增時價什二三、和糴東西畿粟各數百萬斛、停今年江淮所運租。自是關中蓄積羨溢、車駕不復幸東都矣。癸巳、敕河南北租應輸含嘉・太原倉者、皆留輸本州」とある。江淮地域のみならず、河北・河南の租稅も輸送を停止し、關中の租稅と和糴による穀物買上げとによる自給が圖られた。大曆年間以後、江淮から京師への穀物輸送は四十萬石を常額とするようになる。それは、時時に實施される關中和糴に負うところが大きい。

〔通釋〕

開元二十年（七三二）冬、裴耀卿は、京兆尹となった。翌二十一年秋、京師長安では、大雨が降って作物に害をあたえ、穀物價格が騰貴した。玄宗は對策を耀卿に問うた。裴耀卿が上奏して言った。

　その昔、貞觀（六二七〜六四九）・永徽（六四九〜六六〇）の頃には、俸祿はまだ多くなく、毎年の穀物輸送量は、一、二十萬石ほどもあれば十分でした。今日、國家財政が次第に擴大し、洛陽・陝州間の毎年の漕運量は數倍になりましたが、なおまかなうことができません。東都洛陽から陝州に至るまでの黃河漕運路は險しい難所であり、すでに陸運を利用していますが、大量に輸送できてはいません。もし併せて黃河の漕運路を開き、陸運を水運に轉換するならば、いつも萬貫單位で數えるほどの餘剩がでます。そのうえ江南の租船は、黃河の水量を見はからってやっと動き出し、吳の人びとは、黃河水運を得意としません。このために各地で停留するので、月日を久しく費やし、竊盜が生じることになります。私は、汴河河口に一倉を設置し、江南の租米を納入したのち、ただちに船を歸還させ、汴河河口からは、黃河路と漕洛路とに分け、官自ら船を雇って漕運することを要望します。

　黃河漕運については、三門の東に、一倉を設置します。三門は水運の難所でありますから、河岸に道を開き、山沿いの十數里を車で陸運します。三門の西には、また一倉を設置し、この倉に到着するごとに、ただちに搬入して貯備しておきます。ここからは水量が增えれば太原倉に輸送し、水量が少なければ停止します。太原倉からは黃河を遡航して渭水に入り、まったく停留することがなければ、巨萬の經費が節約できます。
前漢は、かなり長い年月、關中に都を置き、また隋も京師大興城（長安）に都がありましたので、黄河沿いに皆な舊倉が存在しました。これが漢朝・隋朝の國家財政に常に餘裕があった理由です。〔もしこの方法を實行するならば、利益はまことに多大です。〕

玄宗は、その言葉に深くうなずいた。

〔まもなく十二月、裴耀卿を黄門侍郎・同中書門下平章事に任命し、開元二十二年、侍中裴耀卿を江淮・河南轉運都使とし、鄭州刺史崔希逸・河南少尹蕭炅をその副使に任命した。〕

開元二十二年（七三四）八月十四日、河陰縣及び河陰倉を設置し、河清縣に柏崖倉、三門の東に集津倉、三門の西に鹽倉（三門倉）を設置した。三門の北側山麓に十八里（約九km）の陸路を開き、陸行して急流の難所を回避した。江淮からの穀物は、鴻溝（汴河）を西北に向かって遡航し、すべて河陰倉に納入した。河陰から輸送して含嘉倉に納入し、さらに輸送して太原倉に納入した。これを北運と呼んだ。太原倉からは渭水まで航行し、こうして關中の穀物を充實したのである。玄宗は、大いに得心した。

およそ三年の間に、七百萬石を漕運し、陸運の人夫勞賃四十萬貫を削減した。

舊制では、東都の含嘉倉に江淮の米を蓄積しておき、大車に積載して西方の陝州まで陸送した。その間三百里、輸送人夫の勞賃はおおむね二斛あたり千錢（一貫）であった。これが裴耀卿の削減した額である。

明年（開元二十三年九月）、蕭炅が裴耀卿に替わり、その後任となった。

開元二十五年（七三七）には、米一百萬石を京師に漕運した。

二十九年、陝郡太守李齊物、鑿三門山以通運。闢三門巓、踰巖險之地、俾負索引艦、升于安流、自齊物始也。

天寶三載、韋堅代蕭炅、以滻水作廣運潭於望春樓之東、而藏舟焉。是年、楊釗以殿中侍御史爲水陸運使、以代韋堅。先是、米至京師、或砂礫糠粃、雜乎其間。開元初、詔使揚擲而較其虛實。揚擲之名、自此始也。

十四載八月、詔水陸運宜停一半①〔其來載水運入京、宜竝停〕。

天寶以來、楊國忠王鉷皆兼重使以權天下、〔故轉運之事、自耀卿以降、罕有聞者②〕。

〔校訂〕

①宜停一半　標點本もと『唐會要』巻八十七轉運鹽鐵總敍に従い「宜停一年」に作る。本志百衲本・合鈔本・殿本みな「宜停一半」に作る。穀物輸送の停止は、その期間よりも、その輸送量を指示する。年・半、字形の近似するによって誤る。いま會要・標點本を改め諸本に從う。ただこの詔敕の引用には、會要・本志の杜撰による二重の譌誤があり、本來は「其來載水運入京、宜竝停」に改訂すべきものである。具體は注釋⑥參照。

②故轉至聞者　標點本・諸本もと「故轉運之事」以下十四字なし。なければ文義未完、義を成さず。「以權天下」の下、『唐會要』巻八十七轉運鹽鐵總敍に「故轉運之事自耀卿以降罕有聞者」十四字あり、いま會要によっ

て增補する。

〔訓讀〕

二十九年、陝郡太守李齊物、三門山を鑿ちて以て通運す。三門の巓を闢き、巖險の地を踰え、負索をして艦を引かしめ、安流に升らしむるは、齊物自り始むるなり。①

天寶三載、韋堅、蕭炅に代り、②滻水を以《もち》いて廣運潭を望春樓の東に作り、而して舟を藏す。③是年、楊釗、殿中侍御史を以て水陸運使と爲り、以て韋堅に代る。④是れより先、米、京師に至るに、砂礫・糠秕の、其の間に雜るもの或り。開元初、詔して揚擲せしめて、其の虛實を較《はか》らしむ。揚擲の名、此れ自り始まるなり。⑤

十四載八月、詔すらく、水陸運宜しく一半を停むべし⑥〔其れ來載の水運の京に入《おさ》むるは、宜しく竝びに停むべし〕、と。

天寶以來、楊國忠・王鉷皆な重使を兼ね、⑦以て天下を權《おさ》む。〔故に轉運の事、耀卿自り以降、聞こゆる者有ること罕《な》し。〕

〔注釋〕

①二十九年至自齊物始也　『唐會要』巻八十七轉運鹽鐵總敍に全くの同文を記す。別に『唐會要』巻八十七漕運條には「二十九年（七四一）十一月、陝郡太守李齊物鑿三門上路通流、便於漕運。開渠得古黎鏵三於石下。皆有文曰平陸、遂改河北縣爲平陸縣。至天寶元年（七四二）正月二十五日、渠成放流」とある。また『舊唐書』巻九玄宗本紀下天寶元年正月條に「陝郡太守李濟物先鑿三門、辛未（二十五日）、渠成放流」とあり、『通典』巻十食貨漕運條には「二十九年、陝州刺史李齊物避三門河路急峻、於其北鑿石渠通運船、爲漫流、河泥旋塡淤塞、不可漕而止」とある。なお譚英華〔一九八八〕（五一頁）・潘鏞〔一九八九〕（一九〇頁）は、『開天傳信記』に「天寶中、玄宗以三門河道險阨、漕運艱阻、乃令旁山鑿石爲月河、以避湍急、名曰天寶河。歲省運夫五十餘萬、又無覆溺淹滯之患、天下稱之。其河東西徑直長五里餘、闊四五丈、深二丈三丈至五六丈、皆鑿堅石」とあるのを引いて、本志の敍述を補っている。

これらによれば、李齊物は、北運陸上輸送に替えて、三門の黃河北岸の岩石を開鑿し、新たに漕渠（天寶河）を開いて、難所を超える方策を創始したのである。開元二十九年十一月着工、翌天寶元年正月二十五日竣工、わずか三箇月未滿の施工期間であるから、かなり緊張した工事であったはずである。また『通典』によれば、流れが緩やかなために汚泥が塡塞し、間もなく廢棄されたことがわかる。

通釋の年月は『唐會要』漕運條による。

○李齊物　李齊物（?～七六一）、字は道用。唐の宗室。陝州刺史に拔擢されたのち、河南尹、京兆尹、太子太傅兼宗正卿を歷任した。『舊唐書』巻一一二、『新唐書』巻七十八宗室傳に立傳する。

②天寶三載韋堅代蕭炅　韋堅の轉運使就任については、『唐會要』巻八十七轉運鹽鐵總敍に「天寶二載韋堅代蕭炅、以滻水作廣運潭於望春樓之東、而藏舟焉」とあり、天寶二年とする。また同書同巻轉運使條に「天寶二年四月、陝郡太守韋堅、加兼勾當緣河及江淮轉運使」とある。これは、後述するように天寶二年三月に廣運潭が完成したことによる任命である。『元和郡縣圖志』巻二華州華陰縣永豐倉條・『通典』巻十食貨漕運條にともに「天寶三年（私案當作二年）、左常侍兼陝州刺史韋堅開漕河。

……以堅爲天下轉運使」とある。また『唐會要』卷八十四租庸使條に「天寶二年四月、陝郡太守韋堅兼知勾當租庸使」とあり、天寶二年四月に勾當緣河及江淮轉運使（天下轉運使）・勾當租庸使に就任したことを言う。蕭炅に代わって江淮轉運使となったのは天寶二年である。通釋は天寶二年四月に從う。

③**以滻水作廣運潭於望春樓之東而藏舟焉**　廣運潭は、華陰縣の永豐倉の穀物を長安に漕運するための運河であり、渭水の南に竝行して灞水・滻水と交わりながら形成され、その最終地點にあたる望春樓の東に船溜まりとなる池水が造成された。ことを分けて言えば、この船溜まりの池水を廣運潭と言う。廣運潭の造成については、『舊唐書』卷一〇五韋堅傳に「天寶元年三月、擢爲陝郡太守・水陸轉運使。自西漢及隋、有運渠、自關門西抵長安、以通山東租賦。奏請於咸陽擁渭水、作興成堰、截灞滻水、傍渭東注、至關西永豐倉下、與渭合。於長安城東九里、長樂坡下、滻水之上、架苑牆、東面有望春樓、樓下穿廣運潭、以通舟楫、二年而成」とある。また『舊唐書』卷九玄宗本紀下天寶元年條に「是歲、命陝郡太守韋堅、引滻水開廣運潭於望春亭之東、以通河渭」とあり、韋堅傳・玄宗本紀によれば、天寶元年三月以後の着工である。

一方『舊唐書』玄宗本紀下天寶二年三月條に「韋堅開廣運潭畢功、盛陳舟艦。丙寅（二十六日）、上幸廣運樓以觀之、卽日還宮」とあり、『資治通鑑』卷二一五天寶二年條も三月竣工、二十六日玄宗行幸の記事を記す。廣運潭の竣工は天寶二年三月である。『舊唐書』韋堅傳に「二年而成」とあるのは、足かけ二年の意であろう。

なお『元和郡縣圖志』卷二華州華陰縣永豐倉條に「天寶三年、左常侍兼陝州刺史韋堅開漕河。自苑西引渭水、因古渠、至華陰縣入渭。運永豐倉及三門倉米、以給京師、名曰廣運潭。以堅爲天下轉運使（灞滻二水、會於漕渠。每夏大雨輒皆漲。大曆之後、漸不通船）。天寶中、每歲水陸運米二百五十萬石入關。大曆之後、每歲水陸運米四十萬石入關」（『通典』卷十食貨漕運條略同）とある。『通典』・『元和郡縣圖志』ともに天寶三年の竣工とする。しかし天寶三年正月丙辰朔から年を載に改めているから（『舊唐書』玄宗本紀下）、天寶三載の紀年でなければならない。『通典』・『元和郡縣圖志』の天寶三年は二年の誤りであろう。

『元和郡縣圖志』原注によれば、廣運潭は、天寶年間が最盛期で、大曆年間（七六六〜七七九）には使用不能になった。

○韋堅については、〔原文〕三注釋⑨參照。

④**是年楊釗以殿中侍御史爲水陸運使以代韋堅**　『唐會要』卷八十七轉運使條に「天寶四載八月、楊釗除殿中侍御史、充水陸轉運使」とある。『唐會要』によれば、是年は天寶四載（七四五）八月のことである。

しかし、本志・『唐會要』の記述には誤りがある。『資治通鑑』卷二一五天寶四載九月癸未（二十九日）條に「以陝郡太守・江淮租庸轉運使韋堅爲刑部尙書、罷其諸使、以御史中丞楊愼矜代之（胡三省注：考異曰、舊食貨志、三載、以楊釗爲水陸運使。誤也。今從實錄）」とある。また『舊唐書』韋堅傳にも「三年正月、堅又加兼御史中丞、封韋城男。九月、拜守刑部尙書、奪諸使、以楊愼矜代之。五載正月望夜、……」とある。この記事、九月の上に四載を脱していることは明らかである。韋堅に代って轉運使となったのは、楊釗すなわち楊國忠ではなく、楊愼矜である。通釋では本條を削除し、『資治通鑑』の記事を括弧に括って譯出する。本條については、なお譚英華〔一九八八〕（五二・五三頁）參照。

⑤**先是至始也**　揚擲は、箕を用いて穀物を空中にあおりあげ、重い砂礫と輕い穀物とを辨別すること。その實際については、『唐會要』卷八十七漕運條に「（開元）九年（七二一）五月二十五日敕、水運米揚擲、四五六七月、米一斗欠五合。三八月、米一斗欠四合。二九月米一斗欠三合。正十十一月十二月、米一斗欠二合。竝與納」とある。揚擲の名目によって、

漕運の目減り分を季節ごとに許容する敕文が出されている。

⑥十四載八月詔水陸運宜停一半　本志のこの記事も杜撰である。『册府元龜』卷八十六帝王部赦宥條に「(天寶)十四載捌月辛卯(四日)、是月(私案當作日)天長節。……下制曰、……天下百姓、今載租庸、竝宜放半。所運糧儲、本資國用。太倉今旣餘羨。江淮轉輸艱勞、務在從宜、何必舊數。其來載水運入京、宜竝停」とある。天寶十四載に半額を停止されたのは、天下百姓の租庸である。江淮からの漕運については、その舊額(定額)が問題になっており、來年十五載の漕運全額の輸送停止を指示したものである。「水陸運宜停一半」は、八月四日制敕により、「其來載水運入京、宜竝停」に改訂すべきである。

⑦天寶以來楊國忠王鉷皆兼重使　楊國忠・王鉷が多くの使職を兼帶したことについては、〔原文〕三注釋⑩⑪參照。

〔通釋〕

開元二十九年(七四一)十一月、陝郡太守李齊物が、三門山の黃河北岸の岩石を開鑿して渠水を造り、漕運路を開通した。三門山を開鑿し、險峻の地を越え、綱引き人夫に艦船を引かせて、緩やかな流れまで導くことは、李齊物から始まったことである。

天寶二年(七四三)、韋堅が蕭炅の後任となった。韋賢は、滻水の水を引いて望春樓の東に廣運潭を造り、輸送船を繫留した。

〔天寶四載九月二十九日、陝郡太守・江淮租庸轉運使韋堅を刑部尙書に任命し、その諸使を解き、御史中丞楊愼矜をその後任とした。〕

これ以前、京師長安に到着する米のなかには、砂礫・糠粃の混じるものがあった。開元初年に詔し、米を揚擲《あおりあげ》して、その眞僞を調べさせた。揚擲の名は、これから始まったのである。

天寶十四載(七五五)八月四日、制敕を下し、「〔來年の江淮地域から京師への漕運は、全額停止するがよい〕」と命じた。

天寶年間以來、楊國忠・王鉷が皆な重要な使職を兼任し、天下を牛耳った。〔それ故、漕運の專業は、裴耀卿より以後、名だたる者が出なかったのである〕。

〔原文〕五二

肅宗初、第五琦始以錢穀得見、請於江淮分置租庸使、市輕貨以救軍食、遂拜監察御史、爲之使。乾元元年、加度支郎中、尋兼中丞、爲鹽鐵使。於是始立鹽法①、就山海井竈、收榷其鹽、立監院官吏。其舊業戶洎浮人欲以鹽爲業者、免其雜傜②、隸鹽鐵使。常戶自租庸外無橫賦。人不益稅、而國用以饒。

明年、琦以戶部侍郞同平章事。詔兵部侍郞呂諲代之。

〔校訂〕

①始立鹽法　標點本・諸本もと「始大鹽法」に作る。大字、文義やや通じがたい。『唐會要』卷八十七轉運鹽鐵總敍は「始立鹽鐵法」に作る。また『舊唐書』卷一二三第五琦傳に「于是創立鹽法、就山海井竈、收榷其鹽」とあり、本條と酷似する。また本志下文(〔原文〕五六)に稅茶法の創設について「九年張滂奏立稅茶法」と記す。句法は同一である。立字に成・定の義あり、大よりよく通じる。立・大、字形の近似するによっ

て誤る。いま會要によって、大字を立字に改める。

②**免其雜徭**　標點本・諸本もと「免其雜役」に作る。『唐會要』卷八十七轉運鹽鐵總敍は「其舊業戶洎浮人欲以鹽爲業者、免其雜徭、隸鹽鐵使」に作り、また『舊唐書』卷一二三第五琦傳も「其舊業戶幷浮人願爲業者、免其雜徭、隸鹽鐵使」に作る。いま會要・『舊唐書』により、雜徭に改訂する。

〔訓讀〕

肅宗の初め、第五琦始めて錢穀を以て見《まみ》ゆるを得、江淮に於て租庸使を分置し、輕貨を市《か》いて以て軍食を救わんことを請い、遂に監察御史を拜し、之れが使と爲る。①乾元元年、度支郎中を加え、尋《つい》で中丞を兼ね、鹽鐵使と爲る。②是に於て始めて鹽法を立《さだ》め、山海井竈に就きて、榷を其の鹽より收め、監院の官吏を立む。其の舊業戶洎《およ》び浮人の、鹽を以て業と爲さんと欲する者、其の雜徭を免じ、鹽鐵使に隸《つか》えしむ。③常戶は租庸自りの外、橫賦すること無し。④人、稅を益さずして、國用以て饒かなり。

明年、琦、戶部侍郎を以て同平章事たり。⑤兵部侍郎呂諲に詔して之に代らしむ。⑥

〔注釋〕

①**肅宗至之使**　肅宗の第五琦謁見から租庸使就任の事情については、『大唐新語』卷十釐革篇第二十二に「肅宗初卽位、在彭原、第五琦以言事得召見。請于江淮分置租庸使、市輕貨以濟軍須。肅宗納之、拜監察御史」とあり、『舊唐書』卷十肅宗本紀至德元年十月癸未（三日）條に「次彭原郡。以軍興用度不足、權賣官爵及度僧尼。上素知房琯名、至是、琯請爲兵馬元帥收復兩京、許之」とある。また『唐會要』卷八十四租庸使條に「至德元年十月、第五琦除監察御史、充江淮租庸使。中書侍郎房琯諫曰、往者、楊國忠厚斂、取怨天下。陛下卽位以來、人未見德。琦、聚斂臣也。今復寵之。是國家斬一國忠、而用一國忠矣。將何以示遠方、歸人心乎。上曰、天下方急、六軍之命若倒懸。無輕貨則人散矣。卿惡琦可也。何所取財。琯不能對。自此恩減於舊矣」とあり、第五琦は、至德元年十月に彭原（甘肅省固原縣東）の行在所で肅宗に謁見し、監察御史・江淮租庸使となったとある。

一方、『舊唐書』卷一二三第五琦傳には「時太守賀蘭進明甚重之。會安祿山反、進明遷北海郡太守、奏琦爲錄事參軍。……（進明）令琦奏事。至蜀中、琦得謁見、奏言、方今之急在兵、兵之強弱在賦、賦之所出、江淮居多。若假臣職任、使濟軍須、臣能使賞給之資、不勞聖慮。玄宗大喜、卽日拜監察御史、勾當江淮租庸使」とあって、第五琦は、蜀にあった玄宗に謁見し、卽日監察御史・江淮租庸使となったとある。

『資治通鑑』卷二一八肅宗至德元載八月條には「癸未（二日）、上皇下制、赦天下。北海太守賀蘭進明遣錄事參軍第五琦入蜀奏事。琦言於上皇、以爲、今方用兵、財賦爲急、財賦所產、江淮居多、乞假臣一職、可使軍無乏用。上皇悅、卽以琦爲監察御史・江淮租庸使」とあり、同書卷二一九至德元年十月條に「上發順化、癸未（三日）、至彭原。……第五琦見上於彭原、請以江淮租庸市輕貨、泝江漢而上至洋川、令漢中王瑀、陸運至扶風以助軍。上從之。尋加琦山南等五道度支使。琦作榷鹽法、用以饒」とある。『資治通鑑』によれば、至德元載（七五六）八月二日、成都で玄宗に謁見し、監察御史・江淮租庸使に任命され、十月三日、彭原で肅宗

に謁見して、江淮地域の租庸で輕貨を購入し、漢水を遡航して扶風まで輸送することを提案したことになる。本志は、八月の玄宗謁見と十月の粛宗謁見とを混同して記述している。『資治通鑑』の整理に據るべきであろう。

　輕貨は、輸送に便利な高價値・低重量の江淮諸州の高級特産品を言う。本志〔原文〕三注釋⑧⑨參照。

②**乾元元年加度支郎中尋兼中丞爲鹽鐵使**　『唐會要』巻八十七轉運使條に「乾元元年三月、第五琦除度支郎中、充諸色轉運使」とあり、また『唐會要』巻八十八鹽鐵使條に「乾元元年、度支郎中第五琦充諸道鹽鐵使」とある。乾元元年（七五八）三月に度支郎中・諸道轉運使となり、その後諸道鹽鐵使となったことがわかる。

　また『唐會要』巻五十八戸部侍郎條に「蘇氏駁曰、故事、度支案、郎中判入、員外郎判出、侍郎總統押案而已。官銜不言專判度支。至乾元元年十月、第五琦改戸部侍郎、帶專判度支。自後遂爲故事、至今不改。若別官來判度支、即云知度支事、或云專判度支」とあり、第五琦は、乾元元年十月に戸部侍郎判度支となり、二人いる戸部侍郎のうちの一人が專判度支となる慣例を開いた。

③**於是至鐵使**　創立された鹽專賣法について概略を記している。『舊唐書』巻一二三第五琦傳にも「於是創立鹽法、就山海井竈、收榷其鹽、官置吏出糶。其舊業戸幷浮人願爲業者、免其雜傜、隸鹽鐵使、盜煑私市罪有差」とある。ほぼ同文であるが、異なるところを互いに參照すると、第五琦の鹽法の特色が見えてくる。

　なお唐代の鹽法の概略について、『玉海』所收『通鑑地理通釋』巻二「漢郡國鹽鐵官」鹽官條に「唐天下有鹽之縣一百五、江南十二、淮南二（郡縣志、楚州鹽城縣、本漢鹽瀆縣。州長百六十里、在海中洲上。有鹽亭百二十三所、毎歳煑鹽四十五萬石。揚州海陵縣鹽監歳煑鹽六十萬石。而楚州鹽城（私案四字疑衍）、浙西嘉興・臨平兩監所出次焉）。計毎歳天下鹽利、當租賦三分之一」とある。全國一五七三縣のうち一〇五縣で鹽が生産され、そのうち江南に十二縣、淮南に二縣、產鹽縣があった。原注に引く『元和郡縣圖志』逸文によると、楚州の鹽城縣で毎年四十五萬石、揚州海陵縣の鹽監で六十萬石、あわせて一〇五萬石の鹽が生産された。これは成數であるから定額であろう。蘇州の嘉興監・臨平監でもこれに次ぐ生産量があった。全體として鹽の專賣收入は、兩税收入定額三六〇〇萬貫石の三分の一に相當したと云う。

○**就山海井竈收榷其鹽**　山海井竈の山は大陸内部にある池鹽を言い、河東の兩池鹽がその代表である。海は東部海岸で生産される海鹽、井竈は四川省を中心に井戸を掘って鹽を生産する井鹽を言う。竈は汲みあげた鹽水（滷）を煮詰めるときに使用する生産用具である。それぞれの生産現場の役所を場（鹽場・亭場）と言い、鹽場・鹽監において獨占的利益である榷税・榷利を收取した。

○**立監院官吏**（官置吏出糶）　監院は鹽監とも言い、生産現場に設置された鹽場を監督する上級官府である。「官置吏出糶」は、監院（鹽監）・鹽場に官吏を置き、鹽の販賣を行なったことを言う。總じて、鹽鐵使—巡院・監院—鹽場からなる三級制專賣組織を編成したことを言う。

○**舊業戸洎浮人欲以鹽爲業者**　舊業戸とは、從前より鹽の直接生産に從事する者で、州縣ではなく、鹽鐵使に戸籍登録するので、業戸・鹽戸と呼ばれる。池鹽を生産する鹽戸を池戸または畦戸と言い、海鹽を生産する鹽戸を亭戸、井鹽を生産する鹽戸を竈戸と呼ぶ。浮人は、浮客・浮浪とも言い、州縣戸籍を離脱して定住地・生業をもたない人びとを言う。

○**免其雜傜隸鹽鐵使**　鹽戸および鹽戸を志願する浮浪人を鹽鐵使の戸籍に登録させ、雜傜賦課を免除することを言う。隸は戸籍に附けること、『説文解字』第三篇下に「隷、附箸。从隶柰聲」とあり、附著とは戸籍に附けることを言う。『唐律疏議』巻三名例三に「諸工・樂・雜戸及太常音聲人」とあり、その疏議に「工・樂者、工屬少府、樂屬太常、竝不貫州縣。雜戸者、散屬諸司上下、前已釋訖。太常音聲人、謂在太常作樂者、元與工・樂不殊、倶是配隷之色、不屬州縣、唯屬太常、義寧以來、得於州縣附貫、依舊太常上下、別名太常音聲人」とある。唐前期律令制下にあっては、州縣戸籍に附せられる百姓と區別して、工戸・樂戸・雜戸などの賤人身分にあるものは、少府・太常等の諸官司に附籍され、それぞれの役務を果たした。鹽鐵使に附籍する鹽戸は、賤人身分ではないが、その延長上にある。

　鹽戸の戸籍は、州縣の百姓戸籍と區別して鹽籍と呼ぶ。白居易『白氏文集』巻四十六「議鹽法之弊論鹽商之幸」に「臣又見、自關以東、上農・大賈、易資產入爲鹽商。率皆多藏私財、別營裨販。少出官利、唯求隷名。居無征徭、行無權稅、身則庇於鹽籍、利盡入私室」とある。これによって直接生產者である鹽戸だけでなく、鹽商も鹽鐵使の戸籍に附籍されたことがわかる。

　なお、本志〔原文〕四四に王播の上奏文を記して「又奏、應管煎鹽戸及鹽商、幷諸鹽院停場官吏・所由等、前後制敕、除兩稅外、不許差役追擾」とあり、鹽戸・鹽商のみならず、鹽院・亭場の官吏・胥吏も兩稅以外の賦課を免除されていた。

　鹽戸の免除された雜徭は、百姓が負擔する中央的力役である正役二十日の表裏一體となる地方的力役で四十日の就役義務があった（渡邊信一郎［二〇一〇］四〇三～四〇八頁）。

○第五琦傳「盜煑私市罪有差」　第五琦傳には、本志に無い私鹽業者に對する罰則規定の記述がある。それは、鹽鐵使に戸籍登錄する鹽戸以外の者の鹽生產（盜煑）・販賣（私市）を禁止するものである。第五琦の鹽法は、卸賣り段階で權利を得る劉晏の鹽法と異なり、生產・卸賣り・小賣販賣にわたって國家が鹽稅を獨占する專賣制であったことがわかる。

④常戸自租庸以外無橫賦　『唐會要』巻八十七轉運鹽鐵總敍は「亭戸」に作る。亭戸は海鹽を生產する鹽戸を言う。ここは、海鹽・池鹽・井鹽をふくめて表現すべきところであり、亭戸に限定できない。『舊唐書』第五琦傳には「百姓除租庸外、無得橫賦、人不益稅、而上用以饒百姓」に作る。常戸は、あまり見ない表現ではあるが、鹽戸に對する常戸・百姓を言うとみてよい。百姓からは、賦役令に規定された正稅以外の非正規課稅をしないことを言う。

⑤明年琦以戸部侍郎同平章事　この宰相就任については、『舊唐書』巻十肅宗本紀乾元二年三月乙未（二十九日）條に「侍中苗晉卿爲太子太傅、平章事王璵爲刑部尚書、竝罷知政事。以京兆尹李峴爲吏部尚書、禮部侍郎李揆爲中書侍郎、與戸部侍郎第五琦等、竝同中書門下平章事」とある。乾元二年三月二十九日のことである。

⑥詔兵部侍郎呂諲代之　『舊唐書』巻十肅宗本紀乾元二年三月甲午（二十八日）條に「以兵部侍郎呂諲同中書門下平章事」とあり、呂諲は、第五琦の前日に宰相となっている。第五琦の宰相就任と兵部侍郎呂諲の交代とは直截につながらない。「代之」とあるが、第五琦が兼帶したどの使職の後任になったか、一考を要する。漕運・鹽鐵を主題とする本節の文脈から見て、鹽鐵使が穩當である。しかし『舊唐書』本傳には「乾元二年三月、以本官同中書門下平章事、知門下省事。七月、丁母憂免。十月、起復授本官、兼充度支使、遷黃門侍郎」とある。兩『唐書』本傳に見える呂諲の官歷には、鹽鐵使就任の記載はない。『唐會要』巻八十八鹽鐵使條にも「乾元元年、度支郎中第五琦充諸道鹽鐵使。上元元年五月、戸部侍郎劉晏充鹽鐵使。元年建子月、戸部侍郎元載充鹽鐵使。廣德二年、

戸部侍郎第五琦充諸道鹽鐵使。……」とあり、歴代鹽鐵使に呂諲の名はない。

『新唐書』巻六十二宰相表中乾元二年條に「七月辛卯（二十七日）、諲以母喪罷。十月壬戌（二十九日）、起復。十一月庚午（七日）、（第五）琦貶忠州刺史。十二月甲午（二日）、諲充勾當度支使、丙午（十四日）、爲黄門侍郎」とある。これによれば、呂諲は、二年十一月七日の第五琦の忠州刺史左遷を承け、十二月二日に勾當度支使となったのである。度支使の後任だけでは、漕運・鹽鐵を主題とする本節の文脈にはそぐわない。

『唐會要』巻八十七轉運使條に「乾元元年三月、第五琦除度支郎中、充諸色轉運使。二年十二月、兵部侍郎呂諲充勾當轉運使。元年建子月、戸部侍郎元載充江淮轉運使。寶應元年六月二十八日、戸部侍郎劉晏充勾當轉運使。廣德二年正月、戸部侍郎第五琦充諸道轉運使」とあり、『唐會要』巻五十九尚書省諸司・度支使條に「乾元元年、第五琦除度支郎中・河南五道度支使。二年十二月、呂諲除兵部侍郎・同中書門下平章事、充句當度支使。上元元年五月、劉晏除戸部侍郎・句當度支使」とある。これらによれば、呂諲は、第五琦の忠州刺史左遷のあとをうけ、乾元二年十二月二日に兵部侍郎勾當度支・轉運使として、その後任になったことがわかる。通釋では、第五琦の宰相就任と呂諲の交代とを區別して譯出する。

○**呂諲**　呂諲（七一一～七六一）、蒲州河東（山西省永濟縣）の人。天寶初年、進士科及第。肅宗が靈武で即位したとき行在所に驅けつけ、御史中丞。のち兵部侍郎に遷り、乾元二年、兵部侍郎同中書門下平章事となる。のちに江陵府尹となり、善政を稱されたが、在職中に沒した。『舊唐書』巻一八五良吏傳下、『新唐書』巻一四〇に立傳する。

〔通釋〕

肅宗の至德元載（七五六）、第五琦は、財務によって始めて肅宗に謁見することができた。かれは、江淮地域に租庸使を配置し、輕貨を購入して軍糧を確保することを奏請し、監察御史を拜命し、租庸使となった。乾元元年（七五八）三月、第五琦は、度支郎中の官を加えられ、まもなく御史中丞を兼務し、諸道鹽鐵使となった。かくして始めて鹽法を制定し、池鹽・海鹽・井鹽の鹽業地に就いて、鹽の榷税（専賣税）を徴收し、監院の官制を制定した。舊來の鹽戸、および鹽を生業にしたい浮浪人については、その雜徭を免除し、鹽鐵使に戸籍登録させた。百姓・常戸については、租庸の正税以外、みだりに税役を賦課することを禁じた。人民の租税を增額せずに、國家財政は豊かになった。

翌乾元二年三月二十九日、第五琦は、戸部侍郎・同平章事となった。同年十二月二日、詔して兵部侍郎呂諲を後任の勾當度支・轉運使に任命した。

〔原文〕五三

寶應元年五月、元載以中書侍郎代呂諲。是時淮河阻兵、飛輓路絶、鹽鐵租賦、皆泝漢而上。以侍御史穆寧爲河南道轉運租庸鹽鐵使、尋加戸部員外、遷鄂州刺史、以總東南貢賦。是時朝議以寇盜未戢、關東漕運、宜有倚辦。遂以通州刺史劉晏爲戸部侍郎京兆尹度支鹽鐵轉運使。鹽鐵兼漕運、自晏始也。

二年、拜吏部尙書同平章事、依前充使。晏始以鹽利爲漕傭、自江淮至渭橋、率十萬斛傭七千緡、補綱吏督之。不發丁男、不勞郡縣、蓋自古未之有也。自此歳運米數十萬石①、自江淮北②、列置巡院、搜擇能吏以主之、廣牢盆以來商賈。凡所制置、皆自晏始。

　廣德二年正月、復以第五琦專判度支鑄錢鹽鐵事。而晏以檢校戶部尙書爲河南及江淮已來轉運使。仍與河南副元帥計會③、開決汴河。永泰二年、晏爲東道轉運常平鑄錢鹽鐵使、琦爲關内河東劍南三川轉運常平鑄錢鹽鐵使。

　大曆五年、詔停關内河東三川轉運常平鹽鐵使。自此晏與戶部侍郎韓滉分領關内河東山劍租庸青苗使。至十四年、天下財賦、皆以晏掌之。

〔校訂〕

①**運米數十萬石**　標點本・諸本もと「運米數千萬石」に作る。「數千萬」、すなわち數千から萬石なら少なきにすぎ、數千萬石なら多きにすぎて、文義通じない。『唐會要』巻八十七轉運鹽鐵總敍に「運米數十萬石」に作る。いまこれによって數千を數十に改める。

②**自江淮北**　標點本・諸本もと「自淮北」に作る。『唐會要』巻八十七轉運鹽鐵總敍に「自江淮北」に作る。巡院の配置は、揚子院等、長江以北にもある。いま會要によって江字を補う。

③**仍與河南副元帥計會**　標點本・諸本もと「及與河南副元帥計會」に作る。『唐會要』巻八十七轉運鹽鐵總敍も同じ。及字、文義通じがたい。『册府元龜』巻四九七邦計部河渠二に「代宗廣德二年三月、以太子賓客劉晏兼御史大夫充東都河南江淮已來轉運使。仍與河南副元帥計議、開決汴河」とあり、文義やや通暢する。いまこれによって及字を仍字に改める。

〔訓讀〕

　寶應元年五月、元載、中書侍郎を以て呂諲に代る①。是の時、淮・河兵を阻《さえぎ》り、飛輓の路絕え、鹽鐵・租賦、皆な漢を泝《さかのぼ》りて上る。侍御史穆寧を以て河南道轉運租庸鹽鐵使と爲し、尋で戶部員外を加え、鄂州刺史に遷して、以て東南の貢賦を總べしむ②。是の時、朝議以《おも》えらく、寇盜未だ戢《おさ》まらず、關東の漕運、宜しく倚辦有るべし、と。遂に通州刺史劉晏を以て戶部侍郎・京兆尹・度支鹽鐵轉運使と爲す③。鹽鐵の漕運を兼ぬるは、晏自り始むるなり。

　二年、吏部尙書・同平章事を拜し、前に依りて使に充つ④。晏、始めて鹽利を以て漕傭と爲し、江淮自り渭橋に至るまで、率ね十萬斛ごとに傭七千緡、綱吏を補して之を督せしむ。丁男を發せず、郡縣を勞せず、蓋し古え自り未だ之れ有らざるなり⑤。此れ自り歳ごとに米數十萬石を運び、江淮自り北のかた、巡院を列置し、能吏を搜擇して以て之を主らしめ、牢盆を廣くして以て商賈を來《まね》く⑥。凡そ制置する所、皆な晏自り始まる⑦。

　廣德二年正月、復た第五琦を以て度支鑄錢鹽鐵の事を專判せしむ⑧。而して晏、檢校戶部尙書を以て河南及び江淮已來轉運使と爲る⑨。仍りて河南副元帥と計會し、汴河を開決す。⑩ 永泰二年、晏、東道轉運常平鑄錢鹽鐵使と爲り、琦、關內・河東・劍南・三川轉運常平鑄錢鹽鐵使と爲る。⑪
大曆五年、詔して關內・河東・三川轉運常平鹽鐵使を停む。⑫ 此れ自り晏と戶部侍郎韓滉と、關內・河東・山・劍租庸靑苗使を分領す。⑬ 十四年に至り、天下の財賦、皆な晏を以て之を掌《つかさど》らしむ。⑭

〔注釋〕

①**寶應至呂諲**　元載の轉運使就任については、『舊唐書』巻十一代宗本紀寶應元年五月丙申（十八日）條に「以戶部侍郎元載同中書門下平章事、充度支轉運使」とある。『新唐書』巻六十二宰相表中寶應元年五月丙寅條には「載行中書侍郎、勾當轉運租庸支度使」とある。寶應元年五月己卯朔に丙寅はないので、日付は本紀の五月丙申十八日に從う。

○**代呂諲**　『舊唐書』巻十肅宗本紀上元元年五月條に「壬子（二十三日）、戶部侍郎・同中書門下三品呂諲爲太子賓客、罷知政事。癸丑（二十四日）、以河南尹（私案當作京兆尹）劉晏爲戶部侍郎・勾當度支鑄錢鹽鐵等使」とある。これによれば、呂諲は上元元年（七六〇）五月二十三日に宰相を解任されて太子賓客となり、その後任となったのは、戶部侍郎・勾當度支鑄錢鹽鐵等使劉晏である。寶應元年五月に、直接呂諲から元載に交代したのではない。この記事は不正確である。

　譚英華［一九八八］（五五・五六頁）は、上元二年（七六一）建子月（舊曆法十一月）六日、劉晏が通州刺史に左遷され、七日、御史中丞元載が戶部侍郎充句當度支鑄錢鹽鐵兼江淮轉運使となっており（『資治通鑑』巻二二二上元二年條）、元載が度支等諸使に就任したのは、上元二年建子月（十一月）七日であると考證する。

　本條の記事は、翌代宗寶應元年（七六二）五月に宰相となった元載が改めて度支轉運使に任命された時點で、呂諲の後任となったことを述べているので、この間に戶部侍郎・勾當度支鑄錢鹽鐵等使劉晏が呂諲の直接の後任であったこと、元載がそのあとを承けて、すでに上元二年建子月に句當度支鑄錢鹽鐵兼江淮轉運使となっていたことを無視した敍述になっている。

②**是時至貢賦**　「淮河阻兵」とあるのは、安史の亂（七五五～七六三）の戰役を言う。『新唐書』巻五十三食貨志三に「肅宗末年、史朝義兵分出宋州、淮運於是阻絶、租庸鹽鐵泝漢江而上」とある。

　穆寧が河南道轉運租庸鹽鐵使となった事情について、『舊唐書』巻一五五穆寧傳に「上元二年（七六一）、累官至殿中侍御史、佐鹽鐵轉運使。……寶應初、轉侍御史、爲河南轉運租庸鹽鐵等副使。明年（寶應二年、七六三）、遷戶部員外郎。無幾、加兼御史中丞、爲河南・江南轉運使。廣德初、加庫部郎中。是時河運不通、漕輓由漢沔、自商山達京師。選鎭夏口者、詔以寧爲鄂州刺史・鄂岳沔都團練使及淮西鄂岳租庸鹽鐵沿江轉運使、賜金紫」とある。穆寧傳によれば、河南轉運租庸鹽鐵等副使である。『唐會要』轉運使條、鹽鐵使條にも穆寧の記載はないので、本傳に副使であったとするのが正しい。本志ならびに『唐會要』は、藍本である『續會要』に副字を脱したのを踏襲したのであろう。次條に見るとおり、この時期の轉運使は劉晏であり、穆寧はその副使であった。通釋は、『舊唐書』本傳に從い副使とする。

　『舊唐書』本傳によれば、穆寧が戶部員外郎になったのは、寶應二年（七月、改元して廣德元年、七六三）であり、この年兼御史中丞・河南江南轉運使を加えられた。鄂州刺史・鄂岳沔都團練使となったのは、永泰元年（七六五）であり、大曆三年（七六八）まで在任した（吳廷燮『唐方鎭年表』巻六鄂岳條）。

本條に記述する漢水・商山經由の漕運路開拓は、寶應二／廣德元年、穆寧が戸部員外郎・兼御史中丞・河南江南轉運使となってからの事績である。

○**穆寧**　穆寧（七一六～七九四）、懷州河內（河南省沁陽縣）の人。明經科出身。鹽山縣尉から累遷して、上元二年（七六一）に殿中侍御史、寶應二年（七六三）に戸部員外郎・兼御史中丞・河南江南轉運使となり、そののち鄂州刺史・鄂岳沔都團練使及淮西鄂岳租庸鹽鐵沿江轉運使となった。官をかさねて、貞元六年（七九〇）祕書監を拜命して、致仕した。『舊唐書』巻一五五、『新唐書』巻一六三に立傳する。

③**遂以至運使**　劉晏の戸部侍郎・京兆尹・度支鹽鐵轉運使就任については、『舊唐書』巻十一代宗本紀寶應元年六月壬申（二十四日）條に「以通州刺史劉晏爲戸部侍郎兼御史中丞・京兆尹、充度支轉運鹽鐵諸道鑄錢等使」とある。本節注釋①に指摘したように、寶應元年五月十八日に改めて度支轉運使に敍された元載の後任となったのである。

④**二年拜吏部尙書同平章事依前充使**　劉晏の宰相就任は、『舊唐書』巻十一代宗本紀寶應二年正月甲午（二十日）條に「國子祭酒兼御史大夫・京兆尹劉晏爲吏部尙書・同中書門下平章事、度支諸使如故」とある。正月二十日のことである。

⑤**不發丁男不勞郡縣蓋自古未之有也**　租調役法による正役丁男を用いず、鹽專賣の利益を用いて輸送勞働者を雇うことは、中國史上畫期的なことである。この先鞭をつけたのは、開元二十二年の裴耀卿による漕運改革である。當時、丁男の半數に相當する約四〇〇萬人が稅物輸送に用いられた。裴耀卿は、丁男から一人一五〇文、總計六十萬貫を徵發し、正役を取崩してあらたな租米輸送方式と穀物蓄積の增大を圖った（渡邊信一郎［二〇一〇］四五三～四五五頁）。劉晏の改革はこれを一層徹底し、財物輸送勞働を約四〇〇萬丁の正役から雇用勞働へ轉換するものであって、空前の改革である。

『唐會要』巻八十七轉運鹽鐵總敍は、この下に「至今爲法」と記す。本志ならびに『唐會要』の藍本となった『續會要』編纂の宣宗大中七年（八五三）頃までを言う。本志下文〔原文〕六一には、劉晏の法を復興した、當時の鹽鐵轉運使裴休の事績を記している。

⑥**廣牢盆以來商賈**　牢盆は、鹽業勞働者の賃金と海水を煮て鹽を造るための盆を言う。『漢書』巻二十四下食貨志下に「大農鹽鐵丞孔僅・咸陽言、……願募民自給費、因官器作鬻鹽、官與牢盆」とあり、顏師古注に「蘇林曰、牢、價値也。今世人言顧手牢。如淳曰、牢、廩食也。古者名廩爲牢。盆、鬻鹽盆也。師古曰、牢、蘇說是也。鬻、古煮字也」とある。牢盆にはいくつかの解釋があるが、ここでは唐人である顏師古の解釋による。勞賃と生產用具であるから、「廣牢盆」は鹽の生產・經營の擴大を言うとみてよい。

⑦**凡所制置皆自晏始**　前段の「晏始以鹽利爲漕傭、自江淮至渭橋、率十萬斛傭七千緡、補綱吏督之。不發丁男、不勞郡縣、蓋自古未之有也。自此歲運米數十萬石、自江淮北、列置巡院、搜擇能吏以主之、廣牢盆以來商賈」の制度配置を言う。この制度配置は、江淮以北の巡院配置をはじめとして、汴水漕運が再開されてから可能になったことである。潭英華［一九八八］（五七頁）は、このことを理由に、これらの制度配置は、本志のように寶應二年（七六三）ではなく、廣德二年（七六四）三月に河南及江淮已來轉運使に任命され、江淮地域の巡察をふまえて宰相元載に漕運の利害に關する書簡を送って以後のこととする。從うべき見解である。「晏始以鹽利爲漕傭……凡所制置皆自晏始」までの記事は、本來、後段廣德二年の「仍與河南副元帥計會開決汴河」のあとに記述すべきものである。

⑧**廣德二年正月復以第五琦專判度支鑄錢鹽鐵事**　この人事については、

『舊唐書』巻十一代宗本紀廣德二年正月癸亥（二十五日）條に「吏部尙書・同平章事・度支轉運使劉晏爲太子賓客、黄門侍郎・同平章事李峴爲太子詹事、竝罷知政事。以前右散騎常侍王縉爲黄門侍郎、太常卿杜鴻漸爲兵部侍郎、竝同中書門下平章事。罷度支使、以戶部侍郎第五琦專判度支及諸道鹽鐵・轉運・鑄錢等使」とある。正月二十五日、劉晏の後任としての人事である。

⑨晏以檢校戶部尙書爲河南及江淮已來轉運使　この人事について、『資治通鑑』巻二二三代宗廣德二年條に「自喪亂以來、汴水堙廢、漕運者自江漢抵梁洋、迂險勞費。三月、己酉（十二日）、以太子賓客劉晏爲河南江淮以來轉運使、議開汴水。庚戌（十三日）、又命晏與諸道節度使均節賦役、聽從便宜行、畢以聞。時兵火之後、中外艱食、關中米斗千錢、百姓挼穗以給禁軍、宮廚無兼時之積。晏乃疏浚汴水。遺元載書、具陳漕運利病、令中外相應。自是每歲運米數十萬石以給關中。唐世稱漕運之能者、推晏爲首、後來者皆遵其法度云」とある。廣德二年三月十二日のことである。

また『舊唐書』巻一二三劉晏傳に「晏罷相、爲太子賓客。尋授御史大夫、領東都・河南・江淮・山南等道轉運・租庸・鹽鐵使如故。時新承兵戈之後、中外艱食、京師米價斗至一千、官廚無兼時之積、禁軍乏食、畿縣百姓乃挼穗以供之。晏受命後、以轉運爲己任、凡所經歷、必究利病之由。至江淮、以書遺元載曰、……自此每歲運米數十萬石以濟關中」とある。

廣德二年（七六四）三月、江淮から元載にあてた書簡は、この時期の漕運の利害を切實に述べたもので、史料的價値が高い。以下食貨志を補うために、『舊唐書』巻一二三劉晏傳から全文を掲載する（『唐會要』巻八十七轉運鹽鐵總敍にも、文章をやや異にして、全文の引用がある）。

以書遺元載曰、浮于淮・泗、達于汴、入于河、西循底柱・硤石・少華、楚帆越客、直抵建章・長樂、此安社稷之奇策也。晏賓于東朝、猶有官謗、相公終始故舊、不信流言、賈誼復召宣室、弘羊重興功利、敢不悉力以答所知。驅馬陝郊、見三門渠津遺迹。到河陰・鞏・洛、見宇文愷置梁公堰、分黄河水入通濟渠。大夫李傑新堤故事、飾像河廟、凜然如生。涉滎郊・浚澤、遙瞻淮甸、步步探討、知昔人用心、則潭・衡・桂陽必多積穀、關輔汲汲、只緣兵糧。漕引瀟・湘・洞庭、萬里幾日、淪波掛席、西指長安。三秦之人、待此而飽。六軍之衆、待此而強。天子無側席之憂、都人見泛舟之役。四方旅拒者可以破膽、三河流離者於茲請命。相公匡戴明主、爲富人侯、此今之切務、不可失也。使僕湔洗瑕穢、率罄愚懦、當憑經義、請護河隄、冥勤在官、不辭水死。

然運之利病、各有四五焉。晏自尹京入爲計相、共五年矣。京師三輔百姓、唯苦稅畝傷多、若使江湖米來每年三二十萬、即頓減徭賦、歌舞皇澤、其利一也。東都殘毀、百無一存。若米運流通、則飢人皆附、村落邑廛、從此滋多。受命之日、引海陵之倉以食鞏・洛、是計之得者、其利二也。諸將有在邊者、諸戎有侵敗王略者、或聞三江・五湖、貢輸紅粒、雲帆桂楫、輸納帝鄉、軍志曰、先聲後實、可以震耀夷夏。其利三也。自古帝王之盛、皆云書同文、車同軌、日月所照、莫不率俾。今舟車既通、商賈往來、百貨雜集、航海梯山、聖神輝光、漸近貞觀・永徽之盛、其利四也。

所可疑者、函・陝凋殘、東周尤甚。過宜陽・熊耳、至武牢・成皐、五百里中、編戶千餘而已。居無尺椽、人無烟爨、蕭條悽慘、獸遊鬼哭。牛必羸角、輿必說輹、棧車輓漕、亦不易求。今於無人之境、興此勞人之運、固難就矣、其病一也。河・汴有初、不修則毀澱、故每年正月發近縣丁男、塞長茭、決沮淤、清明桃花已後、遠水自然安流、陽侯・宓妃、不復太息。頃因寇難、總不掏拓、澤滅水、岸石崩、役夫需於沙、津吏旋於濘、千里洄上、罔水舟行、其病二也。東垣・底柱、澠池・二陵、北河運處五六百里、戍卒久絶、縣吏空拳。奪攘姦宄、窟穴嚢槖。夾河爲藪、豺狼狺狺、舟行所經、寇亦能往、其病三也。東自淮陰、西臨蒲坂、亙三千里、屯戍相望。中軍皆鼎司元侯、賤卒儀同靑紫、毎云食半菽、又云無挾纊、輓漕所至、船到便留、卽非單車使折簡書所能制矣、其病四也。惟小子畢其慮奔走之、惟中書詳其利病裁成之。

　晏累年已來、事缺名毀、聖慈含育、特賜生全。月餘家居、遽卽臨遣、恩榮感切、思殞百身。見一水不通、願荷鍤而先往。見一粒不運、願負米而先趨。焦心苦形、期報明主、丹誠未克、漕引多虞、屛營中流、掩泣獻狀。

なお『舊唐書』卷十一代宗本紀廣德二年二月條に「戊寅（十日）、以澧州刺史裴冕爲左僕射兼御史大夫、充東都・河南・江南・淮南轉運使。乙未（二十七日）、第五琦開決汴河」とある。これによれば、裴冕が河南江淮已來轉運使となり、第五琦が汴河を開通したことになって、本志の記述と異なるが、『資治通鑑』・『舊唐書』劉晏傳に據るべきである。『舊唐書』本紀には、編纂上の譌誤があるとみてよい。

⑩**仍與河南副元帥計會開決汴河**　河南副元帥は、安史の亂の鎭定にあたった武將李光弼である。『舊唐書』卷十肅宗本紀上元二年（七六一）五月庚子（十六日）條に「李光弼來朝、進位太尉兼侍中、充河南副元帥、都統河南・淮南・山南東道五道行營節度、鎭臨淮」とある。また『舊唐書』卷十一代宗本紀廣德二年（七六四）七月己酉（十四日）條に「河南副元帥・太尉兼侍中・臨淮王李光弼薨於徐州、廢朝三日」とある。

　汴河の開通による江淮漕運路の再開は、前揭注釋⑨に引用した『資治通鑑』等に見るように、劉晏が提案したものである。

⑪**永泰至鐵使**　永泰二年の劉晏・第五琦の財政領域分掌制の創始については、『舊唐書』卷十一代宗本紀永泰二年正月丙戌（三十日）條に「以戶部尙書劉晏充東都京畿（私案當作都畿）・河南・淮南・江南東西道・湖南・荊南・山南東道轉運・常平・鑄錢・鹽鐵等使、以戶部侍郎第五琦充京畿・關內・河東・劍南（私案劍南下當有山南二字）西道轉運・常平・鑄錢・鹽鐵等使。至是、天下財賦、始分理焉」とあり、『資治通鑑』卷二二四代宗大曆元年正月丙戌（三十日）條に「以戶部尙書劉晏爲都畿・河南・淮南・江南・湖南・荊南・山南東道轉運・常平・鑄錢・鹽鐵等使、侍郎第五琦爲京畿・關內・河東・劍南・山南西道轉運等使、分理天下財賦」とある。分掌領域の區分は、『資治通鑑』の方が正確である。

　なおこの東西の二大領域區分は、このときに創始されたものではなく、唐代前期の律令財政期に成立していた財政的物流圈を基礎にして編成されたものである（渡邊信一郎［二〇一〇］四四七・四四八頁）。通釋の日付は正月三十日に從う。

⑫**大曆至鐵使**　第五琦が管轄する關內・河東・三川轉運常平鹽鐵使を停止した大曆五年の詔敕は、『舊唐書』卷十一代宗本紀大曆五年三月條に「己丑（二十六日）敕、唐虞之際、內有百揆、……魏晉有度支尙書、校計軍國之用、國朝但以郎官署領、辦集有餘。時艱之後、方立使額、參佐既衆、簿書轉煩、終無弘益、又失事體。其度支使及關內・河東・山南西道・劍南西川轉運常平鹽鐵等使宜停。……思與百辟卿士、勵精於理、俾國經王道、可擧而行、各宜承式、以恭爾位。諸州置屯亦宜停。于是悉以度支之務委於宰相」とある。發敕の日付は三月二十六日による。

　また代宗本紀大曆五年五月庚辰（十八日）條には「貶禮儀使・禮部尙書裴士淹爲虔州刺史、戶部侍郎・判度支第五琦爲饒州刺史。皆魚朝恩黨也。元載既誅朝恩、下制罷使、仍放黜之」とあって、その政治的背景を窺うことができる。

　三月の詔敕には度支の職務を宰相に委ねたとあるが、これは宰相元載が度支を兼領したことを言う。『舊唐書』巻一一八元載傳に「五年三月、朝恩伏法、度支使第五琦以朝恩黨坐累。載兼判度支」とある。度支使等使職の停止の背景には、宦官魚朝恩が、この三月に觀軍容使を罷免され、その月六日に自殺して失脚したという政變がある。第五琦は、魚朝恩の朋黨であったからこれに連座し、度支使等の使職を停止され、地方に放逐されたのである。

⑬**自此至苗使**　本條「分領關內河東山劍租庸青苗使」の山劍は、山南・劍南の南字を省いた記述である。正しくは「分領關內・河東・山南・劍南租庸青苗使」とすべきである。通釋はこれに從う。

劉晏と韓滉の分領制については、少しく注釋が必要である。第五琦の度支使職を奪ったあと度支を兼領したのは、注釋⑫で述べたように宰相元載であった。その後任になったのが韓滉である。『舊唐書』巻一二九韓滉傳に「（大曆）五年、知兵部選。六年、改戶部侍郎・判度支。自至德乾元已後、所在軍興、賦稅無度、帑藏給納、多務因循。滉既掌司計、清勤檢轄、不容姦妄、下吏及四方行綱過犯者、必痛繩之。又屬大曆五年已後、蕃戎罕侵、連歲豐稔、故滉能儲積穀帛、帑藏稍實。然苛剋頗甚、覆治案牘、勾剝深文、人多咨怨」とある。

本文「晏與戶部侍郎韓滉分領關內・河東・山南・劍南租庸青苗使」は、やや理解しがたい。卒爾に讀めば、劉晏と韓滉とが關內・河東・山南・劍南租庸青苗使を分擔して管轄したことになる。しかし、注釋⑪の『舊唐書』代宗本紀にあるように、永泰二年以來、劉晏と第五琦との間で、すでに領域分領制が創始されているので、そのようには讀めない。劉晏が從前どおり、東道と呼ばれる都畿・河南・淮南・江南東西道・湖南・荆南・山南東道を管轄し、韓滉が第五琦を引繼いで京畿・關內・河東・劍南西道を分擔したとみるべきである。『資治通鑑』巻二二五代宗大曆十四年五月條に「以戶部侍郎判度支韓滉爲太常卿、以吏部尙書劉晏判度支。先是、晏滉分掌天下財賦、晏掌河南山南江淮嶺南、滉掌關內河東劍南。至是、晏始兼之。上素聞滉掊克過甚、故罷其利權、尋出爲晉州刺史」とあり、また本志下文〔原文〕五六に「（貞元）八年（七九二）、詔、東南兩稅財賦、自河南・江淮・嶺南・山南東道至于渭橋、以戶部侍郎張滂主之。河東・劍南・山南西道、以戶部尙書度支使班宏主之。今戶部所領三川鹽鐵轉運、自此始也。其後宏・滂互有短長、宰相趙憬・陸贄、以其事上聞、由是遵大曆故事、如劉晏・韓滉所分焉」とあってこれを傍證する。本條の「分領關內・河東・山南・劍南租庸青苗使」は韓滉の單獨管轄領域であると理解して、通釋する。

○**韓滉**　韓滉（七二三〜七八七）、字は太仲、京兆長安（陝西省西安市）の人、宰相韓休の子。恩蔭出身、累遷して、大曆年間に太常卿となり、鎭海軍節度使を拜命する。貞元元年、檢校左僕射同平章事、二年、度支諸道鹽鐵等使を加えられ、三年病死した。『舊唐書』巻一二九、『新唐書』巻一二六に立傳する。

⑭**至十四年天下財賦皆以晏掌之**　劉晏が國家全體の財政を掌握したことについては、『舊唐書』巻十二德宗本紀大曆十四年閏五月丁酉（二十八日）條に「以京畿觀察使鮑防爲福州刺史・福建都團練觀察使。以戶部侍郎・判度支韓滉太常卿、吏部尙書劉晏判度支鹽鐵轉運等使。初、晏與滉分掌天下財賦、至是晏都領之」とある。大曆十四年閏五月二十八日、戶部侍郎・判度支韓滉が太常卿に轉任したためである。

〔通釋〕

寶應元年（七六二）五月十八日、元載が中書侍郎・度支轉運使となり、呂諲〔の後任であった劉晏〕の後任となった。

この時、淮水・黃河一帶の戰役が妨げとなり、車輛の輸送路が遮斷されたので、鹽專賣・租賦などの財物は、皆な漢水を遡航して京師にむかった。侍御史穆寧を河南道轉運・租庸・鹽鐵副使に任命し、まもなく戸部員外郎を加官し、鄂州刺史・鄂岳沔都團練使及び淮西鄂岳租庸鹽鐵沿江轉運使に任命して、東南地域の貢賦を統括させた。

この時、朝廷の會議は、内亂がまだ終息していないので、關東の漕運は、管理能力のあるものに頼るのがよいと論じ、かくて六月二十四日、通州刺史劉晏を戸部侍郎・京兆尹・度支・鹽鐵・轉運使に任命した。鹽鐵使が漕運を兼務することは、劉晏から始まったのである。

寶應二年（七六三、七月一日、廣德と改元）正月二十日、劉晏は、吏部尚書・同平章事を拜命し、從前どおり鹽鐵轉運使となった。かれは、始めて鹽の專賣利益を用いて漕運勞働者を雇った。江淮地域から渭橋倉に至るまで、およそ十萬斛ごとに七千緡を用いて輸送勞働者を雇い、輸送隊の吏員を補任して勞働者を監督させた。丁男を徴發せず、郡縣を煩わせずに漕運したことは、思うに古來なかったことである。この時以來、毎年米數十萬石を京師に運び、江淮地域から北に向かって、巡院を列置し、能吏を精選して院務を管理させ、鹽の生産・經營を擴大して商賈をまねいた。およそ鹽鐵轉運の制度配置は、皆な劉晏から始まったものである。

廣德二年（七六四）正月二十五日、ふたたび第五琦が專判度支・鑄錢・鹽鐵事となり、三月十二日、劉晏が檢校戸部尚書・河南及び江淮等轉運使となった。劉晏は、河南副元帥李光弼と協議し、汴河を疎通した。永泰二年（七六六）正月三十日、劉晏が東道轉運・常平・鑄錢・鹽鐵使となり、第五琦が關内・河東・劍南三川轉運・常平・鑄錢・鹽鐵使となった。

大曆五年（七七〇）三月二十六日、詔して第五琦が帶びる關内・河東・三川轉運常平鹽鐵使の職を停止した。大曆六年以後、東道を分掌する劉晏とともに、戸部侍郎韓滉が關内・河東・山南・劍南租庸青苗使を分領することになった。十四年（七七九）閏五月二十八日に至り、天下の財賦は、すべて劉晏が管掌した。

〔原文〕五四

建中初、宰相楊炎用事。尤惡劉晏、乃奪其權。①詔曰、朕以征稅多門、郡邑凋耗、聽于羣議、思有變更。將致時雍、宜遵古制。其江淮米準旨轉運入京者、及諸軍糧儲、宜令庫部郎中崔河圖權領之。今年夏稅以前、諸道財賦多輸京者、及鹽鐵財貨、委江州刺史包佶權領之。天下錢穀、皆歸金部倉部、委中書門下、簡兩司郎官、準格式條理。尋貶晏爲忠州刺史。晏既罷黜、天下錢穀歸尚書省。既而出納無所統、乃復置使領之。

其年三月、以韓洄爲戸部侍郎判度支、金部郎中杜佑權勾當江淮水陸運使。炎尋殺晏于忠州。

〔校訂〕

①**乃奪其權**　標點本・百衲本・殿本もと「炎乃奪其權」に作る。炎字重複して義をなさず。合鈔本炎字無し。いまこれに從う。

〔訓讀〕

建中の初め、宰相の楊炎、事を用う。① 尤も劉晏を悪み、乃ち其の権を奪う。② 詔して曰く、朕、征税多門にして、郡邑凋耗するを以て、羣議に聴き、變更有るを思う。將に時雍を致さんとするに、宜しく古制に遵うべし。其れ江淮の米、旨に準りて轉運して京に入る者、及び諸軍の糧儲、宜しく庫部郎中崔河圖をして權りに之を領せしむべし。今年の夏税以前、諸道の財賦の多く京に輸《おさ》むる者、及び鹽鐵の財貨、江州刺史包佶に委ねて權りに之を領せしむ。天下の錢穀、皆な金部・倉部に歸し、中書門下に委ねて兩司の郎官を簡び、格式に準りて條理せしめよ、③ と。尋いで晏を貶して忠州刺史と爲す。④ 晏、既に罷黜せられ、天下の錢穀、尙書省に歸す。既にして出納統ぶる所無く、乃ち復た使を置きて之を領せしむ。⑤

其の年三月、韓洄を以て戶部侍郎・判度支と爲し、⑥ 金部郎中の杜佑もて權勾當江淮水陸運使とす。⑦ 炎、尋いで晏を忠州に殺す。⑧

〔注釋〕

①**宰相楊炎用事** 用事は權力を握って執政すること。楊炎が宰相になったのは、德宗大曆十四年八月七日である。『舊唐書』卷十二德宗本紀上大曆十四年八月甲辰（七日）條に「以門下侍郎・平章事崔祐甫爲中書侍郎・平章事、以道州司馬同正楊炎爲門下侍郎・平章事、以懷州刺史喬琳爲御史大夫・同平章事・京畿觀察使」とある。宰相として權力を獨占した經緯について、『舊唐書』卷一一八楊炎傳に「德宗卽位、議用宰相、崔祐甫薦炎有文學器用、上亦自聞其名、拜銀靑光祿大夫・門下侍郎・同平章事……炎救時之弊、頗有嘉聲。莅事數月、屬崔祐甫疾病、多不視事、喬琳罷免、炎遂獨當國政」とある。

○**楊炎** 楊炎（七二七～七八一）、字は公南、鳳翔府天興（陝西省鳳翔縣）の人。肅宗朝に禮部郎中、中書舍人等を歷任し、元載宰相就任後、吏部侍郎となるが、元載失脚により道州司馬に左遷された。德宗が卽位すると、門下侍郎・同平章事に任命され、建中元年に兩税法を施行した。しかし翌年に崖州司馬に左遷され、崖州に向かう途上で死を賜った。『舊唐書』卷一一八、『新唐書』卷一四五に立傳する。

②**尤惡劉晏乃奪其權** 楊炎が劉晏を憎み、その職權を奪った經緯については、『舊唐書』卷一一八楊炎傳に「感元載恩、專務行載舊事以報之。初、載得罪、左僕射劉晏訊劾之、元載誅、炎亦坐貶、故深怨晏。晏領東都・河南・江淮・山南東道轉運租庸靑苗鹽鐵使、炎作相數月、欲貶晏、先罷其使、天下錢穀皆歸金部・倉部」とある。

③**詔曰至條理** この詔敕は、劉晏を名指しして功績を褒め、體よくその職權を奪うものである。建中元年正月二十八日に下された。『舊唐書』卷十二德宗本紀上・建中元年正月甲午條に「詔、東都河南江淮山南東道等轉運租庸靑苗鹽鐵等使・尙書左僕射劉晏、頃以兵車未息、權立使名、久勤元老、集我庶務、悉心瘁力、垂二十年。朕以征税多門、鄉邑凋耗、聽于羣議、思有變更。將置時和之理、宜復有司之制。晏所領使宜停、天下錢穀委金部・倉部、中書門下揀兩司郎官、准格式調掌」とある。

○**將致時雍宜遵古制** 『舊唐書』德宗本紀には「將置時和之理、宜復有司之制」となっており、具體的である。「有司之制」とは尙書六部二十四司體制を言う。時雍は、『尙書』堯典第一に「克明俊德、以親九族、九族既睦、平章百姓、百姓昭明、協和萬邦、黎民於變時雍」とあり、その僞孔安國傳に「昭亦明也。協合、黎衆、時是、雍和也。言天下衆民皆變化化上、是以風俗大和」とある。天子の明德に變化させられて、天下の民衆・風俗が大いに和らぐこと。古制とは『周禮』の六官制、唐制の六部尙書體制を言う。使職による統治を停止して尙書六部二十四司體制へ復歸することを指示する。

○**其江淮米準旨轉運入京者**　「準旨」とは「度支長行旨條」五巻の規定に準據することを言う。「度支長行旨條」は開元二十四年に編定された旨條（旨符）集であり、財務諸項目について定額制による運營を指示したものである『唐會要』巻五十九度支員外郎條に「開元二十四年三月六日、戶部尙書同中書門下三品李林甫奏、租庸・丁防・和糴・雜支・春綵・稅草諸色旨符、承前每年一造、據州府及諸司計、紙當五十餘萬張。仍差百司抄寫、事甚勞煩。條目既多、詳檢難徧。緣無定額、支稅不恆。因此涉情、兼長奸僞。臣今與採訪使・朝集使商量、有不穩便於人、非當土所出者、隨事沿革、務使允便。卽望人知定準、政必有恆、編成五卷、以爲常行旨符。省司每年但據應支物數、進書（私案『唐會要』巻五十八戶部尙書條引作晝字、是也）頒行。每州不過一兩紙、仍附驛送。敕旨依」とある。これによれば、それまで租庸（正稅）・丁防（軍役）・和糴（穀物買付）・雜支・春綵（貢獻物）・稅草（飼料）等の各稅目・支出項目につき、毎年徵收分配命令書を作成するのに、五十餘萬紙を費やし、さらに官司ごとにそれらを轉寫していかなければならなかったので、財務はきわめて煩瑣になっていた。その原因は、項目が多くて詳細に檢證しつくすことが難しく、また定額がないので租稅の徵收・支出に經常性を缺くことにあった。そこで『常行旨符（長行旨條）』五巻を編定し、尙書省各官司がこれに依據して毎年支出すべき物數を書き上げて、各州に頒行したので、各州一・二枚の紙ですんだというのである。兩稅法が施行されたこの年建中元年以後、「度支長行旨條（旨符）」は、毎年正月に宣布される「度支編成旨符（旨條）」に轉換するので、長行旨條適用の最後の事例である。江淮地域から輸送される旨米・旨支米は、これ以後も散見するので、編成旨符にも定額規定があった（旨支米については、李錦繡［二〇〇一］六六七～六七七頁參照）。

開元二十四年の「度支長行旨條」には、江淮米の項目は事例にあがっていないが、江淮からの漕運米には定額があった。『元和郡縣圖志』巻二河南府鄭縣永豐倉條に「天寶中、每歲水陸運米二百五十萬石入關。大曆後、每歲水陸運米四十萬石入關」とある。大曆以後、毎年江淮地域から京師に輸送された水陸運米四十萬石は、本志下文にも舊制として記述するものであり、度支編成旨條にあっても旨米の定額であったと考えてよい。なお江淮漕運に關する旨條の事例を參考に擧げておく。『唐會要』巻八十四租稅下開成四年十月條に「中書門下奏、……況江淮財賦大州、每年差綱十餘輩。若令長定、則官員長占於此流。若祇取數人、綱運當虧其大半。臣等商量、長定綱起來年已後勒停。臣又准開成元年已前旨條、州縣官充綱送輕貨四萬已上、無欠少、不逾程限者、書上考。十萬減選一。其餘優獎、猶以稍輕、送二萬至五萬、依舊書上考。五萬至七萬、與減一選。七萬至十萬、減兩選。十萬至十五萬、減三選。如一度充綱、優勞未足、考秩之內、情願再差者、旨條先有約絕、此後望令開許。如年少及材質不當、但令准舊例。以課料資陪、不必一例依次差遣。其餘竝望准前旨條處分。敕旨、宜依」とある。

○**諸軍糧儲**　京師に輸納する江淮米にならぶ軍糧であるから、この諸軍は、左右羽林・左右龍武・左右神武など北衙禁軍、および關中に駐在した神策軍等の軍鎭を言う。

○**庫部郎中崔河圖**　庫部郎中は、兵部尙書庫部司の長、從五品上。國家および軍府州の兵器・儀仗を管理し、國家儀禮・祭儀の施設設備を擔當する。『大唐六典』巻五兵部尙書庫部郎中條に「庫部郎中・員外郎、掌邦國軍州戎器・儀仗。及冬至・元正之陳設、幷祠祭喪葬之羽儀、諸軍州之甲仗、皆辨其出入之數、量其繕造之功、以分給焉」とある。

崔河圖は、兩『唐書』に立傳せず、經歷未詳。博陵安平（河北省安平縣）の崔氏大房の一族である（『新唐書』巻七十二下宰相世系表二下）。

○**今年夏税以前諸道財賦**　この年建中元年正月五日赦文によって、兩税法施行が正式に宣布されている。『册府元龜』巻八十九帝王部赦宥八に「建中元年、正月辛巳（五日）、有事於南郊、還御丹鳳樓、大赦天下。……諸道宜分遣黜陟使、觀風俗問疾苦。自艱難已來、徵賦名目繁雜。委黜陟使、與諸道觀察使・刺史、作年支兩税徵納。比來新舊徵科色目、一切停罷。兩税外輒別率一錢、四等官准擅興賦、以枉法論。其軍府支計等數、准大曆十四年八月七日敕處分」とある。この今年夏税は、兩税法によるものであることは明白である。ここで問題になっているのは、地方諸道から京師に送られてくる兩税法施行以前の税物である。

○**江州刺史包佶**　江州は、現在の江西省九江市周邊。包佶、字は幼正、潤州延陵（江蘇省鎭江縣）の人。進士出身。元載の黨であったために、嶺南に左遷させられる。劉晏の上奏によって汴東兩税使となり、劉晏左遷後は諸道鹽鐵輕貨錢物使に充てられ、後に刑部侍郎・祕書監となる。『新唐書』巻一四九劉晏傳に附傳する。

○**金部・倉部**　ともに戶部尙書所屬四司の一つ。金部郎中は、金部司の長官、從五品上、金部司は、左右藏庫の錢幣・布帛、貴金屬・寶貨の出納、度量衡制度の管理を行なう。『大唐六典』巻三戶部尙書金部郎中條に「掌（近衞家煕考訂云、『舊唐書』・『太平御覽』掌下有判天下三字）庫藏出納之節、金寶財貨之用、權衡度量之制、皆總其文籍、而頒其節制」とある。

倉部郎中は、倉部司の長官、從五品上。倉部司は、正倉・義倉・常平倉に貯藏する穀物の出納管理をおこなう。『舊唐書』巻四十三職官志二・倉部郎中條に「掌判天下倉儲、受納租税、出給祿廩之事。……凡都已東租納含嘉倉、自含嘉轉運以實京太倉。自洛至陝爲陸運、自陝至京爲水運、置使、以監充之。凡王公已下、毎歲田苗、皆有簿書。凡義倉所以備歲不足、常平倉所以均貴賤也」とある。

④**尋貶晏爲忠州刺史**　劉晏の左遷は、『舊唐書』巻十二德宗本紀上建中元年二月己酉（十四日）條に、「己酉、貶尙書左僕射劉晏爲忠州刺史」とある。忠州は、現在の重慶市忠縣。

⑤**晏既罷領之**　財務運營が尙書省に歸屬したのち、しばらくしてまた使職をおいて管轄させた經緯・原因については、『册府元龜』巻四八三邦計部・總序に「于時天下錢穀歸尙書省、本司職事久廢、無復綱紀。徒收其名、而莫總其任。國用出入、無所統之」とあり、また『舊唐書』巻一二九韓洄傳に「建中元年二月、復諫議大夫。先以劉晏兼領度支、晏既罷黜、令天下錢穀各歸尙書省。本司廢職罷事、久無綱記。徒收其名、而莫綜其任。國用出入、未有所統。故轉洄戶部侍郎・判度支」とある。戶部尙書四司が長くその職務から遠ざかっていたので、職務規律が無く、統括責任者も不在で、財務運營に統一性を缺いたからである。

再び設置された使職については、『舊唐書』巻十二德宗本紀上建中元年三月癸巳（二十八日）條に「癸巳、以諫議大夫韓洄爲戶部侍郎、判度支。時將貶劉晏、罷使名、歸尙書省本司。今又命洄判度支、令金部郎中杜佑權勾當江淮水陸運使、一如劉晏・韓滉之則、蓋楊炎之排晏也」とあり、本條にもあるように、具體的には度支使、江淮水陸運使を言う。

⑥**以韓洄爲戶部侍郎判度支**　戶部侍郎韓洄については、〔原文〕三一注釋①參照。

⑦**金部郎中杜佑權勾當江淮水陸運使**　本條については、『舊唐書』巻一四七杜佑傳に「楊炎入相、徵入朝、歷工部・金部二郎中、竝充水陸轉運使、改度支郎中兼和糴等使」とある。水陸運使は、先天二年（七一三）に、李傑が陝州水陸運使に就任したのが始まりである。これについては、〔原文〕四八注釋⑥參照。

⑧**炎尋殺晏于忠州**　劉晏の死去については、『舊唐書』巻十二徳宗本紀上建中元年七月條に「己丑（二十七日）、忠州刺史劉晏賜自盡」とある。

劉晏の殺害に至るまでの詳しい經過は、『舊唐書』巻一二三劉晏傳に「德宗嗣位、言事者稱轉運可罷多矣。初、楊炎爲吏部侍郎、晏爲尚書、各恃權使氣、兩不相得。炎坐元載貶、晏快之、昌言於朝。及炎入相、追怒前事、且以晏與元載隙憾、時人言載之得罪、晏有力焉。炎將爲載復讎、又時人風言代宗寵獨孤妃而又愛其子韓王迥、晏密啓請立獨孤爲皇后。炎因對歔流涕奏言、賴祖宗福祐、先皇與陛下不爲賊臣所間。不然、劉晏・黎幹之輩、搖動社稷、凶謀果矣。今幹以伏罪、晏猶領權、臣爲宰相、不能正持此事、罪當萬死。崔祐甫奏言、此事曖昧、陛下以廓然大赦、不當究尋虛語。朱泚・崔寧又從傍與祐甫救解之。寧言頗切、炎大怒。故斥寧令出鎭鄜坊、以摧挫之。遂罷晏轉運等使、尋貶爲忠州刺史。炎欲誣構其罪、知庾準與晏素有隙、擧爲荊南節度、以伺晏動靜。準乃奏晏與朱泚書祈救解、言多怨望、炎又證成其事、上以爲然。是月庚午、晏已受誅、使迴奏報、誣晏以忠州謀叛、下詔暴言其罪、時年六十六、天下冤之。家屬徙嶺表、連累者數十人」とある。なお、『唐大詔令集』巻一二六「劉晏賜自盡敕」には、徳宗が劉晏に自盡を命じる敕文が殘っている。

〔通釋〕

建中元年（七八〇）、宰相の楊炎が政權を掌握した。楊炎は、最も劉晏を嫌惡し、その職權を奪った。正月二十八日、詔敕を下し、「朕は徵稅が多種に及び、郡縣が疲弊しているので、會議にはかって風俗を變えたく思う。太平の治世をもたらすには、古制に遵う尚書六部體制にもどすのがよい。長行旨條によって京師長安に轉運する江淮地域の米穀、及び關中諸軍鎭の軍糧は、一時的に庫部郎中崔河圖に統括させるがよい。諸道から長安に輸送する今年の夏稅以前の租賦や鹽專賣の財貨は、江州刺史の包佶に命じて一時的に統括させせよ。天下の財務運營は、すべて金部司・倉部司にもどし、中書門下に命じて金部・倉部を擔當する郎官を選ばせ、格・式にしたがい、箇條書き規定を作って處理せよ」と命じた。まもなく二月十四日、劉晏は忠州刺史に左遷された。劉晏が罷免されたのち、天下の財務運營は尚書省の管轄にもどった。やや時がたつと、財務運營に統一性が無くなり、再び使職を設置して管轄させることとなった。三月二十八日、韓洄を戶部侍郎・判度支に、金部郎中杜佑を權勾當江淮水陸運使に任命した。楊炎は、まもなく七月二十七日、劉晏を忠州で殺害した。

〔原文〕五五

自兵興已來、凶荒相屬、京師米斛萬錢、官廚無兼時之食、百姓在畿甸者、拔穀挼穗、以供禁軍。洎晏掌國計、復江淮轉運之制、歲入米數十萬斛、以濟關中。代第五琦領鹽務、其法益密。初年入錢六十萬、季年則十倍其初。大曆末、通天下之財、而計其所入、總一千二百萬貫、而鹽利過半。李靈耀之亂、河南皆爲盜據、不奉法制、賦稅不上供、州縣益減。晏以羨餘相補、人不加賦、所入仍舊。議者稱之。其相與商榷財用之術者、必一時之選、故晏沒後二十餘年①、韓洄元琇裴腆包佶盧徵②李衡、相繼分掌財賦、出晏門下。屬吏在千里外、奉敎如目前。四方水旱、及軍府纖芥、莫不先知焉。

其年詔曰、天下山澤之利、當歸王者、宜總隷③鹽鐵使。

〔校訂〕

①**故晏沒後二十餘年**　標點本・諸本もと二十の下、餘字無し。『唐會要』巻八十七轉運鹽鐵總敍、『舊唐書』巻一二三劉晏傳ともに「故晏沒後二十餘年」に作る。いま會要・『舊唐書』本傳により、二十の下に餘字を補う。

②**盧徵**　標點本・諸本および『唐會要』巻八十七轉運鹽鐵總敍もと盧貞に作る。『舊唐書』巻一二三劉晏傳・『新唐書』巻一四九劉晏傳ともに盧徵に作る。いま両『唐書』劉晏傳によって、貞字を徵字に改める。貞・徵字音の近似するによって誤る。

③**宜總隷鹽鐵使**　標點本・諸本もと「宜總榷鹽鐵使」に作る。「榷」は獨占を意味するので、文義通じがたい。『唐會要』巻八十七轉運鹽鐵總敍に「宜總隷鹽鐵使」に作る。いま會要によって榷字を隷字に改める。

〔訓讀〕

兵興りて自り已來、凶荒相い屬《つ》ぎ、京師の米、斛ごとに萬錢①、官廚に兼時の食無し。百姓の畿甸に在る者、穀《もみ》を拔き穗を挼《と》り、以て禁軍に供う②。晏、國計を掌るに洎《およ》び、江淮轉運の制を復し、歲ごとに米數十萬斛を入れ、以て關中を濟う③。第五琦に代わりて鹽務を領し、其の法、益ます密たり④。初年、錢六十萬を入れ、季年は則ち其の初めに十倍す。大暦の末、天下の財を通じて其の入る所を計るに、總べて一千二百萬貫、而して鹽利半ばを過ぐ⑤。李靈耀の亂、河南皆な盜據と爲り、法制を奉らず、賦稅、上供せず、州縣益ます減ず⑥。晏、羨餘を以て相い補い、人、賦を加えずして、入る所舊に仍る。議者之を稱《たた》う。其の相い與に財用の術を商榷する者、必ず一時の選なり、故に晏の沒後二十餘年、韓洄・元琇・裴腆・包佶・盧徵・李衡、相い繼ぎ財賦を分掌するもの⑦、晏の門下に出づ。屬吏千里の外に在るも、教を奉ること目前の如し。四方の水旱、及び軍府の纖芥、先に知らざること莫し⑧。

其の年詔して曰く、天下山澤の利、當に王者に歸すべし。宜しく總べて鹽鐵使に隷せしむべし⑨、と。

〔注釋〕

①**京師米斛萬錢**　米價が一斛萬錢、すなわち一斗千錢になったことは、『舊唐書』巻一二三劉晏傳に「時新承兵戈之後、中外艱食、京師米價斗至一千、官廚無兼時之積、禁軍乏食、畿縣百姓乃挼穗以供之」とある。

②**百姓至禁軍**　本條の「畿甸」について、『舊唐書』巻一二三劉晏傳に「禁軍乏食、畿縣百姓乃挼穗以供之」とあり、畿縣を言う。畿縣については、『舊唐書』巻四十四職官志三に「京兆・河南・太原所管諸縣、謂之畿縣」とあり、京兆・河南・太原の三府管轄下の諸縣を指す。ここでは特に京兆府管轄下の二十三縣を言う。

○**禁軍**　安史の亂後の禁軍は、ほとんど解體しており、北衙四軍を中核に再編過程にあって、廢置をくりかえした。劉晏が「國計を掌」っていた大曆年間には、左右羽林軍・左右龍武・左右神策軍が北軍と呼ばれて、禁軍の中核になった。とりわけ「畿甸」とつながりが深いのは、京西・京北に屯營を置いた神策軍であり、德宗朝には禁軍の中核になった。本條にある「禁軍」への食糧供出は、食糧の足りなくなった禁軍への臨時の供給であり、恆常的なものではない。

③**泊晏至關中**　劉晏の漕運政策について、『唐會要』卷八十七轉運鹽鐵總敍には、「百姓在畿甸者、拔穀挼穗、以供禁軍。泊晏旣遺元載書、陳轉稅米利病、歲入米數十萬斛、以濟關中」とあり、廣德二年（七六四）三月、江淮から元載にあてた書簡（〔原文〕五三註釋⑨）での提言を轉機としている。

④**代第至益密**　劉晏の鹽政革新については、『資治通鑑』卷二二六德宗建中元年七月條に「晏以爲、官多則民擾。故但于出鹽之鄉置鹽官、收鹽戶所煮之鹽、轉鬻於商人、任其所之。自餘州縣不復置官」とある。第五琦の專賣が各州縣に鹽官を置いて販賣する直接專賣であったのを、產鹽地のみ鹽官を設置して商人に販賣する卸賣專賣へ轉換したことを言う。

⑤**大曆至過半**　建中元年の戶口・財政統計は、『舊唐書』卷十二德宗本紀上建中元年條に「是歲、戶部計帳、戶總三百八萬五千七十有六、賦入一千三百五萬六千七十貫、鹽利不在此限」とある。『資治通鑑』卷二二六德宗建中元年條には「天下稅戶三百八萬五千七十六、籍兵七十六萬八千餘人（籍兵、兵之著籍者也）稅錢一千八十九萬八千餘緡、穀二百一十五萬七千餘斛」とあり、內譯がより詳しく記されている。

⑥**李靈至益減**　李靈耀の亂とは、大曆十一年（七七六）五月、汴宋留後田神玉の死に伴い、都虞候李靈耀が兵馬使・濮州刺史孟鑒を殺害し、前年より反亂を起こしていた魏博節度使の田承嗣に呼應して起こした反亂である。李靈耀は翌月には汴宋留後に就任したが、朝廷は淮西節度使李忠臣等討伐軍を派遣し、十月に李靈耀を捕え、長安で處刑した。

また、大曆十一年に廢されるまで、河南節度使は汴宋曹徐潁兗鄆濮八州を統括しており、『唐會要』・『冊府元龜』の記述を合わせ考えると、本條の「河南」は河南節度使管轄下の諸州縣、具體的には汴・宋・曹・濮・兗・鄆・徐・泗八州縣を指すとみてよい。

⑦**韓洄元琇裴腆包佶盧徵李衡繼掌財賦**　韓洄については〔原文〕三一注釋①參照。

○**元琇**　兩『唐書』に立傳せず。『新唐書』卷一四九劉晏傳に「琇、後以尙書右丞判度支、國無橫斂、而軍旅濟。爲韓滉所惡、貶雷州司戶參軍。坐私入廣州、賜死」とある。『舊唐書』卷十二德宗本紀によれば、建中三年三月に容管經略使から廣州刺史・嶺南節度使に異動し、興元元年九月に戶部侍郎・判度支、貞元元年三月に兼諸道水陸運使、翌二年正月に判諸道鹽鐵・榷酒、二月に尙書左丞判度支、十二月に韓滉の讒言により雷州司戶に左遷された。

左遷の經緯については、漕運にかかわる史料を含むので、參考のために引用する。『舊唐書』卷一二九韓滉傳に、「時右丞元琇判度支、以關輔旱儉、請運江淮租米以給京師。上以滉浙江東西節度、素著威名、加江淮轉運使、欲令專督運務。琇以滉性剛愎、難與集事、乃條奏滉督運江南米至揚子、凡一十八里、揚子以北、皆元琇主之。滉深怒於琇。琇以京師錢重貨輕、切疾之、乃於江東監院、收獲見錢四十餘萬貫、令轉送入關。滉不許、乃誣奏云、運千錢至京師、費錢至萬、於國有害。請罷之。上以問琇、琇奏曰、一千之重、約與一斗米均。自江南水路至京、一千之所運、費三百耳、豈至萬乎。上然之、遣中使齎手詔令運錢。滉堅執以爲不可。其年十二月、加滉度支諸道轉運鹽鐵等使、遂逞宿怒、累誣奏琇、貶雷州司戶。其責旣重、擧朝以爲非罪、多竊議者。尙書左丞董晉謂宰臣劉滋・齊映曰、元左丞忽有貶責、未知罪名、用刑一濫、誰不危懼。假有權臣騁志、相公何不奏請三司詳斷之。去年關輔用兵、時方蝗旱、琇總國計、夙夜憂勤、以贍給師旅、不增一賦、軍國皆濟、斯可謂之勞臣也。今見播逐、恐失人心、人心一搖、則有聞雞起舞者矣。竊爲相公痛惜之。滋・映但引過而已。給事袁高又抗疏申理之、滉誣以朋黨、寢而不行」とある。

○**裴胐**　兩『書書』に立傳せず。『新唐書』卷一四九劉晏傳に「胐以兵部侍郎判度支、封聞喜縣公」とある。『舊唐書』卷十二德宗本紀上、同書卷十二德宗本紀下によれば、建中四年（七八三）十二月に京兆少尹・判度支に、興元元年（七八四）正月に戶部侍郎・判度支、貞元五年（七八九）六月に光祿卿から桂管觀察使に遷っている。

○**包佶**　〔原文〕五四注釋③參照。

○**盧徵**　『舊唐書』に立傳せず。『新唐書』卷一四九劉晏傳附盧徵傳に「徵、幽州（今北京市）人。晏薦爲殿中侍御史。晏得罪、貶珍州司戶參軍。元琇判度支、薦爲員外郎。琇得罪、貶秀州長史、三遷給事中。戶部侍郎竇參善之、方倚以代己、會同州刺史缺、參請用尙書左丞趙憬、德宗惡參、欲間其腹心、更用徵爲之。久乃徙華州、厚結權近、冀進用。同・華地迫而貧、所獻嘗觳陋、至徵厚賦斂、有所奉入、輒加常數、人不堪其求」とある。

○**李衡**　兩『唐書』に立傳せず。『新唐書』卷一四九劉晏傳に「衡歷戶部侍郎」とある。『舊唐書』卷十二德宗本紀上、同書卷十二德宗本紀下によれば、貞元七年（七九一）正月に常州刺史から潭州刺史・湖南觀察使に、翌八年二月に洪州刺史・江西觀察使、貞元九年五月に給事中から戶部侍郎・諸道鹽鐵轉運使に就任している。

⑧**四方水旱及軍府纖芥莫不先知焉**　その一端について、『舊唐書』卷一二三劉晏傳に「自諸道巡院距京師、重價募疾足、置遞相望、四方物價之上下、雖極遠不四五日知、故食貨之重輕、盡權在掌握、朝廷獲美利、而天下無甚貴甚賤之憂、得其術矣」とある。

⑨**其年至鐵使**　本詔敕は、本來漕運・鹽專賣とは異なる銅錢鑄造にかかわる文脈で發せられたものである。その宣布經緯については、『舊唐書』卷一二九韓洄傳（『新唐書』卷一二六韓洄傳略同）に「建中元年二月、復諫議大夫、先以劉晏兼領度支、晏既罷黜、令天下錢穀各歸尙書省。本司廢職罷事、久無綱記、徒收其名而莫綜其任、國用出入、无有所統、故轉洄戶部侍郎・判度支。洄上言、江淮七監、歲鑄錢四萬五千貫、輸于京師、度工用轉送之費、每貫計錢二千、是本倍利也。今商州有紅崖冶、出銅益多、又有洛源監、久廢不理。請增工鑿山以取銅、興洛源故監、置十鑪鑄之。歲計出錢七萬二千貫、度工用轉送之費、貫計錢九百、則利浮本矣。其江淮七監、請皆罷之。復以、天下銅鐵之冶、是曰山澤之利、當歸於王者、非諸侯方岳所有。今諸道節度都團練使皆占之、非宜也。請總隸鹽鐵使。皆從之」とある。このことから、銅錢鑄造と銅山の歸屬に關する度支使韓洄の上奏を裁可することによって宣布されたことがわかる。

また『册府元龜』卷四九四邦計部・山澤二に「（大和）五年六月、鹽鐵使王涯奏、當使應管諸州府坑冶、伏准建中元年九月七日勑、山澤之利、今歸於管、坑冶所出、竝委鹽鐵使勾當者。今兗鄆淄靑曹濮等三道、幷齊州界已收管開冶。……」とあることから、この詔敕が建中元年九月七日に出されたこと、大和年間には坑冶に關する規制が機能しなくなっていたことがわかる。

○**山澤之利**　城郭・居住地や耕作地の外に廣がる山林藪澤地に產出する鹽・銅・銀・鐵等の鑛物資源、材木等の山林資源、皮革・魚類・鳥獸等の生物資源を言う。『荀子』王制篇第九に「王者之法。等賦政事、財萬物、所以養萬民也。田野什一、關市幾而不征、山林澤梁、以時禁發而不稅。相地而衰政、理道之遠近而致貢。通流財物粟米、無有滯留。使相歸移也、四海之內若一家。……」とあるように、これら山林藪澤の產物は、利用期間に制約があったものの課稅はされず、本來の王制下にあっては「公私共利」として共同利用の對象であった。この觀念は、唐代後半期にあっても、たとえば『唐會要』巻五十九虞部員外郎條に「大曆十四年八月、虞部奏、准式、山澤之利、公私共之者。比來除長春宮所收、占悋甚多。望令關內州府審勘頃畝、先均給貧下百姓、據厚薄節給輕税五分之一。徵納訖、市輕貨送上都。如所由輒有隱漏、及收管不盡、竝請准條科罪。敕旨、依奏」とあって、「山澤之利、公私共之」が式の規定にあり、現實の政策を動かしている。

しかし王權の專制化とともに戰國秦漢期以後、專制君主に歸屬すべきものとして、特に鑛物資源を中心に國家の專賣收入・課利の對象となり、百姓・人戸の利用が禁じられるようになった。唐代後半期の鹽法・銅錢鑄造・坑冶はその典型であり、建中元年九月七日の詔敕は、その宣言である。

〔通釋〕

安史の亂（七五五〜七六三）以來、凶作があいついだ。長安の玄米は一斛一萬錢になり、官司の廚房には三箇月を超える食糧備蓄が無く、畿內の百姓は、穀物の穗を拔き取って、禁軍に供出した。

劉晏が國家財政を掌握すると、江淮からの轉運制度を復活し、一年ごとに數十萬斛の玄米を長安に輸送し、關中の食糧危機を救濟した。第五琦に代わって鹽務を統括すると、その專賣法はいよいよ精密なものになった。擔當初年の收入は六十萬貫であったが、末年には初年の十倍になった。大曆の末年、天下の財政を通計すると、總收入は合計一二〇〇萬貫であり、鹽の利益は全收入の半分以上であった。

大曆十一年（七七六）五月、李靈耀の亂が起こると、河南節度使管內はすべて反亂軍の據點となり、唐の法制を守らず、賦税を上供しなかったので、唐朝支配下の州縣はいよいよ減少したが、劉晏は定額を超えた羨餘錢で財政を補なった。人民に增税をせずに、收入額は從前どおりであった。論者はこれを稱贊した。

劉晏とともに財務運營の方途を協議した者たちは、必ず當時選りすぐりの人物であった。それゆえ劉晏の沒後二十餘年の間、あいついで財政を分掌した韓洄・元琇・裴腆・包佶・盧徵・李衡等は、みな劉晏の門下から出た。劉晏の屬吏たちは、遠方の地にあっても、目の前にいるかのように指示を受けた。各地の自然災害や軍府の細かな動靜についても、劉晏は誰よりも先に知っていた。

建中元年（七八〇）九月七日、詔敕を下し、「天下の山澤の利は、天子に歸屬すべきである。全て鹽鐵使に管轄させるがよい」と命じた。

〔原文〕五六

三年、以包佶爲左庶子汴東水陸運鹽鐵租庸使、崔縱爲右庶子汴西水陸運鹽鐵租庸使。

三年、[1]戸部[2]侍郎趙贊議常平事、竹木茶漆盡税之。茶之有税、肇於此矣。

貞元元年、元琇以御史大夫爲鹽鐵水陸運使。其年七月、以尚書右僕射韓滉統之。滉歿、宰相竇參代之。

五年十二月、度支轉運鹽鐵使[3]奏、比年自揚子運米、皆分配緣路觀察使、差長綱發遣、運路既遠、實謂勞人。今請當使諸院、自差綱、節級般運、以救邊食。從之。

八年、詔、東南兩稅財賦、自河南江淮嶺南山南東道至于渭橋、以戶部侍郎張滂主之。河東劍南山南西道、以戶部尙書度支使班宏主之。今戶部所領三川鹽鐵轉運、自此始也。其後宏滂互有短長、宰相趙憬陸贄、以其事上聞、由是遵大曆故事、如劉晏韓滉所分焉。

九年、張滂奏立稅茶法。自後裴延齡專判度支、與鹽鐵益殊塗而理矣。

〔校訂〕

①**三年**　標點本・諸本もと四年に作る。『唐會要』卷八十七轉運鹽鐵總敍も同じ。ただ『舊唐書』卷十二德宗本紀上建中三年九月條に「判度支趙贊上言、請爲兩都・江陵・成都・揚・汴・蘇・洪等州署常平輕重本錢、上至百萬貫、下至十萬貫、收貯斛斗匹段絲麻、候貴則下價出賣、賤則加估收糴、權輕重以利民。從之」とあり、『唐會要』卷八十八倉及常平倉條にも「三年九月、戶部侍郎趙贊上言曰、……」とある。いま『舊唐書』德宗本紀・『唐會要』卷八十八に從い、四年を三年に改める。三年の紀年は、藍本會要の繫年謬誤を踏襲したものであろう。

②**戶部侍郎趙贊**　標點本・諸本もと「度支侍郎」に作る。『唐會要』卷八十七轉運鹽鐵總敍も同じ。唐制に戶部侍郎あるも、度支侍郎無し。『唐會要』卷八十八倉及常平倉條は戶部侍郎に作り、『舊唐書』德宗本紀上は判度支に作る。『舊唐書』德宗本紀上建中三年五月乙巳（二十三日）條に「以中書舍人趙贊爲戶部侍郎判度支」とある。いま『舊唐書』德宗本紀・『唐會要』卷八十八に從い、度支侍郎を戶部侍郎に改める。

③**度支轉運鹽鐵使**　標點本・百衲本・聞人本・殿本もと「度支轉運鹽鐵」に作り、使字無し。『唐會要』卷八十七轉運鹽鐵總敍も同じ。合鈔本は「度支轉運鹽鐵使」に作る。いま合鈔本に從い、使字を補う。

〔訓讀〕

三年、包佶を以て左庶子・汴東水陸運鹽鐵租庸使と爲し、崔縱もて右庶子・汴西水陸運鹽鐵租庸使と爲す。①
三年、戶部侍郎趙贊、常平の事を議し、②竹木茶漆盡く之に稅す。茶の稅有るは、此に肇まる。③
貞元元年、元琇、御史大夫を以て鹽鐵水陸運使と爲る。④其の年七月、尙書右僕射韓滉を以て之を統べしむ。⑤滉歿し、宰相竇參之に代る。⑥
五年十二月、度支轉運鹽鐵使奏すらく、⑦比年揚子自り米を運ぶに、皆な緣路の觀察使に分配し、長綱を差わして發遣す。運路既に遠く、實に人を勞すと謂《な》す。今、請うらくは、當使の諸院、自ら綱を差わし、節級に般運し、以て邊食を救わんことを、⑧と。之に從う。
八年、詔すらく、東南兩稅財賦、河南・江淮・嶺南・山南東道自り渭橋に至るまで、戶部侍郎張滂を以て之を主らしめ、河東・劍南・山南西道、戶部尙書度支使班宏を以て之を主らしめよ、⑨と。今、戶部領する所の三川鹽鐵轉運、⑩此れ自り始まるなり。其の後宏・滂互いに短長有り、宰相趙憬・

陸贄、其の事を以て上聞す。是に由りて大暦の故事に遵い、劉晏・韓滉の分かつ所の如くす。⑪

九年、張滂奏して税茶法を立つ。⑫ 自後、裴延齡度支を専判し、鹽鐵と益ます塗を殊にして理む。⑬

〔注釋〕

①**三年至庸使**　包佶・崔縱の使職任命について、『舊唐書』巻十二徳宗本紀上建中三年八月條に「丁未（私案是月無丁未、當作丁巳七日）、初分置汴東西水陸運兩税鹽鐵事。從戸部侍郎・判度支趙贊奏也。……戊辰（十八日）、以江淮鹽鐵使・太常少卿包佶爲汴東水陸運兩税鹽鐵使。……甲戌（二十四日）、以大理少卿崔縱爲汴西水陸運兩税鹽鐵使」とある。任命は、それぞれ八月十八日、二十四日である。また『資治通鑑』巻二二七建中三年八月丁未（當作巳）條に「置汴東西水陸運兩税鹽鐵使二人、度支總其大要而已」とある。制度上、度支が二人の鹽鐵使を統括したことがわかる。租庸使とあるのは、兩税使を令制時代の呼稱を用いて表現したものである。

○**左庶子・右庶子**　太子左右春坊内の官職で、皇太子の侍從・祕書を擔當する。正四品上。『大唐六典』巻二十六に「左庶子之職、掌侍從贊相禮儀、駮正啓奏、監省封題。中允爲之貳。凡皇太子從大祀、及朝會出入、則版奏外辦中嚴、入則解嚴焉。凡令書下於左春坊、則與中允司議郎等、覆啓以畫諾、及覆下、以皇太子所畫者、留爲按、更寫令書、印署注令諾、送詹事府。若皇太子監國、事在尚書者、如令書之法」とある。

○**包佶**　包佶については〔原文〕五四注釋③參照。

○**崔縱**　崔縱（七三〇～七九一）、博陵安平（河北省安平縣）の人。恩蔭出身。貞元元年に吏部侍郎、のち京兆尹・太常卿等を歴任した。『舊唐書』巻一〇八、『新唐書』巻一二〇に立傳する。

②**戸部侍郎趙贊議常平事**　戸部侍郎趙贊の常平倉設立提案は、建中三年九月のことである。『舊唐書』巻十二徳宗本紀上建中三年九月條に「判度支趙贊上言、請爲兩都・江陵・成都・揚・汴・蘇・洪等州署常平輕重本錢、上至百萬貫、下至十萬貫、收貯斛斗匹段絲麻、候貴則下價出賣、賤則加估收糴、權輕重以利民。從之。贊乃於諸道津要置吏税商貨、毎貫税二十文、竹木茶漆皆什一税一、以充常平之本」とある。より具體的な提案内容は、本志下文〔原文〕六六にあるので、ここでは省略する。

③**茶之有税肇於此矣**　建中三年（七八二）九月に始まった諸税は、『舊唐書』巻十二徳宗本紀上興元元年春正月癸酉朔條に「上在奉天宮受朝賀。詔曰、……先税除陌・間架等錢、竹・木・茶・漆等税竝停」とあり、興元元年（七八四）正月元日にすべて廢止された。

④**元琇至運使**　元琇の使職就任については、『舊唐書』巻十二徳宗本紀上貞元元年三月條に「三月丙申朔、以蜀州刺史韓洄爲兵部侍郎、以汴東水陸運等使左庶子包佶爲刑部侍郎。辛丑（六日）、戸部侍郎・判度支元琇、兼諸道水陸運使」とある。建中四年（七八三）十二月の右庶子崔縱の京兆尹への轉任（『舊唐書』徳宗本紀上）、貞元元年（七八五）三月一日の包佶の轉任をうけた人事で、貞元元年三月六日である。諸道水陸運使とあるので、ここで汴河東西で分割された水陸運使が再び統合されたのである。元琇については〔原文〕五五注釋⑦參照。

⑤**其年七月以尚書右僕射韓滉統之**　韓滉の使職就任については、『舊唐書』巻十二徳宗本紀上貞元元年七月丙午（十三日）條に「丙午、以鎭海軍浙江東西道節度使韓滉檢校尚書左僕射・同平章事・江淮轉運使、以河南尹薛珏爲河南水陸運使」とあり、七月十三日のことである。

しかし、江淮轉運使就任は、「韓滉統之」の文言とはいささか徑庭がある。『舊唐書』巻十二德宗本紀上貞元二年十二月丁巳（二日）條に「以韓滉兼度支・諸道鹽鐵・轉運使」とある。これは、韓滉が度支使・鹽鐵使・轉運使の三使を兼務したことを言い、「韓滉統之」にふさわしい内容である。本志の編纂者は、貞元元年七月十三日の江淮轉運使就任と貞元二年十二月二日の三使兼任とを混同したのである。『唐會要』巻八十七轉運鹽鐵總敍もまったく同様の記述であるから、藍本會要編纂の時點ですでに混同していたのであろう。

⑥**滉歿至代之** 韓滉の死去は、『舊唐書』巻十二德宗本紀上貞元三年二月戊寅（二十三日）條に「度支鹽鐵轉運使・鎭海軍節度・浙江東西道觀察等使・檢校左僕射・同中書門下平章事・晉國公韓滉卒、贈太傅」とあり、貞元三年二月二十三日である。『舊唐書』巻一二九韓滉傳にも「滉、貞元三年二月、以疾薨、遂寢其事、年六十五」とある。

竇參の度支・鹽鐵・轉運使就任については、『舊唐書』巻一三六竇參傳に「明年、拜中書侍郎・同平章事、領度支・鹽鐵・轉運使」とあり、また『舊唐書』巻十三德宗本紀下貞元五年二月庚子（二十七日）條に「以御史中丞竇參爲中書侍郎・平章事兼轉運使、以戶部侍郎班宏爲戶部尙書、依前度支轉運副使」とあって、貞元五年（七八九）二月二十七日のことである。このことは、『册府元龜』巻四八三邦計部・總序に「（貞元）五年、以中書侍郎・同中書門下平章事竇參充鹽鐵・度支使・諸道轉運等使」とあることからも確認できる。貞元三年二月から貞元五年二月までの二年間、三使兼任の史料はない。おそらくは、班宏の度支轉運副使のような形で、副使が任務を遂行したのではあるまいか。

○**竇參** 竇參（七三三〜七九二）、字は時中。扶風平陵（陝西省興平縣東北）の人。恩蔭出身。累遷して御史中丞、ついで戶部侍郎を兼ね、貞元五年、中書侍郎同平章事となった。貞元八年四月、郴州別駕に左遷され、赴任途上死を賜った。『舊唐書』巻一三六、『新唐書』巻一四五に立傳する。

⑦**五年十二月度支轉運鹽鐵使奏** 前掲注釋⑥に言及したとおり、貞元五年二月に竇參が中書侍郎・同中書門下平章事・鹽鐵・度支使・諸道轉運等使となっている。本條の度支轉運鹽鐵使は竇參である。

⑧**比年至邊食**

○**揚子** 揚州揚子縣（江蘇省揚州市）を言う。揚子縣は、永淳元年（六八二）、江都縣に屬していた揚子鎭が縣に昇格したもの。寶應二年（廣德元年、七六三）の劉晏の漕運改革以後、江北運河の起點として重要性を益し、鹽鐵・轉運使の巡院である揚子院や揚子留後職が置かれた（愛宕元［一九九七］三八一頁）。

○**長綱** 「綱」は、漕運のために編成する船團組織を言う。『新唐書』巻五十三食貨志三に「故時轉運船繇潤州陸運至揚子、斗米費錢十九、晏命囊米而載以舟、減錢十五。繇揚州距河陰、斗米費錢百二十、晏爲歇艎支江船二千艘、每船受千斛、十船爲綱、每綱三百人、篙工五十、自揚州遣將部送至河陰、上三門、號上門塡闕船、米斗減錢九十」とある。長綱は長距離輸送の船團である。

○**邊食** 直譯すれば邊境の食糧であるが、京師周邊に屯營する神策軍など軍鎭の軍糧を言う。同一の上奏を傳える『册府元龜』巻四九八邦計部漕運條には「（貞元）五年十一月、度支轉運使奏、來年江淮轉運米等、比年自揚子運米送上都、皆分配緣路觀察使、差長綱發遣。運路既遠、實謂勤勞。伏以京西屯軍、儲畜是切。今請當使諸院、悉自差綱、節級船運、冀得省便、必應程期。從之」とある。

⑨**八年至主之** 本條は、韓滉・竇參と續いた三使兼任體制が再び分掌制に戻ったことを傳える。班宏・張滂が使職に任命されたのは、『舊唐書』巻十三德宗本紀下貞元八年三月丙子（二十二日）條に「以戶部尙書班宏判

度支、戸部侍郎張滂爲諸道鹽鐵轉運使」とあり、三月二十二日のことである。兩稅財源の分掌制が復活したのは、『舊唐書』卷十三德宗本紀下貞元八年四月丙午（二十二日）條に「以東都・河南・淮南・江南・嶺南・山南東道兩稅等物、令戸部侍郎張滂主之。以河內・河東・劍南・山南西道等財、戸部尙書判度支班宏主之。一遵大曆故事、如劉晏・韓滉分掌焉」とあり、四月二十二日のことである。

張滂・班宏がそれぞれ諸道鹽鐵轉運使、度支使となった經過については、『舊唐書』卷一二三班宏傳（『新唐書』卷一四九班宏傳略同）に「（貞元）八年三月、竇參遂爲上所疏、乃讓度支使、遂以宏專判。而參不欲使務悉歸於宏。問計京兆尹薛珏。珏曰、二子交惡、而滂剛決、若分鹽鐵轉運於滂、必能制宏。參乃薦滂爲戸部侍郎・鹽鐵使、判轉運尙隸於宏以悅之。江淮兩稅、悉宏主之、置巡院、然令宏・滂共擇其官。滂請鹽鐵舊簿書於宏、宏不與之。每署院官、宏・滂更相是非、莫有用者。滂乃奏曰、班宏與臣相戾、巡院多闕官。臣掌財賦、國家大計、職不修、無所逃罪。今宏若此、何以輯事。遂令分掌之」とある。竇參が、元來反りの合わない二人を競わせて統制しようとしたところから、鹽鐵轉運使と度支使とが分割・分掌されたのである。

○張滂　については、〔原文〕五注釋⑧參照。

○班宏　班宏（七二〇～七九二）、衞州汲（河南省汲縣）の人。進士科出身。代宗朝に累遷して刑部侍郎、德宗貞元初年に戸部侍郎、戸部尙書、度支使。財務官僚として、勤恪清白であったと言われる。『舊唐書』卷一二三・『新唐書』卷一四九に立傳する。

⑩戸部所領三川鹽鐵轉運　ここに言う戸部は、戸部司ではなく、班宏の戸部尙書度支使をうけて言う。三川は、劍南東道、劍南西道および山南西道の三道を言い、ほぼ現在の四川省中部東部に相當する。

⑪其後至分焉　「其後」は、敍事轉倒しているので、說明が必要である。この部分は、大曆故事をふまえた東西分掌制が生じた經緯・事由を述べる。したがって、前段で分掌制の成立を述べたのちに、さらに「其後」で承けて、分掌制成立の經緯を述べるのは敍事轉到である。「其後」とは、注釋⑨で述べたように張滂・班宏がそれぞれ諸道鹽鐵轉運使、度支使となった貞元八年三月二十二日の後でなければならない。通釋では、「其後」を「貞元八年三月二十二日、張滂・班宏が諸道鹽鐵轉運使、度支使となったのち」と意譯しておく。

「宏・滂互有短長」とは、前揭注釋⑨『舊唐書』班宏傳に見るように、もともと兩者の反りが合わなかったことを言う。宰相趙憬・陸贄が言上に及んだ經緯は、『舊唐書』卷一二三班宏傳に「無幾、宏言於宰相趙憬・陸贄曰、宏職轉運、年運江淮米五十萬斛、前年增七十萬斛、以實太倉、幸無過。今職移於人、不知何謂。滂時在側、忿然曰、尙書失言甚矣。若運務畢擧、朝廷固不奪之、蓋由喪公錢、縱姦吏故也。且凡爲度支胥吏、不一歲、資累鉅萬、僮馬第宅、僭於王公、非盜官財、何以致是。道路喧喧、無不知之、聖上故令滂分掌。公向所言、無乃歸怨於上乎。宏默然不對。是日、宏稱疾於第、滂往問之、宏不見。憬・贄乃以宏・滂之言上聞。由是遵大曆故事、如劉晏・韓滉所分」とある。

趙憬・陸贄の宰相就任については、『舊唐書』卷十三德宗本紀下貞元八年四月乙未（十一日）條に「貶中書侍郎・平章事竇參爲郴州別駕、竇申景州司戸。尋杖殺申。諸竇皆貶。以尙書左丞趙憬・兵部侍郎陸贄爲中書侍郎・同中書門下平章事」とあり、四月十一日である。

大曆故事については、〔原文〕五三注釋⑬參照。

○趙憬　趙憬（七三六～七九六）、字は退翁、天水隴西（甘肅省隴西縣）の人。德宗朝に入って湖南觀察副使、給事中、尙書左丞、貞元八年（七九二）、陸贄とともに同中書門下平章事。宰相在任中、病卒。『舊唐書』卷一三八、『新唐書』卷一五〇に立傳する。

○**陸贄**　陸贄（七五四～八〇五）、字は敬輿、蘇州嘉興（江蘇省嘉興縣）の人。進士科出身。徳宗朝に入って翰林學士、中書舍人、兵部侍郎等を歴任し、貞元八年、中書侍郎同中書門下平章事、貞元十一年、忠州別駕左遷、順宗卽位直後、死去。『唐陸宣公集』二十二卷があり、『舊唐書』卷一三九、『新唐書』卷一五七に立傳する。

⑫**九年張滂奏立稅茶法**　稅茶法の創立については、『舊唐書』卷十三德宗本紀下貞元九年正月癸卯（二十四日）條に「初稅茶、歲得錢四十萬貫、從鹽鐵使張滂所奏。茶之有稅、自此始也」とある。貞元九年正月二十四日であった。稅茶法の具體は、本志下文〔原文〕七二・七三に詳しいので省略する。

⑬**自後至理矣**　裴延齡の專判度支就任は、『舊唐書』卷十三德宗本紀下貞元九年六月甲寅（七日）條に「加韋皐檢校右僕射、以司農少卿裴延齡爲戶部侍郎・判度支。庚申（十三日）、以給事中李衡爲戶部侍郎・諸道鹽鐵轉運使」とあり、貞元九年六月七日である。同月十三日には李衡が諸道鹽鐵轉運使に就任しており、度支使と鹽鐵轉運使は區別されている。

なお『冊府元龜』卷四八三邦計部總序に「其年（貞元八年）七月、司農少卿裴延齡加權判度支。九年、張滂奏立稅茶法。……自後裴延齡專判度支、度支與鹽鐵、益殊塗而治矣」とあり、貞元八年七月、班宏のあとをうけて、さきに權判度支となっている。

張滂・裴延齡については、〔原文〕五注釋⑧⑨參照。

〔通釋〕

建中三年（七八二）八月十八日、包佶を左庶子・汴東水陸運鹽鐵租庸使に任命し、二十四日、崔縱を右庶子・汴西水陸運鹽鐵租庸使に任命した。

同年九月、戶部侍郎判度支趙贊が常平倉の事案を上奏し、竹・木・茶・漆すべてに課稅した。茶への課稅は、この時から始まったのである。

貞元元年（七八五）三月六日、元琇が御史大夫・鹽鐵水陸運使となった。同年七月十三日、尙書右僕射韓滉が江淮水陸運使となり、貞元二年（七八六）十二月二日、度支使・諸道鹽鐵使・轉運使を兼務して三使を統括した。貞元三年二月二十三日、度支・鹽鐵・轉運使韓滉が亡くなり、貞元五年（七八九）二月二十七日、宰相の竇參が韓滉の後任となった。

貞元五年（七八九）十二月、度支・轉運・鹽鐵使竇參が上表し、「近年、揚子縣から玄米を漕運する際、運搬業務をすべて緣路の觀察使に割當てし、長い船團を編成して派遣しております。輸送が長距離になるので、まことに煩わしいことになります。ここに本使の各巡院が自ら船團を編成し、順次輸送して、邊境の食糧不足を救濟するよう願いあげる次第です」と提案した。德宗はこれを許した。

貞元八年（七九〇）四月二十二日、詔敕を下し、「東南地域の兩稅の財賦につき、河南・江淮・嶺南・山南東道から渭橋に至るまでの地域は、戶部侍郎鹽鐵使の張滂に管轄させ、河東・劍南・山南西道は、戶部尙書度支使の班宏に管轄させせよ」と命じた。現在、戶部尙書判度支が三川地域の鹽鐵轉運業務を管轄しているのは、この時から始まったのである。

貞元八年三月二十二日、張滂が諸道鹽鐵轉運使、班宏が度支使となったのち、二人は、互いに長短反りが合わなかったので、宰相の趙憬・陸贄がその事情を上奏した。このことにより、大曆年間の故事にのっとり、劉晏・韓滉のように東西に領域を分けて分掌させたのである。

貞元九年（七九二）正月二十四日、鹽鐵使張滂が、稅茶法を定めるよう上奏した。そののち六月七日、裴延齡が專判度支となり、鹽鐵使と度支使は益ます方途を異にして運營するようになった。

〔原文〕五七

十年、潤州刺史王緯代之、理于朱方。數年而李錡代之。鹽院津堰、改張侵剝、不知紀極。私路小堰、厚斂行人、多自錡始。時鹽鐵轉運有上都留後、以副使潘孟陽主之。王叔文權傾朝野、亦以鹽鐵副使兼學士爲留後。順宗卽位、有司重奏鹽法。以杜佑判度支鹽鐵轉運使①、理於揚州。

元和元年四月②、以李巽代之。先是、李錡判使、天下榷酤漕運、由其操割、專事貢獻、牢其寵渥。中朝秉事者③、悉以利交、鹽鐵之利、積於私室④、而國用日耗。巽既爲鹽鐵使、大正其事。其堰埭先隷浙西觀察使者悉歸之、因循權置者盡罷之。增置河陰敖倉、置桂陽監、鑄平陽銅山爲錢。又奏、江淮河南峽內兗鄆嶺南鹽法監院、去年收鹽價緡錢七百二十七萬、比舊法張其估一千七百八十餘萬、非實數也。今請以其數、除爲煮鹽之外⑤、付度支收其數。鹽鐵使煮鹽利繫度支、自此始也。又以程异爲揚子留後。

四年五月、巽卒⑥。自榷筦之興、惟劉晏得其術、而巽次之。然初年之利、類晏之季年、季年之利、則三倍於晏矣。舊制、每歲運江淮米五十萬斛、至河陰留十萬、四十萬送渭倉。晏歿、久不登其數、惟巽秉使三載、無升斗之闕焉。六月、以河東節度使李鄘代之。

〔校訂〕

①**以杜佑判度支鹽鐵轉運使**　標點本・諸本もと「以杜佑判鹽鐵轉運使」に作り、度支二字無し。『唐會要』巻八十七轉運鹽鐵總敍條に「以杜佑判度支鹽鐵轉運使」とあり、また『舊唐書』巻十四憲宗本紀上元和元年四月丁未條に「以檢校司空・平章事杜佑爲司徒、所司備禮册拜、平章事如故。罷領度支鹽鐵轉運等使、從其讓也」とある。いま『唐會要』によって度支二字を補う。

②**元和元年四月**　標點本・諸本もと「元和二年三月」に作る。『唐會要』巻八十七轉運鹽鐵總敍條もまた同じ。ただ『唐會要』巻八十七轉運使條に「元和元年四月、兵部侍郎李巽充諸道轉運使」とあり、同書巻八十八鹽鐵使條に「元和元年四月、兵部侍郎李巽充諸道鹽鐵使」とある。また『舊唐書』巻十四憲宗本紀下元和元年四月丁未（十四日）條には、「以檢校司空、平章事杜佑爲司徒、所司備禮册拜、平章事如故。罷領度支・鹽鐵・轉運等使、從其讓也。仍以兵部侍郎李巽代領其任」とあり、李巽の「度支鹽鐵轉運等使」就任を元和元年四月十四日とする。

本條の元和二年三月は、『舊唐書』巻十四憲宗本紀下元和二年三月癸卯（十五日）條に「判度支李巽爲兵部尙書、依前判度支鹽鐵轉運使」とあるのにかかわって誤ったとみてよい。テキストの誤りではないが、『續會要』・『舊唐書』本紀によって、本文を訂正する。

③**中朝秉事者**　標點本・諸本もと「中朝柄事者」に作る。柄字、義を成さず。『唐會要』巻八十七轉運鹽鐵總敍條に「中朝秉事者」に作り、また『册府元龜』巻四八三邦計部總序も秉字に作る。秉・柄同音により誤る。

いま『唐會要』・『冊府元龜』によって、柄字を秉字に改訂する。

④**悉以利交鹽鐵之利積於私室**　標點本・諸本もと「悉以利積於私室」に作る。文義通じないことはないが、未完の感あり。『唐會要』巻八十七轉運鹽鐵總敍條に「中朝秉事者、悉以利交、鹽鐵之利、積於私室」とあり、また『冊府元龜』巻四八三邦計部總序も「中朝秉事者、悉以利之（私案當作交。交・之、字形相似而誤）、鹽鐵之利、積於私室」に作る。いま『唐會要』『冊府元龜』によって「交鹽鐵之利」五字を補う。

⑤**除爲煮鹽之外**　標點本・諸本もと「除煮之外」に作る。このままでは文義通じない。『唐會要』巻八十七轉運鹽鐵總敍條に「除爲煮鹽之外」に作る。いま『唐會要』によって改訂する。

⑥**四年五月巽卒**　標點本・諸本もと「四月五日巽卒」に作る。『唐會要』巻八十七轉運鹽鐵總敍條は「四年四月五日巽卒」に作る。『舊唐書』巻十四憲宗本紀上元和四年五月丁卯（二十二日）條に、「鹽鐵使・吏部尚書李巽卒」とある。本志「四月五日」は、「四年五月」の誤りである。いま『舊唐書』によって、本文を訂正する。

〔訓讀〕

十年、潤州刺史王緯、之に代わり、朱方に理《おさ》む①。數年にして李錡、之に代わる②。鹽院津堰、改張侵剝して③、紀極を知らず。私路・小堰、厚く行人に斂《と》るは、多く錡自り始まる④。時に鹽鐵・轉運に上都留後有り、副使潘孟陽を以て之を主らしむ。王叔文、權、朝野を傾け、亦た鹽鐵副使・兼學士を以て留後と爲る⑤。

順宗卽位するや、有司、重ねて鹽法を奏し⑥、杜佑を以て度支・鹽鐵・轉運使を判せしめ、揚州に理《おさ》めしむ⑦。元和元年四月、李巽を以て之に代う⑧。是より先、李錡、使を判し、天下の榷酤・漕運、其の操割するに由り、專ら貢獻を事とし、其の寵渥を牢《かた》くす。中朝の事を秉《と》る者、悉く利を以て交わり、鹽鐵之利、私室に積み、國用日ごとに耗《むな》し⑨。巽、既に鹽鐵使と爲るや、大いに其の事を正す。其の堰埭の先に浙西觀察使に隸する者、悉く之に歸し、因循して權置する者、盡く之を罷む。河陰に敖倉を增置し、桂陽監を置きて、平陽の銅山に鑄して錢を爲る⑩。又た奏すらく、「江淮・河南・峽內・兗鄆・嶺南の鹽法監院、去年鹽價の緡錢七百二十七萬を收む。舊法に比ぶるに其の估を張ること一千七百八十餘萬、實數に非ざるなり。今、其の數を以て、煮鹽を爲すを除くの外、度支に付して其の數を收めんことを請う」、と。鹽鐵使の煮鹽の利、度支に繫くるは、此れ自り始まるなり⑪。又た程异を以て揚子留後と爲す⑫。

四年五月、巽卒す⑬。榷筦の興りて自り、惟だ劉晏のみ其の術を得、而して巽、之に次ぐ。然るに初年の利、晏の季年に類し、季年の利、則ち晏に三倍せり⑭。舊制、每歲、江淮の米五十萬斛を運び、河陰に至りて十萬を留め、四十萬もて渭倉に送る⑮。晏歿するや、久しく其の數に登らず、惟だ巽のみ使を乘ること三載、升斗の闕無し。六月、河東節度使李鄘を以て之に代う⑯。

〔注釋〕

①潤州至朱方　潤州は現在の江蘇省鎮江縣。朱方とは、春秋時代の吳國朱方邑に由來し、浙江西道觀察使の治所が置かれた潤州丹徒縣（江蘇省鎮江縣）を言う。『元和郡縣圖志』卷二十五江南道一浙西觀察使條に「潤州……今爲浙西觀察理所。管州六、潤州・常州・蘇州・杭州・湖州・睦州。……本春秋吳朱方邑。始皇改爲丹徒」とある。また、『册府元龜』卷四八三邦計部總序では、「十年、潤州刺史王緯、代張滂爲鹽鐵使、治于京口。俄兼諸道轉運・鹽鐵使」となっている。京口も丹徒縣を言う。

　王緯が諸道鹽鐵轉運使に就任したのは、貞元十年十一月十六日である。『舊唐書』卷十三德宗本紀下貞元十年十一月乙酉條に、「十一月乙酉（十六日）、諸道鹽鐵轉運使張滂爲衞尉卿、以浙西觀察使王緯爲諸道鹽鐵轉運使」とある。『唐會要』卷八十八鹽鐵使條は「十年十月、潤州刺史王緯充諸道鹽鐵使」とするが、日月干支の確かな『舊唐書』本紀に據るべきである。王緯は、在任中、貞元十四年八月十七日に死亡し、貞元十四年九月九日、李若初が潤州刺史・浙西觀察使及諸道鹽鐵轉運使に就任している（『舊唐書』德宗本紀下）。

　王緯以後、李若初、李錡の三代にわたって、潤州刺史・浙江西道節度使が鹽鐵轉運使の職にあった。

○王緯　王緯（七二八～七九八）、字は文卿、太原（山西省陽曲縣）の人。明經に擧げられ、長安尉・金部員外郎・劍南租庸使などを歷任。貞元三年に給事中となり、後に潤州刺史・兼御史中丞・浙江西道都團練觀察使に就任。十年に兼諸道鹽鐵轉運使となる。『舊唐書』卷一四六、『新唐書』卷一五九に立傳する。

②數年而李錡代之　李錡の鹽鐵轉運使就任は、貞元十五年二月十一日である。『舊唐書』卷十三德宗本紀下貞元十五年二月乙酉（十一日）條に「以常州刺史李錡爲潤州刺史・浙西觀察使及諸道鹽鐵轉運使」とある。李錡の前任である李若初が貞元十五年正月二十九日に死亡したので、その後任となった（『舊唐書』德宗本紀下）。順宗貞元二十一年三月十七日に杜佑が度支鹽鐵使となるまで（『舊唐書』卷十四順宗本紀）、七年間その職にあった。

○李錡　李錡（七四一～八〇七）、唐の宗室。淄川王孝同五世の孫、國貞の子。恩蔭によって鳳翔府參軍で起家。杭・湖二州刺史就任後、潤州刺史・諸道鹽鐵轉運使となる。元和二年十月、浙西節度使を剝奪されるに際し、潤州で反亂を起こし、翌月斬殺された。『舊唐書』卷一一二、『新唐書』卷二二四上に立傳する。

③鹽院津堰改張侵剝　鹽院は、鹽鐵院または鹽鐵轉運院の省略形であり、巡院を言う（高橋繼男［一九七六］）。津は渡し場、堰は土手を築き、河をせき止めてダムを造り、水利や交通に利用する施設。鹽院津堰は、販賣・流通の據點や通過點となる。本文後文に、浙江觀察使所屬の堰埭が出てくるが、ここで通過稅を徵收したことを言う。

　改張は、改弦更張の略。琴瑟の絃を調整して調子を合わせるように、制度や政治を變更・調整すること。『宋書』卷二十二樂志四何承天鼓吹鐃歌上邪篇に「琴瑟時未調、改弦當更張、矧乃治天下、此要安可忘」とあり、また『漢書』卷五十六董仲舒傳に「竊譬之琴瑟不調、甚者必解而更張之、乃可鼓也。爲政而不行、甚者必變而更化之、乃可理也」とある。侵剝は強引にむしり取ること。鹽院津堰など販賣・流通の通過點で、樣ざまな名目を立てたり、變更をくわえたりして商人から財物を收取したことを言う。

④時鹽至主之　上都は長安を言う。留後官は、使職に在る者が治所の使院を離れたり、死亡して不在となったときに、職務を代理させるために設置した職である。『資治通鑑』卷二一六玄宗天寶六載十二月條胡三省注に「唐諸使之屬、判官位次副使、盡總府事。又節度使或出征、或入朝、或死而未有代、皆有知留後事、其後遂以節度留後爲稱。至我朝遂以留後

爲承宣使、資序未應建節者爲之」とある。

この時期、浙西節度使（王緯・李若初・李錡）や淮南節度使（杜佑）を鹽鐵轉運使に任じたので、その治所は潤州や揚州におかれた。そのため長安に臨時に上都留後院が設置された。

なお鹽鐵轉運使系巡院の中で特に重要な地點に設置された巡院には留後が置かれ、留後院とも呼ばれた（高橋繼男［一九七三］）。

潘孟陽が上都留後となった時期は未詳。度支鹽鐵轉運使副就任は、『舊唐書』卷十四順宗本紀貞元二十一年七月戊寅（十一日）條に「以戶部侍郎潘孟陽爲度支鹽鐵轉運使副」とあり、貞元二十一年七月十一日のことである。度支鹽鐵轉運使杜佑は、淮南節度使を兼ねて揚州を治所とし、不在であったので、おそらく同時に上都留後になったのであろう。また『舊唐書』卷一六二潘孟陽傳に「順宗卽位、永貞內禪、王叔文誅、杜佑始專判度支、請孟陽代叔文爲副。時憲宗新卽位、乃命孟陽巡江淮省財賦、仍加鹽鐵轉運副使、且察東南鎭之政理。時孟陽以氣豪權重、領行從三四百人、所歷鎭府、但務遊賞、與婦女爲夜飲。至鹽鐵轉運院、廣納財賄、補吏職而已。及歸、大失人望、罷爲大理卿」とある。潘孟陽の使副就任は、王叔文の後を承けたものであるから、本志の敍述は、時系列を轉倒している。正しくは、貞元二十一年三月十七日杜佑判度支鹽鐵轉運使就任→同月十九日王叔文鹽鐵轉運使副就任→七月十七日潘孟陽鹽鐵轉運使副就任である。

○**潘孟陽**　潘孟陽（?〜八一五）、出身地未詳。禮部侍郎潘炎の子、母は劉晏の娘。德宗末に、戶部侍郎となり、順宗期、誅殺された王叔文に代わり、度支使副となる。憲宗が卽位すると、命じられて江淮の財政狀況を巡察し、東南藩鎭の政治狀況を監察した。後に、梓州刺史・劍南東川節度使となり、ふたたび戶部侍郎判度支となった。『舊唐書』卷一六二、『新唐書』卷一六〇に立傳する。

⑤**王叔至留後**　王叔文が留後となった時期は未詳。鹽鐵轉運使副となったのは、『舊唐書』卷十四順宗本紀貞元二十一年三月條に「丙戌（十七日）、檢校司空・同平章事杜佑爲度支鹽鐵使。戊子（十九日）、徐州節度賜名武寧軍。蔡州吳少誠兼同平章事。以翰林學士王叔文爲度支鹽鐵轉運使副、杜佑雖領使名、其實叔文專總」とあることから、貞元二十一年三月十九日のことである。潘孟陽と同樣、上都留後就任は、使副就任と同日であったと思われる。

○**王叔文**　王叔文（?〜八〇六）、越州山陰（浙江省紹興縣）の人。德宗期に東宮、のちの順宗に仕えた。順宗が卽位すると、財政・軍事を掌握し、政治改革に着手したが、まもなく太子であった憲宗に誅殺された。『舊唐書』卷一三五、『新唐書』卷一六八に立傳する。

⑥**有司重奏鹽法**　この時の鹽法改革の內容は不明である。『舊唐書』順宗本紀・韓愈『順宗實錄』にも言及はない。『文苑英華』卷四三五憲宗「亢旱撫恤百姓德音」（元和四年三月三日）に「……鹽鐵使下諸鹽院舊招商・所由欠貞元二年四月已前鹽稅錢、及永貞元年變法後新鹽利・輕貨折估錢、共二十八萬七千七百五十六貫文、竝宜放免。……」とある。「變法後新鹽利」とあるので、李巽上奏に云う虛估による鹽利計上を廢止して、實估による計上を行なったことがその主要な內容のひとつであったと考えられる。有司とあるのは鹽鐵使であろう。鹽鐵使副王叔文らによる改革の一環であると思われるが、永貞元年八月の政變で排除されたために、かれらの行なった諸改革は史乘にほとんど殘っていない。

⑦**以杜至揚州**　杜佑の鹽鐵轉運使就任は、『舊唐書』卷十四順宗本紀貞元二十一年三月丙戌（十七日）條に「檢校司空・同平章事杜佑爲度支鹽鐵使。……以翰林學士王叔文爲度支鹽鐵轉運使副、杜佑雖領使名、其實叔文專總」とあり、貞元二十一年三月十七日である。杜佑の官銜には、判度支をふくむべきである。

『舊唐書』巻一三五王叔文傳に「叔文初入翰林、自蘇州司功爲起居郎、俄兼充度支・鹽鐵副使、以杜佑領使、其實成於叔文。數月、轉尙書戶部侍郎、領使・學士如故」とあり、また『新唐書』巻一六八王叔文傳に「叔文每言、錢穀者、國大本、操其柄、可因以市士。乃白用杜佑領度支・鹽鐵使、己副之、實專其政。不淹時、遷戶部侍郎」とある。杜佑の判度支鹽鐵轉運使就任は、王叔文の政治的意圖によるものである。

なお、杜佑が揚州を鹽鐵使の治所としたのは、これまでの治所である潤州の長江對岸にあって、流通の據點であったこと、またかれが貞元五年十二月から貞元十九年三月まで淮南節度使の職にあったからであろう（吳廷燮『唐方鎭年表』巻五淮南條）。

⑧**元和至代之**　李巽の度支鹽鐵轉運使就任については、『舊唐書』巻十四憲宗本紀上元和元年四月丁未（十四日）條に「以檢校司空・平章事杜佑爲司徒、所司備禮册拜、平章事如故。罷領度支・鹽鐵・轉運等使、從其讓也、仍以兵部侍郎李巽代領其任」とあり、元和元年四月十四日である。

李巽（七三九～八〇九）については、〔原文〕二二注釋①參照。

⑨**先是至日耗**　李錡の貢獻、すなわち進奉については、既出の〔原文〕六に「先是興元克復京師後、府藏盡虛、諸道初有進奉、以資經費、復時有宣索。其後諸賊既平、朝廷無事、常賦之外、進奉不息。韋皐劍南有日進、李兼江西有月進、杜亞揚州・劉贊宣州・王緯李錡浙西、皆競爲進奉、以固恩澤。貢入之奏、皆曰臣於正稅外方圓、亦曰羨餘」とあり、また『舊唐書』巻一七四李德裕傳に「德裕奏曰、……況進獻之事、臣子常心、雖有敕文不許、亦合竭力上貢。唯臣當道、素號富饒、近年已來、比舊卽異。貞元中、李錡任觀察使日、職兼鹽鐵、百姓除隨貫出榷酒錢外、更置官酤、兩重納榷、獲利至厚。又訪聞當時進奉、亦兼用鹽鐵羨餘、貢獻繁多、自後莫及。……」とある。

李錡の政府高官への賄賂については、『舊唐書』巻一三五李齊運傳に「薦李錡爲浙西觀察使、受賂數十萬計」とあり、また『新唐書』巻二二四上李錡傳に「方李齊運用事、錡以賂結其歡、居三歲、遷潤州刺史・浙西觀察・諸道鹽鐵轉運使。多積奇寶、歲時奉獻、德宗昵之。錡因恃恩驁橫、天下榷酒・漕運、錡得專之、故朝廷用事臣、錡以利交、餘皆乾沒于私、國計日耗」とある。

專賣・漕運の利益を自家に蓄藏したことは、このほかにも『册府元龜』巻五一一邦計部貪汚條に「李錡、貞元中、爲浙西觀察諸道鹽鐵轉運等使、鹽鐵漕輓之利、積於錡之私室、而國計日耗」とある。

⑩**其堰至爲錢**　「因循權置者、盡罷之」については、『舊唐書』巻十四憲宗本紀上元和三年六月乙丑（十四日）條に「罷江淮私堰埭二十二、從轉運使奏也」とあり、李巽の政策に對應している。

○**增置河陰敖倉**　河陰縣に敖倉を增設したことを言うが、他の史料には見えない。河陰縣は、河陰倉とともに、開元二十二年八月十四日に設置された。『舊唐書』巻八玄宗本紀上開元二十二年條に「八月、先是、駕至東都、遣侍中裴耀卿充江淮・河南轉運使、河口置輸場。壬寅（十四日）、於輸場東、置河陰縣」とある。汴水が黃河に流入する地點に設けられていた輸場の管理と輸送財物の管理のために河陰縣と河陰倉が設置された。『元和郡縣圖志』巻五河南府河陰縣條に「開元二十二年、以地當汴河口、分汜水・滎澤・武陟三縣地、於輸場東置、以便運漕。卽侍中裴耀卿所立。……至二十二年八月、以耀卿爲相兼轉運都使、於是遂分置河陰縣及河陰倉」（本志〔原文〕五〇をも參照）とある。河陰縣に既設の河陰倉に加えて、敖倉を增設したのであろう。

敖倉については、『元和郡縣圖志』巻八河南西道鄭州滎澤縣條に「敖山、縣西十五里。春秋時、晉師救鄭在敖・鄗之間。敖・鄗二山名。宋武北征記曰、敖山、秦時築倉于山上、漢高祖亦因敖倉、傍山築甬道、下汴水。卽此山也。……敖倉城、縣西十五里。北臨汴水、南帶三皇山、

秦所置。仲丁遷於囂、此也。詩曰薄狩于敖、卽此地也」とある。確實ではないが、河陰縣の敖倉は、秦漢期の敖倉にちなんで命名されたと考えられる。

河陰縣にはのちに巡院が設けられたが、元和十年四月に起きた河陰院焼討ち事件は、河陰院の規模の一端を窺い得る。『舊唐書』巻十五憲宗本紀下元和十年四月辛亥（十日）條に「盜焚河陰轉運院。凡燒錢帛二十萬貫匹・米二萬四千八百石・倉室五十五間。防院兵五百人營於縣南、盜火發而不救、呂元膺召其將殺之。自盜火發河陰、人情駭擾」とある。

○**郴州平陽銅山**　李巽の平陽銅山における鑄錢事業については、本志〔原文〕三二參照。また李巽が行なったその他の事業について、『新唐書』巻五十四食貨志四に「鹽鐵使李巽以郴州平陽銅坑二百八十餘、復置桂陽監、以兩鑪日鑄錢二十萬。天下歲鑄錢十三萬五千緡。命商賈蓄錢者、皆出以市貨。天下有銀之山必有銅、唯銀無益於人、五嶺以北、採銀一兩者流他州、官吏論罪。元和四年、京師用錢緡少二十及有鉛錫錢者、捕之。非交易而錢行衢路者、不問。復詔采五嶺銀坑、禁錢出嶺。六年、貿易錢十緡以上者、參用布帛」とある。

⑪**又奏至始也**　李巽の上奏文は、元和四年二月に上程された。『冊府元龜』巻四九三邦計部山澤により詳しい內容が殘っているので、參考に引用しておく。

（元和）四年二月、諸道鹽鐵轉運使李巽奏、江淮・河南・峽內・兗鄆・嶺南諸監院、元和三年、糴鹽都收價錢七百二十七萬八千一百六十貫。比量未改法已前舊鹽利、總約時價、四倍加擡、計成虛錢一千七百八十一萬五千八百七貫。貞元二年、收糴鹽虛錢六百五十九萬六千貫。永貞元年、收糴鹽虛錢七百五十三萬一百貫。元和元年、收糴鹽虛錢一千一百二十八萬貫。二年、收糴鹽虛錢一千三百五萬七千三百貫。三年、收糴鹽虛錢一千七百八十一萬五千一百貫。謹具累年糴鹽比類錢數、具所收錢、除淮舊例充鹽本外、伏請付度支收管。從之。

○**除爲煮鹽之外**　上奏文には「除淮舊例充鹽本外」になっており、鹽本すなわち鹽の生產費用であることがわかる。

○**鹽法監院**　上奏文には「諸監院」とある。これらは鹽監と鹽院とを一括した稱呼であろう。鹽監と鹽院については、〔原文〕四二注釋②參照。

○**鹽價緡錢**　上奏文には、實估・實錢による鹽利總額と虛估・虛錢による鹽利總額の二種類の總額が報告されている。たとえば元和三年の實錢總額七二七萬八一六〇貫に對し虛錢總額は一七八一萬五一〇〇貫である。その相互關係はつぎのとおり。

唐代後半期の財政は、穀物部分以外は、おおむね錢額表示で運營された。しかし、現實に流通する現錢量は錢額に遠く及ばないので、布帛で代用し、布帛の價格を錢額表示した。當時、中央官人の月料錢支給は、錢額の半分を現錢、半分を布帛で支給した。布帛が支拂い手段、すなわち實物貨幣として用いられたのである。この方式は、他の財務にかかわる錢額表示にも利用された。ここにみる鹽利總額もその一つである。

元和三年の實錢總額七二七萬貫の半分は、現錢三六三萬五〇〇〇貫である。殘り半分を布帛の實估錢額三六三萬五〇〇〇貫で合計すれば、總額七二七萬貫となる。しかし布帛部分は、舊法に照合して時價（十日ごとに各州縣の市司で評定される物價、時估とも言う）の四倍で計算して虛估（かさ上げ價格）で錢額表示している。三六三萬五〇〇〇貫の四倍は、一四五四萬貫であり、これに現錢部分を合計すれば、一八一七萬五〇〇〇貫になる。一七八〇餘萬貫とは少しずれるが、ほぼ一致する。他の年度總額を計算しても、基本的に合致する。計算式は〔鹽利銭額÷二×五＝虚估銭額〕である。本志後文に王播が報告した元和五年の鹽利銭六九八萬貫は、虚估一七四〇餘萬貫であるが、六九八萬貫÷二×五＝一七四五萬貫となって、基本的に一致する。

四倍に加擡（かさ上げ）されたのは、建中元年（七八〇）の兩税施行時の絹一匹價格三二〇〇文（『陸宣公翰苑集』巻二十二）に對し、元和末年のそれが七〇〇～八〇〇文（『元氏長慶集』巻三十八）であり、元和年間には約四分の一に減價していたからである。「比量未改法已前舊鹽利、總約時價、四倍加擡」とあるのは、永貞元年（＝貞元二十一年）の鹽法改革以前の鹽利と照合したものである（以上なお李錦繡［二〇〇二］八二五～八二八頁參照）。

『新唐書』巻五十四食貨志四に「其後鹽鐵使李錡奏江淮鹽斗減銭十以便民、未幾復舊。方是時、錡盛貢獻以固寵、朝廷大臣、皆餌以厚貨、鹽鐵之利、積于私室、而國用耗屈。榷鹽法大壞、多爲虚估、率千銭不滿百三十而已。兵部侍郎李巽爲使、以鹽利皆歸度支、物無虚估、天下糶鹽税茶、其贏六百六十五萬緡」とある。鹽利を虚估によって計上することは李巽の上奏文によって貞元二年（七八六）から確認できるが、虚估計上によって鹽法を破壊したのは六年にわたる李錡在任中であった。虚估一〇〇〇銭が實銭一三〇銭に滿たなかったのであるから、約八倍のかさ上げである。これには誇張があるであろう。

⑫**又以程昇爲揚子留後**　程昇（?～八一九）については、〔原文〕四二注釋⑤參照。

程昇の揚子院留後就任時期は特定できない。『舊唐書』巻一三五程昇傳に「貞元末、擢授監察御史、遷虞部員外郎、充鹽鐵轉運揚子院留後。時王叔文用事、由徑放利者皆附之、昇亦被引用。叔文敗、坐貶岳州刺史、改郴州司馬。元和初、鹽鐵使李巽薦昇曉達銭穀、請棄瑕録用、擢爲侍御史、復爲揚子留後、累檢校兵部郎中、淮南等五道兩税使。昇自悔前非、厲己竭節、江淮銭穀之弊、多所鏟革。入爲太府少卿・太卿、轉衛尉卿、兼御史中丞、充鹽鐵轉運副使」とある。ここに元和初年、鹽鐵轉運使李巽の推薦によって揚子院留後となったとあるので、李巽が鹽鐵轉運使に就任した元和元年四月頃と見てよい。なお、『舊唐書』巻一六四王播傳に「先是、李巽以程昇爲江淮院官。昇又通泉貨、及播領使、奏之爲副」とあるように、揚子院留後は江淮院官とも稱された。

⑬**四年五月巽卒**　李巽の死亡日は、元和四年五月二十二日である。『舊唐書』巻十四憲宗本紀元和四年五月丁卯（二十二日）條に「鹽鐵使・吏部尚書李巽卒」とある。

⑭**自榷至晏矣**　榷筦は、鹽業・酒業・茶業など特定の產業について、民間の營利を禁じ、すべての利益を國家が獨占することである（〔原文〕四二注釋⑨參照）。ここでは第五琦が始めた鹽の專賣を言う。

李巽の鹽專賣成績については、『舊唐書』巻一二三李巽傳に「順宗卽位、入爲兵部侍郎。司徒杜佑判度支鹽鐵轉運使、以巽幹治、奏爲副使。佑辭重位、巽遂專領度支鹽鐵使。榷筦之法、號爲難重、唯大曆中僕射劉晏雅得其術、賦入豐羨。巽掌使一年、征課所入、類晏之多歲、明年過之、又一年加一百八十萬貫。舊制、每歲運江淮米五十萬斛抵河陰、久不盈其數、唯巽三年登焉」とある。これによれば、李巽の鹽利收入は、初年に劉晏末年の六〇〇萬貫にほぼ匹敵し、次年にそれを超え、三年目に一八〇萬貫增加して計七八〇萬貫となったとある。こちらの方が、李巽の上奏文に見える元和三年の鹽利總額「糶鹽都收價銭七百二十七萬八千一百六十貫」にほぼ一致するので、事實であろう。本文に三倍とあるのは、虚估一七八〇萬貫に對比した可能性が高い。

⑮**舊制至渭倉**　〔原文〕五三に「自此歲運米數十萬石、自江淮北、列置巡院、搜擇能吏以主之、廣牢盆以來商賈。凡所制置、皆自晏始」とあるように、この舊制は劉晏に始まる。また『陸宣公翰苑集』巻十八「請減京東水運

收脚價於沿邊州鎭儲蓄軍糧事宜狀」に「頃者毎年從江西・湖南・浙東・浙西・淮南等道、都運米一百一十萬石送至河陰、其中減四十萬石留貯河陰倉、餘七十萬石送至陝州、又減三十萬石留貯太原倉、惟餘四十萬石送赴渭橋輸納」とあり、貞元年間にも四十萬石を長安に輸納することが常態になっている。

⑯六月至代之　李鄘の鹽鐵轉運使就任は、『舊唐書』卷十四憲宗本紀元和四年六月丁丑（三日）條に「以河東節度使李鄘爲刑部尚書、充諸道鹽鐵轉運使」とあり、元和四年六月三日のことである。

○李鄘　李鄘（?～八二〇）、字は建侯、江夏（湖北省武昌縣）の人。北海太守李邕の姪孫。進士科出身。順宗期に、御史中丞、京兆尹などに就任し、憲宗期に鳳翔隴右節度、刑部尚書、兼御史大夫、諸道鹽鐵轉運使などを歴任。元和五年、揚州大都督府長史、淮南節度使となる。『舊唐書』卷一五七、『新唐書』卷一四六に立傳する。

〔通釋〕

貞元十年（七九二）十一月十六日、潤州刺史・浙西觀察使王緯が張滂に代わり、南方の丹徒縣を鹽鐵轉運使の治所とした。數年たった貞元十五年二月十一日、浙西觀察使李錡が王緯〔の後任である李若初〕に代わると、鹽院や渡し場・堰埭で、制度を操作して、際限なく收奪した。私道や小堰で、商人から大量に收奪することは、おおむね李錡から始まったことである。

當時、鹽鐵轉運使には上都留後の職があり、鹽鐵副使の潘孟陽が主管した。王叔文もまた、その權勢が朝廷・民間を被いつくしたとき、鹽鐵副使・兼翰林學士として上都留後となった。順宗が卽位すると（貞元二十一年・八〇五）、擔當官司が重ねて鹽法について上奏し、杜佑を判度支・鹽鐵轉運使とし、揚州に治所を置いた。

元和元年（八〇六）四月十四日、李巽が杜佑の後任となった。これより以前、李錡が諸道鹽鐵轉運使であったとき、天下の鹽酒專賣・財物輸送は、その勝手次第となり、もっぱら皇帝への財物進奉に勵んで、恩寵を強固なものにした。朝廷の權力者たちとは、みな賄賂によって關係を結び、鹽鐵轉運使の利益を私宅に蓄積したので、國家財政は日ごとに損耗していった。

李巽が鹽鐵使に就任すると、大いにこの事態を改善した。浙西觀察使の所管であった堰埭は、全て鹽鐵使の所管とし、成行きで一時的に設置してきたものは、全て廢止した。河陰縣に敖倉を增設し、桂陽監を設置し、平陽の銅山で錢を鑄造した。さらに元和四年（八〇九）二月、李巽が上奏し、「江淮・河南・峽內・兗鄆・嶺南の鹽監・鹽院が收取した去年の鹽利價額は七二七萬貫です。舊法に照合して鹽價をかさ上げすると一七八〇餘萬貫ですが、これは實數ではありません。今、鹽の生産費を除いて、實額を度支に納入するよう願いあげます」と報告した。鹽鐵使の鹽專賣利益を度支の會計に計上することは、ここから始まったのである。李巽はまた、程异を揚子院留後とした。

元和四年五月二十三日、李巽が死去した。鹽の專賣が始まってから、ただ劉晏だけがその運營方法を會得していたが、李巽は劉晏の後繼者となった。李巽のあげた初年の利益は、劉晏の晩年の額に匹敵し、晩年の利益は劉晏の三倍になった。舊制では、毎年、江淮地方の米五十萬斛を輸送し、河陰で十萬斛を貯備し、四十萬斛を長安の東渭橋倉に送った。劉晏が死亡すると、長い間その額に到達しなかった。ただ李巽が鹽鐵轉運使であった三年間だけは、わずかな不足額もでなかった。六月三日、河東節度使李鄘が李巽の後任となった。

〔原文〕五八

五年、李鄘爲淮南節度使、以宣州觀察使盧坦代之。

六年、坦奏、毎年江淮運糙①米四十萬石到渭橋、近日欠闕太半、請旋收糴、遞年貯備。從之。坦改戶部侍郎、以京兆尹王播代之。播遂奏、元和五年、江淮河南嶺南峽中兗鄆等鹽利錢六百九十八萬貫。比量改法已前舊鹽利、時價、四倍虛估、卽此錢爲一千七百四十餘萬貫矣。請付度支收管。從之。

其年詔曰、兩稅之法、悉委郡國、初極便人。但緣約法之時、不定物估、〔粟帛轉賤、賦稅自加、人力不堪、國用斯切。務須通濟、令其便安。欲遣使臣、巡行國邑。郵驛所屆、豈免煩勞、軺車遽馳、曾未周悉〕②。今度支鹽鐵、泉貨是司、各有分巡、置於都會。爰命帖職、周視四方、簡而易從、庶叶權便。政有所弊、事有所宜、皆得擧聞、副我憂寄。以揚子鹽鐵留後爲江淮已南兩稅使、江陵留後爲荊衡漢沔東界彭蠡已南兩稅使、度支山南西道分巡院官充三川兩稅使。峽內煎鹽五監、先屬鹽鐵使。今宜割屬度支。便委山南西道兩稅使兼知糶賣。峽內鹽屬度支、自此始也。

〔校訂〕

①**運糙米四十萬石**　標點本・諸本もと糙字無し。『唐會要』卷八十七轉運鹽鐵總敍に「六年、坦奏、毎年江淮運糙米四十萬石到渭橋」とある。いまこれにより糙字を補う。

②**粟帛至周悉**　この四十八字、標點本・諸本無し。『唐會要』卷八十七轉運鹽鐵總敍も亦た同じ。「但緣約法之時、不定物估」の二句、中に浮いて、下文につながらず。この四十八字あって、はじめて文義貫通する。『唐會要』卷八十七轉運鹽鐵總敍も本志と同文であるから、本志・會要の原史料である『續會要』の誤りを踏襲したものであろう。この四十八字をふくむ詔敕の全文は、かえって『唐會要』卷八十四兩稅使條ならびに『唐大詔令集』卷一一一政事・賦斂「制置諸道兩稅使」に記述する。本志・會要のテキスト自體の誤りではないので、四十八字を括弧に括ってテキストを補い、本志・『唐會要』八十七轉運鹽鐵總敍の編集の不備を正しておく。

〔訓讀〕

五年、李鄘、淮南節度使と爲り、宣州觀察使盧坦を以て之に代う。①

六年、坦奏すらく、毎年、江淮より糙米四十萬石を運んで渭橋に到す②も、近日、太半を欠闕す。旋《すみ》やかに收糴し、遞年貯備せんことを請う、と。之に從う。坦、戶部侍郎に改められ、京兆尹王播を以て之に代う。③播、遂に奏すらく、元和五年、江淮・河南・嶺南・峽中・兗鄆等の鹽利錢六百九十八萬貫たり。改法已前の舊鹽利に比量するに、時價の四倍の虛估にして、卽ち此の錢一千七百四十餘萬貫たり。度支に付して收管④せしめんことを請う、と。之に從う。

其の年詔して曰く、兩稅の法、悉く郡國に委ね、初め極めて人に便なり。但だ約法の時、物估を定めざるに緣り、〔粟帛轉た賤く、賦稅自ら加わり、人力堪えず、國用斯れ切なり。務めて須らく通濟し、其れをして便安ならしむべし。使臣を遣わし、國邑を巡行せしめんと欲す。郵驛の屆く所、豈に煩勞を免かれんや。軺車遽馳するも、曾ち未だ周悉せず〕。今、度支鹽鐵、泉貨是れ司り、各おの分巡有りて、都會に置く。爰に帖職を命じ、四方を周視せしむ。簡にして從い易く、權便に叶うに庶《ちか》からん。政に弊する所有り、事に宜しき所有れば、皆な擧げて聞するを得、我が憂寄に副《かな》えよ。揚子鹽鐵留後を以て江淮已南兩稅使と爲し、江陵留後もて荊衡漢沔東界・彭蠡已南兩稅使と爲し、度支山南西道分巡院官もて三川兩稅使に充つ。峽內の煎鹽五監、先に鹽鐵使に屬す。今、宜しく割きて度支に屬せしむべし。便ち山南西道兩稅使に委ね、兼ねて糴賣⑤を知《おさ》めしめよ、と。峽內の鹽、度支に屬するは、此れ自り始まるなり。

〔注釋〕

①**李鄘至代之**　李鄘の淮南節度使就任ならびに盧坦の諸道鹽鐵轉運使就任は、元和五年（八一〇）十二月七日のことである。『舊唐書』卷十四憲宗本紀上元和五年十二月癸酉（七日）條に「諸道鹽鐵轉運使・刑部尙書李鄘檢校吏部尙書・兼揚府長史、充淮南節度使。以河南尹房式爲宣州刺史・宣歙池觀察・采石軍等使。以前宣歙觀察使盧坦爲刑部侍郎、充諸道鹽鐵轉運使」とある。

○**盧坦**　盧坦（七四九〜八一七）、字は保衡、河南洛陽の人。壽安令となり、憲宗期に、鹽鐵轉運使、ついで戶部侍郎判度支に就任。劍南東川節度使に轉出し、在任中に死去した。『舊唐書』卷一五三、『新唐書』卷一五九に立傳する。

②**每年江淮運糙米四十萬石到渭橋**　〔原文〕五七に「舊制、每歲運江淮米五十萬斛、至河陰留十萬、四十萬送渭倉」とある。

○**糙米**　くろごめ。未精白の米すなわち稻の玄米を言う。『倭名類聚鈔』卷九稻穀部第二十一稻穀類一一四糙米條に「唐韵云、糙（原注：音造。漢語抄云、糙米、毛美與禰（もみよね）、一云加知之禰（かちしね）。今案本朝式等、所謂爲糙者、舂稻成穀之名也）、米穀雜也」とある。『唐韻』によれば、糙米は、脫穀したものとしないものとが半ば混在する狀態の米を言う。糙は、搗いて脫穀したカチシネ、玄米のことである。

③**坦改至代之**　盧坦の戶部侍郎轉任と王播の鹽鐵轉運使就任は、元和六年四月六日のことである。『舊唐書』卷十四憲宗本紀上元和六年四月庚午（六日）條に「以刑部侍郎・鹽鐵轉運使盧坦爲戶部侍郎・判度支。京兆尹王播爲刑部侍郎、充諸道鹽鐵轉運使」とある。

○**王播**　王播（七五九〜八三〇）については、〔原文〕四四注釋①參照。『舊唐書』卷一六四王播傳に、「六年三月（私案當作四月）、轉刑部侍郎、充諸道鹽鐵轉運使。播長於吏術、雖案牘鞅掌、剖析如流、黠吏詆欺、無不彰敗。時天下多故、法寺議讞、科條繁雜。播備擧前後格條、置之座右、凡有詳決、疾速如神。當時屬僚、歎服不暇」とあり、文書管理（吏術）・刑法によって、財務運營を行なった。

④**播遂至收管**　王播の上奏は、元和六年四月に上程されたものである。『舊唐書』卷十四憲宗本紀上元和六年四月條に「王播奏、江淮五嶺已南兗鄆等鹽院、元和五年都收賣鹽價錢六百九十八萬五千五百貫。校量未改法已前、四倍擡估、虛錢一千七百四十六萬三千七百貫。除鹽本外、付度支收管。從之」とある。また『册府元龜』卷四九三邦計部山澤に「六

年四月、鹽鐵轉運使・刑部侍郎王播奏、江淮・河南・峽內・嶺南・兗鄆等鹽院、元和十五年（私案當作元和五年）、糶鹽都收價錢六百九十八萬五千五百貫。比量未改法已前舊鹽利、總約時價、四倍加擡、計成虛錢一千七百四十六萬三千七百貫、除充鹽本外、請付度支收管。從之」とある。

○時價四倍虛估卽此錢爲千七百四十餘萬貫矣　「時價四倍虛估」の辭義やや通じがたい。『冊府元龜』の「總約時價、四倍加擡、計成虛錢」が本來の文章であろう。前段〔原文〕五七注釋⑪に引用した李巽の元和四年の上奏にも「四年二月、諸道鹽鐵轉運使李巽奏、江淮・河南・峽內・兗鄆・嶺南諸監院、元和三年、糶鹽都收價錢七百二十七萬八千一百六十貫。比量未改法已前舊鹽利、總約時價、四倍加擡、計成虛錢一千七百八十一萬五千八百七貫」とある。「絹帛折納部分の時估を總計し、これを四倍にかさ上げして、虛錢額を計上する」ことである。本志は「總約」・「加擡計成」を省略して記述しているので、通じにくい。

⑤其年至糶賣　元和六年の詔敕全文をここにあげておく。『唐會要』卷八十四兩稅使條に「元和四年六月敕、兩稅法總悉諸稅、初極是便民。但緣約法之初、不定物估、粟帛轉賤、賦稅自加、人力不堪、國用斯切。須務通濟、令其便安、欲遣使臣、巡行國邑、郵驛所屆、豈免煩勞、軺車遽馳、曾未周悉。度支鹽鐵、泉貨是司、各有分巡、置於都會。爰命帖職、周視四方、簡而易從、庶協權便。政有所弊、事有所宜、皆得舉聞、副我憂寄。其鹽鐵使揚子留後、宜兼充淮南・浙西・浙東・宣歙・福建等道兩稅使。其江陵留後、宜兼充荊南・山南東道・鄂岳・江西・湖南・嶺南等兩稅使。其上都留後、宜兼充荊南山南東道兩稅使（私案、其上都以下、與江陵留後同文重複。疑有誤衍）。度支山南西道分巡院官、宜兼充劍南東西川・山南西道兩稅使。其陝（私案當作峽）內五監、舊屬鹽鐵使、宜割屬度支使、便委山南西道兩稅使兼知糶貨。各奉所職、期於悉心」（『唐大詔令集』卷一一一政事・賦斂「制置諸道兩稅使」略同）とある。

○其年詔曰　この詔敕の發布日時について、『唐會要』は「元和四年六月敕」に作るが、本志によって、元和六年とすべきである。『唐會要』卷八十四兩稅使條に「（元和）七年七月、荊南道兩稅使崔俊（當作倰）賜紫金魚袋、浙江東道兩稅使程异賜朝散大夫、以入計敍勞也」とあり、兩稅使であった崔倰・程异が、その功績によって顯彰を受けている。この七年七月の崔倰の顯彰について、『元氏長慶集』卷五十四「有唐贈太子少保崔公墓誌銘」に「會朝廷始置兩稅使、俾之聽郡縣。授公檢校膳部郎中、襄州湖鄂之稅皆涖焉。且主轉運留務於江陵。……歲餘、計奏、憲宗皇帝深嘉之、面命金紫、加檢校職方郎中。移治留務於揚子、仍兼淮浙宣建等兩稅使」とある。これによれば、兩稅使の設置は六年でなければならない。歲餘が七年七月であるから、『唐會要』が記す（六年）六月の可能性があるが、確證はないので、存疑としておく。なお、この詔敕によって兩稅使に就任した人物については、管見の限り、崔倰（江陵留後・荊南道等兩稅使）と程异（揚子留後・浙江東道等兩稅使）が判明するだけである。

○兩稅之法悉委郡國　郡國は、漢制を典故とする州の別名。玄宗は、天寶元年（七四二）二月に「天下諸州改爲郡、刺史爲太守」とし、漢制によって州名を郡名に改めている（『舊唐書』卷九玄宗本紀下）。それは肅宗至德三載（七五八）十二月に「近日所改百司額及郡名、一依故事」とあるまで續いた。『通典』卷六食貨賦稅下「天下諸郡每年常貢」條に天寶年間の郡名・貢獻物名と貞元年間の州名を併記している。

兩稅は、建中元年二月十一日の起請條に「令黜陟・觀察使及州縣長官、據舊徵稅數、及人戶・土客、定等第・錢數多少、爲夏秋兩稅」（『唐會要』卷八三租稅上）とあるように、中央から派遣された黜陟使が各道の觀察使および州縣長官と協議し、各州縣の具體的狀況をふまえて兩稅を決定した。それゆえ、兩稅の徵稅・輸送にあたっては州府が主體となった。「悉く郡國に委ねる」とは、このことを言う。

○**不定物估** 物估は、兩税錢を穀物・絹帛で折納する際の公定評價價格。兩都・各州縣に設置された市司が、十日ごとに報告する旬估(時估)を基礎に決定される。時估をそのまま適用する實估、時估・實估をかさ上げした虛估、各州から中央京師に送付する際に適用される省估など様ざまな運用形態があった。ここでは、建中元年の兩税法施行時に、折納價格を固定しなかったことを言う。

○**粟帛轉賤賦税自加** 兩税法施行當時、安史の亂の影響をうけて、穀物・絹帛ともに高水準の價格になっていた。折納の代表である絹帛は、兩税施行時、一匹三二〇〇文であったから、たとえば三二〇〇文の兩税錢負擔者は絹一匹を納入すればよかった。ところが、政治狀況が安定していくにつれて絹帛價格が低下し、元和末年には七〇〇~八〇〇文になった。兩税錢額に變更はないので、兩税戶は絹四匹を納入しなければならなくなった。實質的には四倍の增税になる。陸贄は、貞元九年(七九三)頃の狀況をつぎのように傳えている。『陸宣公翰苑集』卷二十二「均節賦税恤百姓六條」「其二請兩税以布帛爲額、不計錢數」條に「往者初定兩税之時、百姓納税一疋、折錢三千二三百文。大率萬錢爲絹三疋、價計稍貴、數則不多。……近者百姓納絹一疋折錢一千五六百文、大率萬錢爲絹六疋。價既轉賤、數則漸加。向之蠶織不殊、而所輸尚欲過倍、此所謂供税多、而人力不給者也」とある。この時期にはまだ二倍であった。兩税法施行時に、絹帛の物估・折納價格を一匹三二〇〇文に固定しておけば、このような問題は生じなかった。この問題は、元和十五年八月の敕旨により、兩税錢を物納に轉換する方針が出て、解決にむかった(〔原文〕二〇參照)。

○**郵驛・軺車** これらは漢制にもとづく表現である。郵・驛は、漢代の公的交通・通信・警察業務をつかさどる施設である。『漢書』卷八十九黃覇傳に「使郵亭鄉官皆畜雞豚、以贍鰥寡貧窮者」とあり、その顏師古注に「郵行書舍、謂傳送文書所止處、亦如今之驛館矣」とある。顏師古が注釋するように、唐代には驛館制が整備された。『大唐六典』卷五兵部尙書駕部郎中條に「凡三十里一驛。天下凡一千六百三十有九所(二百六十所水驛、一千二百九十七所陸驛、八十六所水陸相兼。若地勢險阻、及須依水草、不必三十里。每驛皆置驛長一人、量驛之閑要、以定其馬數。……)」とある。

軺車は、立乘の輕便な小型車。『釋名』釋車第二十四に「軺車、軺、遙也。遙、遠也。四向遠望之車也」とあり、『漢書』卷十二平帝紀元始三年條顏師古注引服虔注に「軺、……立乘小車也」とある。

○**都會** 都會は、一つの地域交易圈內の交易中心地を言う。『史記』卷一二九貨殖列傳に「漢興、海內爲一、開關梁、弛山澤之禁、是以富商大賈、周流天下、交易之物莫不通、得其所欲、……然邯鄲亦漳河之間一都會也。……夫燕亦勃碣之間一都會也。……臨菑亦海岱之間一都會也」等とある。

○**爰命帖職** 本官・本職をもつものに、別の職を兼務させることを言う。『劉夢得文集』卷二十七「復荆門縣」に「禹錫方以郎位、帖職于計曹。章下之日、得以省事」とある。ここでは、度支使・鹽鐵使下の巡院の留後官・院官に兩税使を兼務させることを言う。

○**兩税使** 兩税使は三地域に分けて派遣されており、河北道・河南道・河東道・關內道は除外されている。以下、その管轄範圍の現在の地域と兩税使擔當者を整理しておく。

○**江淮已南兩税使** 鹽鐵使揚子留後官の兼職である淮南・浙西・浙東・宣歙・福建等道兩税使は、現在の江蘇省淮水以南、安徽省淮水以南、浙江省、福建省一帶を管轄した。兩税使は程昇。

○**荆衡漢沔東界彭蠡已南兩税使** 鹽鐵江陵留後官の兼職である荊南・

山南東道・鄂岳・江西・湖南・嶺南等兩税使は、現在の河南省南部、湖北省、四川省西部、江西省、湖南省、廣東省、廣西壯族自治區一帶を管轄した。兩税使は崔倰。

○**三川兩税使**　度支山南西道分巡院官の兼職である劍南東西川・山南西道兩税使は、現在の四川省中東部を管轄した。兩税使は不明。

○**峽內煎鹽五監**　峽內の五鹽監については、〔原文〕四二注釋②參照。

〔通釋〕

元和五年（八一〇）十二月七日、鹽鐵轉運使李鄘が淮南節度使に就任し、宣州觀察使盧坦がその後任になった。

元和六年（八一一）、盧坦が上奏し、「毎年、江淮から玄米四十萬石を東渭橋倉に輸送しておりますが、近頃はその三分の二が未納になっています。速やかに穀物を買い入れ、毎年次つぎに貯備するよう願いあげます」と提案した。憲宗はこれを許した。

元和六年四月六日、盧坦が戶部侍郎判度支に轉任し、京兆尹王播がその後任になった。王播が上奏し、「元和五年（八一〇）の江淮・河南・嶺南・峽中・兗鄆等の鹽利は六九八萬貫でした。改法以前の鹽利に照合して、時價の四倍の虛估にすると（六九八萬貫÷二×五＝一七四五萬貫）、一七四〇餘萬貫になります。鹽の生產費を除いて、度支に收管するよう願いあげます」と報告した。憲宗はこれを許した。

この年、詔を下し、「兩税法は、すべて州府に委任し、當初は極めて人民に都合が良いものであった。しかし兩税法をとりまとめる時に、絹帛の評定價格を固定しなかったので、〔粟帛の價格がいや增しに低落していくと、賦税は自動的に增加し、民間はもちこたえられず、國家財政も切迫することとなった。是非にも全體を救濟し、安定させる必要がある。使臣を遣わし、州縣を巡行させたく思うのだが、公的な交通の及ぶ範圍まで、軺車を驅使しても、まことに煩雜を免かれず、けっして全てを知ることもできない。〕」現在、度支・鹽鐵使は財貨管理を本務とし、各おの巡院を交易の中心地に設置している。そこで、巡院に兩税使を兼職させ、あまねく地方を視察させる。簡便で從事しやすく、當面の事宜にかなうよう期待したい。地方政治の弊害と長所とを、すべて報告することができれば、朕の委任に適うであろう。揚子鹽鐵留後を江淮以南兩税使とし、江陵留後を荊衡漢沔東界・彭蠡以南兩税使とし、度支山南西道分巡院官を三川兩税使に充てよ。先に鹽鐵使に所屬していた峽內の五鹽監は、今より度支に所屬させるがよい。ただちに山南西道兩税使に命じ、あわせて鹽の販賣を管轄させよ」と命じた。

峽內の鹽が、度支所管となったのは、ここから始まったのである。

〔原文〕五九

七年、王播奏、去年鹽利、除割峽內鹽、收錢六百八十五萬、從實估也。又奏、商人於戶部度支鹽鐵三司飛錢、謂之便換。

八年、以崔倰爲揚子留後淮嶺已來兩税使。崔祝爲江陵留後①、爲荊南已來兩税使。

十二年正月②、播又奏、以軍興之時、財用是切。頃者劉晏領使、皆自按置租庸、至於州縣否臧、錢穀利病、物之虛實③、皆得而知。今臣守務在城、不得自往。請令臣副使程异出巡江淮、其州府上供錢穀、一切勘問。從之。閏五月、昇至江淮、得錢一百八十五萬貫以進。其年、以播守禮部尙書、以衛尉卿程昇代之。
十四年、昇卒、以刑部侍郎柳公綽代之。長慶初、王播復代公綽。四年、王涯以戶部侍郎代播。敬宗初、播復以鹽鐵使爲揚州節度使。文宗卽位、入覲、以宰相判使。

〔校訂〕

①**崔柷爲江陵留後**　標點本・諸本もと崔祝に作る。譚英華［一九八八］（六八頁）は、『唐會要』卷八十七轉運鹽鐵總敍には「崔柷爲江陵留後・荊南以東兩税使」とあって崔柷に作り、また『新唐書』卷七十二下宰相世系表二下博陵安平崔氏第二房中に戶部郎中崔淸の子殿中侍御史崔柷の名があることによって、崔柷を是とする。いま會要・譚英華により、崔祝を崔柷に改める。

②**十二年正月**　標點本・諸本もと「十三年正月」に作る。『唐會要』卷八十七轉運鹽鐵總敍も同じ。ただ『冊府元龜』卷四八四邦計部經費は、「十二年正月甲申（二十四日）」に作る。本節下文に「閏五月、昇至江淮、得錢一百八十五萬貫以進。其年、以播守禮部尙書、以衛尉卿程昇代之」とある。閏五月があるのは、元和十二年である（『舊唐書』憲宗本紀は誤って閏月を四月に置くが、干支が合わない。本志によって閏五月とするべきである）。また『舊唐書』卷十五憲宗本紀下元和十二年六月己未（一日）條に「以衛尉卿程昇爲鹽鐵使、代王播。時昇爲鹽鐵使副、……」とある。「其年」も十二年六月である。いま『冊府元龜』・『舊唐書』憲宗本紀により、十二年正月に改める。

③**錢穀利病物之虛實**　標點本・諸本もと「錢穀利病之物虛實皆得而知」に作る。「錢穀利病之物」文義通じない。『唐會要』卷八十七轉運鹽鐵總敍は「錢穀利病、物之虛實、皆得而知」に作る。いま『唐會要』によって改める。

〔訓讀〕

七年、王播奏すらく、①去年の鹽利、峽內の鹽を除割して、錢六百八十五萬を收む。實估に從うなり、と。又た奏すらく、商人をして戶部・度支・鹽鐵三司に於て飛錢せしめん、と。之を便換と謂う。②
八年、崔倰を以て揚子留後・淮嶺已來兩税使と爲し、崔柷もて江陵留後・荊南已來兩税使と爲す。③
十二年正月、播又た奏して以えらく、④軍興の時、財用是れ切たり。頃者《このごろ》、劉晏、使を領するに、皆な自ら租庸を按置し、州縣の否臧、錢穀の利病、物の虛實に至るまで、皆な得て知る。⑤今、臣、務を守りて城に在り、自ら往くを得ず。請うらくは、臣が副使程昇をして出でて江淮を巡らしめ、其の州府の上供錢穀、一切勘問せしめんことを、⑥と。之に從う。閏五月、昇、江淮に至り、錢一百八十五萬貫を得て以て進む。⑦其年、播を以て禮部尙書を守せしめ、衛尉卿程昇を以て之に代う。⑧
十四年、昇卒するや、刑部侍郎柳公綽を以て之に代う。⑨長慶の初、王播復た公綽に代る。⑩四年、王涯、戶部侍郎を以て播に代る。⑪敬宗の初、播復た鹽鐵使を以て揚州節度使と爲る。⑫文宗卽位するや、入覲し、宰相を以て使を判す。⑬

〔注釋〕

①七年王播奏　この奏文は、別に『舊唐書』巻十五憲宗本紀下元和七年四月辛亥（二十四日）條に「鹽鐵使王播奏、元和六年賣鹽鐵、除峽内井鹽外、計收六百八十五萬九千二百貫」とある。四月二十四日の上奏であり、本志の收入額は、萬貫以下切捨ての計上である。また、『册府元龜』巻四九三邦計部山澤元和七年四月條に「鹽鐵轉運使・刑部侍郎王播奏、元和六年糶鹽、除峽内鹽井外、計收鹽價錢六百八十五萬九千二百貫。比量未改法已前舊鹽利、總約時價、四倍加擡、計成虛錢一千七百一十二萬七千一百貫、改法實估也」とあり、本文はこの省略文である。

②又奏至便換　この文章、主題である漕運・鹽利に直截かかわりなく、また文意甚だ通じない。

　王播の七年四月奏文と本奏文とは、まったくの同文が『唐會要』巻八十七轉運鹽鐵總敍にある。本志・『唐會要』ともに、編集を加えず『續會要』の記述に據ったことがわかる。

　この文章、本志〔原文〕三四にすでに具體を記している。いま必要部分を再掲すれば、「七年五月、戶部王紹・度支盧坦・鹽鐵王播等奏、伏以、……臣等今商量、伏請許令商人於三司任便換見錢、一切依舊禁約。伏以比來諸司諸使等、或有便商人、錢多留城中、逐時收貯、積藏私室、無復通流。伏請自今已後、嚴加禁約。從之」（又見于『唐會要』巻八十九泉貨條、文全同）とある。商人による「便換見錢」すなわち飛錢を三司でのみ許可する上奏である。「奏商人於戶部・度支・鹽鐵三司飛錢」は、その變形した省略文であり、「謂之便換」は、もとになった『續會要』撰者の按語である。飛錢・便換については、〔原文〕三三注釋②參照。

③八年至稅使　この條、『唐會要』巻八十七轉運鹽鐵總敍に「八年、以崔倰爲揚子留後・淮嶺以東兩稅使。崔祝爲江陵留後・荊南以東兩稅使」に作る。「淮嶺以東」、「荊南以東」ともに文義通じない。淮水・嶺南以東は大海であり、荊南以東は江淮地域である。東字は來字の誤り。字形の相似により誤る。

　已來二字、地理空間に用いるときは、起點地域からひとつらなりの地域を指すのに用い、日本語に「など」と言うに等しい。たとえば圓仁『入唐求法巡禮行記』巻二開成五年（八四〇）正月二十一日條に「院裏衆僧及押衙幷村人皆云、青州以來諸處、近三四年、有蝗蟲災、喫劫穀稻」とある。淮嶺已來兩稅使は淮嶺等兩稅使、荊南已來兩稅使は荊南等兩稅使の意味である。

　崔倰の揚子留後・淮浙宣建等兩稅使就任は、前掲〔原文〕五八注釋⑤所引『元氏長慶集』巻五十四「有唐贈太子少保崔公墓誌銘」に「會朝廷始置兩稅使、俾之聽郡縣。授公檢校膳部郎中、襄州湖鄂之稅皆涖焉。且主轉運留務於江陵。……歲餘、計奏、憲宗皇帝深嘉之、面命金紫、加檢校職方郎中。移治留務於揚子、仍兼淮浙宣建等兩稅使」とあり、元和七年七月のことである。本節の元和八年の異動で注目すべきは、淮嶺等兩稅使となっていて、新たに嶺南道を管轄地とする點である。元和六年創設時の揚子留後、淮南・浙西・浙東・宣歙・福建等道兩稅使は、八年に淮南・浙西・浙東・宣歙・福建・嶺南等道兩稅使となり、江陵留後、荊南・山南東道・鄂岳・江西・湖南・嶺南等兩稅使は嶺南の管轄を外して、江陵留後、荊南・山南東道・鄂岳・江西・湖南等兩稅使に再編されたとみてよい。この再編に對應して、あらためて崔倰を淮嶺已來兩稅使、崔祝を荊南已來兩稅使に任命したものとみてよい。

○崔倰　崔倰（七五三～八二三）、字は德長。博陵の崔氏。恩蔭によって官界に入り、鹽鐵轉運使李巽の還任により河陰院鹽鐵留後となり、膳部郎中・荊南等兩稅使、のち潭州刺史・蘇州刺史をへて、元和十五年（八二〇）、戶部侍郎・判度支、鳳翔節度使・河南尹をへたのち、戶部尙書を以て致仕し、翌年死去。『舊唐書』卷一一九・『新唐書』卷一四二に立傳する。

○崔梲　崔梲の經歷は未詳。『新唐書』卷七十二下宰相世系表二下博陵安平崔氏第二房中に戶部郎中崔淸の子殿中侍御史崔梲の名がある。

④十二年正月播又奏　本節校訂①に記したように、この上奏は元和十二年正月甲申（二十四日）に行なわれた。文中「軍興」とは、元和九年（八一四）の彭義節度使吳少陽の死を機に、子の吳元濟が淮西で起こした反亂を言う。反亂は元和十二年（八一七）十月に吳元濟が降伏することで終息した。なお、反亂の詳しい經過は、『舊唐書』卷一四五吳元濟傳に記述する。

⑤頃者至而知　劉晏の事績については、〈原文〉五三參照。そこには「自此歲運米數十萬石、自江淮北列置巡院、搜擇能吏以主之、廣牢盆以來商賈。凡所制置、皆自晏始」とあり、劉晏が設置したのは「租庸」使ではなく「巡院」である。地方の事情に精通したことについては、『舊唐書』卷一二三劉晏傳に「其所領要務、必一時之選、故晏沒後二十餘年、韓洄・元琇・裴腆・包佶・盧徵・李衡繼掌財賦、皆晏故吏。其部吏居數千里之外、奉教令如在目前、雖寢興宴語、而無欺紿、四方動靜、莫不先知、事有可賀者、必先上章奏」とある。

⑥請令至勘問　程异の任務については、『冊府元龜』卷四八四邦計部經費元和十二年正月甲申條上奏では、「……伏望遣臣副使程异、特以詔命、出巡江淮、其諸州府上供錢米、如妄託水旱、輒有破除。伏請委程异、一切勘實聞奏。其度支戶部幷臣當司、合送上都行營錢物、幷令急切催促。其遠年逋欠、亦委具可徵之數聞奏。從之。因令异與淮南・浙東・宣歙・江西・河（私案當作湖）南・嶺南桂管・福建等道觀察使計會、各減常用去浮費、取其羨助軍」とあり、より具體的である。勘問の內容は、江淮諸州から中央へ送られるべき錢物・穀物が自然災害を口實に虛僞によって帳簿上抹消されているのを問いただし、現物を確認して報告することである。

またこの上奏によれば、鹽鐵・度支・戶部三司が長安の軍營に送るべき錢物を嚴格に督促すること、さらに長年未納狀態にある稅賦のうち徵收可能な額を報告することを程异の任務としている。これを基礎に、かれは、淮南・浙東・宣歙・江西・湖南・嶺南桂管・福建等の觀察使と協議し、經費削減をつうじて供軍錢百八十五萬貫を上進しえたのである。

⑦聞五至以進　程异の江淮派遣についての概要については、本節注釋⑥參照。また『舊唐書』卷一三五程异傳に「時淮西用兵、國用不足、异使江表以調征賦、且諷有土者以饒羨入貢、至則不剝下、不浚財、經費以贏、人頗便之。由是專領鹽鐵轉運使・兼御史大夫」とある。

この時の江淮側の對應について、淮南節度使の對應は、『冊府元龜』卷四八五邦計部濟軍に「李鄘、憲宗時爲淮南節度使。元和十一年、以軍興、進絹三萬疋・金五百兩・銀三千兩、以助軍。十二年、又進助軍絹三萬匹。時朝廷以兵興國用不足、命鹽鐵副使程异、乘驛諭江淮諸道、俾助軍。鄘以境內富貴、乃大籍府庫、一年所蓄之外、咸貢於朝。諸道以鄘爲倡首、悉索以獻。自是、王師無匱乏之憂（又元和十二年、至自江南、得供軍錢一百八十五萬貫以進）」とあり、湖南觀察使の對應について、『冊府元龜』卷六七四牧守部公正に「韋貫之、憲宗時爲湖南觀察使。時兩河留兵、國用不足。鹽鐵副使程异、使諸道督課財賦、异所至州郡、皆諷令掊拾進獻。貫之謂、兩稅外、不忍橫賦加人。所獻未足异意、遂率屬部內六州留錢以繼獻。因是罷爲太子詹事・分司東都」とある。

⑧其年至代之　この人事については、『舊唐書』卷十五憲宗本紀下元和十二年六月己未（一日）條に「以衞尉卿程异爲鹽鐵使、代王播。時异爲鹽鐵

使副、自江南收拾到供軍錢一百八十五萬以進、故得代播」とある。通釋はこの日付による。

⑨**十四至代之**　この人事については、『舊唐書』卷十五憲宗本紀下元和十四年四月條に「辛未（二十四日）工部侍郎同平章事諸道鹽鐵轉運使程异卒。……五月戊寅朔、以刑部侍郎柳公綽、充鹽鐵轉運等使」とあり、『舊唐書』卷一六五柳公綽傳に「十一年、入爲給事中。李師道歸朝、遣公綽往鄆州宣諭。使還、拜京兆尹、以母憂免。十四年、起爲刑部侍郎、領鹽鐵轉運使」とある。五月一日の就任である。通釋はこの日付による。

⑩**長慶初王播復代公綽**　この人事については、『舊唐書』卷十六穆宗長慶元年二月壬申（十五日）條に「以劍南西川節度使王播爲刑部尙書、充鹽鐵轉運使」とある。通釋はこの日付による。

それぞれの事情については、『舊唐書』卷一六五柳公綽傳に「十四年、起爲刑部侍郎、領鹽鐵轉運使。轉兵部侍郎・兼御史大夫、領使如故。長慶元年、罷使、復爲京兆尹・兼御史大夫」とあり、また『舊唐書』卷一六四王播傳に「穆宗卽位、皇甫鎛貶、播累表求還京師。長慶元年七月、徵還、拜刑部尙書、復領鹽鐵轉運等使。十月、兼中書侍郎・平章事、領使如故」とある。

⑪**四年王涯以戶部侍郎代播**　この人事については、『舊唐書』卷十七上敬宗本紀上長慶四年四月甲申（五日）條に「以御史大夫王涯爲戶部尙書、兼御史大夫、充鹽鐵轉運等使」とあり、『舊唐書』卷一六九王涯傳に「三年、入爲御史大夫。敬宗卽位、改戶部侍郎・兼御史大夫、充鹽鐵轉運使、俄遷禮部尙書、充職」とある。通釋は四月五日の日付による。

⑫**敬宗初播復以鹽鐵使爲揚州節度使**　敬宗は、第十三代皇帝李湛（八〇九～八二六、在位八二四～八二六）、『舊唐書』卷十七上、『新唐書』卷八に本紀があり、治世の大事を記す。この人事については、『舊唐書』卷十七敬宗本紀寶曆元年正月乙卯（十一日）條に「以僧孺檢校禮部尙書・同平章事・鄂州刺史、充武昌軍節度・鄂岳觀察使。淮南節度使王播兼諸道鹽鐵轉運使。於鄂州特置武昌軍額、寵僧孺也」とある。通釋はこの日付による。

またその政治的な背景と鹽鐵轉運使としての王播の活動については、『舊唐書』卷一六四王播傳に「敬宗卽位、就加銀青光祿大夫・檢校司空、罷鹽鐵轉運使。時中尉王守澄用事、播自落利權、廣求珍異、令腹心吏內結守澄、以爲之助。守澄乘間啓奏、言播有才、上於延英言之。諫議大夫獨孤朗・張仲方・起居郎孔敏行・柳公權・宋申錫・補闕韋仁實・劉敦儒・拾遺李景讓・薛廷老等、請開延英面奏播之姦邪、交結寵倖、復求大用。天子沖幼、不能用其言。自是、物議紛然不息。明年正月、播復領鹽鐵轉運使。播既得舊職、乃於銅鹽之內、巧爲賦斂、以事月進、名爲羨餘、其實正額、務希獎擢、不恤人言。時揚州城內官河水淺、遇旱卽滯漕船、乃奏自城南閶門西七里港開河向東、屈曲取禪智寺橋通舊官河、開鑿稍深、舟航易濟、所開長一十九里、其工役料度、不破省錢、當使方圓自備、而漕運不阻。後政賴之」とある。

⑬**文宗卽位入覲以宰相判使**　入覲は、諸侯・地方官が京師に出かけて天子・皇帝に朝見すること。この間の事情については、『舊唐書』卷十七文宗本紀上大和元年條に「五月壬戌朔、……甲申（二十三日）、淮南節度・鹽鐵轉運等使王播來朝。……六月辛卯朔……癸巳（三日）、以淮南節度副大使知節度事・管內營田觀察處置臨海監牧等使、兼諸道鹽鐵轉運等使・銀青光祿大夫・檢校司空・同中書門下平章事・揚州大都督府長史・上柱國・太原縣開國伯食邑七百戶王播可尙書左僕射・同中書門下平章事、依前充諸道鹽鐵轉運使。以御史大夫段文昌代播爲淮南節度使」とあり、『舊唐書』卷一六四王播傳にも「文宗卽位、就加檢校司徒。大和元年五月、自淮南入覲、進大小銀盌三千四百枚・綾絹二十萬匹。六月、拜尙書左僕射・同平章事、領使如故」とある。

〔通釈〕

元和七年（八一二）四月二十四日、王播が上奏し、「去年の鹽利收入は、峽内の鹽利を除いて、六八五萬錢、實估による計上です」と報告した。さらに五月、商人には戸部・度支・鹽鐵三司でのみ飛錢を許すよう上奏した。これを「便換」と言う。

元和八年（八一三）、崔倰を揚子留後・淮南嶺南等兩稅使に任命し、崔柷を江陵留後・荊南等兩稅使に任命した。

元和十二年（八一七）正月二十四日、王播がまた上奏し、「戰亂時には、財政が切迫します。近ごろ劉晏が鹽鐵轉運使であった時、自ら全て租庸使（巡院）を配置したので、地方政治の善惡、錢帛・穀物の利害、反物の虛估・實估に至るまで、全てを把握しておりました。現在私は、長安で執務しており、自ら赴くことはできません。私の副使である程异を派遣して江淮地方を巡回させ、江淮の州府が上供する錢帛と穀物について、その全容を調査させたく願いあげます」と提案した。皇帝はこれを許した。閏五月、程异が江淮地方に到着し、錢一八五萬貫を獲得し、皇帝に獻上した。

同年六月一日、王播が守禮部尚書となったので、代って衛尉卿程异を鹽鐵轉運使とした。元和十四年（八一九）四月二十四日、程异が亡くなると、五月一日、刑部侍郎柳公綽をその後任とした。長慶元年（八二一）二月十五日、王播がまた柳公綽に代ってその後任となった。

長慶四年（八二四）四月五日、戸部侍郎王涯が、王播に代って鹽鐵轉運使となった。敬宗の寶曆元年（八二五）正月十一日、王播がまた鹽鐵使の職にあって揚州節度使となった。文宗が卽位すると、大和元年（八二七）五月二十三日入覲し、六月三日、宰相の位にあって鹽鐵轉運使を管轄した。

〔原文〕六〇

其後、王涯復判二使、表請使茶山之人、移植根本、舊有貯積、皆使焚棄。天下怨之。九年、涯以事誅、而令狐楚以尙書左僕射①主之。以是年茶法大壞、奏請付州縣、而入其租于戸部。人人悅焉。

開成元年、李石以中書侍郎判收茶法、復貞元之制也。

三年、以戸部尙書同平章事楊嗣復主之、多革前監院之陳事。

開成三年至大中壬申、凡一十五年、多任以元臣、以集其務。崔珙自刑部尙書拜、杜悰以淮南節度領之、既而皆踐公台。薛元賞李執方盧弘正馬植敬晦五人、於九年之中、相踵理之、植亦自是居相位。

〔校訂〕

①**尙書左僕射**　標點本・諸本もと「戸部尙書右僕射」に作る。『唐會要』卷八十七轉運鹽鐵總敍條もまた同文に作る。唐代官制では、尙書省長官は尙書令（正二品）、次官は左右僕射（從二品）であり、太宗が秦王時代に尙書令となったので、尙書令は闕官となった（『大唐六典』卷一尙書都省條）。左右僕射は、實質上尙書省長官であり、六部尙書を統括する。したがって戸部尙書・右僕射の官銜はあり得ない。戸部二字衍文である。本志・會要ともに「戸部尙書右僕射」に作ることから見て、藍本會要の段階で

戸部二字を誤衍したとみるべきである。

また本志下文の〔原文〕七三等、令狐楚の官銜を左僕射に作る。『舊唐書』卷一七二令狐楚傳に「（大和九年）十一月、李訓兆亂、京師大擾。訓亂之夜、文宗召右僕射鄭覃與楚、宿于禁中、商量制敕、上皆欲用爲宰相」とあり、また『舊唐書』卷一七三鄭覃傳に「（大和九年）十月、遷尙書右僕射・兼判國子祭酒。（李）訓・（鄭）注伏誅、召覃入禁中、草制敕。明日以本官同平章事、封滎陽郡公、食邑二千戸」とあって、令狐楚が尙書左僕射、鄭覃が尙書右僕射であることは動かない。本志・會要ともに「戸部尙書右僕射」に作るのは編纂上の誤りであり、ここに令狐楚の官銜を「尙書左僕射」に訂正する。

〔訓讀〕

其の後、王涯、復た二使を判し①、表請して茶山の人をして根本を移植せしめ、舊と貯積有るもの、皆な焚棄せしむ②。天下、之を怨む。九年、涯、事を以て誅せられ③、而して令狐楚、尙書左僕射を以て之を主る。是の年、茶法大いに壞《こわ》るるを以て、奏請して州縣に付し、而して其の租を戸部に入れしむ④。人人焉れを悅ぶ。

開成元年、李石、中書侍郎を以て茶法を判收し、貞元の制に復す⑤。三年、戸部尙書・同平章事楊嗣復を以て之を主らしめ⑥、多く前監院の陳事を革《あらた》む。

開成三年より大中壬申に至るまで、凡そ一十五年、多く任ずるに元臣を以てし、以て其の務を集《な》さしむ。崔珙、刑部尙書自り拜し⑦、杜悰、淮南節度を以て之を領し⑧、既にして皆な公台を踐む⑨。薛元賞・李執方・盧弘正・馬植・敬晦五人、九年の中に於て、相い踵《つ》ぎ之を理め⑩、植も亦た是れ自り相位に居る⑪。

〔注釋〕

①**其後王涯復判二使**　この人事については、『舊唐書』卷十七下文宗本紀下大和四年（八三〇）正月條に「甲午（十九日）、守左僕射・同平章事・諸道鹽鐵轉運使王播卒。丙申（二十一日）、以太常卿王涯爲吏部尙書、充諸道鹽鐵轉運使」とあり、大和四年正月二十一日のことである。王涯は、こののち大和九年十月二十一日の甘露の變で殺されるまで、その任にあった。

②**表請至焚棄**　王涯の榷茶法奏請の時期について、『舊唐書』卷十七下文宗本紀下大和九年十月乙亥（三日）條に「王涯獻榷茶之利、乃以涯爲榷茶使。茶之有榷税、自涯始也」とあり、『新唐書』卷六十三宰相表下大和九年條にも「十月乙亥、涯兼諸道鹽鐵榷茶使」とある。これらにより、榷茶法の提案は、大和九年十月三日の王涯の諸道鹽鐵榷茶使就任前になされたものであることがわかる。『舊唐書』卷一六九王涯傳に「九年五月、正拜司空、仍令所司册命、加開府儀同三司（按『舊唐書』文宗本紀大和九年五月條云、辛巳（十三日）宰相王涯册拜司空）、仍兼領江南榷茶使」とあり、王涯は、先だつ五月十三日に江南榷茶使に任命されている。その事情について、『新唐書』卷一七九王涯傳に「以本官同中書門下平章事、合度支・鹽鐵爲一使、兼領之。乃奏罷京畿榷酒錢以悅衆。俄檢校司空、兼門下侍郎。罷度支、眞拜司空。始變茶法、益其税以濟用度、下益困、而鄭注亦議榷茶、天子命涯爲使、心知不可、不敢爭」とある。これらの

史料によって、本條の奏請は、「始めて茶法を變じ」た五月の司空拜命、江南榷茶使兼任時のことであり、その後鄭注の榷茶使設置の上奏をうけて、王涯の榷茶使就任となったと考えるべきである。

王涯の榷茶法の目的は、前掲『新唐書』本傳にもあるように、茶税を增額して財政狀況を改善することにあった。しかしその內容は、茶山に植えられていた以前の茶樹を廢棄し、官が設置する茶場に根本（茶樹）を移植させ、その茶葉を摘んで茶を生産するもので、直接的生産の次元で國家統制をくわえて專賣利益を獨占するものであった。人びとの怨みをかったのも無理はない。この點については、本志後文〔原文〕七三の令狐楚上奏に詳しいのであらためて參照する。

③九年涯以事誅　宦官を排除しようとした王涯等宰相・官人層が、これを察知した宦官によって、逆に誅滅された「甘露の變」を言う。「甘露の變」の經過については、『舊唐書』卷十七下文宗本紀下大和九年十一月壬戌（二十一日）條に「中尉仇士良率兵誅宰相王涯・賈餗・舒元輿・李訓、新除太原節度王璠、郭行餘・鄭注・羅立言・李孝本・韓約等十餘家、皆族誅。時李訓・鄭注謀誅內官、詐言金吾仗舍石榴樹有甘露、請上觀之。內官先至金吾仗、見幕下伏甲、遽扶帝輦入內、故訓等敗、流血塗地。京師大駭、旬日稍安」とある。

④令狐至戸部　王涯の榷茶法廢止については、『舊唐書』卷十七下文宗本紀下大和九年十二月壬申朔條に「諸道鹽鐵轉運榷茶使令狐楚奏榷茶不便於民、請停、從之」とあり、十二月一日であることがわかる。甘露の變の一連の收拾過程のなかでだされた措置である。『舊唐書』卷一七二令狐楚傳にも「十一月、李訓兆亂、京師大擾。訓亂之夜、文宗召右僕射鄭覃與楚宿于禁中、商量制敕、上皆欲用爲宰相。楚以王涯・賈餗冤死、敍其罪狀浮泛、仇士良等不悅、故輔弼之命移於李石。乃以本官領鹽鐵轉運等使。先是、鄭注上封置榷茶使額、鹽鐵使兼領之、楚奏罷之、曰、……上以彰陛下愛人之德、下以竭微臣憂國之心。遠近傳聞、必當感悅。從之」とある。

○令狐楚　令狐楚（七六五～八三七）、字は殼士。敦煌（甘肅省敦煌縣）の人。貞元七年、進士及第。元和十四年、累遷して中書侍郎・同平章事、穆宗朝に宣歙觀察使、大和七年、吏部尙書、のち尙書左僕射に進み、開成元年、山南西道節度使を拜命し、翌年死去。『舊唐書』卷一七二、『新唐書』卷一六六に立傳する。

⑤開成至制也　李石は、大和九年十一月乙丑（二十四日）、戸部侍郎・判度支・同中書門下平章事となり、翌開成元年正月甲子（二十七日）中書侍郎となり、四月甲午（二十五日、『舊唐書』文宗本紀は丙申二十七日）、鹽鐵使を兼ね、開成二年十一月壬戌（二日）、鹽鐵使を辭めている（『新唐書』宰相表下）。

茶法を管掌したのは、『舊唐書』卷十七下文宗本紀開成元年四月丙申（二十七日）條に「李固言判戸部事。李石判度支、兼諸道鹽鐵轉運使」とあるように、諸道鹽鐵轉運使を兼ねるようになった開成元年四月のことであろう。李石はまた、『舊唐書』卷一七二李石傳に「開成元年、改元、大赦。石等商量節文、放京畿一年租稅、及正・至・端午進奉、竝停三年、其錢代充百姓紐配錢。諸道除藥物・口味・茶菓外、不得進獻。諸司宣索製造、竝停三年」とあり、進奉・宣索の停止や貢獻物の見直しを行なっている。

○李石　李石（?～八四六?）、字は中玉、隴西（甘肅省隴西縣）の人。唐の宗室。元和十三年、進士及第。大和九年、權京兆尹から戸部侍郎・同平章事、武宗朝に檢校司空、河東節度使、檢校吏部尙書となり、東都留守在任中に死亡、六十二歲。『舊唐書』卷一七二、『新唐書』卷一三一に立傳する。

○判收茶法　『唐會要』卷八十七轉運鹽鐵總敍も全く同文である。判收二字文意やや通じがたい。おそらく收字は改字の譌誤、「判二使改茶法」のような文章であったろう。加藤繁譯注下巻一七七（一五〇頁）は「收は、唐會要巻八七にも收に作れども、使の誤なること明なり」とし、「李石、中書侍郎を以て收〔使〕を判す。茶法、貞元の制に復するなり」と訓じている。是非を決め難いので、原文によって訓讀し、通釋を加える。

○復貞元之制　貞元の茶法とは、貞元九年（七九三）正月二十四日、鹽鐵使張滂の奏請によって創始された茶法を言う。『舊唐書』巻十三德宗本紀下貞元九年正月條に「癸卯（二十四日）、初稅茶。歲得四十萬貫。從鹽鐵使張滂所奏。茶之有稅、自此始也」とある。その具體は本志下文、六「雜稅」に記述するので、ここでは省略する。

⑥**三年以戶部尚書同平章事楊嗣復主之**　楊嗣復が茶法を管轄したことについては、『冊府元龜』巻四八三邦計部總序にも「三年、諸道轉運鹽鐵使戶部尚書楊嗣復以本官平章事、主茶法。多革錢穀鹽院之陳事」とある。楊嗣復が茶法を管轄した時期は、宰相を兼任してからのことである。楊嗣復が宰相になったのは、『舊唐書』巻十七下文宗下開成三年正月戊辰（九日）條に「以諸道鹽鐵轉運使・正議大夫・守戶部尚書・上柱國・宏農郡開國伯・食邑七百戶・賜紫金魚袋楊嗣復可本官同中書門下平章事」とあって、開成三年正月九日である。茶法の管轄は、開成三年正月九日以後のことである。

なお、楊嗣復の鹽鐵轉運使在任期間については、『舊唐書』巻十七下文宗下開成二年十月條に「甲寅（二十四日）、敕鹽鐵・戶部・度支三使下監院官、皆郎官・御史爲之。使雖更改、院官不得移替。如顯有曠敗、卽具事以聞。己未（二十九日）、以前西川節度使楊嗣復爲戶部尚書、充諸道鹽鐵轉運使」とあり、また『新唐書』巻六十三宰相表下開成三年條には「正月戊辰、戶部尚書・諸道鹽鐵轉運使楊嗣復、戶部侍郎・判戶部李玨竝同中書門下平章事。……七月戊辰（十三日）、嗣復罷鹽鐵使」とある。楊嗣復が鹽鐵使の任にあったのは、開成二年十月二十九日から三年七月十三日までの約九箇月である。

茶法を管轄し、錢穀財物や「監院の陳事」を改革したのは、この約九箇月間であるが、具體的な史料はない。ただ前掲の鹽鐵轉運使就任直前の十月二十四日の敕文は、三司使下の監院官については、使職にある長官が交替しても、その任に留まるよう命じており、監院制度についての見直しが行なわれている。楊嗣復の監院改革はこの流れを承けたものであろう。

諸道鹽鐵轉運使としての楊嗣復の事績については、別に『舊唐書』巻一七六楊嗣復傳に「開成二年十月、入爲戶部侍郎、領諸道鹽鐵轉運使。三年正月、與同列李玨竝以本官同平章事、領使如故。進階金紫・弘農伯・食邑七百戶。上以幣輕錢重、問鹽鐵使何以去其太甚。嗣復曰、此事累朝制置未得、但且禁銅、未可變法。法變擾人、終亦未能去弊。李玨曰、禁銅之令、朝廷常典、但行之不嚴、不如無令。今江淮已南、銅器成肆、市井逐利者、銷錢一緡、可爲數器、售利三四倍。遠民不知法令、率以爲常。縱國家加鑪鑄錢、何以供銷鑄之弊。所以禁銅之令、不得不嚴」とある。錢重物輕問題に對する對應策として、銅禁令を提案している。

○楊嗣復　楊嗣復（七八三～八四八）、字は繼之、尚書僕射楊於陵の子である。二十歲で進士及第。長慶元年に中書舍人、文宗朝に戶部侍郎鹽鐵轉運使、ついで開成三年、同中書門下平章事となり、武宗朝に湖南觀察使に出、宣宗が卽位すると吏部尚書に召されたが、歸途病沒した。『舊唐書』巻一七六、『新唐書』巻一七四に立傳する。

⑦**崔珙自刑部尚書拜**　崔珙の鹽鐵轉運等使就任時期について、『舊唐書』巻十八上武宗本紀開成五年二月條に「上御正殿、降德音、以開府・右軍中尉仇士良封楚國公、左軍中尉魚弘志爲韓國公。太常卿崔鄲、戶部尚書

判度支崔珙竝本官同中書門下平章事」とあり、戶部尙書判度支崔珙の同中書門下平章事就任が、開成五年二月であることがわかる。また『新唐書』巻六十三宰相表下開成五年（八四〇）五月己卯（四日）條には「（楊嗣復罷、守吏部尙書。刑部尙書・諸道鹽鐵轉運使・刑部尙書（私案此四字重複疑衍）崔珙同中書門下平章事」とあって、二月以後、五月四日までに、戶部尙書判度支から刑部尙書鹽鐵轉運使に轉任したことがわかる。刑部尙書からの宰相就任を述べる本條は、宰相表に云う開成五年五月四日のことである。

○崔珙　崔珙（?～八四九?）、博陵安平（河北省安平縣）の人。大和初年、泗州刺史に累遷し、のち徐州刺史・武寧軍節度使、開成初年、京兆尹となり、開成五年、刑部尙書・同平章事、宣宗大中初年に鳳翔節度使となる。『舊唐書』巻一七七、『新唐書』巻一八二に立傳する。

⑧**杜悰以淮南節度領之**　杜悰の淮南節度使就任は、『新唐書』本傳に「會昌初、爲淮南節度使」とあり、會昌初年のことである。鹽鐵轉運使就任ならびに宰相就任については、『舊唐書』巻十八上武宗本紀會昌四年（八四四）七月條に「以淮南節度使・檢校司空杜悰守尙書右僕射・兼門下侍郎・同平章事、仍判度支、充鹽鐵轉運等使」とあり、『新唐書』巻六十三宰相表下會昌四年條に「閏七月壬戌（十一日）、淮南節度使・檢校尙書右僕射・駙馬都尉杜悰爲尙書右僕射兼中書侍郎・同中書門下平章事・諸道鹽鐵轉運使」とある。兩書の官職名、日付に若干の異同はあるが、宰相就任の日時は、會昌四年七月に守尙書右僕射・兼門下侍郎・同平章事・判度支・充鹽鐵轉運等使となり、同年閏七月十一日に尙書右僕射兼中書侍郎・同中書門下平章事・諸道鹽鐵轉運使となっている。これらによれば、七月の宰相就任と鹽鐵轉運使任命は同日である。

○杜悰　杜悰（七九四～八七三）、杜佑の孫。大和六年、累遷して京兆尹となり、開成初年、工部尙書判度支、開成三年、戶部尙書・判戶部・度支事、會昌四年、中書侍郎・同平章事となる。大中初年、劍南西川節度使となり、懿宗朝末年に檢校司徒・荊南節度使となり、在任中死去。『舊唐書』巻一四七、『新唐書』巻一六六に立傳する。

⑨**既而皆踐公台**　既而は、やや時がたっての意。公台は漢制の太尉・司徒・司空の三公にもとづく表現で、唐代の宰相（同中書門下平章事等）を言う。『後漢書』胡廣列傳第三十四に「自在公台三十餘年、歷事六帝」とあり、その李賢注に「廣以順帝漢安元年爲司空、至靈帝熹平元年薨、三十一年也」とある。

⑩**薛元至理之**　會昌四年（八四四）から大中六年（八五二）まで、九年間の鹽鐵轉運使就任者は、嚴耕望『唐僕尙丞郎表』巻十四輯考四附考下「諸道鹽鐵轉運等使」條の考證を參考にまとめれば、以下のとおり。

○薛元賞　會昌五年（八四五）、工部尙書・諸道鹽鐵轉運使就任、六年四月解任（嚴耕望）。『新唐書』巻一九七循吏傳に立傳する。

○李執方　會昌六年（八四六）、諸道鹽鐵轉運使就任（嚴耕望）。兩『唐書』に立傳無し。

○盧弘正　大中初年（八四七?）、戶部侍郎・鹽鐵轉運使就任。『舊唐書』巻一六三盧弘正傳に「大中初、轉戶部侍郎、充鹽鐵轉運使。前是、安邑・解縣兩池鹽法積弊、課入不充。弘正令判官司空輿、至池務檢察、特立新法、仍奏輿爲兩池使。三年、課入加倍、其法至今賴之。檢校戶部尙書、出爲徐州刺史・武寧軍節度使・徐泗濠觀察等使」とある。なお、同様の記事が、『舊唐書』巻一九〇下司空輿傳に「大中初、戶部侍郎盧弘正領鹽鐵、奏輿爲安邑兩池榷鹽使・檢校司封郎中。先是、鹽法條例疏闊、吏多犯禁。輿乃特定新法十條奏之、至今以爲便」とある。盧弘正については、『舊唐書』巻一六三、『新唐書』巻一七七（盧弘止傳）に立傳する。

○馬植　會昌六年（八四六）四月六日、刑部侍郎・充諸道鹽鐵轉運使就任。

『舊唐書』巻十八下宣宗本紀會昌六年條に「四月、……丙子（六日）、……以中散大夫・大理卿馬植爲金紫光祿大夫・刑部侍郎、充諸道鹽鐵等使」とある。嚴耕望は、大中二年二月とする。馬植については、『舊唐書』巻一七六、『新唐書』巻一八四に立傳する。

○敬晦　大中四年（八五〇）もしくは三年末、刑部侍郎・鹽鐵轉運使就任（嚴耕望）。『新唐書』巻一七七循吏傳本傳に「大中中、歴御史中丞・刑部侍郎・諸道鹽鐵轉運使・浙西觀察使。時南方連饉、有詔弛榷酒茗、官用告乏、晦處身儉勤、貲力遂充」とある。

⑪植亦自是居相位　馬植が鹽鐵轉運使就任の後、宰相位に就いたことについて、『舊唐書』巻十八下宣宗本紀會昌六年（八四六）條に「四月、……丙子（六日）、……以中散大夫・大理卿馬植爲金紫光祿大夫・刑部侍郎、充諸道鹽鐵等使。……六月、以戸部侍郎・充諸道鹽鐵轉運使馬植本官同平章事」とあるように、會昌六年四月、鹽鐵轉運使就任、同年六月、同平章事就任となっている。ただ、同巻大中二年（八四八）三月己酉條にも「以禮部尚書・鹽鐵轉運使馬植本官同平章事」とある。『舊唐書』巻一七六馬植傳には、「宣宗即位、宰相白敏中與德裕有隙、凡德裕所薄者、必不次拔擢之、乃加植金紫光祿大夫、行刑部侍郎、充諸道鹽鐵轉運使。轉戸部侍郎、領使如故。俄以本官同平章事、遷中書侍郎、兼禮部尚書」とあって、會昌六年六月に「戸部侍郎・充諸道鹽鐵轉運使・平章事」、大中二年三月に「禮部尚書・鹽鐵轉運使・同平章事」と記し、本官の異動を明記したものであろう。なお『新唐書』巻六十三宰相表下大中二年正月條に「己卯（十八日）、刑部侍郎・諸道鹽鐵轉運使馬植同中書門下平章」との記事があるが、馬植の本官を刑部侍郎としており、會昌六年の記事を誤って大中二年に繫年したものと考えられる。

〔通釋〕

その後大和九年（八三五）十月、王涯がふたたび度支使・鹽鐵轉運使となり、上表して茶戸に茶樹を官場に移植させ、もともと蓄積していた茶を全て焼却させた。天下の人びとは、これを怨んだ。大和九年十一月二十一日、王涯が甘露の變によって誅殺され、令狐楚が尚書左僕射の官にあって鹽鐵轉運使の職務を掌った。この年、茶法が崩壊してしまったので、十二月一日、令狐楚は、上奏して州縣に茶法を管轄させ、茶租を戸部に納入させることとした。人びとは得心した。

開成元年（八三六）四月二十七日、李石が中書侍郎・鹽鐵轉運使となり、茶法を管轄し、貞元九年の制度に戻した。

開成三年（八三八）、諸道轉運鹽鐵使・戸部尚書・同平章事楊嗣復が茶法を管轄し、監院に關する古い規定を大いに改革した。

開成三年から大中六年（八五二）までのおよそ十五年間、おおむね重臣を任命して、鹽鐵轉運使の職務を全うさせた。崔珙は、開成五年（八四〇）二月、刑部尚書の位にあって鹽鐵轉運使を拜命し、杜悰は、會昌四年（八四四）七月、淮南節度使の位にあって鹽鐵轉運使を管轄し、やや時がたってのち、ともに宰相の位についた。薛元賞・李執方・盧弘正・馬植・敬晦の五人は、九年の間に、あいつぎ鹽鐵轉運使に就任した。馬植もまた、鹽鐵轉運使から宰相の位についた。

〔原文〕六一

大中五年二月、以戸部侍郎裴休爲鹽鐵轉運使。明年八月、以本官同平章事①、依前判使。始者、漕米歳四十萬斛、其能至渭倉者、十不三四。漕吏狡蠹、敗溺百端、官舟之沉、多者歳至七十餘隻。緣河姦犯、大紊晏法。休使僚屬按之、委河次縣令董之。自江津達渭、以四十萬斛之傭、計緡二十八萬、悉使歸諸漕吏。巡院胥吏、無得侵牟。舉之爲法、凡十事、奏之。六年五月、又立稅茶之法、凡十二條、陳奏、上大悅。詔曰、裴休興利除害、深見奉公。盡可其奏。由是三歲漕米至渭濱、積一百二十萬斛、無升合沉棄焉。

〔校訂〕

①以本官同平章事　標點本・百衲本・殿本もと「以本官平章事」に作る。『唐會要』巻八十七轉運鹽鐵總敍もまた同じ。平章事では通じない。合鈔本は「以本官同平章事」に作る。また『舊唐書』巻一七七裴休傳には「六年八月、以本官同平章事、判使如故」とある。いま合鈔本により、同字を補う。

〔訓讀〕

大中五年二月、戸部侍郎裴休を以て鹽鐵轉運使と爲す。① 明年八月、本官を以て同平章事とし、前に依りて使を判す。② 始め、漕米、歲ごとに四十萬斛、其の能く渭倉に至るもの、十に三四ならず。漕吏狡蠹にして、敗溺すること百端、官舟の沉むもの、多きは歲ごとに七十餘隻に至る。緣河の姦犯、大いに晏の法を紊す。休、僚屬をして之を按ぜしめ、河次の縣令に委ねて之を董《おさ》めしむ。江津自り渭に達するまで、四十萬斛の傭を以て、緡を計うるに二十八萬、悉く諸れを漕吏に歸せしむ。巡院胥吏、侵牟するを得ること無し。之を舉げて法を爲ること、凡そ十事、之を奏す。③ 六年五月、又た稅茶の法を立つること、凡そ十二條、陳奏するに、上、大いに悅ぶ。詔して、裴休、利を興し害を除き、深く奉公を見《あら》わす、と曰い、盡く其の奏を可とす。④ 是れに由り三歲の漕米、渭濱に至るもの、一百二十萬斛を積み、升合の沉棄無し。

〔注釋〕

①大中至運使　裴休の鹽鐵轉運使就任については、『舊唐書』巻十八下宣宗本紀大中五年（八五一）二月條に「二月、戸部侍郎裴休充諸道鹽鐵轉運等使」とある。なお『新唐書』巻六十三宰相表下大和八年條に「十一月乙酉（四日）、休罷使」とあり、大和八年十一月まで、およそ四年間在任したことがわかる。

○裴休　裴休、字は公美、河内郡濟源（河南省濟源縣）の人。科擧出身。武宗朝に尚書郎から刺史を歷任し、宣宗大中五年に戸部侍郎鹽鐵轉運使、六年に禮部尚書同平章事（宰相）、十年に宣武軍節度使。のちいくつかの節度使を歷任したのち、懿宗朝咸通初年に戸部尚書、吏部尚書を歷任して死去。本志に見るように大中年間に漕運法・茶法を改革し、財務運營のたてなおしをはかった。『舊唐書』巻一七七、『新唐書』巻一八二に立傳する。

②明年至判使　同平章事は、「同中書門下平章事」の略稱、三省長官以外の官人が宰相となるときに與えられる肩書である。

裴休の同平章事（宰相）就任については、『舊唐書』卷十八下宣宗本紀大中六年（八五二）四月條に、「以禮部尙書・諸道鹽鐵轉運等使裴休可本官同平章事」とあり、四月に記述していて、本條と矛盾する。ただ、『舊唐書』卷一七七裴休傳に「大中初、累官戶部侍郎、充諸道鹽鐵轉運使。轉兵部侍郎・兼御史大夫、領使如故。六年八月、以本官同平章事、判使如故」とあり、また『新唐書』卷六十三宰相表下大中六年條に「八月、禮部尙書・諸道鹽鐵轉運使裴休本官同中書門下平章事、使如故」とある。裴休の同平章事就任が大中六年八月であり、ここに云う本官は禮部尙書であることは、疑いない。本紀の四月は誤りである。

③始者至奏之　本節の漕運にかかわる政策については、『舊唐書』卷一七七裴休傳に「自大和已來、重臣領使者、歲漕江淮米不過四十萬石、能至渭河倉者十不三四。漕吏狡蠹、敗溺百端。官舟沉溺者歲七十餘隻。緣河姦吏、大紊劉晏之法。洎休領使、分命僚佐、深按其弊。因是所過地里、悉令縣令、兼董漕事、能者奬之。自江津達渭口、以四十萬之傭、歲計緡錢二十八萬貫、悉使歸諸漕吏、巡院無得侵牟。擧新法凡十條、奏行之。又立稅茶法十二條奏行之、物議是之。初休典使三歲、漕米至渭河倉者一百二十萬斛、更無沉舟之弊」とあり、本條の通釋にあたって、參照することができる。

○始者漕米歲四十萬斛　始者とは、「そのかみ」の謂。裴休の鹽鐵轉運使就任以前に時間を戻すための語句である。具體的には『舊唐書』裴休傳に云う「自大和已來」を指す。劉晏の漕運法改革以後、鹽鐵轉運使—巡院系統をつうじて、江淮地帶から蓄積穀物を玄米に變造し、每年長安に米四十萬石を納入することが常規の定額となっていた。本志〔原文〕五七にも「舊制、每歲運江淮米五十萬斛、至河陰留十萬、四十萬送渭倉。晏歿、久不登其數、惟巽秉使三載、無升斗之闕焉」とあり、李巽が鹽鐵轉運使であった元和元年から四年にかけて、舊制の定額どおり漕運されたが、盧坦が鹽鐵轉運使であった元和六年には、早くも四十萬石の三分の二が未到着になっている（〔原文〕五八參照）。定額四十萬石の數割しか到達しなかった大和年間以來の狀況は、劉晏・李巽・裴休の鹽鐵轉運使時代を除いて、ほとんど常態であったと考えてよい。

○緣河姦犯　『舊唐書』裴休傳は「緣河姦吏」に作る。緣河の河は、黃河に限らず、下文の記述から見て、江淮の運河から黃河をへて渭水に入るまでの運河・河川の漕運路を言う。

○委河次縣令董之　江淮地方の蓄積穀物を玄米に變造し、長安に每年四十萬石輸送することは、鹽鐵轉運使—巡院系統をつうじて行なわれていた。標題の措置は、轉運使の漕運擔當吏員と巡院の胥吏による橫領を防ぐためにとられたもので、漕運路づたいの州縣系統の縣令に漕運を管理させるようにした注目すべき改革である。

　この時期、鹽鐵轉運使系統が擔う江淮漕運とは別に、大小約百餘箇所の州府から長安に兩稅錢物を輕貨に替えて上供する輸送法が行なわれていた。『唐會要』卷八十四租稅下開成四年（八三九）條に「四年十月、中書門下奏、准開成元年三月十日敕、宜令兩稅州府、各於見任官中、揀擇淸强長定綱。往來送五萬至十萬爲一綱。綱官考滿、本州便與依資奏改。通計十年往來、優成與依資選、遷當處令錄長馬。如本州官資望無相當者、許優成奏他處官者。伏以諸道有上供兩稅錢物者、大小計百餘處。舊例差州縣官充綱、亦不聞過有敗闕。若依敕以長定綱爲名、則命官不以才能、賦祿難憑僦運。況江淮財賦大州、每年差綱十餘輩、若令長定、則官員長占於此流。若祇取數人、綱運當虧其大半。臣等商量、長定綱起來年已後勒停。臣又准開成元年已前舊條、州縣官充綱送輕貨四萬已上、無欠少、不逾程限者、書上考。十萬減選一。其餘優奬、猶以稍輕。送二萬至五萬、依舊書上考。五萬至七萬、與減一

選。七萬至十萬、減兩選。十萬至十五萬、減三選。如一度充綱、優勞未足、考秩之內、情願再差者、旨條先有約絶、此後望令開許。如年少及材質不當、但令准舊例、以課料資陪、不必一例依次差遣。其餘竝望准前旨條處分。勅旨、宜依」とあり、江淮の大州から毎年十餘の輸送船團の派遣されたことがわかる。本條の縣令による漕運は、汚損・缺額がなかったと云われる兩税上供輸送を參考にしたものであろう。

④六年至其奏　裴休の税茶法については、本志下文〔原文〕七四にやや詳細を記すので、あらためて參照する。ただ本志下文には「大中六年正月、鹽鐵轉運使裴休奏」とあって、税茶法上奏の日付を正月とする。五・正、字形が近似するので、互いに誤ることが多い。是非を決める傍證が無いので、しばらく本條では五月とする。

〔通釋〕

大中五年（八五一）二月、戸部侍郎裴休を鹽鐵轉運使に任命した。翌年八月、裴休は禮部尙書・同中書門下平章事となり、從前どおり鹽鐵轉運使を管掌した。そのかみの大和年間以來、江淮漕運米の年額四十萬斛のうち、東渭橋倉に到達しえたのは、その數割にも滿たなかった。漕吏は惡知恵をはたらき、さまざまな手段で破壞・水沒させて横領し、沈沒した官船は、多い時には年間七十餘隻にものぼった。漕運路沿岸での惡事・無法は、大いに劉晏の漕運法を混亂させた。裴休が鹽鐵轉運使になると、僚屬に弊害を調査させ、漕運路づたいの縣令たちに命じて漕運を管理させた。長江の渡し場から渭水の入口に到着するまで、四十萬斛を漕運する勞賃を計算すると二十八萬貫であったが、これを全て漕吏に管理させたので、巡院の胥吏は横領することができなくなった。裴休は、これらすべてを十條の法にしあげて、上奏した。

六年五月、裴休は、さらに十二條の税茶法を制定して、上奏した。宣宗は大いに悅び、「裴休は、利益を興し弊害をとり除き、深く公につくす意義を明らかにした」と詔し、その上奏を全て裁可した。これによって、東渭橋倉に到着した漕米は、三年間で一二〇萬斛を數えることとなり、いささかの損失も出さなかったのである。

五　倉及び常平倉

〔原文〕六二

武德元年九月四日、置社倉。其月二十二日詔曰、特建農圃、用督耕耘①。思俾齊民、既庶且富②、鍾庾之量、冀同水火。宜置常平監官、以均天下之貨、市肆騰踴、則減價而出、田穡豐羨、則增價而收③。庶使公私俱濟、家給人足、抑止兼幷、宣通壅滯。至五年十二月、廢常平監官。

貞觀二年四月、尙書左丞戴冑上言曰、水旱凶災、前聖之所不免、國無九年儲畜、禮經之所明誡。今喪亂之後、戶口凋殘、每歲納租、未實倉廩。隨時出給、纔供當年。若有凶災、將何賑卹。故隋開皇立制、天下之人、節級輸粟、名爲社倉④。終於文皇、得無饑饉。及大業中年、國用不足、竝貸社倉之物、以充官費、故至末塗、無以支給。今請自王公已下、爰及衆庶、計所墾田稼穡頃畝、每至秋熟⑤、準其見苗⑥、以理勸課、盡令出粟。稻麥之鄉、亦同此稅。各納所在、爲立義倉。若年穀不登、百姓饑饉、當所州縣、隨便取給。太宗曰、既爲百姓預作儲貯、官爲擧掌、以備凶年、非朕所須、橫生賦斂。利人之事、深是可嘉。宜下所司、議立條制。戶部尙書韓仲良奏、王公已下墾田、畝納二升、其粟麥粳稻之屬、各依土地。貯之州縣、以備凶年。可之。自是天下州縣、始置義倉、每有飢饉、則開倉賑給。以至高宗則天、數十年間、義倉不許雜用。其後公私窘迫、漸貸義倉支用。自中宗神龍之後、天下義倉費用向盡。

〔校訂〕

①**用督耕耘**　標點本・諸本もと「本督耕耘」に作る。文義やや通じがたい。本字、『唐會要』卷八十八倉及常平倉條、用字に作る。加藤繁譯注下卷一九三（一五三頁）はこれを是とす。いま會要に從い、本字を用字に改める。

②**既庶且富**　標點本・諸本もと「既康且富」に作る。康字、『唐會要』卷八十八倉及常平倉條・『册府元龜』卷五〇二邦計部常平條ともに庶に作る。加藤繁譯注下卷一九四（一五三頁）はこれを是とす。この句、『論語』子路篇に基づく（本節注釋③參照）。いま會要・『册府元龜』に從い、康字を庶字に改める。

③**增價而收**　標點本・諸本もと「增糴而收」に作る。糴字、『唐會要』卷八十八・『册府元龜』卷五〇二ともに價に作る。『舊唐書校勘記』卷三十に「按會要・册府、糴作價、是」とあり、いま會要・『册府元龜』に從い、糴字を價字に改める。

④**名爲社倉**　標點本・諸本もと「多爲社倉」に作る。多字、『舊唐書』卷七十戴冑傳・『通典』卷十二食貨輕重條・『册府元龜』卷五〇二ともに名に

作る。加藤繁譯注下巻二〇〇（一五五頁）はこれを是とす。いま『舊唐書』戴冑傳・『通典』・『册府元龜』に従い、多字を名字に改める。

⑤毎至秋熟　標點本・諸本もと「至秋熟」に作り、毎字無し。『通典』巻十二・『唐會要』巻八十八・『册府元龜』巻五〇二ともに至字の上に毎一字有り。いま『通典』・會要・『册府元龜』に従い、毎字を補う。

⑥準其見苗　標點本・諸本もと「準其見在苗」に作る。文章の流れからいえば、一句四字が續くところである。『通典』巻十二は「準見田苗」に作り、『唐會要』巻八十八は「準其見苗」に作り、『册府元龜』巻五〇二は「准其見苗」に作り、みな四字一句に作る。ここでは會要に従い、「準其見苗」に改訂する。

〔訓讀〕

武徳元年九月四日、社倉を置く①。其の月二十二日、詔して曰く②、特に農圃を建て、用て耕耘を督す。齊民をして既に庶《おお》く且つ富ましめん③ことを思い、鍾庾の量、水火に同じきを冀《ねが》う④。宜しく常平監官⑤を置き、以て天下の貨を均しくし、市肆騰踴すれば則ち價を減じて出だし、田穡豊羨なれば則ち價を増して收むべし。庶わくは、公私をして倶に濟い、家ごとに給《た》り人ごとに足らしめ、兼幷を抑止して、壅滯を宣通せしめんことを、と。五年十二月に至り、常平監官を廢す。

貞觀二年四月、尚書左丞戴冑上言して⑥曰く、水旱凶災、前聖の免かれざる所、國に九年の儲畜無きは、禮經の明らかに誡むる所なり⑦。今、喪亂の後、戸口凋殘し、毎歳の納租、未だ倉廩に實《み》たず。隨時の出給、纔かに當年に供うるのみ。若し凶災有れば、將た何ぞ賑卹せん。故に隋の開皇、制を立て、天下の人、節級に粟を輸め、名づけて社倉と爲す⑧。文皇を終うるまで、饑饉無きを得たり⑨。大業の中年に及び、國用足らず。竝びに社倉の物を貸り、以て官費に充つ。故に末塗に至りて、以て支給する無し⑩。今、請うらくは王公自り已下、爰に衆庶に及ぶまで、墾《たが》やす所の田、稼穡の頃畝を計り、秋熟するに至る毎に、其の見苗に準り、理を以て勸課し、盡く粟を出ださしめ、稻麥の郷も亦た此れに同じくして稅し、各おの所在に納めしめ、爲に義倉を立て、若し年穀登らず、百姓饑饉すれば、當所の州縣、便に隨いて取給せんことを、と。

太宗曰く、既にして百姓の爲に預め儲貯を作し、官、爲に擧掌して、以て凶年に備うるは、朕の須《もち》うる所に非ず、横《みだ》りに賦斂を生ぜん。人を利するの事、深く是れ嘉す可し。宜しく所司に下し、議して條制を立つべし、と。戸部尚書韓仲良奏すらく、王公已下の墾田、畝ごとに二升を納め、其の粟麥粳稻の屬は、各おの土地に依り、之を州縣に貯え、以て凶年に備えん、と。之を可とす⑪。是れ自り天下の州縣、始めて義倉を置き、飢饉有る毎に、則ち倉を開きて賑給す。以て高宗・則天に至るまで、數十年の間、義倉雜用するを許さず。其の後公私窘迫し、漸く義倉を貸りて支用す。中宗神龍自りの後、天下の義倉、費用して盡くるに向《なんな》んとす⑫。

〔注釋〕

①**武徳元年九月四日置社倉**　社倉の設置について、『册府元龜』巻五〇二邦計部常平條には「唐高祖武徳元年九月四日、令州縣始置社倉」とある。唐の高祖李淵は、隋の恭帝義寧二年（六一八）五月甲子（二十一日）、太極殿で即位し、武徳元年と改めた。社倉の設置は、即位後三箇月半の後のことであり、翌年二月の租調役法施行に先立つ措置である。

社倉は、隋の開皇五年（五八五）五月、ときの工部尙書長孫平の上奏により設けられた救荒用の穀物倉庫である。農村の「社」を單位として設置されたので社倉と言い、また義倉とも稱した。『隋書』巻二十四食貨志に「諸州百姓及軍人、勸課當社、共立義倉。收穫之日、隨其所得、勸課出粟及麥、於當社造倉窖貯之。卽委社司、執帳檢校、每年收積、勿使損敗。若時或不熟、當社有饑饉者、卽以此穀賑給。自是諸州儲峙委積」とある。また同書巻四十六長孫平傳に「令民間每秋家出粟麥一石已下、貧富差等、儲之閭巷、以備凶年、名曰義倉」とある。唐朝もこの社倉（義倉）の制を繼承したのである。

②**其月二十二日詔**　このとき發出された詔敕の全文は、『册府元龜』巻五〇二邦計部常平條に「是年九月二十二日詔曰、朕祗膺靈命、撫字黎民、方緝隆平、躋之仁壽。田畝之賦、一切蠲除、錙銖之律、悉皆停斷。是以特建農圃、用督耕耘、思俾齊民、既庶且富、鍾庾之量、異（當作冀）同水火。宜置常平監官、以均天下之貨。市肆騰踴、則減價而出、田嗇豐羨、則增價而收。觸類長之、去甚去泰。庶使公私俱濟、家給人足、抑止幷兼、宣通壅滯」とある。

③**既庶且富**　民衆の數が增え、また衣食が豐かになり、敎化をほどこす時期を迎えるようになることを言う。『論語』子路篇に「子適衞、冉有僕。子曰、庶矣哉。冉有曰、既庶矣、又何加焉。曰富之。曰既富矣、又何加焉。曰敎之」とある。

④**鍾庾之量冀同水火**　鍾庾は鍾と庾、いずれも穀物の量を量る容積單位。同水火は、聖人が天下を統治した時、水火のように有り餘るほどの穀物があるようにしたことを言う。『孟子』盡心篇上に「孟子曰、易其田疇、薄其稅斂、民可使富也。食之以時、用之以禮、財不可勝用也。民非水火不生活、昏暮叩人之門戶求水火、無弗與者、至足矣。聖人治天下、使有菽粟如水火、菽粟如水火、而民焉有不仁者乎」とある。

⑤**常平監官**　常平監は、穀物の物價を調整するための機關を言い、一般に常平倉の設置をともなう。常平倉は、物價の調整を目的として設けられた穀物の儲備施設。『通典』巻二十六職官八太府卿・常平署條に「漢宣帝時、耿壽昌請於邊郡皆築倉、穀賤時增價而糴、貴時減價而糶、名曰常平倉。常平之名、起於此也。後漢明帝置常滿倉。晉又曰常平倉、自後無聞。梁亦曰常平倉、而不糴糶。陳因之。後魏太和中、雖不名曰常平、亦各令官司糴貯、儉則出糶。隋曰常平倉」とある。唐制にあっては、常平署は太府寺の屬官の一。『通典』巻二十六職官八太府卿・常平署條に「大唐武德中、置常平監官、以均天下之貨。市肆騰踊則減價而出、田嗇豐羨則增糴而收、觸類長之。後省監、置常平署令一人、掌倉糧管鑰、出納糴糶。凡天下倉廩、和糴者爲常平倉、正租爲正倉、地子爲義倉」とある。『大唐六典』巻三尙書戶部倉部郎中條に「凡常平倉所以均貴賤」とあり、また同書巻三十州刺史・倉曹・司倉參軍條に「又歲豐、則出錢加時價而糴之、不熟、則出粟減時價而糶之、謂之常平倉。常與正・義倉帳具本利、申尙書省」とある。

常平監も隋制を繼承している。『通典』巻十二食貨常平條に「隋文帝開皇三年、衞州置黎陽倉、洛州置河陽倉、陝州置常平倉、華州置廣通倉、轉相灌注、漕關東及汾・晉之粟、以給京師。京師置常平監」とあり、また『大唐六典』巻二十常平署條原注に「隋開皇三年、於河西勒百姓立堡、營田積穀、京師置常平監。又以倉庫尙虛、衞州置黎陽倉、洛州置河陽倉、陝州置常平倉、華州置廣通倉、轉相委輸、漕關東之粟以給京師。又募人

能於洛陽運米四十石、經砥柱達于常平倉者、免其征戍、以此通轉運、又非糴羅」とある。開皇三年の漕運改革に關連して、京師大興城への穀物の供給およびその備蓄を意圖したものである。

⑥貞觀二年四月尙書左丞戴冑上言　この上言については、『唐會要』卷八十八倉及常平倉條に「貞觀二年四月三日、尙書左丞戴冑上言曰、……」とあり、上言の日を四月三日とする。通釋はこれによる。

上言の經緯について、『舊唐書』卷七十戴冑傳に「其年（貞觀元年）、轉尙書右丞、尋遷左丞。先是、每歲水旱、皆以正倉出給、無倉之處、就食他州、百姓多致饑乏。二年、冑上言、水旱凶災、前聖之所不免、……稻麥之鄉、亦同此稅。各納所在、立爲義倉。太宗從其議」とあり、また『冊府元龜』卷五〇二邦計部常平條に「太宗貞觀二年四月、制天下州縣、竝置義倉。先是、每歲水旱、皆以正倉出給、無倉之處、就食他州、百姓流移、或致窮困。左丞戴冑上言、……太宗曰、……深是可行。宜下所司、議立條制。至是、戶部尙書韓仲良奏、王公已下墾地、畝納二升、其粟麥稅（當作粳）稻之屬、各依土地、貯之州縣、以備凶年。制可之。自是倉儲衍溢、億兆賴焉」とある。これら二つの史料には、義倉の提案に至った狀況が記されている。田租を納めた正倉の穀物によって飢饉への對應を行なっていたため、正倉が無い州では他所の州に行って食糧にありつかねばならないため、百姓が流亡し、飢饉が深刻になったという。かくして正倉とは別に各州縣に義倉を設置し、田租とは別に地子・地稅をとって貯備し、飢饉に備えたのである。

○尙書左丞　尙書都省の次官。正四品上。『舊唐書』卷四十三職官志二尙書都省條に「左右丞各一員（左丞、正四品上。右丞、正四品下。龍朔改爲左右肅機、咸亨復、永昌元年、升爲從三品也、如意元年、復四品也）。左丞掌管轄諸司、糾正省內、勾吏部・戶部・禮部十二司、通判都省事。若右丞闕、則併行之。右丞管兵部・刑部・工部十二司。若左丞闕、右丞兼知其事。御史有糾劾不當、兼得彈之」とある。

○戴冑　戴冑（?～六三三）、字は玄胤、相州安陽縣（河南省安陽市）の人。はじめ隋に仕えて門下錄事、隋唐の交替期には越王楊侗の下で給事中、のち唐太宗の幕下に轉じて士曹參軍、太宗卽位後には刑部侍郎となる。貞觀元年に大理少卿、尙書右丞に轉じ、ついで左丞に遷る。『舊唐書』卷七十、『新唐書』卷九十九に立傳する。

⑦國無九年儲蓄禮經之所明誡　ここに云う禮經は、『禮記』を言う。『禮記』王制篇に「國無九年之蓄、曰不足、無六年之蓄、曰急、無三年之蓄、曰國非其國也。三年耕、必有一年之食、九年耕、必有三年之食、以三十年之通、雖有凶旱水溢、民無菜色。然後天子食、日擧以樂」とある。

⑧故隋至社倉　「開皇立制」とは、隋文帝の開皇五年五月二十九日に義倉の制度が定められたことをいう。『隋書』卷一高祖帝紀上開皇五年五月條に「甲申（二十九日）、詔置義倉」とある。それは長孫平の提案によって設立されたものである。『隋書』卷二十四食貨志に「（開皇）五年五月、工部尙書襄陽縣公長孫平奏曰、古者三年耕而餘一年之積、九年作而有三年之儲、雖水旱爲災、而人無菜色、皆由勸導有方、蓄積先備故也。去年亢陽、關內不熟、陛下哀愍黎元、甚於赤子。運山東之粟、置常平之官、開發倉廩、普加賑賜。少食之人、莫不豐足。鴻恩大德、前古未比。其強宗富室、家道有餘者、皆競出私財、遞相賙贍。此乃風行草偃、從化而然。但經國之理、須存定式。於是奏令諸州百姓及軍人、勸課當社、共立義倉。收穫之日、隨其所得、勸課出粟及麥、於當社造倉窖貯之。卽委社司、執帳檢校、每年收積、勿使損敗。若時或不熟、當社有饑饉者、卽以此穀賑給。自是諸州儲峙委積」とある。

○節級輸粟　節級は次序、等級を言う。「節級輸粟」は、等級・次序を設けて穀物を納入することを言う。隋の社倉・常平倉では前掲『隋書』長孫平傳に「令民閒每秋家出粟麥一石已下、貧富差等、儲之閭巷、以備凶年、名曰義倉」とあるように、戸の貧富によって等級を定め、一石を上限として穀物を供出することを提案している。また『隋書』巻二十四食貨志に記す開皇十六年（五九六）二月の詔敕には「社倉、准上中下三等税、上戸不過一石、中戸不過七斗、下戸不過四斗」とある。

⑨**終於文皇得無饑饉**　文皇は、隋の初代皇帝文帝楊堅（五四一～六〇四、在位五八一～六〇四）を言う。廟號は高祖。彼の治世中のこととして、『通典』巻七食貨丁中條に「論曰（……隋氏西京太倉・東京含嘉倉洛口倉・華州永豐倉・陝州太原倉、儲米粟多者千萬石、少者不減數百萬石、天下義倉又皆充滿。京都及并州庫布帛各數千萬、而錫賚勳庸并出豐厚、亦魏晉以降之未有）」とみえる。

⑩**及大至支給**　大業は、隋朝第二代皇帝煬帝楊廣（五六九～六一八、在位六〇四～六一七）の治世の年號（六〇五～六一七）。煬帝の治世後半における國家財政の亂脈ぶりについては、『隋書』巻二十二五行志上雞禍條に「大業初、……及中年已後、軍國多務、用度不足。於是急令暴賦、責成守宰。百姓不聊生矣、各起而爲盜、戰爭不息、屍骸被野」とあり、また『隋書』巻四煬帝紀下に「東西遊幸、靡有定居、毎以供費不給、逆收數年之賦」とあり、枚擧にいとまがない。ここに述べる社倉穀流用の記事もその一つ。

⑪**戸部至可之**　戸部尚書韓仲良。戸部尚書は、戸部尚書の長官、正三品（『大唐六典』巻三戸部尚書）。

○**韓仲良**　韓仲良（五八二～六三八）、『舊唐書』韓瑗傳によれば、雍州三原縣（陝西省三原縣北東）の人。『金石萃編』巻五十に著録する「韓仲良碑」によれば、彼の諱は良、字は仲良、舊貫潁川（河南省許昌縣）の人である。武德初年、大理少卿となり、律令の撰定に加わった。貞觀元年、戸部尚書、三年、刑部尚書に至り、同十二年に死去し、雍州三原縣に葬られた。『舊唐書』巻八十韓瑗傳、『新唐書』巻一〇五韓瑗傳に附傳する。

○**王公已下爰及衆庶**　王爵保有者から庶民に至るまでの良人すべてを言う。王公以下は、とくに九等の有爵者を言う。『大唐六典』巻二吏部尚書司封郎中條に「司封郎中・員外郎掌邦之封爵。凡有九等、一曰王、正一品、食邑一萬戸。二曰郡王、從一品、食邑五千戸。三曰國公、從一品、食邑三千戸。四曰郡公、正二品、食邑二千戸。五曰縣公、從二品、食邑一千五百戸。六曰縣侯、從三品、食邑一千戸。七曰縣伯、正四品、食邑七百戸。八曰縣子、正五品、食邑五百戸。九曰縣男、從五品、食邑三百戸」とある。

○**墾田畝納二升**　『大唐六典』巻三戸部尚書倉部郎中條に「凡王公已下、毎年戸別據已受田及借荒等、具所種苗頃畝、造靑苗簿、諸州以七月已前申尚書省。至徵收時、畝別納粟二升、以爲義倉（寬鄕據見營田、狹鄕據籍徵。若遭損四已上、免半、七已上、全免。其商賈戸無田及不足者、上上戸稅五石、上中已下遞減一石、中中戸一石一斗、中下戸一石、下上七斗、下中五斗、下下戸及全戸逃竝夷獠薄稅、竝不在取限、半輸者準下戸之半。鄕土無粟、聽納雜種充）」とある。

○**可之**　裁可の詔敕は、『舊唐書』巻二太宗本紀上貞觀二年四月丙申（二十日）條に「初詔天下州縣竝置義倉」とある。おそらく韓仲良の上奏と太宗の裁可は同日で、四月二十日のことであろう。

⑫**自是至向盡**　『通典』巻十二食貨輕重條には「貞觀初、尚書左丞戴胄上言曰、……當所州縣、隨便取給。太宗曰、……宜下有司、議立條制。戸部尚書韓仲良奏、……貯之州縣、以備凶年。制從之。自是天下州縣、始置義倉、毎有饑饉、則開倉賑給。高宗永徽二年九月、頒新格、義倉據地取稅、實是勞煩。宜令戸出粟、上上戸五石、餘各有差。六年、京東西市置常平倉。高宗・武太后數十年間、義倉不許雜用。其後公私窘迫、貸義倉支用。自中宗神龍之後、天下義倉費用向盡」と敍述する。

○**義倉不許雜用**　義倉は、飢饉に對應するための穀物倉であり、他の經費に流用しないことを言う。『大唐六典』巻三戸部尙書倉部郎中條に「凡義倉之粟、唯荒年給糧、不得雜用（若有不熟之處、隨須給貸及種子、皆申尙書省奏聞）」とある。しかし中宗朝には流用されて、唐前期義倉制は一旦崩壞する。

〔通釋〕

武德元年（六一八）九月四日、社倉を設置した。その月二十二日、詔敕を下し、「とくに農圃を造成して耕作を促すのは、人民が增加するとともに衣食が豊かになり、水火のように有り餘るほどの穀物があるよう期待するからである。常平監官を設けて天下の物量の均衡調整をはかり、市場で穀物價格が騰貴すれば價格を下げて出賣し、農圃が豊饒であれば穀物價格を上げて購入するがよい。公私ともに救濟され、家ごと人ごとに充足し、穀物の買占めを抑止し、滯りなく流通するよう期待する」と諭した。武德五年十二月になって、常平監官を廢止した。

貞觀二年（六二八）四月三日、尙書左丞戴冑が上奏し、「水災・旱害は、古えの聖人でさえ逃れ得ないものですが、國家に九年分の穀物備蓄が無いことは、禮經にはっきり誡められております。今日、爭亂の後にあり、戸口は凋落し、毎年の租税納入も、まだ穀物倉を滿たすには至らず、その時その時に供給してやっとその一年をまかなえるにすぎません。もし飢饉が發生すれば、いかにして穀物を振舞うことができましょうか。それゆえ隋の開皇年間（五八一〜六〇〇）に制度を定め、天下の人民は等級に從って穀物を納入することとし、これを社倉と名づけました。文帝の治世が終わるまで、飢饉を無くすことができました。煬帝の大業年間（六〇五〜六一六）の中頃になると、國家財政は不足し、みな社倉の備蓄を借用して國家の經費に充てました。それゆえ末期ともなれば、人民に穀物を支給するてだてが無くなってしまったのです。いまここに、王公以下庶民にいたるまで、耕作・營農する面積を計測しておき、秋の收穫期ごとに、その作付實態に基づいて、理にかなった勸奬を行ない、すべての者に穀物を供出させること、イネ・ムギの生產地にもこれと同様に課税すること、穀物はそれぞれの土地に納付させ、そのために義倉を設置すること、もし穀物が實らず、人民が飢えたなら、當該の州縣は、適宜穀物を供給すること、以上願いあげる次第です」と提案した。

太宗は、「人民のためにあらかじめ備蓄しておき、國家がそれを管理して凶作に備えるというやり方は、私の採るところではない。身勝手な賦斂を生じるだろう。ただ人民を利する政策は、大いに嘉納すべきである。擔當官司に命じて議論させ、箇條書き規定を定めるがよい」と命じた。戸部尙書韓仲良が上奏し、「王公以下、庶民に至るまで、耕作地から畝ごとに二升を納付させます。粟・麥・稻など穀物の種類は、各地の土地柄に依り、これを州縣に貯備して凶作に備えます」と提案した。四月二十日、太宗はこれを裁可した。

このの ち天下の州縣にはじめて義倉が設置され、飢饉が發生するたびに義倉を開放して穀物を振舞った。高宗・則天武后朝の數十年間、義倉は目的外の使用を許さなかった。その後、公私ともに困窮すると、次第に義倉の穀物を借りて支出するようになった。中宗の神龍年間以後、天下の義倉は底を突くまで消費されていった。

〔原文〕六三

高宗永徽二年閏九月六日、敕[1]、義倉據地收稅、實是勞煩。宜令率戸出粟、上上戸五石、餘各有差。

六年、京東西二市置常平倉。顯慶二年十二月、京常平倉置常平署官員。

開元二年九月、敕、天下諸州、今年稍熟。穀價全賤、或慮傷農。常平之法、行之自古。宜令諸州、加時價三兩錢糴、不得抑斂。仍交相付領、勿許懸欠。蠶麥時熟、穀米必貴。卽令減價出糶。豆穀等堪貯者、熟亦準此。以時出入、務在利人。其常平所須錢物、宜令所司支料奏聞。

四年五月二十一日、詔、諸州縣義倉、本備飢年賑給。近年已來、每三年一度、以百姓義倉糙米、遠赴京納、仍勒百姓、私出脚錢。自今已後、更不得以義倉變造。②

〔校訂〕

①**永徽二年閏九月六日敕**　標點本・諸本もと「永徽二年六月敕」に作る。『唐會要』巻八十八倉及常平倉條は「永徽二年閏九月六日敕」に作り、また『册府元龜』巻五〇二邦計部常平條も「高宗永徽二年閏九月初六日敕」に作る。『通典』巻十二食貨輕重條は「高宗永徽二年九月頒新格」に作るも、閏一字を脱す。本條六月は六日の譌誤であろう。いま會要・『册府元龜』に從い、「閏九月六日」に改訂する。

②**更不得以義倉變造**　標點本・諸本もと「更不得義倉變造」に作る。『唐會要』巻八十八倉及常平倉條に「更不得以義倉變造」とあり、また『册府元龜』巻五〇二邦計部常平條は「更不得以義倉回造」に作り、ともに義倉の上に以一字有り。いま會要・『册府元龜』により、以字を補う。

〔訓讀〕

高宗永徽二年閏九月六日、敕すらく、義倉は地に據りて税を收む、實に是れ勞煩なり。宜しく戸に率《と》りて粟を出ださしむべし。上上戸は五石、餘は各おの差有り①、と。

六年、京の東西二市に常平倉を置く。②顯慶二年十二月、京の常平倉に常平署官員を置く。③

開元二年九月、敕すらく、④天下諸州、今年稍や熟る。穀價全く賤《やす》く、或いは農を傷わんことを慮《おそ》る。常平の法、之を行なうこと古え自りす。宜しく諸州をして時價に三兩錢を加えて糴《か》い、抑斂するを得ざらしむべし。仍りて交ごも相い付領し、懸欠するを許すこと勿れ。⑤蠶麥時に熟せば、穀米必ずや貴《たか》し。卽ち價を減じて出糶せしめよ。豆穀等の貯うるに堪うる者は、熟せば亦た此に準《なら》え。時を以て出入し、務めは人を利するに在り。其れ常平須《もち》うる所の錢物、宜しく所司をして支料せしめて奏聞すべし、と。

四年五月二十一日、詔すらく、⑥諸州縣の義倉、本より饑年の賑給に備う。近年已來、三年毎に一度、百姓の義倉の糙米を以て、遠く京に赴きて納めしめ、仍りて百姓を勒して私に脚錢を出ださしむ。今自り已後、更に義倉を以て變造するを得ず、と。

〔注釋〕

①**上上至有差**　上上戶は、九等戶制の最上級を言う。九等戶制については、本志〔原文〕一〇に「凡天下人戶、量其資產、定爲九等。每三年、縣司注定、州司覆之」とあり、『唐會要』卷八十五定戶等第條に「武德六年（六二三）三月、令天下戶量其貲產、定爲三等。至九年三月二十四日詔、天下戶三等、未盡升降、依爲九等」とある。

なお『通典』卷十二食貨輕重條に「開元二十五年（七三七）定式。王公以下、每年戶別據所種田、畝別稅粟二升以爲義倉。其商賈戶若無田及不足者、上上戶稅五石、上中以下遞減各有差。諸出給雜種準粟者、稻穀一斗五升當粟一斗。其折納糙米者、稻三石折納糙米一石四斗」とあり、開元二十五年の式の規定では、戶から義倉穀を徵收することは共通するが、農業を經營する者には作付面積に應じて畝別に二升を收取し、商人からは戶等制によって徵收するようになっている。中宗期には義倉穀の貯備が底をついたのであるから、おそらくは後述する開元二年以後の再建制度であろう。

②**六年京東西二市置常平倉**　長安の東西兩市に常平倉を設置したことは、『舊唐書』卷四高宗本紀上永徽六年八月己酉（十二日）條に「先是大雨、道路不通、京師米價暴貴、出倉粟糶之、京師東西二市置常平倉」とある。通釋は、本紀の日付に從う。

○**京東西二市**　京師長安城內の東西に配置された東市・西市を言う。『大唐六典』卷二十太府寺兩京諸市署條に「隋……京師東市曰都會、西市曰利人。……皇朝因之」とあって、隋大興城の京市を繼承したものである。宋敏求『長安志』卷八唐京城二朱雀街東第四街・東市條に「南北居二坊之地、當中東市局、次東平准局（竝隸太府寺）、東北隅有放生池」とあり、また同書卷十唐京城四朱雀街西第四街・西市條に「南北盡兩坊之地、市內有西市局（隸太府寺……）・放生池・平準局・獨柳」とあるように、それぞれに太府寺に屬する官司が置かれていた。

③**顯慶二年十二月京常平倉置常平署官員**　常平署官員の設置については、『唐會要』卷八十八倉及常平倉條に「顯慶二年十二月三日、京常平倉置常平署官員」とあり、『册府元龜』卷五〇二邦計部常平條も同樣に十二月三日に作る。通釋は、會要・『册府元龜』の日付に從う。

常平署官員については、『大唐六典』卷二十太府寺常平署條に「常平署令一人、從七品下（……皇朝垂拱初、兩京置常平署、天下諸州亦置之）。丞二人、從八品下。監事五人、從九品下。常平令掌平糴倉儲之事、丞爲之貳。凡歲豐穰、穀賤、人有餘、則糴之。歲饑饉、穀貴、人不足、則糶之、與正・義倉帳、具其本利同申。凡出納禁令如左藏之職焉」とあり、このほか序目には典事五人・掌固六人の流外官を數える。

④**開元二年九月敕**　『唐會要』卷八十八倉及常平倉條に「開元二年九月二十五日敕、天下諸州、今年稍熟……其常平所須錢物、宜令所司支料奏聞」とあり、發敕の日付を九月二十五日とする。通釋は會要の日付に從う。

この敕文の全文は、『册府元龜』卷五〇二邦計部常平條に「玄宗開元二年九月、詔曰、天下諸州、今年稍熟、穀價全賤、或慮傷農。嘗平之法、行自徃古、苟絕欺隱、利益實多。宜令諸州、加時價三兩錢糴、不得抑斂。仍交相付領、勿許懸欠。蠶麥時熟、穀米必貴、卽令減價出糶。豆等堪貯者、熟亦宜准此。以時出入、務在利人。江嶺・淮浙・劍南、地皆下濕、不堪貯積、不在此例。其嘗平所須錢物、宜令所司支料奏聞、竝委長官專知、改任日遞相付受。且以天災流行、國家代有、若無糧儲之備、必致饑饉之憂。縣令親人、風俗所繫、隨當處豐約、勸課百姓、未辦三載之糧、且貯一年之食。每家別爲倉窖、非蠶忙農要之時、勿許破用。仍委刺史及

按察使、簡校覺察、不得容其矯妄」とある。

また『資治通鑑』卷二一一玄宗開元二年九月條に「敕以歲稔傷農、令諸州脩常平倉法（胡三省注：太宗時置義倉及常平倉、以備凶荒。高宗以後、稍假以給他費、至神龍中略盡、至是復置之）。江嶺・淮浙・劍南、地下濕、不堪貯積、不在此例」とあり、若干文言を異にし、胡三省注は常平法の再建とする。

⑤**交相付領勿許懸欠**　加藤繁譯注下卷二〇七（一五八頁）は、「州縣官交代の時、嚴に相引繼ぎて、穀物の懸欠空乏を致す勿れとの意ならん」と云うが、正確ではない。加藤が指摘する文言は、前揭注釋④『册府元龜』下文に「竝委長官專知、改任日遞相付受」と出てくる。ここは州縣官が農民から穀物を買上げることを述べるのであるから、兩者が穀物と代金とを相對づくで交付・受領し、未納や未受領が出ないようにすることを言う。省略部分に「苟絕欺隱、利益實多」とあるように、穀物買付にことよせした州縣官の不正を防止する文言である。

⑥**四年五月二十一日詔**　この詔敕のより具體的な内容は、『册府元龜』卷五〇二邦計部常平條に「（開元）四年五月、勅曰、天下百姓、皆有正條正租、州縣義倉、本備饑年賑給、若緣官事便用、還以正倉却塡。近年已來、每三年一度、以百姓義倉造米、遠送交納、仍勒百姓、私出脚錢、卽幷正租、一年兩度打脚、雇男鬻女、折舍賣田、力極計窮、遂卽逃竄、勢不獲已、情實可矜。自今已後、更不得以義倉回造。已上道者、不在停限。以後若不熟之少者、任所司臨時具奏、聽進止。其脚竝以官物充」とある。正は第一義、義は第二義の意。義倉穀は、租調正役の正條正租に對する二次的副次的な收取であることがわかる。

○**糙米**　〔原文〕一四注釋②・〔原文〕五八注釋②等參照。籾殼をとり除いただけの米すなわち稻穀の玄米を言う。

○**變造・回造**　變造・回造については、〔原文〕一四注釋②を參照。ことを分けて言えば、變造は、文中に見るように稻穀を搗いて玄米に形態變化させることを言い、回造は、稻穀から豆のように、交易によって穀物の種類を變えることを言う。

〔通釋〕

高宗の永徽二年（六五一）閏九月六日、敕文を下し、「義倉の穀物は田土面積に基づいて徵收しているが、まことに煩わしいことである。戶ごとに穀物を納付させるがよい。上上戶からは五石、その他は戶等に從って徵收せよ」と命じた。

永徽六年（六五五）八月十二日、京師長安の東市・西市に常平倉を設けた。顯慶二年（六五七）十二月三日、京師長安の常平倉に常平署の官員を置いた。

開元二年（七一四）九月二十五日、敕文を下し、「天下の諸州は、今年少しく豐作である。穀物價格はすべて低落しており、農民を害することを憂える。常平法は古えより實施されてきたものである。諸州に命じ、時價に二、三錢を上乘せして穀物を買上げることとし、價格を抑えて收斂することができぬようにするがよい。相對づくで錢と穀物とを交換し、未交付・未受領を許してはならない。カイコやムギが成熟すれば、穀物價格は必ず騰貴する。ただちに價格を下げて賣出させよ。豆など貯藏できる穀物についても、成熟すればこれにならって處理せよ。時宜に應じて購入・販賣を行ない、人民を利することに重點を置け。常平の運營に必要な錢貨・反物は擔當官司に命じて支出させたうえ、上奏するがよい」と命じた。

開元四年（七一六）五月二十一日、詔敕を下し、「諸州縣の義倉は、本來飢饉のときの振給に備えたものである。近年來、三年ごとに一度、義倉の玄米を遠く京師長安まで輸送させており、あまつさえ人民に強制してその運送經費を負擔させている。いまよりのちは、決して義倉穀を玄米に變えて京師に輸送してはならぬ」と命じた。

〔原文〕六四

七年六月、敕、關內隴右河東河南河北五道①及荊揚襄夔綿益彭蜀資漢劍茂等州②、竝置常平倉。其本上州三千貫、中州二千貫、下州一千貫。

十六年十月、敕、今歳普熟③、穀價至賤、必恐傷農。加錢收糴、以實倉廩、縱逢水旱、不慮阻飢、公私之間、或亦爲便。宜令所在、以常平本錢及當處物、各於時價上、量加三錢、百姓有糶易者爲收糴。事須兩和、不得限數配糴。訖、具所用錢物及所糴物數、申所司、仍令上佐一人專勾當。

〔校訂〕

①**關內隴右河東河南河北五道**　標點本・諸本もと河東二字無し。標點本校勘記に「唐會要卷八八同。冊府卷五〇二「河南」作「河東」。按下云「五道」、疑此處脫「河東」二字」と言い、加藤繁譯注下卷二二二（一五八頁）は「冊府元龜卷五〇二には河南を河東に作れり。蓋し關內・隴右・河東・河南・河北五道にして、本志には河東を脫し、元龜には河南を脫したるなり」と言う。いま標點本校勘記・加藤繁譯注に從い、河東二字を補う。

②**荊揚襄夔綿益彭蜀資漢劍茂等州**　標點本・諸本もと資字無し。『冊府元龜』卷五〇二には襄字の下に河南二字有り、蜀字の下に資一字有り。『玉海』卷一八四唐常平倉・藏粟米令條所引『會要』もまた蜀字の下に資一字有り。河南二字すでに上文にあり重複する。いま『玉海』に從い、資字を補う。

③**今歳普熟**　標點本・諸本もと「自今歳普熟」に作り、今字の上に自字あり、文義通じない。『冊府元龜』卷五〇二平糴條に「如聞、天下諸州、今歳普熟」に作る。いま『冊府元龜』に從い、自一字を削る。

〔訓讀〕

七年六月、敕すらく①、關內・隴右・河東・河南・河北の五道②及び荊・揚・襄・夔・綿・益・彭・蜀・資・漢・劍・茂等の州③、竝びに常平倉を置け。其の本、上州は三千貫、中州は二千貫、下州は④一千貫とす、と。

十六年十月、敕すらく⑤、今歳普く熟り、穀價至って賤く、必ずや恐るらくは農を傷《そこ》なわん。錢を加えて收糴し、以て倉廩を實たさば、縱《たと》い水旱に逢うとも、阻飢を慮《うれ》えず、公私の間、或いは亦た便と爲らん。宜しく所在に令して常平本錢⑥及び當處の物を以て、各おの時價の上に於て、量りて三錢を加えしめ⑦、百姓に糶易する者有れば收糴を爲さしむべし。事、兩和を須《もち》い、數を限りて配糴するを得ず⑧。訖れば、用うる所の錢物及び糴《か》う所の物數を具し、所司に申し、仍りて上佐一人⑨をして專ら勾當せしめよ、と。

〔注釋〕

①**七年六月敕**　『玉海』巻一八四唐常平倉・藏粟米令條所引『會要』に「……(開元)七年六月二十八日、關內・隴右・河北・河南五道及荊・揚・襄・夔・緜・益・彭・蜀・資・漢・劍・茂等州、竝置常平倉」とある。發敕は六月二十八日である。通釋はこれによる。

②**關內至五道**　これら五道で淮水、漢水以北の華北全體にあたる。『舊唐書』地理志によれば、關內道には京兆府・華・同・坊・丹・岐・豳・涇・隴・寧・原・慶・鄜・延・綏・銀・夏・鹽・豐・會・宥・勝の諸州府が隸屬する。現在の秦嶺山脈以北の陝西省、甘肅省西北部、內モンゴル中南部一帶にあたる。

隴右道には秦・成・渭・蘭・河・武・洮・岷・廓・疊・宕の諸州が隸屬する。現在の甘肅省南部、青海省東部一帶にあたる。

河東道には蒲・虢・絳・晉・濕・慈・潞・澤・沁・儀・幷・代・蔚・忻・嵐・石・朔の諸州が隸屬する。現在の山西省、內モンゴル中南部一帶にあたる。

河南道には河南府・鄭・陝・汝・許・汴・豫・陳・亳・宋・濮・鄆・泗・海・兗・徐・沂・密・齊・青・淄・棣・萊・登の諸州府が隸屬する。現在の黃河以南の山東省・河南省、淮水以北の江蘇省・安徽省一帶にあたる。

河北道には懷・衞・相・魏・博・貝・洺・邢・趙・恆・冀・深・滄・德・定・易・瀛・鄚・幽・檀・嬀・平・順・歸順・營・燕・威の諸州が隸屬する。現在の黃河以北の山東省・河北省、遼寧省西部一帶にあたる。

③**荊揚至等州**　『舊唐書』地理志によれば、荊州は山南道に屬す。天寶期の領縣七、治所は江陵縣(湖北省江陵市)。揚州は淮南道に屬す。天寶期の領縣七、治所は江都縣(江蘇省揚州市)。襄州は山南道に屬す。領縣七、治所は襄陽縣(湖北省襄樊市)。夔州は山南道に屬す。領縣四、治所は奉節縣(四川省奉節縣)。綿州は劍南道に屬す。領縣九、治所は巴西縣(四川省綿陽市)。益州は劍南道に屬す。天寶領縣十、治所は成都縣(四川省成都市)。彭州は劍南道に屬す。領縣四、治所は九隴縣(四川省彭縣)蜀州は劍南道に屬す。領縣四、治所は晉原縣(四川省崇慶縣)。資州は劍南道に屬す。領縣八、治所は盤石縣(四川省資中縣北)。漢州は劍南道に屬す。領縣五、治所は雒縣(四川省廣漢縣)。劍州は劍南道に屬す。天寶領縣八、治所は普安縣(四川省劍閣縣)。茂州は劍南道に屬す。領縣四、治所は汶山縣(茂汶姜族自治縣)。

④**上州中州下州**　唐制では州を支配戶數により三等級に區別し、四萬戶以上の州を上州、二萬戶以上の州を中州、それに滿たない州を下州と規定した。州の等級によって、刺史以下、屬官の官品・定員も異なった。『舊唐書』巻四十四職官志三州縣官員條に「上州(……國家制戶滿四萬以上爲上州)、刺史一員(從三品)、別駕一人(從四品下)、長史一人(從五品上)、司馬一人(從五品下)、錄事參軍事一人(從七品上)、錄事三人(從九品上)、司功・司倉・司戶・司兵・司法・司士六曹參軍事各一人(竝從七品下)、參軍事四人、典獄十四人、問事八人、白直二十四人、市令一人(從九品上)、丞一人、佐一人、史二人、帥三人、倉督二人。經學博士一人(從八品下)、助敎二人、學生六十人。醫學博士一人(正九品下)、助敎一人、學生十五人。中州(戶滿二萬戶已上、爲中州)。刺史一員(正四品上)、別駕一人(正五品下)、長史一人(正六品上)、司馬一人(六品上)、錄事參軍事一人(正八品上)、錄事一人(從九品上)、司功・司倉・司戶・司法・司士六曹參軍事各一人(竝正八品下。隨曹有佐史人數)、參軍事三人(正九品上)、執刀十人、典獄十二人、問事六人、白直十六人、市令一人、丞・佐各一人、史・帥・倉督各二人。經學博士一人(正九品上)、助敎一人、學生五十人。醫藥博士一人(從九品下)、助敎一人、學生十二人。下州(戶不滿二萬、爲下州也)、刺史一員(正四品下)、別駕一人(從五品上)、司馬一人(從

六品下)、錄事參軍事一人(從八品上)、錄事一人(從九品下)、司倉・司戶・司法三曹參軍事各一人(從八品下。隨曹有佐史人數)、參軍事一人(從九品下)、典獄八人、問事四人、白直十六人、市令一人、佐・史各一人、帥二人、倉督一人。經學博士一人(正九品下)、助教一人、學生四十人。醫學博士一人(從九品下)、學生十人」とある。

⑤**十六年十月敕**　本條と同文を記載する『唐會要』巻八十八倉及常平倉條、ならびに『玉海』巻一八四唐常平倉・藏粟米令條所引『會要』はこの發敕の日付を十月二日とする。通釋はこれによる。

⑥**常平本錢**　常平倉に備蓄する穀物等を購入するための元本を言う。元本の出所により、『玉海』は、唐代の常平本錢を⑴開元期宇文融の客戶稅錢、⑵德宗期趙贊の茶漆稅、⑶憲宗期地稅(兩稅斛斗)、⑷文宗期回易錢の四期に區分している。『玉海』巻一八四唐常平倉・藏粟米令條に「唐常平本錢、玄宗取之客戶(開元初、宇文融請校天下籍、收匿戶佐用度。於是諸道收沒分八十萬、田稱是。歲終、羨錢數百萬緡。十三年二月庚申(六日)、帝乃下詔、以客賦、所在竝建常平倉、益儲九穀、權發斂、官司勸作農社、使貧富相恤。六典注、開元二十四年、於京城內、大置常平)、德宗取之茶漆(註從略、見于本志下文)、憲宗取之地稅(註從略、見于本志下文)、文宗取之回易(大和九年、以天下回易錢、置常平義倉本錢。歲增市之、非遇水旱不增者、判官罰俸書下考。州縣假借者、以枉法論)」とある。これに據れば、開元十三年二月六日の詔敕によって、客戶の稅錢を元本とする常平倉の運營が始まったことがわかる。本條の常平本錢は、もとより客戶の稅錢を常平本錢とする。

⑦**各於時價上量加三錢**　『册府元龜』巻五〇二邦計部平糴條は「令所在以嘗平本錢及當處物、各於時價上、量加三五錢」に作る。量加の量字は裁量することを言い、文章としては三五錢に作るほうが適當する。通釋はこれによる。

⑧**事須兩和不得限數配糴**　加藤繁譯注下巻二一五(一六〇頁)に「常平倉穀の買上には官民の合意を要し、民意を顧みずして一定の數を配當勒買することを得ずとの意」と云う。すなわち和糴を言う。

⑨**上佐一人**　別駕・長史・司馬の州府の佐官をいう。『通典』巻三十三職官總論郡佐條に「大唐州府佐史與隋制同、有別駕・長史・司馬一人(大都督府司馬有左右二員。凡別駕・長史・司馬、通謂之上佐)」とある。

〔通釋〕

開元七年(七一九)六月二十八日、詔敕を下し、「關內道・隴右道・河東道・河南道・河北道の五道ならびに荊州・揚州・襄州・夔州・綿州・益州・彭州・蜀州・資州・漢州・劍州・茂州等の州にみな常平倉を設置せよ。その本錢は、上州は三千貫、中州は二千貫、下州は一千貫とせよ」と命じた。

開元十六年(七二八)十月二日、詔敕を下し、「今年はひろく豐作となり、穀物價格が極めて低いので、きっと農民を害するであろう。價格を加えて買上げ、穀物倉を充實すれば、たとえ水災旱害に遭おうとも、飢えに苦しむ心配は無くなり、公私にわたって利益となろう。各地において常平本錢およびその土地の反物を用い、それぞれ裁量して時價に錢三文から五文を上乘せし、穀物を賣出す人民がいれば買い上げさせるがよい。官民の合意が必要であり、數量を指定して強制的に割當ててはならない。購入し終われば、支出した錢貨・反物、及び買上げた穀物量を書上げて、戶部に報告させせよ。その事務は州府の上佐一人に命じて專管させせよ」と論した。

〔原文〕六五

天寶六載三月、太府少卿張瑄奏、準四載五月幷五載三月敕節文、至貴時賤價出糶、賤時加價收糴。若百姓未辨錢物者、任準開元二十八年七月敕①、量事賒糶、至粟麥熟時徵納。臣使司商量、且糶舊糴新、不同別用。其賒糶者、至納錢日、若粟麥雜種等時價甚賤、恐更迴易艱辛、請加價便與折納。

廣德二年正月、第五琦奏、每州置常平倉②及庫使司、商量置本錢、隨當處米物時價、賤則加價收糴、貴則減價糶賣。

建中元年七月、敕、夫常平者、常使穀價如一、大豐不爲之減、大儉不爲之加、雖遇災荒、人無菜色。自今已後、忽米價貴時、宜量出官米十萬石麥十萬石、每日量付兩市行人、下價糶貨。

〔校訂〕

①**開元二十八年七月敕**　標點本・諸本もと「開元二十年七月敕」に作る。『唐會要』巻八十八倉及常平倉條に「……若百姓未辨錢物者、任準開元二十八年七月九日敕、……」に作り、『冊府元龜』巻五〇二邦計部平糴條も同様に記す。『舊唐書校勘記』巻三十には「按唐會要作二十八年、是」と云う。いま會要・『冊府元龜』により、開元二十の下に八の字を補う。

②**每州置常平倉**　標點本・諸本もと「每州常平倉」に作り、置字無し。『唐會要』巻八十八倉及常平倉條は「每州置常平倉及庫使」に作り置字あり。また『舊唐書』巻十一代宗本紀廣德二年正月條にも「甲子（二十六日）、……第五琦奏諸道置常平倉使司、量置本錢和糴、許之」とあって、置字がある。いま會要・本紀により、每州の下に置字を補う。

〔訓讀〕

天寶六載三月、太府少卿張瑄奏すらく①、四載五月并びに五載三月の敕の節文に準るに②、貴《たか》き時に至れば價を賤《やす》くして出糶し、賤き時には價を加えて收糴せよ。若し百姓未だ錢物を辨ぜざる者《とき》は、開元二十八年七月の敕に準り③、事を量りて賒糶し、粟麥の熟する時に至りて徵納するを任《ゆる》せ、とあり。臣の使司商量したるに、且《たと》い舊きを糶《う》り新しきを糴《か》うも、別用に同じくせず④。其れ賒糶する者、錢を納むるの日に至り、若し粟麥雜種等⑤の時價甚だ賤《やす》ければ、恐るらくは更に迴易するに艱辛せん。請うらくは價を加え、便ち折納することを與《ゆる》されんことを⑥、と。

廣德二年正月、第五琦奏すらく⑦、每州常平倉及び庫使司⑧を置き、商量して本錢を置き、當處の米物の時價に隨い、賤ければ則ち價を加えて收糴し、貴ければ則ち價を減じて糶賣せん、と。

建中元年七月、敕すらく、夫れ常平なる者は、常に穀價をして一の如くならしめ、大豐なるも之が爲に減ぜず、大儉なるも之が爲に加えず、災荒に遇うと雖も、人に菜色無し。今自り已後、忽ち米價貴き時、宜しく量りて官米十萬石・麥十萬石を出だし、每日量りて兩市の行人⑨に付し、價を下して糶貨せしむべし、と。

〔注釋〕

①**天寶六載三月太府少卿張瑄奏**　『唐會要』巻八十八倉及常平倉條に「天

寶六載三月二十二日、太府少卿張瑄奏、準四年五月八日并五載三月十六日敕節文、……」とあり、また『册府元龜』巻五〇二邦計部常平條にも「六載三月二十二日、太府少卿張瑄奏、准四載五月八日并五載三月十六日勑節文、……」とあり、ともにこの上奏を三月二十二日に記述する。通釋はこれに従う。

○**太府少卿**　太府少卿は太府寺の次官。従四品。『舊唐書』巻四十四職官志三太府寺條に「卿一員（従三品。卽後周太府中大夫）、少卿二員（従四品上）。卿掌邦國財貨、總京師四市・平準・左右藏・常平八署之官屬、擧其綱目、修其職務。少卿爲之貳。以二法平物（一曰度量、二曰權衡）。凡四方之貢賦、百官之俸秩、謹其出納、而爲之節制焉。凡祭祀、則供其幣」とある。

○**張瑄**　正史に立傳せず、傳歴不詳。ただ『唐會要』巻五十九尙書省諸司下出納使條に「天寶二年（七四三）六月、殿中侍御史張瑄充太府出納使」とあるほか、「尙書省郎官石柱題名」に倉部郎中、「御史臺精舍題名」に侍御史兼殿中・知雜御史等としてその名を列ねる。天寶六載（七四七）十一月、ときの戶部侍郎兼御史中丞楊愼矜の失脚事件に坐して配所に沒す。『舊唐書』巻一〇五楊愼矜傳に「先令盧鉉收太府少卿張瑄於會昌驛、繫而推之、瑄不肯荅辯。鉉百端拷訊不得、乃令不良枷瑄、以手力絆其足、以木按其足間、褐轍其枷柄向前、挽其身長校數尺、腰細欲絕、眼鼻皆血出、謂之驢駒拔撅、瑄竟不肯荅。……太府少卿張瑄決六十、長流嶺南臨封郡、亦死於流所。愼矜兄弟幷史敬忠莊宅官收、以男女配流嶺南諸郡。其張瑄・萬俟承暉・鮮于賁等準此配流」とある。また『唐大詔令集』巻一二六「楊愼矜賜自盡詔」に「其太府少卿張瑄、素以妄庸、專行險詖。比緣愼矜薦引、驟歷班榮、因此結交、潛爲黨援。況犯贓私、情逾難恕、宜決六十、長流嶺南臨封郡。……其張瑄及萬俟承暉・鮮于賁等男女竝一房家口、亦準此配流嶺南。其內外近親、不可尙列班榮、及居京轂、宜令三司使、卽括實奏聞」とある。

②**準四載五月并五載三月敕節文**　敕節文とは、詔敕の重要な部分だけを拔書きした要約版を言う。四載五月の敕節文については、前揭注釋①『唐會要』巻八十八・『册府元龜』巻五〇二はともに五月八日と記す。なお『册府元龜』巻五〇二邦計部常平條に「天寶四載五月、詔曰、如聞、今載收麥、倍勝嘗歲、稍至豐賤、卽慮傷農。處置之間、事資通濟。宜令河南・河北諸郡長官、取當處嘗平錢、於時價外、斗別加三五錢、量事收糴大麥貯掌。其義倉、亦宜准此。仍委採訪使勾當、便勘覆具數、一時錄奏。諸道有糧儲少處、各隨土宜。如堪貯積、亦准此處分」とある。これが本條の敕節文に相當する詔敕であろう。

五載三月の敕節文については、前揭注釋①『唐會要』巻八十八・『册府元龜』巻五〇二はともに三月十六日と記す。これに相當する敕文は見出し得ない。

③**準開元二十八年七月敕**　『唐會要』巻八十八倉及常平倉條に「……若百姓未辦錢物者、任準開元二十八年七月九日敕、……」とあり、發敕の日付を七月九日とする。通釋はこれに従う。

④**且糴舊糴新不同別用**　加藤繁譯注下巻二一九（一六〇頁）に「不同別用のあたり、文字に誤脫あるらしきも明ならず」と云う。分かりにくい文章であるが、新舊の穀物を販賣・購入しても、新舊を區別して使用するわけではないことを言う。下文の穀物を掛買いした農民に、銅貨・絹帛のかわりに穀物で返濟させることを許容するための文言であろう。

⑤**粟麥雜種**　雜種とはアワやムギ以外の各種穀物を言うのであろう。天聖倉庫令不行唐令（唐四）には、「諸倉出給雜種准粟者、稻穀・糯穀一斗五升、大麥一斗二升、喬麥一斗四升、小豆九升、胡麻八升、各當粟一斗。黍穀・穈穀・秫穀・麥飯・小麥・青稞麥・大豆・麻子一斗、各當粟一斗」等と樣ざまな「雜種」があげられている。

⑥天寶至折納　人民に錢もしくは實物貨幣である絹帛反物の用意が無いとき、掛賣りをしておき、收穫期になってから代價を支拂わせることが第一の提案である。ただ收穫期に穀物價格が甚だしく低落しているときには、農民が穀物を賣って錢に交換することが極めて困難になるから、第二に、錢・反物に代替して、估價（評定價格）を高く設定した穀物で代價を支拂わせることを提案したのである。折納は、本來納めるべき物を別の物に代替して納めることを言い、代替するにあたっては代替物の估價もしくは代替割合が設定される。

天寶八載（七四九）の常平倉貯備額が記録に殘っている。『通典』巻十二食貨輕重條に「天寶八年、凡天下諸色米都九千六百六萬二千二百二十石。和糴一百一十三萬九千五百三十石。……諸色倉糧總千二百六十五萬六千六百二十石。……正倉總四千二百一十二萬六千一百八十四石……義倉總六千三百一十七萬七千六百六十石……常平倉總四百六十萬二千二百二十石。關内道三十七萬五千五百七十石、河北道百六十六萬三千七百七十八石、河東道五十三萬五千三百八十六石、河西道三萬一千九十石、隴右道四萬二千八百五十石、剣南道七萬七百四十石、河南道一百二十一萬二千四百六十四石、淮南道八萬一千一百五十二石、山南道四萬九千一百九十石、江南道闕」とある。常平倉は、全穀倉備蓄中の約四・八％である。

⑦廣徳二年正月第五琦奏　第五琦の上奏については、『舊唐書』巻十一代宗本紀廣徳二年正月條に「癸亥（二十五日）、……以戸部侍郎第五琦專判度支及諸道鹽鐵・轉運・鑄錢等使。甲子（二十六日）、……第五琦奏諸道置常平倉使司、量置本錢和糴、許之」とある。これによれば、第五琦は廣徳二年正月二十五日に專判度支及諸道鹽鐵・轉運・鑄錢等使となり、翌日、常平倉使司・常平本錢による和糴を提案したのである。『唐會要』巻八十八倉及常平倉條には「廣徳二年正月二十五日、第五琦奏、毎州置常平倉及庫使、……」とあるが、度支使等就任と上奏とを混同したのであろう。通釋は、本紀の正月二十六日に從う。

⑧毎州置常平倉及庫使司　前掲注釋⑦『舊唐書』代宗本紀廣徳二年正月甲子（二十六日）條には、「諸道置常平倉使司」とある。また『册府元龜』巻五〇二邦計部常平條に「代宗廣徳二年正月、諸道轉運使・專判度支・戸部侍郎第五琦奏、天下諸州望置常平倉及庫使司、……」とある。常平倉の管理使職の機關について常平倉使司・常平庫使司の二つの使い分けがある。ただ常平倉に二つの管理組織があるのではなく、實體は一つである。

穀物を納める倉庫を倉と言い、錢貨・絹帛・寶物等を納める倉庫を庫と言う。常平倉は、單なる穀物倉ではなく、物價の調節機關である。それゆえ穀物購入のための本錢（銅錢・絹帛）等をも貯備するので、穀物に注目すれば常平倉使司、本錢に重みをもたせれば常平庫使司と稱したとみてよい。通釋は、本志の記述に從う。

⑨兩市行人　兩市とは西京長安城の東市・西市を言う。『大唐六典』巻二十太府寺兩京諸市署條原注に「隋司農寺統京市令丞。煬帝三年、改京市隷太府寺。京師東市曰都會、西市曰利人。東都東市曰豐都、南市曰大同、北市曰通遠。皇朝因之」とある。

市内には商品ごとに米行・絹行などの同業商店街があり、行には鋪（鋪）と呼ばれる店が竝んだ。行人とは市内の各行に鋪を列ねた商人をいう。唐代の市の管理については、『唐會要』巻八十六市條に「景龍元年十一月、敕、諸非州縣之所、不得置市。其市當以午時擊鼓二百下、而衆大會。日入前七刻、擊鉦三百下、散。其州縣領務少處、不欲設鉦鼓、聽之。車駕行幸處、卽於頓側立市。官差一人、權檢校市事。其月、兩京市諸行、自有正鋪者、不得于鋪前更造偏鋪。各聽用尋常一樣偏廂。諸行以濫物交易者、沒官。諸在市及人衆中相驚動、令擾亂者、杖八十」とある。

〔通釋〕

天寶六載（七四七）三月二十二日、太府少卿の張瑄が上奏し、「天寶四載五月八日及び五載三月十六日の詔敕の要約によれば、穀物價格が高騰した時には價格を下げて賣出し、下落した時には價格を上乘せして買入れよ。もし人民が錢貨・反物を用意できぬときは、開元二十八年（七四〇）七月九日の敕文により、事情を考慮して掛賣にて賣渡し、粟や麥の收穫時期を待って代價を納入することを許せ、とあります。私の使司で協議しましたが、かりに舊穀を賣出し新穀を買上げても、穀物を新舊區別して使用するわけではありません。掛買した者については、代價の錢を納入するときになって、もし粟・麥その他穀物の時價がはなはだ低落しているのなら、交易して錢を手にすることが一層困難になることを心配します。穀物の評定價格を高くし、穀物で折納して返還することを許すよう願いあげます」と提案した。

廣德二年（七六四）正月二十六日、戶部侍郎・專判度支・諸道鹽鐵・轉運・鑄錢等使第五琦が上奏し、「各州に常平倉と常平庫使司を設置し、協議のうえ常平本錢を設けて、當該地方の穀物・反物の時價を基準とし、物價が低落した時には價格を上乘せして購入し、高騰した時には減價して販賣したい」と提案した。

建中元年（七八〇）七月、詔敕を下し、「常平とは、つねに穀物價格を一定に保ち、大豐作であっても穀物價格を下落させず、大凶作であっても高騰させず、災害・凶作に見舞われても、飢餓する者を出さないことを言う。今後、穀物價格が急騰したときには、官米十萬石・麥十萬石を放出し、每日裁量のうえ東西兩市の行人に給付し、價格を下げて賣出させるがよい」

と諭した。

〔原文〕　六六

三年九月、戶部侍郎趙贊上言曰、伏以、舊制、置倉儲粟、名曰常平。軍興已來、此事寖廢①、或因凶荒流散、餓死相食者、不可勝紀。古者平準之法、使萬室之邑、必有萬鍾之藏、千室之邑、必有千鍾之藏、春以奉耕、夏以奉耘、雖有大賈富家、不得豪奪吾人者、蓋謂能行輕重之法也。自陛下登極以來、許京城兩市置常平、官糴鹽米。雖經頻年少雨、米價未騰貴。此乃卽日明驗、實要推而廣之。當軍興之時、與承平或異、事須兼儲布帛、以備時須。臣今商量、請於兩都并江陵成都揚汴蘇洪等州府、各置常平輕重本錢、上至百萬貫、下至數十萬貫、隨其所宜、量定多少。唯貯斛斗疋段絲麻等、候物貴則下價出賣、物賤則加價收糴、權其輕重、以利疲人。從之。

贊於是條奏諸道津要都會之所、皆置吏閱商人財貨、計錢每貫稅二十。天下所出竹木茶漆、皆十一稅之、以充常平本。時國用稍廣、常賦不足、所稅亦隨得而盡②、終不能爲常平本。

〔校訂〕

①**此事寖廢**　標點本・諸本もと「此事闕廢」に作る。闕字、『唐會要』巻八十八倉及常平倉條は寖に作り、『冊府元龜』巻五〇二邦計部常平條は浸に作る。加藤繁譯注下巻二二四（一六三頁）は「寖の方正しかるべし」と云う。いま會要に從い、闕字を寖字に改める。

②**隨得而盡**　標點本・諸本もと「隨時而盡」に作る。時字、『唐會要』巻八十八倉及常平倉條・『冊府元龜』巻五〇二邦計部常平條ともに得字に作る。いま會要・『冊府元龜』に從い、時字を得字に改める。

〔訓讀〕

三年九月、戸部侍郎趙贊上言して曰く①、伏して以えらく、舊制、倉を置きて粟を儲《たくわ》え、名づけて常平と曰う。軍興りて已來②、此の事寖《よう》やく廢《すた》れ、或いは凶荒に因りて流散し、餓死して相い食む者、勝げて紀す可からず。古者、平準の法、萬室の邑をして、必ず萬鍾の藏有らしめ、千室の邑をして、必ず千鍾の藏有らしめ、春は以て耕を奉じ、夏は以て耘を奉じ、大賈富家有りと雖も、吾が人を豪奪するを得ざらしむるは③、蓋し能く輕重の法を行なうを謂えるなり。陛下登極して自り以來、京城の兩市に常平を置き、官、臨米を糴《か》うを許す④。頻年の少雨を經ると雖も⑤、米價未だ騰貴せず。此れ乃ち即目の明驗、實に推して之を廣む要《べ》し。軍興の時に當たりては⑥、承平と異なる或り。事、須らく兼ねて布帛を儲え、以て時須に備うべし。臣今、商量し、請うらくは兩都并びに江陵・成都・揚・汴・蘇・洪等の州府⑦に於て、各おの常平輕重本錢を置き、上は百萬貫に至り、下は數十萬貫に至るまで、其の宜しき所に隨い、量りて多少を定めんことを。唯だ斛斗疋段絲麻等⑧を貯え、物の貴きを候《ま》ちて則ち價を下して出賣し、物賤《やす》ければ則ち價を加えて收糴し、其の輕重を權《はか》りて、以て疲人を利するのみ、と。之に從う。

贊、是に於て條奏し、諸道の津要都會の所、皆な吏を置きて商人の財貨を閲《けみ》せしめ、錢を計え、貫毎に二十を税す。天下出だす所の竹・木・茶・漆、皆な十の一にして之を税し、以て常平の本に充つ。時に國用稍やく廣く、常賦足らず、税する所も亦た得るに隨いて盡き、終に常平の本と爲す能わず⑨。

〔注釋〕

①**三年九月戸部侍郎趙贊上言**　この上言について、『舊唐書』巻十二徳宗本紀上建中三年九月丁亥（七日）條に「判度支趙贊上言、請爲兩都・江陵・成都・揚・汴・蘇・洪等州署常平輕重本錢、上至百萬貫、下至十萬貫、收貯斛斗匹段絲麻、候貴則下價出賣、賤則加估收糴、權輕重以利民。從之。贊乃於諸道津要置吏税商貨、毎貫税二十文、竹・木・茶・漆皆什一税一、以充常平之本」とある。

○**趙贊**　趙贊については、〔原文〕五注釋③參照。

②**軍興已來**　『唐會要』巻八十八倉及常平倉條および『冊府元龜』巻五〇二邦計部常平條に「軍興已來、此事寖廢、因循未齊、垂三十年」とあり、この「軍興」は安史の亂（七五五～七六三）を言う。

③**使萬至吾人**　この文章は、『漢書』巻二十四下食貨志下に「至管仲相桓公、通輕重之權、曰、……凡輕重斂散之以時、則準平。守準平、使萬室之邑

必有萬鍾之藏、藏繈千萬、千室之邑必有千鍾之藏、藏繈百萬。春以奉耕、夏以奉耘、耒耜器械、種饟糧食、必取澹焉。故大賈畜家不得豪奪吾民矣」とあり、また『管子』輕重六國蓄第七十三に「凡輕重之大利、以重射輕、以賤泄平、萬物之滿虚、隨財。准（云）而不變。衡絶則重見。人君知其然、故守之以准平、使滿室之都必有萬鍾之藏、藏繈千萬、使千室之都必有千鍾之藏、藏繈百萬、春以奉耕、夏以奉芸、耒耜械器、鍾饟糧食、畢取贍於君、故大賈蓄家、不得豪奪吾民矣。然則何。君養其本謹也。春賦以斂繒帛、夏貸以收秋實、是故民無廢事、而國無失利也」とあるのを要約したものである。

④**自陛至鹽米**　德宗卽位以來の常平政策については、（原文）六五參照。本條によって、建中元年の常平官設置にあたって、新たに鹽・米を購入・貯備していたことがわかる。

⑤**頻年少雨**　『新唐書』卷三十五五行志二常暘條に「建中三年、自五月不雨、至于七月」とある。

⑥**當軍興之時**　建中二年（七八一）、魏博の兵力削減問題および成德軍の節度使繼襲問題に端を發して生起した諸藩鎭の反亂に對する討伐活動をいう。以後六年間に渉り、平盧・淮西兩藩鎭を捲込み、華中・華北の地を混亂させるとともに、唐朝を財政難に陷れることになった。

⑦**兩都幷江陵成都揚汴蘇洪等州府**　『舊唐書』地理志によれば、江陵府は、山南東道に屬す。はじめ荆州、天寶元年に江陵郡に改稱、乾元元年舊名に復し、上元元年以降江陵府と稱す。天寶領縣七、治所は江陵縣（湖北省江陵市）。成都府は、劍南道に屬す。はじめ益州、天寶元年に蜀郡に改稱、至德二年成都府と稱す。天寶領縣十、治所は成都縣（四川省成都市）。成都府には劍南西川節度使が置かれた。揚州は、（原文）六四注釋③參照。淮南節度使が置かれていた。汴州は河南道に屬す。天寶元年に陳留郡に改稱、乾元元年舊名に復す。天寶領縣六、治所は浚儀縣（河南省開封市）。興元元年（七八四）、宣武軍節度使の治所となる。蘇州は江南東道に屬す。天寶元年に吳郡に改稱、乾元元年舊名に復す。天寶領縣六、治所は吳縣（浙江省蘇州市）。鎭海軍節度使に隷屬した。洪州は江南西道に屬す。天寶元年に豫章郡に改稱、乾元元年舊名に復す。天寶領縣六、治所は鍾陵縣（江西省南昌市）。江西觀察使が置かれた。

⑧**斛斗疋段絲麻等**　斛斗は穀物、疋段は布帛を言う。『通典』卷六食貨賦稅下には「二十五年定令、諸課戶、一丁租調、准武德二年之制。其調絹絁布、竝隨鄕土所出、……其絹絁爲疋、布爲端、綿爲屯、麻爲綟」とみえる。端は段に同じ。

⑨**時國至平本**　興元元年（七八四）正月癸酉（一日）、朱泚の亂を避けて奉天にあった德宗は間架稅・除陌錢とともに竹木等への課稅を撤廢した。『舊唐書』卷十二德宗本紀上興元元年正月癸酉朔條に「先稅除陌・間架等錢、竹・木・茶・漆等稅、竝停」とある。

〔通釋〕

（建中）三年九月七日、戶部侍郞の趙贊が上言し、「おそれながら、舊制にあっては、穀物倉に穀物を備蓄して、常平倉と稱しました。安史の亂の勃發以來、この制度は次第に崩壞し、凶作のために離散し、餓死者を食べた者も、書き盡くせないほどあります。古えの平準法に、「一萬戶の城邑には必ず一萬鍾の穀物を、一千戶の城邑には必ず一千鍾の穀物を備蓄させ、春には耕作を、夏には除草をさせるならば、大商人・富豪であろうとも、我が人民から強奪することはできない」と述べているのは、つまり物價調節の法を實行し得たことを言うのです。陛下は、卽位されてより、京師長安城の東西兩市に常平倉を設け、國家が鹽や穀物を買い入れることをお許しになりました。降雨が少ない年が續いても、米價が高騰したことはありません。これこそ直接眼にした明白な經驗であって、まことに廣く展開するべきものであります。いまは軍事勃發のときであり、太平の世とは異なります。ぜひにもあわせて布帛をも貯備し、時時の需要に備える必要があります。私は、ここに東西兩都ならびに江陵府・成都府・揚州・汴州・蘇州・洪州などの諸州府において、それぞれに常平輕重本錢を設置し、最大一〇〇萬貫から最小數十萬貫まで、裁量して適宜その額を定め、穀物・布帛・絹絲・麻絲などを貯備しておき、物價が上昇すれば價格を下げて賣出し、下落すれば價格を上乘せして買上げることにより、物價の均衡をはかり、疲弊した人民に利益をもたらすよう願いあげる次第です」と提案した。德宗はこれを許した。

　趙贊は、そこで箇條書き規定を上奏し、諸道の主要な交易中心地にすべて官吏を配置し、商人の財貨を檢閲し、錢額一貫ごとに錢二十文の税をかけた。天下各地に產出する竹・木材・茶・漆には、すべて十分の一税を賦課し、常平本錢に充當することを提案した。このとき國家財政は少しずつ擴大し、經常の租税では足りなかった。その税收も得るたびに使い果たし、結局、常平本錢にはならなかったのである。

〔原文〕六七

　貞元八年十月、敕、諸軍鎭和糴貯備、共三十三萬石、米價之外①、更量與優饒。其粟及麻、據米數準折虛價、直委度支、以停減江淮運脚錢充②、竝支綾絹絁綿、勿令折估。所糴粟等、委本道節度使監軍同勾當別貯、非承特敕、不得給用。

　十四年六月、詔、以米價稍貴、令度支出官米十萬石、於兩街賤糴。其年九月、以歲飢、出太倉粟三十萬石出糴。是歲冬、河南府穀貴人流。令以含嘉倉粟七萬石出糴。

　十五年二月、以久旱歲飢、出太倉粟十八萬石、於諸縣賤糴。

〔校訂〕

①**米價之外**　標點本・諸本もと「價之外」に作る。『唐會要』巻八十八倉及常平倉條は、本條と同文を記述するが、價字の上に米一字有り。いま會要により、米一字を補う。

②**以停減江淮運脚錢充**　標點本・諸本もと「以停江淮運脚錢充」に作る。『唐會要』江字の上に減一字有り。いま會要により、減一字を補う。

〔訓讀〕

　貞元八年十月、敕すらく、諸軍鎭の和糴貯備、共に三十三萬石、米價の外、更に量りて優饒するを與《ゆる》す。其れ粟及び麻、米數に據りて虛價に準折し、直ちに度支に委ねて、停減せし江淮運脚錢を以て充てしめ、竝びに綾絹絁綿を支して、折估せしむること勿からしむ。糴《か》う所の粟等、本道の節度使・監軍に委ねて、同に勾當して別に貯えしめ、特敕を承くるに非ざれば、給用するを得ず①、と。

　十四年六月、詔すらく、米價稍《ようや》く貴きを以て、度支をして官米十萬石を出だし、兩街に於て賤糴せしめよ②、と。

其の年九月、歳飢ゆるを以て、太倉の粟三十萬石を出だして出糶せしむ。③是の歳冬、河南府の穀貴く人流る。含嘉倉の粟七萬石を以て出糶せしむ。④

十五年二月、久しく旱《ひでり》し歳飢ゆるを以て、太倉の粟十八萬石を出だし、諸縣に於て賤糶す。⑤

〔注釋〕

①貞元至給用　この貞元八年十月敕は、西北邊境の穀物價格が安價になっていたので、西北諸軍鎭の軍糧を充實するために、度支使に命じられた和糴とそれに關連する措置を記述する。『册府元龜』卷四八四經費に「以西北邊穀賤、詔令度支增價和糴、以實邊儲、凡積米三十三萬斛」とある。

この西北軍糧和糴は、貞元八年八月（『資治通鑑』卷二三四の繫年による）の陸贄の奏請によるものであった。それは、この年、關中ならびに西北緣邊諸州が豐作で穀物價格が低下しているのに對し、東南江淮地域では水害のために不作で米價が高騰したので、東南地域から京師への穀物輸送を停止し、停止によって生じる輸送費の削減分を原資として軍糧和糴を實施する提案である。江淮では減價した穀物を賣って農民を救濟し、西北邊では十割から五割增しで穀物を買上げて、農民を救うとともに軍糧の蓄積をはかるものである。かなり長い文章であるが、本條の理解の前提になる部分を中心に引用する。『陸宣公翰苑集』卷十八「請減京東水運收脚價於沿邊州鎭儲蓄軍糧事宜狀」に「……邊之大事、在食與兵。今食則無儲、兵則乏師、謂之有備、其可得乎。近者緣邊諸州、頻歳大稔、穀糴豐賤、殊異往時。此乃天贊國家永固封略之時也。……近歳關輔之地、年穀屢登。數減百姓稅錢、許其折納粟麥。公儲委積、足給數年。田農之家、猶困穀賤。今夏江淮水潦、漂損田苗。比於常時、米貴加倍。甿庶匱乏、流庸頗多。關輔以穀賤傷農、宜加價糴穀、以勸稼穡。江淮以穀貴民困、宜減價糶米、以救凶災。今宜糴之處則無錢、宜糶之處則無米、而又運彼所乏、益此所餘。斯所謂習見聞而不達時宜者也。……臣今所獻、庶近於斯。減所運之數、以實邊儲、存轉運之務、以備時要。其於詳審、必免貽憂。舊例、從江淮諸道、運米一百一十萬石、至河陰。來年請停八十萬石、運三十萬石。舊例、從河陰運米七十萬石至太原倉。來年請停五十萬石運二十萬石。舊例、從太原倉運米四十萬石至東渭橋。來年請停二十萬石、運二十萬石。其江淮所停運米八十萬石、請委轉運使、於遭水州縣、毎斗八十價出糶、計以糙米與細米分數相接之外、毎斗猶減時價五十文、以救貧乏。計得錢六十四萬貫文、節級所減運脚、計得六十九萬貫。都合得錢一百三十三萬貫。數內請支二十萬貫付京兆府、令於京城內、及東渭橋開場、和糴米二十萬石。毎斗與錢一百文、計加時估價三十已上、用利農人。其米便送東渭橋及太原倉收貯、充塡毎年轉漕四十萬石之數竝足、餘尚有錢一百一十三萬貫文、以供邊鎭和糴。臣已令度支巡院、勘問諸軍州米粟時價、兼與當管長吏商量、令計見墾之田、約定所糴之數、得鳳翔・涇隴・邠寧慶・鄜坊丹延・夏綏銀・靈鹽・振武等道、良原・長武・平涼等城報、除度支旋糴供軍之外、別擬儲備者、計可糴得粟一百三十五萬石。其臨邊州縣各於當處時價之外、更加一倍、其次毎十分加七分、又其次毎十分加五分。通計一百三十五萬石、當錢一百二萬六千貫文。猶合剩錢十萬四千貫、留充來年和糴。所於江淮糶米及減運米脚錢、請竝委轉運使、便折市綾絹絁綿四色、卽作船般送赴上都。邊地早寒、斂藏向畢。若待此錢送到、卽恐收糴過時。請且貸戶部別庫物充用。本色續到、便令折塡其所貸。戶部別庫物、亦取綾絹絁綿四色、竝依平估價、務利農人。仍取度支官畜及車、均融般送。請各委當道節度、及當城兵馬使、與監軍中使、幷度支和糴巡院官同受領、便計會和糴、各量人戶

墾田多少、先付價直、立限納粟。不願糶者、亦勿強徵。其有納米者、每米六升折粟一斗、應所糴得米粟、亦委此三官同檢覆、分於當管城堡之內、揀擇高燥牢固倉窖等、收納封閉。仍以貯備軍糧爲名。非緣城守絕糧、及承別敕處分、竝不得輒有支用。待收糴畢、具所糴數并收貯處所聞奏。并報中書門下。總計貯備粟一百三十五萬石、是十一萬二千五百人、一年之糧。來秋若遇順成、又可更致百餘萬石。……」とある。

○**諸軍鎭**　陸贄の上疏中にある鳳翔・涇隴・邠寧慶・鄜坊丹延・夏綏銀・靈鹽・振武等道及び良原・長武・平涼等の城鎭を言うであろう。京師を除き、關中（陝西省）に設置された藩鎭すべてと神策軍の軍營がある城鎭である。

○**米價之外更量與優饒**　陸贄の上疏中に「其臨邊州縣各於當處時價之外、更加一倍、其次每十分加七分、又其次每十分加五分」とあるように、時價（各州縣に置かれた市で、市場價格を參考に每旬評定して決められる物價）のうえに十割・七割・五割等の價格を割增しすることを言う。

○**其粟及麻據米數準折虛價**　『唐會要』卷八十八倉及常平倉條は「其粟及麥」に作るが、麥の收穫は夏であり、このとき十月の和糴の對象とはならない。本志の記述を是とする。「其粟及麻據米數準折虛價」は、陸贄の上疏には見えないので、本條敕文でくわえられた措置であろう。虛價（虛估）は、時價（時估、實價・實估）に上乘せした優待價格を言う。粟と麻については、米價に準據して優待價格を設定することである。

○**竝支綾絹絁綿**　陸贄の上疏中に「所於江淮糴米及減運米脚錢、請竝委轉運使、便折市綾絹絁綿四色、卽作船般送赴上都」とあるもので、江淮での玄米賣上と減額した輸送費を元手に買付させた三種類の反物と眞綿を長安に輸送させて和糴買付の經費とするものである。

綾は、アヤ。『倭名類聚鈔』卷三布帛部第九錦綺類・綾（紋附）條に「野王案、綾（音凌、阿夜。有熟線綾・長連綾・二足綾・花文綾・平綾等名）、似綺而細者也」とある。

絁は、アシギヌ。『倭名類聚鈔』同卷同類絁（紕字附）條に「唐韻云、絁（式支反、與施同。阿之岐沼）・繒、似布也」とある。

○**勿令折估**　地方から長安に上供された反物の品質に難癖をつけて、相當價格の見錢を再度徵收することを折估、徵收した錢を折估錢と言う。二重取りであるから、どちらか一方が擔當官人・胥吏の利得となる。貞元八年十月の和糴では、これを禁じたのである。

○**委本道節度使監軍同勾當**　陸贄の上疏中に「請各委當道節度、及當城兵馬使、與監軍中使、并度支和糴巡院官同受領、便計會和糴」とある。上疏同樣、節度使・兵馬使・監軍使・度支和糴巡院官が合同で和糴を實施したとみてよい。

監軍は、陸贄上疏中の監軍使、また監察軍使とも言う。地方の藩鎭諸軍を監督するため、中央より派遣された使職で、宦官を任命した。そのため上疏中には「監軍中使」とある。『通典』卷二十九職官武官下監軍條に「大唐……時有其職、非常官也。開元二十年後、竝以中官爲之、謂之監軍使」とある。

○**別貯非承特敕不得給用監軍**　別貯とは、陸贄上疏中に「應所糴得米粟、亦委此三官同檢覆、分於當管城堡之內、揀擇高燥牢固倉窖等、收納封閉。仍以貯備軍糧爲名」とあるもので、各城郭內の乾燥した高地にある堅牢な倉庫に收納して密封し、「貯備軍糧」と名づけたものである。この貯備軍糧は、陸贄上疏に「非緣城守絕糧、及承別敕處分、竝不得輒有支用」とあるように、城內の軍糧が底をつくか、特別の敕許を受ける以外は、使用が禁止された。

②**十四至賤糶**　貞元十四年の官米出賣については、『冊府元龜』卷一〇六帝王部惠民二に「十四年六月庚寅（十二日）、詔曰、訪聞蒸庶之間、米價稍貴、念茲貧乏、每用憂懷、苟利于人、所宜通濟。今令度支出官米十萬

石、于街東西各五萬石、毎斗賤較時價、糶與百姓」とある。これによれば、六月十二日に、官米十萬石を街東・街西において各おの五萬石ずつ出賣したのである。『新唐書』巻三十五五行志二常暘條に「(貞元)十四年春旱、無麥」とみえる。旱害による小麥の不作が米價高騰の原因であろう。

○**兩街**　唐長安城の外郭城は皇城正南門である朱雀門と外郭城正南門である明德門を結ぶ朱雀大街によって東西に二分され、大街以東五四坊を街東または左街（萬年縣管下。縣治は宣陽坊）と言い、以西五四坊を街西または右街（長安縣管下。縣治は長壽坊）と稱した。兩街とはこの街東・街西をあわせて言う。

③**其年至出糶**　九月の太倉穀物の出賣については、『册府元龜』巻一〇六帝王部惠民二に「十月、以歳凶穀貴、出太倉粟三十萬石、令京兆府開場糶以惠民」とあり、『舊唐書』巻十三德宗本紀下貞元十四年冬十月癸酉條にも「以歳凶穀貴、出太倉粟三十萬石、開場糶以惠民」とある。『册府元龜』・『舊唐書』は、ともに十月とし、『舊唐書』は日付を癸酉とする。ただしこの月に癸酉にあたる日は存在しない。ただ、貞元十四年九月丁未朔には癸酉二十七日がある。九月・十月いずれが正しいか確證がない。しばらく本志にしたがって九月とする。

○**太倉**　司農寺の所屬である太倉署が管轄した國家の中央穀物倉庫。京兆府に所在したものを太倉と言い、河南府に所在したものを含嘉倉と稱した。また京倉とも言う。『大唐六典』巻十九司農寺太倉署條に「太倉署令掌九穀廩藏之事、丞爲之貳。凡鑿窖置屋、皆銘磚爲庾斛之數、與其年月日、受領粟官吏姓名。又立牌如其銘焉。凡粟支九年、米及雜種三年。凡京官之祿、發京倉以給。給公糧者、皆承尚書省符」とある。

④**是歳至出糶**　「是歳冬」について、『唐會要』巻八十八倉及常平倉條及び『册府元龜』巻一〇六帝王部惠民二はともにこの記事を十二月とし、『舊唐書』巻十三德宗本紀下は十二月癸酉とする。この月にも癸酉にあたる日は無い。十一月丙午朔には癸酉二十八日がある。ただ十一月・十二月のいずれが正しいか、確證が無いので、しばらく本志の記述に從う。なお『新唐書』巻三五五行志二稼穡不成條に「(貞元)十四年、京師及河南饑」とあり、この冬の河南府における穀物高騰の原因は飢饉であったことがわかる。

⑤**十五至賤糶**　十五年二月の太倉穀物の出賣については、『舊唐書』巻十三德宗本紀下貞元十五年二月條に「罷中和節宴會、年凶故也。……癸卯(二十九日)、罷三月群臣宴賞、歳饑也。出太倉粟十八萬石、糶於京畿諸縣」とあり、二月二十九日のことである。

なお出糶の對象地域を『舊唐書』德宗本紀は「京畿諸縣」と記述する。唐制では、國都の城郭内にある縣を京縣、郭外にある縣を畿縣と稱した。『舊唐書』巻四十三職官志二戸部郎中條に「凡三都之縣、在内曰京縣、城外曰畿」とあり、また同書巻四十四職官志三州縣官員條に「長安・萬年・河南・洛陽・太原・晉陽六縣、謂之京縣。……京兆・河南・太原所管諸縣、謂之畿縣」とある。

〔通釋〕

貞元八年（七九二）十月、詔敕を下し、「諸軍鎭が備蓄穀物總計三十三萬石を和糴するにあたり、各地の米の時價に割増價格を適宜加えて價格とすることを許す。粟と麻については、米價に準據して優待價格を設定せよ。ただちに度支に命じ、停減した江淮地域からの輸送經費を和糴財源に充當し、あわせて江淮から上供させた綾・絹・絁・眞綿を代價として支拂い、折估錢を徴收してはならない。購入した粟等は、各道の節度使・監軍使等に命じ、度支と協同して管理させ、別の倉庫に貯備しておき、特別の敕許を得たときでなければ、支出させてはならぬ」と命じた。

貞元十四年六月十二日、詔敕を下し、「穀物價格が少しずつ高騰しているので、度支に命じて、官米十萬石を放出させ、長安城の街東・街西にて安く販賣させよ」と命じた。

この年九月、飢饉に見舞われたので、太倉の穀物三十萬石を放出して販賣させた。この年冬には河南府で穀物價格が高騰し、人民が流亡したので、含嘉倉の貯穀七萬石を賣りに出させた。

十五年二月二十九日、長期の旱魃により飢饉が發生したので、太倉の粟十八萬石を放出し、京畿諸縣で安く賣り出した。

〔原文〕六八

元和元年正月、制、歳時有豐歉、穀價有重輕、將備水旱之虞、在權聚斂之術。應天下州府每年所税地子數內、宜十分取二分、均充常平倉及義倉、仍各逐穩便收貯、以時糶糴①。務在救人、賑貸所宜、速奏。

六年二月、制、如聞、京畿之內、舊穀已盡、宿麥未登、宜以常平義倉粟二十四萬石、貸借百姓。諸道州府有乏少糧種處、亦委所在官長、用常平義倉米借貸。淮南浙西宣歙等道、元和二年四月賑貸、竝且停徵、容至豐年、然後塡納。

〔校訂〕

①**以時糶糴**　標點本・諸本もと「以時出糶」に作る。『唐會要』卷八十八倉及常平倉條は「以時糶糴」に作り、また『唐大詔令集』卷五改元下「改元元和赦」も「以時糶糴」に作る。いま會要・『唐大詔令集』により、「以時糶糴」に改訂する。

〔訓讀〕

元和元年正月、制すらく①、歳時に豐歉有り、穀價に重輕有り。將に水旱の虞《おそ》れに備えんとすれば、聚斂の術を權《はか》るに在り②。應《およ》そ天下州府、每年税する所の地子③の數內、宜しく十分して二分を取り、均しく常平倉及び義倉に充て、仍りて各おの穩便を逐いて收貯し、時を以て糶糴すべし。務めは人を救うに在り、賑貸の宜しき所、速かに奏せ、と。

六年二月、制すらく④、如聞らく、京畿の內、舊穀已に盡き、宿麥未だ登らず⑤、と。宜しく常平義倉の粟二十四萬石を以て百姓に貸借すべし。諸道州府に糧種を乏少するの處有れば、亦た所在の官長に委ね、常平義倉の米を用いて借貸せしめよ。淮南・浙西・宣歙等の道⑥、元和二年四月の賑貸は⑦、竝びに且らく停徵し、豐年に至りて、然る後塡納するを容《ゆる》せ、と。

〔注釋〕

①**元和元年正月制**　本條の元和元年正月制について、『册府元龜』卷八十九帝王部赦宥八條に「憲宗元和元年正月丁卯（二日）、御含元殿受朝賀。

禮畢、御丹鳳樓、大赦天下、制曰、……應天下州府、每年所税地子數內、宜十分取二、均充嘗平倉、仍各逐當處穩便收貯、以時價糴羅。務在救人」とある。赦文の內容は、『唐大詔令集』巻五改元下「改元元和赦」もほぼ同じ。これらにより、本條の制敕は、正月二日に出されたことがわかる。通釋はこの日付による。ただ前後の「歲時有豐歉、穀價有重輕、將備水旱之虞、在權聚斂之術。……、賑貸所宜、速奏」は制敕中には見えない。制敕の節略を異にするのであろう。

　このとき定められた內容は、長慶元年（八二一）の赦文でも確認されている。『文苑英華』巻四二六「長慶元年正月三日南郊改元赦文」に「天下所置常平義倉、準元和元年正月赦書節文處置、未便者委刺史、各具事由條件聞奏、有司更與商量處分」とある。この詔敕は、新たに常平・義倉の財源を配分するものであり、唐代後半期の常平・義倉の成立を宣言するものである。

②**在權聚斂之術**　斂字、『欽定全唐文』巻五十六「儲穀制」には散に作る。『全唐文』が永樂大典本を參照した可能性はあるが、何によって改訂したのか根據は不明である。標點本校勘記にも「全唐文巻五六「斂」字作「散」」と云う。穀物收集と放出との均衡をはかるととらえるのは分かりやすい。ただ下文に兩稅斛斗の十分の二を常平倉・義倉に充當することを言うのであるから、穀物收集・備蓄の方法と見る方がよい。

③**地子**　地子は、本來土地からの收穫物・穀物を言い、唐代前期には職田・官田等の小作料を指すことが多い。また義倉に備蓄するために徵收する穀物を地子・地稅と稱することもある。唐代後半期の兩稅法下にある本條の地子は、兩稅法のうちの穀物收取部分である兩稅斛斗を指して言う。元和元年の制敕によって、兩稅斛斗から二割の再配分をうけて常平義倉の財源が確立したのである（船越泰次［一九九六］一五〇～一五五頁參照）。

④**六年二月制**　この制敕は、『册府元龜』巻一〇六帝王部惠民二に「六年二月癸巳（二十八日）、制曰、王者本憂人之心、有順時之令、故及發生之候、必弘利澤之規、以此惠人、期於阜俗。今三陽布和、萬物遂性、惟人之窮乏者、或不能自存、朕所以憫然省憂、議所賑救。如聞、京畿之內、緣舊穀已盡、粟麥未登、尙不足於食陳、豈有餘於播種。勸其耕食、固在及時、念彼徵求、尤資寬貸。京兆府宜以嘗平義倉粟二十四萬石、貸借百姓。其諸道州府有乏少糧種處、亦委所在官長、用嘗平義倉糧借貸。淮南・浙西・宣歙等道、元和四年賑貸、竝且停徵。容至豐年、然後塡納」とある。この制敕は、『舊唐書』巻十四憲宗本紀上・『文苑英華』巻四三五「賑恤百姓德音」にも見えるが、發敕の日付をともに二月癸巳二十八日とする。通釋の日付はこれによる。

　なお、このときの賑貸は、翌七年二月一日に償還を放免された。『册府元龜』巻四九一邦計部蠲復三に「（元和）七年二月庚寅（一日）、制、元和六年諸色稅草竝職田草、共一百一十五萬束、竝宜放免。又有常賦錢穀蠲放之餘、貧弊者多、慮難輸入、欲令寬恤、須有優矜。其京兆府欠去年兩稅靑苗等錢二萬一千八百貫、欠秋稅雜斛斗及職田粟五萬三千三百石、幷宜放免。元和六年春賑貸京畿百姓義倉粟二十四萬石、亦宜放免」とある。また『舊唐書』巻十五憲宗本紀下元和七年二月壬辰（三日）條には「詔、以去秋旱歉、賑京畿粟三十萬石、其元和六年春賑貸百姓粟二十四萬石、竝宜放免」とあって、三日間に再度くりかえし命じている。

⑤**宿麥未登**　宿麥はフユコムギ。『漢書』巻六武帝本紀元狩三年條「勸有水災郡種宿麥」條の顏師古注に「師古曰、秋冬種之、經歲乃熟、故云宿麥」とある。

⑥**淮南浙西宣歙等道**　淮南道は、淮南節度使管下の諸州を言う。淮南道の治所・會府は揚州（江蘇省揚州市）。『舊唐書』巻三十八地理志一に「淮南節度使。治揚州、管揚・楚・滁・和・舒・壽・廬等州、使親王領之」

とある。現在の長江以北・淮水以南の江蘇省安徽省一帯にあたる。浙西道は、浙西觀察使管下の諸州を言う。會府は潤州（江蘇省鎭江市）。『元和郡縣圖志』巻二十五によればその管州は潤・常・蘇・杭・湖・睦の五州。現在の長江以南の江蘇省、浙江以北の浙江省にあたる。宣歙道は宣歙觀察使管下の諸州に相當する。會府は宣州（安徽省宣城縣）。『元和郡縣圖志』巻二十五によればその管州は宣・歙・池の三州。長江以東の安徽省にあたる。

⑦**元和二年四月賑貸**　管見のおよぶ限り、「元和二年四月賑貸」に相當する記述を見出せない。前掲注釋④の『册府元龜』巻一〇六は「元和四年賑貸」に作る。もし元和四年とするのが正しいならば、『舊唐書』巻十四憲宗本紀上に「（元和四年）十一月癸卯朔、浙西蘇・潤・常州旱儉、賑米二萬石」とあり、また『册府元龜』巻一〇六帝王部惠民二に「（元和四年）十一月詔、淮南楊・楚・滁三州、浙西潤・蘇・嘗三州、今年歉旱尤甚、米價殊高。言念困窮、豈忘存恤。宜以江西・湖南・鄂岳・荊南等使摺糴米三十萬石、賑貸淮南道三州、三十萬石貸浙西道三州。恐此米來遲、不救所切、宜委淮南浙西觀察使、且各以當道軍糧、據數給旱損人戶、節級作條件賑貸。淮南李吉甫・浙西韓皐躬親部署、令刺史縣令切加勾當、使此米必及饑人、以副朕意。如賑貸三州之外、可及諸州、亦聽量便宜處置。待江西等道摺糴和糴米到、各處依數收管」とあるのが「元和四年賑貸」にあたるであろう。

〔通釋〕

元和元年正月二日、制敕を下し、「年ごとに豐作・凶作があり、穀物の價格には高低が生じる。水災旱害の危惧への備えは、穀物の收集・備蓄を調整する方法にかかっている。天下の州府が毎年徵稅する兩稅斛斗のうち、その二割を分割して、みな常平倉と義倉の財源に充て、よってそれぞれ各地で穩便に貯積し、時宜に應じて購入・出賣するがよい。人民を救濟することに重點がある。賑貸の事宜については、速やかに上奏せよ」と命じた。

元和六年二月二十八日、制敕を下し、「聞けば、京畿諸縣では古い穀物がすでに底を盡き、麥はまだ稔っていないとのこと。常平義倉の穀物二十四萬石を用いて、人民に貸出しするがよい。諸道の州府で食糧や種子が缺乏するところにおいても、各地の長官に命じて常平義倉の玄米を用いて貸出しせよ。元和二年（八〇七）四月に淮南道・浙江西道・宣歙道等で實施した賑貸については、みなひとまず償還を停止し、豐年を迎えたのちに償還することを許せ」と命じた。

〔原文〕　六九

九年五月、詔[①]、出太倉粟七十萬石、開六場糶之、并賑貸外縣百姓。至秋熟徵納、便於外縣收貯、以防水旱。

十二年四月、詔、出粟二十五萬石、分兩街降估出糶。

其年九月、詔、諸道應遭水州府、河中澤潞河東幽州江陵府等管內、及鄭滑滄景易定陳許晉隰蘇襄復台越唐隨鄧等州人戶、宜令本州厚加優恤。仍各以當處義倉斛斗、據所損多少、量事賑給。

十三年正月、戶部侍郎孟簡奏、天下州府常平義倉等斛斗、請準舊例、減估出糶。但以石數奏申、有司更不收管、州縣得專達以利百姓。從之。

〔校訂〕

①九年五月詔　標點本・諸本もと「九年四月詔」に作り、また『唐會要』巻八十八倉及常平倉條は、年月をふくめ、本志とまったく同文である。ただ『舊唐書』巻十五憲宗本紀下元和九年五月條に「是月旱、穀貴、出太倉粟七十萬石、開六場糶、以惠飢民」とあり、また『册府元龜』巻一〇六帝王部惠民二元和九年條に「五月、以旱穀貴、出太倉粟七十萬石、開六場糶之、幷賑貸外縣百姓。至秋熟徵納、便於外縣收貯、以防水旱」とあって、『舊唐書』憲宗本紀・『册府元龜』巻一〇六ともに九年五月とする。この春から夏にかけて、『新唐書』巻三十五五行志二稼穡不成條に「(元和)九年春、關内饑」とあり、また同書巻七憲宗本紀元和九年五月條には「癸酉(二十七日)、以旱免京畿夏税」とある。『舊唐書』本紀・『册府元龜』の五月を是とすべきである。會要・本志は、下文十二年四月詔にかかわって誤ったのであろう。いま『舊唐書』・『册府元龜』によって、四月を五月に改める。

〔訓讀〕

九年五月、詔すらく、太倉の粟七十萬石を出だし、六場を開きて之を糶《う》り、幷せて外縣①の百姓に賑貸せよ。秋熟に至れば徴納し、便ち外縣に於て收貯し、以て水旱を防げ、と。

十二年四月、詔すらく②、粟二十五萬石を出だし③、兩街に分かち、估を降して出糶せよ、と。

其の年九月、詔すらく④、諸道の應《およ》そ水に遭えるの州府⑤、河中・澤潞・河東・幽州・江陵府等の管内、及び鄭・滑・滄・景・易・定・陳・許・晉・隰・蘇・襄・復・台・越・唐・隨・鄧等の州⑥の人戸、宜しく本州をして厚く優恤を加えしむべし。仍りて各おの當處の義倉斛斗を以て、損なう所の多少に據り、事を量りて賑給せよ、と。

十三年正月、戸部侍郎孟簡⑦奏すらく、天下州府の常平義倉等の斛斗、請うらくは舊例に準り、估を減じて出糶せんことを。但だ石數を以て奏申し、有司更に收管せず、州縣專達するを得て以て百姓を利せんことを、と。之に從う。

〔注釋〕

①外縣　加藤繁譯注下巻二五〇(一六八頁)注に「外縣は京兆府の屬縣にして長安城外に在るものを謂ふ」とある。京兆府に所屬する二十三縣のうち、長安城内の長安縣・萬年縣以外の縣、すなわち畿縣を言う。

②十二年四月詔　この詔敕については、『舊唐書』巻十五憲宗本紀下元和十二年四月己酉(二十日)條に「出太倉粟二十五萬石、糶于西京、以惠飢民」とある。發敕の日付を四月二十日とする。通釋は、これに從う。

③出粟二十五萬石　この穀物の出所について、『册府元龜』巻一〇六帝王部惠民二に「(元和)十二年……四月詔、出太倉粟二十五萬石、糶於兩京、以惠饑民」とある。また前掲注釋②『舊唐書』憲宗本紀にも同様の記述があり、これは太倉より放出された穀物である。

④其年九月詔　この詔敕については、『册府元龜』巻一〇六帝王部惠民二に「(元和)十二年……九月辛卯(五日)、制曰、朕爲人君、期致豐寧、夙夜永思、未嘗怠息、而庶政猶闕、嘗雨爲災、至今遠近或有墊溺、浸敗廬舍、漂浸田苗。言念疲黎、重罹斯弊。覽茲奏報、嗟悼良深。將俾獲安、

豈忘賑救。其諸道應遭水州府、河南・澤潞・河東・幽州・江陵府等管內、及鄭・滑・滄・景・易・定・陳・許・晉・隰・蘇・襄・復・台・越・唐・隨・鄧等州人戶、宜令本州、厚加優恤、仍各以當處義倉斛斗、據所損多少、量事賑給、訖、具數奏聞」とあり、發敕の日付を九月五日とする。通釋はこれに從う。

⑤**諸道應遭水州府**　この年、各地に發生した水害に關する記事は、各所に散在する。例えば、『舊唐書』十五憲宗本紀下に元和十二年六月條に「乙酉（二十七日）、京師大雨、含元殿一柱傾、市中水深三尺、壞坊民二千家」とあり、同七月壬辰（五日）條に「河北水災、邢・洺尤甚、平地或深二丈」とあり、また『新唐書』卷三十四五行志一常雨條に「（元和）十二年五月、連雨。八月壬申（十五日）、雨、至于九月戊子（二日）」とあり、さらに『新唐書』卷三十六五行志三水不潤下條に「（元和）十二年六月乙酉、京師大雨、水、含元殿一柱傾、市中水深三尺、毀民居二千餘家。河南・河北大水、洺・邢尤甚、平地二丈。河中・江陵・幽・澤潞・晉・隰・蘇・台・越州水、害稼」とある。この廣範圍にわたる水害地域は、下文の河中府以下、賑給對象となった諸州府とほぼ重なる。

⑥**河中至等州**　河中は河中節度使を言う。治所は河中府（山西省永濟縣西）。その管州府は、河中府・絳州（山西省新絳縣）・晉州（山西省臨汾市）・慈州（山西省吉縣）・隰州（山西省隰縣）の五州（『元和郡縣圖志』卷十二）。

澤潞は澤潞節度使を言う。治所は潞州（山西省長治市）。その管州は、澤州（山西省晉城縣）・邢州（河北省邢台市）・洺州（河北省邯鄲市北東）・磁州（河北省磁縣）の五州（『元和郡縣圖志』卷十五）。

河東は河東節度使を言う。治所は太原府（山西省太原市南）。その管州府は、汾州（山西省汾陽市）・沁州（山西省沁源縣）・儀州（山西省左權縣）・嵐州（山西省嵐縣北）・石州（山西省離石縣）・忻州（山西省忻縣）・代州（山西省代縣）・蔚州（山西省靈丘縣）・朔州（山西省朔縣）・雲州（山西省大同市）の十一州（『元和郡縣圖志』卷十三）。

幽州は幽州盧龍軍節度使を言う。治所は幽州（北京市）。その管州は、涿州（河北省涿縣）・瀛州（河北省河間縣）・莫州（河北省雄縣南）・檀州（北京市密雲）・薊州（河北省薊縣）・平州（河北省盧龍縣）・營州（遼寧省朝陽縣）・嬀州（河北省懷來縣南東）・順州（北京市順義）の十州（『舊唐書』卷三十八地理志一）。

江陵府（湖北省江陵縣）は、荊南節度使の治所。その管州は歸州（湖南省秭歸縣）・夔州（四川省奉節縣）・峽州（湖南省宜昌市）・忠州（四川省忠縣）・萬州（四川省萬縣）・澧州（湖北省澧縣南東）・朗州（湖北省常德市）の七州（『舊唐書』卷三十八地理志一）。

鄭州（河南省鄭縣）は都畿道に、滑州（河南省滑縣東）は河南道に、滄州（滄州市南東）・景州（河北省獻縣）・易州（河北省易縣）・定州（河北省定縣）は河北道に、陳州（河南省淮陽縣）・許州（河南省許昌市）は河南道に、晉州・隰州は、前掲河中節度使の管內に、蘇州（江蘇省蘇州市）は江南東道に、襄州（湖北省襄樊市）・復州（湖北省沔陽縣西南）は山南東道に、台州（浙江省臨海縣）・越州（浙江省紹興市）・唐州（河南省泌陽縣）は江南東道に、隨州（湖北省隨州市）・鄧州（河南省鄧縣）は山南東道に屬す。

⑦**戶部侍郎孟簡**　孟簡（?～八二三）、字は幾道、德州平昌縣（山東省德州市東）の人。德宗貞元中、進士科出身、累遷して倉部員外郎にいたり、憲宗元和九年、越州刺史・浙東觀察使、十二年、戶部侍郎、同十三年、襄州刺史・山南東道節度使、穆宗長慶三年、太子賓客・分司東都となり、その年死去。『舊唐書』卷一六三、『新唐書』卷一六〇に立傳する。

〔通釋〕

元和九年（八一四）五月、詔敕を下し、「太倉の穀物七十萬石を放出し、場を六箇所設置して賣出し、あわせて外縣の人民に賑貸せよ。秋の收穫期になれば回收し、そのまま外縣で貯備しておき、水災旱害への備えとせよ」と命じた。

元和十二年（八一七）四月二十日、詔敕を下し、「太倉の穀物二十五萬石を放出し、長安の街東・街西に分け、估價を下げて賣出せ」と命じた。

その年の九月五日、詔敕を下し、「諸道のうち水害に遭遇した州府、河中・澤潞・河東・幽州・江陵府などの管轄下州府、ならびに鄭州・滑州・滄州・景州・易州・定州・陳州・許州・晉州・隰州・蘇州・襄州・復州・台州・越州・唐州・隨州・鄧州などの人民に對し、當該各州に命じ、手厚く救援させるがよい。それぞれ各地の義倉穀を用い、被害の規模に據り、事情を考慮して賑貸せよ」と命じた。

元和十三年正月、戶部侍郎孟簡が上奏し、「天下の諸州府が管轄する常平義倉等の穀物につき、舊來の規定に從い、估價を下げて賣出すよう願いあげます。ただその際、穀物の數量のみ上申し、決して戶部司には穀物を管轄させず、州縣が直接穀物を送達して、人民の利益となるよう願いあげます」と提案した。憲宗はこれを許した。

〔原文〕七〇

長慶四年二月、敕、出太倉陳粟三十萬石、於兩街出糶。

其年三月制曰、義倉之制、其來日久。近歲所在盜用沒入、致使小有水旱、生人坐委溝壑。推言其弊①、職此之由。宜令諸州錄事參軍、專主勾當。苟爲長吏迫制、卽許驛表上聞。考滿之日、戶部差官交割。如無欠負、與減一選。如欠少者、量加一選。欠數過多、戶部奏聞、節級科處。

大和四年八月、敕、今年秋稼似熟、宜於關內七州府及鳳翔府和糴一百萬石。

大中六年四月、戶部奏、諸州府常平義倉斛斗、本防水旱、賑貸百姓。其有災沴州府地遠、申奏往復、已至流亡。自今已後、諸道遭災旱、請委所在長吏、差淸強官審勘、如實有水旱處、便任先從貧下不支濟戶給貸。從之。

〔校訂〕

①**推言其弊**　標點本・諸本もと「永言其弊」に作る。『唐會要』卷八十八倉及常平倉條および『冊府元龜』卷五〇二邦計部常平條に本志と同文を記述するが、『唐會要』の方は「推言其弊、職此之由」に作り、推一字のみ異にする。本志は、現行本『唐會要』とともに、藍本『唐會要』に據って記述している。いま『唐會要』によって永字を推字に改める。

〔訓讀〕

長慶四年二月、敕すらく、太倉の陳粟三十萬石を出だし①、兩街に於て出糶せよ、と。

其の年三月、制して曰く、義倉の制、其の來たるや日久し。近歲、所在に盜用沒入し、小しく水旱すること有れば、生人坐《いなが》らにして溝壑に委《す》てしむるを致す。其の弊を推言するに、職《もつぱ》ら此れ之れに由る。宜しく諸州の錄事參軍②をして、專主勾當せしむべし。苟《も》し長吏の迫制するところと爲れば、卽ちに驛表して上聞するを許す。考滿つるの日③、戶部、官を差《つかわ》して交割④せしめよ。如し欠負⑤無ければ、一選を減ずるを與《ゆる》す⑥。如し欠少なければ、量りて一選を加えよ⑦。欠數過多なれば、戶部奏聞し、節級に科處せよ、と。

大和四年八月、敕すらく、今年秋稼熟するに似たり。宜しく關內七州府及び鳳翔府に於て一百萬石を和糴すべし⑧、と。

大中六年四月、戶部奏すらく⑨、諸州府の常平義倉の斛斗、本より水旱を防ぎ、百姓に賑貸す。其れ災沴有るの州府、地遠ければ、申奏往復するに、已にして流亡するに至る。今自り已後、諸道災旱に遭えば、請うらくは所在の長吏に委ね、淸強の官を差わして審勘せしめ、如し實に水旱有るの處なれば、便ち先に貧下にして支濟せざるの戶從り給貸するを任《ゆる》さんことを、と。之に從う。

〔注釋〕

①**長慶四年二月敕出太倉陳粟三十萬石**　『舊唐書』巻十七上敬宗本紀長慶四年二月辛丑（十六日）條に「以米貴、出太倉粟四十萬石、於兩市賤糶、以惠貧民」とある。發敕の日付は二月十六日である。通釋はこれに從う。

また『冊府元龜』巻一〇六帝王部惠民二に「（長慶）四年二月、詔、如聞、京城米穀翔貴、百姓乏食者多。夏麥未登、須有救恤。宜出太倉陳粟四十萬石、委度支・京兆府類會、減時價、於東西街、置場出糶。其價錢、仍司府收貯、至秋收糴」とあり、より具體的な狀況を記している。敬宗本紀・『冊府元龜』惠民は、ともに四十萬石に作り、本志と異なる。どちらが正しいか不明。しばらく本志の記述による。

②**諸州錄事參軍**　州の屬官の一。正しくは錄事參軍事。『通典』巻三十三職官州郡下總論郡佐條に「錄事參軍（京府謂之司錄參軍、置二人。餘竝爲錄事參軍。大府與上都督府亦二人、餘府州一人）。……掌付事句稽、省署鈔目、糾彈部內非違、監印給紙筆之事」とあり、また『大唐六典』巻三十上州中州下州官吏條には「司錄・錄事參軍事掌付事勾稽、省署抄目、糾正非違、監守符印。若列曹事有異同、得以聞奏」とある。

義倉・常平倉の穀物管理は、唐前半の律令期には、州の倉曹司倉參軍事の職掌であった。『大唐六典』巻三十上州中州下州倉曹司倉參軍條に「每歲據靑苗徵稅、畝別二升、以爲義倉、以備凶年。將爲賑貸、先申尙書待報、然後分給。又歲豐、則出錢、加時價而糴之。不熟、則出粟、減時價而糶之。謂之常平倉。常與正義倉帳、具本利、申尙書省」とある。元和元年正月に成立した唐代後期の常平・義倉の專管職員が、この長慶四年二月の詔敕により、錄事參軍に特定されたのである。

③**考滿之日**　考滿とは、年數が滿ちるの意。官僚が勤務評定に必要な一定の年限（所定の任期でもある）を滿了したことをいう。唐制、その年限は原則四年であった。『唐會要』巻六十九都督刺史已下雜錄に「其年（先天二年）七月二十四日敕、自今已後、都督刺史、……宜待四考滿、隨事褒貶、與之改轉」とある。

④**交割**　一般に刺史の交替にあたって、前任者が後任者に倉庫等、公事にかかわる帳簿・文書の引繼、引渡しをすること。たとえば『唐會要』巻六十九刺史下條に「（大中）五年九月、中書門下奏、諸州刺史交割、及初到任下擔、得替後資送裝事。……自今已後、望令應諸州刺史得替已除官

者、卽敕到後交割了、便赴任。如未除官者、敕到後、與知州官、分明交割倉庫及諸色事。如不分明交割、便令舊刺史離本任、不要更待新刺史到。交割公事後、稱有小小異同、卽令勘問知州官、幷任行牒聽勘問、詰前刺史。如大段差謬、卽委具事狀奏聞、其知州官別議進」とある。物茂卿『明律國字解』卷四「官員赴任過限」條に「籍册は帳面也。交割とはあと役へ引渡すことなり」という。本條制敕では、錄事參軍の任期が終了したとき、戶部から官吏を派遣し、義倉にかかわる帳簿の引渡し點檢を行なって、その人事考課を行なうことを指示する。

⑤**欠負**　租稅未納や横領などによる帳簿上の欠損と債務を言う。

⑥**減一選**　任期を滿了した官僚は、つぎの職位を得るために選任される必要がある。これを選と言い、選は一年に一回行なわれる尙書吏部の銓選に由來する。「士子三年守官、十年待選」（『唐會要』卷七十四選部上「論選事」蘇氏議）とあるように、通常、任官期間より選任を待つ期間の方が長かった。この選任を待つ期間を短縮する措置を減選と言う。減一選という場合、對象の官僚の選任待機期間を一年短くすることを意味する。勿論これは優遇措置となる（內河久平［一九八〇］參照）。

⑦**加一選**　前掲注釋⑥減一選に對し、選任待機期間を一年間延長する措置を言う。

⑧**大和至萬石**　『舊唐書』卷十八文宗本紀下大和四年八月甲子（二十三日）條に「內出綾絹三十萬匹、付戶部充和糴」とある。おそらくこれが食貨志の記事に對應するものであろう。

○**鳳翔府**　關內道に屬す。『唐會要』卷六十八諸府尹・鳳翔府條に「武德元年六月十九日、改隋扶風郡爲岐州。天寶元年正月二十日、改爲扶風郡、刺史爲太守。至德元載七月二十七日、改爲鳳翔郡、二載十二月十五日、改爲鳳翔府、稱西京、以李煜爲尹。上元元年九月、停西京之號……」とある。管縣九、天興・岐山・扶風・普潤・岐陽・麟遊・寶鷄・虢・郿。鳳翔節度使が治所を置く。現在の陝西省鳳翔縣にあたる。

⑨**大中六年四月戶部奏**　この戶部上奏のほぼ全文は、『册府元龜』卷五〇二邦計部常平に「大中六年四月、戶部奏、天下州府收管嘗平義倉斛斗、今日已後、如諸道應遭災荒水旱、便委長吏淸強官審勘。如實是水旱處、便任開倉、先貧下不濟戶給貸訖、具數分析申奏、幷報臣本司、切不得妄給與富豪人戶。其所使斛斗、仍仰錄事參軍、至當年秋熟後、專勾當據數追收塡納、不令違欠。如州府無水旱、妄有給使、又不及時塡貯、其錄事參軍本判官重加殿罰、其長吏具銜奏聽進止。所冀得濟疲民、兼免欠闕。從之」とある。『唐會要』卷八十八倉及常平倉條にもあるが、『册府元龜』のほうがより完善である。

この戶部上奏に對する敕旨の具體は、『舊唐書』卷十八下宣宗本紀大中六年四月丁酉（一日）條に「敕、常平義倉斛斗、每年檢勘、實水旱災處、錄事參軍先勘人戶多少、支給先貧下戶、富戶不在支給之限」とある。本條の戶部奏請も四月一日であったに違いない。

〔通釋〕

長慶四年（八二四）二月十六日、詔敕を下し、「太倉の舊穀三十萬石を放出し、長安城の兩街において賣出せ」と命じた。

その年の三月、制敕を下し、「義倉の制度には長い歷史がある。近年、各地で盜用・横領が行なわれ、小さな水災旱害が起こっても、人民がなすすべもなく窮地に陷っている。その弊害の由來を推斷するに、もっぱら盜用・横領に起因するのである。諸州の錄事參軍に單獨で義倉を主管させるがよい。もし州の長吏に無理に干涉されたならば、ただちに驛馬を立てて上奏することを許す。錄事參軍の任期が滿了したとき、戶部は官員を派遣して帳簿の引繼ぎ・點檢をせよ。租稅未納や負債が無ければ一選を減らすことを許せ。租税未納が些少であるなら、裁量して一選を加えよ。租税未納額が多すぎれば、戶部はこれを上奏し、等級を設けて處分せよ」と命じた。

大和四年（八三〇）八月、詔敕を下し、「今年の秋は豐作のようである。關內道の七州府および鳳翔府において、一〇〇萬石を和糴するがよい」と命じた。

大中六年（八五二）四月、戶部が上奏し、「諸州府が管掌する常平義倉の穀物は、本來洪水・旱害に備え、人民に賑貸するためのものです。災禍に見舞われた州府が遠隔地であれば、報告・上奏のやりとりをするうちに、人民が流亡してしまいます。今後、災害に見舞われた諸道には、各地の長官に命じ、清廉で氣骨のある官員を派遣して事實調査を行なわせ、もし實際に水災・旱害が起きているなら、自立できない貧戶から先に貸與することを許すよう願いあげます」と提案した。宣宗はこれを許した。

六 雑 税

（一）間架法・除陌法

〔原文〕七一

建中四年六月、戸部侍郎趙賛請置大田。天下田計其頃畝、官收十分之一。擇其上腴、樹桑環之、曰公桑。自王公至于匹庶、差借其力、得穀絲以給國用。詔從其說。贊熟計之、自以爲非便、皆寢不下。復請行常平税茶之法。又以軍須迫蹙、常平利不時集、乃請税屋間架、算除陌錢。間架法、凡屋兩架爲一間、屋有貴賤、約價三等、上價間出錢二千、中價一千、下價五百。所由吏秉算執籌、入人之廬舍而計其數。衣冠士族、或貧無他財、獨守故業、坐多屋出算者、動數千萬人①、不勝其苦。凡沒一間者杖六十、告者賞錢五十貫、取於其家。除陌法、天下公私給與貿易、率一貫舊算二十、益加算爲五十。給與他物、或兩換者、約錢爲率算之。市牙各給印紙、人有買賣、隨自署記、翌日合算之。有自貿易不用市牙者、驗其私簿、無私簿者、投狀自集。其有隱錢百者、沒入二千杖六十、告者賞十千、取其家資。法既行、而主人市牙得專其柄、率多隱盜。公家所入、曾不得半、而怨讟之聲、囂然滿於天下。至興元元年正月一日、赦悉停罷②。

〔校訂〕

①**動數千萬人**　標點本・諸本及び『唐會要』巻八十四雜税條、ならびに「動數十萬人」に作る。間架税の對象は「京師居人屋宅」である（〔原文〕五參照）。衣冠の士人數十萬人は多すぎる。『册府元龜』巻五一〇邦計部重斂に「（建中）四年六月、初税間架・除陌錢。……衣冠士族或貧無他財、獨守故業、坐多出筭者、動數千萬人、不勝其苦」とある。前後の文章は、本志・『唐會要』に一致する。「動數千萬人」であれば、數千人から萬人の意であるから穩當である。本志・『唐會要』の十字は千字の譌誤である。いま『册府元龜』に從い十字を千字に改める。

②**興元元年正月一日赦悉停罷**　「興元元年」、標點本・諸本及び『唐會要』巻八十四雜税條、ならびに「興元二年」に作る。興元二年正月一日改元して貞元元年となる（『舊唐書』巻十二德宗本紀下）。改元貞元赦文はすべて貞元元年と紀年する。興元二年は無い。『舊唐書』德宗本紀下興元元年條に「春正月癸酉朔、上在奉天行宮受朝賀。詔曰、……今上元統曆、獻歲發祥、宜革紀年之號、式敷在宥之澤、可大赦天下、改建中五年爲興元元年。……先税除陌・間架等錢、竹木茶漆等税竝停」とある。これにより興元二年を興元元年に改める。本志・『唐會要』ともに誤っているので、譌誤は藍本會要に由來するのであろう。

〔訓讀〕

建中四年六月、戸部侍郎趙贊①、大田を置かんことを請う。天下田、其の頃畝を計り、官十分の一を收む。其の上腴を擇び、桑を樹えて之に環らせ、公桑と曰う②。王公自り匹庶に至るまで、其の力を差借し、穀絲を得て以て國用に給す。詔して其の説に從う。贊之を熟計し、自ら以て便に非ずと爲し、皆な寢《や》めて下さず。復た請いて常平稅茶の法を行なう③。又た軍須の迫蹙し、常平の利、時には集《な》らざるを以て、乃ち屋の間架に稅し、除陌錢を算せんことを請う。間架法④、凡そ屋の兩架を一間と爲し、屋に貴賤有れば、價を三等に約し、上價は間ごとに錢二千を出だし、中價は一千、下價は五百とす。所由の吏、算を秉り籌を執りて、人の廬舍に入りて其の數を計う。衣冠士族、或いは貧にして他財無く、獨り故業を守るに、多屋に坐して算を出だす者、動《やや》もすれば數千萬人⑤、其の苦に勝えず。凡そ一間を沒する者は杖六十、告する者は錢五十貫を賞《たま》い、其の家より取る。除陌法⑥、天下の公私給與・貨易、率ね一貫ごとに舊と二十を算するに、算を益加して五十と爲す。他物を給與し、或いは兩換する者は、錢に約して率と爲し之に算す。市牙各おの印紙を給い、人の買賣するもの有れば、隨《ただ》ちに自ら署記し、翌日之を合算す。自ら貿易して市牙を用いざる者有れば、其の私簿を驗《けみ》し、私簿無き者は、狀を投じて自ら集す。其の錢百を隱す者有れば、二千を沒入して杖六十、告する者、十千を賞い、其の家資に取る。法既に行われ、而して主人・市牙⑦、其の柄を專らにするを得、率ね多く隱盜す。公家の入る所、曾《すなわ》ち半を得ず、而怨讟の聲、囂然として天下に滿つ。興元元年正月一日に至り、赦して悉く停罷す⑧。

〔注釋〕

①**建中四年六月戸部侍郎趙贊**　『唐會要』巻八十四雜稅條には、本條全體と同文の記述がある。ただ會要は戸部侍郎趙贊を判度支・戸部侍郎趙贊に作る。通釋はこれに從う。趙贊の戸部侍郎・判度支就任は建中三年五月二十三日、解任は建中四年十二月十九日である（『舊唐書』德宗本紀上）。

○**建中四年六月**　この日付には問題がある。本志が大田制に續いて記述する常平稅茶法の提案は、〔原文〕六六にあるように、建中三年九月五日のことである。したがって大田制の提案は、建中三年九月以前の出來事であることは動かない。『舊唐書』巻十二德宗本紀上建中四年六月庚戌（五日）條に「初稅屋間架、算除陌錢。時馬燧・李懷光・李抱眞・李芃屯魏縣、李晟屯易定、李勉・陳少遊・哥舒曜屯懷汝間、神策諸軍皆臨賊境。凡諸道之軍出境、仰給於度支、謂之食出界糧、月費錢一百三十萬貫。判度支趙贊巧法聚斂、終不能給。至是又稅屋、所由吏秉筆持算、入人廬舍而抄計、峻法繩之、愁嘆之聲、遍於天下」とある。冒頭の建中四年六月は、本來「乃請稅屋間架・算除陌錢。間架法」の前に置くべき日付である。

また『册府元龜』巻五一〇邦計部重斂に「（建中）四年六月、初稅間架・除陌錢。時馬燧・李懷光・李抱眞・李芃四節度之兵、屯於魏縣。判度支趙贊以軍須迫蹙、常平利不時集、乃請稅屋間架、筭除陌錢。間架法、凡屋兩架爲一間。屋有貴賤、約價三等。上價間出錢二千、中價一千、下價五百。所繇吏秉筆執筭、入人廬舍而計其數。衣冠士族、或貧無他財、獨守故業、坐多出筭者、動數千萬人、不勝其苦。凡沒一間者杖六十、告者賞錢五十貫、取於其家」とある。

『册府元龜』を參照すれば、本條は本來「建中四年六月、初稅間架・除陌錢。先是、戶部侍郎趙贊請置大田。天下田計其頃畝、官收十分之一。擇其上腴、樹桑環之、曰公桑。自王公至于匹庶、差借其力、得穀絲以給國用。詔從其說。贊熟計之、自以爲非便、皆寢不下。復請行常平稅茶之法。又以軍須迫蹙、常平利不時集、至是、乃請稅屋間架・算除陌錢。……」とあるべきである。通釋では、建中四年六月を「乃請稅屋間架」の前に移して翻譯する。

②**曰公桑**　『唐會要』雜稅條は、この「曰公桑」を「曰公田公桑」に作る。通釋はこれに從う。

③**復請行常平稅茶之法**　常平稅茶法の施行については、『舊唐書』卷十二德宗本紀上建中三年九月丁亥（七日）條に「判度支趙贊上言、請爲兩都・江陵・成都・揚・汴・蘇・洪等州署常平輕重本錢、上至百萬貫、下至十萬貫、收貯斛斗匹段絲麻、候貴則下價出賣、賤則加估收糴、權輕重以利民。從之。贊乃於諸道津要置吏稅商貨、每貫稅二十文、竹・木・茶・漆皆什一稅一、以充常平之本」とある。建中三年九月七日に施行された。〔原文〕六六をも參照。

④**間架法**　間架法については、〔原文〕五注釋⑤參照。家屋の價格を三等級に區分したうえ、屋舍を構成する兩架を一間とし、屋舍の等級とその間數によって算錢を賦課する租稅である。

唐代には身分によって建造する家屋の門數・間架數が規定されていた。『唐會要』卷三十一輿服上雜錄に「（大和）六年（八三二）六月敕、詳度諸司制度條件等。……又奏、准營繕令、王公已下、舍屋不得施重栱・藻井。三品已上堂舍、不得過五間九架。廳廈兩頭門屋、不得過五間五架。五品已上堂舍、不得過五間七架。廳廈兩頭門屋、不得過三間兩架、仍通作鳥頭大門。勳官各依本品。六品七品已下堂舍、不得過三間五架。門屋不得過一間兩架。非常參官、不得造軸心舍、及施懸魚・對鳳・瓦獸・通栿乳梁裝飾。其祖父舍宅、門廕子孫、雖廕盡、聽依仍舊居住。其士庶公私第宅、皆不得造樓閣、臨視人家。近者或有不守敕文、因循制造。自今以後、伏請禁斷。又庶人所造堂舍、不得過三間四架、門屋一間兩架、仍不得輒施裝飾」とある。これに據れば、間と架との間に、趙贊間架法が兩架を一間と規定するような、直接的な關係はない。なおここに引用する營繕令は、明抄本『天聖令』營繕令第五條（宋五）・第六條（宋六）にも若干の文章を削除・改訂して繼承している。

⑤**數千萬人**　數千萬は、數千から萬、すなわち八千から一萬の意。古典漢語に獨自の記數法である。數十百は八十から百、數百千は八百から千を意味する。『漢書』卷三十一項籍傳に「籍遂拔劍擊斬守。梁持守頭、佩其印綬。門下驚擾、籍所擊殺數十百人」とあり、顏師古注に「數十百人者、八九十乃至百也。他皆類此」とある。會昌の廢佛にかかわって、『唐會要』卷四十七議釋敎上會昌五年八月制に「其天下所拆寺四千六百餘所、還俗僧尼二十六萬餘人、收充兩稅戶。拆招提・蘭若四萬餘所、收膏腴上田數千萬頃、收奴婢爲兩稅戶十五萬人。隸僧尼屬主客」とある。玄宗天寶年間の應受田ですら一千四百三十萬三千八百六十二頃十三畝であった（『通典』卷二食貨田制下）。ここに云う上田數千萬頃は、八千頃から一萬頃である。

⑥**除陌法**　除陌錢について、その起源は不明であるが、『唐會要』卷六十六太府寺條に「天寶九載（七五〇）二月十四日、敕、自今以後、麪皆以三斤四兩爲斗。……除陌錢每貫二十文、餘麪等同」とあって、天寶九載には每貫二十錢の除陌法が實施されている。これが建中四年の改定により、五十錢に加算され、六箇月後にもとにもどされたのである。

⑦**主人市牙**　主人は、居停主人（邸店主）を言い、宿泊業者および倉庫業者

を指す。時には省略して「主人」と表記した。市牙は牙人を言う。唐代の牙人は主として取引斡旋業を營んだ。詳しくは〔原文〕三三注釋④參照。

⑧至興元元年正月一日赦悉停罷　〔校訂〕①に記したように『舊唐書』巻十二徳宗本紀下興元元年春正月癸酉朔條に「……先稅除陌・間架等錢、竹木茶漆等稅竝停」とある。また『文苑英華』巻四二一翰林制詔「奉天改元大赦制」（陸贄撰）では「其墊陌及稅間架・竹木茶漆・榷鐵等諸色名目、悉宜停罷」となっている。この除陌・間架法施行期間は六箇月、竹木茶漆等稅の施行期間は一年三箇月であった。

〔通釋〕

（建中三年・七八二）判度支・戸部侍郎趙贊が大田制の設置を奏請した。それは、天下の田土面積を計測し、國家が十分の一稅を收取するもので、肥沃な土地を選んで、その周圍に桑を樹え、これを公田・公桑と呼び、王公から庶民に至るまで、等級を設けてその勞働力を借り、穀物・絹帛を生產して國家財政に供給しようとするものであった。詔敕が下りてその奏請を許可したが、趙贊は、自ら熟考して良いものではないと判斷し、すべて沙汰やみとした。また建中三年九月七日、常平稅茶法の實施を奏請した。さらに軍事經費が逼迫しているので、常平稅茶の利益が直ちには實現しないと考え、建中四年（七八三）六月五日、なんと家屋の間架に課稅し、除陌錢を增額することを奏請した。

　間架法とは、家屋の二つの架の間を一間とするもので、家屋には價格の高下があるので、價格を三等級にまとめ、上價は一間ごとに二千錢、中價は一千錢、下價は五百錢を出させた。擔當の吏員は、算木と籌策を手に執り、人びとの廬舍に入って間架の數を計算した。官人・士族のなかには貧亡で他に財產がなく、ただ古くから傳わる土地・家屋があるだけだったが、家屋の多いことが災いして算錢を出す者が、ともすれば八千人から一萬人にのぼり、その苦痛に耐えられなかった。一間を隱した者は杖打ち六十の罪とし、告發者には、隱匿者の家財の中から錢五十貫を褒美として與えた。

　除陌法とは、天下の公私にわたる給付・交易に際し、舊來一貫ごとに二十錢を算錢として徵收していたもので、この算錢を增額して五十錢としたのである。錢以外の物を給付したり、あるいは物と物とを交換したりするばあいには、錢額にまとめなおして算錢を徵收した。市の牙人には各おのに官印のある用紙を支給し、賣買があれば、ただちに自ら記入し、翌日にそれらを合算させた。市の牙人を利用せず、自ら交易した者については、その私的帳簿を檢査し、私的帳簿のない者には、文書を提出させ、自ら集計して納稅させた。百錢を隱匿する者があれば、二千錢を沒收して杖打ち六十とし、告發者には隱匿者の家財の中から十貫を褒美として與えた。この法が實施されると、邸店の主人や市の牙人は、その手續きを自由に操作することができたので、おおむね隱匿したり横領したりすることになった。國家の收入は、まるで半數にもとどかず、かえって囂然たる怨嗟の聲が、天下に滿ちた。

　興元元年（七八四）に至り、正月一日の赦文により、悉くこれらを停止した。

（二）茶　税

〔原文〕七二

貞元九年正月、初稅茶。先是、諸道鹽鐵使張滂奏曰、伏以、去歳水災、詔令減稅。今之國用、須有供儲。伏請於出茶州縣、及茶山外商人要路、委所由定三等時估、每十稅一、充所放兩稅、其明年以後所得稅、外貯之、若諸州遭水旱、賦稅不辦、以此代之。詔可之。仍委滂具處置條奏。自此每歳得錢四十萬貫。然稅無虛歳、遭水旱處、亦未嘗以稅茶錢拯贍①。

大和七年、御史臺奏、伏準大和三年十一月十八日赦文、天下除兩稅外、不得妄有科配、其擅加雜榷率、一切宜停、令御史臺、嚴加察訪者。臣昨因嶺南道擅置竹練場、稅法至重、害人頗深、伏請起今已後、應諸道自大和三年、準赦文所停兩稅外科配雜榷率等、復却置者、仰敕至後十日內、具却置事由聞奏、仍申臺司。每有出使郎官御史、便令嚴加察訪、苟有此色、本判官重加懲責、長吏奏聽進止。從之。

〔校訂〕

①以稅茶錢拯贍　標點本・諸本もと「以錢拯贍」に作る。『唐會要』巻八十四雜稅條及び『冊府元龜』巻四九三邦計部山澤一條、ならびに「未嘗以稅茶錢拯贍」とある。いま會要・『冊府元龜』により、稅茶二字を補う。

〔訓讀〕

貞元九年正月、初めて茶に稅す①。是れより先、諸道鹽鐵使張滂②奏して曰く、伏して以《おも》えらく、去歳の水災、詔して稅を減ぜしむ③。今の國用、須らく供儲有るべし。伏して請うらくは、茶を出だすの州縣、及び茶山の外の商人の要路に於て、所由に委ねて三等の時估を定め、十每に一を稅し④、放《ゆる》す所の兩稅に充つ。其れ明年以後得る所の稅、外に之を貯え⑤、若し諸州水旱に遭い、賦稅辦ぜざれば、此れを以て之に代えんことを、と。詔して之を可とす。仍りて滂に委ね、處置を具して條奏せしむ。此れ自り歳每に錢四十萬貫を得。然れども稅に虛歳無きも、水旱に遭いし處、亦た未だ嘗て稅茶錢を以て拯贍せず。

大和七年、御史臺奏すらく、伏して大和三年十一月十八日の赦文に準るに⑥、天下、兩稅を除くの外、妄りに科配有るを得ず、其の擅《ほしいまま》に加えたる雜榷率、一切宜しく停《とど》むべし。御史臺をして嚴しく察訪を加えしめよ、とあり。臣昨ごろ嶺南道の擅に置きたる竹練場⑦、稅法至重にして、人を害すること頗る深きに因り⑧、伏して請うらくは今起《よ》り已後、應《およ》そ諸道、大和三年自り、赦文に準りて停むる所の兩稅外の科配・雜榷率⑨等の、復た却置したる者、仰せて敕至るの後ち十日の內、却置の事由を具して聞奏せしめ、仍《かさ》ねて臺司に申せしめんことを。出使の郎官・御史有る毎に、便ち嚴しく察訪を加えしめ、苟くも此色有れば、本判官は重く懲責を加え、長吏は奏して進止を聽《ま》たんことを、と。之に從う。

〔注釋〕

①**貞元九年正月初稅茶**　『舊唐書』巻十三德宗本紀下貞元九年正月癸卯（二十四日）條に「初稅茶、歲得錢四十萬貫、從鹽鐵使張滂所奏。茶之有稅、自此始也」とあり、稅茶法の創設は、貞元九年正月二十四日のことである。通釋はこれに從う。

②**諸道鹽鐵使張滂**　諸道鹽鐵使張滂については、〔原文〕五注釋⑧參照。

③**去歲水災詔令減稅**　この水害による減稅については、『舊唐書』巻十三德宗本紀下貞元八年八月己丑（七日）條に「以天下水災、分命朝臣、宣撫賑貸。河南・河北・山南・江淮凡四十餘州大水、漂溺死者二萬餘人」とあり、また『册府元龜』巻四九一邦計部蠲復三貞元八年條に「秋八月、江淮荊湘陳宋、至於河朔、連有水災。十二月、詔曰、……乃者、諸道水災、臨遣宣撫、省覽條奏、載懷憫惻。其州縣府田損五六者免今年稅之半、七分已上者皆免。委度支條以聞奏」とある。

④**於出茶州縣至每十稅一**　創設期の茶稅は、茶產地の州縣もしくは流通の要路において、茶商人に對し品質によって上中下三等に區分された茶の評定價格に十分の一稅を課す租稅方式であり、專賣ではない。

⑤**其明年以後所得稅外貯之**　この文章脫字があるらしく、やや通じがたい。標點本は「其明年以後、所得稅、外貯之」と句讀する。加藤繁譯注下巻二七九（一七五頁）は「其明年以後所得、稅外貯之」と句讀し、「稅外に之を貯ふとは、兩稅收入以外に別に貯へ置くの意」と云う。『資治通鑑』巻二三四貞元九年正月條に「滂奏、去歲水災減稅、用度不足、請稅茶以足之。自明年以往、稅茶之錢、令所在別貯、俟有水旱、以代民田稅」とある。『資治通鑑』によれば、「所得稅」は兩稅ではなく、稅茶錢を言う。『文獻通考』巻十八征榷考五・榷茶條は「明年已後、所得稅錢、外貯。若諸州遭水旱、賦稅不辦、以此代之」に作る。馬端臨も稅茶錢と理解していたことがわかる。句讀は標點本に從い、通釋は『資治通鑑』・『文獻通考』に從う。

⑥**大和三年十一月十八日赦文**　本赦文は、『唐大詔令集』巻七十一南郊五「大和三年南郊赦」條に「……自大和三年十一月十八日昧爽以前、大辟罪已下、罪無輕重、常赦不原者、咸赦除之。……天下除兩稅外、輒不得有科配。其擅加雜榷率、一切宜停、仍令御史臺、及出使郎官御史、幷所在巡院、嚴加察訪。……」とある。

⑦**擅置竹練場**　加藤繁譯注下巻二八五（一七七頁）は、「竹練場は通過の竹及び練に稅する役所ならん。練は苧に似たるもの」という。

⑧**稅法至重害人頗深**　この文章の下、『唐會要』巻八十四雜稅條には「博訪諸道、委知自太和三年准赦文兩稅外停廢等事、旬月之內、或以督察不嚴、或以長吏更改、依前卽置、重困齊民」の文章が續き、大和三年の赦文で停止を命じられた雜榷率・科配がひと月もたたぬうちに復活した事情を述べている。

⑨**科配・雜榷率**　赦文中で言換えているように、兩者ともに正稅外に稅物を賦課・收取することを言う。往往にして違法・強制をともなった。『資治通鑑』巻二三二貞元三年七月條に「李泌奏、自變兩稅法以來、藩鎭州縣多違法聚斂、繼以朱泚之亂、爭榷率征罰以爲軍資、點募自防」とあり、胡三省注に「榷率者、拘榷而斂率」とある。獨占的に稅物を割當てて收取することを言う。

〔通釈〕

貞元九年（七九三）正月二十四日、初めて茶に課税した。これより先に、諸道鹽鐵使張滂が上奏し、「おそれながら、去年の水害に際し、詔敕を下して両税を減税いたしました。現今の國家財政には、是非にも貯備が必要です。おそれながら、茶を産出する州縣、及び茶の產地以外で、商人の通行する要路において、擔當の官吏に命じ、上中下三等の時估を定め、その十分の一を課税させ、今年はこれを免除した兩税に充當します。明年以後、收取した税茶錢は、別に各地に貯備しておき、もし諸州が自然災害に遭い、賦税で救濟することができなければ、これを用いて代替させるよう願いあげます」と提案した。德宗は、詔を下して之を許可した。そこで張滂に命じ、實行案を箇條書きにして上奏させた。これ以後、毎年四十萬貫の茶税收入があった。しかしながら、税茶收入が無い年はないにもかかわらず、自然災害に遭った地方が、税茶錢によって救われたためしはまったくなかった。

大和七年（八三三）、御史臺が上奏し、「おそれながら大和三年（八二九）十一月十八日の赦文によりますと、天下全國土につき、兩税以外に、みだりに税物を割當ててはならぬ、勝手に賦課した諸種の割當ては一切停止するがよい。御史臺に命じて嚴しく查察させよ、とあります。わたくし、先ごろ嶺南道で勝手に設置した竹練場の税法が極めて重く、人びとにかなり深刻な害を與えたことに鑑み、おそれながら、大和三年以來、赦文によって停止した兩税以外の割當てや諸種の割當て等を、諸道においてふたたび設置しなおしたものについては、今後、詔敕が到着して後ち十日以內に、設置しなおした理由を書きあげて上奏させ、かさねて御史臺にも上申させるよう願いあげます。出使があるたびに、郎官・御史が嚴しく查察を行ない、もしこのような不當課税があれば、その州の判官には重い懲罰を加え、長官については上奏してご命令を待つこととしたい」と提案した。文宗皇帝はこれを許可した。

〔原文〕七三

九年十二月、左僕射令狐楚奏、新置榷茶使額、伏以、江淮間、數年以來、水旱疾疫、凋傷頗甚、愁歎未平。今夏及秋、稍較豐稔。方須惠恤、各使安存。昨者、忽奏榷茶、實爲蠹政。蓋是王涯破滅將至、怨怒合歸。豈有令百姓、移茶樹就官場中栽、摘茶葉於官場中造。有同兒戲、不近人情。方有恩權、無敢沮議。朝班相顧而失色、道路以目而呑聲。今宗社降靈、姦兇盡戮、聖明垂佑、黎庶各安。微臣伏蒙天恩、兼授使務、官銜之內、猶帶此名。俯仰若驚、夙宵知愧。伏乞、特迴聖聽、下鑒愚誠、速委宰臣、除此使額。緣國家之用或闕、山澤之利有遺、許臣條疏①、續具奏聞。諸採造欲及②、妨廢爲虞。前月二十一日、內殿奏對之次、鄭覃與臣同陳論訖。伏望、聖慈早賜處分、一依舊法、不用新條。惟納榷之時、須節級加價。商人轉擡、必較稍貴。卽是錢出萬國、利歸有司。旣無害茶商、又不擾茶戶。上以彰陛下愛人之德、下以竭微臣憂國之心、遠近傳聞、必當咸悦。詔可之。先是、鹽鐵使王涯表請使茶山之人、移植根本、舊有貯積、皆使焚棄。天下怨之。及是楚主之、故奏罷焉。

〔校訂〕

①許臣條疏　標點本・百衲本もと「條流」に作る。聞人本・殿本・合鈔本は「條疏」に作る。いま聞人本・殿本・合鈔本により、流字を疏字に改める。

②諸採造欲及　標點本・百衲本もと「採造欲及」に作る。合鈔本・殿本は上に諸字あり。いま合鈔本・殿本に従う。

〔訓讀〕

九年十二月①、左僕射令狐楚奏すらく、新置の榷茶使額②、伏して以えらく、江淮の間、數年以來、水旱疾疫あり③、凋傷頗る甚だしく、愁歎未だ平らがず。今夏及び秋、稍較《やや》豐稔す。方に須《すべか》らく惠恤して、各おの安存せしむべし。昨者《さきごろ》、忽ち榷茶を奏し、實に蠹政を爲す。蓋し是れ王涯の破滅將《もっ》て至り、怨怒合に歸すべし④。豈に百姓をして茶樹を移し、官場の中に就きて栽え、茶葉を官場の中に摘みて造らしむること有らんや⑤。兒戲に同じきもの有りて、人情に近からず。方《まさ》に恩權有れば、敢て議を沮《はば》むもの無し。朝班⑥相い顧みて色を失い、道路目を以てして聲を呑む⑦。今宗社靈を降して、姦兇盡く戮せられ、聖明佑《さいわい》を垂れて、黎庶各おの安かなり。微臣伏して天恩を蒙り、兼ねて使務を授かるも、官銜の内、猶お此の名を帶ぶ。俯仰して驚くが若く、夙宵に愧づるを知る。伏して乞うらくは、特に聖聽を迴らし、下は愚誠に鑒み、速やかに宰臣に委ねて、此の使額を除かれんことを。國家の用闕《か》くること或るも、山澤の利遺《のこ》ること有るに縁り、臣が條疏し、續いで具《つぶさ》に奏聞するを許されよ。諸そ採造するに及ばんと欲して、妨廢するを虞《おそれ》と爲す⑧。前月二十一日、內殿奏對の次、鄭覃と臣と同に陳論し訖る⑨。伏して望むらくは、聖慈、早《つと》に處分を賜い、一に舊法に依り、新條を用いざらんことを。惟だ榷を納むるの時、須からく節級に價を加うべし⑩。商人轉た擡して、必ず較稍《ようや》く貴からん。卽ち是れ錢は萬國より出でて、利は有司に歸す⑪。既に茶商を害する無く、又た茶戶を擾《みだ》さず。上は以て陛下人を愛するの德を彰らかにし、下は以て微臣國を憂うるの心を竭くし、遠近傳聞すれば、必ず當に咸な悅ぶべし、と。詔して之を可とす。是より先、鹽鐵使王涯表請し、茶山の人をして、根本を移植せしめ、舊と貯積有るものは、皆な焚棄せしむ。天下之を怨む。是に及んで、楚、之を主る。故に奏して焉を罷む。

〔注釋〕

①九年十二月　令狐楚の上奏日月について、『舊唐書』卷十八文宗本紀下大和九年十二月壬申朔條に「諸道鹽鐵轉運榷茶使令狐楚、奏榷茶不便於民、請停。從之」とある。十二月一日のことであった。王涯が榷茶法を提案したのは十一月三日、甘露の變で王涯が死んだのは十一月二十一日であり、提案後二十八日、死後十日のことである。

②左僕射令狐楚奏新置榷茶使額　額は使職の職名とその下に組織される官人・職員、給與・經費體系を言う。たとえば節度使等の軍額・使額停

止について、元和六年十月の詔敕において、憲宗は「朕於百執事・群有司、方澄源流、以責實效。其諸道都團練使、足修武備、以靜一方。而別置軍額、因加吏祿、亦既虛設、頗爲浮費。思去煩以循本、期省事以便人。潤州鎭海軍・宣州采石軍・越州義勝軍・洪州南昌軍・福州靜海軍等使額、竝宜停。所收使已下俸料、一事以上、各委本道、充代百姓闕額兩稅、仍具數聞奏。庶我愛人之心、不至于惜費、立制之意、必在其正名」（『唐會要』巻七十八諸使中）と述べている。権茶使額とは、権茶使のもとに組織される副使・判官・掌書記、胥吏等職員體系と給與・經費體系を言う。

また、『冊府元龜』巻四九四邦計部山澤二條に「（開成）三年三月、以浙西監軍判官王士玫充湖州造茶使。時湖州刺史裴充卒。官吏不謹、進獻新茶、不及常年、故特置使、以專其事。宰臣上言、造茶乃州縣之常務。若別立使額、卽人戶不屬州縣、差役偏併。諫官上疏、切爲不可。詔罷之」とあり、権茶使額が立つと、鹽鐵使に鹽戶・亭戶・鹽商が、節度使等に兵士が所屬するように、直接生産者である茶戶・園戶は、州縣戶籍から離れて権茶使に隸屬するようになるはずである。

○左僕射令狐楚　前掲注釋①の『舊唐書』文宗本紀では、その官銜を諸道鹽鐵轉運権茶使と記述する。『唐會要』巻八十八鹽鐵使條には「大和九年十一月、右（私案當作左）僕射令狐楚充諸道鹽鐵轉運使」とある。十一月二十一日の甘露の變により、諸道鹽鐵轉運使王涯が殺された直後に、令狐楚は諸道鹽鐵轉運使となった。このとき鄭覃が右僕射であったから、本條に見るように左僕射が正しい。令狐楚については、〔原文〕六〇注釋④參照。

③江淮間數年以來水旱疾疫　『舊唐書』巻十八文宗本紀下に記載される太和五年より九年までの長江・淮河付近の自然災害は以下のとおり。

(1)五年是歲條「淮南・浙江東西道・荊襄・鄂岳・劍南東川竝水、害稼、請蠲秋租」

(2)六年二月戊寅條「蘇・湖二州水、賑米二十二萬石、以本州常平義倉斛斗給」

(3)七年十月癸未朔「揚州江都等七縣水、害稼」

(4)七年十月辛酉條「潤・常・蘇・湖四州水、害稼」

(5)八年九月辛巳條「陝州・江西旱、無稼」

(6)八年九月壬辰條「河南府・鄧州・同州・揚州、竝奏旱蟲傷損秋稼」

(7)八年九月丙申條「淮南・兩浙・黔中水爲災、民戶流亡、京師物價暴貴」

(8)八年十一月壬子條「滁州奏、淸流等三縣、四月雨至六月、諸山發洪水、漂溺戶萬三千八百」

④昨者至合歸　王涯による権茶法の提案は大和九年（八三五）十月三日のことである。『舊唐書』巻十八文宗本紀下大和九年十月乙亥（三日）條に「王涯獻権茶之利、乃以涯爲権茶使。茶之有権稅、自涯始也」とある。なお『舊唐書』巻一六九王涯傳に「（大和）九年五月、正拜司空、仍令所司冊命、加開府儀同三司、仍兼領江南権茶使」とあり、王涯は、先だつ五月に江南権茶使を授けられている。権茶法は、江南地域で先行されたのであろう。この點については、〔原文〕六〇注釋②參照。

また『冊府元龜』巻五一〇邦計部重斂條に「（文宗大和九年）十月、加宰臣王涯開府儀同三司、兼諸道鹽鐵轉運権茶使。初、鄭注自謂有經濟之才。帝問以安人富國之術。無以對。因請権茶。涯知不可、而不敢違。及詔下、商人計鬻茶之資、不能當所権之多、復以江淮間百姓茶園、官自造作、量給其直、分命使者主之。江淮人、什二三以茶爲業、皆公言曰、果行是敕、止有盡殺使人、入山反耳」とある。このとき文宗に権茶を提案したのは宰相鄭注であり、王涯はこれに追隨したのである。

○王涯破滅將至　大和九年十一月二十一日に起きた甘露の變で誅殺されたことを言う。〔原文〕六〇注釋③參照。

⑤移茶樹就官場中栽摘茶葉於官場中造　権茶法の核心は、官場の中で直

接茶を生產するところにあり、就字はよくその事態を表現する。『舊唐書』卷一六九鄭注傳にも「初、浴堂召對、上訪以富人之術、乃以榷茶爲對。其法欲以江湖百姓茶園、官自造作、量給直、分命使者主之。帝惑其言、乃命王涯兼榷茶使」とあり、國家が直接に生產・卸賣を行なっている。稅茶法が商人への卸賣段階で榷（獨占）を生じたのに對し、榷稅法は、生產・卸賣の過程を政府が獨占して利益を得るところにある。榷茶法は、生產段階で生じる密賣を排除する意味でもより專賣制と呼ぶにふさわしい。

⑥**朝班**　朝會に際して、皇帝以下、九品官にいたるまで、各品ごとに設けられる整列の行位を言い、版位を設けて識別する。『大唐六典』卷二吏部郎中條に「凡文武百僚之班序、官同者先爵、爵同者先齒。謂文武朝參行正（私案正當作立。立卽位也）、二王後位在諸王侯上、餘各依官品爲序。……」とあり、また『大唐開元禮』卷三序例・雜制條に「凡版位、皇帝位方一尺二寸、厚三寸。題云皇帝位。皇太子方九寸、厚二寸。題云皇太子位。百官一品以下、方七寸、厚一寸半。題云某品位」とある。このような班位は、郊祀・宗廟祭祀にも設けられるが、朝會の際に殿上・殿庭に設けられる班位を朝班と言う。

なお元旦・冬至の大朝會以外の朝會の種類と朝會に參列する文武官については、『大唐六典』卷四吏部郎中條に「凡京司文武職事九品以上、每朔望朝參。五品已上、及供奉官・員外郎・監察御史・太常博士、每日朝參」とある。

⑦**道路以目而呑聲**　道路は朝班に對する庶民を言う。聲に出さず、怨みを含んだ眼で庶民が見つめあうこと。『史記』卷四周本紀に「國人莫敢言、道路以目」とあり、その集解に「韋昭曰、以目相眄而已」とあるのによる。

⑧**採造至爲虞**　「採造」は、ここでは茶の生產を言う。北宋期の用例ではあるが、『太平寰宇記』卷一二七蘄州・蘄水縣條に「茶山在縣北深川。每年採造貢茶之所」とあり、また『國朝諸臣奏議』卷一〇八財賦門・茶法・張洎「上太宗乞罷榷山行放法」に「夫南國土疆、山澤連接、遠民習俗、多事茶園。上則供億賦租、下則存活妻子、營生取給、更絕他門。及其官榷茶山、利歸公室、衣食之源日削、採造之役歲增」とあり、さらに『續資治通鑑長編』卷二九二元豐元年九月壬午條に「提舉成都府等路茶場司請、出茶州軍、每歲曉示園戶、如敢採造黃老秋茶中賣、不以多寡竝沒官。仍乞、每歲別委官驗視、已有納到如此色樣、竝令燒毀。從之」とある。

⑨**前月二十一日至陳論訖**　十一月二十一日は、甘露の變が起き、李訓・王涯等が殺害された日である。『舊唐書』卷一七二令狐楚傳に「十一月、李訓兆亂、京師大擾。訓亂之夜、文宗召右僕射鄭覃與楚宿于禁中、商量制敕、上皆欲用爲宰相。楚以王涯・賈餗冤死、敍其罪狀浮泛、仇士良等不悅、故輔弼之命移於李石。乃以本官領鹽鐵轉運等使」とある。

本條に云う內殿は紫宸殿を言う。『資治通鑑』卷二四五大和九年十一月壬戌（二十一日）條に「壬戌、上御紫宸殿、百官班定、……百官退、班於含元殿」とあり、その胡三省注に「紫宸、內殿也。含元、前殿也」とある。

なお『資治通鑑』卷二四五大和九年十一月癸亥（二十二日）條に「上御紫宸殿、問宰相何爲不來。仇士良曰、王涯等謀反繫獄。因以涯手狀呈上。召左僕射令狐楚・右僕射鄭覃等、升殿示之。上悲憤不自勝、謂楚等曰、是涯手書乎。對曰、是也。誠如此、罪不容誅。因命楚・覃、留宿中書、參決機務。使楚草制宣告中外。楚敍王涯・賈餗反事浮汎。仇士良等不悅、由是不得爲相」とある。『資治通鑑』によれば、左僕射令狐楚・右僕射鄭覃の奏對は、翌日夜のことになるが、本志ならびに令狐楚傳の記述に從い、日付は十一月二十一日とすべきである。

○**鄭覃**　鄭覃（?～八四二）、鄭州滎澤（河南省滎澤縣南）の人。宰相鄭珣

瑜の子。恩蔭によって弘文校理となり、のち文宗が即位すると翰林侍講學士に任ぜられ、經學に長じていたことから重用される。ついで大和四年四月工部侍郎、六年五月御史大夫、九年六月刑部尚書を歴任し、同年十月には尚書右僕射となる。武宗の會昌二年、司徒（『新書』は司空）となり、死去した。『舊唐書』巻一七三、『新唐書』巻一六五に立傳する。

⑩一依舊法至節級加價　この改革については、『新唐書』巻五十四食貨志四にも「令狐楚代爲鹽鐵使兼榷茶使、復令納榷、加價而已」とある。『冊府元龜』巻五一〇邦計部重斂條に「文宗大和九年九月、鹽鐵轉運使王涯奏請變江淮・嶺南茶法、并請加税以贍邦計。十月、加宰臣王涯、開府儀同三司、兼諸道鹽鐵轉運榷茶使」とあり、王涯の榷茶法は、生産と卸賣段階で獨占的收益を實現し、また榷税の增額による收入增加を圖るものであった。令狐楚の改革は、生産段階の國家獨占を廢して、卸賣段階だけに獨占を限定する税茶法に回歸するものであるが、王涯の提起した榷税の增額は繼承したのである。

⑪利歸有司　有司は戶部司である。本志前出〔原文〕六〇に「奏請付州縣、而入其租于戶部」とある。

〔通釋〕

大和九年（八三五）十二月一日、左僕射諸道鹽鐵使令狐楚が上奏した。

新たに設置した榷茶使について。おそれながら、江淮地域では、ここ數年以來、自然災害や疫病が起こり、人民の疲弊がことに甚だしく、悲嘆はおさまりません。今年の夏と秋は、やや豊作となりました。是非にも人民に憐れみを施し、平穏に生活させる必要があります。さきごろにわかに提案された榷茶法は、まことに悪政であります。これこそ王涯が身の破滅をまねき、人民の怨嗟を一身に受けたものです。人民に命じて、茶樹を官場の、その中に移植して栽培させ、官場の、その中で茶葉を摘んで茶を製造させることなどありえませぬ。これは子供の遊びと同類で、人情に背くものです。王涯がまさに恩寵と權勢をにぎっていたときであり、すすんで異議を唱える者はなく、朝廷にある官僚たちは顔を見合わせて顔色を失い、街を行く人民も目くばせして沈黙してしまいました。このたび宗廟・社稷の降された神靈により、姦臣悪黨は悉く誅戮され、天子の施されたお恵みにより、人民はみな安堵いたしました。わたくしは、おそれながら天子の恩恵を承け、兼任の使職を授かりましたが、官職名の内には、なお榷茶使の職名がありました。わたくしは困惑し、日がな愧じいるばかりです。おそれながら、特別にご聖斷を撤回され、わたくしの誠心に照し合せて、速やかに宰相に命じ、榷茶使の官職を除かれますよう願いあげます。國家財政が不足してはいますが、山林藪澤の利益には殘された餘裕がありますので、わたくしが箇條書きにし、ひきつづき茶法につき提案することをお許しください。茶の生産がはじまろうとしているのに、妨害することになるのを危惧します。このことについては、先月二十一日、紫宸殿でご下問にお答えした際、鄭覃とわたくしとで述べつくしました。おそれながら、陛下におかれましては、すみやかにお指圖を賜り、榷茶の新法を用いず、ひとえに舊來の税茶法を行なわれるよう願いあげる次第です。ただ榷税を納入する時、是非にも段階を追って茶の價格を增額する必要があります。商人がつぎつぎに價格を上乘せしていき、かならず茶の價格はすこしずつ高くなっていきます。さすれば錢が天下萬國より出まわり、茶税の利益は戶部の手に戻ってきます。茶商を害することがないうえに、また茶戶を混亂させることもありません。かみは陛下が人民を愛しむ徳を彰らかにし、しもはわたくしが國を憂える心を盡くすことになり、これが遠近に廣く傳われば、必ずみな得心するでしょう。

文宗は、詔を下してこの上奏を裁可した。この時以前、鹽鐵使の王涯が上表し、茶戸に茶樹を官場に移植させるとともに、舊來蓄えていた茶は、みな焼き棄てるよう提案した。天下の人民はこのことを怨みに思った。この時に至り、令狐楚が茶税を主管することになり、上奏して榷茶法を廢止したのである。

〔原文〕七四

開成二年十二月、武寧軍節度使薛元賞奏、泗口稅場、應是經過衣冠商客金銀羊馬斛斗見錢茶鹽綾絹等、一物已上竝稅。今商量、其雜稅竝請停絕。詔許之。

大中六年正月、鹽鐵轉運使裴休奏、諸道節度觀察使、置店停①止茶商、毎斤收搨地錢、并稅經過商人、頗乖法理。今請釐革橫稅、以通舟船。商旅既安、課利自厚。今又正稅茶商、多被私販茶人侵奪其利。今請、強幹官吏、先於出茶山口、及廬壽淮南界內、布置把捉、曉諭招收、量加半稅、給陳首帖子、令其所在公行。從此通流、更無苛奪。所冀、招恤窮困、下絕姦欺、使私販者免犯法之憂、正稅者無失利之歎。欲尋究根本、須擧綱條。敕旨依奏。

其年四月、淮南及天平軍節度使、并浙西觀察使皆奏、軍用困竭、伏乞且賜依舊稅茶。敕旨、裴休條疏茶法②、事極精詳。制置之初、理須畫一。竝宜準今年正月二十六日敕處分。

〔校訂〕

①置店停止　標點本、諸本もと「置店停上」に作る。停上、文義やや通じない。『唐會要』巻八十四雜稅條ならびに『冊府元龜』巻五〇四邦計部關市條は「置店停止」に作る。上・止、字形の近似するにより誤る。いま會要・『冊府元龜』により、上字を止字に改める。

②條疏茶法　標點本もと「條流茶法」に作る。百衲本同じ。聞人本・合鈔本・殿本・『唐會要』は、「條疏」に作る。いま、聞人本・合鈔本・殿本・『唐會要』により、流字を疏字に改める。

〔訓讀〕

開成二年十二月、武寧軍節度使薛元賞奏すらく、泗口の稅場、應是《およそ》經過したる衣冠・商客の金銀・羊馬・斛斗・見錢・茶鹽・綾絹等、一物已上、竝びに稅す。今商量するに、其の雜稅、竝びに停絕せんことを請う、と。詔して之を許す①。

大中六年正月、鹽鐵轉運使裴休奏すらく、諸道節度・觀察使、店を置きて茶商を停止し、斤毎に搨地錢を收め②、并びに經過の商人に稅し、頗る法理に乖る。今請うらくは、橫稅を釐革③し、以て舟船を通ぜんことを。商旅既に安ければ、課利自ずから厚からん。今又た正稅の茶商、④多く私販の茶人の其の利を侵奪するを被る。今請うらくは、強幹の官吏、先に茶を出だすの山口、及び盧・壽・淮南の界內に於て、⑤布置把捉し、曉諭招收し、⑥量りて半稅を加え、陳首帖子を給し、⑦其をして所在に公行せしめんことを。此れ從り通流し、更に苛奪すること無し。冀う所は、窮困を招恤し、下は姦欺を絕ち、私販の者をして法を侵すの憂を免れしめ、正稅の者をして利を失うの歎き無からしむるなり。根本を尋究せんと欲すれば、須からく綱條を擧ぐべし、⑧と。敕旨あり、奏に依れ、と。

其の年四月、淮南及び天平軍節度使、幷びに浙西觀察使、⑨皆な奏すらく、軍用困竭す。伏して乞うらくは、且らく舊に依り茶に稅するを賜わらんことを、と。敕旨あり、裴休の條疏茶法、⑩事、精詳を極む。制置の初め、理として須からく畫一なるべし。竝びに宜しく今年正月二十六日の敕に準りて處分すべし、と。

〔注釋〕

①**開成二年至詔許之** この一條、『唐會要』卷八十四雜稅條に同文の薛元賞上奏文を記述するとともに、「詔許之」とある敕旨の內容を詳述する。そこには「……今商量、其雜稅物請停絕。敕旨、淮泗通津、向來京國、自有率稅、頗聞怨讟。薛元賞到鎭之初、首請除去、表章適至、詤誅已興。泗口稅據元賞所奏竝停。所置當官司所由竝罷。委元賞當日榜示。其泗口稅額、淮(私案當作進)徐泗觀察使今年前後兩度奏狀、內暨共得錢一萬八千五十五貫文、內十驛一萬一千三百貫文。委戶部、每年以實錢、逐近支付。泗宿二州、以度支上供錢、賜充本軍用。其他未贍。委任才臣、共息怨咨、以安行旅」とある。

『册府元龜』卷五〇四邦計部關市條には、同樣の上奏文と詔敕を記して、「開成二年夏五月、武寧軍節度使薛元賞奏、泗口稅場、先是、一物貨稅。今請停去雜稅、唯留稅茶一色、以助供軍。詔曰、惠人須在於必誠。革弊宜圖於去本。又留茶稅、惠則未終。宜悉罷之、每年特以度支・戶部錢二萬貫、賜供本軍、及充驛料。先是、王智興、逐帥自立。故朝廷姑息之。因請致稅於泗口、以贍軍用。往來過爲寇掠。後之節帥、多利其利、不革前弊。至是除。元賞、上於閤內、遣令條奏。及詔下、往來之人、遂絕怨咨。……」とある。ここには、夏五月とあり、本志の十二月とかなりの徑庭があり、敕文の內容も異なっている。薛元賞が開成二年(八三七)五月と十二月の二度にわたって課題を上奏し、十二月に最終的な敕許が下りたとみるべきである。

○**武寧軍節度使薛元賞** 薛元賞 出身地・生卒年ともに未詳。文宗朝大和年間に司農卿・京兆尹を歷任、開成元年に武寧軍節度使、武宗朝に工部尙書・領諸道鹽鐵轉運使、宣宗朝に昭義軍節度使となったが、在任中死去。『新唐書』卷一九七循吏傳に立傳する。

武寧軍は、後の感化節度使。徐州・泗州・濠州・宿州を管轄する(『舊唐書』卷三十八地理志一)。治所は徐州(江蘇省徐州市)である。薛元賞が武寧軍節度使となったのは、開成元年(八三六)十二月一日である。『舊唐書』卷十八文宗本紀下開成元年十二月丙申朔條に「以京兆尹・兼御史大夫薛元賞、爲武寧節度・徐泗宿濠觀察等使」とある。開成五年(八四〇)まで在任した(『唐方鎭年表』卷三感化條)。

○**泗口** 泗口は、泗水と淮水の合流地點で、交通の要衝。泗州宿遷縣(江蘇省宿遷縣)の境界にあった。『太平寰宇記』卷十七河南道淮陽軍宿遷縣條に「泗口、晉明帝大寧中、兗州刺史劉遐自彭城退屯泗口、卽此也。

……角城在今縣東南一百一十一里。縣道記云、舊理在淮水之北、泗水之西、亦謂之泗口城」とある。『資治通鑑』巻九十三明帝太寧二年「劉遐退保泗口」條胡三省注に「水經註、泗水自淮陽城東流、徑角城北、而東南流注于淮（私案『水經注』巻二十五泗水注、文小異）。謂之泗口。杜佑曰、泗口在今臨淮郡宿遷縣界（『通典』巻一七一州郡一）」とある。

○一物已上竝稅　前掲『册府元龜』によれば、泗口で雜稅を課したのは王智興が武寧軍節度使になって以降のことである。『舊唐書』巻一五六王智興傳にも「遂授智興檢校工部尙書・徐州刺史・御史大夫、充武寧軍節度・徐泗濠觀察使。自是智興務積財賄、以賂權勢、賈其聲譽、用度不足、稅泗口以裒益之」とある。

なお、王智興は長慶二年（八二二）三月二十八日に武寧軍節度使となり、大和六年三月八日まで在任した。『舊唐書』巻十六穆宗長慶二年三月己未（二十八日）條に「己未、以武寧軍節度副使王智興檢校工部尙書、兼徐州刺史、充武寧軍節度使」とあり、同書巻十八文宗本紀下大和六年（八三二）三月條に「三月甲午朔。辛丑（八日）、以武寧軍節度使・守太傅・同平章事王智興兼侍中、充忠武軍節度・陳許蔡觀察等使」とある。

②置店停止茶商每斤收搨地錢　『新唐書』巻五十四食貨志四には「武宗卽位、鹽鐵轉運使崔珙、又增江淮茶稅。是時、茶商所過州縣有重稅。或掠奪舟車、露積雨中、諸道置邸以收稅、謂之搨地錢。故私販益起」とある。「置店」とあるところ、新志には「置邸」に作る。店・邸、熟して邸店といい、倉庫業・商店・宿泊業を兼ねる施設である。『唐律疏議』巻四名例律「諸平贓者、皆據犯處當時物價及上絹估」條疏議に「邸店者、居物之處爲邸、沽賣之所爲店」とある。ことを分けて言えば、邸は貨物を蓄える所で倉庫を言い、店は物を賣る處で商店を言う。唐代の邸店については日野開三郎［一六九八］に詳しい。

○搨地錢　倉敷料（倉庫保管料）を言う。加藤繁譯注下巻三〇九（一八二頁）、加藤繁［一九五二］上（四七二・四七三頁）參照。

③蠲革橫稅　革は革除、とり除くことを言う。「蠲革橫稅」とは、節度使による非正規課稅を改め、とり除くことを言う。『新唐書』巻一八二裴休傳に「時方鎭設邸閣、居茶取直。因視商人它貨、橫賦之、道路苛擾。休建言、許收邸直、毋擅賦商人。又收山澤寶治、悉歸鹽鐵」とあり、本志同樣に茶の邸店保管料と商人の貨物に對する不當課稅が問題になっている。裴休は、「許收邸直、毋擅賦商人」とあって、邸直（倉庫保管料）のほうは、おそらく一定の規定を設けて認可し、不當課稅については撤廢することを提言したのである。

④正稅茶商　この下に見える「私販茶人」と對になる茶商である。『册府元龜』巻四九四邦計部山澤二に「（開成四年二月）是月、宣州觀察使崔鄲奏茶法非便於人、請兩稅錢上、隨貫紐率。詔曰、茶本率商旅、紐貫涉於加稅。東省曾有駁正、鹽鐵又經奏論、法貴大同、事難獨改」とあり、茶の榷稅は商人から取ることを明言している。茶の榷稅は小賣段階で消費者である百姓に轉嫁されるので、崔鄲は兩稅錢の付加稅とすることを提案したが、聽きいれられなかった。

同書同巻には、これにつづけて「武宗以開成五年正月四日卽位。十月、詔復茶稅。鹽鐵司奏曰、伏以江南百姓、營生多以種茶爲業。官司量事設法、惟稅賣茶商人、但於店舖交關、自得公私通濟」とある。稅茶法は、茶戶（園戶）が生產した茶を官が買上げ、官店（店舖・場舖）で茶の榷稅を加えて茶商人に卸賣りし、各地に赴いて販賣させるものである。卸賣りの段階で國家の獨占が生じるので茶稅を榷稅と呼ぶことがある。官店（店舖・場舖）で茶稅を含む茶を仕入れて販賣する茶商が正稅茶商である。茶戶（園戶）等から茶の密賣をうけて各地に販賣するのが私販茶人である。茶戶の密賣とそれをうけた私販の茶商人は、榷稅（正稅）を支拂わない密賣商人なので取締りの對象となる。

⑤盧壽淮南界　廬州は、淮南道に屬し、治所は合肥（『舊唐書』卷四十地理志三淮南道、現在の安徽省合肥市）。壽州も淮南道に屬し、治所は壽春（『舊唐書』卷四十地理三淮南道、現在の安徽省六安市壽縣）。淮南節度使は、揚州・楚州・滁州・和州・舒州・壽州・廬州を管轄する（『舊唐書』卷三十八地理志一）。治所は揚州（現在の江蘇省揚州市）。大中六年正月當時の節度使は李珏（『唐方鎭年表』卷五淮南條）。加藤繁は、廬州・壽州に團練使及び都團練使が置かれていたため特筆すると云う（譯注下卷三一三、一八二頁）。

⑥布置把捉曉諭招收　布置把捉は、人員を配備して強制的に逮捕すること、曉諭招收は、招慰・招諭に同じく、徒黨を組む私販の茶商人に投降・自首を呼びかけることを言う。私茶販賣の取締りについては、すでに武宗卽位當初に鹽鐵使が上疏を提出し、裁可されている。『册府元龜』卷四九四邦計部山澤二に「武宗以開成五年正月四日卽位。十月、詔復茶稅。鹽鐵司奏曰、伏以江南百姓、營生多以種茶爲業。官司量事設法、惟稅賣茶商人、但於店舖交關、自得公私通濟。……又云、伏以興販私茶、羣黨頗衆。場舖人吏、皆與通連。舊法雖嚴、終難行使。須別置法、以革姦徒。輕重既有等差、節級易爲遵守。今既特許陳首、所在招收。敕令已行、皇恩普洽、宜從變法、使各自新。若又抵違、須重科斷。自今後、應輕行販私茶、無得杖伴侶者。從十斤至一百斤、決脊杖十五。其茶幷隨身物、竝沒納、給糾告及捕捉所繇。其因牒送本州縣、置歷收管、使別營生。再犯、不問多少、准法處分。三百斤已上、卽是恣行兇狡、不懼敗亡。誘扇愚人、悉皆屛絕、竝准法處分。其所沒納、亦如上例。從之」とある。茶の私販・密賣には、生産者園戶・茶戶がかかわるほか、卸賣り段階で官店（店舖・場舖）の胥吏がかかわっており、法禁は嚴重でも實效性にとぼしく、何度も新しい稅茶法が施行されたのである。

⑦量加半稅給陳首帖子　陳首は自首・投降すること、帖子は文書。自首・投降者に對し、正規茶稅にその半額を上乘せして納稅させ、その投降と茶稅納入とを記した證明書を支給したことを言う。

⑧欲尋究根本須舉綱條　この綱條については、『新唐書』卷五十四食貨志四に「大中初、鹽鐵轉運使裴休著條約、私鬻三犯皆三百斤、乃論死。長行羣旅、茶雖少皆死。雇載三犯至五百斤、居舍儈保四犯至千斤者、皆死。園戶私鬻百斤以上、杖背、三犯、加重徭。伐園失業者、刺史・縣令以縱私鹽論。盧・壽・淮南皆加半稅、私商給自首之帖」とあり、武宗開成五年正月の條約の改訂の一端が記されている。ただし、大中初年と紀年しており、どこまで正確な記述であるか、考慮すべき餘地を殘している。

⑨淮南及天平軍節度使幷浙西觀察使　この時の淮南節度使は、前揭注釋⑤に言及した李珏である。

○天平軍節度使　鄆州・曹州・濮州を管轄する。治所は鄆州（山東省泰安市東平縣）。當時の節度使は李景讓（『唐方鎭年表』卷三天平條）。

○浙西觀察使　潤州・蘇州・常州・杭州・睦州を管轄する。治所は潤州（江蘇省鎭江市）。當時の觀察使は敬晦（『唐方鎭年表』卷四浙西條）。

⑩裴休條疏茶法　本志〔原文〕六一に「（大中）六年五月、又立稅茶之法、凡十二條、陳奏、上大悅」とあり、正月の條疏茶法とは別に、五月に茶法十二條を陳奏している。內容は未詳。

〔通釋〕

開成二年（八三七）十二月、武寧軍節度使薛元賞が上奏し、「泗口の稅場では、通過する官人・客商が帶同する金銀・羊馬・穀物・現錢・茶鹽・綾絹等、一件以上、全てのものに課稅しています。ここに思量し、これらの雜稅を全て停止するよう願いあげます」と提案した。文宗は、詔してこれを許した。

大中六年（八五二）正月、鹽鐵轉運使裴休が上奏し、「諸道の節度使・觀察使が、邸店を設置して茶商を逗留させ、一斤ごとに搨地錢を徵收し、あわせて通過する商人に課稅しています。これは、よほど法理にそむくものです。ここに不正な課稅をとり除き、水運が通じるよう願いあげます。客商が安堵すれば、茶稅收入は自ずから增加します。現今、また茶稅を納入する正稅茶商の多くが、密賣茶商によってその利益を奪われております。ここに、まず茶を產出する山の入口や廬州・壽州・淮南の管轄內に、強幹な官吏を配置して密賣者を捕捉するか、自首・投降するよう諭し、茶稅の半額を上乘せして納稅させ、陳首帖子（自首・納稅證明書）を支給し、各地に赴いて販賣させるよう願いあげます。こののちは茶が流通し、決して不正に利益を奪うことは無いでしょう。困窮者を哀れみ、不正を根絶して、密賣者には法を犯す心配をなくさせ、正稅茶商には利益を失う歎きがなくなるよう期待します。根こそぎ問題を解決したいのなら、是非にも條制を實行する必要があります」と提案した。敕旨があり、「上奏どおりにせよ」とあった。

その年四月、淮南節度使李玨・天平軍節度使李景讓・浙西觀察使敬晦等が皆な上奏し、「軍費が拂底しています。おそれながら、しばらく舊制どおり茶に課稅させていただきたく願いあげます」と提案した。敕旨があり、「裴休の箇條書き稅茶法は、極めて精密にできている。制度の開始にあたっては、是非にも畫一に實施する必要がある。すべて今年正月二十六日の敕文にしたがって處置するがよい」と諭した。

（三）榷酒法

〔原文〕七五

建中三年、初榷酒、天下悉令官釀。斛收直三千、米雖賤、不得減二千。委州縣綜領。醨薄私釀、罪有差。以京師王者都、特免其榷。

元和六年六月、京兆府奏、榷酒錢除出正酒戶外、一切隨兩稅青苗錢①、據貫均率。從之。

會昌六年九月、敕、揚州等八道州府、置榷麴、并置官店沽酒、代百姓納榷酒錢、并充資助軍用。各有榷許限、揚州陳許汴州襄州河東五處榷麴、浙西・浙東・鄂岳三處置官店沽酒②。如聞、禁止私酤、過於嚴酷、一人違犯、連累數家、閭里之間、不免咨怨。宜從今以後、如有人私沽酒及置私麴者、但許罪止一身、并所由容縱、任據罪處分。鄉井之內、如不知情、竝不得追擾。其所犯之人、任用重典、兼不得沒入家產。

〔校訂〕

①兩稅青苗錢　標點本・諸本もと「兩稅青苗」に作り、錢字無し。『唐會要』卷八十八榷酤條・『册府元龜』卷五〇四邦計部榷酤條に錢字有り。いまこれに從い、錢字を補う。
②置官店沽酒　標點本・諸本もと「置官沽酒」に作り、店字無し。『唐會要』卷八十八榷酤條・『册府元龜』卷五〇四邦計部榷酤條に店字有り。いまこれに從い、店字を補う。

〔訓讀〕

建中三年、初めて榷酒し、天下悉く官をして釀《かも》さしむ。① 斛ごとに直三千を收め、米賤しと雖も、二千を減ずるを得ず。州縣に委ねて綜領せしむ。醨薄の私釀、罪に差有り。京師は王者の都なるを以て、特に其の榷を免ず。② 元和六年六月、京兆府奏すらく、榷酒錢、正酒戶に出づるを除くの外、一切兩稅青苗錢に隨い、貫に據りて均率せんことを、と。之に從う。③

會昌六年九月、敕すらく、揚州等八道州府、榷麴を置き、④ 幷びに官店を置きて酒を沽《う》り、百姓に代りて榷酒錢を納め、幷びに軍用を資助するに充つ。各おの榷許の限有り、揚州・陳許・汴州・襄州・河東の五處は榷麴し、浙西・浙東・鄂岳の三處は官店を置きて酒を沽《う》れ。⑤ 如聞《きくな》らく、私酤を禁止するに、嚴酷に過ぎ、一人違犯すれば、數家に連累し、閭里の間、咨怨を免れず、と。宜しく今從り以後、如し人の私に酒を沽り、及び私麴を置く者有れば、但だ罪一身に止むるを許し、幷びに所由容縱し、罪に據りて處分するを任《ゆる》すべし。鄉井の內、如し情を知らざれば、竝びに追擾するを得ず。其の犯す所の人、重典を用うるを任すも、兼ねて家產を沒入するを得ず、と。

〔注釋〕

①建中三年初榷酒天下悉令官釀　この榷酒について、『册府元龜』卷五〇四邦計部榷酤條に「建中三年閏正月、初榷酒（以下略同）」とあり、建中三年閏正月のことであった。通釋はこれに從う。

唐朝の酒專賣は、建中三年以前にすでに始まっている。『通典』卷十一食貨榷酤條に「大唐廣德二年（七六四）十二月、敕、天下州各量定酤酒戶、隨月納稅。除此外、不問官私、一切禁斷。大曆六年（七七一）二月、量定三等、逐月稅錢、竝充布絹進奉。建中三年制、禁人酤酒、官司置店收利、以助軍費」とあり、建中三年（七八二）に至るまでの經緯を記している。代宗廣德二年に始まる榷酒は、酒戶を確定して三等級の戶等に區分し、戶等に基づいて每月稅錢を納入させる榷法である。この方式は、『册府元龜』卷五〇四邦計部榷酤條に「德宗以大曆十四年五月即位、七月、罷天下榷酒」とあって、大曆十四年（七七九）に、一旦廢止されている。

廣德二年の最初の榷酒（專賣）は、各州で酒戶を確定してその戶等を定め、每月榷酒錢を納稅させる租稅方式であった。酒の釀造・販賣者を確定しておき、他者の參入を禁じたところに榷（一本化）の意味があり、所謂專賣制の販賣獨占ではない。建中三年に再開された榷酒は、民間の釀造販賣を禁止し、國家が酒店を設置して販賣し、利益を獨占する官店沽酒法である。これは、國家が生產・販賣・收益を獨占する形態であり、所謂專賣にあたる。

②以京師王者都特免其榷　この時實施されなかった京兆府においても、

四年後の貞元二年（七八六）十二月、度支使の上奏によって榷酒法が施行されることになった。『册府元龜』卷五〇四邦計部榷酤條に「貞元二年十二月、度支請於京城及畿縣行榷酒之法、毎斗榷一百五十。其酒戶竝蠲免差役。從之」とある。一石（斛）になおすと一五〇〇文であり、建中の榷酒法の半額になる。

貞元二年に始まった京兆府の榷酒法は、文宗大和八年（八三四）二月の詔勅で停止される。『册府元龜』卷五〇四邦計部榷酤條に「八年二月、詔、京邑之內、本無榷酤。屬貞元用兵之後、費用稍廣、始定店戶等第、令其納榷。況萬方所聚、私釀至多、禁令既不可施、榷利自無所入、徒立課額、殊非惠人。其長安・萬年兩縣榷酒錢一萬五千一十貫八百文、若先欠者、竝宜放免。其榷酒錢、起今亦宜停」とある。

③元和至從之　均率は、等級に應じて取ることを言う（〔原文〕一八注釋⑥、〔原文〕四五注釋⑨參照）。ここでは、榷酒錢を百姓兩稅戶が負擔する兩稅錢・青苗錢の稅額に比例して徵收することを言う。榷酒錢の兩稅隨徵方式は、貞元年間には諸道で廣く行なわれている。本條は、京兆府の上奏文であり、元和六年になって京兆府が兩稅隨徵方式を導入することを提案したものである。

榷酒錢を兩稅の隨徵課稅とすることが何時始まったのか、確實なことは言えない。早い事例としては、『册府元龜』卷四九一邦計部蠲復三貞元十四年正月條に「詔曰、……其諸道州府應欠負貞元八年九年十年兩稅及榷酒錢、總五百六十七萬七千餘貫、在百姓腹內、一切免」とあって、貞元八年（七九二）の例がある。おそらく貞元初年のことであろう。

その實態については、元稹『元氏長慶集』卷三十六「中書省議賦稅及鑄錢等狀（元和十五年）」に「……至於榷酒利錢、雖則名目不同、其實出於百姓。今天下十分州府、九分是隨兩稅均配。其中一分、置店沽酒。葢是分外誅求、一則厚取疲人、二則嚴刑檢下。上供既有定數、餘利竝入使司。事實煩苛、法非畫一。今請天下州府榷酒錢、一切據貫配入兩稅、仍取兩貫已上戶均配、兩貫已下戶不在配限。先有置店沽酒處、竝請勒停」とあり、元和年間には天下の九割の州府で兩稅隨徵方式を取り、一割が官店販賣方式をとっていたことがわかる。

○正酒戶　戶籍に附載されて稅役を負擔する百姓を正戶と呼び、その租稅を正稅、その徭役を正役と言い、正稅を貯備する官倉を正倉と稱する。正酒戶は、〔原文〕七四の鹽鐵轉運使裴休奏請中に見える「正稅茶商」に同じ。また前揭注釋①の廣德二年十二月敕において「天下州各量定酤酒戶」とあり、注釋②文宗大和八年二月の詔敕に「始定店戶等第、令其納榷」とあるように、正酒戶は、各州府や京兆府で戶籍に戶の等級を確定され、等級に應じて榷酒錢を納める正稅酒戶を言う。前揭『册府元龜』卷五〇四邦計部榷酤條に「貞元二年十二月、度支請於京城及畿縣行榷酒之法、毎斗榷一百五十。其酒戶竝蠲免差役。從之」とあるように、正酒戶は、鹽戶・鹽商のように鹽鐵使に直接戶籍登錄するのとは異なり、州府の戶籍に登錄するが、差役を免除される點では鹽戶・鹽商と同じく、兩稅戶・百姓とは異なる特殊身分に相當する。

④揚州等八道州府置榷麴　榷麴とは、醸造前の麴の段階で官がこれを獨占販賣して利益を得る專賣である。何時から始まったのか未詳であるが、文宗大和四年（八三〇）以前に、湖南觀察使の支配領域で實施された事例がある。『册府元龜』卷五〇四邦計部榷酤條に「文宗大和四年七月、湖南觀察使韋詞奏、前使王公亮奏請榷麴、收其贏利、將代上供。臣到州察訪、自停加配、閭里稍安、人戶逃者、亦漸歸復。但藏挾頗易、挂陷頗多。兼當州土宜、少有麴麥。州司遠處求羅、般運甚難。伏請却停榷麴、任商旅將至當州。州司准榷酒元敕、及洪州・鄂州流例、於州縣津市官酤、以代人戶配額。可之」とある。王公亮の湖南觀察使在任期間は、大和元

年十一月から三年十月までである（呉廷燮『唐方鎮年表』巻六湖南條）。文宗初年までに榷麴法がかなり廣がっていたとみてよい。

⑤**揚州至沽酒**　榷麴法の施行領域は、揚州（淮南節度使）・陳許（忠武軍節度使）・汴州（宣武軍節度使）・襄州（山南東道節度使）・河東節度使であり、江北・山西省北部に廣がっている。

官店沽酒法の施行領域は、浙西觀察使・浙東觀察使・鄂岳觀察使であり、江南が中心である。前掲注釋④の湖南觀察使韋誧の上奏では、榷麴法から、「榷酒法施行の元敕と洪州・江西觀察使、鄂州・鄂岳觀察使の條例を參照して、湖南觀察使管内の州縣の渡し場や市で官酤する」官店沽酒法に轉換している。長江中流域以南の諸道では、官店沽酒法が廣く行われていたと言える。

安史の亂後に始まる唐代後半期の榷酒法は、正酒戸による榷酒税納入方式（廣德二年・七六四）、官店沽酒方式（建中三年・七八二）、兩税錢隨徴方式（貞元初年・七八五頃）、榷麴方式（大和初年・八二七以前）が順次導入され、各地域で竝行して實施された。主流は州府の九割で實施された兩税錢隨徴方式であり、その場合は兩税錢の付加税であったと言える。

〔通釋〕

建中三年（七八二）閏正月、初めて酒の專賣を實施し、天下すべてにわたり國家が官店を設置して釀造・販賣することとした。一斛（約六十リットル）ごとに三千文を徴收し、米價が低廉になっても、二千文以下にすることを禁じ、州縣に命じてこれを統括させた。滋味に乏しい密造酒には、等級を設けて罪を科した。京師は王者の都なので、特に酒の專賣を實施しなかった。

元和六年（八一一）六月、京兆府が上奏し、「正酒戸が榷酒錢を納入することを除き、榷酒錢は、すべて兩税・青苗錢に合わせ、その徴收額に比例して徴收したい」と提案した。憲宗はこれを許した。

會昌六年（八四六）九月、詔敕を下し、「揚州等八道の州府に、榷麴（麴生產の專賣）を設立させるとともに、竝行して官店を設置して釀造し、百姓に代って榷酒錢を納めさせ、兩者あわせて軍事財政の支援に充當せよ。

各道・府州ごとに酒の專賣法を設定する。揚州・陳許・汴州・襄州・河東の五地域には榷麴法を實施させ、浙西・浙東・鄂岳の三道では官店を設置して釀造させよ。

聞けば、密造の取締りが嚴酷に過ぎ、一人が違犯すると、數家に罪がおよび、鄉村ではもれなく嗟嘆しているという。今後は、もし酒や麴を密造する者があったとしても、罪は一身に止め、あわせて擔當吏員には寛大に對處し、罪情に應じて處分することを許す。事情を知らなかった鄉村内の者には、決してあとから咎めだてして混亂させてはならぬ。罪を犯した者には重法を適用することを許すが、決して家産を沒收してはならぬ」と諭した。

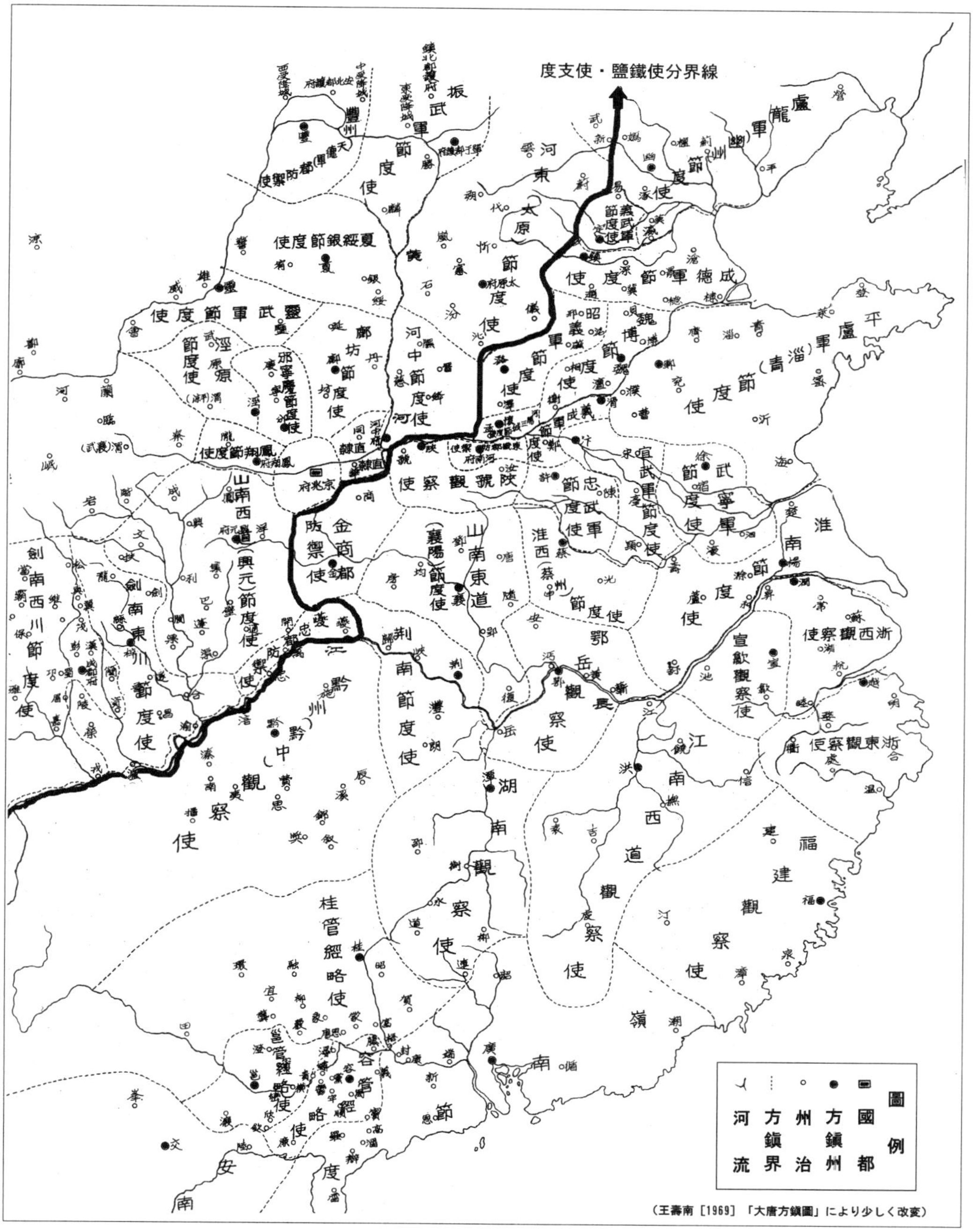

(王壽南［1969］「大唐方鎭圖」により少しく改変)

唐元和年間行政地圖

唐代鑄造銭(1)

1　隋五銖銭

2　開元通寶（初期）

3　乾封泉寶

4　乾元重寶（小平）

5　乾元重寶（當三十）

6　乾元重寶（當三十）

唐代鑄造錢(2)

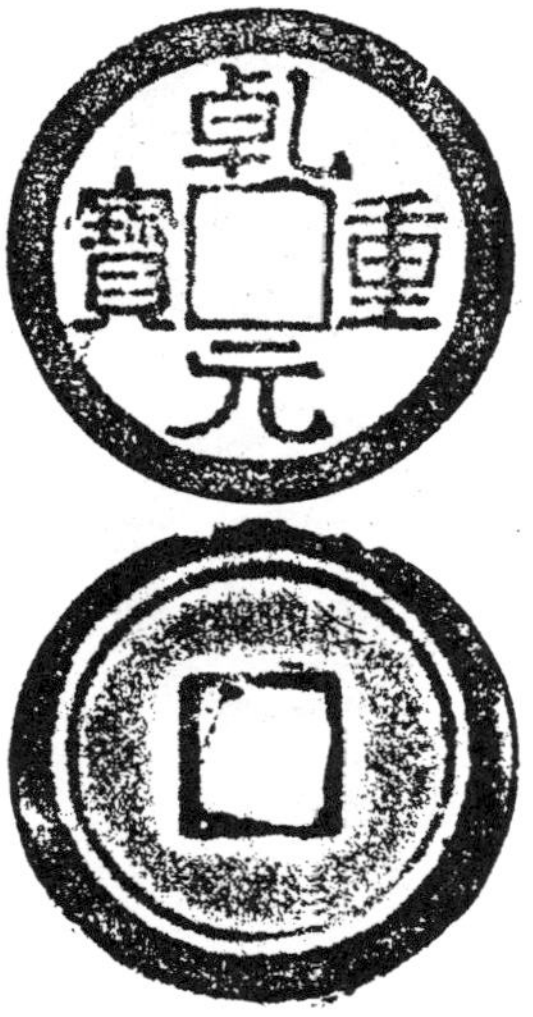

7　乾元重寶重輪（當五十）

8　乾元重寶重輪（當五十）

9　乾元重寶重輪（中型）

10　乾元重寶重輪（小型）

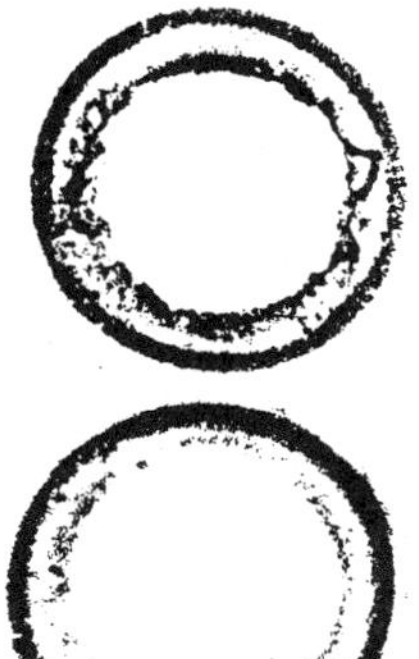

11　綖環錢（五銖）

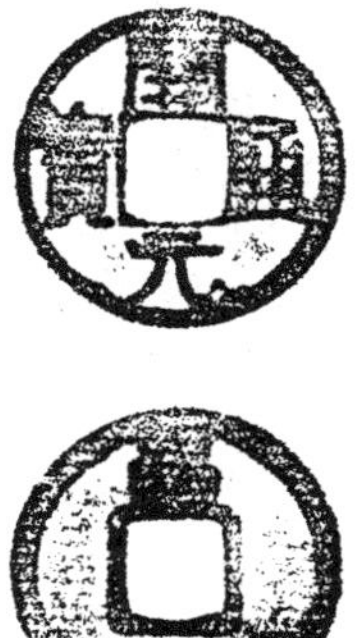

12　會昌開元錢（大昌）

唐代鑄造銭(3)

15　會昌開元（洛）

14　會昌開元（京）

13　會昌開元（小昌）

18　開元私鑄銭（鉛）

17　開元私鑄銭（鐵）

16　開元私鑄銭（銅）

〔主要参考・引用文獻〕

『舊唐書』二〇〇巻（中華書局、一九七五年）

『舊唐書』二〇〇巻（百衲本二十四史、商務印書館）

『舊唐書』二〇〇巻（武英殿本、藝文印書館影印本）

『舊唐書校勘記』六十六巻（同治十一年定遠方氏重刊本影印本）

『新唐書』二二五巻（中華書局、一九七五年）

沈炳震『新舊唐書合鈔』二六〇巻（鼎文書局影印本、一九七二年）

『資治通鑑』二九四巻（古籍出版社、一九五六年）

『大唐六典』三十巻（享保九年近衛家熙校刊本影印本、文海出版社、一九六八年）

『通典』二〇〇巻（中華書局、一九八八年）

『天一閣明鈔本天聖令校證』（天一閣博物館・中國社會科學院歴史研究所天聖令整理課題組編、中華書局、二〇〇六年）

『唐會要』一〇〇巻（上海古籍出版社、一九九一年）

『册府元龜』一〇〇〇巻（明崇禎十五年刋本影印、臺灣中華書局、一九七二年）

『宋本册府元龜』殘巻四册（中華書局、一九八九年）

『唐大詔令集』一三〇巻（商務印書館、一九五九年）

『文苑英華』一〇〇〇巻（中華書局、一九六六年）

＊

加藤　繁『舊唐書食貨志　舊五代史食貨志』（岩波書店、一九四八年）

譚英華『兩唐書食貨志校讀記』（四川大學出版社、一九八八年）

潘鏞『舊唐書食貨志箋證』（三秦出版社、一九八九年）

呉玉貴『唐書輯校』（中華書局、二〇〇八年）

詹宗祐『點校本兩唐書校勘彙釋』（中華書局、二〇一二年）

＊＊

青山定雄一九六三年『唐宋時代の交通と地誌地圖の研究』第六章「唐宋の汴河」、第七章「唐代の水路工事」吉川弘文館

池田　溫一九七九年『中國古代籍帳研究　概觀・錄文』東京大學出版會

池田　溫一九六八年「中國古代物價の一考察（一）（二）――天寶元年交河郡市估案斷片を中心として」『史學雜誌』第七七編第一、第二號

内河久平一九八〇年「宋初守選人について――「選」の解釋をめぐって」『中嶋敏先生古稀記念論集』上、中嶋敏先生古稀記念事業會

大津　透二〇〇六年『日唐律令制の財政構造』第一章「唐律令國家の予算について――儀鳳三年度支奏抄・四年金部旨符試釋」岩波書店

愛宕　元一九八六年「唐代東渭橋と東渭橋倉」京都大學教養部『人文』第三二號
愛宕　元一九九七年『唐代地域社會史研究』同朋舍出版
加藤　繁一九五二年『支那經濟史考證』上下卷、東洋文庫
加藤　繁一九六五年『唐宋時代に於ける金銀の研究』東洋文庫
金井之忠一九三八年「唐の鹽法」『文化』第五卷第五號
鞠　清遠一九四四年『唐代財政史』中島敏譯・國書出版社（元版　商務印書館一九四〇年）
清木場　東一九九七年『帝賜の構造──唐代財政史研究　支出編』中國書店
島居一康一九九三年『宋代稅政史研究』第一章「宋代兩稅の課稅基準」汲古書院
島居一康二〇一二年『宋代財政構造の研究』汲古書院
島居一康二〇一四年「楊炎兩稅法の課稅構造──日野〝六原則〟不成立の論證」『唐宋變革研究通訊』第五輯
妹尾達彥一九八二年「唐代後半期における江淮鹽稅機關の立地と機能」『史學雜誌』第九一編第二號
高橋繼男一九七二年「劉晏の巡院設置について」『集刊東洋學』第二八號
高橋繼男一九七三年「唐後半期に於ける度支使・鹽鐵轉運使系巡院の設置について」『集刊東洋學』第三十號
高橋繼男一九七六年「唐代の地方鹽政機構──とくに鹽監・（鹽院）・巡院等について」『歷史』第四九號
高橋繼男一九八五年「唐後半期、度支使・鹽鐵轉運使系巡院名增補攷」『東洋大學文學部紀要』第三九號
礪波　護一九八六年『唐代政治社會史研究』第一部第三章「唐代使院の僚佐と辟召制」、第三部第二章「唐の律令體制と宇文融の括戶政策」同朋舍出版
礪波　護二〇一六年『隋唐都城財政史論考』法藏館
中川　學一九六三年「唐代の逃戶・浮客・客戶に關する覺書」『一橋論叢』第五十卷第三號
中川　學一九六五年「唐代の客戶による投棄田の保有」『一橋論叢』第五三卷第一號
中村治兵衛一九六六年「再び唐代の鄉について──望鄉と耆老」『史淵』第九六號
中村裕一一九七一年「唐代內藏庫の變容──進奉を中心に」『待兼山論叢』第四號
仁井田陞一九三三年『唐令拾遺』東方文化學院東京研究所
布目順郎一九七九年『養蠶の起源と古代絹』雄山閣

日野開三郎一九六八年『唐代邸店の研究』私家版
日野開三郎一九八一年『日野開三郎東洋史學論集』第三巻「唐代兩税法の研究」前編、三一書房
日野開三郎一九八二年『日野開三郎東洋史學論集』第四巻「唐代兩税法の研究」本編、三一書房
日野開三郎一九八二年「唐代嶺南における金銀の流通」（初出一九七〇年）『日野開三郎　東洋史學論集』第五巻「唐・五代の貨幣と金融」三一書房
船越泰次一九九六年『唐代兩税法研究』汲古書院
堀　敏一一九七五年『均田制の研究』岩波書店
松浦典弘一九九四年「唐代における官人處罰――罰俸制度を中心に」『東洋史研究』第五三巻第三號
宮澤知之一九九八年『宋代中國の國家と經濟』創文社
山崎覺士二〇〇三年「唐開元二十五年田令の復原から唐代永業田の再檢討へ――明抄本天聖令をもとに」『洛北史學』第五號
渡邊信一郎一九九四年『中國古代國家の思想構造』校倉書房
渡邊信一郎二〇一〇年『中國古代の財政と國家』汲古書院
渡邊信一郎二〇一六年「唐代兩税法の成立――兩税錢を中心に」『唐宋變革研究通訊』第七輯

＊＊＊

陳明光一九九一年『唐代財政史新編』所收「唐代〝除陌〟釋論」（初出一九八四年）中國財政經濟出版社
陳衍德・楊權一九九〇年『唐代鹽政』三秦出版社
郭正忠二〇〇八年『三至十四世紀中國的權衡度量』中國社會科學出版社
李錦繡一九九五年『唐代財政史稿（上卷）』北京大學出版社
李錦繡二〇〇一年『唐代財政史稿（下卷）』北京大學出版社
潘鏞一九八七年『隋唐時期的運河和漕運』三秦出版社
四川省博物館・青川縣文化館一九八二年「青川縣出土秦更修田律木牘――四川青川縣戰國墓發掘簡報」『文物』一九八二年第一期
王壽南一九六九『唐代藩鎭與中央關係之研究』嘉新水泥公司文化基金會
王永興一九九一年『唐勾檢制研究』上海古籍出版社
嚴耕望一九六九年『唐史研究叢稿』第三篇「唐代方鎭使府僚佐考」新亞研究所出版
楊遠一九八二年『唐代的鑛產』臺灣學生書局
張弓一九八六年『唐朝倉廩制度初探』中華書店
中國錢幣大辭典編纂委員會二〇〇三年『中國錢幣大辭典　魏晉南北朝編・唐五代十國編』中華書局

著者略歴

渡邊　信一郎（わたなべ　しんいちろう）

1949年１月30日　京都市生れ

1976年　京都大學大學院博士課程東洋史學專攻單位修得退學（文學修士）

現　在　京都府立大學名譽教授

著　書　『中國古代社會論』（青木書店、1986年）
『中國古代國家の思想構造』（校倉書房、1994年）
『天空の玉座――中國古代帝國の朝政と儀禮』（柏書房、1996年）
『中國古代の王權と天下秩序』（校倉書房、2003年）
『魏書食貨志・隋書食貨志譯注』（汲古書院、2008年）
『中國古代の財政と國家』（汲古書院、2010年）
『中國古代の樂制と國家――日本雅樂の源流』（文理閣、2013年）

『舊唐書』食貨志譯注

平成三十年三月二十六日

著　者　渡　邊　信　一　郎

發行者　三　井　久　人

本文整版　中　臺　整　版

日本フィニッシュ

印　刷　モリモト印刷株式會社

發　行　汲　古　書　院

〒102-0072　東京都千代田區飯田橋二―五―四

電　話〇三（三二六五）九七六四

ＦＡＸ〇三（三二二二）一八四五

ISBN978-4-7629-6610-1　C3022

索　引

事項索引

サ行

人名索引

人名索引

サ行

タ行

ハ行